에듀윌과 함께 시작하면,
당신도 합격할 수 있습니다!

자소서와 면접, NCS와 직무적성검사의 차이점이 궁금한
취준을 처음 접하는 취린이

대학 졸업을 앞두고 취업을 위해 바쁜 시간을 쪼개며
채용시험을 준비하는 취준생

내가 하고 싶은 일을 다시 찾기 위해
회사생활과 병행하며 재취업을 준비하는 이직러

누구나 합격할 수 있습니다.
이루겠다는 '목표' 하나면 충분합니다.

마지막 페이지를 덮으면,

에듀윌과 함께
취업 합격이 시작됩니다.

취업 1위

누적 판매량 242만 부 돌파
베스트셀러 1위 3,615회 달성

공기업 NCS | 100% 찐기출 수록!

NCS 통합 기본서/실전모의고사 피듈형	행과연형	휴노형 봉투모의고사	매1N 매1N Ver.2	한국철도공사	부산교통공사 서울교통공사	국민건강보험공단 한국수력원자력+5대 발전회사	한국전력공사	한국가스공사 한국수자원공사	한국수력원자력 한국토지주택공사	한국도로공사	NCS 10개 영역 기출 600제 NCS 6대 출제사 찐기출문제집

대기업 인적성 | 온라인 시험도 완벽 대비!

20대기업 인적성 통합 기본서   GSAT 삼성직무적성검사 통합 기본서 | 실전모의고사   LG그룹 온라인 인적성검사   SKCT SK그룹 종합역량검사 포스코 | 현대자동차/기아   농협은행 지역농협

영역별 & 전공   취업상식 1위!

공기업 사무직 통합전공 800제 전기끝장 시리즈 ❶, ❷   이해황 독해력 강화의 기술 PSAT형 NCS 수문끝   공기업기출 일반상식   기출 금융경제 상식   다통하는 일반상식

* 에듀윌 취업 교재 누적 판매량 합산 기준(2012.05.14~2024.10.31)
* 온라인 4대 서점(YES24, 교보문고, 알라딘, 인터파크) 일간/주간/월간 13개 베스트셀러 합산 기준(2016.01.01~2024.11.05 공기업 NCS/직무적성/일반상식/시사상식/ROTC/군간부 교재, e-book 포함)
* YES24 각 카테고리별 일간/주간/월간 베스트셀러 기록

더 많은 에듀윌 취업 교재

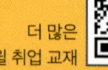

에듀윌 취업

취업 대세 에듀윌!
Why 에듀윌 취업 교재

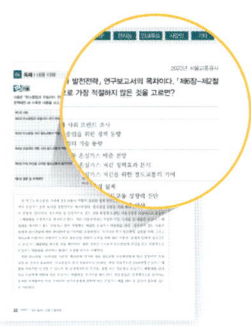

기출맛집 에듀윌!
100% 찐기출복원 수록

주요 공·대기업 기출복원 문제 수록
과목별 최신 기출부터 기출변형 문제 연습으로 단기 취업 성공!

공·대기업 온라인모의고사
+ 성적분석 서비스

실제 온라인 시험과 동일한 환경 구성
대기업 교재 기준 전 회차 온라인 시험 제공으로 실전 완벽 대비

합격을 위한
부가 자료

교재 연계 무료 특강
+ 교재 맞춤형 부가학습자료 특별 제공!

eduwill

취업 1위

취업 교육 1위
에듀윌 취업 무료 혜택

교재 연계 강의

- NCS 대표기출 유형 문제풀이 무료특강(2강)
- NCS 주요 영역 문제풀이(19강)

※ 2025년 3월 10일에 오픈될 예정이며, 강의 명과 강의 오픈 일자는 변경될 수 있습니다.
※ 무료 특강 이벤트는 예고 없이 변동 또는 종료될 수 있습니다.

교재 연계 강의 바로가기

교재 연계 부가학습자료

다운로드 방법

STEP 1
에듀윌 도서몰
(book.eduwill.net) 로그인
→
STEP 2
도서자료실 →
부가학습자료
클릭
→
STEP 3
[2025 최신판 국민건강보험공단 NCS+법률 기본서] 검색

- 국민건강보험법/노인장기요양보험법 핵심법률 OX 문제(PDF)
- NCS 주요 영역 256제(PDF)
- 인성검사/면접 대비 가이드(PDF)
- 자기소개서 작성법(PDF)

온라인모의고사
& 성적분석 서비스

참여 방법

하기 QR 코드로 응시링크 접속
→
해당 온라인 모의고사 [신청하기] 클릭 후 로그인
→
대상 교재 내 응시코드 입력 후 [응시하기] 클릭

※ '온라인모의고사 & 성적분석' 서비스는 교재마다 제공 여부가 다를 수 있으니, 교재 뒷면 구매자 특별혜택을 확인해 주시기 바랍니다.

온라인 모의고사 신청

모바일 OMR
자동채점 & 성적분석 서비스

실시간 성적분석 방법

STEP 1
QR 코드 스캔
→
STEP 2
모바일 OMR 입력
→
STEP 3
자동채점 & 성적분석표 확인

※ 혜택 대상 교재는 본문 내 QR 코드를 제공하고 있으며, 교재별 서비스 유무는 다를 수 있습니다.
※ 응시내역 통합조회
에듀윌 문풀훈련소 → 상단 '교재풀이' 클릭 → 메뉴에서 응시확인

- 2023, 2022, 2021 대한민국 브랜드만족도 취업 교육 1위 (한경비즈니스)/2020, 2019 한국브랜드만족지수 취업 교육 1위 (주간동아, G밸리뉴스)

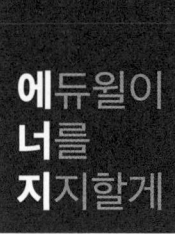

시작하는 방법은
말을 멈추고
즉시 행동하는 것이다.

– 월트 디즈니(Walt Disney)

최신판

에듀윌 공기업 국민건강보험공단 NCS + 법률 기본서

국민건강보험공단
NCS+법률 기본서의 모든 것!

합격을 위한! 알짜!
정보만 모았다

국민건강보험공단 필기시험은 어떻게 출제되나요?

국민건강보험공단 필기시험 분석　▶ P. 6~9

2020~2024년 동안 국민건강보험공단 필기시험은 많은 변화가 있었습니다. 자세한 내용은 '국민건강보험공단 필기시험 분석'을 통해 확인할 수 있습니다.

국민건강보험공단 법률은 어떻게 대비해야 할까요?

국민건강보험공단 직무시험 법률　▶ P. 10

국민건강보험공단 필기시험에 직무시험으로 법률이 채용직렬별 20문항씩 출제되고 있습니다. 자세한 내용은 '국민건강보험공단 직무시험 법률'을 통해 확인할 수 있습니다.

국민건강보험공단
채용 경쟁률은 어떻게 되나요?

국민건강보험공단 채용 경쟁률
➜ P. 11

2024년 상·하반기의 직렬별 원서 접수 인원 및 필기전형 합격률, 그리고 최종 경쟁률에 대한 자세한 내용은 '국민건강보험공단 채용 경쟁률'을 통해 확인할 수 있습니다.

국민건강보험공단
채용 일정과 절차가 어떻게 진행되나요?

국민건강보험공단 채용 정보
➜ P. 12~13

국민건강보험공단 채용에 대한 모든 사항을 한눈에 쉽게 파악할 수 있도록 정리하였습니다. 자세한 내용은 '국민건강보험공단 채용 정보'를 통해 확인할 수 있습니다.

국민건강보험공단의
경영가치체계 그리고 인재상은 어떻게 되나요?

국민건강보험공단 기업 소개
➜ P. 14~15

국민건강보험공단 면접시험에 있어 반드시 알아야 하는 기업 정보의 핵심만 모아 정리하였습니다. 자세한 내용은 '국민건강보험공단 기업 소개'를 통해 확인할 수 있습니다.

국민건강보험공단 필기시험 분석

01 시험 구성 변화

2019년까지 국민건강보험공단 필기시험의 출제 영역은 NCS 직업기초능력평가가 '의사소통능력, 수리능력, 문제해결능력'의 3개 영역이었고, 시험은 영역별 20문항씩 총 60문항, 60분으로 진행되었습니다. 그러나 2020년부터 직무시험(법률)이 도입되면서 기존 NCS 직업기초능력평가에 법률이 새롭게 추가되었습니다. 법률 시험의 경우에는 행정직·건강직·기술직·전산직은 국민건강보험법, 요양직은 노인장기요양보험법으로 진행되었습니다. NCS 직업기초능력평가는 60문항, 60분으로 기존과 동일하며, 법률 시험은 NCS 직업기초능력평가 실시 후 20문항, 20분으로 진행되었습니다.

02 출제사

2018년까지 국민건강보험공단의 출제사는 'ORP연구소'였으며, 2019년부터는 출제사가 '인크루트'로 변경되었습니다. 인크루트는 출제 대행사로 채용대행 기업에 따라 모듈형, PSAT형 등 다양한 형태의 문항으로 시험을 구성하며, 관련 회사의 사업과 관련된 지문 및 자료를 활용한 문항을 다수 출제하기도 합니다.

구분	상반기	하반기
2024년	인크루트	인크루트
2023년	인크루트	인크루트
2022년	인크루트	인크루트
2021년	인크루트	인크루트

국민건강보험공단은 최근 3개년 동안 모듈형이 아닌, 전형적인 NCS 응용형태, 더 나아가 PSAT형으로 꾸준히 출제되었으므로 2025년에도 큰 이변이 없는 한 모듈형이 아닌 NCS의 응용형태로 출제될 가능성이 높습니다.

03 필기시험 구성

■ 2024~2021년

직렬	시험내용	온라인
행정직 건강직 요양직 기술직	■ 직업기초능력 응용모듈 60문항 　(의사소통 20문항, 수리 20문항, 문제해결 20문항) ■ 직무시험: 관련 법률(시행령, 시행규칙 제외) 20문항 　• 행정직, 건강직, 기술직: 국민건강보험법 　• 요양직: 노인장기요양보험법	인성검사
전산직	■ 직업기초능력 응용모듈 15문항 　(의사소통 5문항, 수리 5문항, 문제해결 5문항) ■ 전산개발 기초능력(C언어, JAVA, SQL) 35문항 ■ 직무시험: 국민건강보험법(시행령, 시행규칙 제외) 20문항	

※ 단, 시기별로 채용하지 않는 직렬이 있을 수 있음
※ 인성검사는 필기 합격자에 한하여 채용사이트에서 온라인으로 개별 실시됨

■ 2020년

직렬	시험내용	온라인
행정직 건강직 요양직 기술직	■ 직업기초능력 응용모듈 60문항 　(의사소통 20문항, 수리 20문항, 문제해결 20문항) ■ 직무시험: 관련 법률(시행령, 시행규칙 제외) 20문항 　• 행정직, 건강직, 기술직: 국민건강보험법 　• 요양직: 노인장기요양보험법	인성검사
전산직	■ 직업기초능력 응용모듈 40문항 　(의사소통 15문항, 수리 15문항, 문제해결 10문항) ■ 전산개발 기초능력(C언어, JAVA, SQL) 10문항 ■ 직무시험: 국민건강보험법(시행령, 시행규칙 제외) 20문항	

※ 단, 시기별로 채용하지 않는 직렬이 있을 수 있음
※ 인성검사는 필기 합격자에 한하여 채용사이트에서 온라인으로 개별 실시됨

04 2024~2022년 NCS 영역별 출제 경향

1 의사소통능력

[2024년]
2023년에 비해 난이도가 쉽게 출제되었으며 지문의 길이는 문제지의 한 면을 넘기지 않는 경우가 많았습니다. 7개 이상의 문단 순서를 배열해야 하는 문제, 주어진 글에서 [보기]의 내용이 들어갈 자리를 고르는 문제와 같은 특이 유형의 문제도 출제되었습니다. 국민건강보험공단 관련 보도자료 형식이 많이 출제되었으며 과학 비문학 지문 등도 출제되었습니다.

[2023년]
2022년과 비슷하게 지문의 길이는 문제지의 한 면 이상을 차지할 정도로 길었으나 생각보다 가독성이 나쁘지는 않았습니다. 함정이 있는 선택지가 조금 있었음에도 그렇게 어렵다고 느낄 정도의 난이도는 아니었습니다. 소제목 찾기, 문장 삽입, 배열 등 다양한 유형의 문제가 나왔고, 접속어와 관련해서는 많은 수험생들이 생소하다고 언급한 특이 유형의 문제가 출제되었습니다. 지문의 내용은 대부분 국민건강보험공단 관련 보도자료, 정책 또는 건강/질병 관련 지식 등에 관한 것이었습니다.

[2022년]
수리능력이나 문제해결능력 문항에 비해 상대적으로 쉽게 출제되었으나 제시문의 중심 내용뿐만 아니라 세부적인 내용까지 충분히 이해해야 정확한 정답을 찾을 수 있는 문항이 다수 출제되었습니다. 지문의 길이가 문제지 한 면 이상을 차지한 문항이 대다수였으며, 문항 전반부에 위치한 지문의 내용이 후반부의 지문에 비해서 어려웠습니다. 주제/제목 찾기, 내용 확인, 문단배열, 어색한 내용 찾기 등 그동안 출제되었던 유형이 골고루 등장했고, 2021년과 마찬가지로 보도자료 연계형 문항의 출제 비중이 가장 높았습니다.

2 수리능력

[2024년]
자료해석 유형으로만 출제되었으며 증가율 또는 감소율을 구하는 선택지보다는 단순 비교 혹은 증감량 구하기 등 단순 계산 선택지의 비중이 더 높게 출제되었습니다. 그래프만 보고 계산 과정 없이 풀 수 있는 문제도 있었으며 계산 문제와 대소비교 문제들도 비교적 쉽고 깔끔하게 출제되었습니다.

[2023년]
작년과 동일하게 응용수리 유형은 출제되지 않았습니다. 표와 그래프를 분석하는 자료해석, 자료계산, 도표변환 등 다양한 유형으로 출제되었습니다. 증가율 구하기, 대소 비교하기, 맞는 그래프 찾기와 같은 형태의 선택지들이 있었으나 그중에서도 특히, 증가율 구하는 선택지가 많아 한 문제를 푸는 데에도 많은 시간이 소요되었습니다. 또한 계산되는 숫자들이 딱 맞게 떨어지지 않고, 소수점 이하까지 구해야 하는 문제가 많아 수험생들을 힘들게 했던 영역이었습니다.

[2022년]
상·하반기 모두 자료해석 유형으로만 출제되었고, 2021년과 마찬가지로 건강 보험 관련 데이터를 활용한 자료가 제시된 문항이 상당수를 차지했습니다. 상반기에는 2021년 하반기에 비해서 난도가 높아졌으며 각종 질환 및 의료시설 등 통계를 바탕으로 한 자료해석, 자료계산 및 도표변환 유형이 출제되었습니다. 하반기의 경우, 복잡한 계산을 통해 정답을 도출해야 하는 문항은 많지 않았으나, 자료로 주어진 도표가 다소 난해하여 한눈에 파악하기 어려웠으며, 주어진 항목 간 대소 비교를 통해 정오를 판단해야 하는 형태가 대다수였습니다.

3 문제해결능력

[2024년]
2023년과 마찬가지로 세트 형태의 문제가 많이 출제되었고, 옳거나 옳지 않은 것을 고르는 문제와 계산 문제 2개로 구성된 한 세트 3문제인 경우가 많았습니다. 따라서 계산 문제의 비중이 높았고 계산량이 적지 않아 시간이 많이 소요되었습니다. 지문의 길이는 긴 편이었으며 아래의 작은 글씨로 된 설명을 읽어야 제대로 판단이 가능한 선택지들이 많았습니다.

[2023년]
하나의 자료에 2~3문제가 연계된 세트 형태의 문제가 많이 출제되었습니다. 법조문, 보도자료, 공고문 등 다양한 자료가 제시되었고, 본 자료를 토대로 작성된 2차 자료를 알맞게 구성한 것, 공고문에 따라 올바른 대상자 고르는 문제, 법조문을 해석하는 문제 등이 출제되었습니다. 눈으로만 풀 수 있는 문제가 많지 않았고, 생각했던 것보다 계산 문제가 많이 나와 자료해석 문제 같았다고 느낀 수험생들도 많았습니다.

[2022년]
하나의 지문이 아닌 글과 도표 자료가 결합된 복합 지문이 많았으며, 한 지문에 대해 2~3문항이 연속해서 등장하는 묶음 문항의 형태로 출제된 경우가 대다수를 차지하였습니다. 상반기에는 각종 사회보장 제도를 활용한 문항들이 다수 차지했습니다. 하반기에는 주어진 조건을 바탕으로 최적 조합 및 우선순위를 도출하는 유형이 출제되었으며, 문항 순서상 후반부에 배치된 문항들이 전반부보다 상대적으로 난도가 낮았습니다.

05 2025년 NCS 필기시험 대비 합격 전략

의사소통능력의 경우 일반적인 유형으로 출제되지만, 공단 및 건강 관련 소재를 바탕으로 한 기사, 보도자료 등을 활용한 지문이 많이 출제되므로, 기본적인 의사소통능력 유형의 문제 풀이 연습을 하면서 공단 관련 기사나 자료를 접하여 해당 소재에 익숙해지는 것이 필요합니다. 수리능력의 경우 자료해석 유형이 출제되므로, 자료를 빠르게 파악하고 문제에 적용하는 연습이 필요하며, 더 높은 난도로 학습하고자 한다면 PSAT 기출 문제를 풀어보는 것도 좋습니다. 문제해결능력의 경우 여러 소재를 이용한 자료형 지문들로 연계된 문제가 주로 출제되므로, 최대한 다양한 유형의 문제들을 접하면서 많이 풀어보는 것이 필요합니다.

국민건강보험공단 직무시험 법률

01 법률 시험

법률은 공단에 입사하여 직무 수행에 필요한 법령으로, 국민건강보험공단 입장에서는 지원자들 중 공단 직무 적합성에 부합하는 인재를 법률 시험에서 확실히 가려내겠다는 의도로 보입니다. NCS 직업기초능력평가와 더불어 과목당 40% 이상을 득점해야 하는 과락 기준을 적용하고 있으며, 매년 점점 어렵게 출제되어 NCS 외에 높은 변별력을 갖는 영역으로 자리잡고 있는 추세입니다.

02 시험 출제 구성

구분	국민건강보험법	노인장기요양보험법
문항 수	20문항	20문항
시험 시간	20분	20분
응시 직렬	행정직, 건강직, 기술직, 전산직	요양직
시험 범위	법률 제20505호('24.10.22. 일부개정)	법률 제20587호('24.12.20. 일부개정)

※ 상기 시험 범위는 2025년 상반기 채용공고 기준임

03 시험 후기 및 학습 전략

1 국민건강보험법

2023년에는 사례형 문제가 다수 출제되었고, 벌금, 과태료를 구하는 문제, 날짜를 판단하는 문제들이 출제되었습니다. 틀린 것의 개수를 구하는 문제도 많았고, 선택지마다 길이가 길어 법률을 제대로 이해하고 있지 못하면 선택지를 이해하는 데도 많은 시간이 소요되었습니다. 2024년 상반기에는 2023년에 비해 쉬운 난이도로 출제되었으나, 2024년 하반기에는 난도가 대폭 상승하였습니다. 사례형 문제가 다수 출제되었고 법의 세부적인 내용까지 암기해야 풀 수 있는 문제도 많았습니다.

2 노인장기요양보험법

2023년에는 대통령령을 구분하는 문제가 다수 출제되었고, 옳거나 옳지 않은 것의 개수를 구하는 문제도 많이 출제되었습니다. 많은 문제의 형태가 사례형으로 출제되어 단순히 법률을 외우는 것보다 제대로 이해하고 있는지 묻는 경우가 많았습니다. 2024년에는 국민건강보험법 과목과 마찬가지로 상반기에는 쉬운 난이도로 출제되었고, 하반기에는 그보다 난도가 상승하였습니다. 사례형 문제가 다수 출제되었고 옳은 설명을 골라야 하는 경우가 많았습니다.

국민건강보험공단 채용 경쟁률

1 2024 상반기 채용 경쟁률(일반 공개/제한경쟁 기준)

(단위: 명)

직렬	원서접수		필기전형			최종	
	응시인원	선발인원	응시인원	선발인원	합격률	채용인원	경쟁률
행정직 (6급가)	7,328	2,408	2,227	602	27.03%	239	30.66:1
요양직 (6급가)	3,333	904	866	226	26.10%	90	37.03:1
전산직 (6급가)	417	169	126	40	31.75%	16	26.06:1
합계	11,078	3,481	3,219	868	26.96%	345	32.11:1

2 2024 하반기 채용 경쟁률(일반 공개/제한경쟁 기준)

(단위: 명)

직렬	원서접수		필기전형			최종	
	응시인원	선발인원	응시인원	선발인원	합격률	채용인원	경쟁률
행정직 (6급가)	6,042	1,201	1,118	430	38.46%	171	35.33:1
건강직 (6급가)	1,697	341	336	119	35.42%	48	35.35:1
요양직 (6급가)	2,607	524	499	189	37.86%	74	35.23:1
전산직 (6급가)	491	136	114	24	21.05%	16	30.69:1
기술직 건축 (6급가)	87	15	13	5	38.46%	2	43.5:1
기술직 전기 (6급가)	85	7	6	2	33.33%	1	85:01:00
기술직 안전 (6급가)	93	7	4	0	0%	0	0:01
합계	11,102	2,231	2,090	769	36.79%	312	35.58:1

국민건강보험공단 채용 정보

01 채용 일정

구분		공고일	채용인원	접수기간	필기시험	필기발표
2022년	상반기	2022. 04. 22.	724명	2022. 04. 22.~04. 29.	2022. 05. 28.	2022. 06. 03.
	하반기	2022. 09. 27.	257명	2022. 09. 27.~10. 11.	2022. 11. 05.	2022. 11. 11.
2023년	상반기	2023. 03. 30.	407명	2023. 04. 04.~04. 13.	2023. 05. 13.	2023. 05. 18.
	하반기	2023. 08. 16.	366명	2023. 08. 21.~08. 30.	2023. 10. 07.	2023. 10. 12.
2024년	상반기	2024. 03. 13.	445명	2024. 03. 18.~03. 27.	2024. 04. 27.	2024. 05. 03.
	하반기	2024. 08. 14.	450명	2024. 08. 19.~08. 28.	2024. 10. 05.	2024. 10. 11.
2025년	상반기	2025. 02. 20.	448명	2025. 02. 25.~03. 06.	2025. 04. 12.	2025. 04. 18.

02 응시 자격

직렬		응시 자격
행정직		해당사항 없음
건강직		접수마감일 기준 다음 면허(자격증) 중 하나 이상 소지자 - 간호사, 방사선사, 임상병리사, 영양사, 건강운동관리사, 보건교육사(2급 이상)
요양직		접수마감일 기준 다음 면허(자격증) 중 하나 이상 소지자 - 간호사, 물리치료사, 작업치료사, 사회복지사(2급 이상)
전산직		접수마감일 기준 다음 면허(자격증) 중 하나 이상 소지자 - 정보처리기사, 전자계산기기사, 정보통신기사
기술직	건축	접수마감일 기준 다음 자격증 중 하나 이상 소지자 - 건축기사, 실내건축기사
	전기	접수마감일 기준 다음 자격증 중 하나 이상 소지자 - 전기기사, 전기공사기사
	안전	산업안전기사 자격증 소지자

※ 단, 위 응시 자격은 2024년 하반기 채용공고상 경쟁유형 '일반', 직급 '6급가' 기준으로 2025년 상반기 모집 직렬(건축, 전기 제외) 응시 자격도 이와 동일함

03 채용 절차

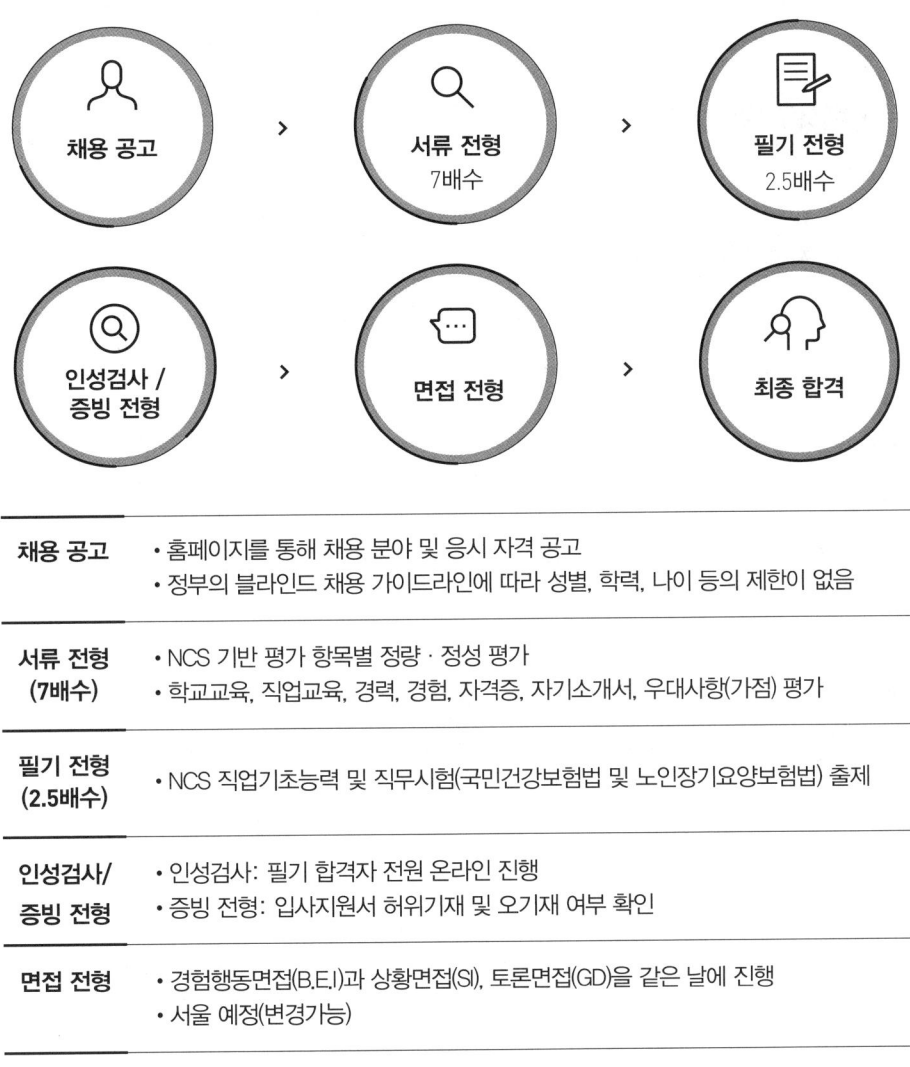

채용 공고	• 홈페이지를 통해 채용 분야 및 응시 자격 공고 • 정부의 블라인드 채용 가이드라인에 따라 성별, 학력, 나이 등의 제한이 없음
서류 전형 (7배수)	• NCS 기반 평가 항목별 정량·정성 평가 • 학교교육, 직업교육, 경력, 경험, 자격증, 자기소개서, 우대사항(가점) 평가
필기 전형 (2.5배수)	• NCS 직업기초능력 및 직무시험(국민건강보험법 및 노인장기요양보험법) 출제
인성검사/ 증빙 전형	• 인성검사: 필기 합격자 전원 온라인 진행 • 증빙 전형: 입사지원서 허위기재 및 오기재 여부 확인
면접 전형	• 경험행동면접(B.E.I)과 상황면접(SI), 토론면접(GD)을 같은 날에 진행 • 서울 예정(변경가능)
최종 합격	• 온라인 사전교육 및 수습임용 후 신입직원 연수과정(입소교육) 진행

※ 채용 절차는 2025년 상반기 채용 공고 기준으로, 자세한 내용은 국민건강보험공단 홈페이지(www.nhis.or.kr/)에서 확인 가능

국민건강보험공단 기업 소개

01 경영가치체계

1 미션
국민보건과 사회보장 증진으로 국민의 삶의 질 향상

2 비전
행복한 국민 · 건강한 대한민국 · 든든한 국민건강보험

3 핵심가치

> 대내 · 외 이해관계자와 소통과 배려를 통해 국민체감 성과 창출

> 국민보건과 사회보장 증진을 통해 모든 국민의 건강향상과 행복한 삶을 추구

> 공정한 제도 구축 · 운영과 안전 · 책임경영으로 국민 신뢰 확보

> 디지털 · 서비스 중심 경영혁신과 직무 전문성 강화로 지속가능 경영 실현

> 엄격한 윤리의식을 토대로 자율적 내부통제와

02 경영방침

더 건강한 세상을 위한 The건강보험
- [제도·서비스] 더 건강한 국민(국민건강, 근거기반, 연계·통합)
- [이해관계자] 더 건강한 파트너십(협력주도, 소통, 배려)
- [기관운영] 더 건강한 공단(혁신, 효율, 청렴)

03 전략목표

1. 국민의 평생건강을 책임지는 건강보장체계	h·well 국민건강보험	2. 건강수명 향상을 위한 맞춤형 건강관리
3. 초고령사회 대비 국민이 안심하는 장기요양보험	4. 건강보험 재정 안정성 강화	5. 국민이 체감하는 소통·혁신·책임경영

04 인재상

- 국민을 위하는 인재 (Nation-oriented)
- 정직으로 신뢰받는 인재 (Honest)
- 혁신을 추구하는 인재 (Innovative)
- 전문성 있는 인재 (Specialized)

도서 100% 활용하기

✅ 직업기초능력평가 대응 전략

1 최신경향 분석

2024년 필기시험에 출제된 영역 및 출제유형을 확인할 수 있습니다. 유형별 출제 비중을 그래프로 나타내어 한눈에 파악할 수 있고, 필기시험 기출분석을 통해 2024년 상반기와 하반기의 영역별 특징과 최신 기출복원 키워드를 확인할 수 있습니다.

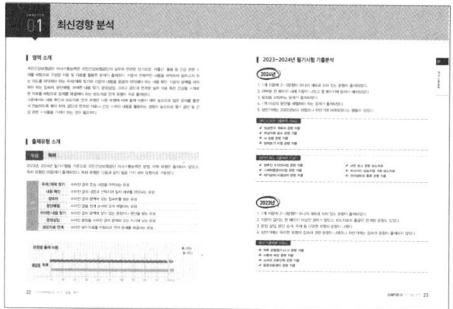

2 대표기출 유형

의사소통능력, 수리능력, 문제해결능력 3개 영역의 기출 유형을 세분화하여 구성하였습니다. 최신 기출이 반영된 문제를 통해 영역별 최신 출제경향을 알 수 있으며, 각 유형에 대한 풀이전략을 확인할 수 있습니다.

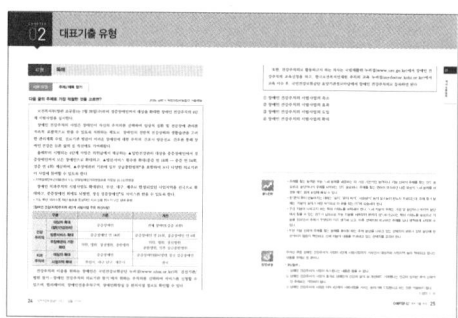

3 유형연습 문제

앞서 학습한 영역별 대표기출 유형들을 영역 내 유형별로 5~15문항씩 수록하여 수험생들이 해당 유형들을 충분히 학습하면서 익힐 수 있도록 하였습니다.

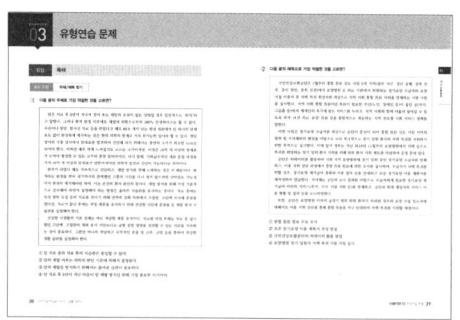

4 실전연습 문제

수험생들이 영역별로 모든 출제 유형을 종합적으로 풀어볼 수 있는 실전연습 문제를 영역당 20문항씩 수록하여 완벽 대비할 수 있도록 하였습니다.

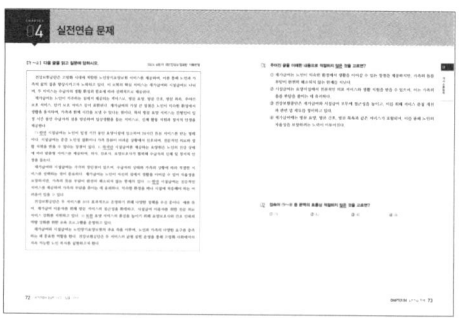

✅ 법률 대응 전략

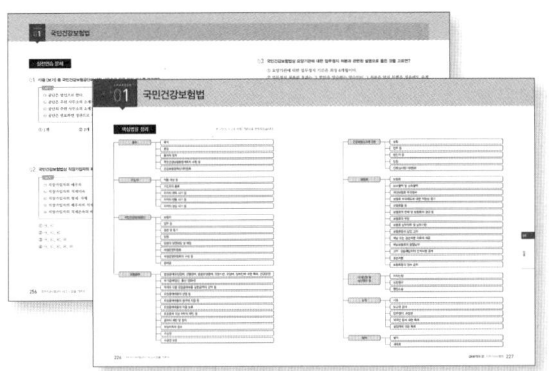

핵심법률 정리 & 실전연습 문제

국민건강보험법, 노인장기요양보험법의 핵심 법률 내용만을 정리하여 수록하였습니다.

핵심법률 정리를 학습한 후 실전연습 문제를 통해 법률 문제에 대한 실전감각을 익힐 수 있도록 하였습니다.

➕ **핵심법률 ○X 문제(PDF) 추가 제공**

✅ 실전 대비 전략

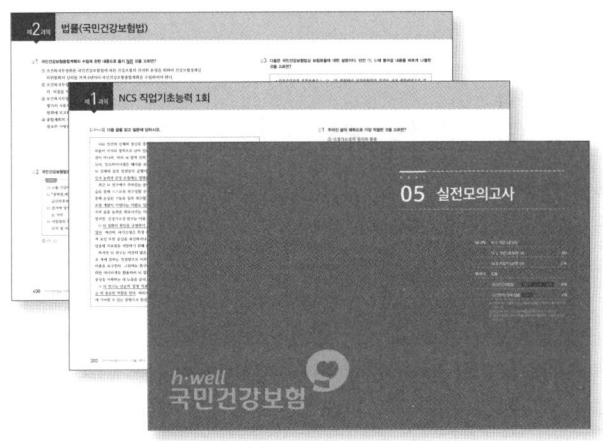

NCS+법률 실전모의고사

2024년 필기시험 구성과 동일한 NCS 직업 기초능력 60문항 2회차, 법률 20문항을 각 1회차씩 수록하여 실제 시험을 대비할 수 있도록 하였습니다.

자신이 지원하고자 하는 직렬의 법률을 선택하여 NCS 60문항을 60분간, 법률 20문항을 20분간 실전처럼 풀어볼 수 있습니다.

차례

PART 1 의사소통능력

CHAPTER 01	최신경향 분석	22
CHAPTER 02	대표기출 유형	24
CHAPTER 03	유형연습 문제	38
CHAPTER 04	실전연습 문제	72

PART 2 수리능력

CHAPTER 01	최신경향 분석	92
CHAPTER 02	대표기출 유형	94
CHAPTER 03	유형연습 문제	100
CHAPTER 04	실전연습 문제	140

PART 3 문제해결능력

CHAPTER 01	최신경향 분석	162
CHAPTER 02	대표기출 유형	164
CHAPTER 03	유형연습 문제	168
CHAPTER 04	실전연습 문제	202

PART 4

법률

CHAPTER 01 | 국민건강보험법

      01 핵심법률 정리   226
      02 실전연습 문제   256

CHAPTER 02 | 노인장기요양보험법

      01 핵심법률 정리   264
      02 실전연습 문제   286

PART 5

실전모의고사

제1과목 | NCS 직업기초능력

      NCS 직업기초능력 1회   300
      NCS 직업기초능력 2회   356

제2과목 | 법률

      국민건강보험법 `행정직·건강직·기술직`   408
      노인장기요양보험법 `요양직`   418

별책

정답과 해설

h·well
국민건강보험

PART
01

의사소통능력

CHAPTER 01	최신경향 분석	22
CHAPTER 02	대표기출 유형	24
CHAPTER 03	유형연습 문제	38
CHAPTER 04	실전연습 문제	72

CHAPTER 01 최신경향 분석

영역 소개

국민건강보험공단 의사소통능력은 국민건강보험공단의 실무와 연관된 장기요양·저출산·돌봄 등 건강 관련 소재를 바탕으로 구성된 지문 및 자료를 활용한 문제가 출제된다. 지문의 전체적인 내용을 파악하여 말하고자 하는 의도를 파악해야 하는 주제/제목 찾기와 지문의 내용을 꼼꼼히 파악해야 하는 내용 확인, 지문의 문맥을 파악해야 하는 접속어, 문단배열, 어색한 내용 찾기, 문장삽입, 그리고 공단과 연계된 실무 자료 혹은 건강을 소재로 한 자료를 바탕으로 문제를 해결해야 하는 보도자료 연계 유형이 주로 출제된다.

그중에서도 내용 확인과 보도자료 연계 유형은 다른 유형에 비해 출제 비중이 매우 높으므로 많은 문제를 풀면서 연습하도록 해야 하며, 공단과 연계된 자료나 건강 소재의 내용을 활용하는 경향이 높으므로 평소 공단 및 건강 관련 소식들을 가까이 하는 것이 필요하다.

출제유형 소개

유형	독해

2023년, 2024년 필기시험을 기준으로 국민건강보험공단 의사소통능력은 문법, 어휘 유형은 출제되지 않았고, 독해 유형만 20문제가 출제되었다. 독해 유형은 다음과 같이 일곱 가지 세부 유형으로 구분된다.

세부 유형		
	주제/제목 찾기	주어진 글의 중심 내용을 파악하는 유형
	내용 확인	주어진 글의 내용과 선택지의 일치 여부를 판단하는 유형
	접속어	주어진 글의 문맥에 맞는 접속어를 찾는 유형
	문단배열	주어진 글을 전개 순서에 맞게 배열하는 유형
	어색한 내용 찾기	주어진 글의 문맥에 맞지 않는 문장이나 문단을 찾는 유형
	문장삽입	주어진 문장을 주어진 글의 문맥에 맞는 자리에 넣는 유형
	보도자료 연계	주어진 보도자료를 바탕으로 연계 문제를 해결하는 유형

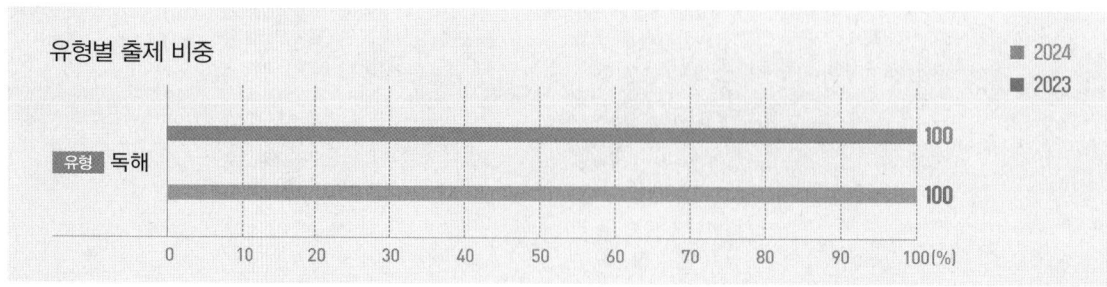

2023~2024년 필기시험 기출분석

1. 1개 지문에 2~3문항이 하나의 세트로 되어 있는 문항이 출제되었다.
2. 대부분 한 페이지 내에 지문이 나오고 옆 페이지에 문제가 배치되었다.
3. 문장을 삽입하는 문제가 출제되었다.
4. 7개 이상의 문단을 배열해야 하는 문제가 출제되었다.
5. 상반기에는 2023년보다 쉬웠으나 하반기에 어려워졌다는 평들이 있었다.

하반기 최신 기출복원 키워드
- 임상연구 계획서 관련 지문
- 부당이득 환수 관련 지문
- 뇌 질환 관련 지문
- 알레르기 비염 관련 지문

상반기 최신 기출복원 키워드
- 장애인 주치의사업 관련 지문
- 다제약물관리사업 관련 지문
- 재가급여/시설급여 관련 지문
- 금연 광고 관련 보도자료
- 빅데이터 심포지엄 개최 보도자료
- 언어장애의 종류 관련 지문

1. 1개 지문에 2~3문항이 하나의 세트로 되어 있는 문항이 출제되었다.
2. 지문의 길이는 한 페이지 이상인 경우가 많았고, 보도자료와 줄글이 연계된 문항도 있었다.
3. 문장 삽입, 문단 순서, 주제 등 다양한 유형의 문항이 나왔다.
4. 상반기에는 특이한 유형의 접속어 관련 문항이 나왔으나 하반기에는 접속어 문항이 출제되지 않았다.

최신 기출복원 키워드
- 척추 관철염/디스크 관련 지문
- 사회적 해킹 관련 지문
- 소아과 의료인력 관련 지문
- 중증의료센터 관련 지문

CHAPTER 02 대표기출 유형

유형 | 독해

세부 유형 | 주제/제목 찾기

다음 글의 주제로 가장 적절한 것을 고르면? 2024 상반기 국민건강보험공단 기출변형

보건복지부(장관 조규홍)는 2월 28일(수)부터 경증장애인까지 대상을 확대한 장애인 건강주치의 4단계 시범사업을 실시한다.

장애인 건강주치의 사업은 장애인이 자신의 주치의를 선택하여 일상적 질환 및 전문장애 관리를 지속적 · 포괄적으로 받을 수 있도록 지원하는 제도로, 장애인의 전반적 건강상태와 생활습관을 고려한 관리계획 수립, 진료기관 방문이 어려운 장애인에 대한 주치의 · 간호사 방문진료 · 간호를 통해 장애인 건강은 물론 삶의 질 개선에도 기여해왔다.

올해부터 시행되는 4단계 사업은 의원급에서 제공하는 ▲일반건강관리 대상을 중증장애인에서 경증장애인까지 모든 장애인으로 확대하고, ▲방문서비스 횟수를 확대(중증 연 18회 → 중증 연 24회, 경증 연 4회) 제공하며, ▲주장애관리 기관에 일부 상급종합병원*을 포함하여 보다 다양한 의료기관이 사업에 참여할 수 있도록 한다.

* 지역장애인보건의료센터 또는 발달장애인거점병원으로 지정된 상급종합병원

장애인 치과주치의 시범사업도 확대된다. 부산, 대구, 제주로 한정되었던 사업지역을 전국으로 확대하고, 중증장애인 외에도 뇌병변, 정신 경증장애인*도 서비스를 받을 수 있도록 한다.

* 거동 불편, 의사소통 제한 등으로 통상적인 치과 진료 협조가 낮은 장애 유형

〈장애인 건강(치과)주치의 4단계 시범사업 주요 개선사항〉

구분		기존	개선
건강 주치의	대상자 확대 (일반건강관리)	중증장애인	전체 장애인(경증 포함)
	방문서비스 확대	중증장애인 연 18회	중증장애인 연 24회, 경증장애인 연 4회
	주장애관리 기관 확대	의원, 병원, 정신병원, 종합병원	의원, 병원, 정신병원, 종합병원, 일부 상급종합병원
치과 주치의	대상자 확대	중증장애인	중증장애인⊕뇌병변,정신 경증장애인
	사업지역 확대	부산시, 대구 남구, 제주시	전국

건강주치의 이용을 원하는 장애인은 국민건강보험공단 누리집(www.nhis.or.kr)의 '검진기관/병원 찾기—장애인 건강주치의 의료기관 찾기'에서 원하는 주치의를 선택하여 서비스를 신청할 수 있으며, 엘리베이터, 장애인전용주차구역, 장애인화장실 등 편의시설 정보도 확인할 수 있다.

또한, 건강주치의로 활동하고자 하는 의사는 국립재활원 누리집(www.nrc.go.kr)에서 장애인 건강주치의 교육신청을 하고, 한국보건복지인재원 주치의 교육 누리집(mydoctor.kohi.or.kr)에서 교육 이수 후, 국민건강보험공단 요양기관정보마당에서 장애인 건강주치의로 등록하면 된다.

① 장애인 건강주치의 시범사업의 축소
② 장애인 건강주치의 시범사업의 효과
③ 장애인 건강주치의 시범사업의 도입
④ 장애인 건강주치의 시범사업의 확대

풀이전략

- 주제를 찾는 능력은 모든 독해 문제를 해결하는 데 가장 기본적인 능력이다. 지문 전체의 주제를 찾는 것도 중요하고, 문단마다의 주제를 파악하는 것도 중요하다. 주제를 찾는 연습이 부족하면 다른 유형의 독해 문제를 해결할 때도 쉽게 함정에 빠질 수 있다.
- 한 편의 글이 만들어지는 데에는 '필자', '글의 목적', '서술방식' 등의 요소들이 반드시 포함되는데, 주제 찾기 문제는 '지문의 필자가 어떤 목적으로 이 글을 썼는가?'에 집중해야 한다.
- 우선 지문이 다루고자 하는 핵심 키워드를 파악해야 한다. 독해 지문의 주제는 가장 앞 문단이나 마지막 문단에서 찾을 수 있는 경우가 많으므로 모든 지문을 처음부터 끝까지 정독하기보다는 핵심 키워드를 중심으로 지문을 읽으면서 주제가 무엇일지 미리 생각해 보고, 이후 선택지와 비교하면 주제를 보다 명확하게 파악할 수 있다.
- 또한 지문 전체의 주제를 찾는 문제를 풀이할 때는 주제 문장을 다루고 있는 선택지의 범위가 일부 문단에 한정적이지 않은지 확인하고, 전체 지문의 내용을 포괄하고 있는 선택지를 골라야 한다.

정답해설

주어진 글은 장애인 건강주치의 사업이 4단계 시범사업까지 거치면서 대상자와 사업지역 등이 확대되고 있다는 내용을 주제로 한 글이다.

| 오답풀이 |
① 장애인 건강주치의 사업이 축소된다는 내용은 찾을 수 없다.
② 장애인 건강주치의 사업의 효과로 장애인의 건강과 삶의 질 개선에도 기여했다는 언급이 있지만 글의 전체적인 주제로는 적합하지 않다.
③ 장애인 건강주치의 사업은 이미 4단계의 시범사업을 거치는 중이기에 도입된다고 하는 것은 적절하지 않다.

| 정답 | ④

세부 유형 | 내용 확인

주어진 글의 내용과 일치하지 않는 것을 고르면?

2024 하반기 국민건강보험공단 기출변형

국민건강보험공단(이하 '공단'이라고 한다)은 국민의 건강을 보호하고 의료비 부담을 줄이기 위해 설립된 공공기관이다. 그러나 공단에서 제공하는 건강보험 혜택이 일부 부당하게 사용되는 사례가 발생하면서 부당이득 환수 제도가 주목받고 있다. 부당이득 환수란 건강보험 자격을 부당하게 사용하거나 허위로 진료비를 청구하는 경우, 이를 적발하여 부당하게 지출된 금액을 환수하는 제도를 의미한다.

대표적인 사례로는 의료기관이 허위 진료 기록을 통해 과다한 진료비를 청구하는 경우가 있다. 예를 들어, 실제로는 이뤄지지 않은 진료를 받은 것처럼 기록하거나, 불필요한 검사를 반복적으로 시행한 뒤 공단에 비용을 청구하는 방식이다. 이러한 부정 청구는 건강보험 재정을 악화시키고, 국민 전체에게 부담을 전가한다는 점에서 심각한 문제로 인식된다. 또 다른 사례로는 보험 자격을 부당하게 사용하는 경우이다. 건강보험은 원칙적으로 국내에 거주하는 국민과 등록된 외국인을 대상으로 하지만, 일부 사례에서는 자격이 없는 외국인이 부정한 방법으로 보험 혜택을 받는 경우도 보고되고 있다. 이는 공단의 재정 손실뿐만 아니라, 정당하게 혜택을 받아야 할 국민들의 권익을 침해하는 결과를 초래한다.

공단은 이러한 부당이득 사례를 방지하고 환수하기 위해 다각적인 노력을 기울이고 있다. 먼저, 건강보험 청구 시스템을 디지털화하고 AI 기술을 도입하여 이상 청구 패턴을 실시간으로 분석하고 있다. 이를 통해 기존의 수동적 조사 방식보다 빠르고 정확하게 부정 청구를 적발할 수 있다. 또한, 부당이득 환수에 대한 법적 근거를 강화하고, 허위 청구가 적발된 경우 해당 기관에 대한 행정처분과 형사 고발을 병행하고 있다.

그러나 부당이득 환수 제도에는 여전히 과제가 남아 있다. 부정 청구를 입증하기 위해서는 방대한 데이터 분석과 충분한 법적 증거가 필요하다는 점에서 시간이 많이 소요된다. 또한, 일부 의료기관은 제도를 악용해 환자와 공단 사이의 갈등을 일으키기도 한다. 따라서 공단은 투명한 절차와 공정한 조사를 통해 국민 신뢰를 얻는 것이 중요하다. 공단의 부당이득 환수 제도는 국민의 의료비 부담을 줄이고 건강보험 재정을 안정화하기 위한 필수적인 장치이다. 이를 위해 기술적 혁신과 함께 윤리적 기준을 강화하여 건강보험의 공정성을 유지해야 할 것이다.

① 국민건강보험공단은 AI 기술을 활용하여 허위 청구를 실시간으로 탐지하고 있다.
② 부정 청구를 적발하기 위해 방대한 데이터 분석과 법적 증거가 요구된다.
③ 부당이득 환수 제도는 건강보험 재정 안정화와 국민의 권익 보호를 위한 필수적인 장치이다.
④ 국민건강보험공단은 부당이득 환수를 통해 자격이 없는 외국인의 건강보험 혜택을 확대하고 있다.

풀이전략

- 내용 확인은 국민건강보험공단 의사소통능력에서 가장 많이 출제되는 유형으로 출제 비중이 매우 높다.
- 글뿐만 아니라 보도자료, 공고문 등 여러 지문이 많이 출제되며, 지문을 꼼꼼히 파악해야 하므로 각 문단의 중심 내용을 바탕으로 세부 내용을 정리하면서 읽어야 한다.
- 지문을 읽기 전 선택지를 먼저 읽어야 한다. 선택지의 모든 내용을 기억할 필요는 없다. 선택지의 문맥과 키워드를 중심으로 훑어본 뒤 지문을 읽는다. 지문과 선택지를 확인하는 과정에서 바로 정답이 나오지 않으면 오답을 먼저 확실히 소거한다.
- 선택지의 내용을 본문에서 반드시 확인하려는 습관을 가져야 한다. 문제 풀이의 소요 시간이 늘어날 수는 있지만, 습관은 계속 유지하면서 그 시간을 줄이는 연습을 해야 한다.

정답해설

주어진 글은 부당이득 환수 제도가 자격이 없는 외국인의 건강보험 혜택 남용을 적발하여 공정성을 유지하고 재정을 안정화하려는 목적임을 명확히 설명하고 있다. 따라서 ④는 주어진 글의 내용과 일치하지 않는다.

| 오답풀이 |

① 국민건강보험공단이 AI 기술을 도입해 이상 청구 패턴을 실시간으로 분석하고 허위 청구를 적발하고 있다고 언급하였다.
② 부정 청구를 입증하려면 방대한 데이터 분석과 법적 증거가 필요하며, 이로 인해 시간이 많이 소요된다고 설명하고 있다.
③ 부당이득 환수 제도가 건강보험 재정을 안정화하고 정당한 국민의 권익을 보호하는 데 필수적이라고 설명하고 있다.

| 정답 | ④

세부 유형 | **접속어**

다음 글의 ㉠~㉢에 들어갈 접속어가 바르게 짝지어진 것을 고르면?   2023 하반기 국민건강보험공단 기출변형

국민건강보험은 치매 치료 및 간병으로 인한 가계 부담이 심각한 수준으로 치솟음에 따라 20~60%였던 중증 치매 환자 의료비 본인부담률을 2017년 10월부터 10%로 낮추는 정책을 시행했다. 인지 영역별로 기능 저하 여부를 정밀하게 검사하는 종합 신경인지 검사와 치매가 의심되는 환자에 대한 MRI 검사도 순차적으로 건강보험을 적용했다. 이를 통해 상급종합병원 기준 약 100만 원이었던 진단검사 비용이 40만 원 이하로 줄었다. 또한 중위소득 50% 이하 수급자에게 적용되던 장기요양 본인부담금 경감 혜택도 건강보험료 순위를 기준으로 중산층까지 확대하였다. 이러한 변화는 치매에 친화적인 분위기 조성에도 긍정적 역할을 하였는데, 치매 환자 가족 휴가제, 치매 어르신 실종 예방 사업, 치매 어르신 공공후견제도 등을 함께 시행함으로써 환자와 가족의 부담을 점차적으로 줄이고 있는 것이다.

(㉠) 66세 전 국민을 대상으로 하는 국가건강검진의 인지기능 검사 주기를 기존 4년에서 2년으로 줄였다. 또한 간이 검사 후 추가 검사가 필요할 때만 실시하던 15개 항목의 인지기능 장애 검사를 처음부터 실시하여 예방과 조기 치료의 효율을 높였다. 만약 치매가 의심될 경우에는 치매안심센터로 연결되어 지속적인 관리가 이루어진다.

(㉡) 같은 치매라도 진행 정도에 따라 경중에 차이가 있다. 경중의 경우 신체 기능은 양호한 편인데, 과거에는 이를 기준으로 등급을 구분했기 때문에 증상이 심한 일부 치매 환자들만 장기요양보험 혜택을 받을 수 있었다. 하지만 등급 체계를 개선하여 장기요양 서비스의 범위가 모든 치매 환자에게로 확대되도록 하였다. 그래서 새롭게 등급을 받는 경우 현재 신체 기능을 유지하고 증상 악화를 예방하는 데 초점이 맞춰지도록 한다. 따라서 인지 활동 프로그램 이용이 가능해지는 것은 물론 간호사의 가정 방문 복약지도 및 돌봄 관련 정보 제공 서비스가 이루어진다.

(㉢) 치매 수급자를 둔 가족들을 위한 지원도 이루어지고 있다. 국민건강보험공단에서 운영하는 '가족 상담 지원 서비스'를 통해 장기요양 수급자 가족의 스트레스와 우울감을 완화하는 상담 및 집단 활동을 할 수 있다. 노인장기요양보험 도입으로 가족 수발자의 경제적 부담은 감소했지만, 오랜 간병 생활로 가족 간 갈등과 노인 학대가 사회문제로 떠오르면서 가족의 심리적·정서적 부담을 줄이기 위해 2020년부터 전국 60개 지역에서 확대 운영하고 있다.

(㉣) 치매 수급자를 집에서 돌보는 가정은 집안 행사나 휴가 등으로 집을 비워야 할 때 환자를 누구에게 맡길지 걱정하기 마련이다. 간병으로 여유가 없는 일상에서는 피로가 누적될 수밖에 없다. 이럴 때는 '치매가족휴가제'를 이용할 수 있다. 치매가 있는 장기요양 수급자의 돌봄에 지친 가족이라면 연간 6일(12회)까지 이용 가능하다. 가족이 여행 등으로 휴식을 취하는 동안 치매 수급자는 단기 보호 기관에 입소하여 보호를 받을 수 있다. 만약, 치매 수급자가 낯가림이 심하거나 다른 장소로 옮기는 것을 꺼린다면 '종일방문요양' 서비스를 이용할 수도 있다. 종일방문요양 서비스는 요양 보호사가 치매 수급자의 가정을 방문하여 보호자를 대신해 하루(낮 또는 밤 중) 12시간 동안 일상적인 돌봄 서비스를 제공하는 것이다.

	㉠	㉡	㉢	㉣
①	이밖에	이와 더불어	한편	그럼에도
②	이밖에	그러나	이와 더불어	한편
③	이와 더불어	그러나	이밖에	한편
④	이와 더불어	한편	이밖에	그럼에도

풀이전략

- 접속어는 주제/제목 찾기, 내용 확인과 비교했을 때, 출제 비중이 낮은 유형이다. 국민건강보험공단 의사소통능력에서 약 한 문항씩 출제되고 있다.
- 글 전체를 읽을 필요 없이 접속어가 들어갈 문장을 기준으로 앞·뒷부분 문장을 읽어 문맥을 파악한 후, 문맥에 맞게 문장을 연결해 줄 수 있는 접속어를 찾아 문제를 해결하도록 한다.
- 익숙한 유형이라면 시간을 단축할 수 있는 대표적인 유형이므로 충분히 연습할 수 있도록 한다.

정답해설

㉠에는 첫 번째 문단에서 제시한 국민건강보험의 치매 환자 의료비 지원과 더불어 치매 검사 주기를 더 짧게 줄인다는 내용이므로 첨가의 의미를 지닌 '이와 더불어'가 들어가야 한다. 그리고 ㉡에는 치매 진행의 경중 차이를 언급하며 치매의 다른 관점에서의 혜택을 언급하고 있으므로 화제를 전환하는 '한편'이 들어가야 한다. ㉢ 이후의 문단에는 치매 당사자가 아니라 치매 간병 가족들을 위한 지원에 관한 내용이 제시되어 있다. 앞선 내용과 다른 종류의 지원이므로 '이밖에'가 들어가야 하고, ㉣에는 이런 지원에도 불구하고 어려움을 겪는 가족들을 위한 또 다른 지원을 제시하고 있으므로 '그럼에도'가 들어가는 것이 적절하다.

| 정답 | ④

세부 유형 | 문단배열

다음 [가]~[사]를 문맥의 흐름에 맞게 배열한 것을 고르면?

2024 하반기 국민건강보험공단 기출변형

[가] 특히 원격 진료는 건강과 IT 융복합의 대표적인 사례로 꼽힌다. 원격 진료는 시간과 공간의 제약을 극복하며, 의료 접근성이 낮은 지역에서도 전문적인 의료 서비스를 받을 수 있도록 한다. 최근 팬데믹 상황에서는 원격 진료의 필요성과 효율성이 더욱 강조되었으며, 이를 위한 플랫폼과 인프라가 빠르게 발전하고 있다.

[나] 건강과 IT 융복합의 핵심 중 하나는 웨어러블 디바이스이다. 스마트워치나 피트니스 밴드 같은 웨어러블 기기는 심박수, 혈압, 수면 패턴 등 다양한 생체 정보를 수집하고, 이를 분석하여 사용자가 자신의 건강 상태를 쉽게 파악할 수 있도록 돕는다. 이러한 기기는 만성질환 환자에게 특히 유용하며, 정기적인 병원 방문 없이도 기본적인 건강 상태를 관리할 수 있는 방법을 제공한다.

[다] 이와 더불어 건강과 IT 융복합 기술의 상용화는 국가적 차원의 지원이 필요하다. 특히, 관련 기술 개발을 위한 연구 투자와 법적·제도적 지원이 필수적이다. 정부와 민간 기업 간의 협력을 통해 기술 개발과 시장 확대를 동시에 추진해야 한다.

[라] 건강과 IT의 융복합이 가져오는 혜택에도 불구하고 몇 가지 과제가 남아 있다. 첫째, 의료 데이터를 디지털화하면서 발생하는 개인정보 보호 문제가 있다. 환자의 민감한 정보가 유출될 위험을 줄이기 위해서는 강력한 보안 체계와 법적 규제가 필요하다. 둘째, 고령층이나 디지털 소외계층의 접근성을 높이는 방안도 중요하다. 이들 계층이 IT 기반 의료 서비스를 활용하지 못하면 건강 격차가 더욱 심화될 수 있다.

[마] 건강과 IT의 융복합은 의료 혁신과 국민 건강 증진에 중요한 역할을 하고 있다. 개인화된 의료와 원격 진료 같은 새로운 방식은 환자 중심의 의료 패러다임을 구축하는 데 기여하며, IT 기술을 적극적으로 활용해 미래 의료 환경을 재구성할 수 있는 잠재력을 보여준다.

[바] 또한, IT 기술은 의료 데이터의 효율적인 관리와 활용에도 기여하고 있다. 과거에는 환자의 의료 기록이 개별 병원에 국한되어 활용되었으나, 이제는 클라우드 기반의 데이터 저장과 인공지능(AI) 분석을 통해 의료 데이터를 통합적으로 관리할 수 있게 되었다. 이를 통해 환자의 의료 이력을 종합적으로 분석하여 더 나은 치료법을 제시할 수 있다.

[사] 21세기 들어 정보기술(IT)이 다양한 산업과 융합하면서 혁신적인 변화를 만들어내고 있다. 특히 건강과 IT의 융복합은 의료 서비스와 개인 건강관리의 새로운 패러다임을 제시하며 주목받고 있다. 이러한 융복합 기술은 개인화된 의료 정보 제공, 건강 모니터링 시스템, 원격 진료 등을 가능하게 하며, 환자의 건강 상태를 실시간으로 확인할 수 있는 환경을 만들어낸다.

① [나]-[바]-[다]-[가]-[라]-[마]-[사]
② [마]-[사]-[가]-[다]-[나]-[라]-[바]
③ [마]-[가]-[나]-[라]-[사]-[바]-[다]
④ [사]-[나]-[바]-[가]-[라]-[다]-[마]

풀이전략

- 문단배열은 접속어 유형과 비슷하게 출제 비중이 매우 낮은 유형으로, 국민건강보험공단 의사소통능력에서 보통 한 문제씩 출제되고 있다. 2024년 하반기에는 7개 이상의 문단이 제시되었다.
- 지문이 다소 길다고 하더라도 길이에 비례하여 풀이 시간이 늘어나는 유형은 아니다. 오히려 지문이 길수록 이어진 문단을 선택할 근거가 많아지므로 풀이의 확신을 얻을 수 있다고 생각하는 것이 좋다.
- 문제를 풀 때 각 문단의 첫 문장과 마지막 문장의 접속어나 지시어가 있는지 확인하면서, 바로 앞과 뒤에 올 수 있는 문장을 추론하는 방식으로 문제를 해결하도록 한다.
- 선택지를 통해 문단 간의 관계를 일부 파악한 후 지문을 읽기 시작한다. 문단배열 유형에서 문제를 푸는 데 가장 큰 힌트가 되는 요소는 접속어나 지시대명사이므로 접속어나 지시대명사의 쓰임에 집중해서 글을 읽어 나가는 것이 좋다.

정답해설

[사], [나], [바], [가]: 주제 → 사례(일반 → 구체 → 시의성 있는 사례)
[라], [다]: 문제점 → 대안 제시
[마]: 결론

[사]: 도입부로 주제 제시
  - 건강과 IT 융복합이라는 전체 글의 주제를 소개하며, 주요 특징과 중요성을 간략히 설명
  - 글의 전개 방향(사례 → 문제 → 대안 → 결론)을 암시하며 독자의 관심을 유도
[나]: 첫 번째 사례 - 웨어러블 디바이스
  - 가장 친숙하고 일반적인 사례로, 건강과 IT 융복합 기술의 개념을 구체화
  - 개인 건강관리의 새로운 방식(심박수, 수면 패턴 등 생체 정보 수집)을 설명하며 공감 유도
[바]: 두 번째 사례 - 의료 데이터 관리
  - IT 기술이 의료 데이터를 효율적으로 관리하고 통합 분석하는 조금 더 복잡한 사례를 제시
  - 클라우드와 AI를 활용한 기술적 가능성을 설명
[가]: 세 번째 사례 - 원격 진료
  - 팬데믹 상황에서 더욱 부각된 시의성 높은 사례로, 건강과 IT 융복합의 대표적인 활용 방식을 강조
  - 의료 접근성을 개선한 구체적인 성과를 통해 독자의 관심을 유지
[라]: 문제점 제시
  - 기술적 혜택 뒤에 남아 있는 개인정보 보호와 디지털 소외계층 문제를 언급
  - 독자가 기술 발전의 한계를 이해하도록 유도하며, 논의의 균형을 맞춤
[다]: 대안과 국가적 지원 제안
  - 문제점에 대한 구체적인 해결책으로 연구 투자와 법적·제도적 지원을 제안
  - 정부와 민간 협력을 통한 기술 발전과 상용화를 논의하며 글의 방향성을 정리
[마]: 결론 - 건강과 IT 융복합의 가능성
  - 건강과 IT 융복합이 국민 건강 증진과 의료 혁신의 새로운 패러다임을 제시함을 강조
  - 주제를 재확인하며 마무리

| 정답 | ④

| 세부 유형 | 어색한 내용 찾기 |

다음 ㉠~㉣ 중 글의 흐름에 어울리지 않는 것을 고르면?

2023 하반기 국민건강보험공단 기출변형

척추는 머리에서 골반까지 우리 몸을 연결하고 지지하는 중심축이다. 척추는 경추 7개, 흉추 12개, 요추 5개, 천추, 미추 등 모두 33개의 뼈와 23개의 추간판(디스크)으로 이뤄진다. 척추 굽이는 S자 모양인데, 목과 허리는 활처럼 앞으로 볼록하고 등은 뒤로 굽어 있다. 이 굽이는 몸의 균형을 잡기 위해 자연스럽게 만들어진 것이다.

'요추간판탈출증'은 '허리디스크'라고 부르는 가장 대표적인 척추 질환이다. ㉠ 사실 '디스크'는 척추뼈를 연결해 주는 관절의 명칭인데 마치 병명처럼 부르게 된 것이기도 하다. 디스크에 생기는 가장 흔한 질병이 '추간판탈출증'이다. 허리디스크에 생기면 요추간판탈출증, 목디스크에 생기면 경추간판탈출증이다.

사람의 허리뼈는 5개의 요추로 구성되고 그 사이를 연결하는 관절이 디스크이다. 디스크는 허리의 관절 운동을 가능하게 해주고 몸에 가해지는 충격을 흡수한다. 하지만 반복적인 충격과 퇴행성 변화로 디스크 조직이 약해지면 디스크 관절 내부에 있는 수핵이 섬유륜이라는 질긴 관절막을 뚫고 빠져나와 신경을 압박하고 염증을 일으키게 된다. 이런 상태가 요추간판탈출증이다. 노화로 인한 허리뼈의 퇴행성 변화, 강한 충격, 허리에 무리를 가하는 생활 습관 등이 원인이다. ㉡ 외부 충격이나 나쁜 자세가 원인으로 나타나는 근육이나 인대 손상을 '염좌'라고 한다. 흔히 '허리가 삐끗했다'고 경험하는 증상은 '요추부 염좌'이다.

㉢ 요추간판탈출증은 허리 부위에 심한 통증을 느낌과 동시에 골반이나 엉덩이, 다리 쪽으로 뻗쳐 나가는 통증을 동반한다. 특별한 외상 없이 예기치 않게 갑자기 나타나는데, 잘 자고 일어났을 때 발생하기도 한다. 허리 통증 없이 다리 통증만 느낄 수도 있다. 디스크가 파열되면 빠져나온 수핵이 척추를 지나는 신경을 압박해 다리가 심하게 땅기기 때문이다. 고개를 숙이거나 허리를 굽힐 때, 재채기할 때 허리 통증이 심해질 수 있다.

척추 질환 중에서 가장 혼동하기 쉬운 질환이 '요추간판탈출증'과 '척추관협착증'이다. 척추 신경 줄기인 척수가 지나가는 통로가 척추관이다. 목뼈에 생기면 '경추관협착증', 등뼈에 생기면 '흉추관협착증', 허리뼈에 생기면 '요추관협착증'이라고 부른다.

척추관협착증은 신경이 지나가는 척추관이 좁아져 신경을 누르는 질환이다. ㉣ 디스크 속 수분이 빠지면서 위아래 척추 사이가 좁아지고 그로 인해 척추 관절과 주위 조직이 두꺼워져 척추관이 좁아진 끝에 발생한다. 주로 50세 이후에 나타나는 퇴행성 질환 중 하나이다. 증상은 다리가 저리거나 땅기는 증상부터 터질 듯 아픈 통증까지 다양하다. 초기에는 허리와 엉덩이에 통증이 생기고, 시간이 흐르면서 다리가 무거워지고 저린 증상이 나타난다. 앉았을 때는 괜찮다가 일어서거나 걸으면 증상이 심해진다. 심해지면 조금만 걸어도 다리가 저리고 힘이 빠져서 앉아 쉬어야 하는 상태가 된다. 허리를 구부리면 일시적으로 척추관이 넓어져 신경이 지나가는 통로가 확보돼 통증이 줄어들기도 한다.

① ㉠   ② ㉡   ③ ㉢   ④ ㉣

풀이전략

- 글의 맥락을 파악하고 있는지를 묻는 문제이다. 2021년 필기시험에 처음으로 등장한 유형으로 상·하반기에 1~2문항 정도가 출제되었다.
- 문단배열의 어려운 유형으로 볼 수 있다. 글의 맥락을 파악하여 흐름이 매끄럽게 진행되는지를 확인하는 게 중요하다.
- 전체 글의 중요한 키워드와 중심 내용을 확인해야 한다. 키워드를 바탕으로 문장 또는 문단이 잘 연결되는지에 집중해서 글을 읽어 나가는 것이 좋다.

정답해설

세 번째 문단은 요추간판탈출증, 즉 허리디스크에 대한 설명을 하는 문단이다. ⓒ은 척추가 아닌 근육 손상인 염좌에 대해 이야기하고 있으므로 내용의 흐름과 어색한 문장이다.

| 오답풀이 |

① ㉠은 우리가 요추간판탈출증을 흔히 디스크라고 부르는 이유에 대해 설명하고 있으므로 적절하다.
③ ㉢은 요추간판탈출증의 증상을 설명하고 있으며, 네 번째 문단 전체가 이를 설명하고 있으므로 적절하다.
④ ㉣은 척추관협착증의 발생 원인에 대해 설명하고 있으므로 뒤에 나오는 척추관협착증의 증상과 어울리는 내용이다.

| 정답 | ②

세부 유형 | 문장삽입

주어진 글의 흐름상 (가)~(라) 중 [보기]의 문장이 들어갈 가장 적절한 위치를 고르면?

펠레그리노는 '의료철학', 혹은 '의철학'의 아버지로도 불리는 인물이다. 내과 의사이자 생명윤리학자였던 그는 의과대학에서의 의료인문학 교육의 중요성을 강조하였다. 1978년 조지타운 대학의 임상의학 교수로 임명된 이후로는 의료인의 윤리적 태도가 어떻게 실천되어야 할 것인지를 고민하고 연구해 왔다.

펠레그리노의 저서인 '의철학의 재탄생(The Philosophy of Medical Reborn)'은 그의 주요 논문들을 모아놓은 책이어서 펠레그리노의 철학은 물론, 현대 의료철학의 핵심적 지향이 무엇이어야 하는지를 성찰하도록 해주는 책이다. 이 책의 제1편집자인 엥겔하르트는 책의 서문에서 20세기 후반 생명윤리와 의료인문학의 출현은 펠레그리노를 떼어놓고는 말할 수 없다고 평가한다. 또한 '의철학의 재탄생'에 수록된 펠레그리노의 글들을 통해, 엥겔하르트는 의철학, 의료인문학, 생명윤리에 걸친 펠레그리노의 연구에 대한 헌정을 바치고 있다. (가)

책에서 펠레그리노는 먼저 의학에 대한 철학적 반성이 필요한 이유를 설명한다. 그 설명 과정에서 의학이 인간의 건강과 생명이라는 실천적 목적에 기여하기 위해 존재한다면, 인간의 삶과 욕망, 죽음에 대하여 관심을 가지는 철학적 통찰의 대상일 수밖에 없음을 주장한다. 그리고 의철학의 목적 역시 환자의 치유, 환자의 '좋음'에 대한 지향을 가져야 한다고 인식한다. (나)

펠레그리노가 의료 윤리에 대하여 주목한 가장 중요한 이유는 의학적 전통이 변화하고 있다고 보기 때문이다. 펠레그리노는 새로운 의료 윤리에 대한 요구가 발생하고 있다고 진단한다. 의학적 도덕성의 전통적인 종교적 기반이 흔들리고 있으며, 낙태, 안락사, DNA 재조합과 같은 윤리적 딜레마에 관한 가치 판단이 요구되고 있다는 시대적 변화도 주목한다. 의료 윤리가 지금까지 의사 중심적이었고, 환자와 사회의 판단이 개입될 여지가 별로 없었다는 점도 지적한다. (다)

펠레그리노에 따르면 의료인은 환자의 고통에 당위적으로 응답해야 한다. 인간을 수단이 아닌 목적으로 대하며 그 존엄성을 보전하라는 칸트의 정언 명령은 취약한 환자와 관계 맺는 의료인에게 있어, 더욱 특별히 요구되는 보편준칙이다. 펠레그리노는 인간의 존엄성을 중시하는 같은 관점에서 환자의 존엄성뿐만 아니라 의료인의 존엄성도 중요하다고 본다. 여기에는 의료인들의 사익 추구와 전통적인 '덕 윤리' 사이에서의 딜레마가 전제되어 있다. 하지만 펠레그리노는 의료인과 환자와의 상호소통과 존중 속에서 실천적 지혜를 모색해야 한다는, 당위적인 직업윤리를 내세운다. (라)

펠레그리노는 의사의 경우, 한 개인으로서의 양심과 의료 전문인으로서의 양심 사이의 갈등에 놓이는 경우가 있을 수 있음을 인정한다. 펠레그리노는 전통적인 히포크라테스적 윤리를 다시 돌이켜 떠올리면서도, 경험과 체험의 구체성을 접목할 수 있는 인문학적 훈련을 도입해야만 의료인의 삶 자체에 그러한 윤리 의식이 통합될 수 있다고 주장한다. 다시 말하자면, 의료 윤리적 판단의 근거는 '환자' 중심이어야 한다는 것이며, 의사의 목표는 인간인 환자의 '인간 가치의 회복'에 두어야 한다는 점이다. 보다 정확히는 의사와 환자의 관계 속에서 철학적 바탕의 윤리를 조망해야 한다고 강조한다.

> **보기**
>
> 그러므로 그는 의사와 환자, 의사와 의사, 의사와 사회 사이의 관계 속에서 윤리적 결론을 도출하려 하고, 의학적 돌봄의 상품화에 대한 비판적 논증에도 도달한다.

① (가)   ② (나)   ③ (다)   ④ (라)

풀이전략
- 글의 연결, 흐름에 관한 문제로 2024년 하반기에 출제되었다.
- 빈칸의 위치에 따라 어떤 내용이 들어가야 하는지를 파악하는 것이 중요하다. 빈칸이 지문의 가장 앞 또는 가장 마지막에 위치할 경우에는 지문의 주제나 제목이 들어갈 확률이 높으며, 지문의 중간에 위치할 경우에는 빈칸을 기준으로 앞 뒤 문장의 내용이 자연스럽게 연결되는 선택지를 빠르게 파악하도록 한다.

정답해설

주어진 글은 펠레그리노의 '의료철학'에 관한 내용이다. 특히 그의 저서에 대해서 소개하며 그의 철학을 상세하게 풀어서 소개하고 있다. 주어진 [보기] 문장은 그가 '관계' 속에서 윤리적 결론을 도출하려고 하며, 의학적 돌봄의 상품화에 대해서 비판한다는 내용이다. 전체 지문에 포함된 문장이라고 보았을 때, 이 문장에 나타난 '그'는 펠레그리노임을 알 수 있다.

지문에서 두 번째 단락의 경우 '의철학의 재탄생'을 편집한 엥겔하르트에 대한 내용으로 단락을 맺고 있다. 세 번째 단락의 경우 '의철학의 재탄생'에 담긴 철학적 반성이 필요한 이유부터 시작하여 해당 저서의 내용을 전체적으로 소개한다. 네 번째 단락의 경우 의사와 사회, 즉 시대적 변화를 고려하여야 한다는 내용이 드러나 있다. 다섯 번째 단락의 경우 의료 실천에서의 덕 윤리에 대한 내용이다. 마지막 단락의 경우 히포크라테스적 윤리를 떠올리면서도 인문학적 훈련을 강조하고 있다. 즉, 주어진 보기의 내용인 의사와 환자, 의사와 사회, 의학적 돌봄에 대한 내용이 세 번째 단락부터 순차적으로 드러나 있다. 그러므로 세 번째 단락의 마지막 부분인 (나)에 보기의 내용이 소개되는 것이 적절하다. 이후로 이 내용을 순차적으로 서술하는 것이 논리적인 글의 흐름으로 자연스럽기 때문이다.

| 오답풀이 |

① (가)에 보기 내용이 들어가게 되면 '그'가 펠레그리노가 아닌 엥겔하르트가 되므로 적절하지 않다.
③ (다)가 포함된 단락은 의료 윤리에 영향을 끼치는 시대적 변화에 대한 내용이다. 그러므로 '의사와 환자, 의사와 의사, 의사와 사회 사이의 관계'를 모두 강조한 [보기]의 문장에 비해 한정적이므로 (다)에 들어가는 것은 적절하지 않다.
④ (라)는 다소 당위적인 직업윤리를 내세운다는 앞 문장의 내용을 보았을 때, 그 뒤에 '그러므로'라고 연결하는 것은 어색함을 알 수 있다.

| 정답 | ②

세부 유형 | **보도자료 연계**

다음 보도자료의 내용과 일치하지 않는 것을 고르면?

2024 상반기 국민건강보험공단 기출변형

▫ 감염병 데이터를 활용한 분석·예측 분야 심포지엄 개최
  − 감염병 데이터를 활용한 분석·예측 연구 성과를 공유하는 심포지엄 개최
  − 향후, 감염병 정책 수립을 위한 감염병 데이터 활용 분석·예측 고도화 방안 논의
▫ 보건복지부는 감염병 데이터 분석·예측 분야의 전문가들과 함께, 「감염병 데이터를 활용한 분석·예측 분야 심포지엄」을 개최한다고 밝혔다.

[심포지엄 개요]
▶ (일시·장소) '24. 11. 29.(금), 서울 여의도 ○○○ 호텔(서울 영등포구)
▶ (참석자) 질병관리청장, 질병데이터분석관, 분석·예측 분야 전문가, 감염병 담당자 등 80여 명
▶ (주요 내용) (1부) 건강정보 연계 감염병 빅데이터 구축 현황 및 활용 연구 주요 성과 소개, (2부) 감염병 예측 및 연구 주요 성과 및 활용 소개 (3부) 감염병 빅데이터를 활용한 분석·예측 고도화 방안 관련 패널 토의

이번 심포지엄은 감염병 데이터 기반 분석·예측 관련 연구 결과를 공유하고, 감염병 빅데이터를 활용한 과학적 근거 기반의 방역 정책 수립 및 민간 연구 활성화 방안을 전문가들과 함께 고민하고 논의하는 자리이다.

심포지엄은 총 3부로 구성되며, 1부에서는 「건강정보 연계 감염병 빅데이터 구축 현황 및 활용 연구 주요 성과」라는 주제로 질병관리청과 국민건강보험공단이 함께 추진하고 있는 '코로나19 빅데이터(K−COV−N)'를 통한 주요 연구 성과* 공유와 함께 암 공공라이브러리(K−CURE)** 등 감염병 빅데이터 구축 현황을 소개하였다.

* '22년 4월부터 현재까지 제공 승인된 건수는 총 212건이며, 그중 30건의 논문이 발표되었음('24. 10월 기준)
* 국립암센터 내 건강정보−질병청 코로나19 확진자 및 예방접종 자료 연계('24. 7월)

2부에서는 「감염병 예측 및 연구 주요 성과」라는 주제로 질병관리청과 민간 협동으로 추진한 코로나19 대유행 시기 감염병 예측 성과와 현재 추진하고 있는 감염병 예측 모델 개발 현황 및 미래 감염병 유행 예측을 위한 준비 등에 대해서 발표하며, 3부 패널 토의에서는 질병관리청과 관련 전문가들이 「감염병 빅데이터를 활용한 유행 분석·예측 고도화 방안」이라는 주제로 감염병 빅데이터를 활용한 경험들을 바탕으로 심도 있는 논의를 진행할 예정이다.

심포지엄에 참석한 전문가들은 "코로나19 팬데믹을 통해 이미 국내에서 수집된 데이터를 활용하여 민·관 협력 연구를 더욱 적극적으로 추진할 필요가 있으며, 이러한 협력 연구 경험을 통해, 향후 새로운 감염병 위기가 온다고 해도 좀 더 효율적인 근거기반 방역 정책을 추진할 수 있을 것"이라고 밝혔다.

보건복지부는 코로나19 빅데이터 등 감염병 빅데이터를 통해 민간에서도 연구·분석·예측이 활성화될 수 있도록 "이번 심포지엄을 계기로 감염병 데이터를 활용할 수 있는 다양한 연구 분야의 가능성을 논의하고, 전문가들과의 협력을 통해 과학적 근거에 기반한 방역 정책을 수립하도록 노력하겠다."라고 밝혔다.

① 감염병 데이터를 활용한 분석·예측 심포지엄은 감염병 빅데이터를 활용한 정책 수립과 민간 연구 활성화를 위한 방안을 논의하는 자리로 구성되었다.
② 이번 심포지엄에서는 감염병 예측 모델 개발 현황과 미래 감염병 유행 예측을 주제로 질병관리청과 질병민간 협동 연구의 주요 성과를 발표하였다.
③ 코로나19 빅데이터(K-COV-N)를 통한 연구는 현재까지 200건 이상의 논문으로 발표되었으며, 다양한 데이터 활용 사례가 소개되었다.
④ 3부 패널 토의에서는 질병관리청과 전문가들이 감염병 빅데이터 활용 고도화를 주제로 논의를 진행하였다.

풀이전략

- 보도자료 연계 유형은 내용 확인 유형과 마찬가지로 국민건강보험공단 의사소통능력에서 높은 비중으로 출제되는 유형이다. 특히, 국민건강보험공단의 NCS 필기시험은 직무 연관성이 높은 편으로 일반 비문학 지문보다는 보도자료, 기사 등 실무 자료를 제시하는 복합 연계 문제가 많이 출제된다.
- 보도자료는 담고 있는 정보량이 많으므로, 문제를 빠르게 풀기 위해서는 자료 전체를 통독하기보다, 필요한 부분만 독해하는 연습이 필요하다.

정답해설

주어진 보도자료에 언급된 데이터 제공 승인 건수는 212건이며 논문 발표 건수는 30건이다. 200건 이상의 논문이라는 내용은 보도자료 내용과 일치하지 않는다.

| 오답풀이 |
① 심포지엄의 목적을 기술한 내용으로, 보도자료와 일치한다.
② 보도자료에 따르면 2부에서는 '감염병 예측 모델 개발 현황 및 미래 감염병 유행 예측 준비'를 발표한다고 언급하고 있다.
④ 보도자료에 명시된 3부 패널 토의 주제와 일치한다.

| 정답 | ③

CHAPTER 03 유형연습 문제

유형 독해

세부 유형 주제/제목 찾기

01 다음 글의 주제로 가장 적절한 것을 고르면?

　　암은 치료 후 5년이 지나서 전이 또는 재발의 조짐이 없는 상태일 경우 일반적으로 '완치'라고 말한다. 그러나 완치 판정 이후에도 재발의 위험으로부터 100% 안전하다고는 할 수 없다. 수술이나 항암, 방사선 치료 등을 받았다고 해도 60조 개가 넘는 체내 세포에서 단 하나의 암세포도 없이 완전하게 제거하는 것은 현대 의학의 한계로 거의 불가능한 일이라 할 수 있다. 첨단 장비와 각종 검사에서 암세포를 발견하여 진단해 내기 위해서는 종양의 크기가 최소한 1cm는 되어야 한다. 어쩌면 매우 작게 느껴질지도 모르는 크기이지만, 이것은 10억 개 이상의 암세포가 모여야 형성될 수 있는 크기의 종양 덩어리이다. 다시 말해, 기하급수적인 세포 분열 과정을 거쳐 10억 개 이상의 암세포가 만들어져야만 의학적 발견과 진단이 가능하다는 의미이다.

　　완치가 되었다 해도 지속적으로 진단하고, 재발 방지를 위해 노력하는 것은 이 때문이다. 완치라는 판정을 받아 내기까지의 끔찍했던 고통의 시간을 다시 겪지 않으려면 남아있는 가능성마저 완전히 제거해야만 하며, 이는 온전히 환자 본인의 몫이다. 재발 방지를 위해 가장 기본적으로 준수해야 하면서 실천해야 하는 방법은 올바른 식습관을 유지하는 것이다. 치료 중에는 독성 항암 물질 등의 치료를 견디기 위해 면역력 강화 차원에서 고열량, 고단백 식사에 중점을 뒀다면, 치료가 끝난 후에는 적정 체중을 유지하기 위해 건강한 식단에 중점을 둔 재발 방지 식습관을 실천해야 한다.

　　건강한 식생활의 기본 전제는 바로 적당한 체중 유지이다. 치료를 마친 후에는 치료 중 실시했던 고단백, 고열량의 체력 유지 식단보다는 균형 잡힌 영양을 섭취할 수 있는 식단을 지속하는 것이 중요하다. 그뿐만 아니라 적당하고 규칙적인 운동 및 금주, 금연 등을 통하여 건강한 생활 습관을 실천해야 한다.

① 암 치료 중과 치료 후의 식습관은 동일할 수 없다.
② 암의 재발 여부는 의학적 판단 기준에 의해서 결정된다.
③ 암의 재발을 방지하기 위해서는 올바른 습관이 중요하다.
④ 암 치료 후 5년이 지난 다음이 암 재발 방지를 위해 가장 중요한 시기이다.

02 다음 글의 제목으로 가장 적절한 것을 고르면?

국민건강보험공단은 7월부터 통합 돌봄 선도 사업 5개 지역(광주 서구, 경남 김해, 전북 전주, 충남 천안, 충북 진천)에서 요양병원 등 의료 기관에서 퇴원하는 장기요양 수급자와 요양 시설 이용자 중 자택 복귀 희망자를 대상으로 지역 사회 통합 돌봄 자원을 연계하는 시범 사업을 실시한다. 지역 사회 통합 돌봄이란 돌봄이 필요한 주민(노인, 장애인 등)이 살던 곳(자가, 그룹홈 등)에서 개개인의 욕구에 맞는 서비스를 누리고, 지역 사회와 함께 어울려 살아갈 수 있도록 주거·보건 의료·요양·돌봄 등을 통합적으로 제공하는 지역 주도형 사회 서비스 정책을 말한다.

이번 사업은 장기요양 수급자를 대상으로 공단이 중심이 되어 통합 돌봄 선도 사업 지역의 병원 및 지자체와의 협업을 바탕으로 보다 적극적으로 장기 입원 환자의 자택 복귀를 지원하기 위한 목적으로 실시한다. 이에 앞서 정부는 지난 2019년 11월부터 요양병원에서 자택 등으로 복귀를 희망하는 장기 입원 환자 지원을 위해 퇴원 환자 지원 제도를 마련하여 운영 중에 있다.

공단은 빅데이터를 활용하여 시범 지역 요양병원에 장기 입원 중인 장기요양 수급자를 발췌하고, 이용 지원 상담 과정에서 통합 돌봄 필요에 대한 조사를 실시하며, 수급자가 자택 복귀를 원할 경우, 장기요양 재가급여 종류와 이용 절차 등을 안내하고 표준 장기요양 이용 계획서를 재작성하여 발급한다. 지자체는 공단의 조사 결과를 바탕으로 수급자에게 필요한 장기요양 재가급여 이외의 서비스(주거, 식사, 이동 지원 등)를 연계하고, 공단과 함께 대상자의 서비스 이용 현황 및 결과 등을 모니터링한다.

또한, 공단은 요양병원 이외의 급성기 병원 퇴원 환자가 의뢰된 경우와 요양 시설 입소자에 대해서도 이용 지원 상담을 통해 통합 돌봄을 적극 안내하여 자택 복귀를 지원할 예정이다.

① 통합 돌봄 필요 수요 조사
② 표준 장기요양 이용 계획서 작성 방법
③ 국민건강보험공단의 빅데이터 활용 방법
④ 요양병원 장기 입원자 자택 복귀 지원 사업 실시

03 다음 글의 주제로 가장 적절한 것을 고르면?

2023 상반기 국민건강보험공단 기출변형

소아 의료체계 정상화를 촉구하는 의료계 목소리가 계속되고 있다. 10%대 전공의 지원율, 소아청소년과 개원가의 일반진료 전환 선언에 이어, 아동 병원에서도 의료진 이탈로 인력난이 심화하고 있다는 우려가 나오고 있다.

대한아동병원협회는 기자회견을 열고 최근 이슈화되고 있는 소아청소년과 오픈·마감런 등의 문제로 소아 환자와 보호자들이 고통을 겪고 있다고 전했다. 이는 소아 의료체계 붕괴에 따른 것으로 조속히 바로잡지 않으면, 머지않은 미래에 시스템 전체를 재개편해야 한다는 설명이다. 대한아동병원협회는 "개선안을 마련하고 정부 측에도 여러 번 의견을 전달했지만, 현장의 상황은 더욱 악화되고 있다"며 "부족한 소아 진료 인력은 충원되지 않고 정부는 하드웨어를 확대하는 정책에만 집중하는 상태"라고 지적했다.

대한아동병원협회는 현재 아동 병원의 진료 현장이 아비규환이라고 설명했다. 그동안의 정부 대책은 현장에서 아무런 효과가 없다는 지적이다. 이에 몇 개월간 진료를 위해 2시간가량 대기해야 하는 상황이 계속되자 지친 보호자들이 아동 병원 의료진과 직원들에게 욕설 등 강한 불만을 표출하기에 이르렀고, 이로 인한 아동 병원 의료진 및 직원이 이탈하는 악순환이 벌어지고 있다. 이어 대한아동병원협회에서 자체적으로 조사한 '필수 의료 붕괴 원인 및 아동 병원 실태 조사 결과'가 공개됐다. 의료진 이탈로 향후 전체의 71.4%에 달하는 아동 병원이 야간 및 휴일 진료를 단축할 것으로 예상된다는 내용이다. 그리고 여기서 진료 시간 단축 이유가 진료 의사 수 감소(34.2%)와 근무 직원 이탈(32.9%)이라는 점은 심각한 문제이다.

이 같은 문제의 원인은 필수 의료 정책이 상급종합병원 중심으로만 마련되고 있기 때문이다. 아동 병원 의료진이 상급종합병원으로 떠나면서 남은 인력의 업무가 과중된다. 결국 남은 인력이 번아웃 상태에 놓이며 그렇게 되면 급성 감염성 질환 환자들이 내원하는 아동 병원이 사라져 야간·주말 진료도 불가하게 된다. 따라서 보건 당국은 소아청소년 진료의 허리를 담당하는 아동 병원이 무너지는 것이 가장 큰 문제라는 인식을 가져야 한다.

대한아동병원협회는 무엇보다 소아청소년과 전공의 지원율을 정상화하는 것이 급선무라고 했다. 이와 함께 아동 병원 등 전체 소아청소년과를 살리는 정책을 도모해야 한다고 하였다. 이어 "지금 가장 문제가 되는 것은 소아청소년과 의사가 부족하다는 것이며 이를 충원할 방안을 가장 빨리 만들어야 한다"고 주장했다. 아울러 "아직 소아청소년과에 오겠다는 젊은 의사들이 있다. 하지만 이들의 따뜻한 마음도 현실 여건이 보장되지 않으면 무너질 수 있다. 마음이 무너지기 전에 개선 방안을 빨리 만들어야 한다"고 강조했다.

① 소아 의료 시스템 붕괴의 명과 암
② 소아 의료 인력 부족의 원인과 해결 방안
③ 소아 의료 시스템 복구를 위한 정부의 노력
④ 소아 의료 인력의 이탈과 의사 개인의 이기주의

04 다음 글로 강연을 한다고 할 때, 제목과 부제로 가장 적절한 것을 고르면?

> 노화에 관한 이론은 크게 노화가 이미 프로그램되어 있다고 보는 '프로그램 이론'과 내·외의 충격이 축적되어 노화가 진행된다는 '사고 이론'으로 나뉜다.
> 프로그램 이론은 인간의 발생과 성장이 생물학적 '시계'에 의해 지배를 받으며, 이 시계에 정해져 있는 시기가 되면 우리 몸이 여러 가지 변화를 일으킨다는 것이다. 예를 들면 시력이 나빠지고 뼈에서는 칼슘이 빠지며, 귀가 어두워지고 폐의 용량이 감소하는 등의 변화가 그것이다. 그에 비해 사고 이론은 여러 가지 형태의 인체 내·외부의 충격이 축적되어 노화된다는 이론으로 '자유 라디칼 이론'을 포함하여 '마모 이론'이 보통 많이 받아들여지고 있다.
> '마모 이론'에서는 인체와 인체를 구성하는 세포들이 과다하게 사용되면서 조금씩 손상이 된다고 보았다. 간, 위, 신장, 피부 등의 여러 기관들은 식사를 할 때 섭취되는 여러 가지 형태의 독과 환경에 의해서 마모되는데, 지방과 당, 카페인, 알코올과 니코틴의 과다 섭취, 태양의 자외선에 의한 손상, 그리고 여러 가지 형태의 물리적·감정적인 스트레스가 이러한 마모의 원인이라고 보았다. 젊었을 때에는 우리 몸이 가지고 있는 여러 형태의 수리 시스템이 작동하기 때문이 이러한 마모에 잘 대처한다. 하지만 나이가 들수록 우리 몸의 수리 기능은 점점 그 능력이 떨어진다. 그렇기 때문에 나이 든 사람들은 젊었을 때에는 아무렇지도 않았을 질병에 걸려서도 죽음에 이를 수 있게 된다. 이 이론은 적절한 건강식품이나 영양 보충 등과 같은 치료법을 통해 우리 몸의 수리 기능을 자극하고 마모를 막을 수 있도록 대처하는 것이 노화를 늦추는 데 도움이 된다고 본다.
> 한편 '신경 내분비 이론'에서는 신경 내분비 시스템에 초점을 맞추어 노화의 과정을 설명하고 있다. 신경 내분비 시스템은 호르몬의 분비와 다른 중요한 신체 기능을 지배하는 여러 생화학 물질들의 복잡한 네트워크를 의미한다. 호르몬은 우리 몸의 여러 기능을 수리하고 조절하는 데 중추적인 역할을 한다. 나이가 들수록 점차 호르몬의 농도가 감소되면서 여러 가지 활동에 장애가 오기 시작한다. 성장 호르몬, 테스토스테론, 갑상선 호르몬 등의 호르몬이 점차 감소하면서, 이로 인한 근육 형성의 저하로 노인들의 경우 근육에 대한 지방의 비율이 높아지게 된다. 이런 이유로, 이 이론에서는 '호르몬 대체 요법'을 중요하게 생각한다. 호르몬 대체 요법을 통해 신체의 호르몬 분비를 젊었을 때에 가깝게 회복시키면, 여러 가지 형태의 노화 현상을 막을 수 있다고 보는 것이다.

① 노화를 막는 방법 — 프로그램 이론, 사고 이론, 신경 내분비 이론을 중심으로
② 여러 가지 노화 이론 — 프로그램 이론, 사고 이론, 신경 내분비 이론을 중심으로
③ 여러 가지 노화 이론 — 자유 라디칼 이론, 마모 이론, 호르몬 이론을 중심으로
④ 노화 이론 연구가 나아가야 할 길 — 변화하는 노화 이론을 중심으로

05 다음 보도자료의 제목으로 가장 적절한 것을 고르면?

□ 보건복지부와 한국건강증진개발원이 유아 흡연 위해(危害) 예방 교육의 우수사례를 발굴하고 확산하기 위하여, 공모전 누리집에서 5월 30일(월)부터 7월 27일(수)까지 작품을 공모한다.
□ 공모전은 전국의 유치원과 어린이집 교사 및 만 3~5세 유아 누구나 참여 가능하다. 교육 활동과 유아 그림 두 분야로 모집하며, 유아 흡연 위해 예방 캐릭터를 활용하여 응모도 가능하다.
  ○ 다만, 참가자는 흡연자를 비하하거나 혐오하는 내용, 흡연 장면을 흉내, 담배꽁초를 만지거나 냄새를 맡는 등 위험한 행동은 포함하지 않도록 주의해야 한다.
  ○ 수상작은 심사를 거쳐 9월 중 발표 예정이며, 수상자(기관 25개소, 유아 45명)에게는 상장과 소정의 상금을 수여한다.
□ 올해 제7회를 맞이하게 된 공모전은 유아가 담배의 해로움과 금연 필요성에 대해 스스로 생각해 보고 자유롭게 그림으로 표현함으로써, 유아 눈높이에서 흡연 위해에 대한 인식을 확인하는 기회를 제공해 왔다.
  ○ 또한, 교사들의 우수하고 창의적인 교육활동 사례를 적극적으로 발굴·확산하여 교사의 흡연 위해 예방 교육 의지와 자긍심을 고취하고 양질의 교육자료 개발을 촉진해 왔다.
□ 유아 흡연 위해 예방 사업은 유아에게 흡연의 해로움 및 간접흡연의 위험성에 대한 올바른 인식을 심어주고, 이를 통해 성장기 흡연 진입을 방지하고자, 2015년부터 보건복지부와 한국건강증진개발원 국가금연지원센터가 추진하고 있다.
  ○ 또한, 부모와 유아교육·보육 기관 종사자를 대상으로 교육을 제공하여, 유아 주변의 금연 환경을 조성하고, 유아를 흡연 환경으로부터 보호하기 위해 노력하고 있다.
  ○ 찾아가는 유아 흡연 위해 예방 교실(방문교육), 놀이형 체험관(건강놀이터), 부모 대상 흡연 예방 교육, 교사 대상 교육과정 및 신규 교육자료 개발·보급, 우수사례 확산 등을 운영하고 있다.
□ 보건복지부 건강증진과 과장은 "유아의 성장기 흡연 진입을 예방하기 위해서는 가정과 보육·교육 기관의 금연 환경 조성을 위한 노력이 필수이며, 이번 공모전을 통해 유아 흡연 위해 예방 사업을 더욱 발전시켜 나가겠다"라고 밝혔다.
  ○ 또한, 한국건강증진개발원 원장은 "해를 거듭할수록 공모전에 대한 관심과 참여가 늘어나는 만큼, 수상작 활용 방안과 우수사례 확산을 위한 방안을 적극적으로 마련하겠다"라고 밝혔다.
□ 자세한 사항은 공모전 누리집에서 확인할 수 있으며, 문의 사항은 운영사무국을 통해 상담할 수 있다.

① '청소년 흡연 예방 문화제' 작품 공모
② 유아 흡연 예방 위한 놀이형 체험관 전시 개최
③ 금연교육·금연치료 수료 시 흡연 과태료 감면
④ 유아 흡연 위험 예방 교육 공모전 개최

고난도

06 다음 글의 문단별 주제로 적절하지 <u>않은</u> 것을 고르면?

[가] 우리나라의 건강보험 보장성은 60%대 수준으로 경제협력개발기구(OECD) 평균인 80%보다 상당히 낮은 편이다. 반면에 가계의 의료비 직접 부담 비율은 36.8%(OECD 평균은 19.6%)로 국민이 직접 부담하는 의료비가 선진국에 비해 매우 높은 편이다. 이는 낮은 보장성 때문에 재난적 의료비 발생 상황에서 국민들이 빈곤에 처할 위험에 크게 노출되어 있음을 의미한다.

[나] 정부에서는 이에 대한 보호 장치 마련을 위해 2017년 8월에 건강보험 보장성 강화 대책을 발표하고, 계속해서 추진해 오고 있다. 시행 2년 동안 아동·청소년을 위한 충치 예방(치아 홈 메우기)·충치 치료, 여성을 위한 난임 시술, 노인을 위한 임플란트와 틀니 등에 대한 건강보험을 적용·확대 시행하여 왔다. 그 외에도 선택 진료비를 폐지하고, 상급·종합병원 2~3인실, 상복부 초음파(간·담낭·비장·췌장), 2019년에는 하복부 초음파, 한방 추나요법, 두경부 MRI 검사 등에 건강보험을 적용하였다. 조만간 상급병실(병원급 2~3인실), MRI(복부, 흉부, 안면) 등에도 건강보험 적용 확대가 이루어질 예정이다.

[다] 정부의 보장성 확대 노력으로 인하여 전 국민 건강보험 보장률이 65%에 달할 것으로 추정되는 등 많은 성과를 이루었다. 의료비 부담을 완화해 준다는 측면에서 국민들의 호응을 이끌어 낼 수 있었으나, 아직도 의료비 부담에 병원을 마음대로 가지 못하는 국민들이 많이 있는 실정이며, 보장성 강화와 함께 의료 현장에서 비급여 항목이 급격히 신설되는 이른바 풍선 효과가 발생하고 있다. 고령화 속도가 세계 1위인 만큼 좀 더 실효성 있는 보장성 강화 대책을 마련할 필요가 있다.

[라] 건강보험 보장성 강화 정책의 완성도를 높이기 위해서는 첫째, 저출산·고령화 사회에 걸맞은 건강보험 재정의 안정적인 조달 방안을 마련하여야 한다. 보험료 부과 체계를 소득 중심으로 공정하게 이루어질 수 있도록 개편하고, 국고 지원금의 규모와 기준 등을 명확히 해 정부 지원 이행을 확고히 하며, 보험료율 인상이 불가피하다면 보험료 인상 관련 국민적 합의를 도출하여야 할 것이다. 둘째, 건강보험 재정 운영의 투명성을 제고하여야 한다. 소위 사무장 병원 등을 근절하여 재정 누수를 방지하는 한편, 재정 운용 관리에 있어서 정치적인 고려가 최소화될 수 있도록 제도적 장치를 마련해야 한다. 셋째, 비급여 항목을 급여화하되, 과잉 진료와 과소 진료가 발생하지 않도록 건강보험 수가의 적정성 확보 방안을 마련하여야 한다. 행위별 수가제에서 포괄 수가제 적용을 확대하되, 적용하기 쉬운 질병부터 점차적으로 확대 시행하여야 할 것이다. 비급여 항목이 급여화되면 실손 보험 등과 관련된 병원비 지출의 부담을 줄일 수 있을 것으로 보인다.

① [가]: 국내 건강보험 현황
② [나]: 건강보험 보장성 강화 대책 촉구
③ [다]: 실효성 있는 대책 마련 촉구
④ [라]: 건강보험 보장성 강화 정책을 위한 구체적 과제 제시

세부 유형 | **내용 확인**

[01~02] 다음 글을 읽고 질문에 답하시오.

정부 조달 인플루엔자 백신은 제조·수입사에서 조달 계약업체인 ○○약품으로 출하된 후, 계약업체 냉장 창고에서 1톤 냉장 트럭으로 접종 기관에 배송되거나, 11톤 냉장 트럭을 통하여 물류 센터 등 거점으로 이동하여 1톤 냉장 트럭으로 분배되어 접종 기관으로 배송되는 체계이다.

[인플루엔자 백신 유통 과정]

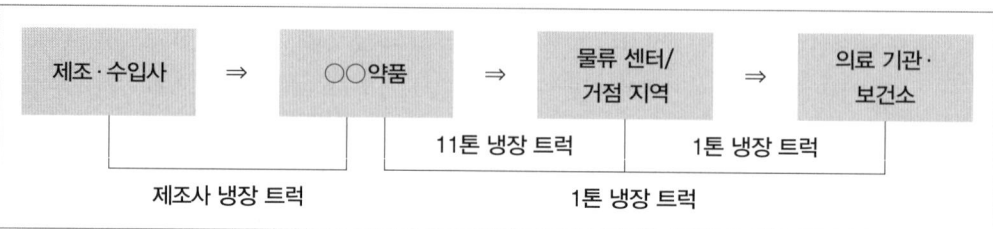

① ○○약품의 보관 과정에서는 적정 온도(2~8℃)가 유지된 것으로 확인되었다.
② 권역별 배분 과정에서 수도권·강원·충청 지역은 ○○약품으로부터 1톤 냉장 트럭이 직접 의료 기관·보건소에 배송하였으며, 호남·영남·제주는 11톤 트럭이 권역별로 백신을 운송한 후, 해당 지역에서 1톤 트럭으로 배분을 거쳐 의료 기관·보건소에 배송하였다.
   - 이 과정에서 호남 지역으로 이동한 일부 11톤 트럭이 야외 주차장 바닥에 백신을 내려두고 1톤 트럭으로 배분한 사실이 확인되었다. 영남 및 제주로 이동한 11톤 트럭은 적정 온도 유지를 위해 물류 센터에서 팔레트를 이용하거나 트럭 간 문을 맞대고 1톤 트럭으로 배분하였다.
③ 운송 과정의 온도 유지 여부는 회사가 제출한 각 차량의 온도 기록지를 검토하여 확인하였다.
   - 해당 기간 1톤 및 11톤 트럭의 운송 횟수는 391회이며, 잠시라도 2~8℃를 벗어난 운송 횟수는 196회이다. 참고로 WHO에서도 백신 유통 중 단기간의 온도 일탈을 피할 수 없다는 것을 인정하고 있으며, 이에 따라 예상 가능한 노출을 반영한 안정성 시험을 권고하고 있다.
   - 기준을 벗어난 운송 시간은 평균 88분이며, 최고 온도 평균은 14.4℃(11톤) 및 11.8℃(1톤), 최저 온도 평균은 1.1℃(11톤) 및 0.8℃(1톤)로 확인되었고, 일부 트럭은 운송 중 일부 시간에 온도가 0℃ 미만으로 내려간 사례도 확인되었다.
   - 기준을 벗어난 운송 시간은 1톤과 11톤 트럭의 기록을 합산하였을 때, 대부분(88%)이 3시간 이내였으나, 영남 지역 운송 건 중 하나는 800분간 적정 온도를 벗어난 기록이 확인되었다.

01 주어진 글과 같이 인플루엔자 백신 유통 과정을 조사한 목적으로 가장 적절한 것을 고르면?

① 백신의 유통 과정 중 기준 적정 온도를 얼마나 유지하는지 알기 위해
② 접종 기관은 기준 적정 온도에 맞춰 백신을 관리하고 있는지 알기 위해
③ 공급된 백신이 어떤 온도에서 얼마나 오래 품질을 유지하는지 알기 위해
④ 백신 접종 후 사망 사례와 부작용 사례 발생 빈도가 얼마나 되는지 알기 위해

02 주어진 글의 내용과 일치하지 않는 것을 고르면?

① 백신 보관의 적정 온도는 2~8°C이다.
② 백신 유통 과정 중 단기간의 온도 일탈은 감안한다.
③ 조사를 위해 유통 과정 중 온도를 실시간으로 체크한다.
④ 온도 유지를 위해 차량 간 문을 맞대거나 팔레트를 이용한다.

[03~04] 다음 글을 읽고 질문에 답하시오.

'지나치면 모자라는 것만 못하다'라는 말이 있다. 고사성어로는 과유불급(過猶不及)이라고 한다. 이런 말을 뒷받침이라도 하듯, 건강에 좋다는 생선도 너무 많이 먹으면 피부암의 일종인 악성 흑색종에 걸릴 위험이 높아질 수 있다는 연구 결과가 나왔다. 하지만 생선의 다량 섭취와 흑색종 사이의 상관 관계만 드러났을 뿐 인과 관계가 입증된 건 아니다. 게다가 '건강 식단'의 수위를 차지하는 생선을 대체할 만한 식품도 마땅치 않다. 생선이 건강에 안겨주는 혜택이 만만치 않기 때문이다.

미국 브라운대 의대 연구 결과에 따르면 생선을 많이 먹는 미국인 상위 20%는 생선 섭취량이 가장 적은 편에 속하는 사람들보다 악성 흑색종에 걸릴 위험이 22% 더 높고, 제자리 흑색종(melanoma in situ)에 걸릴 위험은 28% 더 높은 것으로 나타났다. 제자리 암은 다른 부위로 전이가 안 되는 악성 종양이다. 이는 연구팀이 50~71세 미국인 49만 1,000명을 15년 동안 추적한 결과이다. 연구팀은 이들을 대상으로 식단, 운동, 흡연, 음주 습관 등에 관한 설문 조사를 했다. 연구 기간 동안 참가자 5,000명 이상이 악성 흑색종 진단을 받았고, 약 3,300명이 제자리 흑색종에 걸렸다. 미국에서 생선 섭취량이 상위 20%에 속하는 사람들은 통상 생선을 하루에 약 43g씩 먹은 것으로 조사됐다. 흑색종에는 일광 화상(자외선 과다 노출), 가족력 등이 큰 위험 요인으로 작용한다.

연구진인 조○○ 부교수는 "명확하지는 않지만, 일부 생선이 수은·PCB 등 유해 물질에 오염됐기 때문에, 생선의 다량 섭취가 악성 흑색종과 관련이 있을 수 있다는 가설을 세울 수 있다"고 말했다. 또한 수은에 노출되면 흑색종 및 기타 피부암의 위험이 높아진다는 연구 결과도 있었다고 덧붙였다. 조 부교수는 "그러나 오염 이론은 오염 이론일 뿐"이라며 "식이 권장사항을 마련하기에 앞서, 더 많은 추가 연구로 이번 결과를 재현해야 할 것"이라고 말했다. 특히 "생선의 종류가 매우 중요할 것 같다"며 "특정 품종의 어류와 악성 흑색종과의 관련성을 향후 연구에서는 살펴볼 수 있을 것"이라고 밝혔다.

반면 미시간주 머시 헬스 렉스 암 센터의 에이미 브라그그니니 영양사(종양 전문)는 "생선은 염증을 막는 오메가-3 지방산 등이 풍부하고 건강에 매우 좋은 단백질 공급원"이라며 "더 크게 봐야 한다"고 강조했다. 미국 영양 및 식이요법 학회의 대변인이기도 한 브라그그니니 영양사는 "생선은 심장과 뇌의 건강과 관련이 있기 때문에 성인에게 주당 8온스(약 224g)의 생선 섭취를 권장하고 있다"고 말했다. 또한 생선은 결장·직장암 등의 발병 위험을 높이는 붉은색 육류와 가공육의 훌륭한 대안이 될 수 있다고 덧붙였다. 채소, 과일, 콩, 견과류 및 섬유질이 풍부한 곡물 등 식물성 식품을 많이 섭취하고 생선의 경우 튀김은 건강에 좋은 지방을 없앨 수 있기 때문에 구이 또는 찌개 형태로 섭취할 것을 권했다.

한편 다른 분야의 일부 의학 전문가들은 이번 연구 결과에 대해 참가자들의 햇볕 쬐는 습관에 대한 분석이 없는 점 등을 들어 회의적인 입장을 보이기도 했다.

03 주어진 글의 내용과 일치하지 <u>않는</u> 것을 고르면?

① 생선을 다량으로 섭취하면 흑색종 발병률을 높이게 된다는 사이의 인과 관계가 입증되었다.
② 머시 헬스 렉스 암 센터의 영양사가 권장하는 성인 하루 평균 생선 섭취량은 32g이다.
③ 생선은 염증을 막는 오메가-3 지방산 등이 풍부하고 건강에 매우 좋은 단백질 공급원이다.
④ 생선은 결장·직장암 등의 발병 위험을 높이는 붉은색 육류와 가공육의 훌륭한 대안이 될 수 있다.

04 주어진 글을 통해 확인할 수 <u>없는</u> 질문을 고르면?

① "생선을 대체할 만한 식품이 있는가?"
② "흑색종을 유발하는 위험 요인은 무엇인가?"
③ "수은과 피부암과의 상관 관계는 어떠한가?"
④ "단백질 공급원의 종류에는 어떤 것들이 있는가?"

05 다음 글의 내용과 일치하는 것을 고르면?

임상연구계획서(Clinical Trial Protocol)는 임상시험을 체계적으로 수행하기 위해 작성되는 문서로, 연구의 목적, 방법, 대상자 선정 기준, 약물 투여 방식, 데이터 수집 및 분석 방식을 포함한다. 이는 연구의 과학적 타당성과 윤리적 기준을 동시에 충족하며, 임상시험의 전 과정을 관리하고 결과의 신뢰성을 보장하는 데 필수적이다. 임상시험은 새로운 약물, 치료법, 혹은 의료기기의 안전성과 효능을 검증하기 위한 중요한 과정으로, 이를 통해 공중 보건 향상에 큰 역할을 한다. 임상연구계획서에는 연구 대상자의 안전과 권리 보호를 위한 세부적인 절차가 포함된다. 국제적으로 통용되는 윤리 기준을 준수하여 모든 실험 과정에서 연구 대상자의 위험을 최소화해야 하며, 실험 대상자는 연구의 목적과 예상되는 위험에 대해 충분히 설명을 들은 후 자발적으로 동의서를 제출해야 한다. 이를 통해 연구 대상자에 대한 보호를 강화하고, 연구 과정 전반의 신뢰성을 높인다.

임상연구계획서는 연구 실행의 구체적인 단계를 제시함으로써 실험의 체계성과 정밀성을 보장한다. 연구 방법에는 약물 투여 방식, 실험 데이터 수집 방법, 그리고 데이터 분석 방식을 포함하며, 이를 통해 과학적 정확성을 확보한다. 특히 최근에는 AI와 빅데이터 기술이 도입되어 임상시험의 효율성이 크게 향상되었다. AI는 실시간으로 데이터를 분석하여 이상 패턴을 탐지하고, 빅데이터는 연구 대상자를 보다 정교하게 선정하는 데 활용되고 있다. 이와 함께 임상시험 결과는 공중 보건에 새로운 가능성을 열어주는 중요한 자료로 활용된다. 연구를 통해 도출된 결과는 약물의 효능과 안정성을 명확히 입증하며, 이를 통해 의료 현장에서 보다 안전하고 효과적인 치료법을 적용할 수 있는 근거를 제공한다. 또한, 임상연구계획서의 체계적인 실행은 국민 건강 증진뿐만 아니라 새로운 의료기술의 개발에도 긍정적인 영향을 미친다. 임상연구계획서는 단순히 연구 시작을 위한 문서가 아니라, 연구 전반의 신뢰성과 타당성을 확보하는 데 핵심적인 역할을 한다. 이는 공중 보건의 발전뿐만 아니라 의료 산업의 지속적 혁신을 지원하는 필수적 기반이 된다.

① 임상시험에서 연구 대상자는 동의 절차 없이 실험에 참여할 수 있다.
② 빅데이터는 임상시험에서 약물의 부작용을 완전히 제거할 수 있도록 돕는다.
③ AI 기술은 실시간 데이터 분석과 이상 패턴 탐지를 가능하게 한다.
④ 임상연구계획서는 새로운 약물의 안전성을 입증하기 위한 단순한 참고 문서이다.

고난도

06 다음 글을 이해한 것으로 가장 적절하지 않은 것을 고르면?

> 보건복지부에서는 예방 접종 비용으로 인한 육아 부담 경감 및 예방 접종률 향상을 위하여 국가 예방 접종의 보장 범위를 보건소뿐 아니라 의료 기관 이용자로 확대하는 시범 사업(2005~2007년)을 추진하였다. 이와 관련된 법령을 제·개정하는 등 '어린이 국가 예방 접종 지원 사업' 시행을 위한 초석을 마련하였다.
>
> 2008년에는 의료 기관에 예방 접종 업무를 위탁할 경우 적정 지원 비용을 심의하기 위한 예방 접종 비용 심의위원회를 구성하고, 비용 상환 시스템 및 예방 접종 일정 알림 문자 서비스 시스템을 구축하는 등 사업 수행을 위한 체계를 정비하였다. 또한 중앙 및 지방자치단체별 전담 조직과 내·외부 전문가로 구성된 자문단을 운영하여 세부 사업 관리 지침을 개발하고 보건소 및 의료 기관을 대상으로 교육을 실시하였다.
>
> 본격적인 국가 예방 접종 지원은 2009년 3월부터 시행되어 지정 의료 기관(위탁 의료 기관)에서 만 12세 이하 어린이를 대상으로 접종 비용 중 백신비(8종 백신) 지원을 시작하였다. 2012년에는 백신비 외에 접종 시행 비용 일부를 추가로 지원해 본인 부담금을 접종 건당 5천 원 이하로 낮췄으며, 지원 백신도 10종으로 확대(DTaP-IPV, Tdap 백신 추가)하였다. 게다가 예방 접종 국가 지원이 국정 과제로 지정된 2013년에는 Hib(b형 헤모필루스 인플루엔자) 백신을 국가 예방 접종에 도입하였다. 특히 2014년부터는 국가 예방 접종 비용 전액을 국가에서 지원하여 전국 어디에서나 지정 의료 기관을 이용하면 무료 접종이 가능하다.
>
> 질병의 역학적 특성, 백신 수급의 안정성, 국가 재정의 수용 가능성 등을 고려해 단계적으로 지원 백신 항목의 확대를 추진하면서 2014년에는 일본 뇌염 생백신과 폐렴구균 백신을 국가 사업으로 도입하여 총 13종으로 확대 시행하였다. 이어 2015년에 A형 간염을 추가하여 총 14종, 2016년에는 HPV(사람유두종바이러스), 어린이 인플루엔자 백신을 국가 사업으로 도입하여 총 16종의 백신에 대한 접종 비용을 지원하고 있다.
>
> 2016년 기준 약 10,000여 개소의 의료 기관이 지방자치단체와 예방 접종 업무 위탁 계약 체결을 통해 동 사업에 참여하고 있다. 또한 연간 약 1,160만 건(약 4,300억 원)의 예방 접종 건에 대해 비용 상환 신청이 이루어지고 있다.

① 국가 예방 접종 지원 사업은 만 12세 이하 어린이를 대상으로 시작되었다.
② 2016년의 경우 예방 접종 사업 건당 평균 약 37천 원의 비용이 발생하였다.
③ 의료 기관에서 실시한 예방 접종 비용의 지원분은 국가 재정으로 지원된다.
④ 우리나라에서는 2009년부터 10종의 백신에 대한 국가 지원이 이루어지고 있다.

07 다음은 개정 전 농업용 기자재에 대한 부가가치세 환급 및 영세율에 관한 법령이다. 다음 설명 중 옳은 것을 고르면?

2021 하반기 국민건강보험공단 기출변형

> 제○○조(부가가치세 영세율의 적용) ① 각 호의 어느 하나에 해당하는 재화 또는 용역의 공급에 대한 부가가치세의 경우에는 대통령령으로 정하는 바에 따라 영의 세율을 적용한다. 이 경우 2020년 12월 31일까지 공급한 것에 대해서만 적용한다.
> 1. 대통령령으로 정하는 농민 또는 임업에 종사하는 자에게 공급하는 농업용·축산업용 또는 임업용 기자재로서 다음 각 목의 어느 하나에 해당하는 대통령령으로 정하는 것
>   가. 「비료관리법」에 따른 비료
>   나. 「농약관리법」에 따른 농약
>   다. 농촌 인력의 부족을 보완하고 농업의 생산성 향상에 기여할 수 있는 농업용 기계
>   라. 축산 인력의 부족을 보완하고 축산업의 생산성 향상에 기여할 수 있는 축산업용 기자재
>   마. 「사료관리법」에 따른 사료
>   바. 산림의 보호와 개발 촉진에 기여할 수 있는 임업용 기자재
>   사. 「친환경농어업 육성 및 유기식품 등의 관리·지원에 관한 법률」에 따른 유기농어업자재
> ② 관할 세무서장은 제1항 제1호 각 목 외의 부분에 따른 농민에 해당하지 아니하는 자가 같은 호 라목 및 마목에 따른 축산업용 기자재 및 사료를 부정하게 부가가치세 영의 세율을 적용하여 공급받은 경우에는 그 축산업용 기자재 등을 공급받은 자로부터 그 축산업용 기자재 등의 공급가액의 100분의 10에 해당하는 부가가치세액과 그 세액의 100분의 10에 해당하는 금액의 가산세를 추징한다.
>
> 제□□조(농업·임업·어업용 기자재에 대한 부가가치세의 환급에 관한 특례) ① 다음 각 호에 해당하는 세무서장(이하 이 조에서 "관할 세무서장"이라 한다)은 대통령령으로 정하는 농민, 임업에 종사하는 자와 어민(이하 이 조에서 "농어민 등"이라 한다)이 농업·임업 또는 어업에 사용하기 위하여 구입하는 기자재 또는 직접 수입하는 기자재에 대해서는 기자재를 구입 또는 수입한 때에 부담한 부가가치세액을 해당 농어민 등에게 대통령령으로 정하는 바에 따라 환급할 수 있다.
> 1. 제3항에 따른 환급대행자를 통하여 환급을 신청하는 경우에는 환급대행자의 사업장 관할 세무서장
> 2. 제1호 외의 경우에는 해당 농어민 등의 사업장 관할 세무서장
> ② 제1항에 따른 기자재를 공급하는 일반 과세자는 그 기자재를 구입하는 농어민 등이 세금계산서의 발급을 요구하면 「부가가치세법」 제36조에도 불구하고 세금계산서를 발급하여야 한다.
> ③ 제1항에 따라 환급을 받으려는 농어민 등은 다음 각 호의 어느 하나에 해당하는 자(이하 이 조에서 "환급대행자"라 한다)를 통하여 환급을 신청하여야 한다. 다만, 대통령령으로 정하는 자는 사업장 관할 세무서장에게 직접 환급을 신청할 수 있다.
> ④ 환급대행자는 환급을 신청한 자가 다음 각 호의 어느 하나에 해당하는 경우에는 관할 세무서장에게 이를 알려야 한다.
> 1. 농어민 등이 아닌 것으로 판단되는 경우

2. 농어민 등의 경작면적, 시설규모 등을 고려할 때 거짓이나 그 밖의 부정한 방법으로 환급을 신청한 것으로 판단되는 경우
⑤ 관할 세무서장은 제1항에 따라 부가가치세액을 환급받은 자가 다음 각 호의 어느 하나에 해당하는 경우에는 그 환급받은 부가가치세액과 대통령령으로 정하는 바에 따라 계산한 이자 상당 가산액을 부가가치세로 추징한다.
  1. 농어민 등이 제1항에 따라 부가가치세액을 환급받은 기자재를 본래의 용도에 사용하지 아니하거나 농어민 등 외의 자에게 양도한 경우
  2. 농어민 등이 다음 각 목의 어느 하나에 해당하는 세금계산서에 의하여 부가가치세를 환급받은 경우
    가. 재화의 공급 없이 발급된 세금계산서
    나. 재화를 공급한 사업장 외의 사업장 명의로 발급된 세금계산서
    다. 재화의 공급 시기가 속하는 과세기간 후에 발급된 세금계산서
    라. 정당하게 발급된 세금계산서를 해당 농어민 등이 임의로 수정한 세금계산서
    마. 그 밖에 사실과 다르게 적힌 대통령령으로 정하는 세금계산서
  3. 농어민 등에 해당하지 아니하는 자가 제1항에 따른 부가가치세액을 환급받은 경우
⑥ 관할 세무서장은 환급대행자가 제4항에 따른 통보를 하지 아니함에 따라 제5항 제3호가 적용되는 경우에는 환급받은 세액의 100분의 10에 상당하는 금액을 그 환급대행자로부터 가산세로 징수한다.
⑦ 농어민 등이 다음 각 호의 어느 하나에 해당하는 경우에는 해당 요건을 충족하는 추징세액의 고지일부터 2년간 제1항에 따른 환급을 받을 수 없다.
  1. 제5항에 따라 최근 2년 이내에 3회 이상 부가가치세를 추징당한 경우
  2. 제5항에 따라 추징된 세액의 합계액이 200만 원 이상으로서 대통령령으로 정하는 금액을 초과하는 경우
⑧ 환급대행자는 부가가치세의 환급대행과 관련하여 환급신청서의 작성 및 제출, 환급관리대장의 비치, 환급금의 배분 등에 드는 비용을 충당하기 위하여 환급받는 자로부터 대통령령으로 정하는 금액을 수수료로 징수할 수 있다.
⑨ 제1항부터 제8항까지의 규정을 적용할 때 환급 절차, 제출 서류 등에 관하여 필요한 사항은 대통령령으로 정한다.

① 농민에 해당하지 않는 자는 농업용 기계를 구입할 수 없다.
② 대통령령으로 정하는 자가 아닌 경우에는 농어민 등이 사업장 관할 세무서장에게 직접 환급을 신청해야 한다.
③ 농민에 해당하지 않는 자가 축산업용 기자재 및 사료를 부정하게 부가가치세 영의 세율을 적용하여 공급받은 경우에는 공급자에게 부가가치세액과 가산세를 추징한다.
④ 환급대행자의 사업장 관할 세무서장은 농민이 농업에 사용하기 위하여 구입한 기자재에 대해 기자재를 구입할 때 부담한 부가가치세액을 해당 농민에게 환급할 수 있다.

| 세부 유형 | 접속어 |

01 다음 글의 빈칸에 들어갈 접속어로 가장 적절한 것을 고르면?

> 피 속에 나쁜 지방질이 많아지면서 각종 성인병의 주된 원인으로 작용하는 고지혈증 환자가 지난 5년간 2배 이상 늘어난 것으로 나타났다. 고지혈증은 콜레스테롤과 중성 지방의 대사가 제대로 이뤄지지 않아 생기는 질환으로, 동맥 경화와 고혈압을 일으켜 한국인의 주요 사망 원인인 심뇌혈관계 질환의 주요 원인이 된다. 또 간 질환의 원인으로도 작용하는 것으로 알려졌다. 고지혈증은 남성보다 여성에게 흔하고 연령이 높아질수록 환자가 많이 발생하고 있다. 실제로 지난해의 경우 여성 환자는 39만 4천 명으로 남성 환자 28만 8천 명을 압도했으며, 연령별로는 60세 이상 환자가 17만 2천 724명으로 가장 많았다. 고지혈증 환자의 급증은 식생활의 서구화, 스트레스 환경의 증가, 음주 및 흡연 문화 등에 기인한 것으로 분석되고 있다.
> ( ) 고지혈증 환자가 매년 크게 증가하면서 3천 300억 원 이상으로 추산되는 고지혈증 치료제 시장을 놓고도 제약사들의 경쟁이 치열하다. 제약업계 관계자는 "고지혈증 치료제 시장은 계속 성장할 것"이라며, "고지혈증 치료제 성적표가 올해 국내 업체들의 순위에 지각 변동을 일으킬 것"이라고 전망했다.

① 또는
② 이처럼
③ 이를테면
④ 왜냐하면

02 다음 글의 ㉠~㉢에 들어갈 접속어를 바르게 나열한 것을 고르면?

우리나라는 건강보험 가입자들의 건강을 유지·증진하고 경제적 손실을 최소화하며, 장기적으로 보험급여비의 지출을 줄이고자 1980년부터 '건강 검진'을 진행하고 있다. 건강 검진은 질환의 유무를 확인하고 초기에 치료가 뒷받침될 수 있으므로 건강 관리의 기본이라 할 수 있다. (㉠) 국민건강보험공단 역시 건강 검진의 질 향상을 위한 건강 검진 기관의 시설, 장비 등의 제도 개선을 지속적으로 추진하고 있다.

국민건강보험공단은 일반 건강 검진 외에도 한국인들에게 발생 빈도가 높은 위암, 대장암, 간암, 유방암, 자궁경부암 등의 5대 암 검진을 정기적으로 실시해 국민들의 건강 관리를 지원하고 있다. 5대 암은 초기에 증상 자각이 어려운 만큼 주기적인 검진을 통해 조기 발견이 무엇보다 중요하다. 암 발병 초기에 진단 시, 원활한 치료가 가능하고 좋은 예후를 기대할 수 있을 뿐만 아니라 신체적인 고통과 경제적인 부담도 크게 경감시킬 수 있기 때문이다. (㉡) 5대 암 검진은 선택이 아닌 필수이다.

위암은 40세 이상이라면 2년에 한 번씩 검진이 이뤄져야 하며, 대장암은 50세 이상 남녀 1년, 유방암은 40세 이상의 여성 2년, 자궁경부암은 20세 이상 여성 2년 간격으로 이뤄져야 한다. 간암은 40세 이상 (㉢) 간경변증, B형 간염 바이러스 항원, C형 간염 바이러스 항체 양성이 확인된 사람이라면 6개월 간격으로 검진을 하는 것이 좋다.

5대 암 검진을 포함한 건강 검진 시 자신의 상태를 올바르게 진단받기 위해서는 전문 의료진의 실력이 바탕이 돼야 한다. 보다 정밀한 검사를 위해 첨단 진단 장비가 구축된 곳에서 검사를 받아야 결과의 정확도를 높일 수 있으므로, 이에 해당되는 건강 검진 병원을 선택해 검진을 받는 것을 권장한다.

	㉠	㉡	㉢
①	그래서	하지만	또는
②	그리고	그러므로	하지만
③	이에	그러므로	또는
④	그러므로	그래서	그리고

03 다음 글의 빈칸에 들어갈 접속어로 가장 적절한 것을 고르면?

앞으로 민간에서 임용된 지방자치단체의 개방형 직위 임기제 공무원이 우수한 성과를 내면, 별도의 선발 시험 없이 임기를 연장할 수 있게 된다. 행정안전부는 이런 내용을 담은 '지방자치단체의 개방형 직위 및 공모 직위의 운영 등에 관한 규정' 개정안이 1일 국무 회의를 통과했다고 밝혔다.

기존에는 지자체 개방형 직위 공무원이 임용 후 5년이 지나면 업무 성과가 아무리 좋아도 임기 연장을 위해서는 다시 선발 시험에 응시해야 했다. (　　) 개정안은 개방형 직위에 임용된 민간 출신 임기제 공무원이 뛰어난 성과를 낸 경우 별도 선발 절차 없이 일정 기간 단위로 임기를 연장할 수 있도록 근거를 마련했다.

개정안은 또한 개방형 선발시험위원회에서 적격자가 1명뿐이라고 판단하면, 그대로 1명을 후보자로 추천할 수 있도록 했다. 기존에는 위원회에서 임용 후보자를 반드시 2명 이상 선발해 인사위원회에 추천해야 했다. 개정안은 이밖에 지자체별로 규정을 마련해 운영하던 선발시험위원회 제척·기피·회피 기준과 절차, 개의·의결 정족수 등을 명확하게 규정했다.

행안부 지방자치분권실장은 "지자체의 개방형 직위 민간인 채용 확대 추세와 개방형 임기제 공무원의 성과 창출을 고려했다"며, "개방형 공무원 임기 연장으로 우수한 민간 인재의 공직 유치와 근무 의욕 제고를 기대한다"고 말했다.

① 또한
② 그리고
③ 하지만
④ 예를 들면

04 다음 글의 빈칸에 들어갈 접속어로 가장 적절한 것을 고르면?

현재 우리나라에서 필수 예방 접종은 아니지만, 생후 8개월 이전 2~3차의 예방 접종을 시행하고 있는 로타바이러스 장염은 소아에서 어른까지 골고루 걸릴 수 있는 질환이며, 특히 어린 시절 앓게 되면 심한 설사와 탈수로 입원할 수도 있는 질환이다.

주 증상은 물 설사와 함께 구토, 발열이 나타나며, 다른 증세 없이 설사만 지속되는 경우도 많다. 주 증상이 설사이기 때문에 로타바이러스 장염에 걸린 경우, 구토와 설사에 따른 탈수를 막는 것이 중요하다.

주요 전파 경로는 분변·경구이며 배설물에 묻은 바이러스를 잘못 처리하여 다른 아이에게 전염시키는 경우가 가장 흔한 경로이다. 어린아이들은 호기심이 많고 손으로 만진 후 입으로 가져가는 일이 흔하므로, 주변에 로타바이러스 장염에 걸린 환자가 있는 경우 쉽게 전염될 수 있다.

( ) 아이를 돌보는 보호자에게는 아이들의 손을 깨끗하게 자주 씻겨 주는 것과 장염이 의심되는 환자와 접촉을 최소화할 수 있는 환경을 만들어 주는 것이 예방을 위해 중요하다. 그리고 아이를 돌보는 의료인이나 보호자의 '손 씻기'는 무엇보다 중요한 예방법이자 바이러스의 전파를 차단하는 최고의 무기라 할 수 있다.

로타바이러스는 주로 겨울철에 발생하지만, 지역이나 환경에 따라 계절에 상관없이 나타나기도 한다. 이 질환 역시 대부분의 경우에는 접촉을 통해 전염되며, 한 번 시작되면 집단으로 나타나는 경우가 많으므로 무엇보다 예방이 중요하다.

병에 따라 경중은 있지만 앓는 이에겐 똑같이 괴로운 일이다. 가벼운 설사로 지나가는 경우든 수액 치료를 위해 입원을 해야 하는 경우든 가벼운 접촉에 의해 전파된 바이러스 때문에 수족구병이나 로타바이러스 장염에 걸린다.

모든 아이들은 커 가면서 웃는 날, 우는 날이 당연히 있을 수밖에 없지만 가능하면 아파서 우는 날이 적을수록 좋지 않을까? 그러기 위한 방법이 어떤 큰일을 해내야 하는 것이라면 감히 모두에게 권할 수 없지만, 매일매일 실천할 수 있는 '손 씻기'라면 우리 아이들의 우는 날을 줄일 수 있음을 알고 실천하는 것이 중요하다.

① 그리고
② 따라서
③ 하지만
④ 종합하면

세부 유형 | 문단배열

01 다음 [가]~[라] 문단을 글의 흐름에 따라 바르게 배열한 것을 고르면?

2023 하반기 국민건강보험공단 기출변형

[가] 해커들은 온라인 및 오프라인상에서 공격 대상으로 삼은 사람의 성향, 동향, 추세 등을 파악하며 정보를 수집한다. 그렇게 수집한 정보를 바탕으로 정부 기관이나 회사를 사칭하여 흥미를 끌 만한 키워드로 내용을 작성한다. 때문에 사람들은 의심 없이 열어볼 수밖에 없고, 악성 코드가 담긴 피싱(Phishing) 메일, 스미싱(Smishing) 등이 이뤄지는 것이다. 기술적인 방법 없이도 손쉽게 상대의 시스템에 접근할 수 있다.

[나] 사회공학적 해킹이란, 시스템이 아닌 사람의 취약점을 공략하여 원하는 정보를 얻는 공격 기법을 말한다. 인간의 감정이나 인지적 특성을 이용하여 표적의 보안 시스템을 무력화하는 비기술적인 방법으로, 시스템의 취약점을 공략하는 DDoS 공격과 같은 기술적인 해킹과는 구분된다.

[다] 사실 사회공학적 공격은 보안 컨설턴트 '케빈 미트닉'에 의해 처음 정의됐던 개념으로, 이미 1990년대부터 등장했던 개념이다. 케빈 미트닉은 보안 컨설턴트이기 이전에, 전직 해커로서 1990년대 사회공학적 해킹법을 가장 잘 사용하기로 유명했다. 케빈은 시스템을 이루는 요소 중, 수많은 변수를 지닌 사람의 심리를 공략하는 사회공학적 기법이 가장 효과적인 공격법이었다고 말했다.

[라] 또한, 페이스북, 트위터와 같은 SNS의 발달은 전 세계 사람들 간의 소통을 스마트폰 터치 한 번으로 가능하게 해주었다. 하지만 이러한 네트워크의 형성은 지능적 해킹의 시작인 사회공학적 해킹의 원천인 동시에 수단으로 작용할 수 있다. SNS를 통해 공유하는 일상은 해커들에게는 더할 나위 없이 좋은 정보로 작용한다. 최근에는 공격 대상에게 온라인 친구를 맺고 교류하면서, 직접 친분을 맺어 신뢰를 쌓아 접근하는 초지능적 범죄 시도가 많이 포착되었다. 또한, 유명 인사들을 겨냥하는 웨일링(Whaling) 수법을 통한 해킹 접근이 많이 시도된다. 이러한 정황으로 인해 비기술적인 지능형 범죄의 시초인 사회공학적 해킹 문제가 계속 제기되고 있다.

[마] 이러한 공격법에서는 기술적으로 명확한 차단과 방어를 할 수 있는 시스템은 유명무실하다. 반면 사람이 상대적으로 보안에 취약한 요소가 된다. 그러므로, 최근에는 보안 체계가 잘 갖춰진 시스템을 공략하기보다는 비기술적인 방법을 동원하여 지능적으로 시스템에 접근하려는 시도가 더욱더 늘어나고 있다. 보안업체의 조사 결과에 따르면 지능형 지속 공격(APT)의 91%가 스피어 피싱 메일로 시작되고, 랜섬웨어의 감염 경로 중 피싱 메일이 93%에 이른다고 한다.

① [가]-[나]-[다]-[라]-[마]
② [나]-[가]-[다]-[마]-[라]
③ [나]-[다]-[마]-[가]-[라]
④ [다]-[나]-[마]-[라]-[가]

02 다음 [가]~[라] 문단을 글의 흐름에 따라 바르게 배열한 것을 고르면?

세균이나 바이러스 감염을 막기 위해 어느 때보다 깨끗하게 손을 씻는 것이 강조되고 있다. 방역 당국과 임상 전문가들이 코로나 19를 예방하는 가장 좋은 위생 수칙으로 손 씻기를 제안하는 가운데 비누가 코로나 19 바이러스를 죽이는 '천적' 역할을 한다는 사실이 과학적 원리를 통해 확인되었다.

[가] 따라서 옷에 비누칠을 하게 되면 친유성 부분이 때나 기름과 반응하여 녹여낸 후, 작은 공 모양의 구조를 하고 용액 전체에 분산이 되는데 이것을 '미셀'이라고 한다. 그러면 이들의 표면은 전하를 띤 친수성 부분($-COO-$)들이 서로 반발하여 뭉쳐지지 않으므로 물에 씻겨 나가서 깨끗한 면이 남게 된다.

[나] 몸이나 옷에 묻은 때나 먼지는 몸에서 나오는 기름, 음식에서 묻은 지방 등과 결합하므로 물로만 씻어서는 잘 빠지지 않는다. 비누의 세척 작용은 바로 비누의 분자 구조에 기인하는데, 비누 분자는 이중적인 성질을 가지고 있다. 비누 분자는 일반적으로 두 부분으로 이루어져 있는데, 바로 물과 반응을 잘 하는 부분(친수성기)과 기름과 반응을 잘 하는 부분(친유성기)으로 이루어져 있다. 물에 잘 녹는 부분인 친수성 부분은 물과는 반응을 잘 하지만 기름과는 섞이지 않는다. 또 기름과 잘 섞이는 친유성 부분은 기름과는 잘 섞이지만 물과는 잘 섞이지 않는다.

[다] 일반적으로 돼지기름이나 소기름과 같은 동물성 지방이나 식물성 기름에 보통 양잿물이라고 일컬어지고 있는 수산화나트륨($NaOH$)이나 수산화칼륨(KOH)과 같은 강한 염기를 넣고 가열하면, 비누화 반응에 의해 지방산 나트륨염 또는 칼륨염의 비누가 만들어진다. 그렇다면 비누는 어떤 원리에 의해서 때를 빼고 바이러스를 제거하는 것일까?

[라] 결론적으로 비누는 물에 잘 녹는 친수성 부분과 기름에 잘 녹는 친유성 부분을 모두 가지고 있어서 물과 기름이 서로 섞이게 하는 계면활성제의 역할을 하게 되는 것이다. 비누에 함유된 계면활성제 성분이 코로나 19를 비롯한 코로나 바이러스의 가장 바깥쪽을 구성하는 지방층 일부를 녹여 구멍을 내며, 막에 구멍이 뚫리면 그 바이러스는 죽은 것이나 다름없다. 자세히 말하면 계면활성제 한쪽 면은 코로나 19 바이러스의 지방층에 잘 달라붙고, 다른 쪽은 물 분자를 좋아하는 친수성이 있어서 물에 잘 달라붙는데, 결국 양쪽에 강하게 붙은 계면활성제 때문에 코로나 19 바이러스의 지질층이 물속에 녹아 파괴되고, 물로 비누 거품을 제거할 때 바이러스가 완전히 씻겨 내려가게 되는 것이다.

이러한 이유로 국내외 임상 전문가들이 "감염병을 예방하기 위해서는 흐르는 물에 비누로 손을 꼼꼼하게 씻는 습관이 중요하다."고 강조하고 있다.

① [나]−[다]−[가]−[라]　　② [다]−[나]−[가]−[라]
③ [다]−[나]−[라]−[가]　　④ [다]−[라]−[가]−[나]

03 다음 [가]~[라] 문단을 글의 흐름에 따라 바르게 배열한 것을 고르면?

치매는 주로 노년기에 후천적인 외상이나 질병 등 여러 원인에 의해 뇌가 손상돼 전반적으로 지능, 학습, 언어 등의 인지기능 장애가 생겨 예전 수준의 일상생활을 유지할 수 없는 상태를 말한다. 치매는 여러 가지 원인에 의한 뇌손상에 의해 기억력, 언어능력 등 여러 인지기능의 장애가 생기는 것으로, 그 자체로 '단일 질환'을 의미하지는 않는다.

[가] 지남력이 손상되면 치매 환자들은 말할 때 단어가 떠오르지 않거나 사물이나 사람 이름을 기억하지 못하고, 상황에 맞는 적절한 단어를 사용할 수 없는 언어 장애를 겪게 되는데, 이러한 실수가 계속됨에 따라 말수가 현저하게 줄어들고 의사소통에 문제를 겪을 수도 있다. 또한 치매의 종류나 심각도에 따라 판단력, 추상적 사고력, 공간구성력, 계산력 등 다양한 고등인지 기능도 손상되며 망각, 환각, 우울증 등의 정신적 변화도 나타난다.

[나] 치매는 기억력 저하를 비롯해 언어능력, 시공간을 파악하는 능력, 인격 등 다양한 정신 능력에 장애가 발생하므로 환자의 변화를 눈여겨봐야 한다. 치매 초기에는 최근 있었던 일을 기억하지 못하는 단기 기억력 감퇴 증상이 주로 나타난다. 시간이 지나면 장기 기억력 감퇴를 동반하며 새로운 정보를 습득하는 일도 어려워진다. 치매가 상당히 진행되면 주변 사람이나 자녀, 배우자처럼 가까이 지내는 사람을 알아보지 못하게 되는데 이는 점차 지남력, 즉 '시간, 장소, 상황 등을 올바로 인식하는 능력'이 손상되기 때문이다.

[다] 현재 치매 치료는 근본 원인을 해결한다기보다 증상이 나빠지지 않도록 관리하는 것에 가깝다. 치매 치료 약물로는 '아세틸콜린분해효소 억제제'와 'NMDA 수용체 길항제' 두 종류의 인지기능 개선제를 사용하고 있다. 아세틸콜린은 뇌의 신경세포에서 분비되는 신경전달물질로 인지기능과 관련이 있다. 치매 환자의 뇌는 아세틸콜린을 분비하는 신경세포가 파괴돼 아세틸콜린 결핍으로 인해 기억력 저하가 발생한다. 아세틸콜린분해효소 억제제는 이러한 아세틸콜린 분해를 막아 뇌에서 사용 가능한 아세틸콜린을 증가시키는 역할을 한다. NMDA 수용체 길항제는 글루타메이트가 작용하는 NMDA 수용체의 비정상적 활성화를 억제해 뇌의 학습 및 기억능력을 증진하고 병의 진행을 막는 데 작용한다.

[라] 치매를 유발하는 대표적 질환으로는 알츠하이머병, 혈관성 치매가 있으며 그 외에 루이소체 치매, 파킨슨 치매, 전두측두엽 치매 등이 있다. 알츠하이머는 아밀로이드 베타 단백질 등의 이상단백질이 뇌 속에 쌓이면서 대뇌 피질세포가 점진적으로 퇴행해 생기는 것으로 알려져 있다. 혈관성 치매는 뇌 안에서 혈액순환이 잘 이루어지지 않아 서서히 신경세포가 죽거나, 갑자기 큰 뇌혈관이 막히거나 터지면서 뇌세포가 죽게 되어 발생한다.

치매 환자는 약물 부작용에 대한 증상을 제대로 표현하지 못하는 경우가 많으므로 부작용 여부 및 심각도에 대한 정보를 보호자는 충분히 인지하고 환자를 주의 깊게 관찰하는 것이 중요하다.

① [다]-[가]-[라]-[나] ② [라]-[가]-[나]-[다]
③ [라]-[나]-[가]-[다] ④ [라]-[다]-[나]-[가]

04 다음 [가]~[마] 문단을 글의 흐름에 따라 바르게 배열한 것을 고르면?

[가] 태양 표면에서 방출된 플라스마 입자들은 곧바로 대기권으로 진입하지 못하고 지구 자기장에 이끌려 태양의 반대 방향으로 진행해 간다. 그런데 이렇게 움직이던 플라스마 입자들이 갑자기 어떤 이유에서인지 우주의 어느 지점에서부터 지구의 자기장을 변형시키면서 그때까지 진행하던 방향과는 정반대인 지구 쪽으로 매우 빠른 속도로 가속하여 진입하게 되는데, 이를 소폭풍이라고 한다. 과학자들은 오로라의 원인인 소폭풍이 발생하기 위해서는 몇 가지의 물리적 현상이 함께 순차적으로 발생해야 하는데, 이와 관련한 이론으로는 전류 단절 이론과 자기장 재결합 이론이 있다.

[나] 지금 이 시각에도 태양은 끊임없이 우주 공간으로 플라스마를 방출하고 있으며, 이런 플라스마의 흐름을 태양풍이라고 한다. 지구는 자기장을 형성하고 있어 태양풍의 직접적인 영향으로부터 우리를 보호한다. 한편 태양으로부터 방출된 플라스마는 양성자와 전자로 이루어진 전기 전도성을 띤 입자이다. 플라스마가 지구의 대기권에 진입하게 되면, 몇 개의 과정을 거쳐 극지방 이온층의 고도 100km 정도의 저고도 영역에서 대기 중의 산소나 질소와 충돌하여 기체를 이온화한다. 이런 과정에서 태양풍에 실려 온 플라스마에 의해 활성화된 기체 입자는 다양한 파장의 복사 에너지를 다시 방출하면서 형형색색의 아름다운 빛을 내게 되는데 이를 오로라라 한다.

[다] 전류 단절 이론에 따르면, 지구 표면으로부터 60,000km 떨어진 우주 지점에서는 태양풍의 영향으로 지구 자기장의 변형이 시작되면서 전류가 단절되고 소폭풍이 일어난다. 그 영향으로 태양풍에 실려 온 강력한 에너지가 지구 극지방의 이온층으로 방전하는 오로라 현상이 발생한다.

[라] 그러나 지난 30년 동안 오로라의 원인이 되는 소폭풍이 처음 일어나는 위치에 관해서는 과학자들 사이에서도 일치된 의견이 없었다. 이에 2007년 미국 항공 우주국(NASA)은 'THEMIS 프로젝트'를 통해 탐사 위성 5개를 실은 로켓을 발사하였다. 그리고 2008년 NASA는 공식적으로 지구 자기장의 변화에 대한 측정 결과를 발표하면서, 소폭풍이 자기장의 재결합에서부터 시작된다는 것을 측정하였다고 발표하였다. 그런데 태양풍의 에너지를 가득 포함한 채 변형되었던 자기장이 재결합하면서 지구 이온층에서 갑자기 엄청난 에너지가 방전되는 오로라 현상이 관찰되었다.

[마] 반면 자기장 재결합 이론에 의하면, 지구로부터 120,000km 영역은 지구 표면으로부터 60,000km 떨어진 우주 지점에서 시작된 지구 자기장의 변형이 끝나는 지점이며, 풍향계의 꼬리 모습을 하는 부분으로 길게 늘어진 서로 다른 두 개의 자기장이 재결합하면서 소폭풍이 일어난다. 그 영향으로 자기장의 변형이 시작된 지점에서 전류가 단절되며, 이후 태양풍에 실려 온 강력한 플라스마 입자가 지구 극지방의 이온층으로 날아와 방전되는 오로라 현상이 발생한다.

① [가]-[나]-[다]-[라]-[마]
② [가]-[나]-[다]-[마]-[라]
③ [나]-[가]-[다]-[마]-[라]
④ [나]-[가]-[라]-[다]-[마]

세부 유형 | 어색한 내용 찾기

01 다음 글의 [가]~[라] 중 삭제해야 할 문단으로 가장 적절한 것을 고르면?

[가] 한 국가의 건강보험 제도는 공보험의 운영 및 재원 관리, 의료 서비스의 공급 체계, 비용 통제 제도 등에 따라 수행하는 기능의 효과성에 영향을 받는다. 우리나라의 건강보험은 공보험의 운영·재정이 단일 보험자로 집중되어 있으나 보장성은 낮고, 의료 공급에서 민간 재원의 의존도는 높은 반면, 부적절한 의료 공급의 통제 제도는 미흡하다는 특징을 가진다.

[나] 우리나라의 국민건강보험공단은 단일 보험자이자 재정 관리자로, 국민(보험 가입자)을 대신한 의료 서비스의 독점적 구매자이다. 공적 건강보험의 운영과 재정 관리가 단일 보험자인 국민건강보험공단으로 중앙 집중되어 있는 것이다. 한편 주요국에 비해 의료비에서 공공 재원이 차지하는 비중이 낮아 가계의 의료비 부담이 크다. 2019년 우리나라의 경상 의료비 중 공공 재원이 차지하는 비중은 60.8%로 OECD 회원국 평균(74.0%)에 비해 매우 낮으며, 가계가 직접 부담하는 의료비는 31.4%로 OECD 회원국 중에서 6번째로 높다.

[다] 2019년 우리나라의 의료비 지출은 GDP 대비 8.0%로 OECD 평균(8.8%)보다 낮은 수준이나, 최근 5년간 1.5%p 증가함에 따라 OECD 회원국(평균 0.1%p)에서 가장 빠른 증가세를 보이고 있다. 국민 1인당 의료비의 연평균 증가율은 8.7%로 OECD 평균(4.4%)의 두 배 정도 높은 수준이다. 우리나라의 고령화 및 저출산 속도는 OECD 회원국에서 가장 빠른 것으로 나타나, 국민건강보험의 재정 부담 인구도 빠르게 감소할 것으로 예상된다.

[라] 우리나라 의료 서비스는 공급에 대한 민영 자원의 의존도가 매우 높지만 의료인의 수는 적은 수준이다. 우리나라는 OECD 회원국에서 공공 의료 기관의 병상 수 비중이 가장 낮은 수준으로, 의료 서비스 공급을 대부분 민영 의료 기관이 책임지는 구조이다. 또한, 인구 1천 명당 병상 수는 12.4개로 OECD 회원국 평균(4.5개)에 비해 매우 높은 반면, 인구 1천 명당 의사 수는 2.4명으로 OECD 회원국 평균(3.5명)에 비해 적은 수준으로 공급자에 의한 유인 수요의 가능성이 존재한다.

① [가] ② [나] ③ [다] ④ [라]

02 다음 글의 밑줄 친 ㉠~㉣ 중 삭제해야 할 문장으로 가장 적절한 것을 고르면?

2022년부터 도입 예정인 '영아기 집중 투자' 관련 법안·예산안이 국회 본회의를 통과하였다. 영아기 집중 투자 관련 신설·확대되는 보건복지부 소관 주요 사업은 첫만남이용권, 아동수당, 영아수당 등이다. '영아기 집중 투자' 사업은 경력 단절이나 소득에 대한 걱정 없이 가정에서 부모와 아이가 함께하는 행복한 시간을 보장하고, 아동 양육 가구의 경제적 부담을 경감하여 양육에 대한 사회적 책임을 강화하기 위한 사업이다. ㉠ 2022년부터 시행되는 부모 3+3 육아 휴직제는 육아 휴직을 사용하여 줄어드는 소득의 상당 부분을 보전하기 위한 사업이다.

2022년부터 모든 출생아에게 첫만남이용권 200만 원 바우처가 지급된다. 지급 대상은 2022년 1월 1일 출생아부터이며, 출생 신고 후 주민등록번호를 부여받은 아동은 출생 순위 상관없이 동일한 지원을 받을 수 있다. 아동의 친권자·양육권자·후견인 등 아동을 실질적으로 보호하고 있는 사람이나 그 보호자의 대리인(친족, 아동복지시설 보호 아동의 경우 사회복지전담공무원 등)이 신청할 수 있다. 첫만남이용권 바우처(카드 포인트)는 출생 아동 보호자의 국민행복카드로 지급되는데, 기존에 보유하고 있는 카드에 바우처를 지급받을 수도 있고 새로운 국민행복카드를 발급받을 수도 있다. 바우처(카드 포인트)는 출생 초기 양육 부담 경감을 위해 아동 출생일로부터 1년간 사용할 수 있다. ㉡ 유흥업소, 사행 업종, 레저 업종 등 지급 목적에서 벗어난 유형으로 분류된 업종을 제외한 전 업종에서 사용 가능하다.

2022년 출생아부터 가정에서 양육하는 아동은 두 돌 전까지 기존 가정양육수당(0세 20만 원, 1세 15만 원) 대신 영아수당(0~1세 30만 원)을 받게 된다. 영아수당은 어린이집을 이용할 때 받는 보육료 바우처(0세반 약 50만 원)와 가정 양육 시 받는 양육수당(0세 20만 원, 1세 15만 원)을 통합한 수당(0~1세 30만 원)으로, 부모는 본인의 선택에 따라 현금(가정 양육 시)으로 수당을 수령하거나, 보육료 바우처(어린이집 이용 시) 또는 종일제 아이 돌봄 정부 지원금(생후 3개월 이후 종일제 아이 돌봄 서비스 이용 시)으로도 수급할 수 있다. ㉢ 보육료와 아이 돌봄 지원금은 30만 원을 초과하여도 전액이 지원된다.

아동수당은 아동의 권리와 복지를 증진하고, 아동 양육에 따른 경제적 부담을 경감하기 위해 월 10만 원을 지급하는 제도로서, 2018년 9월 소득·재산 기준 90% 이하 가구의 만 6세 미만 아동을 대상으로 최초 도입되었다. 이후 꾸준히 지급 대상을 확대하여, 2022년부터는 「아동수당법」 개정을 통해 만 8세 미만 아동으로 확대된다. ㉣ 이에 따라 2022년 1월 기준으로 만 8세 미만인 아동(2014.2.1. 이후 출생 아동)은 2022년 1월부터 만 8세 생일이 도래하는 달의 전달까지 아동수당을 받을 수 있다.

① ㉠   ② ㉡   ③ ㉢   ④ ㉣

03 다음 글의 [가]~[라] 중 삭제해야 할 문단으로 가장 적절한 것을 고르면?

[가] 앞으로 농·어촌에서 일하는 외국인 근로자는 입국 즉시 건강보험에 가입할 수 있으며, 건강보험료도 최대 50%까지 경감·지원받는다. 또한, 사업장 변경 사유도 확대되어 숙소 용도가 아닌 불법 가설 건축물을 숙소로 제공받은 경우, 사업장에 중대 재해가 발생한 경우에도 사업장 변경이 가능해진다. 주거 환경 개선을 위한 고용 허가 불허 조치도 사업주의 숙소 개선 계획 등을 전제로 6개월의 이행 기간이 부여된다.

[나] 외국인 근로자는 사업장에 종사하여 대부분 건강보험 직장가입자로 적용되나, 사업자 등록이 되지 않은 사업장에 근로하는 외국인 근로자는 입국 후 6개월이 지난 후에 지역가입자로 가입되어 의료 접근권이 제약됨에 따라, 정부는 농·어촌 외국인 근로자의 건강보험 사각지대 해소를 위해 외국인 근로자는 입국 후 즉시 지역 가입을 적용할 계획이다. 또한, 농·어촌 지역 건강보험료 경감(22%) 대상에 건강보험 당연가입 외국인을 포함하는 한편, 농·어업인 건강보험료 지원 사업(28%)을 통한 보험료 지원도 받을 수 있도록 관련 예산을 확보해 나갈 계획이다.

[다] 외국인 근로자는 내국인 일자리 보호와 중소기업 인력난 해소를 위해 최초 고용 허가된 사업장에서 계속 근무하는 것이 원칙이나, 사용자의 근로 계약 해지 또는 계약 만료 시 총 5년의 취업 활동 기간 동안 5회 이내의 범위에서 사업장 변경이 가능하며, 휴·폐업, 부당한 처우 등 외국인 근로자의 책임이 아닌 경우에는 횟수에 제한 없이 사업장 변경이 가능하다. 그러나 현장에서는 외국인 근로자의 책임이 아닌 사유가 폭넓게 인정되지 않아 부당한 처우에도 불구하고 사업장 변경이 제한되어 외국인 근로자에 대한 인권 침해 소지가 있다는 지적이 있다. 이에 따라, 사업장 변경 횟수에 제한을 받지 않는 외국인 근로자의 책임이 아닌 사유를 확대할 계획이다. 외국인 근로자의 책임이 아닌 사유에 새로 포함되는 사항은, 숙소 용도가 아닌 불법 가설 건축물을 숙소로 제공한 경우와 농한기 및 금어기에 권고 퇴사한 경우와 더불어, 사용자의 산업안전보건법 위반으로 사업장에 중대 재해가 발생하거나, 외국인 근로자가 3개월 이상의 휴업이 필요한 신체적·정신적 부상 또는 질병이 발생한 경우를 추가한다.

[라] 농·어업 분야 외국인 근로자의 99% 이상이 사업주가 제공하는 숙소를 이용 중이며, 응답한 근로자 중 약 69.6%, 사업주 중 약 64.5%가 가설 건축물(컨테이너, 조립식 패널, 비닐하우스 내 가설 건축물)을 이용하고 있는 것으로 답변하였다. 가설 건축물을 숙소로 이용하는 경우 자치 단체에 주거 시설 용도로 신고해야 함에도 미신고한 경우가 56.5%이며, 비닐하우스 내 가설 건축물을 설치한 경우도 농축산업에서 12.7%에 이르는 등 부적절하게 가설 건축물을 이용하고 있는 것으로 나타났다.

① [가]   ② [나]   ③ [다]   ④ [라]

04 다음 글의 밑줄 친 ㉠~㉣ 중 삭제해야 할 문장으로 가장 적절한 것을 고르면?

당뇨병은 다른 말로 '생활습관병'이라고도 일컫는다. 음식 섭취의 부조화, 운동 부족, 비만 등과 깊은 연관이 있기 때문이다. 한 번 당뇨병으로 진단받으면 이전의 몸으로 되돌리기는 어렵다. 아직까지는 진단 후 식습관 개선 및 적절한 운동과 함께 약물 치료를 함으로써 꾸준히 혈당을 관리하는 것이 당뇨병을 완화하는 방법으로 알려져 있기 때문이다.

당뇨병에도 유형이 있다. ㉠ 해당 유형을 정확히 진단하고 알맞은 치료법을 병행해야 완치가 가능하기에 자신의 당뇨병 유형을 아는 것이 중요하다. 당뇨병은 크게 1형 당뇨병과 2형 당뇨병으로 나뉜다. 우리나라 당뇨병의 10~15% 정도를 차지하는 1형 당뇨병은 자가면역기전, 바이러스, 감염 등에 의해 췌장의 베타 세포가 파괴되어 인슐린 분비가 부족해지는 인슐린 결핍 증상으로 나타난다. 인슐린이 부족하면 탄수화물 섭취 시 변환되는 혈중 포도당(이하 혈당)을 세포 속으로 보내지 못하므로 혈액 속에 필요한 수치보다 혈당이 많이 남게 되는 고혈당 증상을 일으킨다. 1형 당뇨병은 주로 30대 이전 성인이나 소아에서 발생해 '소아당뇨병'이라 불리기도 한다.

2형 당뇨병은 조직 세포에서 인슐린을 받아들이지 못하는, 일명 '인슐린 저항성'이 원인이다. 1형 당뇨병이 인슐린 결핍으로 인해 포도당을 세포 속으로 운반하지 못해 생긴다면, 2형 당뇨병은 인슐린은 분비되지만(상대적인 인슐린 분비 결함) 세포에서 이를 받아들이지 못하는 경우다. ㉡ 이로 인해 혈중 당 농도가 정상 범위에서 벗어나는 것이 문제다. 인슐린 결핍 또는 분비 결함과 동반된 인슐린 저항성으로 인해 혈당 수치가 정상 범위를 넘어가면 동맥경화, 신장합병증, 망막증, 당뇨병성 족부병변 등의 합병증을 유발하고, 에너지 공급을 받지 못해 체내 영양 대사에도 이상이 생겨 만성 피로, 체중 감소, 근육량 감소 등의 문제를 유발한다. ㉢ 2형 당뇨병은 대부분 40세 이상에서 나타나며 당뇨병 환자의 85~90%를 차지한다. 최근에는 10대 후반이나 20~30대에도 환자가 증가하고 있다. 복부비만, 노화, 임신, 스트레스, 운동 부족 등을 가장 큰 원인으로 꼽는 만큼 생활습관을 바로잡는 일이 선행되어야 한다. 2형 당뇨병의 경우 급격히 혈당이 오르지 않는 상태에서는 피로감 등의 비특이적인 증상을 보이며, 스트레스 등으로 급격히 혈당이 오르는 상태가 지속될 때에는 다음(다갈), 다뇨, 다식의 증상과 함께 체중이 감소한다. ㉣ 1형 당뇨병의 경우도 급격한 혈당 악화 시에 진단받는 경우가 많아 비슷한 증상으로 병원에 내원하게 된다. 평소 이러한 증상이 지속된다면 병원을 찾아 혈당 검사를 해보는 것이 좋다.

당뇨병 환자뿐만 아니라 일반인의 경우에도 정기적인 검사를 통해 몸속 혈당을 체크하는 것이 필요하다. 국가 건강 검진에서는 공복 혈당을 측정해 고위험군을 가려내고 결과에 따라 2차 검진을 권고하고 있으니 건강 검진도 놓치지 말아야 한다. 공복 혈당 기준 126mg/dL 이상일 때 당뇨병으로 진단하는데 한 번 진단을 받으면 완치가 불가하기에 예방이 최우선이다. 진단 후에는 생활습관 개선은 물론 자가 혈당 측정, 경구 혈당 강하제, 인슐린 치료 등을 통해 평생 혈당을 관리해야 한다.

① ㉠   ② ㉡   ③ ㉢   ④ ㉣

세부 유형 | 문장삽입

01 다음 글의 ㉠에 들어갈 문장으로 가장 적절한 것을 고르면?

알레르기 비염은 환경 알레르겐(알레르기를 유발하는 물질)에 대한 과민 반응으로 인해 발생하는 코 질환이다. 주요 증상으로는 재채기, 코막힘, 콧물, 가려움증 등이 있으며, 일부 환자는 이러한 증상이 계절에 따라 심화되기도 한다. 알레르기 비염은 계절성 알레르기 비염(주로 꽃가루와 같은 계절성 알레르겐에 의한 경우)과 통년성 알레르기 비염(먼지 진드기, 곰팡이, 동물 털 등에 의한 경우)으로 분류된다.

알레르기 비염의 발생 원인 중 가장 중요한 요소는 유전적 소인과 환경적 요인이다. 부모가 알레르기 질환을 가지고 있을 경우, 자녀가 알레르기 비염에 걸릴 확률이 높아진다. 환경적 요인으로는 대기 오염, 실내 공기 질, 흡연, 직업 환경 등이 있으며, 이는 알레르기 비염의 발생률과 증상의 심각성에 영향을 미친다. 특히, 최근 도시화와 산업화가 진행되면서 알레르기 비염 환자의 수가 증가하고 있는 추세이다.

알레르기 비염의 진단은 환자의 증상과 병력 조사를 바탕으로 이루어진다. 추가적으로, 특정 알레르겐에 대한 반응을 확인하기 위해 피부 테스트나 혈액 검사가 시행될 수 있다. 이러한 검사는 알레르기 비염의 원인을 정확히 파악하고 적절한 치료 계획을 수립하는 데 중요한 역할을 한다.

치료는 크게 약물 치료와 환경 관리로 나뉜다. 약물 치료에는 항히스타민제, 비강 스테로이드, 점비용 충혈 완화제 등이 포함된다. 항히스타민제는 알레르기 반응을 억제하며, 비강 스테로이드는 염증을 완화해 증상을 줄인다. 그러나 약물 치료는 증상을 완화하는 데 효과적일 수 있으나, 알레르기 비염의 근본적인 해결책은 아니다.

따라서 (㉠) 예를 들어, 꽃가루가 많은 계절에는 외출을 자제하거나 창문을 닫아 외부 알레르겐 유입을 막는 방법이 권장된다. 통년성 알레르기 비염 환자는 먼지 진드기를 제거하기 위해 침구를 정기적으로 세척하거나 공기 청정기를 사용하는 것이 효과적이다. 이러한 환경 관리 방법은 알레르기 비염의 증상을 완화하고 재발을 방지하는 데 도움이 된다.

결국, 알레르기 비염은 개인의 생활 환경과 밀접한 관련이 있는 질환으로, 약물 치료와 환경 관리를 병행하는 종합적인 접근이 필요하다. 이를 통해 알레르기 비염의 증상을 효과적으로 관리하고 삶의 질을 개선할 수 있다.

① 알레르기 비염은 특정 약물을 사용하면 증상이 즉시 완화된다.
② 알레르기 비염은 환경적 요인보다 유전적 요인이 관리에 더 중요한 역할을 한다.
③ 알레르기 비염의 근본적인 관리를 위해서는 환경 관리를 병행하는 것이 중요하다.
④ 알레르기 비염 관리에서 약물 치료는 환경 관리를 대체할 수 있다.

02 주어진 글의 흐름상 (가)~(라) 중 [보기]의 문장이 들어갈 가장 적절한 위치를 고르면?

네덜란드 암스테르담대 메디컬센터 헤르트 드하엔스 등 연구진이 진행한 크론병 관련 장 절제술 후 재발을 예방하기 위한 베돌리주맙 투약 효과 연구 결과가 국제학술지 란셋 소화기내과·간학 저널 2025년 1월호에 게재될 예정이다. 궤양성 대장염과 및 크론병에 사용되는 생물학적 제제 베돌리주맙이 장 절제술 이후 크론병 재발 감소에 효과적이라는 연구 결과가 나왔다.

(가)

크론병은 정확한 발병 원인이 완전히 밝혀지지 않았지만, 면역 체계, 유전적 소인, 환경적 요인이 복합적으로 작용하여 발생하는 것으로 알려져 있다. 크론병은 수술로 완치할 수 있는 질환이 아니기 때문에 주로 약물 치료를 통해 염증을 조절하고 증상을 관리하지만 합병증이 생기거나 약물 치료만으로 충분히 조절되지 않을 경우 손상된 병변을 제거하는 수술을 진행한다.

(나)

REPREVIO로 명명된 임상은 프랑스, 이탈리아, 네덜란드, 스페인의 13개 의료기관에서 이중맹검 무작위 위약 대조 방식으로 진행됐다. 참가자는 18세 이상의 크론병 환자로, 회장 절제술을 받고 재발 위험 요인이 하나 이상 있는 경우 적격자로 설정했다.

(다)

환자들은 수술 후 4주 이내(1:1 비율)에 무작위로 배정돼 0주, 8주, 16주, 24주에 정맥 주사로 베돌리주맙(300mg) 또는 위약을 투여, 26주 차에 내시경 검사를 실시했다. 주요 평가 변수로는 크론병 수술 후 재발 위험을 평가하기 위해 사용하는 내시경 지수 Rutgeerts 점수(0~4, 높을수록 재발 위험)를 사용했고, 26주 차 크론병의 중증 내시경 재발 환자 비율(Rutgeerts 점수 i2b 이상)도 비교했다. 2017년 5월 16일부터 2022년 4월 8일까지 임상 진행자 84명을 대상으로 분석한 결과 26주 차에 베돌리주맙과 위약을 사용한 뤼트게르트 점수가 낮을 확률은 77.8%였다. 베돌리주맙 그룹의 43명 환자 중 10명(23.3%)에서 중증 내시경 재발이 관찰된 반면, 위약 그룹의 37명 환자 중 23명(62.2%)에서는 중증 내시경 재발이 관찰됐다.

베돌리주맙을 투여받은 43명의 환자 중 3명(7.0%)에서 양측 세뇨관 농양, 혈전성 출혈, 췌장 선암이 발생했고, 위약을 투여받은 37명의 환자 중 2명(5.4%)에서 크론병과 관련된 장 천공 및 심한 복통이 발생했다.

(라)

연구진은 "회장 절제술 후 4주 이내에 베돌리주맙 치료를 받으면 위약보다 내시경 크론병 재발을 예방할 가능성이 더 높았다"며 "베돌리주맙은 재발 위험 요인이 있는 환자의 수술 후 관리에 매력적인 옵션이 될 수 있다"고 제시했다.

보기

연구진은 크론병 환자의 약 절반이 장 절제술이 필요하고, 이 중 과반수가 1년 내 질환 재발을 겪는다는 점에서 수술 이후 질환 관리를 위한 베돌리주맙의 효과 탐색에 나섰다.

① (가)   ② (나)   ③ (다)   ④ (라)

| 세부 유형 | 보도자료 연계 |

01 다음 보도자료의 내용과 일치하는 것을 고르면? 2022 하반기 국민건강보험공단 기출변형

이제 운전면허 갱신 시 운전면허 시험장에서 인지능력진단 검사 결과 확인하세요
― 면허 갱신 시 선별검사 결과지 제출을 위해 치매안심센터 방문 등의 국민 불편 해소 ―

□ 보건복지부는 '치매안심센터 조기검진 데이터-도로교통공단 시스템 연계 작업'이 완료되어 2021년 11월 8일(월)부터 전국 운전면허시험장에서 치매안심센터에서 받은 치매선별검사 결과를 확인할 수 있다고 밝혔다.

○ 고령인구의 급격한 증가와 함께 고령운전자의 교통사고도 증가함에 따라, 현재 만 75세 이상 운전자는 교통안전교육을 면허취득 또는 갱신 전에 의무적으로 받도록 하고 있으며,
― 교통안전교육 과정으로 받아야 하는 치매선별검사인 인지능력진단을 전국 보건소에 설치된 치매안심센터에서도 받을 수 있다.

○ 하지만, 치매안심센터와 도로교통공단 간 시스템 연계가 되어 있지 않아서, 치매안심센터에서 받은 치매선별검사 결과가 면허시험장으로 실시간 공유가 되지 않아,
― 민원인이 면허시험장에 치매선별검사 결과지 제출을 위하여 검사받은 치매안심센터를 직접 방문하여 검사지를 발급받고,
― 이를 제출하기 위해 면허시험장을 재차 방문하는 등의 국민 불편이 발생하고 있었다.

○ 이번 시스템 연계를 통해 고령 운전자의 면허 갱신 시 치매안심센터의 치매선별검사 수행 내역이 실시간으로 도로교통공단에 송신되도록 함에 따라,
― 민원인은 해당 서류를 직접 제출하기 위하여 치매안심센터를 다시 방문하지 않아도 되어 번거로움을 해소할 수 있게 되었다.

□ 보건복지부 노인정책관은 "이번 치매안심센터와 도로교통공단 간 시스템 연계를 통해 고령 운전자분들의 불필요한 현장 방문을 최소화시킬 수 있게 되었고, 이에 따른 사회·경제적 비용을 줄일 수 있게 되었다"라고 전하면서,

○ "앞으로도 보건복지부는 생활 속 불편 사항 등을 적극적으로 조사·발굴하여 제도 개선을 추진하도록 노력하겠다"라고 말했다.

① 앞으로 면허시험장에서 치매선별검사를 받을 수 있다.
② 만 65세 이상 운전자는 인지능력진단 의무 대상자다.
③ 보건소에서 치매선별검사를 받을 경우 검사지를 직접 도로교통공단에 제출해야 한다.
④ 치매선별검사 수행 내역은 치매안심센터와 도로교통공단에서 모두 확인할 수 있다.

고난도
02 다음 보도자료의 내용을 보고 보일 수 <u>없는</u> 반응을 고르면?

보건복지부 보도자료

다시 대한민국! 새로운 국민의 나라

보도시점	2024. 1. 25.(목) 위원회 종료(별도 안내) 이후	배포	2024. 1. 25.(목)

중증 환자가 제때, 신속하게 진료받을 수 있는 기반을 마련한다
- □□서울병원, ○○대병원, △△대병원 1월부터 「중증진료체계 강화 시범사업」 착수 -
- 상급종합병원의 중증진료 강화 및 지역의료기관과의 연계, 협력체계 구축 -

올해 1월부터 중증환자 진료 등 상급종합병원의 본연의 기능을 강화하고 지역 의료기관과의 협력을 통해 필수의료전달 체계를 정상화하기 위한 '중증진료체계 강화 시범 사업'을 새롭게 도입한다.

중증진료체계 강화 시범 사업은 상급종합병원이 중증, 고난도 진료에 집중하고 중증도가 낮은 환자를 지역으로 회송하는 동시에 회송된 환자가 가까운 곳에서 안심하고 진료받을 수 있도록 지역 의료기관들과 진료 협력 체계를 구축하는 시범 사업이다.

그간 경증 외래 환자의 대형병원 쏠림 현상으로 상급종합병원의 진료 역량이 분산됨에 따라 중증 환자가 충분한 진료 상담을 받지 못하거나 제때 치료를 받지 못하는 문제가 발생하였다. 상·하위 종별 의료기관은 기관 간 협력, 연계가 부족하여 환자를 두고 경쟁하는 등 비효율적인 전달 체계의 문제도 제기되었다.

이에 합리적인 의료전달 체계를 구축하고 상급종합병원과 지역 협력 의료기관과의 동반 성장을 지원하기 위한 새로운 지불 방식으로서 기관 단위 성과 기반의 '중증진료체계 강화 시범 사업'을 추진하게 되었다.

2022년 하반기 참여기관 공모를 진행하였으며, 지난해에는 선정 기관을 대상으로 기관의 외래 이용, 비급여 비율 등을 분석하고 이를 기반으로 시범 사업 운영위원회*의 심의를 통해 최종 3개소가 선정되었다.

* 시범 사업 성과보상금 성과평가 지표 등을 심의, 의결하기 위해 의료계(3), 전문가(4), 소비자환자단체(3) 등 총 14명으로 구성된 위원회

[표] 기관별 주요 사업 내용

기관명	주요 사업 내용	비고
□□서울병원	(중증진료 강화) 정밀/재생/융합의료 중심 연구와 중증·고난도, 희귀, 난치 진료 영역(암, 심장, 뇌혈관 질환 등) 연계로 신치료법 기반의 치료 역량 강화	전국형
□□서울병원	(진료 협력 네트워크) 293개 핵심 협력 병원 구축을 통한 의뢰, 회송 및 신속 진료 시스템 운영, 실시간 진료정보 통합 플랫폼 구축	전국형
○○대학교 의과대학 부속병원	(중증진료 강화) 권역 심뇌혈관 질환센터·응급 진료 활성화, 중환자실 확충에 따른 전문 의료인력 확보, 암 통합 지원센터 인프라 강화	지역형
○○대학교 의과대학 부속병원	(진료 협력 네트워크) 회송-회송 후 관리, 응급 환자 전담 부서 신설 및 증원, 회송 환자 전용 슬롯 마련, 응급-중증 환자 전용 핫라인 구축	지역형
△△대학교 병원	(중증진료 강화) 암·응급·장애인 친화 진료(구강 진료센터, 산부인과) 강화, 감염병 전담 음압병동 신설, 암 치료 연구센터 구축 및 운영(카티 세포 치료센터)	지역형
△△대학교 병원	(진료 협력 네트워크) 협력 병원별 담당 전담 인력 증원(간호사) 배치, 협력 기관 간 의료진 교류 및 교육, 협력 병원과 본원 간 회송 의뢰 진료 정보 교류 시스템 구축 및 운영 지원(paperless 의뢰)	지역형

선정된 병원들은 환자들의 중증도에 따라 환자의 주소지 가까운 곳에 있는 협력 의료기관으로 환자를 회송하고, 중증, 희귀난치질환, 고난도 진료 분야에 역량을 집중하며 이를 위한 인력, 시설, 장비 등을 대폭 확충하게 된다. 또한, 참여 유형에 따라 전국 또는 지역 단위의 진료 협력기관 협력 체계(네트워크)를 구축하여 환자를 의뢰·회송하고 진료 협력을 지원하기 위한 전담 인력도 대폭 확충한다.

환자가 지역 병의원에서도 안심하고 적정 진료를 받을 수 있도록 상급종합병원과 지역 의료기관과의 진료 정보 공유, 의료진 교육 지원 등 진료 협력 구조를 강화하며 회송된 환자에 대해 상급종합병원 진료가 필요한 경우 신속하게 우선 진료받을 수 있는 시스템도 단계적으로 구축한다.

위 병원들은 연 단위 사업을 수행한 후 협력 진료 이용, 중증 진료 강화, 환자 건강 결과, 지역 의료기관 이용 시 환자 경험 등 성과 평가 결과에 따라 보상을 받게 될 예정이다.

보건복지부 박○○ 제2차관은 "이번 시범 사업을 통해 중증 환자들이 필요한 때 신속하게 진료를 받으며, 회송된 환자들도 집에서 가까운 병원에서 충분한 진료를 받을 수 있도록 의료기관 간의 협력 기반이 마련될 것으로 기대한다"라고 말하며, "앞으로도 무한 경쟁의 비효율적 의료전달 체계가 지역, 필수의료 강화를 위해 긴밀히 협력하는 체계로 정상화될 수 있도록 건강보험을 집중 투자하겠다"라고 밝혔다.

A: 이 사업은 상급종합병원과 지역 하위 병원의 진료 역량 분산을 막아 중증 환자들이 가까운 지역 병원을 이용하더라도 상급종합병원 수준의 치료를 받을 수 있도록 하는 데 의의가 있네요. ····· ①
B: 이 사업은 2022년부터 준비되었으며 14명으로 구성된 시범 사업 운영위원회의 심의를 거쳐 3개의 상급종합병원이 선정되었군요. ····· ②
C: 선정된 병원 중에 협력 병원에 관련 인력을 증원하는 병원은 △△대학교 병원이네요. ····· ③
D: 정부는 이 사업을 통해 병원별 무한 경쟁을 지양하고 협력 체계를 구축하여 필수의료를 강화하고자 하네요. ····· ④

[03~04] 다음 보도자료를 읽고 질문에 답하시오.

상급병실(2·3인실) 건강보험 적용 범위 확대

■ 적용 배경
- 상급종합병원과 종합병원에서는 건강보험이 적용되는 일반병상(4~6인실)이 부족하여 환자의 의사와 상관없이 원치 않은 상급병실 입원이 많고, 중증 환자가 주로 입원하는 특성이 있어 상급종합병원과 종합병원의 2·3인실에 대해 우선적으로 건강보험을 적용
- 2·3인실 입원료는 입원료 중 일부(6인실 입원료, 환자 부담률 20%)만 건강보험이 적용되어 왔고, 병실 차액을 100% 환자가 부담하여 병원별 입원료 격차가 컸음

■ 적용 대상
- 2018년 7월 1일부터 상급종합병원과 종합병원의 2·3인실 건강보험 적용
- 병·의원급 의료 기관은 입원 환자 대비 건강보험 적용 병상에 여유가 있어 사회적 의견 수렴 후 연말까지 건강보험 적용 여부를 결정할 예정

■ 규모별 본인 부담률

구분	1인실	2인실	3인실	4인실	5인실 이상
상급종합병원	비급여	50%	40%	30%	20%
종합병원		40%	30%	20%	20%
병원		비급여		20%	20%
의원				20%	20%

■ 환자 부담금 변화
- 연간 환자 부담금이 3,690억 원에서 1,871억 원으로 감소, 1일 평균 환자 부담금도 절반 수준으로 감소
- 연간 50~60만여 명의 환자들이 환자 부담금 경감 혜택을 볼 것으로 전망

03 주어진 자료의 내용과 일치하지 <u>않는</u> 것을 고르면?

① 환자 대비 상급종합병원과 종합병원의 일반병상이 부족한 상황이다.
② 상급병실의 건강보험 적용에 병·의원급 의료 기관은 우선 제외된다.
③ 상급병실 이용에 따른 환자 본인 부담률은 인실에 상관없이 동일 적용된다.
④ 상급병실의 건강보험 적용 범위 확대에 따라 연간 환자 부담금이 절반 정도로 경감될 것이다.

04 주어진 자료를 보고 다음 질문에 답한다고 할 때, 가장 적절한 답변을 고르면?

> Q: 안녕하세요. 77세인 저는 왼쪽 팔 골절로 수술을 받기 위해 서울에 위치한 A상급종합병원(간호 2등급)에 9박 10일간 입원하였습니다. 그런데 병실이 부족하여 입원 가능한 병실은 3인실이었고, 입원 기간 동안 입원료를 계산해 보니 163만 원이 나왔습니다. 그런데 7월 1일부터 3인실에도 건강보험이 적용된다고 들었습니다. 이런 경우에 제가 부담해야 하는 입원료는 얼마입니까?

① 입원료의 30% 수준인 약 49만 원 정도 예상됩니다.
② 입원료의 40% 수준인 약 65만 원 정도 예상됩니다.
③ 입원료의 50% 수준인 약 82만 원 정도 예상됩니다.
④ 죄송합니다만, 상급종합병원의 3인실은 건강보험이 적용되지 않습니다.

CHAPTER 04 실전연습 문제

[01~02] 다음 글을 읽고 질문에 답하시오.　　　　　　　　　　　2024 상반기 국민건강보험공단 기출변형

　　건강보험공단은 고령화 시대에 적합한 노인장기요양보험 서비스를 제공하며, 이를 통해 노인과 가족의 삶의 질을 향상시키고자 노력하고 있다. 이 보험의 핵심 서비스는 재가급여와 시설급여로 나뉘며, 두 서비스는 수급자의 생활 환경과 필요에 따라 선택적으로 제공된다.
　　재가급여는 노인이 거주하는 집에서 제공되는 서비스로, 방문 요양, 방문 간호, 방문 목욕, 주야간 보호 서비스, 단기 보호 서비스 등이 포함된다. 재가급여의 가장 큰 장점은 노인이 익숙한 환경에서 생활을 유지하며, 가족과 함께 시간을 보낼 수 있다는 점이다. 특히 방문 요양 서비스는 간병인이 일정 시간 동안 수급자의 집을 방문하여 일상생활을 돕는 서비스로, 신체 활동 지원과 정서적 안정을 제공한다.
　　㉠ 반면 시설급여는 노인이 일정 기간 동안 요양시설에 입소하여 24시간 돌봄 서비스를 받는 형태이다. 시설급여는 중증 노인성 질환이나 가족 돌봄이 어려운 상황에서 선호되며, 전문적인 의료와 생활 지원을 받을 수 있다는 장점이 있다. ㉡ 하지만 시설급여를 제공하는 요양원은 노인의 건강 상태에 따라 맞춤형 서비스를 제공하며, 의사, 간호사, 요양보호사가 협력해 수급자의 신체 및 정서적 안정을 돕는다.
　　재가급여와 시설급여는 각각의 장단점이 있으며, 수급자의 상태와 가족의 상황에 따라 적절한 서비스를 선택하는 것이 중요하다. 재가급여는 노인이 자신의 집에서 생활을 이어갈 수 있어 자율성을 보장하지만, 가족의 돌봄 부담이 완전히 해소되지 않는 한계가 있다. ㉢ 반면 시설급여는 전문적인 서비스를 제공하여 가족의 부담을 줄이는 데 유리하나, 익숙한 환경을 떠나 시설에 적응해야 하는 어려움이 있을 수 있다.
　　건강보험공단은 두 서비스를 보다 효과적으로 운영하기 위해 다양한 정책을 추진 중이다. 예를 들어, 재가급여 이용자를 위해 방문 서비스의 접근성을 확대하고, 시설급여 이용자를 위한 전문 의료 서비스 강화를 지원하고 있다. ㉣ 또한 요양 서비스의 품질을 높이기 위해 요양보호사와 간호 인력의 역량 강화를 위한 교육 프로그램을 운영하고 있다.
　　재가급여와 시설급여는 노인장기요양보험의 주요 축을 이루며, 노인과 가족의 다양한 요구를 충족하는 데 중요한 역할을 한다. 건강보험공단은 두 서비스의 균형 잡힌 운영을 통해 고령화 사회에서의 지속 가능한 노인 복지를 실현하고자 한다.

01 주어진 글을 이해한 내용으로 적절하지 <u>않은</u> 것을 고르면?

① 재가급여는 노인이 익숙한 환경에서 생활을 이어갈 수 있는 장점을 제공하지만, 가족의 돌봄 부담이 완전히 해소되지 않는 한계를 지닌다.
② 시설급여는 요양시설에서 전문적인 의료 서비스와 생활 지원을 받을 수 있으며, 이는 가족의 돌봄 부담을 줄이는 데 유리하다.
③ 건강보험공단은 재가급여와 시설급여 모두에 접근성을 높이고, 이를 위해 서비스 품질 개선과 관련 법 제도를 정비하고 있다.
④ 재가급여에는 방문 요양, 방문 간호, 방문 목욕과 같은 서비스가 포함되며, 이를 통해 노인의 자율성을 보장하려는 노력이 이루어진다.

02 접속어 ㉠~㉣ 중 문맥의 흐름상 적절하지 <u>않은</u> 것을 고르면?

① ㉠   ② ㉡   ③ ㉢   ④ ㉣

[03~04] 다음 글을 읽고 질문에 답하시오.

언어 장애는 의사소통에 필요한 언어 능력이 정상적으로 발달하거나 기능하지 못하는 상태를 말한다. 언어 장애는 발음, 유창성, 문법, 어휘 사용, 언어 이해 등 여러 측면에서 나타날 수 있으며, 유전적 요인, 신경학적 손상, 발달적 지연, 환경적 요인 등 다양한 원인에 의해 발생할 수 있다. 이러한 장애는 아동에게 더 흔하게 나타나지만, 성인에게도 발생할 수 있으며, 적절한 치료와 교육을 통해 개선이 가능하다. 대표적인 언어 장애에는 발음장애, 유창성장애, 언어발달장애, 실어증 등이 있다.

발음장애는 발음이 정확하지 않거나 불완전하게 나타나는 장애를 말한다. 발음장애는 주로 어린이에게서 나타나지만, 성인에게도 발생할 수 있다. 발음이 부정확하거나 음성을 제대로 발음하지 못하는 경우가 많으며, 발음의 정확도를 높이는 치료가 필요하다. 예를 들어, 'ㄹ' 소리를 제대로 발음하지 못하거나, 특정 자음이나 모음이 잘못 발음되는 경우가 있다.

유창성장애는 말이 끊기거나 반복되는 현상이 나타나는 장애를 의미한다. 대표적인 예로는 말더듬이 있다. 유창성장애를 가진 사람은 말을 할 때 불규칙하게 멈추거나, 특정 단어를 반복하는 경우가 많다. 이러한 현상은 신경학적 원인에 의해 발생할 수 있으며, 말하기에 대한 불안이나 긴장감이 영향을 미치기도 한다. 유창성장애는 치료를 통해 개선할 수 있으며, 말하기 기술의 교육이나 심리적인 지원이 중요한 역할을 한다.

언어발달장애는 어린이가 언어를 발달시키는 과정에서 장애가 발생하는 경우를 말한다. 이 장애는 단어를 이해하거나 사용하는 능력이 지연되거나 부족한 경우가 많다. 언어발달장애는 특정 연령대에서 언어 능력이 일반적인 수준에 도달하지 못하는 것으로, 치료와 교육적 지원이 필요하다. 예를 들어, 만 3세가 되어도 단어나 문장을 사용하지 못하거나, 간단한 지시를 이해하지 못하는 경우 언어발달장애를 의심할 수 있다.

마지막으로 실어증은 뇌의 손상으로 인해 말하기, 이해하기, 읽기, 쓰기 등의 언어 능력이 손상되는 장애이다. 실어증은 뇌졸중, 두부 외상, 뇌종양 등으로 인해 발생할 수 있으며, 환자의 언어 기능을 심각하게 제한할 수 있다. 실어증의 종류에는 브로카 실어증과 베르니케 실어증 등이 있으며, 각각의 실어증은 언어 처리에 영향을 미치는 뇌의 특정 부위에 손상이 생겨 발생한다. 치료는 언어 치료와 재활을 통해 이루어지며, 환자의 회복을 돕는 데 중요한 역할을 한다.

이 외에도 다양한 언어 장애가 존재하며, 각기 다른 원인과 증상으로 나타난다. 언어 장애는 적절한 진단과 치료를 통해 개선할 수 있으며, 조기 치료가 중요하다. 특히, 언어는 사람 간의 의사소통에 중요한 역할을 하므로, 언어 장애를 가진 사람들에게 적절한 지원이 필요하다.

03 주어진 글의 제목으로 가장 적절한 것을 고르면?

① 언어 장애의 개념
② 언어 장애의 치료
③ 언어 장애의 진단
④ 언어 장애의 종류

04 주어진 글을 읽고 답변할 수 있는 질문을 고르면?

① 말하기에 대한 긴장감을 해소하는 구체적인 방법은 무엇인가?
② 발음장애를 치료하는 데 효과적인 치료법은 무엇인가?
③ 손상되면 실어증이 나타날 수 있는 뇌의 부위는 어디인가?
④ 어린이가 간단한 지시를 이해하지 못할 때, 언어발달장애를 의심해야 할 기준이 되는 나이는 몇 살인가?

[05~07] 다음은 국민건강보험공단의 '다제약물 관리사업'에 관한 글이다. 이를 바탕으로 이어지는 질문에 답하시오.

2024 상반기 국민건강보험공단 기출변형

[가] 국민건강보험공단이 다제약물 관리사업에서 의약사 협업을 확대해 실효성을 강화하고, 약국 내 방상담 등 다양한 모델을 활용해 서비스를 지속 제공할 수 있는 기반을 조성해 나갈 방침이다. 여기에 최근 보건복지부가 국민건강보험공단의 다제약물 관리사업(예산 9억 원)을 포함한 2차 국민건강보험종합계획을 확정한 만큼, 향후 건강보험제도 편입 가능성이 높아졌다는 평가가 나온다. 다제약물 관리 사업에 정부 예산이 책정된 것은 아니지만, 정부 사업으로 인정된 만큼 안정적 운영이 가능할 것이라는 분석에서다.

[나] 실제로 지난해에만 107개 지역에서 자문약사 515명이 위촉돼 1차 3,664명, 2차 2,221명, 3차 788명, 4차 660명을 대상으로 상담을 완료했고 만족도는 89.7점을 기록했다. 특히 약물 점검 서비스를 제공받은 184명 중 1건 이상 처방조정이 있는 대상자가 101명으로 나타나 54.9%의 처방조정률을 보였다.

[다] 공단 관계자는 "자문약사는 약 사용 시 주의점과 주요 부작용 등 핵심적인 사항 중심으로 상담하고, 처방변경 등이 필요한 내용을 상담할 경우엔 처방의와 신뢰 관계를 유지할 수 있도록 해야 한다"면서 "1차 상담에서 문제 발견 시 중재계획을 입력하고 2차는 유선상담 또는 생략 가능하며, 3차(마지막) 상담에서 중재결과를 확인 후 결과 값을 입력하면 된다"고 설명했다.

[라] 이어 "공단 기간제 전문인력 없이 서비스를 지속 제공할 수 있는 기반을 조성하기 위해 비용효과성이 기대되는 약국 내방 상담을 확대할 방침"이라면서 "약사 2인(1차 상담) 방문과 보조인력(약학대학생) 동행 운영지역을 확대하겠다"고 덧붙였다.

[마] 국민건강보험공단은 올해 만성질환을 보유한 건강보험가입자 가운데 60일 이상 복용 약이 10개 이상인 자 중 공단 안내문을 통해 신청하거나 약국, 의원(협업지역), 통합돌봄 등에서 추천된 자 3,500명(목표 인원)을 대상으로 가정방문 또는 약국 상담 2회, 필요시 유선 상담을 실시할 예정이다. 공단에 따르면 지난해에 비해 상담 횟수가 간소화(4회 → 2회)됐고 상담 수가는 소폭 인상됐다.

[바] 국민건강보험공단에서 이러한 방침을 내세운 이유는 2018년부터 2023년까지 총 15,994명의 대상자에게 상담 서비스를 실시했고 상담 만족도는 매년 상승해 왔으며, 처방조정률 또한 높아졌기 때문이다.

[사] 한편, 올해부터 자문약사 대상 필수 교육 수강과목 전체가 신규 업데이트됐기에 자문약사로 참여를 희망하는 지난해 기참여 약사를 포함한 약사 전원은 전체 과목을 수강해야 한다. 공단은 "현재 위촉된 자문약사는 6월까지 수강 기한을 연장했고, 대한약사회에서 이수 완료한 약사 명단을 주기적으로 공단에 통보하고 있으므로 교육 수강 후 약사가 별도로 제출할 것은 없다"고 안내했다.

[아] 국민건강보험공단은 "올해 사업에서 지역 의사회와 약사회가 함께 참여해 약사의 상담 결과가 의사의 처방조정으로 연계되는 협업모형을 고도화하고 서울특별시 도봉구에서 선보인 '의약사 협업'모델 약물 점검 서비스의 적용 지역을 확대 추진하겠다"고 밝혔다.

05 주어진 글의 제목으로 가장 적절한 것을 고르면?

① 보건복지부, '의약사 협업' 확대를 통한 다제약물 관리사업 지원
② 도봉구, 의약사 협업을 바탕으로 약물 점검 서비스 도입
③ 국민건강보험공단, 만성질환 보유자 대상 다제약물 관리사업 실시
④ 다제약물 관리사업, '의약사 협업' 넘어 '약국 내방형'까지 성과

06 다음 중 [가] 문단 뒤에 이어질 문단을 순서대로 나열한 것을 고르면?

① [바]-[나]-[사]-[아]-[다]-[마]-[라]
② [마]-[다]-[라]-[바]-[나]-[사]-[아]
③ [아]-[라]-[바]-[나]-[마]-[사]-[다]
④ [아]-[바]-[다]-[마]-[라]-[나]-[사]

07 주어진 글을 통해 추론한 내용으로 적절하지 <u>않은</u> 것을 고르면?

① 보건복지부는 다제약물 관리사업에 대해서 긍정적으로 평가하고 있다.
② 특정 사업을 정부 사업으로 인정한다고 해서 정부가 직접적으로 예산을 책정하는 것은 아니다.
③ 다제약물 관리사업 대상자는 올해부터 경우에 따라 가정에서도 상담을 받을 수 있으며 상담료는 인상되었다.
④ 의사와 약사 간의 신뢰 관계를 구축하기 위한 기반을 마련하기 위해 자문약사 기준이 강화되었다.

[08~10] 다음 글을 읽고 질문에 답하시오.

2024 하반기 국민건강보험공단 기출변형

국민건강보험공단은 근로자가 질병이나 부상으로 인해 일을 하지 못할 경우 소득 손실을 보전하기 위해 상병수당 제도를 운영하고 있다. 이 제도는 「국민건강보험법」에 근거하여 시행되며, 근로자들의 경제적 부담을 완화하고 안정적인 치료를 받을 수 있도록 돕는 것을 목표로 한다. ㉠ 상병수당은 질병 또는 부상으로 인해 일정 기간 동안 근로가 불가능한 상태에 있는 사람들에게 지급된다.

상병수당은 근로자가 일시적으로 소득을 상실한 경우 지급되며, 대상자는 의사의 진단서와 필요 서류를 제출해 신청할 수 있다. 지원 기간은 근로가 불가능한 상태로 인정된 날짜부터 시작되며, 최대 지원 기간은 90일이다. 이 기간 동안 수당은 기본적으로 최저임금을 기준으로 산정되며, 지급액은 각 개인의 소득과 근무 조건에 따라 달라질 수 있다. 상병수당 제도는 근로자의 치료 환경 개선뿐 아니라, 질병과 부상으로 인한 경제적 불평등을 완화하기 위한 중요한 정책 중 하나로 평가받고 있다. ㉡ 상병수당 신청자는 지원기간 동안 지역 축제나 문화 행사에 참여하여 자발적 봉사활동을 해야 한다는 조건이 붙는다.

상병수당 제도는 현재 일부 지역에서 시범 운영 중이다. ㉢ 시범 지역에서는 상병수당 신청 건수와 지급 효율성을 분석하여 제도의 적정성을 평가하고 있다. 또한, 제도를 전국적으로 확대하기 위한 준비 작업으로, 상병수당 지급 대상이 되는 질병과 부상의 범위를 보다 명확히 하기 위한 기준 마련도 병행되고 있다. 이러한 노력은 제도가 효율적으로 작동할 수 있는 기반을 마련하기 위함이다. 특히, 지급 대상 질병 범위의 확장은 근로자의 복지 향상을 도우며, 불확실한 상황에서의 경제적 안정성을 보장하는 데 큰 역할을 한다.

상병수당 제도는 근로자와 사업주 모두에게 긍정적인 영향을 미친다. 근로자가 경제적 부담 없이 충분히 치료받을 수 있는 환경이 조성되면, 건강 상태가 개선되어 업무 복귀 후 생산성을 높이는 데 기여할 수 있다. 또한, 사업주는 근로자의 빠른 회복과 원활한 복귀로 인해 인력 운영의 안정성을 확보할 수 있다. 나아가, 국가적 차원에서는 근로자의 건강 보장이 국가 경제 안정과 지속 가능성에 중요한 역할을 한다는 점에서 상병수당의 확대가 더욱 강조되고 있다. ㉣ 근로자가 질병이나 부상으로 인한 경제적 어려움을 해소하며, 안정적인 치료와 복귀를 지원하는 중요한 사회 안전망으로 자리 잡고 있다. 국민건강보험공단은 상병수당 제도의 개선과 확대를 통해 근로자와 사업주 모두의 신뢰를 높이고, 지속 가능한 제도 운영을 목표로 하고 있다.

08 주어진 글의 내용과 일치하는 것을 고르면?

① 상병수당은 질병이나 부상으로 인해 소득이 완전히 상실된 근로자만 신청할 수 있다.
② 상병수당 제도는 현재 전국적으로 운영 중이며, 모든 근로자가 동일한 조건으로 지원받을 수 있다.
③ 상병수당은 최저임금을 기준으로 산정되며, 개인의 소득이나 근무 조건에 따라 지급액이 달라질 수 있다.
④ 상병수당은 근로자의 건강 상태 개선과 가족 돌봄 부담 완화를 위해 설계된 제도로, 사업주에게는 인력을 운영하는 데 부담을 준다.

09 주어진 글의 ㉠~㉣ 중 글의 흐름상 삭제되어야 할 문장을 고르면?

① ㉠　　　② ㉡　　　③ ㉢　　　④ ㉣

10 주어진 글을 읽고 예상할 수 있는 반응으로 가장 적절한 것을 고르면?

① 상병수당 제도가 전국적으로 확대되면, 근로자와 사업주 간의 상호 신뢰가 증가하고 제도에 대한 만족도가 높아질 가능성이 있다.
② 상병수당 제도의 확대 과정에서 국민건강보험공단의 재정 부담이 커져 지원 기간이 90일에서 더 짧아질 가능성이 높다.
③ 상병수당은 근로자의 경제적 부담을 줄이는 데 긍정적 영향을 미치지만, 사업주에게는 직접적인 혜택이 없을 가능성이 크다.
④ 상병수당의 시범 운영 결과에 따라, 제도의 실효성을 강화하기 위해 일부 조건이 추가되거나 신청 절차가 복잡해질 가능성이 있다.

[11~12] 다음 글을 읽고 질문에 답하시오.

우리나라에는 간 질환을 앓고 있는 사람들이 매우 많으며, 간 질환은 주요 사망 원인 중 하나를 차지하고 있다. 간은 '침묵의 장기'로 불리는데, 이는 간 기능이 악화되어도 아무런 증상을 느끼지 못하는 경우가 많기 때문이다. 간이 많이 나빠지면 피로감, 식욕 부진, 우측 상복부의 불편감, 황달 등이 나타나기도 하며, 심하면 전신이 붓고 복수가 차며 피를 토하거나 혈변을 보기도 한다.

바이러스성 간염은 간 질환의 주요 원인이다. 간염 바이러스 종류에 따라 A형, B형, C형, D형, E형 간염 등으로 구분한다. A형과 E형 간염은 음식물을 통하여 전염되며 급성 간염만 일으킨다. A형 간염은 과거에는 비위생적인 환경으로 인해 어릴 때 감염이 되어 대부분 성인은 이에 대한 항체를 갖고 있으나, 최근 10~20대들은 이에 대한 항체가 없는 경우가 많아서 예방 접종이 권유된다. B형과 C형 간염은 급성 간염뿐 아니라 만성 간염도 일으키는데, 이 두 가지가 만성 간 질환의 원인 중 80% 정도를 차지하고 있어 이에 대한 치료와 예방이 중요한 과제이다. B형 간염에 대한 예방 접종은 1980년대부터 시행되고 있으며, C형 간염은 아직까지는 적절한 예방 방법이 없어서 개인위생에 주의를 기울여야 한다. 최근에는 여러 가지 항바이러스제와 페그인터페론과 같은 치료제들이 개발되어 B형과 C형 간염 환자들의 치료에 좋은 기회가 되고 있다.

술은 대표적인 기호 식품으로 과도한 음용으로 개인과 사회에 다양한 문제를 일으키고 있으며, 간 질환에 있어서도 중요한 원인 중 하나다. 한국 주류 산업 협회에 따르면 우리나라 성인은 1인당 평균 84병의 소주를 마시고, 음주 때문에 지불하고 있는 사회·경제적 비용이 연간 15조 원에 달한다고 한다. 알코올성 간 질환은 크게 알코올성 지방간, 알코올성 간염, 알코올성 간경변증으로 분류되는데, 알코올성 지방간은 간 내에 지방이 정상 이상으로 쌓이는 것으로 간 기능에는 큰 이상이 없는 상태를 말하며, 알코올성 간염은 과도한 음주로 간에 염증성 손상이 진행되는 것을 말하며, 알코올성 간경변증은 간의 염증성 손상이 비가역적으로 축적, 섬유화되어 출혈과 혼수, 간암 등의 심각한 합병증이 동반되는 것을 말한다. 알코올성 간 질환의 위험 인자로는 알코올 소비량 즉, 음주량과 음주 기간이 가장 중요하다. 성인 남자의 경우 매일 40~80g의 알코올, 소주로는 240~480ml를 마실 경우 알코올성 간 질환을 유발할 수 있다. 술의 종류는 크게 관련이 없어서 낮은 도수의 술이나 소주, 막걸리, 양주 등에 상관없이 전체적으로 마신 알코올 총량에 따라서 간이 나빠진다. 음주 습관과의 관련성은 명확하지 않지만 매일 술을 마시는 것이 간헐적으로 마시는 것보다 위험하며, 일주일에 최소한 2일은 술을 마시지 않는 것이 좋다.

알코올성 간 질환의 치료에서 가장 중요한 것은 금주이다. 보통 알코올성 질환에서 금주와 절주가 모두 가능한 수단이지만, 알코올 의존증이 있는 경우에는 어설픈 절주보다는 금주를 목표로 삼는 것이 좋다. 알코올성 지방간은 대부분 가역적이므로 음주를 중단하면 4~6주 내에 정상으로 돌아온다. 알코올성 간염 환자도 음주를 중단하거나 적게 하면 생존율이 현저히 증가하게 된다. 하지만 음주로 인한 알코올성 간염이 반복적으로 일어나게 되면, 비가역적인 간 손상이 쌓여서 간경변증이 되어 회복이 어렵게 된다.

11 주어진 글의 제목으로 가장 적절한 것을 고르면?

① 간 질환의 원인과 치료 방법
② 술이 간 건강에 미치는 영향
③ 간이 '침묵의 장기'라고 불리는 이유
④ 우리나라의 간 질환 환자가 많은 까닭

🔺 고난도
12 주어진 글의 내용과 일치하지 않는 것을 고르면?

① A형 간염은 예방 접종을 통해 예방할 수 있다.
② B형 간염은 만성 간 질환의 원인 중 80%를 차지한다.
③ 금주는 알코올성 간 질환의 효과적인 치료를 위해 환자에 권장되는 행위이다.
④ 알코올성 지방간, 알코올성 간염, 알코올성 간경변증 중 가장 심각한 것은 알코올성 간경변증이다.

[13~14] 다음 글을 읽고 질문에 답하시오.

눈에서 카메라의 필름에 해당하는 부위를 망막이라고 하고, 그중에서도 시력에 중요한 중심부를 황반이라고 한다. 이 황반의 기능이 떨어지면서 시력이 감소되고, 심할 경우 시력을 완전히 잃기도 하는 질환이 황반변성이다. 황반변성은 노화가 일어나면서 황반부 시세포들의 기능이 저하되고 점차 위축되어 가는 건성 황반변성, 황반부에 혈관이 자라나며 출혈 및 부종이 생겨 시력이 떨어지는 습성 황반변성으로 나눌 수 있다. 조기에 적절한 치료를 받지 못할 경우 영구적 시력 소실을 유발하는 질환으로, 우리나라를 포함하여 기대 수명이 높은 선진국형 국가들에서 실명의 가장 중요한 원인으로 대두되고 있는 질환이다.

우리는 평생 무언가를 보고 살 수밖에 없기에 황반은 늘 빛에 의한 산화 스트레스를 받는다. 젊을 때는 산화 스트레스를 적절히 처리하는 기능이 있다. (㉠) 연령이 증가하면서 처리 능력이 저하된다. 이로 인해 황반부에 노폐물이 쌓이고 염증반응을 유발하면서 시세포와 망막색소상피, 맥락막 모세혈관과 같은 시력에 중요한 조직의 변성을 유발한다. 이것이 건성 황반변성이다. 황반변성은 노안과 쉽게 구별할 수 있다. 노안은 먼 곳과 가까운 곳에 초점을 자유롭게 조절하는 능력이 저하된 것으로, 자연스러운 노화 과정이다. 적절한 도수의 안경을 착용했을 때 잘 보이고, 휘어 보이거나 검게 보이는 부분이 없다면 노안이니 안심해도 된다.

(㉡) 맞는 도수의 안경을 착용해도 최근 급격한 시력 저하, 먼 곳과 가까운 곳이 모두 보이지 않는 증상, 사물이 찌그러져 보임, 시야에 검은 점처럼 보이지 않는 부위 발생 등의 증상이 나타난다면 황반변성을 의심할 수 있다. 안타깝게도 건성과 습성 황반변성 모두 아직 완치가 되지 않는 병이다. 건성 황반변성은 습성 황반변성으로 진행되지 않도록 예방하는 것이 중요하다. 습성 황반변성은 망막진료를 보고 항혈관내피성장인자 안구 내 주사를 적절한 주기마다 맞는 것이 유일하게 질환의 진행을 막는 방법이다. 치명적인 합병증(망막하 출혈 등)이 발생할 경우 망막 수술을 받아야 한다.

여러 연구를 통해 황반색소의 증가가 시기능을 증가시키고 노년 황반변성으로부터 눈을 보호한다고 알려졌다. 가장 중요한 것은 루테인, 지아잔틴, 비타민 C, E가 함유된 보조제를 섭취하는 것이다. 흡연은 대규모 임상시험에서 황반변성 진행의 위험인자로 확인되었으므로 반드시 금연해야 한다. (㉢) 자외선이 강한 맑은 날에는 자외선 차단 보안경을 쓰시는 것이 좋다.

음식으로 황반변성을 완전히 예방할 수는 없지만 시작과 진행을 늦출 수 있다. 항산화 성분과 황반색소 성분이 들어 있는 야채와 과일, 견과류, 곡류, 어류 등을 충분히 섭취하는 것이 좋다. 반대로 지방이 많은 육류는 적게 섭취하는 것이 필요하다.

13 주어진 글에 대한 설명으로 적절하지 않은 것을 고르면?

① 황반변성은 시력이 감소되고 심할 경우 시력을 완전히 잃기도 하는 질환이다.
② 노안은 먼 곳과 가까운 곳에 초점을 자유롭게 조절하는 능력이 저하된 것으로, 인위적인 노화 과정이다.
③ 습성 황반변성의 진행을 막기 위해서는 망막진료를 보고 항혈관내피성자인자 안구 내 주사를 적절한 주기마다 맞아야 한다.
④ 야채와 과일, 견과류, 곡류 등을 충분히 섭취하여 황반변성의 시작과 진행을 늦출 수 있다.

14 주어진 글의 빈칸 ㉠~㉢에 들어갈 접속어가 바르게 짝지어진 것을 고르면?

	㉠	㉡	㉢
①	하지만	그러나	또한
②	그러나	그리고	예컨대
③	하지만	그러나	때문에
④	그러나	그런데	그러므로

[15~17] 다음은 국민건강보험공단의 '개인정보 처리방침'에 관한 내용이다. 이를 바탕으로 질문에 답하시오.

개인정보의 처리목적

공단은 소관 업무 수행 및 민원처리 등을 목적으로 최소한의 개인정보를 수집·이용·처리하고 있습니다.

개인정보의 제3자 제공

① 공단은 공단 업무와 관련이 없는 경우 「개인정보 보호법」 제18조에 따라 원칙적으로 정보주체의 개인정보를 제3자에 제공하지 않으며, 법이 허용하는 다음의 예외적인 사항에 한하여 제공하고 있습니다. 이 경우에도 정보주체 또는 제3자의 이익을 부당하게 침해할 우려가 있다면 제공을 제한하고 있습니다.

  가. 정보주체로부터 별도의 동의를 받는 경우
  나. 법률에 특별한 규정이 있는 경우
  다. 정보주체 또는 법정대리인이 의사표시를 할 수 없는 상태에 있거나 주소불명 등으로 사전 동의를 받을 수 없는 경우로서 명백히 정보주체 또는 제3자의 급박한 생명, 신체, 재산의 이익을 위하여 필요하다고 인정되는 경우
  라. 개인정보를 목적 외의 용도로 이용하거나 이를 제3자에게 제공하지 아니하면 다른 법률에서 정하는 소관 업무를 수행할 수 없는 경우로서 보호위원회의 심의·의결을 거친 경우
  마. 형(刑) 및 감호, 보호처분의 집행을 위하여 필요한 경우

② 공단은 「개인정보 보호법」 제23조의 민감정보 중 공단이 처리하고 있는 개인정보를 '건강보험·장기요양보험 민감정보' 대상으로 선정하여 엄격하게 제공하고 있습니다.

③ 공단은 위 법령 및 기타 개별법에 근거하여 제공하는 주요 현황을 홈페이지에 공개하고 있습니다.

개인정보 처리 위탁

공단은 개인정보 처리 업무를 위탁하는 경우 「개인정보 보호법」 제26조에 따라 다음 내용이 포함된 문서에 의하여 처리하고, 수탁자 및 위탁하는 업무 내용을 공개하고 있습니다.

가. 위탁업무 수행 목적 외 개인정보의 처리 금지에 관한 사항
나. 개인정보의 관리적·기술적 보호조치에 관한 사항
다. 개인정보의 안전관리에 관한 사항

  • 위탁 업무의 목적 및 범위, 재위탁 제한, 개인정보에 대한 접근 제한 등 안전성 확보 조치에 관한 사항, 위탁업무와 관련하여 보유하고 있는 개인정보의 관리 현황 점검 등 감독에 관한 사항, 수탁자가 준수하여야 할 의무를 위반한 경우의 손해배상 등 책임에 관한 사항

개인정보 파기

공단은 개인정보 보유기간이 경과하거나, 처리목적이 달성된 경우에는 지체 없이 해당 개인정보를 파기합니다. 다만, 다른 법령에 따라 보존하여야 하는 경우에는 그러하지 않을 수 있습니다. 파기 절차, 기한 및 방법은 다음과 같습니다.

  가. 파기 절차: 관련 법령 및 내부 방침에 따라 엄격한 통제절차에 의거 파기
  나. 파기 기한: 보존기간이 경과하거나 목적이 달성된 개인정보는 그 개인정보가 불필요하게 되었을 때 즉시 파기

다. 파기 방법
- 종이에 출력된 개인정보는 분쇄기로 분쇄하거나 소각을 통하여 파기
- 전자적 형태의 개인정보는 기록을 재생할 수 없는 기술적 방법을 사용하여 삭제

15 주어진 자료의 내용과 일치하지 <u>않는</u> 것을 고르면?

① 공단은 제3자에 제공한 개인정보 주요 현황을 홈페이지에 게재하고 있다.
② 공단은 개인정보 처리 업무를 위탁할 시 수탁자 및 위탁하는 업무 내용을 공개해야 한다.
③ 경우에 따라 공단 업무와 관련이 없는 정보주체의 개인정보를 제3자에 제공할 수 있다.
④ 위탁 업무의 목적 및 범위는 개인정보의 관리적·기술적 보호조치에 관한 사항에 포함된다.

16 국민건강보험공단이 개인정보를 파기하고자 할 때, 적절하지 <u>않은</u> 파기 방법을 고르면?

① 개인정보를 종이에 출력했을 경우 분쇄하거나 소각하여 파기한다.
② 관련 법령 및 내부 방침에 기초하여 철저한 통제 절차에 따라 파기한다.
③ 목적이 달성된 개인정보는 보존기간이 종료되는 시점까지 보관했다가 파기한다.
④ 개인정보 보유기간이 지나도 다른 법령에 의거하여 보존해야 하면 파기하지 않을 수 있다.

🔴 고난도
17 주어진 자료를 바탕으로 게시판에 올라온 문의 사항에 답변하는 업무를 진행할 때, 답변 내용으로 적절하지 <u>않은</u> 것을 고르면?

① Q: 공단에서 개인정보 처리 업무를 위탁할 때 특정 내용이 포함된 문서에 의해 처리한다고 들었습니다. 어떤 내용이 포함되는지 알려 주세요.
A: 위탁 업무 수행 목적 외 개인정보의 처리 금지에 관한 사항과 개인정보의 관리적·기술적 보호조치에 관한 사항, 개인정보의 안전관리에 관한 사항이 포함됩니다.
② Q: 정보주체가 의사표시를 할 수 없는 상태인데, 제3자의 생명이 위급하여 정보주체의 개인정보가 필요한 상황입니다. 이 경우 정보주체의 개인정보를 제공받을 수 있습니까?
A: 아니오, 「개인정보 보호법」에 따라 어떤 경우에도 개인정보는 제3자에게 제공할 수 없습니다.
③ Q: 공단에서 개인정보를 수집하는 이유가 무엇인지 궁금합니다.
A: 공단은 소관 업무의 수행과 민원처리 등을 위해 최소한의 개인정보를 수집·이용·처리하고 있습니다.
④ Q: 보호처분의 집행을 위해 필요하다면 정보주체의 개인정보를 제3자에 제공할 수 있나요?
A: 네, 제공할 수 있습니다. 다만, 정보주체 혹은 제3자의 이익을 부당하게 침해할 우려가 있는 경우에는 제공을 제한하고 있습니다.

[18~20] 다음 글을 읽고 질문에 답하시오.

조기 발병 치매(EOD; Early-Onset Disease)란 치매의 기저 원인과 관계없이 65세 이전에 증상이 시작되는 치매를 말한다. ㉠그러나 65세 미만의 연령 제한은 임의적이며, 생물학적 차이에 근거하지 않는다. 전통적인 퇴직 연령이라는 사회적 요인을 연령의 구분 선으로 사용한 것이다. 일부 연구에서는 60세 미만 또는 66세 이하의 발병 연령, 65세 미만 또는 이하의 알츠하이머 진단 시간, 사망 시 79세 미만 등과 같이 EOD에 대한 다른 기준을 사용한다. ㉡이러한 다른 기준의 사용은 연구들 간의 비교를 어렵게 한다.

EOD는 알츠하이머, 전측두엽치매, 혈관성 치매, 파킨슨병과 같은 퇴행성 질환, 헌팅톤병이나 니만픽병과 같은 유전병, 산발성 크로츠펠트 야콥병, 알코올성 치매 등 여러 가지 질환에 따라 발생한다. 이 중 알츠하이머병, 전측두엽치매, 혈관성 치매와 같은 퇴행성 질환이 EOD 발병의 가장 큰 원인이 된다. EOD 환자들을 10년간 장기 추적한 호주의 한 연구에 따르면, 알코올성 치매는 EOD 전체 발병 원인에서 4.2%를 차지하여 6번째로 흔한 원인이었고, 남성이 전체 알코올성 치매 환자의 84.6%였다. 2012년 WHO에 따르면 EOD 환자는 전체 치매 환자의 약 6~9%를 차지한다. ㉢최근 국내 EOD 환자 현황을 살펴보면, 2010년 15,937명이었던 우리나라 EOD 환자는 2015년 19,205명으로, 20.5% 증가한 것으로 건강보험심사평가원의 연구에 보고되었다.

EOD 질환의 하나인 조기 발병 알츠하이머(EOAD)는 65세 이전에 진단되는 알츠하이머 질환이다. 알츠하이머의 드문 형태로, 전체 알츠하이머 환자의 5~10%에 불과하다. 노인성 치매 집단보다 유전적 소인이 커 가족력을 가진 환자가 더 많다. EOAD 환자의 약 35~60%는 알츠하이머의 가족력이 있고, 그중 13%는 상염색체 우성으로 유전된다. 그러나 대부분의 EOAD는 '후기 발병' 형태와 동일한 특성을 공유하며, 알려진 유전적 돌연변이에 의해 유발되지 않는다. 현재 EOAD가 어떻게 시작되는지에 대해서는 거의 알려지지 않았다. EOAD는 30대 또는 40대에서 발생할 수 있지만, 이는 극히 드물며 대부분 50대 또는 60대 초반에 발병한다.

EOD는 사회적으로 경제활동이 왕성하고 양육의 책임이 과중한 시기인 50~60대 초반에 발병하므로 가족들의 부담이 가중될 수 있으며, 환자의 직장 생활과 수입에도 영향을 미치게 된다. 직업 생활을 하고 있던 사람들은 직무를 수행할 능력을 상실하고 조기 퇴직을 하게 된다. 따라서 EOD 환자는 직면하게 될 미래와 직업기술의 상실에 대해 직장 고용주와 함께 논의해야 한다. ㉣EOD를 예방하기 위해서는 규칙적인 운동과 함께 금연, 금주를 실천해야 한다. 또한 가족들은 치매의 유전 문제에도 직면하게 되므로 전문가와의 세심한 상담이 필요하다.

18 주어진 글의 제목으로 가장 적절한 것을 고르면?

① EOD 질환에 대한 이해
② 알츠하이머의 발병 원인과 예방책
③ 국내외 EOD 환자의 증가 추세
④ EOD와 EOAD의 차이점

19 주어진 글을 통해 추론할 수 있는 내용으로 적절하지 <u>않은</u> 것을 고르면?

① EOAD 환자 중 30~40대의 환자는 드물고, 대부분 50대 이상의 환자일 것이다.
② 79세 이전에 사망한 치매 환자도 EOD 환자로 볼 수 있다.
③ 현재 EOAD가 어떻게 발병되는지에 대한 연구가 진행 중이다.
④ 혈관성 치매와 같은 퇴행성 질환은 EOD의 주된 발병 원인이 된다.

20 주어진 글의 밑줄 친 ㉠~㉣ 중 삭제해야 할 문장으로 가장 적절한 것을 고르면?

① ㉠   ② ㉡   ③ ㉢   ④ ㉣

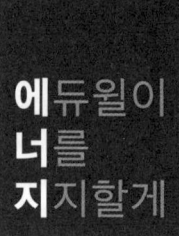

나무는 위로 열매 맺기 전에
반드시 아래로 먼저 깊이 뿌리를 내립니다.

– 조정민, 『고난이 선물이다』, 두란노

h·well
국민건강보험

PART
02

수리능력

CHAPTER 01	최신경향 분석	92
CHAPTER 02	대표기출 유형	94
CHAPTER 03	유형연습 문제	100
CHAPTER 04	실전연습 문제	140

CHAPTER 01 최신경향 분석

▌ 영역 소개

국민건강보험공단 수리능력은 주어진 표 또는 그래프를 이용하여 풀이하는 자료해석 유형과 응용수리 유형이 출제된다. 질병, 건강 검진 등 주로 건강 관련 소재를 활용하여 실무상에서 접할 수 있는 다양한 자료가 주로 제시된다. 자료를 바탕으로 정오를 판단하는 자료이해, 자료의 값을 추론하거나 구하는 자료계산, 주어진 자료를 기준으로 변환된 그래프를 찾는 도표변환 유형이 주로 출제된다. 응용수리의 경우 2024년에는 출제되지 않았다. 자료해석 유형의 세부 유형 중 자료이해 유형의 비중이 가장 높지만, 2020년부터 도표변환 유형의 비중이 점차 증가하고 있으며, 복합 자료를 바탕으로 자료계산 유형이 포함된 세 유형이 골고루 구성된 묶음 문제가 다수 출제되고 있다. 그러므로 해당 유형들을 골고루 대비해야 한다.

▌ 출제유형 소개

유형 1 자료해석

2022~2024년에는 20문항 모두 자료해석 유형이 출제되었다. 2021년 상반기에는 20문항이, 하반기에는 18문항이 자료해석 유형으로 출제되었다. 자료해석 유형은 다음과 같이 세 가지 세부 유형으로 구분된다.

세부 유형		
	자료이해	도표를 해석하여 옳고 그름을 파악하는 유형
	자료계산	도표를 해석하고 도표에 주어진 수치를 이용하여 계산하는 유형
	도표변환	도표를 바탕으로 작성된 그래프의 정오를 판단하는 유형

유형 2 응용수리

2022~2024년에는 한 문항도 출제되지 않았다. 그러나 2021년 하반기에 2문항이 출제된 적이 있다. 응용수리 유형은 방정식 활용, 경우의 수, 확률 등 여러 형태의 응용계산 유형으로 출제된다.

세부 유형		
	응용계산	방정식 활용, 경우의 수 또는 확률을 계산하는 유형

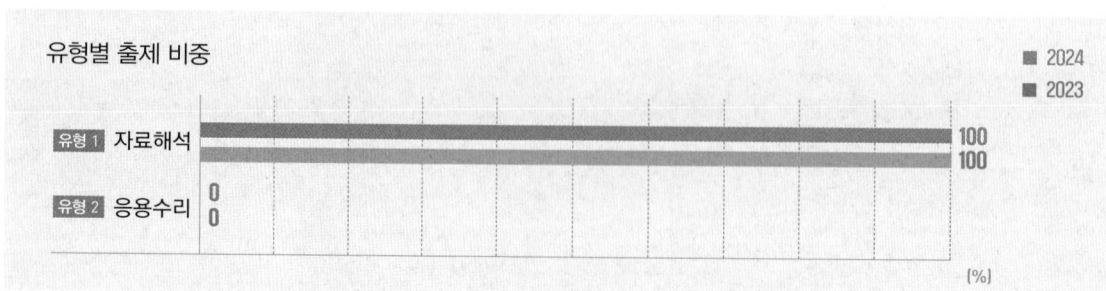

2023~2024 필기시험 기출분석

1. 상·하반기 모두 자료해석 유형만 출제되었다.
2. 1개 자료에 2~3문항이 하나의 세트로 구성된 문항이 출제되었다.
3. 증감률을 구하는 선택지보다는 단순 비교 및 계산 선택지의 비중이 높았다.
4. 그래프 문제의 경우 눈으로 풀 수 있는 문제도 많았으며 2023년에 비해 난도가 많이 낮아졌다.

최신 기출복원 키워드
- 영양소별 섭취량, 권장량 관련 자료
- 남녀 진료 환자 수 관련 자료
- CT, MRI 등 의료장치 관련 자료

1. 상·하반기 모두 자료해석 유형만 출제되었다.
2. 1개 자료에 2~3문항이 하나의 세트로 구성된 문항이 출제되었다.
3. 단순히 더하고 빼는 선택지보다는 비율을 구하는 선택지가 많아서 계산에 많은 시간이 걸렸다.
4. 도표를 변환하는 문항이 많이 출제되었고 난도가 높았다.

최신 기출복원 키워드
- 지사제, 이뇨제 의약품 관련 자료

CHAPTER 02 대표기출 유형

유형 | 자료해석

세부 유형 | 자료이해

다음 [표]는 2021~2022년 만 1세 이상 영양소별 1일 평균 섭취량에 관한 자료이다. 이에 대한 설명으로 옳지 않은 것을 고르면?

2024 하반기 국민건강보험공단 기출변형

[표] 2021~2022년 만 1세 이상 영양소별 1일 평균 섭취량

구분		남자	여자
2021년	에너지(kcal)	2,060	B
	단백질(g)	85	60
	지방(g)	60	50
	탄수화물(g)	295	230
2022년	에너지(kcal)	A	1,570
	단백질(g)	80	60
	지방(g)	60	50
	탄수화물(g)	285	220

※ 1) 총에너지 섭취량(kcal)=(단백질 섭취량)×4+(지방 섭취량)×9+(탄수화물 섭취량)×4

2) 해당 급원별 에너지 섭취 분율(%)×$\frac{1}{100}$=총에너지 섭취량에 대한 {(단백질 섭취량)×4 또는 {(지방 섭취량)×9 또는 {(탄수화물 섭취량)×4}

3) 급원: 단백질 또는 지방 또는 탄수화물

① 남자와 여자 모두 총에너지 섭취량은 2021년이 2022년보다 더 많다.
② 남자의 총에너지 섭취량은 2021년이 2022년보다 60kcal 더 많다.
③ 2022년 지방 에너지 섭취 분율은 남자가 여자보다 높다.
④ 여자의 단백질 에너지 섭취 분율은 2022년이 2021년보다 높다.

풀이전략

- 주어진 자료의 제목과 항목, 단위부터 먼저 확인한 후, 문제를 확인한다.
- 선택지를 순차적으로 풀이하는 것이 아니라 전략적으로 계산할 필요가 없는 선택지부터 풀이한다.
- 문제의 답을 선택지에서 골랐다면 다른 선택지는 확인하지 않고 넘어간다.
- 문제에서 묻는 단위를 반드시 확인하고 단위를 먼저 통일시키고 풀이를 시작한다.
- 만약 선택지의 값 차이가 크게 제시되어 있다면 어림값을 활용하는 것이 좋을 수 있지만, 값 차이가 크지 않은 경우에는 숫자를 임의로 생략하지 말고 정확하게 계산한다.

정답해설

2021년 대비 2022년 남자의 단백질 섭취량은 5g 감소했고, 지방 섭취량은 같고, 탄수화물 섭취량은 10g 감소했다. 따라서 2022년 남자의 총에너지 섭취량은 $2,060-(5\times4)-(10\times4)=2,000(kcal)$이므로 A는 2,000이다.

2021년 대비 2022년 여자의 단백질과 지방 섭취량은 같고, 탄수화물 섭취량은 10g 감소했다. 따라서 2021년 여자의 총에너지 섭취량은 $1,570+(10\times4)=1,610(kcal)$이므로 B는 1,610이다.

③ 2022년 지방 에너지 섭취 분율은 남자가 $\{(60\times9)\div2,000\}\times100=27(\%)$이고, 2022년 여자의 지방 에너지 섭취분율은 $\{(50\times9)\div1,570\}\times100\fallingdotseq28(\%)$이므로 남자가 여자보다 낮다.

| 오답풀이 |

② 남자의 총에너지 섭취량은 2021년이 2022년보다 $2,060-2,000=60(kcal)$ 더 많다.

④ 여자의 총에너지 섭취량은 2021년이 2022년보다 더 많고, 단백질 섭취량은 2021년과 2022년이 동일하다. 따라서 여자의 단백질 에너지 섭취 분율은 2022년이 2021년보다 높다.

| 정답 | ③

세부 유형 | **자료계산**

다음 [그래프]는 심근경색 환자의 응급실 이용 현황에 관한 자료이다. 조사 기간 동안 남자의 응급실 이용 건수가 가장 많은 달에 전체 응급실 이용 건수 대비 여자의 응급실 이용 건수의 비중을 고르면?(단, 비중은 소수점 이하 둘째 자리에서 반올림한다.)

2024 하반기 국민건강보험공단 기출변형

[그래프] 심근경색 환자의 응급실 이용 현황

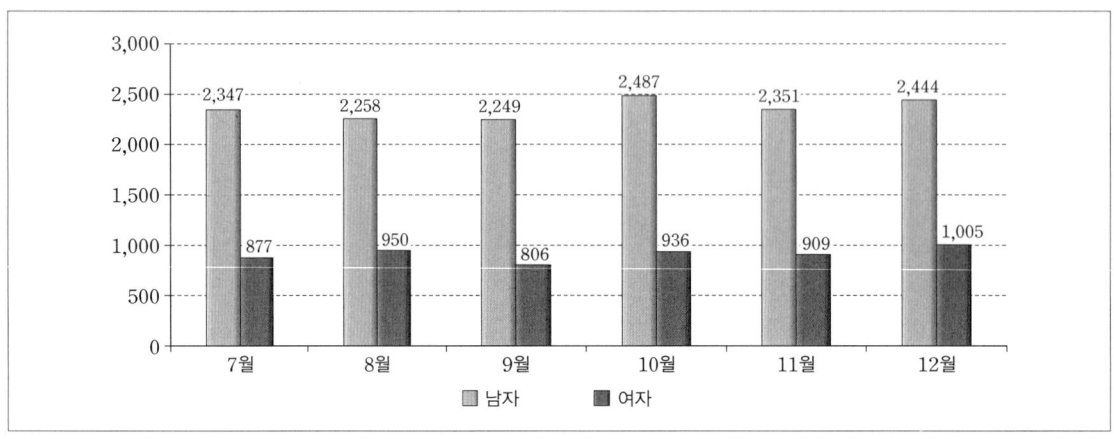

① 27.1%　　② 27.3%　　③ 27.5%　　④ 27.7%

풀이전략
- 문제의 산식을 바탕으로 알맞은 값을 구하는 문항과 빈칸에 들어갈 알맞은 값을 구하는 문항, 항목의 전체 값을 바탕으로 알맞은 비중을 구하는 문항이 출제된다.
- 자료계산은 어림값을 활용하기보다 정확하게 계산하는 연습을 한다.
- 만약 선택지에 제시된 값의 가장 마지막 자리 숫자가 모두 다르다면 가장 마지막 자리 숫자만 계산한다. 특히 숫자의 단위가 큰 경우에 이 방법은 효율적일 수 있다.

정답해설
조사 기간 동안 남자의 응급실 이용 건수가 가장 많은 달은 이용건수가 2,487건인 10월이다. 10월에 전체 응급실 이용 건수 대비 여자의 응급실 이용 건수의 비중은 {936÷(2,487+936)}×100≒27.3(%)이다.

| 정답 | ②

세부 유형 | 도표변환

다음 [표]는 급여유형별 CT, MRI, PET 촬영 건수에 관한 자료이다. 다음 중 조사 기간 동안 촬영 건수의 전년 대비 증감 추이를 나타낸 그래프로 옳지 않은 것을 고르면? 2024 하반기 국민건강보험공단 기출변형

[표] 급여유형별 CT, MRI, PET 촬영 건수 (단위: 건)

구분		전체	건강보험	의료급여	자동차	보훈	산재
2016년	CT	9,508,305	8,197,818	718,042	504,366	57,783	30,296
	MRI	1,578,975	1,293,138	108,651	156,841	6,566	13,779
	PET	194,544	179,812	11,303	62	3,278	89
2017년	CT	10,183,983	8,807,987	767,103	523,720	53,985	31,188
	MRI	1,690,862	1,391,765	114,641	164,078	6,553	13,825
	PET	203,649	189,292	11,604	36	2,604	113
2018년	CT	11,100,549	9,638,737	837,547	531,291	54,930	38,044
	MRI	2,657,957	2,258,917	187,099	179,969	12,962	19,010
	PET	194,548	180,312	11,740	18	2,362	116
2019년	CT	12,080,020	10,533,592	901,771	543,286	59,624	41,747
	MRI	6,058,630	5,356,642	424,438	215,702	38,114	23,734
	PET	215,652	199,844	13,138	27	2,451	192
2020년	CT	11,868,435	10,403,051	893,822	466,129	57,559	47,874
	MRI	6,229,452	5,526,676	417,134	218,956	40,405	26,281
	PET	222,334	206,206	13,421	19	2,527	161

① 의료급여 CT

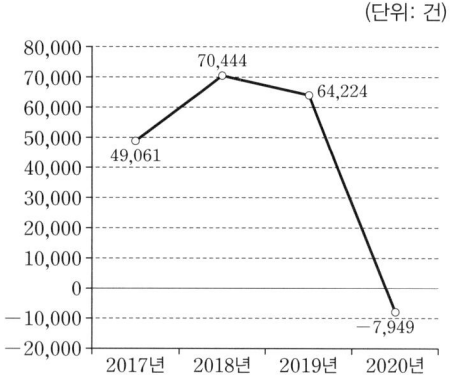

② 건강보험 PET

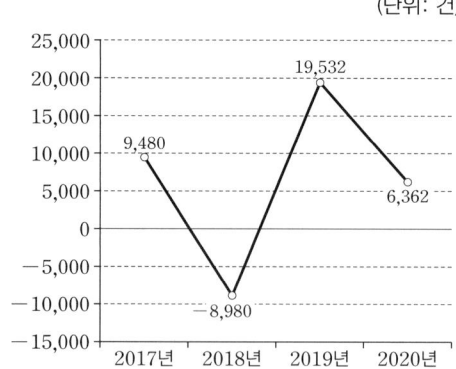

③ 보훈 MRI

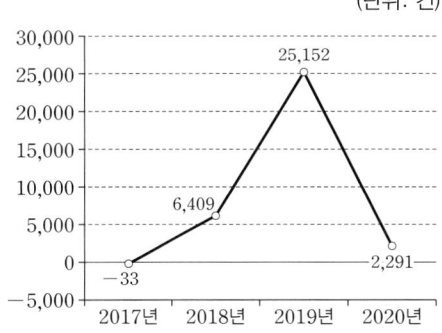

④ 자동차 CT

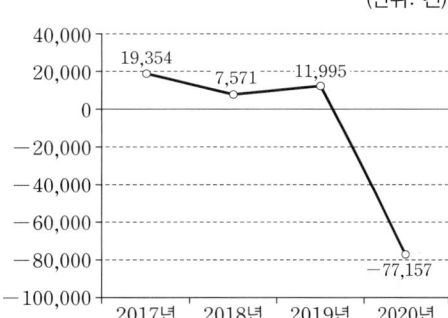

풀이전략

- 국민건강보험공단 필기시험 수리영역의 가장 특징적인 유형으로 매년 출제 비중이 높아지는 경향이 있다.
- 국민건강보험공단에서 출제하는 도표변환 유형은 단순 비교나 간단한 계산으로 풀이할 수 있는 경우가 많아 난이도가 높지 않은 편이다.
- 문제의 선택지에 그래프의 제목이 주어져 있으므로 필요한 항목만 찾아서 확인한다.
- 만약 어떤 항목에 대한 그래프를 찾는 문항이 출제되면, 지나치게 이상값을 보이는 그래프는 선택지에서 제외하고 풀이한다.
- 눈으로 확인하는 습관을 들인다. 크기의 대소비교만으로도 풀이할 수 있는 문제가 생각보다 많다. 자료변환 문제의 경우 정확한 결괏값을 묻는 문제는 드물다.

정답해설

③ 조사 기간 동안 보훈 MRI 촬영 건수는 2016년에 6,566건, 2017년에 6,553건으로 2017년 전년 대비 촬영 건수의 증감량은 6,553−6,566=−13(건)이므로 옳지 않은 그래프이다.

| 오답풀이 |

① 조사 기간 동안 의료급여 CT 촬영 건수는 2016년에 718,042건, 2017년에 767,103건, 2018년에 837,547건, 2019년에 901,771건, 2020년에 893,822건이므로 옳은 그래프이다.
② 조사 기간 동안 건강보험 PET 촬영 건수는 2016년에 179,812건, 2017년에 189,292건, 2018년에 180,312건, 2019년에 199,844건, 2020년에 206,206건이므로 옳은 그래프이다.
④ 조사 기간 동안 자동차 CT 촬영 건수는 2016년에 504,366건, 2017년에 523,720건, 2018년에 531,291건, 2019년에 543,286건, 2020년에 466,129건이므로 옳은 그래프이다.

| 정답 | ③

CHAPTER 03 유형연습 문제

유형 | 자료해석

세부 유형 | 자료이해

01 다음 [표]는 대장암 검사자 수에 관한 자료이다. 주어진 자료에 대한 설명으로 옳지 <u>않은</u> 것을 고르면?

2023 상반기 국민건강보험공단 기출변형

[표] 대장암 검사자 수

(단위: 명)

구분		2017년	2018년	2019년	2020년	2021년
남자	50~54세	486,383	542,552	578,580	489,929	578,036
	55~59세	529,412	578,815	589,758	489,092	542,379
	60~64세	555,814	608,050	656,273	565,639	647,775
	65~69세	400,697	441,455	467,487	434,249	512,263
	70~74세	319,677	339,392	378,164	340,942	383,428
	75~79세	195,958	214,416	229,418	199,370	225,019
	80~84세	89,259	96,481	114,273	96,623	122,310
	85세 이상	19,936	22,609	28,315	24,139	32,763
여자	50~54세	601,969	650,602	686,171	574,547	667,050
	55~59세	646,383	691,794	699,883	586,200	639,105
	60~64세	647,650	695,577	768,088	674,429	782,172
	65~69세	412,379	463,932	492,641	469,100	566,345
	70~74세	349,743	363,426	404,919	353,148	412,551
	75~79세	215,356	230,135	245,259	198,582	226,165
	80~84세	103,232	109,013	127,677	98,417	127,045
	85세 이상	28,228	30,319	37,486	29,481	39,157

① 매년 여자 대장암 검사자 수는 65~69세가 75~79세의 2배보다 많다.
② 연평균 남자 대장암 검사자 수는 50~54세가 80~84세의 5배 이상이다.
③ 2021년 65~69세 여자 대장암 검사자는 2018년 대비 22% 이상 증가했다.
④ 2020년 대장암 검사자는 남자와 여자 모두 모든 연령에서 전년 대비 감소했다.

02 다음 [표]는 2015~2019년 의료보장 적용인구 중 건강보험 지역가입자 및 세대수 현황을 나타낸 자료이다. 이에 대한 설명으로 옳지 않은 것을 고르면?

[표] 2015~2019년 건강보험 지역가입자 및 세대수 현황 (단위: 명)

구분		2015년	2016년	2017년	2018년	2019년
총가입자		14,265,391	14,088,544	14,041,973	14,082,266	14,163,970
총세대수(세대)		7,653,483	7,665,056	7,786,208	8,052,557	8,376,732
군지역	가입자	1,813,030	1,913,233	1,871,569	1,860,527	1,855,303
	세대수(세대)	1,038,968	1,108,426	1,088,268	1,097,424	1,124,101
도시지역	가입자	12,452,361	12,175,311	12,170,404	12,221,739	12,308,667
	세대수(세대)	6,614,515	6,556,630	6,697,940	6,955,133	7,252,631

① 2015년부터 2019년까지 지역 건강보험 총세대수는 계속 증가하는 추세이다.
② 군지역 세대수가 110만 세대가 넘는 해 중 도시지역 가입자가 가장 적은 해가 있다.
③ 군지역 가입자가 가장 많은 해에 도시지역 세대수는 가장 적다.
④ 조사기간 동안 도시지역 가입자와 총가입자의 증감 추세는 같다.

03 다음 [표]는 2018~2019년 지역별 진료비 청구 건수와 진료비에 관한 자료이다. 이에 대한 설명으로 옳은 것을 [보기]에서 모두 고르면?

[표] 2018~2019년 지역별 진료비 청구 건수, 진료비

(단위: 천 건, 백만 원, 원)

구분	2018년			2019년		
	청구 건수	진료비	건당 진료비	청구 건수	진료비	건당 진료비
전체	17,429	1,976,194	113,386	19,671	2,214,245	112,566
서울	3,779	376,556	99,635	4,134	407,253	98,505
부산	1,041	118,579	113,901	1,172	134,194	114,517
인천	984	122,083	124,092	1,111	137,300	123,553
대구	1,070	111,121	103,851	1,239	124,874	100,805
광주	491	99,081	201,958	563	107,558	191,015
대전	705	83,776	118,752	839	99,455	118,520
울산	427	44,960	105,190	460	49,558	107,796
경기	4,580	478,598	104,496	5,157	534,538	103,659
강원	442	55,220	124,882	474	57,279	120,948
충북	495	62,692	126,686	572	76,865	134,437
충남	711	77,664	109,288	800	88,673	110,903
전북	504	84,954	168,664	572	96,310	168,277
전남	321	57,011	177,574	385	64,631	167,666
경북	738	79,445	107,709	860	90,603	105,385
경남	858	99,476	115,932	1,000	116,327	116,269
제주	195	19,211	98,452	223	20,513	92,183
세종	88	5,767	65,615	110	8,314	75,419

보기

㉠ 2019년 진료비 청구 건수는 모든 지역에서 전년 대비 증가하였다.
㉡ 2019년 진료비가 전년 대비 가장 많이 증가한 지역은 서울이다.
㉢ 2019년 건당 진료비는 전년보다 감소한 지역이 증가한 지역보다 더 많다.
㉣ 2019년 전체 건당 진료비 대비 서울 지역의 건당 진료비의 비중은 전년 대비 감소하였다.

① ㉠, ㉡　　② ㉢, ㉣　　③ ㉠, ㉢, ㉣　　④ ㉡, ㉢, ㉣

04 다음 [그래프]는 의료 인력과 의료 장비 대수에 대하여 OECD 평균과 한국을 비교한 자료이다. 주어진 6개의 자료 중 한국이 OECD 평균보다 큰 증가분을 통해 매년 격차를 벌리거나 좁히며, 지속 성장해 나간 자료의 개수를 고르면?

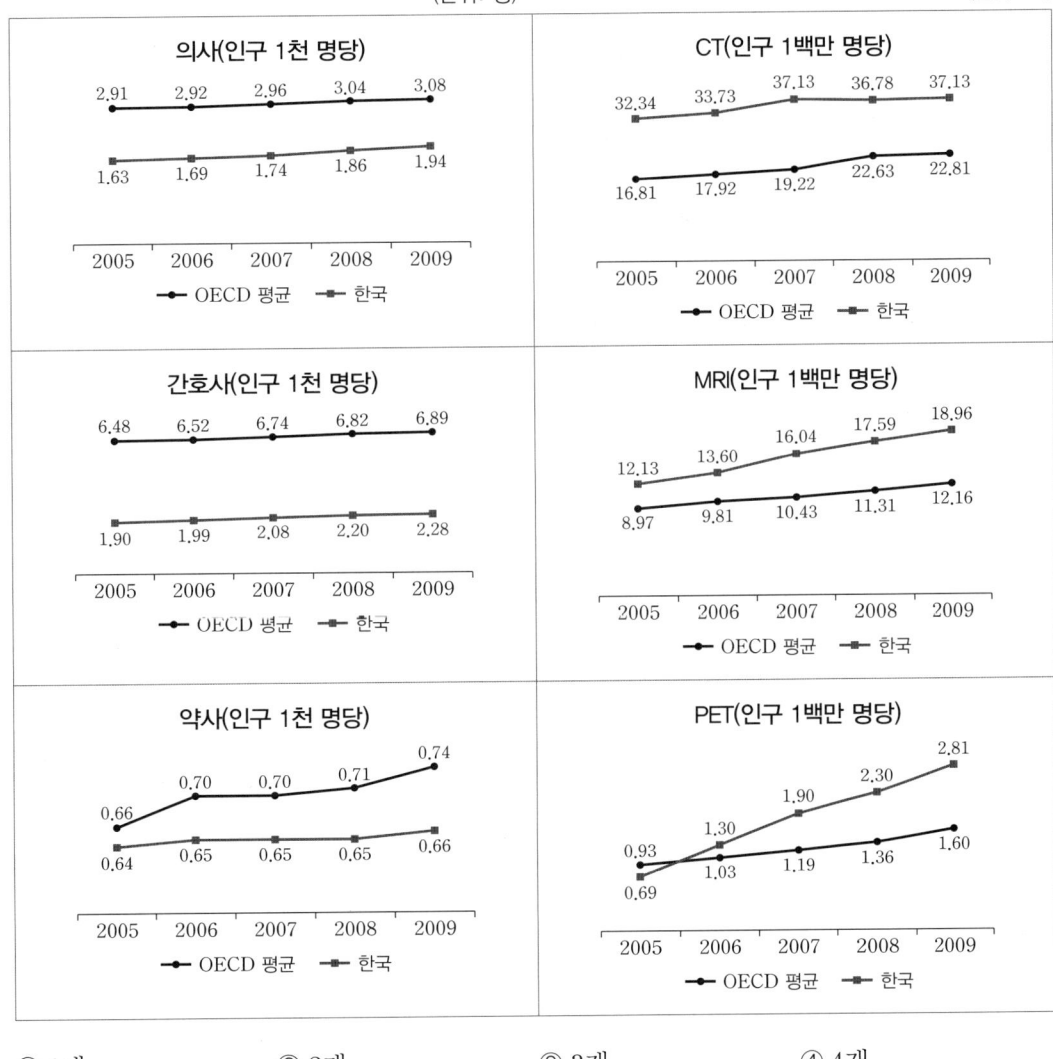

① 1개　　　② 2개　　　③ 3개　　　④ 4개

05 다음 [표]는 월별 진료비 청구 건수 심사실적에 관한 자료이다. 주어진 자료에 대한 설명으로 옳지 않은 것을 고르면?

[표] 월별 진료비 청구 건수 심사실적
(단위: 천 건)

구분	2017년	2018년	2019년	2020년	2021년	2022년
1월	130,677	130,026	136,266	131,182	102,401	114,045
2월	112,191	124,026	117,840	122,391	90,064	102,923
3월	112,741	106,943	105,187	106,161	92,258	108,706
4월	120,892	117,384	120,167	94,354	108,737	136,720
5월	120,932	124,451	130,601	91,921	110,002	134,451
6월	121,838	120,627	126,982	102,615	105,342	119,501
7월	115,526	120,032	117,519	108,663	108,040	112,669
8월	114,857	117,530	119,849	105,949	106,353	117,064
9월	118,254	111,075	115,169	103,090	101,883	123,242
10월	114,830	112,510	118,542	101,863	105,140	118,867
11월	108,039	124,836	124,327	99,651	109,942	121,514
12월	123,391	128,248	130,040	108,497	120,327	125,815

① 2017~2022년 동안 12월 진료비 청구 건수 심사실적이 전월 대비 가장 큰 폭으로 증가한 해는 2017년이다.
② 2022년 진료비 청구 건수 심사실적이 가장 많은 달은 가장 적은 달의 1.2배 이상이다.
③ 2019년 4월 진료비 청구 건수 심사실적은 전월 대비 14% 미만으로 증가했다.
④ 매년 2월 진료비 청구 건수 심사실적은 전월 대비 감소했다.

06 다음 [표]는 혈액암 진료실 인원 현황에 관한 자료이다. 주어진 자료에 대한 설명으로 옳은 것을 고르면?

[표] 연도별 혈액암 진료실 인원 및 진료비 총액   (단위: 명, 억 원)

구분	2016년		2017년		2018년		2019년		2020년	
	남자	여자	남자	여자	남자	여자	남자	여자	남자	여자
진료실 인원	10,747	8,225	11,326	8,618	11,952	8,980	12,537	9,587	12,874	9,836
총진료비	1,880	1,386	2,153	1,573	2,445	1,687	2,597	1,864	2,610	2,023

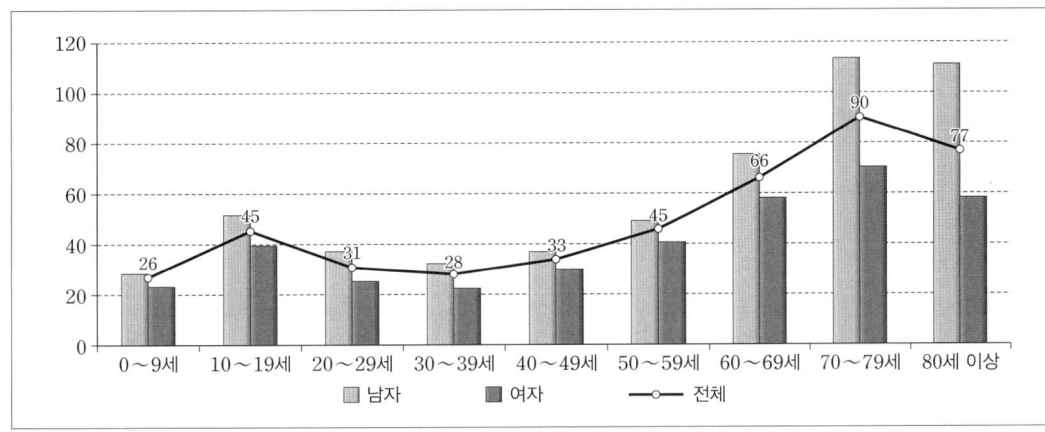

[그래프] 2020년 연령별 인구 10만 명당 혈액암 진료실 인원 (단위: 명)

① 2020년 총진료비는 4년 전 대비 45% 이상 증가하였다.
② 2018~2020년 남자와 여자의 진료실 인원 차이는 꾸준히 증가한다.
③ 진료실 인원 1인당 진료비가 처음으로 2,000만 원을 넘은 것은 2019년이다.
④ 2020년 70~79세의 진료실 인원은 10~19세의 진료실 인원의 2배이다.

[07~08] 다음은 국가 암검진 사업 수검자 수와 수검률에 대한 자료이다. 이를 바탕으로 질문에 답하시오.

[표1] 국가 암검진 사업 수검자 수 (단위: 천 명)

구분	2019년	2020년	2021년	2022년	2023년
위암	4,200	3,520	4,270	4,340	4,284
간암	315	294	360	370	360
대장암	3,760	3,220	3,640	3,700	3,570
유방암	2,450	2,100	2,480	( )	2,640
자궁경부암	3,150	2,750	3,200	3,233	3,224
폐암	50	55	78	91	88

[표2] 국가 암검진 사업 수검률 (단위: %)

구분	2019년	2020년	2021년	2022년	2023년
위암	60	55	61	62	63
간암	70	70	72	74	75
대장암	40	35	40	40	42
유방암	70	56	62	65	66
자궁경부암	60	55	64	61	62
폐암	30	33	52	52	55

※ 수검률(%)=(수검자 수)÷(수검 대상 인원)×100

07 주어진 자료에 대한 설명으로 옳은 것을 고르면?

① 2021년과 2022년 간암 수검 대상 인원은 서로 같다.
② 대장암 수검자 수가 가장 적은 해에 대장암 수검 대상 인원도 가장 적다.
③ 2020년 국가 암검진 수검자 수는 모두 전년보다 감소했다.
④ 2019년 수검 대상 인원이 가장 많은 것은 위암이다.

08 2022년 유방암 수검 대상 인원이 같은 해 간암 수검 대상 인원의 8배였다고 할 때, 2022년 유방암 수검자 수에 대한 설명으로 옳은 것을 고르면?

① 2021년 유방암 수검자 수보다 120천 명 감소하였다.
② 2023년 유방암 수검자 수보다 40천 명 많다.
③ 2022년 대장암 수검자 수보다 1,100천 명 적다.
④ 2021년 자궁경부암 수검자 수보다 600천 명 많다.

[09~10] 다음 [표]는 2012~2016년 기증 형태별, 성별 및 연령별 장기 기증 현황에 관한 자료이다. 이를 바탕으로 질문에 답하시오.

[표1] 기증 형태별 장기 기증 현황 (단위: 명)

구분	2012년	2013년	2014년	2015년	2016년
합계	2,353	2,254	2,307	2,436	2,716
뇌사자	409	416	446	501	573
생존자	1,944	1,838	1,861	1,935	2,143

[표2] 성별 장기 기증 현황 (단위: 명)

구분	2012년	2013년	2014년	2015년	2016년
합계	2,353	2,254	2,307	2,436	2,716
남성	1,367	1,241	1,338	1,416	1,532
여성	986	1,013	969	1,020	1,184

[표3] 연령별 장기 기증 현황 (단위: 명)

구분	2012년	2013년	2014년	2015년	2016년
합계	2,353	2,254	2,307	2,436	2,716
1세 미만	1	3	2	6	9
1~5세	2	3	7	9	9
6~10세	3	3	3	1	5
11~18세	103	92	82	79	76
19~34세	857	813	825	881	880
35~49세	839	770	740	771	865
50~64세	512	527	567	613	775
65~74세	31	38	71	65	88
75세 이상	5	5	10	11	9

09 주어진 자료를 바탕으로 작성한 다음 [보고서]의 밑줄 친 ㉠~㉣ 중 옳지 않은 것을 고르면?

[보고서]

2012년부터 장기 기증자의 수는 이듬해인 2013년을 제외하고 매년 꾸준히 증가하고 있는 추세이며, ㉠ 2016년에는 2012년 대비 15% 이상의 증가율을 나타냈다.

기증 형태별로는 뇌사자의 장기 기증이 증가세를 보이고 있으나, 그 수에서는 아직 생존자 기증의 약 25% 수준에 머물고 있다. 성별로는 매년 남성이 여성보다 많은 기증자 수를 나타내고 있으나, ㉡ 2012년 대비 2016년의 기증자 수의 증가율은 여성이 남성보다 더 크며, 증가율의 차이는 약 8%p를 기록하였다.

연령별로는 5세 이하의 영유아 기증은 적지만 꾸준히 증가하는 현상을 보이고 있으며, 이는 ㉢ 11~18세의 연령층과 대조적인 현상으로 나타났다. ㉣ 19세부터 49세까지의 기증자 수 역시 매년 지속적인 감소세를 이어가고 있다.

① ㉠   ② ㉡   ③ ㉢   ④ ㉣

10 다음 중 2012~2016년 동안의 증감 추이가 연도별 생존자의 장기 기증 현황과 동일한 것을 고르면?

① 남성의 연도별 장기 기증자 수
② 뇌사자의 연도별 장기 기증자 수
③ 19~34세의 연도별 장기 기증자 수
④ 35~49세의 연도별 장기 기증자 수

세부 유형 | 자료계산

01 다음 [그래프]는 위생용품 판매량 및 판매액, 생산량 및 생산액에 관한 자료이다. [보기]의 ㉠과 ㉡에 해당하는 값을 순서대로 나열한 것을 고르면?(단, 계산 시 소수점 이하 둘째 자리에서 반올림한다.)

2023 상반기 국민건강보험공단 기출변형

[그래프1] 위생용품 판매량 및 판매액 (단위: 톤, 백만 원)

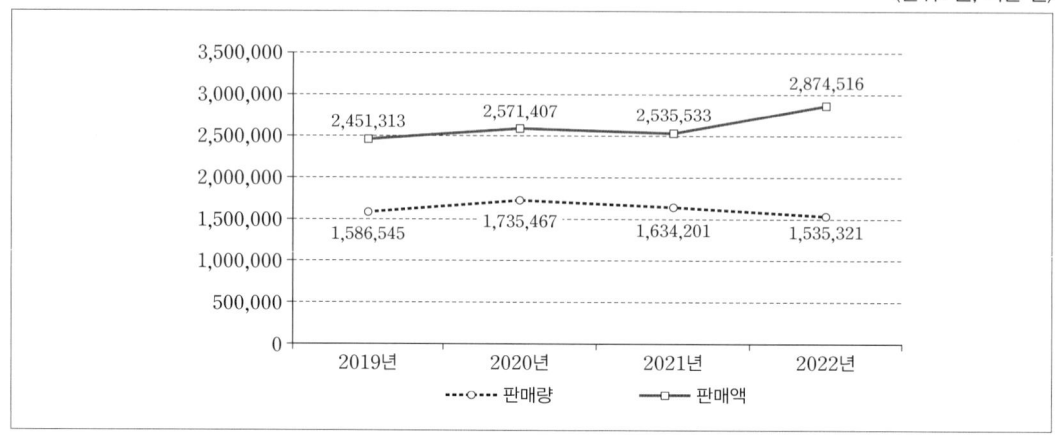

[그래프2] 위생용품 생산량 및 생산액 (단위: 톤, 백만 원)

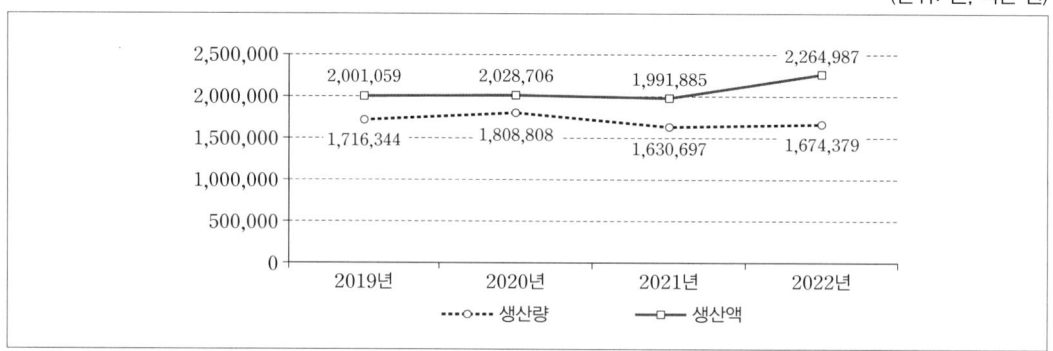

보기

㉠ 2022년 위생용품 판매량 1톤당 판매액의 2019년 대비 증감률
㉡ 2022년 위생용품 생산량 1톤당 생산액의 전년 대비 증감률

	㉠	㉡
①	26.7%	16.7%
②	26.7%	18.5%
③	27.3%	16.7%
④	27.3%	18.5%

02 다음 [표]는 식약청별 수거검사 결과에 관한 자료이다. [보기]의 ㉠~㉢에 해당하는 증가량을 값이 높은 순서대로 나열한 것을 고르면?(단, 계산 시 소수점 이하 둘째 자리에서 반올림한다.)

[표] 식약청별 수거검사 결과 (단위: 명)

구분	2021년		2022년	
	검사 건수	적합 건수	검사 건수	적합 건수
서울 식약청	2,161	2,147	2,352	2,341
부산 식약청	1,761	1,759	2,486	2,482
경인 식약청	1,844	1,824	2,692	2,673
대구 식약청	2,082	2,071	2,177	2,162

※ (적합률)(%)=(적합 건수)÷(검사 건수)×100

> 보기
> ㉠ 2022년 서울 식약청의 수거검사 적합률의 전년 대비 증가량(%p)
> ㉡ 2022년 부산 식약청의 수거검사 적합률의 전년 대비 증가량(%p)
> ㉢ 2022년 경인 식약청의 수거검사 적합률의 전년 대비 증가량(%p)

① ㉠>㉡>㉢
② ㉠>㉢>㉡
③ ㉡>㉢>㉠
④ ㉢>㉠>㉡

03 다음은 장애인 지원 정책 서비스 가입 유형별 서비스 이용자 비에 관한 자료이다. 총등록자에 대한 총참여자의 비가 0.88이라고 한다. 일반건강관리 등록자에 대한 참여자의 비를 A, 통합관리 등록자에 대한 참여자의 비를 B라고 할 때, A-B의 값을 고르면?

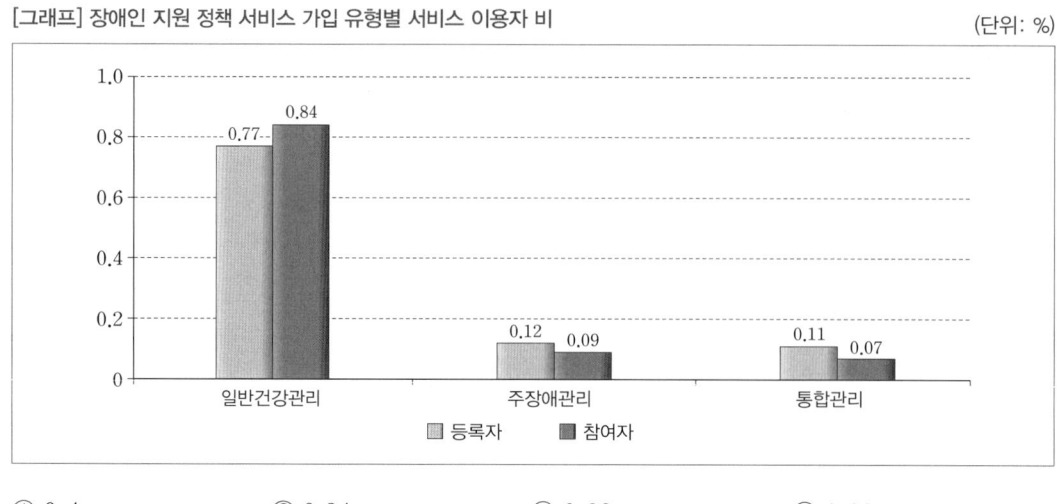

[그래프] 장애인 지원 정책 서비스 가입 유형별 서비스 이용자 비 (단위: %)

① 0.4　　　② 0.84　　　③ 0.92　　　④ 1.00

04 다음은 2022년 인구 전체와 남자의 수술 현황에 관한 자료이다. 진료비가 급여비와 본인부담금의 합이라고 할 때, 2022년 여자 1인당 본인부담금을 고르면?(단, 일의 자리 수 미만은 버림한다.)

[표] 2022년 인구 전체와 남자의 수술 현황

구분	수술 인원수(천 명)	진료비(백만 원)	급여비(백만 원)
합계	1,656	8,082,300	6,978,300
남자	702	3,717,250	3,249,250

① 639,555원　　　　　　　　② 648,883원
③ 655,551원　　　　　　　　④ 666,666원

05 다음 [표]는 특정 연도의 우리나라 중증 질환 진료 현황에 관한 자료이다. 이를 보고 1인당 진료비가 가장 높은 질환(㉠)과 진료비 총액에서 급여비 총액의 비중(㉡)이 가장 높은 질환을 바르게 나열한 것을 고르면?

[표] 중증 질환 진료 현황　　　　　　　　　　　　　　　　　　(단위: 천 명, 억 원)

구분	진료 인원	진료비 총액	급여비 총액
암	1,097	70,012	64,932
뇌혈관	64	6,588	6,131
심장	97	11,547	10,712
희귀 난치	756	46,014	40,926
중증 화상	15	507	441

	㉠	㉡
①	뇌혈관	암
②	심장	뇌혈관
③	심장	중증 화상
④	중증 화상	희귀 난치

06 다음 [표]는 2012~2016년 신의료 기술 승인 평가 현황 및 기술 승인율에 관한 자료이다. 이를 보고 빈칸 ㉠~㉣에 들어갈 값을 모두 더한 것을 고르면?(단, 빈칸 ㉠~㉣에 들어갈 숫자는 소수점 이하 첫째 자리에서 반올림한다.)

[표1] 2012~2016년 신의료 기술 승인 평가 현황   (단위: 건)

구분	신청 건수	승인		비승인		기타	
		기존 기술	신의료 기술	조기 기술	연구 단계 기술	평가 진행 중	신청 취하 등
2012년	238	30	(㉠)	61	(㉡)	0	28
2013년	286	47	120	80	17	0	22
2014년	273	74	102	38	24	0	35
2015년	260	45	79	50	20	0	66
2016년	(㉢)	18	56	45	16	15	(㉣)

[표2] 연도별 신의료 기술 승인율   (단위: %)

2012년	2013년	2014년	2015년	2016년
52.5	58.4	64.5	47.7	41.3

※ 단, 승인율은 전체 신청 건수 중 승인된 전체 건수의 비중을 의미함

① 327　　　② 330　　　③ 333　　　④ 336

07 다음 [표]는 2021년 상반기 전국 주요 도시의 장기요양보험 판정자와 인정자 수를 나타낸 자료이다. 이를 바탕으로 할 때, 다음 중 인정률이 가장 낮은 도시의 인정률을 고르면?

[표] 2021년 상반기 전국 주요 도시 장기요양보험 판정자 및 인정자 현황 (단위: 명)

구분	서울	부산	대구	인천	광주	대전	울산
판정자	141,778	68,987	45,786	54,872	29,706	27,816	14,995
인정자	125,251	57,878	39,647	48,550	23,551	23,655	13,375

※ (인정률)(%)=(인정자 수)÷(판정자 수)×100

① 78.8%   ② 79.3%   ③ 83.9%   ④ 85.0%

08 다음 [표]는 건강검진 수검 현황에 관한 자료이다. 대상 인원 대비 수검 인원의 비중을 수검률이라고 할 때, 2020년 암검진 수검률의 전년 대비 증감량을 고르면?(단, 수검률은 소수점 이하 둘째 자리에서 반올림한다.)

[표] 건강검진 수검 현황 (단위: 천 명)

구분		2019년	2020년	2021년	2022년	2023년
일반건강검진	대상 인원	21,717	21,446	22,837	22,862	23,001
	수검 인원	16,098	14,545	16,953	17,233	17,462
암검진	대상 인원	23,123	22,973	23,937	23,456	23,313
	수검 인원	12,891	11,389	13,555	13,657	13,932

① −5.7%p   ② −6.1%p   ③ −6.6%p   ④ −7.1%p

09 다음 [표]는 2018~2019년 1인당 진료비 구간별 진료 인원 및 진료비 현황에 관한 자료이다. 2019년 1인당 진료비가 500만 원 미만인 전체 진료 인원의 1,000명당 진료비를 고르면?

[표] 2018~2019년 1인당 진료비 구간별 진료 인원 및 진료비 현황 (단위: 천 명, 억 원)

구분	2018년		2019년	
	진료 인원	진료비	진료 인원	진료비
합계	48,178	779,104	48,329	861,109
100만 원 미만	31,162	116,973	29,858	115,141
100만 원 이상 300만 원 미만	11,654	200,711	12,322	213,459
300만 원 이상 500만 원 미만	2,791	106,228	3,161	120,641
500만 원 이상 1,000만 원 미만	1,505	101,618	1,780	120,079
1,000만 원 이상 2,000만 원 미만	584	80,365	669	92,091
2,000만 원 이상 3,000만 원 미만	251	63,556	262	65,912
3,000만 원 이상 4,000만 원 미만	124	41,983	146	49,606
4,000만 원 이상 5,000만 원 미만	46	20,577	55	24,458
5,000만 원 이상 1억 원 미만	52	33,864	65	42,549
1억 원 이상	9	13,229	11	17,173

① 약 9.5억 원   ② 약 9.9억 원   ③ 약 10.4억 원   ④ 약 10.8억 원

10. 다음 [표]는 2015~2019년 주요 수술에 대한 진료비용 추이를 나타낸 자료이다. 2019년 일반척추수술 진료비용이 전체 주요 수술 진료비용의 11.9%를 차지한다고 할 때, 2019년 스텐트삽입술 진료비용이 전체 주요 수술 진료비용에서 차지하는 비율을 고르면?(단, 계산 시 소수점 이하 둘째 자리에서 반올림한다.)

[표] 2015~2019년 주요 수술 진료비용 추이 (단위: 백만 원)

	구분	2015년	2016년	2017년	2018년	2019년
1	일반척추수술	523,449	580,727	607,373	676,860	800,156
2	슬관절치환술	437,830	524,610	552,146	605,774	720,060
3	백내장수술	460,459	494,448	531,789	606,123	716,732
4	스텐트삽입술	426,701	501,030	579,970	640,765	697,586
5	담낭절제술	256,160	289,521	310,790	362,766	413,972
6	제왕절개수술	307,658	317,906	318,490	329,128	346,847
7	내시경 및 경피적담도수술	175,662	202,017	233,044	288,497	331,688

※ 순위는 2019년 주요 수술 진료비용을 기준으로 함(상위 7위)

① 10.1% ② 10.4% ③ 10.8% ④ 11.2%

🔺 고난도

11 다음 자료를 바탕으로 당월 총보험료를 40일간 체납하였을 때, 연체금을 포함하여 납부해야 할 총보험료를 고르면? (단, 매 계산마다 원 단위 이하는 절사한다.)

[건강보험료 산정 안내표]

구분	전월	당월	구분	전월	당월
① 소득	0점	0점	⑥ 경감·정지·제외 면제·지원금	0원	0원
② 재산(건물, 토지, 전월세)	720점	720점	⑦ 농·어업인 추가 경감	0원	0원
③ 자동차	52점	52점	⑧ 증가 금액	0원	0원
④ 생활 수준 및 경제 활동율	420점	420점	⑨ 납부 처리(환불) 금액 등	0원	0원
합계	1,192점	1,192점	⑩ 자동 이체 감액	0원	0원
⑤ 건강보험료	( )원	( )원	⑪ 납부할 건강보험료	( )원	( )원
⑫ 장기요양보험료	( )원	( )원	⑮ 장기요양보험 납부 처리(환불) 금액 등	0원	0원
⑬ 장기요양보험 경감·면제·지원금	0원	0원	⑯ 납부할 장기요양보험료	( )원	( )원
⑭ 장기요양보험 증가 금액	0원	0원	납부할 총보험료	( )원	( )원

※ 건강보험료: 부과 점수 합계(①+②+③+④)×195.8원
※ 장기요양보험료: 건강보험료(⑤)×10.25%
※ 총보험료: 건강보험료+장기요양보험료(⑤+⑫)

[건강보험료 연체금 산정 안내]

1. 납부 기한 경과 후 30일까지 매 1일이 경과할 때마다 체납보험료 등의 $\frac{1}{1,500}$ (최대 2%)

2. 납부 기한 경과 후 30일이 지난날부터 매 1일이 경과할 때마다 체납보험료 등의 $\frac{1}{6,000}$을 제1항에 가산 (최대 5%)

① 233,390원 ② 248,670원 ③ 257,310원 ④ 262,870원

❗ 고난도

12 다음 [그래프]는 온라인 쇼핑몰의 시간대별 주간 및 주말 평균 매출액 비중에 관한 자료이다. 이를 보고 13:00~17:00 시간대의 주중 평균 매출액 비중을 고르면?(단, 주간은 일주일 전체, 주중은 월~금요일, 주말은 토~일요일을 의미한다.)

[그래프1] 시간대별 주간 평균 매출액 비중 (단위: %)

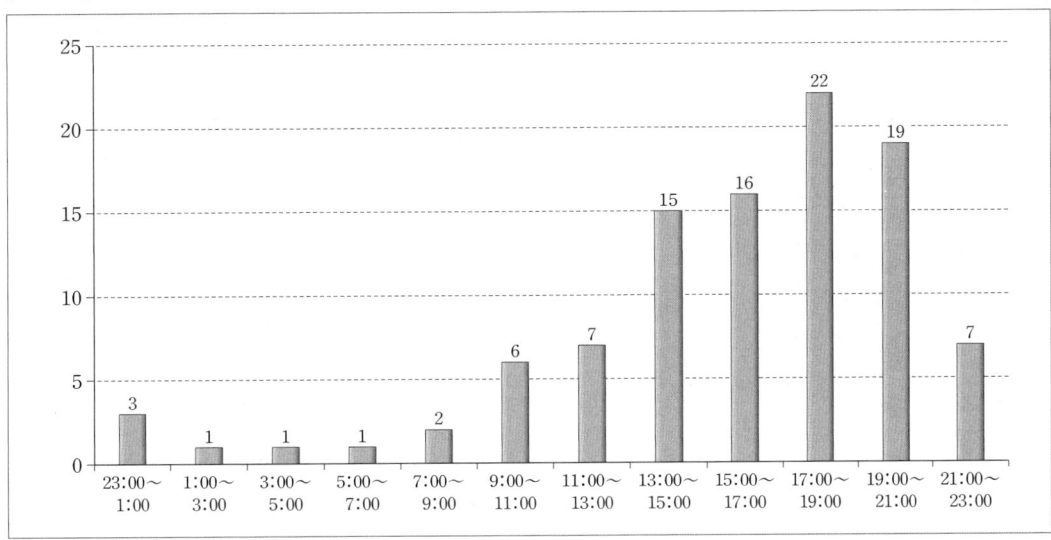

[그래프2] 시간대별 주말 평균 매출액 비중 (단위: %)

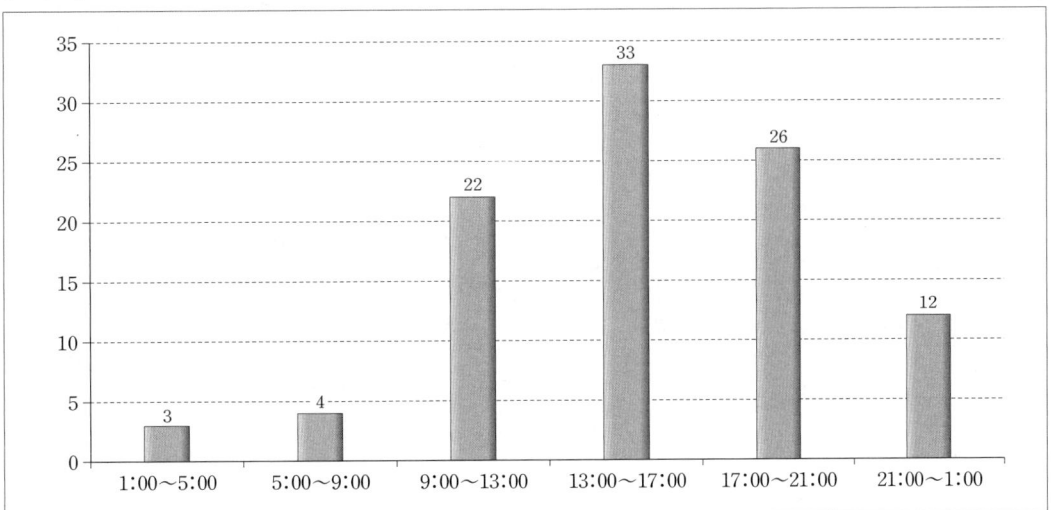

※ 단, 주말 하루의 평균 매출액은 주중 하루의 평균 매출액보다 3.75배 큼

① 28%   ② 29%   ③ 30%   ④ 31%

세부 유형 - 도표변환

01 다음 [표]는 급성상기도감염 환자의 항생제 처방률에 관한 자료이다. 다음 [보기]에서 항생제 처방률의 전년 대비 증감률을 <u>잘못</u> 나타낸 그래프의 개수를 고르면?(단, 계산 시 소수점 이하 둘째 자리에서 반올림한다.)

2023 하반기 국민건강보험공단 기출변형

[표] 급성상기도감염 환자의 항생제 처방률 (단위: %)

구분	2019년	2020년	2021년	2022년
서울	35.6	33.1	31.0	28.9
부산	39.4	37.4	36.4	36.2
대구	39.0	35.4	35.3	32.8
인천	35.5	32.7	33.1	30.2
광주	43.0	40.4	39.0	33.4
대전	33.5	33.0	31.6	28.2
울산	37.7	34.4	33.3	33.1
세종	40.9	36.0	36.8	32.2
경기	36.7	35.1	33.8	31.8
강원	44.4	40.3	40.0	36.4
충북	39.7	38.0	37.2	34.9
충남	42.2	40.3	40.6	37.9
전북	35.7	33.2	33.5	29.8
전남	39.5	37.1	37.1	34.4
경북	39.2	37.6	38.5	34.8
경남	42.4	39.2	37.7	35.3
제주	40.8	39.5	37.7	34.1

보기

⊙ 서울 급성상기도감염 환자의 항생제 처방률

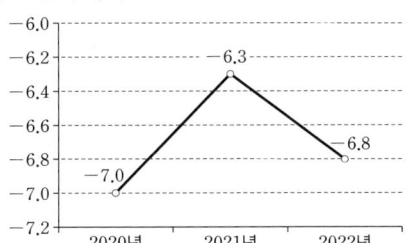

ⓒ 전북 급성상기도감염 환자의 항생제 처방률

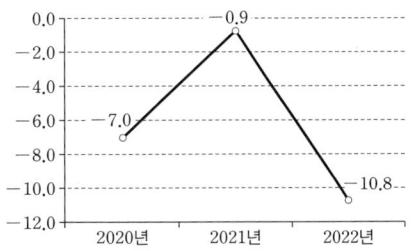

ⓒ 인천 급성상기도감염 환자의 항생제 처방률

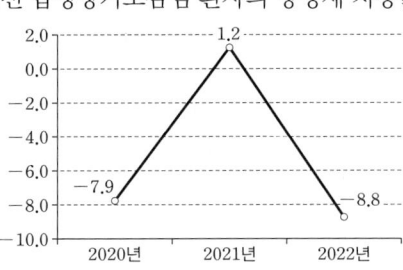

ⓔ 대전 급성상기도감염 환자의 항생제 처방률

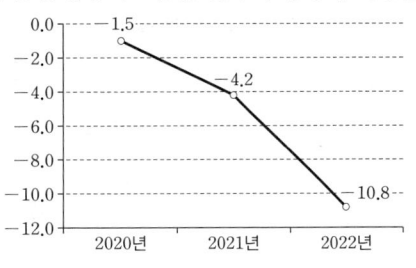

① 0개　　② 1개　　③ 2개　　④ 3개

02 다음 [표]는 의약품 도매상 유통 단계별 현황에 관한 자료이다. 의약품 도매상 유통 단계별 출고량 중 반품량 비중을 나타낸 그래프로 옳지 <u>않은</u> 것을 고르면?(단, 계산 시 소수점 이하 둘째 자리에서 반올림한다.)

[표] 의약품 도매상 유통 단계별 현황

구분		2020년	2021년	2022년
출고량	제조·수입 → 요양기관	8,966	8,859	9,669
	제조·수입 → 도매상	52,915	62,139	64,044
	도매상 → 도매상	156,383	162,729	174,225
	도매상 → 요양기관	266,640	284,471	313,844
반품량	제조·수입 → 요양기관	297	185	299
	제조·수입 → 도매상	1,725	1,477	2,539
	도매상 → 도매상	5,721	4,917	5,340
	도매상 → 요양기관	9,170	7,460	9,744

① 제조·수입 → 요양기관

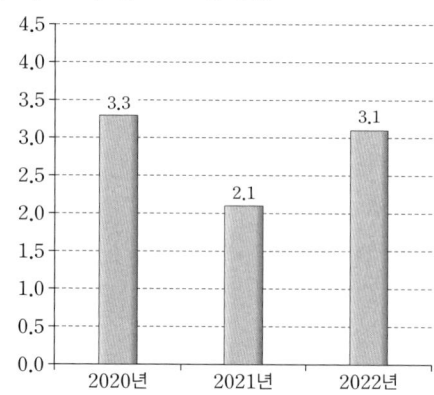

② 제조·수입 → 도매상

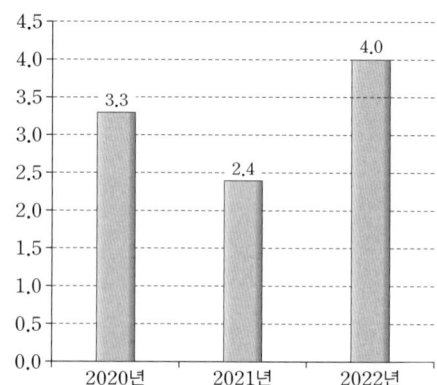

③ 도매상 → 도매상

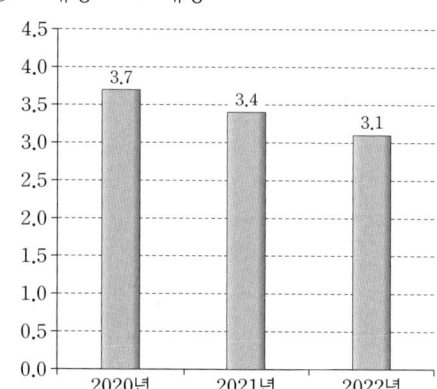

④ 도매상 → 요양기관

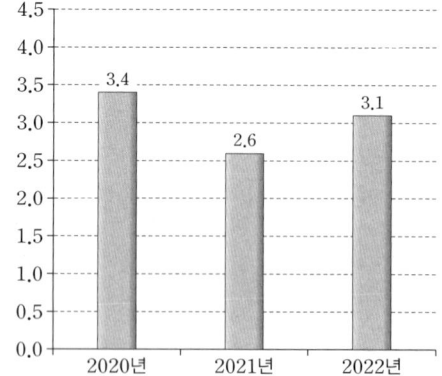

03 다음 [표]는 2015년부터 2020년까지 의료보장 적용 인구 현황을 나타낸 자료이다. 이를 바탕으로 나타낸 그래프 중 옳지 않은 것을 고르면?

[표] 연도별 의료보장 적용 인구 현황 (단위: 천 명)

구분			2015년	2016년	2017년	2018년	2019년	2020년
의료보장			52,034	52,273	52,427	52,557	52,880	52,871
건강보험	합계		50,490	50,763	50,941	51,072	51,391	51,345
	직장		36,225	36,675	36,899	36,990	37,227	37,150
		직장 가입자	15,760	16,338	16,830	17,480	18,123	18,543
		부양자	20,465	20,337	20,069	19,510	19,104	18,607
		부양률(명)	1.30	1.24	1.19	1.12	1.05	1.00
	지역		14,265	14,089	14,042	14,082	14,164	14,195
		세대주	6,507	6,481	6,541	6,678	6,957	7,134
		세대원	7,758	7,607	7,501	7,404	7,207	7,062
		부양률(명)	1.01	0.99	0.96	0.92	0.86	0.82
의료급여			1,544	1,509	1,486	1,485	1,489	1,526

※ 지역 세대주는 세대주가 지역 가입자가 아닌 경우(비가입세대주) 제외
※ (지역 부양률)(명)=(세대원)÷(세대수)

① 직장 가입 건강보험 부양률의 감소율

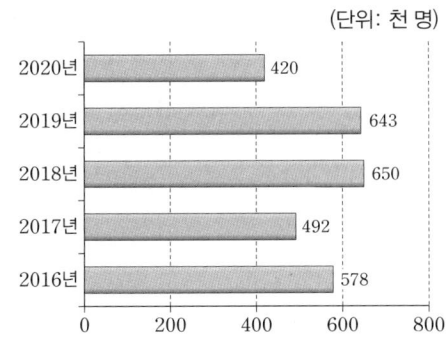

② 지역 세대주 증감

③ 건강보험 적용 인구 중 직장 가입자 증감

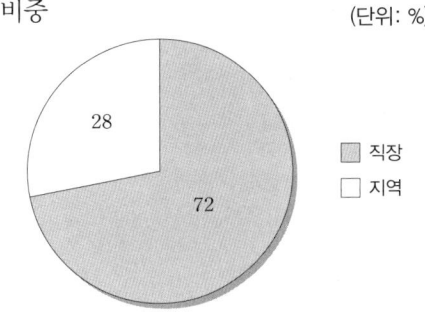

④ 2018년 건강보험 적용 인구 가입 유형별 비중

04 다음 [표]는 OECD 기준 장기요양 근무인력 현황에 대한 자료이다. 이를 바탕으로 나타낸 그래프 중 옳은 것을 고르면?

[표] OECD 기준 장기요양(재가·시설) 근무인력 현황

구분	월근무시간	재가 근무인원 (명)	재가 근무시간 (시간)	시설 근무인원 (명)	시설 근무시간 (시간)
2020년	계	278,320	25,307,410	87,950	15,703,400
	160시간 이상 근무	42,650	8,103,500	83,250	15,318,000
	160시간 미만 근무	235,670	17,203,910	4,700	385,400
2021년	계	323,340	29,170,980	92,300	16,765,700
	160시간 이상 근무	49,500	9,454,500	87,500	16,362,500
	160시간 미만 근무	273,840	19,716,480	4,800	403,200
2022년	계	359,100	31,455,900	97,300	17,224,100
	160시간 이상 근무	53,100	10,035,900	92,200	16,780,400
	160시간 미만 근무	306,000	21,420,000	5,100	443,700
2023년	계	394,600	33,113,400	107,450	17,790,900
	160시간 이상 근무	54,000	9,612,000	101,650	17,280,500
	160시간 미만 근무	340,600	23,501,400	5,800	510,400

① 시설 근무인원의 총근무시간

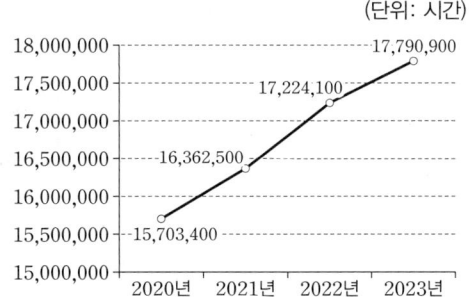

② 장기요양(재가·시설) 총근무인원

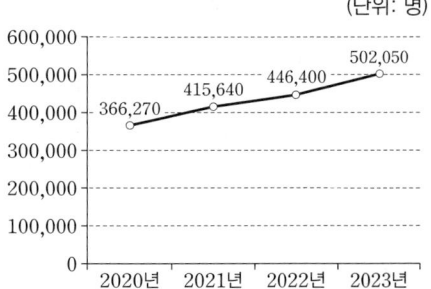

③ 160시간 이상 근무인원 중 재가 근무인원 1인당 평균 근무시간

④ 160시간 미만 근무인원 중 시설 근무인원 1인당 평균 근무시간

05 다음 [표]는 2015~2019년 연도별 건강보험 비용에 대한 현황을 나타낸 자료이다. 이를 나타낸 그래프로 옳지 않은 것을 고르면?(단, 비중은 소수점 이하 둘째 자리에서 반올림한다.)

[표] 연도별 건강보험 비용 현황 (단위: 천만 원)

구분		2015년	2016년	2017년	2018년	2019년
총비용		4,816,214	5,374,083	5,802,256	6,597,834	7,209,724
보험급여비 (실급여비)	소계	4,576,019	5,101,493	5,489,174	6,316,833	6,899,658
	요양급여비	4,426,538	4,939,868	5,319,671	6,142,336	6,713,036
	건강검진비	126,469	140,089	150,819	155,618	166,896
	임신·출산 진료비	23,012	21,536	18,684	18,879	19,726
관리운영비		62,333	67,424	72,974	76,356	88,611
기타 비용	소계	177,862	205,166	240,108	204,645	221,455
	사업경비	17,657	18,047	21,779	25,803	25,746
	사옥관리비	3,003	3,664	3,821	4,171	2,977
	타기관 부담금	35,001	23,433	34,116	32,893	41,446
	기타	122,201	160,022	180,392	141,778	151,286

① 연도별 관리운영비 현황 (단위: 천만 원)

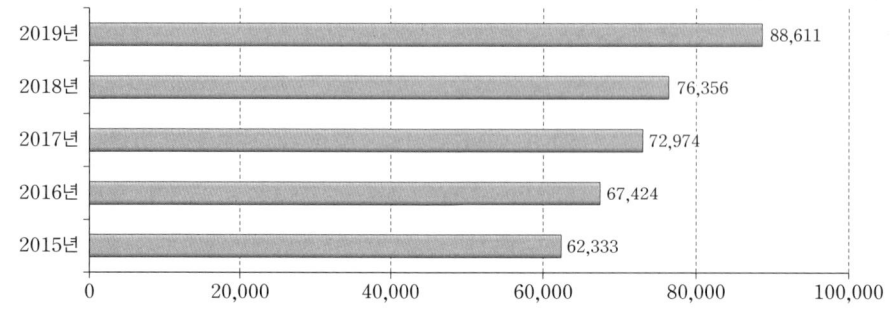

② 연도별 사업경비, 사옥관리비, 타기관부담금 비용 현황 (단위: 천만 원)

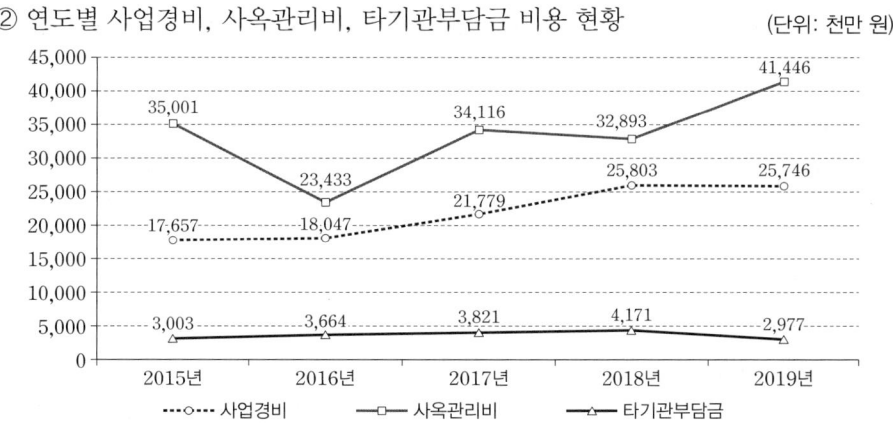

③ 연도별 보험급여비, 관리운영비, 기타 비용 현황 (단위: 천만 원)

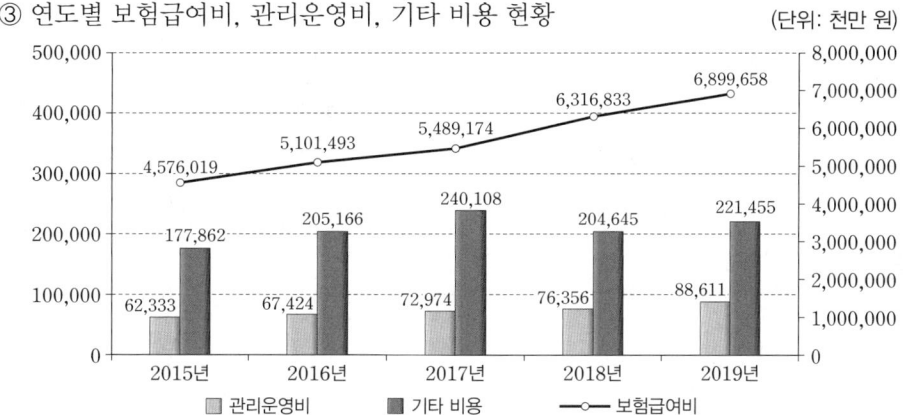

※ 보험급여비는 오른쪽 축 기준임

④ 보험급여비 중 건강검진비와 임신·출산진료비 합의 연도별 비중 (단위: %)

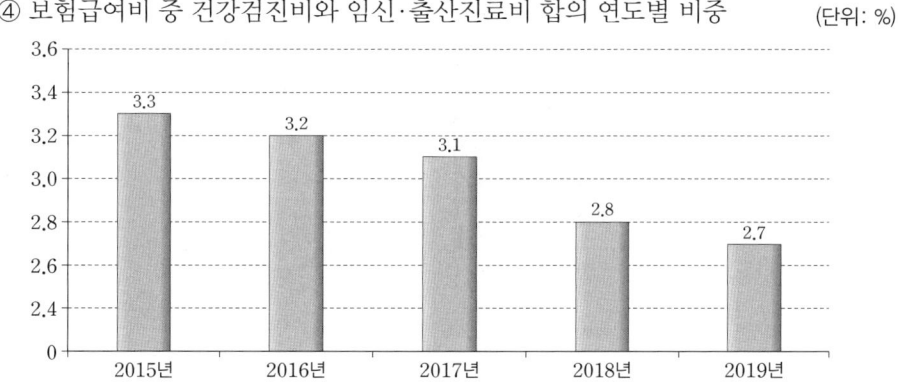

06 다음 [표]는 2014~2018년 특성별 인플루엔자 접종률에 관한 자료이다. 이를 나타낸 그래프로 옳지 않은 것을 고르면?

[표] 2014~2018년 인플루엔자 접종률 (단위: %)

구분		2014년	2015년	2016년	2017년	2018년
전체		30.9	31.6	30.6	32.1	33.7
연령별	19~29세	18.0	18.0	16.2	16.4	14.8
	30~39세	26.9	29.5	29.0	33.8	34.3
	40~49세	21.2	21.7	20.1	20.7	22.0
	50~59세	27.0	28.6	26.7	27.7	33.1
	60~69세	61.0	58.7	57.4	58.4	63.7
	70세 이상	81.1	80.9	83.6	83.4	87.0
거주 지역별	동	30.8	31.3	30.8	32.2	33.3
	읍면	30.7	33.1	29.6	32.1	36.3
소득 수준별	하	31.0	31.7	30.7	30.7	34.5
	중하	30.0	30.3	27.5	32.2	31.6
	중상	31.2	32.0	32.7	30.9	34.2
	상	31.7	33.0	31.5	34.6	34.4

① 전체 접종률

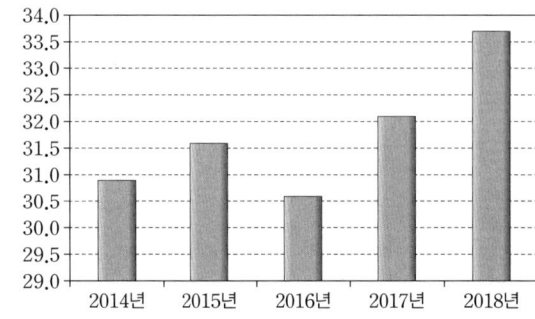

② 70세 이상 접종률 (단위: %)

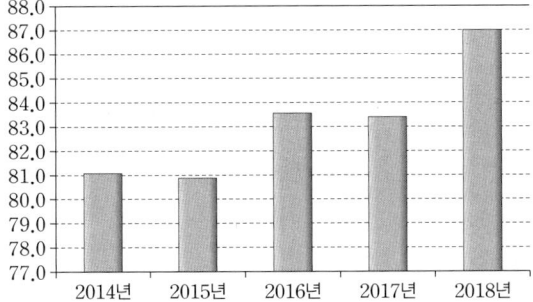

③ 읍면 지역 접종률 (단위: %)

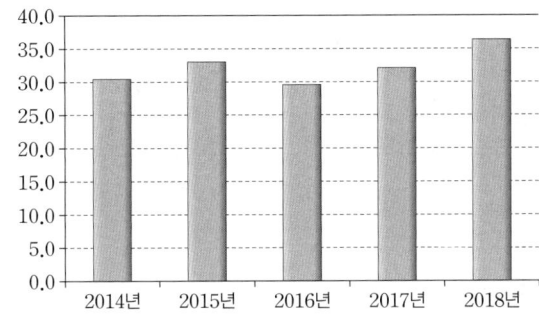

④ 소득 수준 하 계층 접종률 (단위: %)

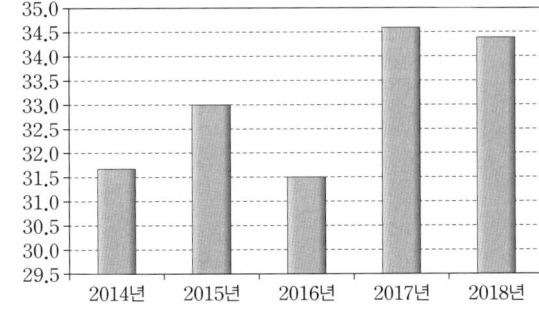

07 다음 [표]는 연도별 0세와 65세의 기대 여명 및 건강 수준별 기대 여명에 관한 자료이다. 이를 나타낸 그래프로 옳은 것을 고르면?

[표] 연도별 0세와 65세의 기대 여명 및 건강 수준별 기대 여명 (단위: 년)

구분		기대 여명			건강 수준별 기대 여명					
					유병 기간 제외			주관적 건강		
		전체	남자	여자	전체	남자	여자	전체	남자	여자
0세	2012년	80.9	77.6	84.2	65.7	65.0	66.5	66.1	66.6	65.8
	2014년	81.8	78.6	85.0	65.2	64.7	65.7	67.5	67.7	67.5
	2016년	82.4	79.3	85.4	64.9	64.7	65.2	68.5	68.8	68.4
65세	2012년	19.5	17.2	21.5	9.7	9.4	10.1	9.3	9.8	9.0
	2014년	20.2	17.9	22.3	8.8	8.7	9.0	9.9	10.4	9.5
	2016년	20.6	18.4	22.6	8.5	8.5	8.5	10.8	11.3	10.5

① 연령별 연도별 여자의 기대 여명

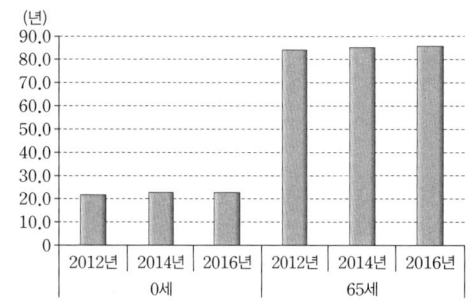

② 유병 기간 제외의 0세 성별 기대 여명

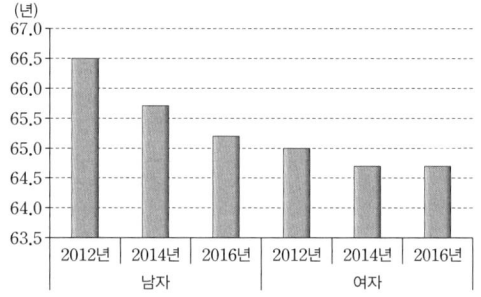

③ 주관적 건강 전체의 연령별 기대 여명

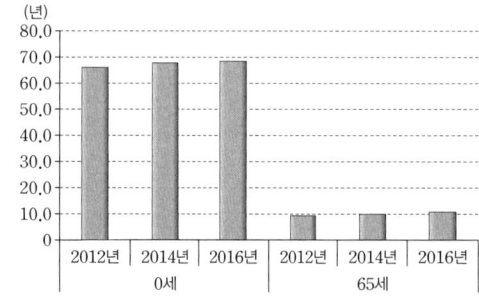

④ 2016년 65세의 건강 수준별 기대 여명

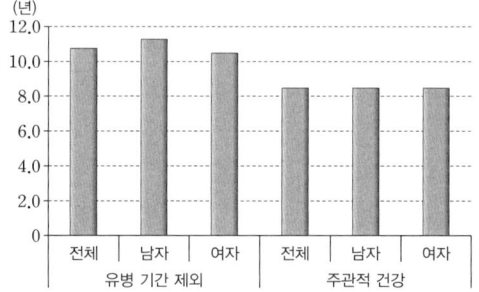

08 다음 [표]는 갑국의 2010~2015년 보험급여비 및 세대당 연간급여비와 1인당 월평균 진료비 및 보험급여비 현황에 관한 자료이다. 이를 근거로 작성한 [그래프]의 (A)에 해당하는 연도를 고르면?

[표1] 연도별 보험급여비 및 세대당 연간급여비 현황 (단위: 억 원, 원)

구분	2010년	2011년	2012년	2013년	2014년	2015년
보험급여비	337,493	358,302	375,813	396,743	428,275	457,602
세대당 연간급여비	1,650,739	1,707,225	1,746,525	1,802,100	1,899,596	1,984,146

[표2] 연도별 1인당 월평균 진료비 및 보험급여비 현황 (단위: 원)

구분	2010년	2011년	2012년	2013년	2014년	2015년
진료비	74,564	78,424	80,531	85,214	90,248	95,759
보험급여비	62,539	65,626	67,118	70,757	74,598	78,612

[그래프] (단위: 원, 억 원)

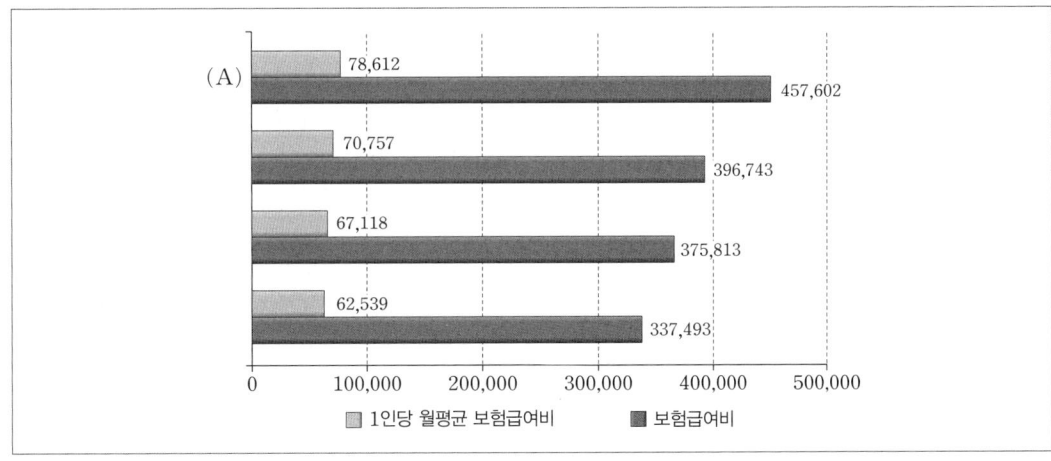

① 2011년　　② 2012년　　③ 2014년　　④ 2015년

09 다음 [표]는 2019년 서울 5개 지역구별 요양급여실적 현황을 나타낸 자료이다. 이를 나타낸 그래프로 옳은 것을 고르면?(단, 비율은 소수점 이하 둘째 자리에서 반올림한다.)

[표] 서울 5개 지역구별 요양급여실적 현황 (단위: 명, 일)

구분			진료실 인원	내원일수	급여일수
중랑구	합계		358,830	8,181,841	76,126,686
	의료기관	소계	410,149	8,180,928	11,811,037
		입원	52,472	814,527	1,390,925
		외래	357,677	7,366,401	10,420,112
성북구	합계		403,693	8,563,754	81,578,749
	의료기관	소계	453,672	8,563,117	12,125,545
		입원	51,254	825,053	1,375,580
		외래	402,418	7,738,064	10,749,965
강북구	합계		278,758	6,457,334	62,507,927
	의료기관	소계	317,179	6,456,707	9,109,375
		입원	39,516	673,858	1,115,174
		외래	277,663	5,782,849	7,994,201
도봉구	합계		302,819	6,612,391	65,879,248
	의료기관	소계	341,487	6,611,728	9,665,975
		입원	39,693	654,418	1,072,796
		외래	301,794	5,957,310	8,593,179
노원구	합계		479,226	10,045,922	95,024,229
	의료기관	소계	535,139	10,044,978	14,635,502
		입원	57,382	916,331	1,485,996
		외래	477,757	9,128,647	13,149,506

※ 진료실 인원의 합계는 입원 및 외래 중복 인원을 제외했으며, 내원일수와 급여일수 합계는 기타 요양급여를 포함한 수치이다.

① 5개 지역구별 의료기관 입원 진료실 인원 현황 (단위: 명)

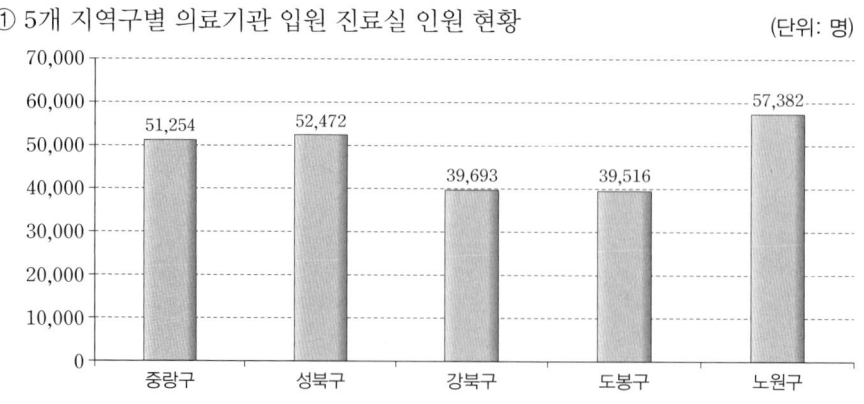

② 5개 지역구별 의료기관의 입원 및 외래 내원일수 소계 현황 (단위: 일)

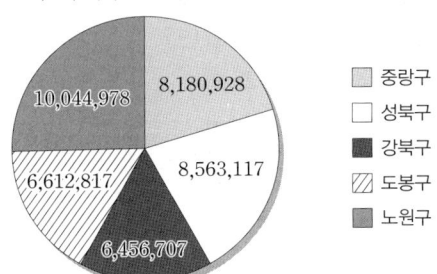

③ 5개 지역구별 진료실 인원, 내원일수, 급여일수 각 소계 순위

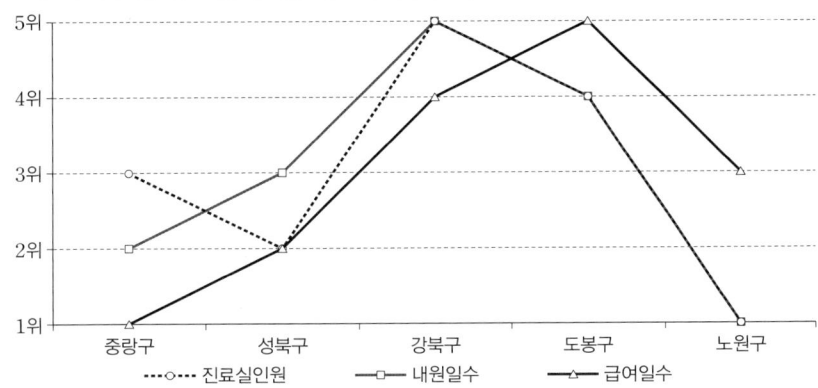

※ 수치가 높은 구가 1순위

④ 5개 지역구별 입원 및 외래 중복 진료실 인원 현황 (단위: 명)

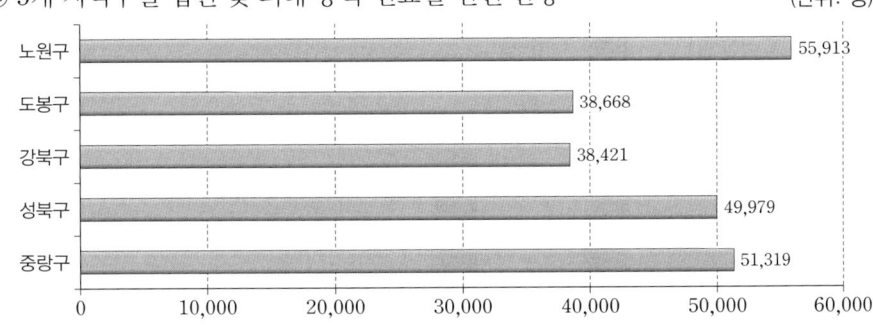

10 다음 [표]는 2009~2016년 건강보험 노인 진료비 추이에 관한 자료이다. 이를 근거로 하여 노인 1인당 연평균 진료비의 전년 대비 증가폭을 나타낸 그래프로 옳은 것을 고르면?

[표] 연도별 건강보험 노인 진료비 추이
(단위: 천 명, 억 원, 천 원)

구분	2009년	2010년	2011년	2012년	2013년	2014년	2015년	2016년
전체 인구	48,614	48,907	49,299	49,662	49,999	50,316	50,490	50,763
65세 이상 인구 (비율, %)	4,826 (9.9)	4,979 (10.2)	5,184 (10.5)	5,468 (11.0)	5,740 (11.5)	6,005 (11.9)	6,223 (12.3)	6,445 (12.7)
65세 이상 진료비 (증가율, %)	125,442 (14.1)	140,987 (12.4)	153,961 (9.2)	166,237 (8.0)	181,128 (9.0)	199,974 (10.4)	222,673 (11.4)	252,692 (13.5)
노인 1인당 연평균 진료비	2,650	2,861	3,030	3,108	3,224	3,399	3,625	3,983
전체 1인당 연평균 진료비	825	895	944	977	1,024	1,096	1,167	1,287

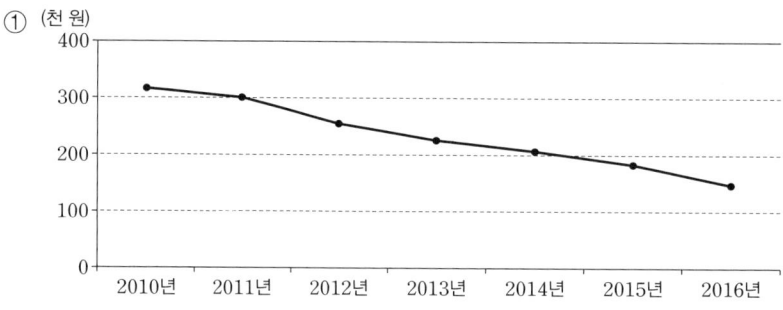

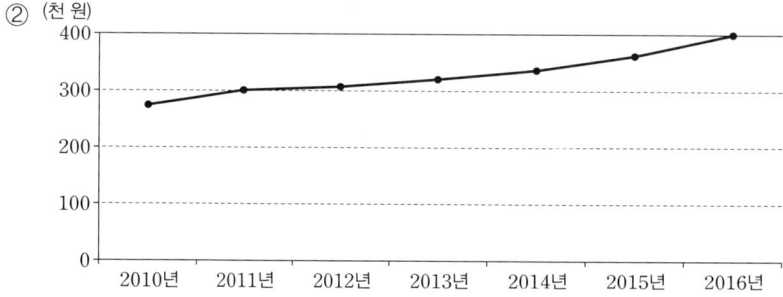

③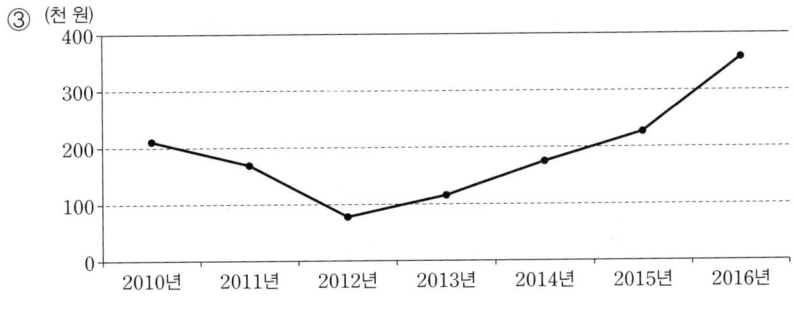

④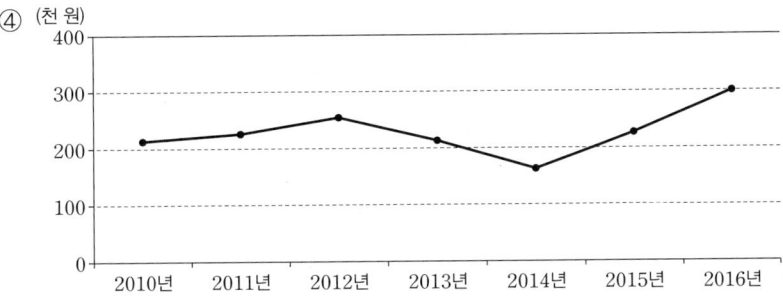

11 다음 [표]는 2018~2019년 의료기관의 분만 기관 수 및 건수 현황에 관한 자료이다. 이를 근거로 작성한 그래프로 옳지 않은 것을 고르면?

[표] 2018~2019년 의료기관의 분만 기관 수 및 건수 현황
(단위: 개소, 건)

구분		분만 기관 수	분만 건수			
			합계	제왕 절개	자연 분만	
						브이백
2018년	합계	567	327,119	154,678	172,441	968
	상급종합병원	41	22,077	13,409	8,668	57
	종합병원	86	29,286	16,280	13,006	97
	병원	145	163,715	74,161	89,554	533
	의원	279	111,329	50,828	60,501	281
	조산원	16	712	-	712	-
2019년	합계	541	300,787	152,046	148,741	806
	상급종합병원	41	22,387	14,561	7,826	39
	종합병원	83	25,785	14,852	10,933	105
	병원	142	151,797	73,451	78,346	469
	의원	260	100,135	49,182	50,953	193
	조산원	15	683	-	683	-

※ 브이백: 제왕 절개 후 자연 분만으로, 자연 분만에 포함됨

① 2019년 분만 기관 수의 전년 대비 감소 현황

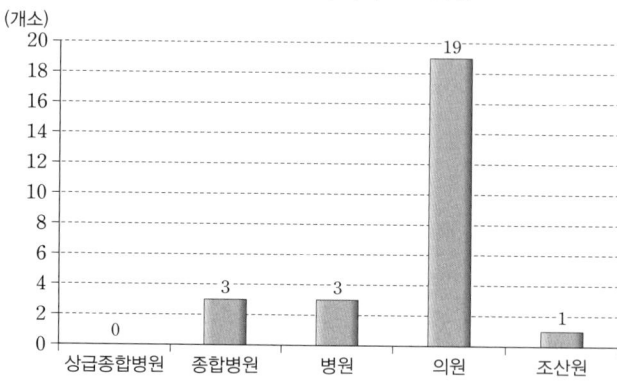

② 2019년 기관별 제왕 절개 건수 현황

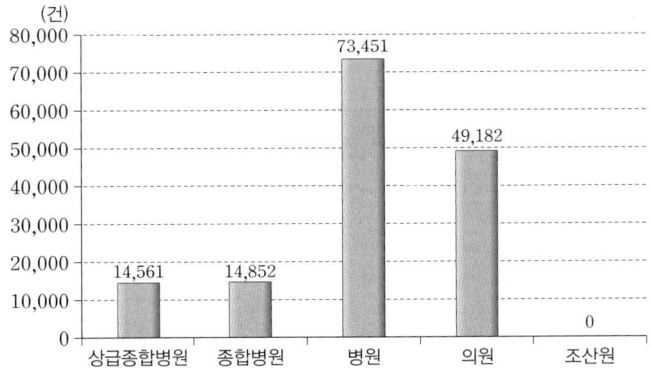

③ 2019년 기관별 전체 분만 건수의 전년 대비 증감 현황

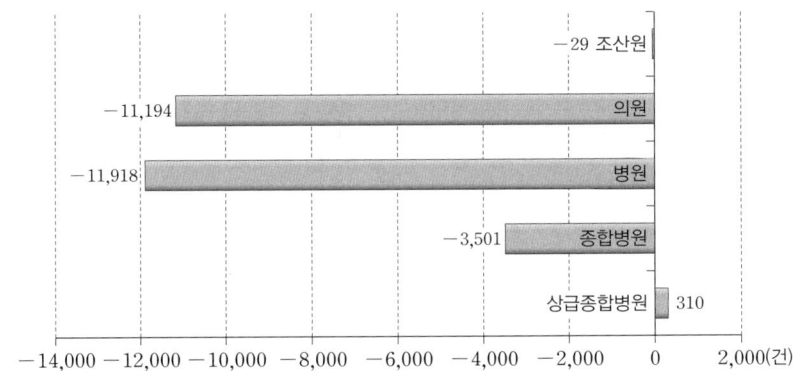

④ 2019년 기관별 브이백 이외의 자연 분만 건수 현황

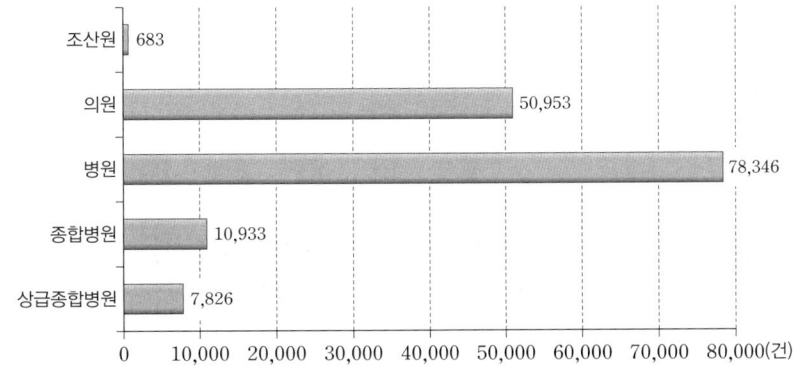

12 다음 [표]는 2019년 시도별 및 연령별 일반 건강검진 수검 현황에 관한 자료이다. 주어진 자료의 내용을 나타낸 그래프로 옳지 않은 것을 고르면?

[표1] 2019년 시도별 일반 건강검진 대상 및 수검 현황 (단위: 명, %)

구분	대상 인원	수검 인원	수검률
합계	21,716,582	16,098,417	74.1
서울	3,981,327	2,864,618	72.0
부산	1,441,546	1,063,421	73.8
대구	1,030,247	745,253	72.3
인천	1,242,951	942,418	75.8
광주	585,945	446,000	76.1
대전	620,028	477,828	77.1
울산	513,370	400,985	78.1
세종	126,296	99,209	78.6
경기	5,491,594	4,084,480	74.4
강원	648,491	487,695	75.2
충북	711,034	549,318	77.3
충남	932,362	692,922	74.3
전북	751,184	562,697	74.9
전남	779,594	580,311	74.4
경북	1,155,887	844,188	73.0
경남	1,439,792	1,068,116	74.2
제주	264,934	188,958	71.3

[표2] 2019년 연령별 일반 건강검진 수검 인원 및 판정 현황 (단위: 명, %)

구분	수검 인원	수검 인원 대비 판정 비율		
		정상	질환 의심	유질환자
합계	16,098,417	44.1	32.2	23.7
20대 이하	1,705,331	75.1	24.2	0.7
30대	2,726,677	61.9	34.9	3.2
40대	3,686,970	50.0	38.1	11.9
50대	3,703,979	39.3	33.3	27.4
60대	2,640,859	23.4	29.9	46.7
70대	1,265,319	13.9	23.3	62.8
80대 이상	369,282	8.7	24.2	67.1

① 수검 인원 50만 명 이하인 지역의 수검률   (단위: %)

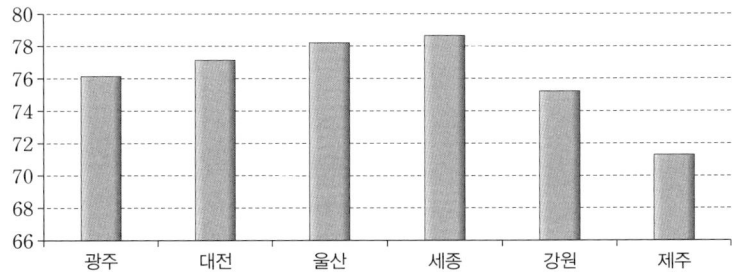

② 대상 인원 상위 10개 지역의 대상 인원과 수검 인원   (단위: 명)

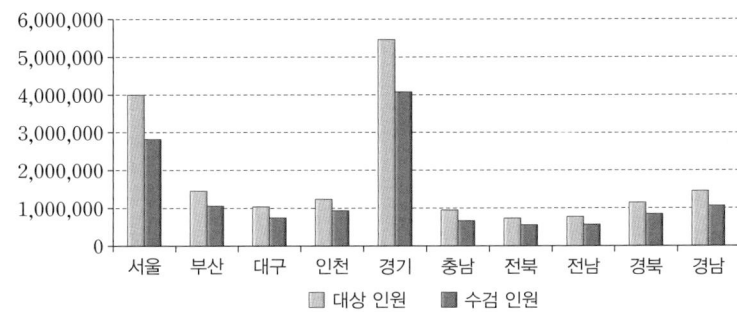

③ 연령대별 수검 인원 판정 현황   (단위: %)

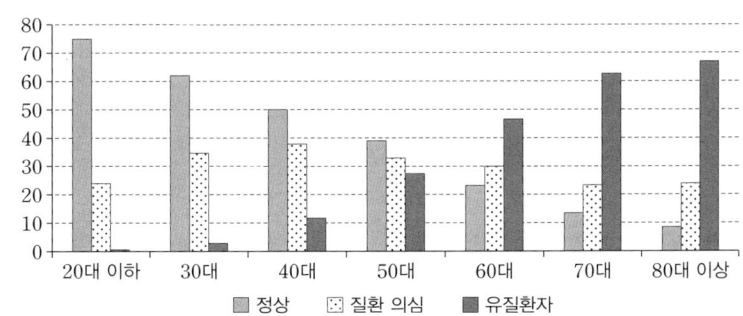

④ 50대 이상 수검 인원 중 정상 판정자 수   (단위: 명)

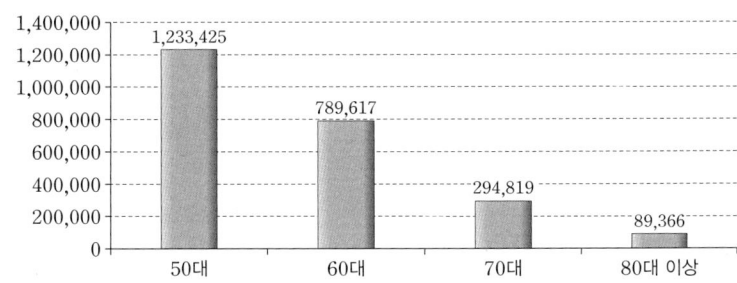

CHAPTER 04 실전연습 문제

[01~02] 다음 [표]는 의료보장인구 10만 명당 다빈도 상위 수술 현황에 관한 자료이다. 이를 바탕으로 질문에 답하시오.

[표] 의료보장인구 10만 명당 다빈도 상위 수술 현황

(단위: 건)

구분	2019년	2020년	2021년	2022년	2023년
계(34개 주요 수술)	3,775	3,695	3,963	3,906	3,768
백내장수술	1,305	1,329	1,476	1,390	1,204
제왕절개수술	580	554	559	575	555
일반 척추수술	348	356	380	385	390
치핵 수술	323	321	303	296	287
담낭절제술	160	163	175	177	183
슬관절 치환술	150	137	147	156	168
내시경 및 경피적 담도수술	103	110	145	151	161

01 주어진 자료에 대한 설명으로 옳지 않은 것을 고르면?

① 제시된 7개의 수술 중 건수가 가장 적은 수술은 매년 동일하다.
② 2023년 의료보장인구 10만 명당 제왕절개수술 건수는 2년 전 대비 4건 감소하였다.
③ 2019년 34개 주요 수술 건수 대비 제시된 7개 수술 건수의 합의 비중은 75% 이하이다.
④ 제시된 기간 동안 매년 일반 척추수술 건수는 슬관절 치환술 건수의 2배 이상이다.

02 2023년 의료보장인구가 5,297만 명이라고 할 때, 2023년 일반 척추수술 건수를 고르면?

① 206,583건
② 207,287건
③ 208,198건
④ 209,431건

[03~04] 다음 [표]는 장애인 편의시설 설치 현황에 관한 자료이다. 이를 바탕으로 질문에 답하시오.

[표] 장애인 편의시설 설치 현황
(단위: 개)

구분	대상 건물	대상 편의시설	편의시설 설치 수	적정 설치 수
합계	185,947	9,034,890	7,243,294	6,754,701
1종 근린생활시설	33,656	1,485,132	1,177,667	1,088,170
2종 근린생활시설	13,760	422,324	319,236	302,960
문화 및 집회시설	2,101	160,677	135,851	126,715
종교시설	5,449	188,172	147,054	136,018
판매시설	1,824	120,309	102,656	96,985
의료시설	3,830	320,052	267,648	251,111
교육연구시설	19,243	1,422,689	1,190,633	1,105,823
노유자시설	23,950	1,324,789	966,538	884,849
수련시설	518	39,212	31,932	29,142
운동시설	1,653	60,604	49,979	47,096
업무시설	12,323	861,319	720,108	671,801
숙박시설	3,623	204,736	162,601	152,955
공장	7,027	327,578	224,206	210,509
자동차 관련시설	1,546	38,250	32,241	30,840
방송통신시설	208	12,818	10,420	9,561
교정시설	47	2,829	2,299	2,074
묘지관련시설	138	6,589	5,023	4,603
관광휴게시설	297	14,724	12,704	11,893
장례식장	338	25,305	20,589	18,787
공원	1,949	66,393	43,989	41,474
공동주택	51,753	1,888,072	1,587,369	1,501,216
기숙사	714	42,317	32,551	30,119

※ (설치율)(%)=(편의시설 설치 수)÷(대상 편의시설)×100
※ (적정 설치율)(%)=(적정 설치 수)÷(대상 편의시설)×100

03 주어진 자료에 관한 설명으로 옳지 않은 것을 고르면?(단, 계산 시 소수점 이하 둘째 자리에서 반올림한다.)

① 대상 건물이 가장 많은 시설과 가장 적은 시설의 건물 1개당 편의시설 설치 수 차이는 16개 이상이다.
② 조사 시설의 총설치율은 80% 이상이다.
③ 1종 근린생활시설과 2종 근린생활시설의 적정 설치율 차이는 2%p 이상이다.
④ 편의시설 설치 수와 적정 설치 수를 시설이 많은 순서대로 각각 순위를 매기면, 1위부터 5위까지 모두 동일하다.

04 다음 [보기]의 ㉠~㉢ 값의 크기가 큰 순서대로 바르게 나열한 것을 고르면?(단, 계산 시 소수점 이하 둘째 자리에서 반올림한다.)

보기
㉠ 판매시설의 적정 설치율
㉡ 기숙사의 설치율
㉢ 대상 편의시설 중 상위 6개의 비중

① ㉠>㉢>㉡
② ㉡>㉠>㉢
③ ㉡>㉢>㉠
④ ㉢>㉠>㉡

[05~07] 다음 [표]는 장기요양요원의 월평균 근로시간에 대한 자료이다. 이를 바탕으로 질문에 답하시오.

[표] 장기요양요원의 월평균 근로시간
(단위: 명, %)

구분		근로자 수	60시간 미만	60시간 이상 120시간 미만	120시간 이상 160시간 미만	160시간 이상
전체		300,999	25.0	29.0	11.7	34.3
성별	남성	15,806	32.4	7.8	5.4	54.4
	여성	285,193	24.6	30.3	12.0	33.1
지역별	대도시	116,362	28.5	35.5	10.9	25.1
	중소도시	106,601	25.6	29.4	11.5	33.5
	농어촌	78,036	19.0	19.0	12.9	49.1
급여유형별	방문요양	182,471	35.3	45.3	13.4	6.0
	방문목욕	15,355	63.9	17.1	12.3	6.7
	방문간호	696	42.7	20.4	9.2	27.7
	주야간보호	19,746	1.3	5.8	9.9	83.0
	단기보호	458	0.9	2.0	7.0	90.1
	노인요양 공동생활가정	7,845	0.3	2.2	3.8	93.7
	노인요양시설 (10~29명)	18,556	1.8	0.6	6.1	91.5
	노인요양시설 (30~49명)	14,620	0.4	0.7	12.3	86.6
	노인요양시설 (50명 이상)	41,252	0.4	1.4	8.4	89.8
직종별	요양보호사	274,086	27.3	31.7	11.8	29.2
	사회복지사	11,992	0.7	1.2	8.8	89.3
	간호사	12,882	2.8	3.3	11.0	82.9
	물리치료사	2,039	0.3	0.5	20.3	78.9
소속기관 운영주체별	개인	213,964	29.2	32.5	11.2	27.1
	영리법인	28,437	19.7	27.9	11.7	40.7
	비영리법인	58,501	12.2	17.4	13.2	57.2
	국가 또는 지방자치단체	97	0.0	0.0	0.0	100.0

05 주어진 자료에 대한 설명으로 옳지 않은 것을 고르면?

① 월평균 근로시간이 60시간 미만이라고 응답한 비율이 가장 적은 직종은 물리치료사이다.
② 개인 근로자 수는 영리법인 근로자 수의 8배 이상이다.
③ 중소도시 근로자가 월평균 근로시간으로 응답한 비율이 가장 높은 항목은 160시간 이상이다.
④ 장기요양요원으로 근무하는 전체 근로자 중 여성의 비율은 95% 미만이다.

06 다음 [그래프]는 장기요양요원의 일부 급여유형별 월평균 근로시간을 나타낸 자료이다. E에 해당하는 항목을 고르면?(단, 소수점 이하 첫째 자리에서 반올림한다.)

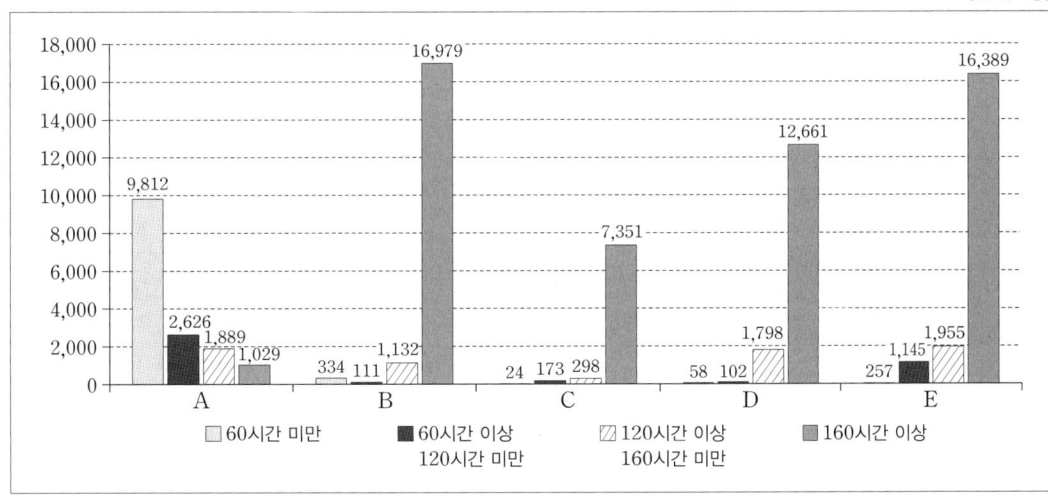

① 노인요양시설(10~29명)   ② 노인요양시설(30~49명)
③ 주야간보호   ④ 방문목욕

07 월평균 60시간 이상 120시간 미만을 근무하는 요양보호사와 간호사 수는 총 몇 명인지 고르면?(단, 소수점 이하 첫째 자리에서 반올림한다.)

① 86,424명   ② 86,760명   ③ 87,112명   ④ 87,310명

[08~09] 다음 [표]는 갑 지역의 성별 연령별 노인장기요양보험 신청자 및 인정자 현황에 관한 자료이다. 이를 바탕으로 질문에 답하시오.

[표] 성별 연령별 노인장기요양보험 신청자 및 인정자 현황 (단위: 명)

구분		신청자	인정자					
			합계	1등급	2등급	3등급	4등급	5등급
전국		739,495	575,700	43,372	79,396	194,729	218,244	39,959
합계		3,798	3,263	( )	( )	( )	( )	( )
남자	소계	1,121	956	120	116	348	286	86
	65세 미만	112	92	22	7	38	22	3
	65~69세	113	84	10	15	36	18	5
	70~74세	209	179	21	22	71	52	13
	75~79세	249	216	29	29	72	64	22
	80~84세	233	200	19	20	68	65	28
	85세 이상	205	185	19	23	63	65	15
여자	소계	2,677	2,307	247	355	761	762	182
	65세 미만	70	58	8	8	22	19	1
	65~69세	159	123	21	18	31	44	9
	70~74세	256	195	28	31	65	56	15
	75~79세	553	447	41	56	140	171	39
	80~84세	734	647	59	94	215	224	55
	85세 이상	905	837	90	148	288	248	63

08 갑 지역의 노인장기요양보험 인정자 수의 상위 3개 등급을 순서대로 바르게 나열한 것을 고르면?

① 3등급 – 2등급 – 1등급
② 3등급 – 4등급 – 2등급
③ 4등급 – 2등급 – 1등급
④ 4등급 – 3등급 – 2등급

09 주어진 자료에 대한 설명으로 옳은 것을 고르면?

① 전국 대비 갑 지역의 인정자 비중은 5등급이 가장 높다.
② 갑 지역의 남녀 모두 연령이 높아질수록 인정자의 수가 증가한다.
③ 노인장기요양보험 신청자 중 인정자의 비중은 전국과 갑 지역이 10%p 이상의 차이를 보인다.
④ 갑 지역은 남녀 모두 모든 연령대에서 3등급과 4등급의 인정자 수 합계가 각 연령대 전체 인정자 수의 절반 이상이다.

[10~12] 다음 [표]는 연도별 건강 검진 종별 대상 및 수검 인원 추이에 관한 자료이다. 이를 바탕으로 질문에 답하시오.

[표] 연도별 건강 검진 종별 대상 및 수검 인원 추이
(단위: 천 명)

구분		2013년	2014년	2015년	2016년	2017년	2018년
일반 건강 검진	대상 인원	15,776	16,456	17,357	17,633	17,818	19,593
	수검 인원	11,381	12,302	13,213	13,709	13,987	15,077
암 검진	대상 인원	19,195	19,398	20,180	21,948	22,658	22,503
	수검 인원	8,341	8,884	9,749	10,806	11,411	12,131
영유아 건강 검진	대상 인원	3,246	3,162	3,135	3,129	3,025	2,889
	수검 인원	2,069	2,206	2,178	2,250	2,182	2,152

※ 수검률(%) = $\dfrac{(수검\ 인원)}{(대상\ 인원)} \times 100$

10 주어진 자료에 대한 설명으로 옳은 것을 고르면?

① 일반 건강 검진 수검률은 2018년이 2017년보다 더 높다.
② 영유아 건강 검진의 대상 인원 중 수검하지 않은 인원은 매년 감소하였다.
③ 조사기간 동안 인원이 매년 감소한 항목은 영유아 건강 검진 대상 인원이 유일하다.
④ 3개 검진의 대상 인원의 합은 2018년에 가장 많으며, 수검 인원의 합은 2017년에 가장 많다.

11 2018년을 기준으로 5년 전 대비 수검 인원의 변화율이 대상 인원의 변화율보다 더 큰 검진의 종류를 모두 고르면?

① 일반 건강 검진
② 일반 건강 검진, 암 검진
③ 암 검진, 영유아 건강 검진
④ 일반 건강 검진, 암 검진, 영유아 건강 검진

12 연도별 영유아 건강 검진의 수검률에 대한 그래프로 옳은 것을 고르면?

①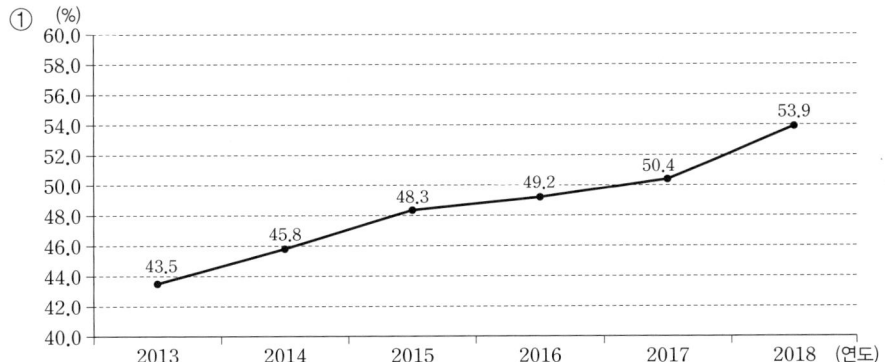

②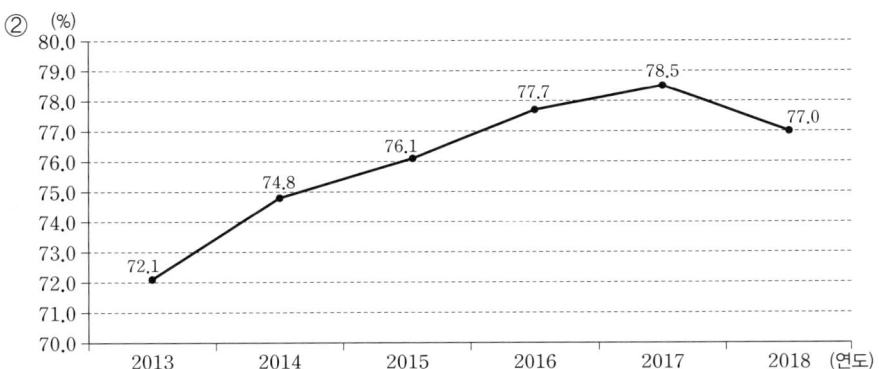

③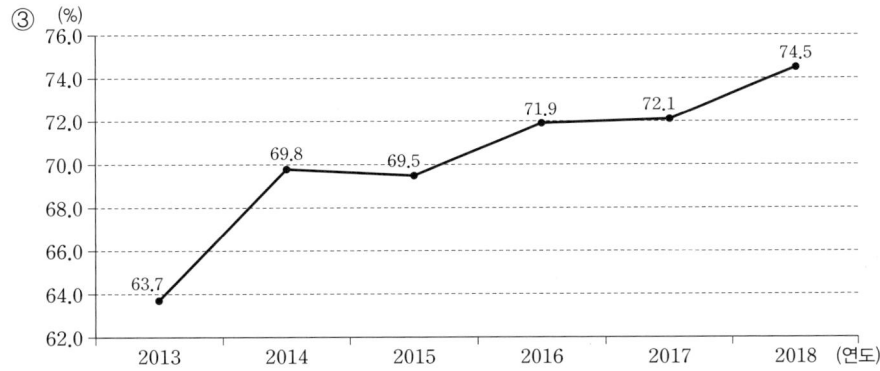

④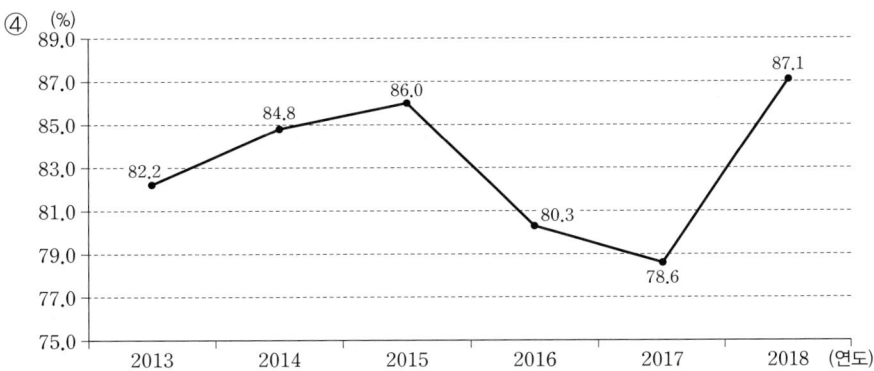

[13~14] 다음 [표]는 혼인 상태별 사망자 수에 관한 자료이다. 이를 바탕으로 질문에 답하시오.

[표1] 혼인 상태별 남자 사망자 수
(단위: 명)

구분	합계	미혼	기혼	이혼	사별	미상
2014년	146,177	12,794	97,537	14,875	20,645	326
2015년	149,340	12,790	99,224	15,500	21,367	459
2016년	151,480	13,514	99,648	16,247	21,745	326
2017년	153,355	13,638	100,512	16,711	22,089	405
2018년	160,297	14,799	103,328	18,143	23,679	348
2019년	159,473	14,854	102,329	18,909	22,980	401
2020년	164,460	16,135	104,460	19,792	23,733	340
2021년	171,318	17,134	107,191	21,379	25,301	313
2022년	195,780	19,231	121,993	24,072	30,189	295

[표2] 혼인 상태별 여자 사망자 수
(단위: 명)

구분	합계	미혼	기혼	이혼	사별	미상
2014년	119,436	5,027	28,625	5,408	80,240	136
2015년	124,610	5,328	29,308	5,528	84,201	245
2016년	127,475	5,479	29,520	6,067	86,276	133
2017년	130,470	5,528	29,573	6,273	88,914	182
2018년	136,931	6,118	32,545	7,033	91,023	212
2019년	134,149	6,354	32,420	7,439	87,764	172
2020년	139,257	6,917	33,679	7,950	90,509	202
2021년	145,187	7,292	34,962	8,271	94,506	156
2022년	175,946	8,474	40,017	9,596	117,681	178

● 고난도
13 주어진 자료에 관한 설명으로 옳지 않은 것을 고르면?

① 2022년 남자 사망자 중 기혼 사망자 비중은 전년 대비 증가했다.
② 2015~2022년의 남자와 여자 사망자 수의 전년 대비 증감 추이가 일치한다.
③ 2018년 이후 매년 혼인 상태가 사별인 여자 사망자 수는 혼인 사태가 미혼인 여자의 12배 이상이다.
④ 연평균 남자 사망자 수는 연평균 여자 사망자 수보다 2만 명 이상 더 많다.

● 고난도
14 다음 [보기]의 ㉠~㉢의 값을 모두 합한 것을 고르면?(단, 계산 시 소수점 이하 둘째 자리에서 반올림한다.)

보기
- 2020년 혼인 상태가 미상인 남자 사망자 비중은 (㉠)%이다.
- 2022년 남자 사망자는 여자 사망자보다 (㉡)% 더 많다.
- 2019년 대비 2021년에 혼인 상태가 사별인 남자 사망자는 (㉢)% 증가했다.

① 19.8   ② 20.5   ③ 21.6   ④ 23.4

[15~16] 다음 [표]는 2016년부터 2020년까지 장애인 보조기기 유형별 지급 현황에 관한 자료이다. 이를 바탕으로 질문에 답하시오.

[표] 2016~2020년 장애인 보조기기 유형별 지급 현황

(단위: 건, 백만 원)

구분		2016년		2017년		2018년		2019년		2020년	
		건수	금액	건수	금액	건수	금액	건수	금액	건수	금액
합계		131,738	110,077	129,193	106,487	137,685	119,224	131,564	110,539	105,599	85,230
지체·뇌병변지체	전동휠체어	2,681	4,932	2,529	4,788	2,783	5,270	2,525	4,782	1,611	3,046
	전동스쿠터	7,561	11,169	7,636	11,542	8,193	12,378	8,200	12,372	6,450	9,725
	자세보조 용구	808	1,014	851	1,047	780	958	814	1,001	769	9356
	휠체어	18,313	8,225	17,245	7,462	15,916	7,043	15,581	7,257	10,999	5,283
	다리의지	2,755	4,655	2,766	4,152	2,825	4,437	2,809	4,372	2,596	4,023
	다리보조기	9,214	3,661	10,061	3,959	9,689	3,841	9,708	3,841	8,612	3,482
	맞춤형 교정용 신발	11,648	2,708	12,061	2,724	11,309	2,554	12,436	2,807	10,066	2,274
	팔의지	1,104	515	1,030	441	1,058	458	1,014	438	843	368
	척추보조기	1,094	372	1,462	482	866	273	888	278	867	276
	팔보조기	814	115	834	111	829	111	704	90	619	84
	지팡이	1,464	27	1,902	34	1,644	30	1,675	30	1,097	20
	골반보조기	26	4	46	5	34	4	99	11	50	5
	목발	86	2	75	1	75	1	79	1	45	1
	전방보행차	171	8	178	8	211	9	149	7	126	6
	후방보행차	189	54	216	59	184	50	199	54	185	49
	이동식 전동리프트	471	1,092	551	1,255	531	1,208	719	1,633	747	1,560
	욕창예방 매트리스	2,699	996	2,355	844	1,928	690	2,096	748	1,639	585
	욕창예방 방석	1,803	433	1,455	329	2,003	452	3,273	740	2,607	589
시각	의안	2,849	1,824	2,750	1,590	2,680	1,553	2,651	1,535	2,217	1,284
	저시력안경	816	82	800	71	811	72	739	66	823	73
	돋보기	257	24	243	21	275	24	234	20	217	19
	콘택트렌즈	61	5	59	4	58	4	51	4	58	4
	망원경	13	1	17	1	13	1	13	1	9	1
	흰지팡이	142	2	154	2	88	1	110	2	305	6
청각	보청기	58,235	67,094	54,879	64,499	65,257	76,661	57,119	67,304	45,265	50,529
언어	개인용 음성 증폭기	104	55	116	52	103	47	105	47	100	45
기타	전동보조기기 전지	6,360	1,008	6,922	1,004	7,543	1,094	7,574	1,098	6,677	967

15 주어진 자료에 관한 설명으로 옳지 않은 것을 고르면?

① 2017~2020년 동안 자세보조 용구 지급 건수는 증가와 감소를 반복한다.
② 조사기간 동안 지급 금액이 가장 많은 것은 지체·뇌병변지체 보조기기에 속한다.
③ 돋보기 지급 금액은 2016년 대비 2020년에 20% 이상 감소하였다.
④ 팔보조기 지급 건수가 가장 많았던 해의 장애인 보조기기 지급 금액 합계는 전년 대비 감소하였다.

16 주어진 자료를 토대로 장애인 보조기기 지급 1건당 평균 지급 금액으로 옳은 것을 고르면?(단, 만 원 미만 단위는 반올림한다.)

① 2016년 이동식 전동리프트: 194만 원
② 2017년 휠체어: 43만 원
③ 2018년 욕창예방 매트리스: 280만 원
④ 2020년 다리보조기: 37만 원

[17~18] 다음 [표]는 2015~2019년 한방 총진료비 및 한약제제 약품비 청구 현황에 관한 자료이다. 이를 바탕으로 질문에 답하시오.

[표1] 한방 총진료비 및 한약제제 약품비 청구 현황
(단위: 억 원)

구분	한방 총진료비	한약제제 약품비
2015년	23,211	284
2016년	24,205	309
2017년	25,412	340
2018년	27,196	358
2019년	30,119	382

※ 단, 한방 총진료비에는 한약제제 약품비가 포함됨

[표2] 한약제제 약품비 청구 현황
(단위: 천 건, 억 원)

구분	2015년		2016년		2017년		2018년		2019년	
	청구 건수	청구 금액	청구 건수	청구 금액	청구 건수	청구 금액	청구 건수	청구 금액	청구 건수	청구 금액
합계	17,524	284	19,518	309	21,996	340	22,681	358	24,749	382
한방병원	222	19	237	21	248	25	259	25	268	26
한의원	17,302	265	19,281	288	21,748	315	22,422	333	24,481	356

17 주어진 자료에 대한 설명으로 옳은 것을 고르면?

① 한약제제 약품비의 전년 대비 증가율이 가장 큰 해는 2016년이다.
② 한약제제 약품비 1억 원당 평균 청구 건수는 2018년이 2019년보다 더 많다.
③ 2019년 한의원의 한약제제 약품비 청구 금액은 한방 총진료비의 약 1.2%이다.
④ 전년 대비 한방 총진료비의 증가액은 '2018년-2019년-2016년-2017년' 순으로 많다.

18 주어진 자료를 근거로 하여 연도별 한방병원과 한의원에 대한 한약제제 약품비 청구 건수의 추이를 나타낸 그래프로 옳은 것을 고르면?(단, 단위는 천 건이다.)

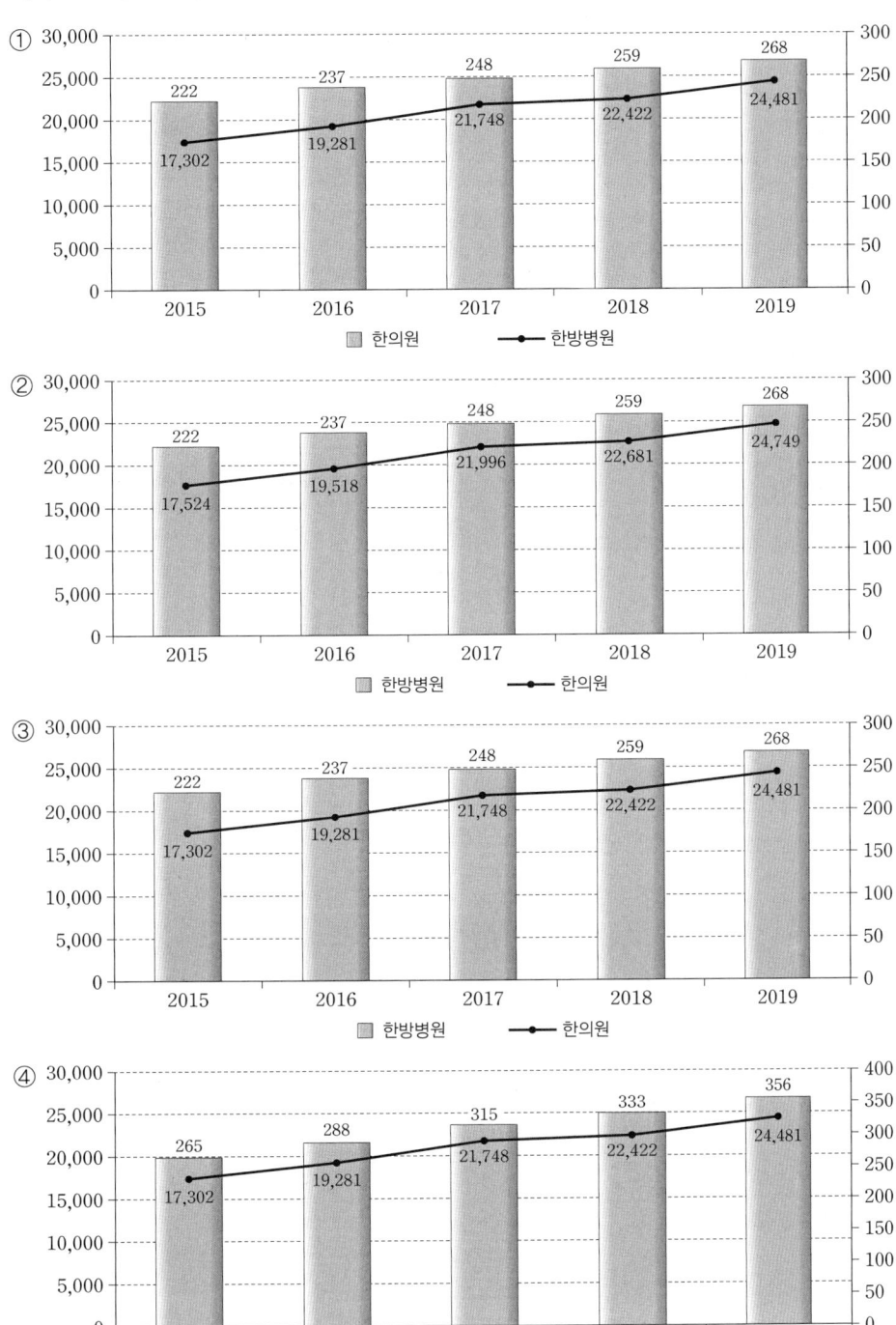

[19~20] 다음 [표]는 헌혈 장소별 헌혈 실적에 관한 자료이다. 이를 바탕으로 질문에 답하시오.

[표1] 헌혈 장소별 남자 헌혈 실적
(단위: 건)

구분	2016년	2017년	2018년	2019년	2020년	2021년	2022년
고등학교	251,457	241,711	225,667	219,656	68,153	94,120	104,951
대학교	52,660	52,349	50,647	55,202	12,514	23,993	37,003
군부대	345,318	348,560	322,735	286,167	296,644	254,540	204,282
종교	4,914	5,423	5,443	5,400	3,040	7,541	11,213
일반단체	119,648	122,601	117,739	118,799	171,468	143,290	130,758
병원	31,996	32,895	33,308	32,380	36,901	38,433	36,766
헌혈의 집	1,254,095	1,322,526	1,346,154	1,314,974	1,320,100	1,324,947	1,343,378
헌혈 차량	6,838	6,176	5,219	3,988	7,624	8,267	7,833

[표2] 헌혈 장소별 여자 헌혈 실적
(단위: 건)

구분	2016년	2017년	2018년	2019년	2020년	2021년	2022년
고등학교	113,011	113,161	106,390	108,279	28,279	42,199	49,635
대학교	27,430	29,907	29,517	33,089	5,191	14,553	23,707
군부대	2,089	2,401	2,481	3,259	5,269	5,131	4,970
종교	7,248	8,313	9,104	5,663	1,935	5,441	17,107
일반단체	29,719	29,648	30,241	37,738	66,609	58,951	57,181
병원	10,202	9,531	9,412	9,529	11,210	11,743	12,959
헌혈의 집	606,974	600,659	587,164	555,425	551,682	566,127	601,935
헌혈 차량	2,731	2,809	2,049	1,544	4,782	5,161	5,329

※ 헌혈률(%)=헌혈 실적÷전체 국민×100

⚠ 고난도
19 주어진 자료에 관한 설명으로 옳지 <u>않은</u> 것을 고르면?

① 2021년 헌혈 차량 헌혈 실적의 전년 대비 증감률은 남자가 여자보다 높다.
② 2018년 여자 헌혈 실적 합계는 2016년보다 높다.
③ 2017~2020년 동안 매년 헌혈 실적이 전년 대비 감소한 헌혈 장소는 남자와 여자 각각 1개씩이다.
④ 2019년 남자 헌혈 실적은 여자의 2.4배 이상이다.

20 2021년 대한민국 전체 여성 인구가 24,974,276명이라고 할 때, 2021년 여성 헌혈률을 고르면?

(단, 계산 시 소수점 이하 둘째 자리에서 반올림한다.)

① 2.8% ② 3.0% ③ 3.2% ④ 3.4%

별은 바라보는 자에게 빛을 준다.

― 이영도, 『드래곤 라자』, 황금가지

PART

03 문제해결능력

CHAPTER 01	최신경향 분석	162
CHAPTER 02	대표기출 유형	164
CHAPTER 03	유형연습 문제	168
CHAPTER 04	실전연습 문제	202

CHAPTER 01 최신경향 분석

영역 소개

국민건강보험공단 문제해결능력은 복합 자료를 가지고 종합적으로 해결하는 자료형 문제해결 유형이 묶음 문제 형태로 출제된다. 건강과 관련된 소재는 물론이고 일정, 각종 사회보장 제도, 안내문, 매뉴얼 등 다양한 소재를 다룬다. 자료를 바탕으로 문제에서 요구하는 것을 계산하거나 추론하는 문제처리, 실무에서 접할 수 있는 지문과 연계된 자료를 바탕으로 해결하는 문제해석 유형이 출제되었다.

최근 문제해결능력에 국한된 단순한 형태가 아닌 의사소통능력, 수리능력이 혼합된 형태의 문제가 주로 출제되고 있다. 특히 의사소통능력과 큰 구분이 안 될 정도로 융합형 문제의 비중이 증가하고 있어, 여러 형태의 문제들을 많이 접하는 연습이 필요하다.

출제유형 소개

유형 자료형 문제해결

2023~2024년 기준으로 국민건강보험공단 문제해결능력은 자료형 문제해결 유형만 출제되었다. 자료형 문제해결 유형은 다음과 같이 두 가지 세부 유형으로 구분된다.

세부 유형		
	문제해석	자료의 내용을 해석하여 문제에 적용시켜 해결하는 유형
	문제처리	자료를 바탕으로 요구하는 것을 계산하거나 추론하여 옳고 그름을 판단하는 유형

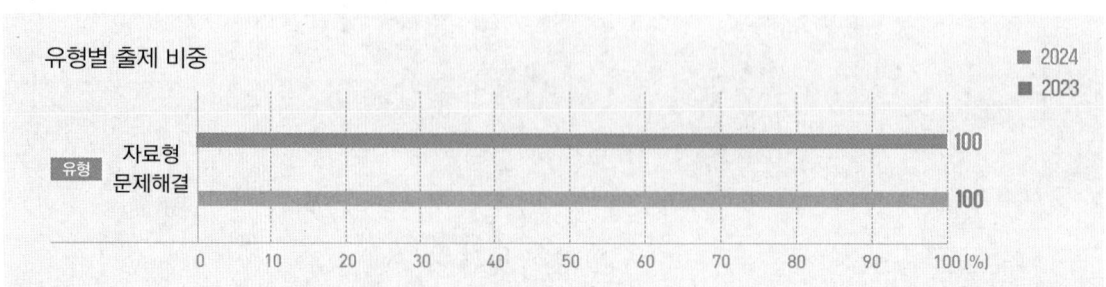

2023~2024 필기시험 기출분석

1. 1개 자료에 2~3문항이 하나의 세트로 구성된 문항이 출제되었다.
2. 지문의 길이가 길었으며 금액, 일수 등의 계산을 요하는 문항이 많아 풀이에 많은 시간이 걸리고 난도가 높았다.

최신 기출복원 키워드
- 하이패스 통행료 할인 관련 자료
- 도시가스 지원 관련 자료
- 외국인 근로자 체류 관련 자료
- 초청자와 피초청자 관련 자료

1. 1개 자료에 2~3문항이 하나의 세트로 구성된 문항이 출제되었다.
2. 자료는 보도자료, 법조문 등 다양한 형태로 제시되었고, 계산을 요하는 문항이 많아 풀이에 많은 시간이 걸리고 난도가 높았다.
3. 단순히 자료에 대한 이해를 묻는 문항도 있었지만 제시된 자료를 통해 새롭게 만든 자료를 분석하는 유형의 문항도 있었다.

최신 기출복원 키워드
- 임산부 우선순위 관련 자료
- 체질량, BMI, 고혈압 대상자 관련 자료
- 시내버스 노선번호 관련 자료
- 암 검진 관련 자료

CHAPTER 02 대표기출 유형

유형 | 자료형 문제해결

세부 유형 문제해석

다음은 경기도 초등학생 치과주치의 사업에 관한 자료이다. 이 자료를 바탕으로 바탕으로 알 수 있는 것을 [보기]에서 모두 고르면?

2024 하반기 국민건강보험공단 기출변형

○ 기간: 2024. 5. 2.(목) ~ 11. 30.(토)
○ 대상: 초등학교 4학년생(특수학교 포함), 만 10세(2014년생) 학교 밖 청소년*, 미등록 이주아동
   * 학교 밖 청소년은 관할 보건소로 문의
○ 장소: 경기도 치과주치의 의료기관(시·군 관계없이 이용 가능)
○ 비용: 무료(경기도 및 시·군 지원. 단, 서비스 외 비용은 보호자 부담)
○ 내용: 치과주치의 검진, 학생 구강검진 중 1가지만 선택 가능

구분		치과주치의 검진	학생 구강검진
구강검진		• 문진 및 기본 구강검사 • 구강위생검사(PHP index)	문진 및 기본구강검사
구강보건교육		• 칫솔질, 치실질 교육 • 바른 식습관 • 불소 이용법	미실시
예방 진료	필수	• 전문가 구강위생관리 • 불소 도포	
	필요시	• 치아 홈 메우기 • 단순 치석 제거 • 파노라마 촬영 ※ 치과주치의 소견에 따라 필요시 제공	
온라인 서비스		• 온라인 구강보건교육, 문진표 작성 • 치과주치의 치과 검색 • 구강검진 결과 통보서 확인	

○ 참여순서:

 휴대폰 앱 덴티아이경기 다운로드

 덴티아이경기 앱(APP) 가입 ➡ 로그인 ➡ 학생 정보 등록하기
★ 24년 5월 2일부터 정보 입력 가능

 사업 신청 및 개인정보활용 동의 ➡ 문진표 작성
➡ 온라인 구강보건교육(약 5분 소요) 이수

 치과주치의 의료기관 확인
★ 반드시 전화예약 후 치과 방문해 주세요.

 치과 방문 및 치과주치의 검진

 치과에서 검진결과 입력 후 구강검진 결과 통보서 확인
➡ 맞춤형 온라인 구강보건교육
➡ 설문조사 참여(알림톡)

denti-i 앱을 다운로드 해주세요!

보기

㉠ 참여할 때, 결과 통보서 확인까지의 모든 과정은 온라인으로 진행된다.
㉡ 해당 기간 내에 진료 횟수에 관계없이 서비스 항목에 대해서는 무료로 검진을 받을 수 있다.
㉢ 예방 진료로 불소를 도포하고, 필요하다면 소견에 따라 치석 제거 및 치아 상태를 확인하기 위해 촬영을 하기도 한다.

① ㉢　　　② ㉠, ㉡　　　③ ㉡, ㉢　　　④ ㉠, ㉡, ㉢

풀이전략

- 국가의 정책이나 업무 처리 기준이 누구를 대상으로 하는지, 정책 안내문 등이 어떤 구조로 작성되고 있는지 큰 줄기를 파악하는 것이 문제 풀이에 도움이 된다.
- 자료를 읽으면서 어떤 선택지가 구성될지 미리 짐작해보는 것도 중요하다. 그래야 선택지를 읽으면서 예상했던 내용이 나오면 자료에서 확인해야 할 부분을 바로 찾을 수 있다.
- 자료는 반드시 꼼꼼하게 읽어야 한다. 시간이 걸리더라도 한 번 자세히 읽어두는 게 오히려 나중에 다시 읽을 필요를 줄여 시간을 단축할 수 있게 한다. 자료를 읽을 때는 특히 단서 조항 등을 유심히 읽어야 한다. 이런 부분들은 출제자가 함정을 만들기 좋은 요소가 되기 때문이다.

정답해설

치과주치의 사업에서 예방 진료에 관하여 필수로 전문가 구강위생관리 및 불소 도포가 포함되어 있다. 그리고 치과주치의 소견에 따라 필요시에는 치아 홈 메우기, 단순 치석 제거, 파노라마 촬영이 진행될 수 있으므로 주어진 자료를 통해 ㉢의 내용을 알 수 있다.

| 오답풀이 |

㉠ [참여순서]에서 5번째 항목인 '치과 방문 및 치과주치의 검진'은 온라인으로 진행되지 않음을 알 수 있다.
㉡ 해당 기간 내에 서비스 항목에 대해서 무료로 검진을 받을 수 있음을 알 수 있다. 하지만 진료 횟수에 관한 내용은 제시되어 있지 않으므로 알 수 없다.

| 정답 | ①

세부 유형 | 문제처리

다음은 고속도로 통행료에 관한 자료이다. [상황]을 바탕으로 김 씨의 하루 고속도로 통행요금을 고르면?(단, 요금을 계산할 때, 원 단위 미만은 절사한다.)

2024 하반기 국민건강보험공단 기출변형

1. 통행료 수납 방식
   ① 폐쇄식 영업체제
      경부고속도로 등 대부분의 노선에서 이루어지는 방식으로, 나들목마다 요금소를 설치하여 실제 이용거리에 해당하는 통행료를 수납하는 방식
   ② 개방식 영업체제
      수도권과 같이 나들목 간 거리가 짧고 고속도로가 도시지역을 통과하는 등의 현실적으로 나들목마다 요금소를 설치하기 곤란하여 일정 지점에 요금소를 설치하고 요금소별 최단이용거리에 해당하는 통행료를 수납하는 방식

2. 고속도로 통행요금 산정 기본구조

구분	폐쇄식	개방식
기본요금	900원	720원
요금산정	(기본요금) + {(주행거리)×(차종별 km당 주행요금)}	(기본요금) + {(요금소별 최단이용거리)×(차종별 km당 주행요금)}

※ km당 주행요금 단가: 1종 44.3원, 2종 45.2원, 3종 47.0원, 4종 62.9원, 5종 74.4원

3. 할인/할증제도
   ① 출퇴근 할인

적용 구간	한국도로공사가 관리하는 고속도로 중 진출입요금소 간 거리를 기준으로 20km 미만의 구간
대상 차량	1~3종(승용차, 승합차, 화물차) ※ 하이패스 및 하이패스 기능이 포함된 전자적인 지불수단으로 수납한 차량
적용 시간 및 할인율	• 오전 5시부터 오전 7시까지 및 오후 8시부터 오후 10시까지는 50%를 할인 • 오전 7시부터 오전 9시까지 및 오후 6시부터 오후 8시까지는 20%를 할인 ※ 토·일요일 및 공휴일 적용 제외, 출구요금소 통과시각 기준

   ② 경형자동차 할인

할인율	고속도로 통행료의 50%

③ 주말(공휴일) 할증

대상 차량	1종[승용차(경차 포함), 16인승 이하 승합차, 2.5t 미만 화물차] ※ 경차는 1종 통행요금의 50% 할인 적용
적용 시간 및 할인율	토요일, 일요일, 공휴일 오전 7시부터 오후 9시까지 통행요금의 5%를 할증하여 100원 단위 수납(50원 이하 버림, 50원 초과 올림) ※ 명절 연휴기간 제외, 출구요금소 통과시각 기준

상황

김 씨는 본인 명의의 1종 차량인 승합차를 타고 출퇴근을 한다. 그가 출퇴근하는 고속도로에는 모두 폐쇄식 요금소만 있고, 그의 차량에는 하이패스 단말기가 장착되어 있다. 그는 어느 평일 오전 6시경 고속도로 진입요금소를 통과하여 18km 거리에 있는 출구요금소를 40분 뒤에 통과하였다. 그리고 저녁 6시 30분에 퇴근하여 자차를 이용하여 퇴근 후 40분 뒤에 고속도로 진입요금소를 통과하였고, 진입요금소를 지난 지 35분 뒤에 출구요금소를 통과하며 고속도로를 빠져나왔다.

① 2,205원 ② 2,280원 ③ 2,345원 ④ 2,470원

풀이전략

- 실무에서 접할 수 있는 각종 문서, 자료의 내용을 해석하여 주어진 문제를 해결하는 형태의 문제가 출제된다.
- 의사소통능력보다 긴 제시문이 출제되는 경우가 많으므로 전체를 읽고 기억하기보다는 글의 구성에 집중한다. 단일 문항이 아닌 묶음 문항으로 출제되므로 문항과 선택지를 먼저 읽고 문제를 풀이할 때 확인해야 할 문항의 위치를 표시해두면 시간을 단축할 수 있다.
- 작게 추가로 표시된 단서들은 반드시 확인한다. 매력적인 오답의 출제 포인트로 많이 활용되기 때문이다.

정답해설

1종 차량인 승합차는 경차가 아니고, 평일에 폐쇄식 요금소를 통과하였다. 이때, 진출입요금소 사이의 거리는 18km이고 하이패스 장착 차량이므로, 김 씨의 승합차는 출퇴근 할인을 적용받는다. 김 씨의 하루 고속도로 통행 요금을 출근과 퇴근으로 나누어 계산해 보면 다음과 같다.
- 출근: 오전 6시에 고속도로에 진입하여 6시 40분에 출구요금소를 통과하였으므로 $900+18\times44.3=1,697.4$(원)이고, 50%를 할인받으면 848.7원이다. 이때, 원 단위 미만을 절사하면 848원이다.
- 퇴근: 저녁 7시 10분에 고속도로에 진입하여 7시 45분에 출구요금소를 통과하였으므로 1,697.4원이고, 20%를 할인받으면 $1,697.4\times0.8=1,357.92$(원)이다. 이때, 원 단위 미만을 절사하면 1,357원이다.

따라서 김 씨의 하루 고속도로 통행요금은 $848+1,357=2,205$(원)이다.

| 정답 | ①

CHAPTER 03

유형연습 문제

유형 자료형 문제해결

세부 유형 문제해석

01 다음은 2022년 9월 보험료 부과체계 개편에 관한 자료이다. 자료에 대한 설명으로 옳지 <u>않은</u> 것을 고르면?

2023 상반기 국민건강보험공단 기출변형

구분			'22. 8월 이전	'22. 9월 이후
지역 가입자	소득 보험료	소득 등급표	소득 등급별 소득 점수제	소득 등급표 폐지 및 소득 정률제 도입
		소득 평가율	근로·연금 소득 평가율 30%	근로·연금 소득 평가율 50%
		최저 보험료	연 소득 100만 원 이하 세대 월 14,650원	연 소득 336만 원 이하 세대 월 19,500원(직장가입자와 동일)
	재산 보험료	공제 금액	재산 금액 구간별 500~1,350만 원 차등 공제	재산 금액 구간별 구분 없이 재산 과표 5,000만 원 일괄 공제
	자동차 보험료	부과 기준	차량 가액 및 배기량 기준별 차등 부과	4,000만 원 이상 자동차만 부과 (배기량 및 사용 연수 기준별 차등)
직장 가입자	소득월액 보험료	부과 대상	연간 3,400만 원 초과하는 경우 보험료 추가 부담	연간 2,000만 원 초과하는 경우 보험료 추가 부담
		공제 금액	3,400만 원	2,000만 원
피부양자		소득 요건	연 소득 3,400만 원 초과 시 지역가입자 전환	연 소득 2,000만 원 초과 시 지역가입자 전환
		재산 요건	과표 5.4억 원을 초과하면서 연 소득 1,000만 원 초과 시 지역가입자 전환	현행 유지

① 지역가입자의 소득 보험료 중 최저 보험료 납부자 수는 이전보다 증가할 것이다.
② 피부양자의 소득 요건 개편으로 인해 이전 대비 지역가입자가 증가할 것이다.
③ 연 소득이 3,000만 원인 직장가입자는 개편 이후 소득월액 보험료를 추가로 부담해야 한다.
④ 이전과 달리 차량 가액이 4,000만 원 이상인 경우에는 일괄적으로 자동차 보험료가 부과된다.

02 다음 글에 대한 설명으로 옳지 않은 것을 고르면?

> 보건복지부는 건강보험 재정 누수의 주요 원인이며 낮은 의료 서비스 질로 국민 건강권을 위협하는 불법 개설 의료기관(사무장 병원)을 근절하기 위한 종합 대책을 추진한다고 밝혔다. 주요 내용은 다음과 같다.
>
> [사무장 병원 근절 종합대책 주요 내용]
> ▲ 불법 개설 사전 차단
> - 의료 법인이 사무장 병원의 경로가 되지 않도록 설립 요건을 강화
> - 지역 의사협회 등을 통한 사전 감시 방안 검토
>
> ▲ 전방위 감시 체계 구축
> - 불법 개설 기관 감지 시스템(BMS) 고도화
> - 특별사법경찰(특사경) 제도를 활용한 사무장 병원 단속 강화
> - 의료인 자진신고 감면(리니언시) 제도 강화
>   → 자진신고한 의료인에 대한 요양급여 비용 환수 처분 감면 및 면허취소(정지) 행정처분 면제
> - 의료기관 회계 공시제도 적용 대상 확대 검토
> - 의료계 자정 유도 및 사회적 감시체계 구축
>
> ▲ 불법행위 반복 방지
> - 사무장에 대한 형사처벌 강화
> - 사무장 병원 조사 거부 시 제재 강화
> - 요양급여 지급 보류 시점 조정 및 체납 금액 징수 활동 강화
> - 사무장 병원 폐쇄명령 처분 등 승계
> - 비급여 진료 비용에 대한 몰수·추징제도 도입 검토

① 요양급여 지급 보류 시점을 연장하고 적용 대상을 축소하였다.
② 사무장 병원 근절 대책을 진입, 운영, 퇴출 등의 단계로 구분하여 마련하였다.
③ 자진신고가 활성화될 수 있도록 일정 수준의 제재 조치 경감 방안이 포함되었다.
④ 사무장 병원을 양산하는 원인 중 하나였던 병원 회계·경영의 불투명성을 근절토록 하였다.

03 다음은 국민건강보험공단의 ESG 경영에 관한 자료이다. 자료에 대한 설명으로 옳은 것을 고르면?

2024 하반기 국민건강보험공단 기출변형

국민건강보험공단은 '지속가능한 건강보험으로 국민과 함께 만드는 더 건강한 세상'을 목표로 지속가능한 미래를 실현하고자 하였다. 이를 위해 대내외 ESG 요구사항을 반영하여 '환경경영: 국민건강 환경 조성, 사회책임: 건강사회 안전망 구축, 지배구조: 국민건강 강화 거버넌스 선도'의 3대 전략 목표와 핵심성과지표를 설정하고, 15개의 전략 과제를 통해 구체적인 실행 방향을 수립하였다. ESG 경영목표 및 전략 목표를 나타내면 다음과 같다.

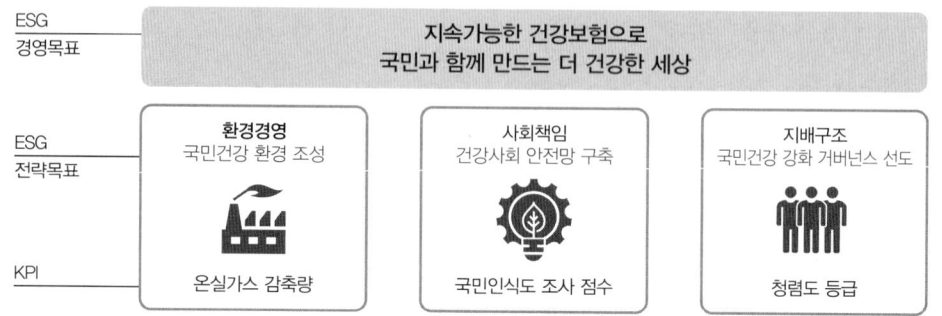

국민건강보험공단은 지속가능한 경영을 실현하기 위해 ESG경영추진단과 지속가능경영 소위원회를 설치하여 운영하고 있다. 또한, 국민건강보험공단은 ESG경영추진단을 설치하여 ESG 분야에서 신규 과제를 발굴하고 고유 업무와 연계한 사업을 주관해 추진하고 있다. 추진단은 이사장을 위원장으로 하며, 자문단 및 3개의 분과와 6개의 지역본부로 구성된 각 추진분과로 이루어져 있다. 추진단은 공단의 ESG 운영 방향을 설정하고, 본부·지역본부의 ESG 경영 세부실행과제를 선정 및 검토, 추진하여 전사적인 성과 확산을 위한 노력을 기울이고 있다. ESG경영추진단을 도식화하여 나타내면 다음과 같다.

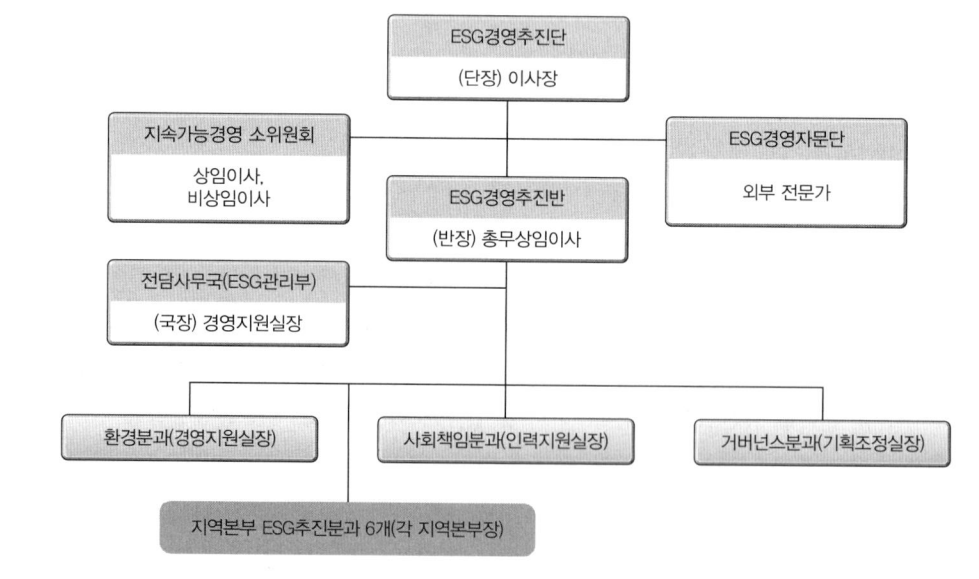

① ESG경영추진단의 추진분과는 총 6개로 구성되어 있다.
② ESG경영추진단은 ESG 분야에서 신규 과제를 발굴한다.
③ ESG 전략목표에는 총 45개의 전략 과제가 주어져 있다.
④ ESG경영추진단은 국민건강보험공단 임직원으로 구성된다.

04 다음은 임신 및 출산 진료비 지원 제도에 관한 자료이다. 이를 바탕으로 옳은 것을 고르면?

- ■ 임신·출산 진료비 지원 제도란?

  건강한 태아의 분만과 산모의 건강 관리, 출산 친화적 환경 조성을 위해 임신 및 출산과 관련된 진료비를 전자바우처(국민행복카드)로 일부 지원하는 제도

  1. 지원 대상

     임신 확인서로 임신이 확인된 건강보험 가입자 또는 피부양자 중 임신·출산 진료비 지원 신청자

  2. 제외 대상자
     - 「의료급여법」에 따라 의료급여를 받는 자(수급권자)
     - 「독립유공자예우에 관한 법률」 및 「국가유공자 등 예우 및 지원에 관한 법률」에 의하여 의료보호를 받는 자(유공자 등 의료보호 대상자)로서 건강보험의 적용 배제 신청을 한 자, 신청 접수 시 상실자(주민등록말소자), 급여 정지자(특수시설 수용자, 출국자 등)

- ■ 건강보험 임신·출산 진료비 지원 기간과 지원 범위는?

  국민행복카드 수령일(또는 포인트 생성일)부터 임신 확인서의 '분만예정일+60일'까지이며, 임신부가 임신·출산 진료비 지원 지정요양기관에서 임신 및 출산 관련 진료에 사용 가능

  1. 지원 범위
     - 산부인과: 산전검사(초음파, 양수검사), 분만비용, 산후 치료 등 임신·출산 관련 산부인과 진료
     - 조산원: 분만(출산) 비용에 한해 지원
     - 한방의료기관: 임신오조(O21 임신 중 과다구토), 태기불안(O20 초기임신 중 출혈, O60.0 분만이 없는 조기진통), 산후풍(U32.7) 상병에 지원

       ※ 지정요양기관은 건강iN 홈페이지(hi.nhis.or.kr)/병원 및 검진기관 안내/병원 검진기관 지도서비스/임신·출산 진료비 지정 기관에서 확인 가능

  2. 사용 방법

     국민행복카드를 이용하여 요양기관에서 본인부담금 결제

  3. 지원 금액

     임신 1회당 100만 원 이용권(국민행복카드) 지원(다태아 임산부 140만 원, 분만 취약지 임산부 20만 원 추가 지원)

- ■ 건강보험 임신·출산 진료비 지원금 이용액 및 잔액 확인 방법은?

  지원금 이용액 및 잔액 확인은 (1) 카드사 고객센터, (2) 직전 영수증 및 문자(신청한 경우)를 통해 확인할 수 있다.

① 지원 금액은 지역과 관계없이 동일하다.
② 의료급여 수급권자는 임신 및 출산 진료비 지원을 받을 수 없다.
③ 산부인과, 조산원, 한방의료기관의 분만 관련 비용에 관해 한하여 지원한다.
④ 해당 지원 제도는 임신 및 출산과 관련한 진료비 전액을 지원해 주는 제도이다.

05 다음은 도시가스요금 경감에 관한 자료이다. 이 자료를 바탕으로 할 때, 옳지 않은 것을 고르면?

2024 하반기 국민건강보험공단 기출변형

간편하게 도시가스요금 경감 신청하세요!

1. 신청 방법

    도시가스 회사 또는 주민센터 방문 신청
    ※ 도시가스 회사의 경우 우편 또는 팩스 접수 가능
    ※ 주민센터 방문 신청 시 도시가스요금 납부 고지서 지참 필수

2. 갱신 방법

    도시가스 회사가 행정정보 공동이용 시스템 활용으로 자격갱신 확인
    ※ 경감자격 변경의 경우 신청서 제출 필요

3. 지원 대상

    사회적 배려 대상자가 주택용으로 사용하는 도시가스

대상	지원 기준
장애인	「장애인복지법」에서 정한 '장애의 정도가 심한 장애인'
국가유공자	「국가유공자 등 예우 및 지원에 관한 법률」 및 「5·18민주유공자예우 및 단체설립에 관한 법률」에서 정한 1~3급 상이자
독립유공자	「독립유공자예우에 관한 법률」에 의한 독립유공자 또는 수급자
생계·의료·주거·교육급여 수급자	「국민기초생활 보장법」에서 정한 생계급여, 의료급여, 주거급여, 교육급여 수급자
차상위계층	• 「국민기초생활 보장법(제9조 제5항)」에 따라 자활사업에 참여하는 자 • 「국민건강보험법 시행령(별표2 제3호 라목)」에 따라 희귀난치성질환을 가진 자 등으로서 본인부담액을 경감받는 자 • 「장애인복지법(제49조, 제50조)」에 따라 장애수당을 받는 18세 이상 장애인 및 장애아동수당을 받는 18세 미만 장애인 • 「한부모가족지원법(제5조)」에 따라 지원받는 모자가정, 부자가정, 조손가정
차상위계층확인서 발급대상자	「국민기초생활보장법 시행규칙(제38조 제4항)」에 따라 차상위계층 확인서를 발급받은 가정
다자녀가구	• 일반 다자녀가구: 세대별 주민등록표상 세대주와의 관계가 "자(子)" 또는 "손(孫)"이 각각 3인 이상으로 표시된 주거용 주택의 세대주 • 위탁가정 다자녀가구: 가정위탁보호 확인서상 위탁아동으로서 세대별 주민등록표상 세대주와의 관계가 '동거인'으로 지정된 자와 세대별 주민등록표상 세대주와의 관계가 "자(子)" 또는 "손(孫)"인 자의 합이 각각 3인 이상인 주거용 주택의 세대주 ※ 단, 만 18세 미만의 "자(子)" 또는 "손(孫)"의 확인은 주민등록상으로 불가능할 경우 가족관계증명서로 대체 ※ 또한, 위탁한 "자(子)" 또는 "손(孫)"(이하 위탁아동)이 있는 친권자(세대주)가 다자녀 경감을 신청한 경우, 위탁아동을 제외한 "자(子)" 또는 "손(孫)"이 3인 미만이 되는 경우 경감 적용 불가

4. 경감 절차

지원 대상이 되는 자는 거주지 관할 도시가스 회사 또는 주민센터에 경감 신청

(1) 신청(대상자)	(2) 자격 확인(행정기관)	(3) 경감 적용
- 접수처 • 도시가스회사 방문(우편 또는 팩스 접수 가능) • 주민센터(고지서 지참) 방문 - 구비서류 • 도시가스요금경감신청서 (도시가스회사 및 주민센터 비치) • 개인정보활용동의서 ※ 신청인은 경감자격 증명서류 제출 안함	- 도시가스 회사 신청 시 • 도시가스 회사는 신청인 정보를 GRMS에 등록 • 등록된 정보는 행정기관의 검증을 거쳐 GRMS를 통해 도시가스 회사에 제공 - 주민센터 신청 시 • 주민센터는 신청인 정보를 해당기관 시스템에 등록 • 등록된 정보는 행정기관의 검증을 거쳐 GRMS를 통해 도시가스 회사에 제공	신청한 일의 익일 사용량부터 경감 적용 ※ 단, 자격 확인 결과 비대상자일 경우 경감이 취소됨

※ GRMS(Gas Tariff Reduction Management System, 가스요금 경감 관리 시스템): 전자 정부망을 통하여 경감대상 자격요건을 확인하는 시스템
※ 단, 자격 확인이 불가한 예외자는 증명서류로 자격 확인
　예) 외국인등록증(사실증명) 또는 국내거소신고증(사실증명)

① 차상위계층 대상자는 18세 미만이어도 도시가스요금을 경감받을 수 있다.
② 도시가스요금 경감 지원 대상은 법으로 정한 사회적 배려 대상자들에 해당한다.
③ 지원 대상자가 도시가스요금 경감 신청을 하면 전자 정부망을 통해 도시가스 회사에 정보가 제공된다.
④ 주민센터에 도시가스요금 경감 지원을 신청할 때는 반드시 도시가스요금 납부 고지서를 지참해야 한다.

[06~07] 다음은 건이강이 스케일업 프로그램 공모에 대한 안내문이다. 이를 바탕으로 질문에 답하시오.

[건이강이 스케일업 프로그램 세부 공모 요강]

1. 건이강이 스케일업 주요 내용
   1) 사업 목적: 보건·복지·환경 분야 사회적경제조직(소셜벤처, 사회적기업 등) 발굴 및 육성
   2) 지원 분야: 보건·복지·환경 분야
      - 보건 분야: 바이오, 의약품, 의료기기, 헬스케어(의료서비스), 의료시스템 등
      - 복지 분야: 돌봄·요양서비스, 교육·문화복지 등
      - 환경 분야: 탄소감축, 녹색생태계, 자원순환, 그린 모빌리티, 제로에너지, 신재생에너지 등
   3) 지원 대상: 성장 잠재성과 소셜 임팩트를 보유한 설립 7년 이하의 보건·복지·환경 분야 사회적경제조직(소셜벤처, (예비)사회적기업, (사회적)협동조합, 마을기업, 자활기업 등 법인사업자)
      ※ 단, 개인사업자는 지원 불가하며, 중소기업확인서를 필수 제출해야 함
   4) 선정기관: 총 8개 기관
   5) 지원 내용

구분	내용
성장 지원금	- 선정기관 사업지원금 총 4,000만 원 지원(총 8개 팀, 각 500만 원) - 총 1억 5천만 원의 임팩트투자 추가 지원(상위 3개 팀, 각 5,000만 원) ※ 임팩트투자 데모데이인 'Deal Share Live' 평가 후 지원
액셀러레이팅	심화 경영진단(기업별 1회), 기업가치 고도화 컨설팅(기업별 2~3회), 자기설계 전문분야 멘토링(기업별 5회), IR 멘토링(기업별 3회), 피칭 코칭(기업별 2회)
성장지원 패키지	사무공간 지원, 국내외 판로개척 지원, 홍보·마케팅 지원, 다른 지원 프로그램 연계 등
임팩트투자 데모데이	최대 30인의 투자자·전문 평가사 대상 테이블 미팅, IR 기회 제공

2. 공모 및 심사·선발 일정

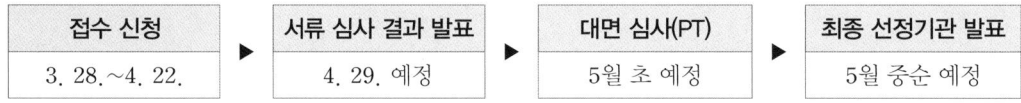

3. 선정기관 지원 일정

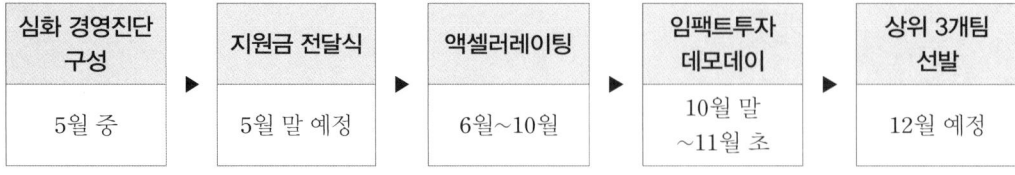

4. 제출 서류

구분	서류명
기본 서류	참가 신청서
	사업 제안서
	개인정보 동의서
기업 증빙	사업자등록증
	중소기업 확인서
	최근 3개년 재무제표
기타	기타 추가자료 제출

06 주어진 안내문을 근거로 판단한 내용으로 옳지 <u>않은</u> 것을 고르면?

① 건이강이 스케일업 프로그램에 헬스케어 기업이 지원할 경우, 보건 분야로 분류된다.
② 건이강이 스케일업 프로그램에 선정된 모든 기업·기관은 사업지원금으로 500만 원을 받는다.
③ 선정 기관은 액셀러레이팅을 통해 최대 30인의 투자자·전문평가사 대상 테이블 미팅 기회를 갖는다.
④ 건이강이 스케일업 프로그램에 선정되는 기업·기관은 5월 중순에 발표된다.

07 주어진 안내문을 적절하게 이해한 사람을 고르면?

① 소라: 기업별로 한 번씩 받을 수 있는 심화 경영진단은 6월에서 10월 사이에 진행될 예정이야.
② 민식: 소셜 임팩트를 보유한 설립 7년 이하의 사회적 기업을 운용하는 개인사업자도 지원 대상에 해당하네.
③ 지은: 건이강이 스케일업 프로그램에 투입되는 성장 지원금은 총 1억 5천만 원이야.
④ 혁민: 프로그램 접수 신청을 마감하는 달에 대면 심사가 예정되어 있구나.

[08~09] 다음은 장애인 치과 주치의 시범사업에 대한 안내문이다. 이를 바탕으로 질문에 답하시오.

[장애인 치과 주치의 시범사업 안내]

1. 사업 목적
   - 장애인의 구강건강을 증진하고 상급의료기관의 개입 필요성을 낮춰 장기적으로 요양급여비용을 감소시키고, 장애인의 치과 예방진료 분야의 보장성을 확대하고자 함
   ※ 장애인 진료 가능으로 치과협회에 등록한 치과의원 수는 전체 치과의원 중 1.9%인 299개소에 불과함

2. 사업 내용
   - 사업 개요: 중증 장애인이 치과 주치의로 등록·신청한 치과의사를 선택하여 포괄평가 및 종합계획 수립, 예방진료, 구강보건교육 등 포괄적 구강관리 서비스를 받도록 함
   - 사업 대상

치과 주치의	치과의원 및 병원급 의료기관에 소속된 치과의사로 장애인 치과 주치의 교육을 이수하고 장애인 치과 주치의 시범사업 참여 신청을 통해 치과 주치의로 등록된 치과의사 ※ 치과의원 및 병원급 의료기관:「의료법」제3조 제2항에 따른 의료기관(요양병원, 한방병원, 상급종합병원, 상급종합병원에 설치된 치과대학부속치과병원 제외)
대상자	「장애인 건강권 및 의료접근성 보장에 관한 법률」제16조 및 동 법률 시행령 제5조에 따른 '중증 장애인'으로 구강건강관리가 필요하여 치과 주치의가 소속된 의료기관을 방문하여 시범사업에 대하여 충분한 설명을 듣고 개인정보 수집·이용 및 제3자 제공 동의서 및 이용 신청사실 통지서를 작성한 중증 장애인(약물 진정, 행동 조절 없이 물리적 속박만으로 진료 협조가 가능하여야 함)

   - 사업 지역: 부산광역시, 대구광역시 남구, 제주도 제주시
   - 시범사업 참여 안내: 시범기관은 당해 기관이 사업 참여기관인 점과 장애인 구강건강관리에 대한 안내, 환자 본인 부담 내역 등 주요사항을 환자 또는 보호자가 보기 쉬운 곳(의료기관 입구, 진료비 수납 창구 등)에 적절한 방법으로 게시하여야 함
   - 장애인 치과 주치의 서비스 제공 절차
      ㉠ 주치의 등록: 장애인 치과 주치의 등록 신청서와 첨부 서류(의료기관의 장애인 편의 시설 현황, 장애인 건강 주치의 교육 이수증)를 국민건강보험공단에 신청
      ㉡ 치과 주치의는 시범사업에 대한 설명을 하고 중증 장애인이 참여에 동의하면 '장애인 치과 주치의 이용 신청사실 통지서'의 신청인 란 및 '개인정보 수집·이용 및 제3자 제공동의서'를 작성하도록 안내하고 작성 내용은 의료기관에 보관
      ㉢ 장애인 이용 대상자 등록: 신청사실 통지서는 국민건강보험공단 홈페이지 요양기관 정보마당에 입력 및 저장
      ㉣ 건강보험심사평가원 등록: 치과 주치의는 건강보험심사평가원의 장애인 치과 주치의 정보 시스템에 접속하여 대상자 등록 화면에서 '기본정보등록'을 입력

3. 장애인 치과 주치의 서비스 모형

구분	내용	
대상자	모든 장애 유형별 중증 장애인	
서비스	포괄평가 및 계획 수립	치과 주치의가 중증 장애인의 구강건강행태 및 구강상태를 포괄적으로 평가하고 연간 관리계획을 수립하여, 중증 장애인에게 종합계획서를 제공
	구강건강관리 (불소도포, 구강보건교육, 치석 제거)	중증 장애인의 구강건강 증진을 위해 불소도포, 구강보건교육, 치석 제거를 일괄 제공 ※ 단, 장애인의 비협조 등의 사유로 치석 제거를 제공하지 못한 경우 불소도포, 구강보건교육만 제공함

08 주어진 안내문을 근거로 판단한 내용으로 옳은 것을 고르면?

① 장애인 치과 주치의 등록은 건강보험심사평가원에 신청한다.
② 장애인 치과 주치의 시범사업이 시행되면 장기적으로 요양급여비용이 다소 증가할 것으로 예상된다.
③ 진료 협조가 불가능한 중증 장애인은 장애인 치과 주치의 시범사업에 참여할 수 없다.
④ 장애인 치과 주치의 시범사업의 사업 지역은 총 4개 지역이다.

09 주어진 안내문을 근거로 추측한 내용으로 옳지 않은 것을 고르면?

① 치과협회에 등록한 전체 치과의원 수는 15,000개 이상이다.
② 장애인 치과 주치의 서비스는 기본적으로 불소도포, 구강보건교육, 치석 제거를 모두 제공한다.
③ 장애인 치과 주치의 서비스 시범기관은 당해 기관이 사업 참여기관인 점을 환자나 보호자가 보기 쉬운 곳에 게시하여야 한다.
④ 상급종합병원에 설치된 치과대학부속치과병원 소속 치과의사는 사업 대상에 해당한다.

[10~11] 다음은 재가급여 전자 관리 시스템의 스마트폰 사용자 매뉴얼에 관한 자료이다. 이를 바탕으로 질문에 답하시오.

재가급여 전자 관리 시스템의 스마트폰 사용자 매뉴얼

1. 이용 전 주의 사항
   - 재가기관: 해당 요양요원에게 문자 발송 후 반드시 전화하여 알림
   - 요양요원: 기관에서 전화를 받은 경우에만 앱 설치 주소를 클릭하여 다운로드
2. 이용 전 확인 사항
   - 앱 설치 이전 '알 수 없는 출처 허용' 설정
   - 앱 설치 이후에는 '알 수 없는 출처 허용'을 해제해야 악의적인 프로그램으로부터 안전할 수 있음
   - 앱을 다운로드받은 후 설치 및 실행 시 '데이터 네트워크' 사용 설정
   - URL 주소를 이용한 최초 앱 다운로드는 Wi-Fi에서 가능하나, 앱 실행 시에는 해제하여야 함
   - 데이터를 켜지 않고 앱을 실행할 경우, 앱에서 확인 창 팝업
   - 앱 설치 및 실행 이전 'NFC 및 읽기 쓰기/p2p 사용' 허용 설정
   - 스마트폰 앱을 이용하기 위해서는 앱 실행 전 스마트폰의 NFC 기능을 켜야 함
3. 다운로드 및 인증 앱 설치
   - 패키지 설치자를 선택 '한 번만' 클릭(기종에 따라 '항상' 설정), 인증 앱 설치 완료 후 '열기' 클릭
4. 본인 인증 및 장기요양 앱 설치
   - 본인 인증 번호 6자리 입력, 개인정보 및 데이터 사용 동의 후 비밀번호 입력
   - 장기요양 앱을 다운로드하여 설치 후 본인 인증 앱 삭제
5. 장기요양 앱 로그인
   - 비밀번호는 영문과 숫자를 포함하여 10~15자리 이하 사용, 입력 5회 실패 시 로그인 잠김 → 기관에 요청하여 임시 비밀번호(6자리)를 발급받아야 함
   - 로그인 시 비밀번호 입력창을 크게 보기 원할 경우 '자동회전' 기능을 설정
     (앱스 → 환경 설정 → 디스플레이 → 자동회전 설정)
6. 서비스 시작 전송 및 종료
   - 스마트폰 태그 인식 후 급여 종류 선택
   - 서비스 시작 승인 확인
     ※ 태그 인식은 1~3cm 이내 범위에서 가능
     태그 접촉 시 스마트폰 뒷면을 2~3초간 접촉(안테나 위치에 따라 상·중·하단 접촉)
     급여 종류를 잘못 선택한 경우에는 '태그 취소'를 선택 후 급여 종류 재선택
   - 태그 인식 후에는 3분 이내에 종료 전송을 하여야 함
7. 앱 버전 업데이트
   - 최신 버전 앱으로 필수 업데이트해야 할 경우, 로그인 시 자동 업데이트됨
     (팝업 창 '자동 업데이트' 확인 클릭 → 설치 → 열기 → 로그인)
     ※ '완료'를 선택하였을 경우에는 앱이 종료되어 장기요양 앱을 재실행하여야 함

8. 미승인 사유(에러 코드)

코드	미승인 사유	코드	미승인 사유
A1	수급자 자격이 맞지 않습니다.	C3	해당 기관이 행정 처분 중입니다.
A7	계약 정보가 없습니다.	C4	소속 기관이 없습니다.
A8	방문 계획이 없습니다.	S2	10시간 초과 서비스 하셨습니다.
A9	수급자 정보가 올바르지 않습니다.	T1	미등록 태그입니다.
B1	요양요원 자격이 맞지 않습니다.	T3	서비스 종료 요청이 실패하였습니다.
B2	요양요원이 휴직 중입니다.	X6	인증 번호가 올바르지 않습니다.
C2	해당 기관은 휴업 중입니다.	Z7	비정상 종료 건입니다.

10 주어진 자료에 대한 설명으로 옳은 것을 고르면?

① 재가급여 전자 관리 시스템 앱을 사용할 때에는 Wi-Fi 기능을 해제해야 한다.
② 본인 인증 앱은 재가급여 전자 관리 시스템 앱을 최초 1회 사용할 때까지 유지해야 한다.
③ 수급자의 이름이나 인식 번호 등이 잘못 기재되었을 경우에는 A1이라는 에러 코드가 나타난다.
④ 태그 접촉 시 급여 종류를 잘못 선택한 경우에는 2~3초간 기다린 후 다시 태그 접촉을 시도한다.

11 주어진 매뉴얼을 보고 공단에 문의하여 상담을 진행하였을 때, 질문에 대한 응답으로 적절하지 않은 것을 고르면?

① Q: 안녕하세요? 앱을 다운로드하려는데 Wi-Fi 기능을 해제하고 다운로드하면 데이터 요금이 발생되지 않을까요?
A: 앱을 다운로드할 때에는 Wi-Fi 기능을 사용하셔도 무방합니다.
② Q: 비밀번호를 설정하려는데 저희 아버님이 즐겨 쓰시던 12자리 숫자가 있어요. 이게 왜 자꾸 허용되지 않는 비밀번호라는 메시지가 나타나죠?
A: 자릿수는 적절합니다만, 비밀번호는 숫자 외에 영문도 포함하여 설정해야 합니다.
③ Q: 어제 저희 어머니가 서비스를 받으려고 접속하셨는데 에러 메시지가 나타났답니다. 잘 기억은 안 나는데 'C…' 무슨 코드였거든요. 저희가 뭘 잘못 만졌나요?.
A: 아마 어머님께서 수급자 정보를 잘못 입력하신 것 같네요. 아드님께서 수급자 정보를 다시 확인해서 사용해 보시기 바랍니다.
④ Q: 앱은 반드시 최신 버전으로 업데이트하여 사용해야 하나요?
A: 아닙니다. 반드시 업데이트해야 하는 경우에는 로그인 시 자동 업데이트됩니다. 단순한 업데이트는 권유 사항이오니 꼭 안 하셔도 사용에 지장은 없습니다.

[12~13] 다음은 A국의 지역 건강보험료 조정에 관한 자료이다. 이를 바탕으로 질문에 답하시오.

[지역 건강보험료 조정]

소득발생 시점 또는 재산취득 시점과 보험료 부과에 반영되는 시점에 시차가 발생하므로 소득 또는 재산의 변동 사실을 가입자로부터 확인하여 보험료를 조정

○ 소득 감소 및 폐(휴)업, 퇴직(해촉)후 재개업(재취업)한 경우
- 적용 대상: 소득이 감소하거나, 폐·휴업(해촉)한 세대
- 적용 방법: 가입자 신청
  - 폐업(해촉) 후 재개업(재취업)의 경우, 동일 업종 판단 후 해촉한 동일 업종 귀속년도 연계소득(해촉한 동일 업종 귀속년도 연계소득이 없을 경우 최근 해촉 업종소득)과 재취업한 업종의 지역 업종별 평균 소득금액과 비교하여 낮은 소득금액을 부과(단, 지역 업종별 평균 소득이 없는 경우 전국 업종별 평균 소득금액으로 조정)
  - 폐업 사업장 수보다 재개업 사업장 수가 많은 경우, 폐업 사업장 전체 연계소득과 재개업 사업장 전체 업종별 평균 소득 합산 금액을 비교하여 낮은 소득금액을 부과
- 적용 시기
  - 종합소득세 신고를 한 후 차기 연계소득이 감소했을 경우
    7월 중 서류 제출: 6월부터 조정
    8월 이후 서류 제출: 신청일이 속한 달의 다음 달부터 조정(단, 1일에 제출한 경우 당월부터 조정)
  - 폐(휴)업, 퇴직(해촉)한 경우: 원인 발생일이 속한 달의 다음 달부터(1일인 경우 그 달부터)
    ※ 재개업(재취업)한 사실이 확인될 경우 조정된 소득이 다시 부과됨

○ 재산 소유권이 변경된 경우
- 적용 대상: 매각, 상속, 수용 등으로 재산의 소유권이 변경된 세대
  ※ 부동산은 매각하고 사업자 번호를 유지할 경우, 부동산에 대한 보험료만 조정(소득금액 조정 불가)
- 적용 방법: 가입자 신청
- 적용 시기: 원인 발생일이 속한 달의 다음 달부터(1일인 경우 그 달부터)

○ 자동차 소유권 변경 및 폐차한 경우
- 적용 대상: 자동차 소유권이 변경 또는 폐차한 세대
- 적용 방법: 가입자 신청
- 적용 시기: 원인 발생일이 속한 달의 다음 달부터(1일인 경우 그 달부터)

○ 무상으로 거주하고 있는 경우
- 적용 대상: 건물 소유자(또는 전월세 계약자)와 전(월)세 보증금 및 월세 금액 없이 무상으로 거주하는 경우

- 적용 방법: 무상거주확인서* 작성 후 가입자 신청
  ※ 배우자, 직계존비속(배우자의 직계존비속 포함) 주택 등에 거주하고 있을 경우라도 반드시 제출
- 적용 시기: 무상거주 시작일이 속한 달의 다음 달부터(1일인 경우 그 달부터)

12 주어진 자료에 대한 설명으로 옳지 않은 것을 고르면?

① 소득이 변동된 경우 지역 건강보험료를 조정하기 위해서는 가입자가 직접 신청해야 한다.
② 10월 3일에 자동차를 폐차하고, 지역 건강보험료 조정을 신청한 경우 11월 1일부터 지역 건강보험료가 조정된다.
③ 배우자 부모님의 건물에 무상으로 거주하는 경우 무상거주확인서를 제출하지 않아도 된다.
④ 부동산을 매각했는데 사업자 번호를 유지한다면 소득금액은 조정되지 않는다.

❗ 고난도
13 소득 감소 및 폐(휴)업, 퇴직(해촉) 후 재개업(재취업)한 경우 지역 건강보험료 조정에 대한 설명으로 옳은 것을 고르면?

① 폐업 사업장 수가 8개이고, 재개업 사업장 수가 10개이고, 폐업 사업장 전체 연계소득이 연 2억 4천만 원, 각 재개업 사업장의 재개업 사업장 전체 업종별 평균 소득이 2천만 원인 경우 소득 금액을 연 2억 원으로 조정한다.
② 해촉한 동일 업종 귀속년도 연계소득이 연 3,600만 원, 재취업한 업종의 지역 업종별 평균 소득금액이 연 3,200만 원, 전국 업종별 평균 소득금액이 연 3,000만 원인 경우 소득금액은 연 3,000만 원으로 조정한다.
③ 종합소득세 신고를 한 후 차기 연계소득이 감소했을 경우 8월 1일에 서류를 제출하면 9월부터 지역 건강보험료가 조정된다.
④ 7월 3일에 폐업하고 7월 중으로 서류를 제출하면 지역 건강보험료가 6월부터 조정된다.

[14~15] 다음은 학교 내 감염병 예방을 위한 위기 대응 매뉴얼이다. 이를 바탕으로 질문에 답하시오.

감염병 예방을 위한 위기 대응 매뉴얼

[위기 단계별 판단 기준과 대응]

단계	판단 기준	대응
1. 관심 (Blue)	해외 신종 감염병 발생	• 감염병 발생 동향 파악 • 구체적 대응 방안 검토
	국내의 원인 불명·재출현 감염병 발생	• 구체적 대응 방안 검토 • 징후 감시 활동(필요시)
2. 주의 (Yellow)	해외 신종 감염병의 국내 유입 및 제한적 전파	• 구체적 대응 방안 마련 • 유관 기관 협조 체계 가동 • 환자 발생 지역에 대한 감시 및 대응 실시
	국내 원인 불명·재출현 감염병의 제한적 전파	
3. 경계 (Orange)	해외 신종 감염병의 국내 유입 후 추가 전파에 따른 지역 사회 전파	• 대응 체제 가동 • 유관 기관 협조 체계 강화 • 환자 발생 지역에 대한 감시 및 대응 강화
	국내 원인 불명·재출현 감염병의 추가 전파에 따른 지역 사회 전파	
4. 심각 (Red)	해외 신종 감염병의 전국적 확산 징후	• 대응 역량 총동원 • 범정부적 협조 체계 강화 • 전국으로 감시 및 대응 강화 확대
	국내 원인 불명·재출현 감염병의 전국적 확산 징후	

[위기 단계별 대응 방안]
1. 관심 단계
    • 방역 당국(보건복지부/질병관리본부)과의 협조 체계를 점검하고 강화함
    • 교육부 학생 감염병 전문가 자문단의 자문을 실시함
    • 신종 감염병 등에 대한 대응 정보를 배포함
2. 주의 단계
    • 주의 단계 정보를 교육(지원)청과 산하 교육 기관에 전파하고, 해당 감염병에 대한 발생 정보를 수집하여 배포함
    • 교육부 학생 감염병 전문가 자문단을 운영함
    • 해당 감염병에 대한 교육 행정 기관 및 산하 교육 기관의 대응 방안을 수립하고 배포함
    • 시·도 교육청과 협의하여 보건 인력을 지원함
3. 경계 단계
    • 경계 단계 정보를 교육(지원)청과 산하 교육 기관에 전파하고, 해당 감염병에 대한 정보를 수집하여 배포함
    • 교육부의 대책반을 확대 운영함
    • 교육부 학생 감염병 전문가 자문단을 운영함

4. 심각 단계
- 심각 단계 경보를 교육(지원)청과 산하 교육 기관에 전파하고, 해당 감염병에 대한 정보를 수집하여 배포함
- 해당 감염병 예방 교육, 위생 관리 및 방역 소독을 실시함
- 학교의 단체 활동을 연기하거나 취소하고, 외부인의 출입을 관리함

14 주어진 매뉴얼에 대한 설명으로 옳지 <u>않은</u> 것을 고르면?

① 위기 단계 2단계부터 교육 기관에 경보 단계가 공식 전달된다.
② 최고 단계가 경보되면 학교의 단체 활동과 외부인 출입이 제한된다.
③ 국내 원인 불명 감염병이 제한적인 상태를 넘어 지역 사회로 전파되면 2단계에서 3단계로 넘어간다.
④ 전국적으로 해외 신종 감염병이 확산될 징후를 보이는 경우 경계 단계의 경보가 발동된다.

15 주어진 매뉴얼을 참고할 때, 다음 기사문에 나타난 상황에서의 대응 방안으로 가장 적절한 것을 고르면?

> 강원도 원주에서 올해 첫 중증열성혈소판감소증후군(SFTS) 환자가 발생하였다. 26일 질병관리본부에 따르면, 원주에 거주하는 A(61·여) 씨는 입원 전 집 주변 풀숲에서 봄나물을 채취하였으며, 기저 질환으로 당뇨병이 있었다. 강원도 보건환경연구원에서는 지난 23일 환자의 검체를 검사해 SFTS 양성 판정을 내렸다.
> SFTS는 40도가 넘는 고열, 피로, 식욕 저하, 복통, 두통, 근육통, 오심·구토·설사 등 소화기 증상 등을 나타내며, 감기나 소화기 질환 증상과 비슷해 보이지만, 혈소판 및 백혈구 감소로 출혈성 소인(혈뇨·혈변 등)이 발생하거나 근육통, 의식 저하와 같은 신경학적 증상과 다발성 장기 부전이 동반되기도 한다.
> 이 감염병은 2012년에 강원도에서 첫 사망자가 나오면서 세상에 알려졌다. 사망자의 사망 원인이 SFTS 바이러스 감염이라는 확진 판정은 2013년에 확인되었다. 보건 당국은 2013년부터 이 질환을 법정 제4군 감염병으로 지정해 관리하였다.

① 교육부 학생 감염병 전문가 자문단을 운영한다.
② 보건복지부 및 질병관리본부와의 협조 체계를 점검한다.
③ 경계 단계 경보를 교육(지원)청과 산하 교육 기관에 전파한다.
④ 학교의 단체 활동을 연기하거나 취소하고, 외부인의 출입을 관리한다.

세부 유형 | 문제처리

[01~02] △△ 기관에서 심사 기준에 따라 외국계열의 건설업체를 선정하고자 한다. 심사 기준에 대한 항목별 비중과 업체에 따른 항목별 점수 현황이 다음과 같을 때, 이어지는 질문에 답하시오.

2024 하반기 국민건강보험공단 기출변형

[표1] 항목별 비중

사업 계획 수행 능력	사업 제안 타당성	사업 기획력	사업 운영 지속력	사업 수행실적
20%	20%	20%	20%	20%

[표2] 항목별 점수 현황

(단위: 점)

구분	갑	을	병	정
사업 계획 수행 능력	17	19	13	16
사업 제안 타당성	16	16	15	17
사업 기획력	12	12	16	15
사업 운영 지속력	12	13	19	18
사업 수행실적	15	15	14	16
가점	우수 건설사 선정	—	대통령 표창	장관 표창
감점		시정조치 1회	시정조치 1회	시정조치 2회

※ (총점)=(가중치를 적용한 항목별 점수의 합계)+(가점)-(감점)
※ 가점: 우수 건설사 선정(1점), 장관 이상 표창(1.5점)
　감점: 시정조치 횟수당 1점
※ 총점이 같은 경우 '사업 계획 수행 능력' 항목의 점수가 높은 업체를 우선순위로 선정함

01 △△ 기관에서 심사 기준에 따라 선정하게 되는 건설업체를 고르면?

① 갑 ② 을 ③ 병 ④ 정

02 △△ 기관에서 내부 회의를 거쳐 심사 기준에 대한 항목 및 비중을 다음 [표]와 같이 변경하여 업체를 선정하기로 하였다. 이때, 선정되는 업체를 고르면?

[표] 항목별 비중

사업 계획 수행 능력	사업 제안 타당성	사업 기획력	사업 운영 지속력	사업 수행실적
40%	30%	10%	20%	(항목 삭제)

① 갑 ② 을 ③ 병 ④ 정

03 다음은 체질량 지수(BMI)에 관한 자료이다. 이에 대한 설명으로 옳지 않은 것을 고르면?

2023 하반기 국민건강보험공단 기출변형

1. 체질량 지수(BMI)의 의미와 계산 방법
   - 체질량 지수는 키와 몸무게를 이용한 비만 측정법으로, 비만의 정도를 판단하는 첫 단계로 사용된다.
   - BMI=체중(kg)÷키(m)의 제곱
2. BMI에 따른 비만 정도 분류

BMI	비만 정도
18.5 미만	저체중
18.5~22.9	정상
23.0~24.9	과체중
25.0~29.9	1단계 비만
30.0~34.9	2단계 비만
35.0 이상	고도비만

3. BMI에 따른 증상
   - 16세 이상의 모든 남성과 여성에게 적용된다. 성인 체중은 여성의 경우에는 18세, 남성의 경우 20세에 완성되는데, 그 이후에 체중이 증가하는 것은 체내 지방이 증가하기 때문이다. 또 50세 이후에는 체중이 늘지 않아도 근육이 줄어들면서 체내 지방이 증가한다.
   - BMI를 통하여 어떠한 질병에 걸릴 확률이 높은지 예측할 수도 있다. 한 통계에 따르면 75세 이하 남성과 여성 모두 이 지수가 높아질수록 질병에 걸릴 확률 및 사망할 확률이 높아지는 것으로 알려져 있다. 만약 BMI가 18 미만인 경우에는 여성의 경우 영양 부족으로 인해 무월경이 시작될 수 있으며, 27 이상인 경우에는 고혈압·당뇨병·심장병에 걸릴 확률이 높아지므로 주의가 필요하다.
   - BMI가 26인 경우에는 21인 사람에 비해 당뇨병에 걸릴 가능성이 여성의 경우에는 8배, 남성의 경우에는 4배에 달하고, 담석증 및 고혈압이 발생할 확률도 2~3배나 높아지는 것으로 알려져 있다.
4. BMI의 한계
   - 키와 몸무게 이외의 다른 요소들은 제외돼 있다.
   BMI는 연령, 성별, 근육량, 생활 습관, 유전적 요인 등 다른 중요한 요소들을 고려하지 않고 남성과 여성의 체성분이 다른데도 불구하고 같은 계산법을 사용하는 등 정확한 건강 상태를 파악하기에는 부족한 면이 있다. 실제 BMI 수치가 정상이더라도 다른 여러 요인들로 인해 건강하지 않은 경우도 많다.

- 지방과 근육의 차이를 인정하지 않는다.
  근육은 체중의 대부분을 차지하는데, 근육은 지방보다 밀도가 높고 부피를 적게 차지한다. 따라서 근육량이 많은 운동 선수인 경우 건강에는 전혀 문제가 없는 경우에도 BMI 수치상으로는 과체중으로 분류될 수 있다. 그러므로 키와 몸무게 이외에도 근육량, 지방량, 골밀도 등을 고려해야 한다.
- 체지방의 분포 위치가 빠져 있다.
  BMI 수치가 동일한 경우에도 복부 비만이 있는 경우는 복부 비만이 적은 사람보다 더 안 좋은데 내장 지방이 허벅지나 엉덩이 지방보다 심혈관계 질환이나 당뇨병 등의 질환을 유발할 가능성이 더 크기 때문이다. 단순히 BMI 수치만으로는 지방이 어디에 많이 분포하는지 판단할 수 없다는 것이다.

① BMI에 따라 과체중으로 분류되더라도 건강에 전혀 문제가 없을 수 있다.
② 키가 170cm이고 체중이 80kg인 남성의 경우 고혈압 · 당뇨에 걸릴 확률이 높다.
③ 키가 164cm인 여성의 비만 정도가 정상 범위 안에 들어오려면 체중이 64kg 이하여야 한다.
④ BMI 수치에 따른 비만 정도가 1단계 비만이면 정상인 사람에 비해 당뇨병에 걸릴 확률이 4배 이상 증가한다.

[04~06] 다음은 재난적 의료비 지원 사업에 관한 자료이다. 이를 바탕으로 질문에 답하시오.

[지원 대상]

질환, 소득, 재산, 의료비 부담 수준 기준이 충족된 자

1. 대상 질환: (입원) 모든 질환, (외래) 중증 질환(본인 부담 산정 특례에 등록된 경우에 한함)
    ※ 중증 질환: 암, 뇌혈관 질환, 심장 질환, 희귀 질환, 중증 난치 질환, 중증 화상 질환
2. 소득 기준: 기준 중위 소득 100%(소득 하위 50%) 이하 대상
3. 재산 기준: 지원 대상자가 속한 가구의 재산 과세 표준액이 5억 4천만 원 이하
4. 의료비 부담 수준(소득 기준에 따라 결정)

소득 수준	의료비 부담 수준
기초 생활 수급자, 차상위 계층	본인 부담 의료비 총액이 100만 원 초과
기준 중위 소득 50% 이하	본인 부담 의료비 총액이 200만 원 초과
기준 중위 소득 100% 이하	본인 부담 의료비 총액이 연 소득 대비 15% 초과

※ 본인 부담 의료비 총액=급여 일부 본인 부담금+전액 본인 부담금+비급여−지원 제외 항목

• 본인 부담 의료비 총액 15% 초과 기준 금액

소득 구간(기준 중위 소득)	인원수	의료비 부담 수준
50% 초과 70% 이하	1인	2,000,000원
	2인 이상	3,700,000원
70% 초과 85% 이하	1인	2,700,000원
	2인 이상	4,600,000원
85% 초과 100% 이하	1인	3,100,000원
	2인 이상	5,300,000원

[지원 범위]

1. 지원 금액: 연간 2천만 원 한도 내에서 지원 제외 항목을 차감한 본인 부담 의료비(건강보험 적용된 본인 부담금 제외)의 50%
2. 지원 일수: 질환별 입원 진료 일수와 외래 진료 일수의 합이 연간 180일 이내
3. 지원금 계산법: (예비·선별급여 등의 법정 본인 부담금+전액 본인 부담금+비급여−지원 제외 항목−국가·지방 자치 단체 지원금, 민간 보험금 등)×50%

[지원 제외 항목]

• 일상생활에 지장이 없거나 대체 진료와 비용 편차가 큰 치료, 제도 취지에 부합하지 않는 치료 제외
  예) 미용·성형, 특·1인실, 간병료, 한방 첩약, 요양병원, 다빈치 로봇 수술, 도수 치료, 보조기, 증식 치료, 건강 검진 등
• 국가·지자체 지원금 및 민간 보험금(실손·정액형 모두 포함) 수령(예정)액 차감 후 지원. 중복 수급 확인 시 환수

04 주어진 자료에 대한 설명으로 옳은 것을 고르면?

① 중증 질환이 아니어도 외래 진료인 경우, 지원 대상이 될 수 있다.
② 중증 질환자가 도수 치료를 한 경우에 도수 치료는 지원 대상 항목이 될 수 있다.
③ 의료비 부담 수준이 5,300,000원을 초과하는 경우, 소득 구간에 관계없이 지원 대상이 될 수 있다.
④ 차상위 계층은 인원수에 관계없이 본인 부담 의료비 총액이 100만 원을 초과하면 지원 대상이 될 수 있다.

05 주어진 자료와 다음 [표]를 바탕으로 재난적 의료비 지원 대상인 사람을 고르면?(단, A~D 모두 재산 기준은 충족되었고, 중증 질환의 경우에 본인 부담 산정 특례에 등록되었다.)

[표] A~D의 정보

구분	대상 질환	소득	인원수	의료비 부담 수준
A	심장 질환으로 외래 진료	기초 생활 수급자	3인	1,000,000원
B	간염으로 외래 진료	기준 중위 소득 60%	2인	3,800,000원
C	뇌혈관 질환으로 외래 진료	기준 중위 소득 80%	4인	5,200,000원
D	중증 화상 질환으로 입원 진료	소득 하위 50%	1인	2,700,000원

① A   ② B   ③ C   ④ D

06 다음 [조건]은 재난적 의료비 지원 대상인 K의 항목별 금액을 정리한 내용이다. K의 의료비 지원 금액을 고르면?

조건
• 본인 부담금 총액: 1,440만 원
• 비급여: 300만 원
• 지원 제외 항목: 400만 원
• 민간 보험금: 550만 원

① 375만 원   ② 395만 원   ③ 595만 원   ④ 790만 원

[07~08] 다음은 첨단재생의료 실시기관 지정 신청에 대한 공고문이다. 이를 바탕으로 질문에 답하시오.

[첨단재생의료 실시기관 지정 신청 공고문]

1. 공고 목적
   - 첨단재생의료 임상 연구를 수행할 의료기관을 지정하여 미래 핵심 의료기술 개발을 지원하기 위함

2. 신청 대상
   - 「의료법」 제3조의2에서 4에 따른 병원급 이상 의료기관(병원, 종합병원, 상급종합병원) 중 기관 IRB가 구성·운영되는 기관으로서, 첨단재생의료 실시기관 지정을 희망하는 의료기관
     ※ 기관 IRB가 구성·운영되는 기관: 상급종합병원·종합병원·병원으로서 「생명윤리법」 제10조 제1항에 따라 기관생명윤리위원회가 구성·운영되는 기관
     ※ 본래 '첨단재생의료 실시기관'은 「의료법」 제3조 제2항에 따른 모든 의료기관이 신청 가능(조산원 제외)하나, 의료기관의 지정 요건의 준비 가능성을 높이기 위해 2022년 공모는 병원급 이상 의료기관을 접수·지정함

3. 신청서 제출 및 접수
   - 제출 기간: 04. 18.(월)~12. 23.(금)

구분	2분기(4~6월)	3분기(7~9월)	4분기(10~12월)	'23년 1분기
분기 마감	06. 30.	09. 30.	12. 23.	미정
심사 일정		2분기 접수 건 심사	3분기 접수 건 심사	4분기 접수 건 심사

   ※ 2022년 공모는 첨단재생의료 연구 계획 심의 신청서 제출 여부와 관계없이 신청·접수가 가능함
   ※ 공고일로부터 상시 접수하며, 분기별로 접수 마감하여 심사를 진행할 예정임

   - 제출 서류
     ① 첨단재생의료 실시기관 지정 신청서
     ② 기관 현황 요약표
     ③ 의료기관 개설허가증 사본
     ④ 시설·장비 및 인력 현황
     ⑤ 표준작업지침서
     ⑥ 기관 생명윤리 위원회 업무위탁 협약서
     ⑦ 시설·장비 및 인력 현황 증빙 서류
   - 제출 방법: 이메일 및 등기 우편 송부
     ※ 우편 접수는 반드시 등기 우편으로 접수해야 하며, 접수 마감일 도착분까지 인정함
     ※ 신청 후 접수 여부를 반드시 해당 정책과에 확인해야 함

4. 지정 절차
   1) 심사 원칙
      - 지정 신청을 한 의료기관을 대상으로 「첨단재생의료 안전 및 지원에 관한 규칙」 등의 지정 기준 충족 여부 평가
      - 전문가와 공무원으로 점검반을 구성하여 서류 검토 및 현장 실사를 실시, 필요한 경우 전문가의 추가 심의를 거쳐 지정 여부를 결정

2) 심사 방법

구분	내용
서류 심사	- 시설·장비·인력: 필수요건 구비 여부를 증빙 서류로 확인 - 표준작업지침서: 법령상 필수내용 포함 여부 확인
현장 실사	- 서류 검증이 완료된 기간들에 대해 점검반을 구성하여 제출 항목에 대해 현장 확인 - 시설·장비·인력에 대한 현장 확인 및 표준작업지침서에 대한 질의 등 구체적인 관리체계 평가

3) 지정 결과 통보
- 홈페이지 게시 및 기관별 개별 통보 예정

07 주어진 공고문을 근거로 추측한 내용으로 옳지 않은 것을 고르면?

① 첨단재생의료 실시기관 지정 신청을 2022년 12월 24일에 한 병원은 2023년 1분기에 심사를 받는다.
② 2022년 외에는 병원급 이상 의료기관이 아니어도 첨단재생의료 실시기관 지정 신청이 가능할 것이다.
③ 서류 심사에서는 시설·장비 및 인력 현황에 대한 증빙 서류와 표준작업지침서를 확인할 것이다.
④ 첨단재생의료 실시기관 지정은 미래 핵심 의료기술 개발을 지원하기 위해 이루어진다.

08 첨단재생의료 실시기관 지정 신청을 위해 필수로 제출해야 할 서류가 아닌 것을 고르면?

① 기관 생명윤리 위원회 업무위탁 협약서
② 기관 현황 요약표
③ 첨단재생의료 실시기관 지정 신청서
④ 첨단재생의료 연구 계획 심의 신청서

[09~12] 다음은 당뇨병 환자 소모성 재료 구입비 지원 제도에 관한 자료이다. 이를 바탕으로 질문에 답하시오.

당뇨병 환자 소모성 재료 구입비 지원 제도

○ 지원 대상
- 인슐린을 투여하는 모든 당뇨병 환자로 공단에 등록된 자(단, 만 19세 미만 및 임신 중인 경우는 인슐린 투여 여부와 무관하게 지원)
- 임신 중 당뇨병 환자의 경우, 공단에 별도 등록 신청 없이 지원

○ 지원 품목
- 만 19세 미만 또는 임신성 당뇨 또는 인슐린 투여하는 모든 당뇨병 환자: 혈당 측정 검사지, 채혈침, 인슐린 주사기, 인슐린 주사 바늘, 인슐린 펌프용 주사기, 인슐린 펌프용 주사 바늘
- 인슐린 투여하는 제1형 당뇨병 환자: 연속 혈당 측정용 전극

○ 기준 금액
- 당뇨병 소모성 재료(연속 혈당 측정용 전극은 제외)

지원 대상자			기준 금액	
			인슐린 투여자	인슐린 미투여자
제1형 당뇨병 환자	연속 혈당 측정용 전극(센서) 이외 품목		2,500원/일	해당 사항 없음
제2형 당뇨병 환자	만 19세 미만		2,500원/일	1,300원/일
	만 19세 이상 1일 인슐린 투여 횟수	1회 투여	900원/일	해당 사항 없음
		2회 투여	1,800원/일	해당 사항 없음
		3회 이상 투여	2,500원/일	해당 사항 없음
임신 중 당뇨병 환자			2,500원/일	1,300원/일

※ 지원 대상자의 나이는 처방일을 기준으로 함

- 연속 혈당 측정용 전극: 제품별 사용 가능 일수(제품 1개당 최대 사용 가능 일수를 말한다.)에 아래의 일당 기준 금액을 곱하여 산정한 금액

지원 대상자	일당 기준 금액
제1형 당뇨병 환자	10,000원

- 연속 혈당 측정용 전극 등록 제품 및 제품 1개당 사용 가능 일수는 다음과 같다.

연번	모델명(제품 등록명)	사용 가능 일수 (일/1개)
1	Dexcom G5 ⓣ Mobile/G4 ⓣ PLATINUM Sensor	7일/개
2	Guardian Sensor 3(MMT-7020C3)	7일/개
3	Guardian Sensor 3(MMT-7020D3)	

4	Enlite Glucose Sensor(MMT−7008A)	6일/개
5	Enlite Glucose Sensor(MMT−7008B)	
6	FreeStyle Libre	14일/개
7	G6 sensor Applicator−STS−GS−012	10일/개
8	G6 sensor Applicator−STS−GS−009	

○ 지원 금액
- 당뇨병 소모성 재료(연속 혈당 측정용 전극 제외): 구입 금액이 기준 금액 이하인 경우 구입 금액의 90%를 지원하고, 구입 금액이 기준 금액을 초과하는 경우 기준 금액의 90%를 지원한다. 기준 금액을 초과하는 비용은 100% 본인이 부담한다.
- 연속 혈당 측정용 전극: 구입 금액이 기준 금액 이하인 경우 구입 금액의 70%를 지원하고, 구입 금액이 기준 금액을 초과하는 경우 기준 금액의 70%를 지원한다. 기준 금액을 초과하는 비용은 100% 본인이 부담한다.

○ 처방전 발급 절차
- 당뇨병 소모성 재료(연속 혈당 측정용 전극 제외)
  • 제1형 당뇨병: 내과·소아청소년과·가정의학과 전문의가 발행
  • 제2형 당뇨병: 의사(다만, 90일을 초과하여 처방할 경우 내과·소아청소년과·가정의학과 전문의)가 발행
  • 임신 중 당뇨병: 내과·소아청소년과·가정의학과·산부인과 전문의가 발행
  • 총처방 기간은 90일 이내이나, 해당 전문의의 판단에 따라 최대 180일 이내에서 처방 가능
- 연속 혈당 측정용 전극
  • 내과·소아청소년과·가정의학과 전문의가 발행
  • 총처방 기간은 해당 전문의의 판단에 따라 최대 100일 이내에서 처방 가능(다만, 최초 처방은 30일 이내)

※ 등록 제품별 '사용 가능 일수(일/1개)'를 고려하여 처방 기간 기재(구입 제품의 총사용 가능 일수는 총처방 기간을 초과할 수 없음)

09 주어진 자료에 대한 설명으로 옳은 것을 고르면?

① 공단에 등록된 당뇨병 환자만 지원을 받을 수 있다.
② 만 19세 이상은 인슐린을 투여하지 않으면 지원을 받을 수 없다.
③ 연속 혈당 측정용 전극은 최초 처방으로 30일까지 처방이 가능하다.
④ 임신 중 당뇨병을 제외한 당뇨병 소모성 재료 처방전은 내과·소아청소년과·가정의학과 전문의만이 발급할 수 있다.

10 만 40세의 제2형 당뇨병 환자인 A는 당뇨병 소모성 재료 처방전을 90일분 발급받았다. A는 인슐린을 1일 2회 투여하고, 혈당 검사를 1일 4회 받는다. A가 약국에서 당뇨병 소모성 재료를 다음 [표]와 같이 구입하였을 때, 지원 금액을 제외하고 A가 지불해야 하는 총금액을 고르면?

[표] 품목별 가격 및 구매 개수

품목	한 통당 가격	구매 개수
혈당 측정 검사지(50매/통)	20,000원	5통
채혈침(200개/통)	5,000원	3통
인슐린 주사 바늘(150개/통)	15,000원	2통
알코올 스왑(100매/통)	3,000원	4통

① 0원　　② 11,200원　　③ 15,700원　　④ 26,500원

❓ 고난도
11 만 15세의 제1형 당뇨병 환자인 B의 연속 혈당 측정용 전극의 당뇨병 환자 소모성 재료 처방전 중 일부가 다음과 같다. B가 연속 혈당 측정용 전극을 처방 기간에 맞추어 최대로 구입하였을 경우, B가 지불해야 하는 총금액을 고르면?(단, FreeStyle Libre의 개당 가격은 9만 원이다.)

당뇨병 환자 소모성 재료 처방전(연속 혈당 측정용 전극)			
④ 제품명	하단 표에 직접 체크	⑤ 총처방 기간	(84)일

[연속 혈당 측정용 전극 등록 제품 및 제품별 사용 가능 일수]
※ 등록 제품별 사용 가능 일수를 고려하여 총처방 기간을 기재하며, 100일 이내로 처방 가능합니다(단, 최초 처방은 30일 이내).

연번	모델명(제품 등록명)	제품 처방 ☑	사용 가능 일수 (일/1개)
1	Dexcom G5 ⓡ Mobile/G4 ⓡ PLATINUM Sensor	☐	7일/개
2	Guardian Sensor 3(MMT-7020C3)	☐	7일/개
3	Guardian Sensor 3(MMT-7020D3)		
4	Enlite Glucose Sensor(MMT-7008A)	☐	6일/개
5	Enlite Glucose Sensor(MMT-7008B)		
6	FreeStyle Libre	☑	14일/개
7	G6 sensor Applicator-STS-GS-012	☐	10일/개
8	G6 sensor Applicator-STS-GS-009		

① 162,000원　　② 189,000원　　③ 252,000원　　④ 294,000원

⚠ 고난도

12 당뇨병 환자 C의 소모성 재료 처방전 내역 중 일부가 다음과 같다. 이때, 환자 C가 지원받을 수 있는 금액을 고르면?(단, C의 구입 금액은 기준 금액을 초과한다.)

당뇨병 환자 소모성 재료 처방전		
처방전 확인 사항		
③ 구분	④ 확인 사항	
[ ] 제1형 당뇨병	—	
[ ] 제2형 당뇨병 ※ 나이는 처방일 기준	[ ] 만 19세 미만: [ ] 인슐린 투여 [ ] 인슐린 미투여 [ ] 만 19세 이상: [ ] 인슐린 투여	
[∨] 임신 중 당뇨병 ※ 기존에 등록된 제2형 당뇨병 환자가 임신 중인 경우 임신 중 당뇨병에 표시	[∨] 인슐린 투여 [ ] 인슐린 미투여 ※ 참고: 분만 예정일(2021. 05. 06.)	
처방 및 지시 사항		
⑤ 처방 품목	[∨] 혈당 측정 검사지 [∨] 채혈침 [∨] 인슐린 주사기 [∨] 인슐린 주사 바늘 [ ] 인슐린 펌프용 주사기 [ ] 인슐린 펌프용 주사 바늘	
⑥ 총처방 기간	60일	
⑦ 1일 평균 횟수	혈당 검사	평균 [6] 회 검사/일
	인슐린 주사	평균 [1] 회 주사/일

① 48,600원   ② 70,200원   ③ 97,200원   ④ 135,000원

13 다음은 건강보험 피부양자 자격에 관한 자료이다. 이 자료를 바탕으로 [보기]의 질문에 대한 답변 내용 중 옳지 않은 것을 고르면?

- ■ 건강보험 피부양자 대상
  - 직장가입자에 의하여 주로 생계를 유지하는 자
    - 직장가입자의 배우자, 직계존속(배우자의 직계존속 포함), 직계비속(배우자의 직계비속 포함) 및 그 배우자, 형제·자매
    - 부양 요건을 충족하는 자: [별표] 참조
    - 재산과표가 5.4억 원 이하인 경우 인정, 또는 재산과표가 5.4억 원을 초과하면서 9억 원 이하인 경우는 연간소득 1천만 원 이하이면 인정(형제·자매는 재산과표 합이 1.8억 원 이하이어야 함)
  - 보수 또는 소득이 없는 자
  ※ 「국민건강보험법 시행규칙」 별표에 따른 부양 요건과 소득 요건을 모두 충족해야 함

- ■ 피부양자 자격의 인정 기준 중 소득 요건
  1. 직장가입자의 피부양자가 되려는 사람은 다음 각 목에서 정하는 소득요건을 모두 충족하여야 한다.
     가. 「국민건강보험법 시행령」(이하 '영'이라 한다) 제41조에 따른 소득의 합계액이 연간 3,400만 원 이하일 것
     나. 사업소득(이하 '사업소득'이라 한다)이 없을 것. 다만, 피부양자가 되려는 사람이 다음의 어느 하나에 해당하는 경우 해당되는 사업소득 요건을 충족하면 사업소득이 없는 것으로 본다.
        1) 사업자등록이 되어 있지 않은 경우: 사업소득의 합계액이 연간 500만 원 이하일 것
        2) 장애인으로 등록한 사람, 국가유공자 등으로서 상이등급 판정을 받은 사람과 보훈보상대상자로서 상이등급 판정을 받은 사람인 경우: 사업소득의 합계액이 연간 500만 원 이하일 것
     다. 피부양자가 되려는 사람이 폐업 등에 따른 사업 중단 등의 사유로 소득이 발생하지 않게 된 경우, 「도시 및 주거환경정비법」에 따른 주택재건축사업으로 발생한 사업소득을 제외하여 가목 및 나목의 요건을 충족하는 경우 등 관계 자료에 의하여 공단이 인정한 경우에는 가목 및 나목의 요건을 충족하는 것으로 본다.
     라. 피부양자가 되려는 사람이 기혼자인 경우에는 부부 모두 가목부터 다목까지의 요건을 충족하여야 한다.

[별표]

가입자와의 관계	부양 요건	
	동거 시	비동거 시
1. 자녀(법률상의 자녀가 아닌 친생자녀 포함)인 직계비속	부양 인정	미혼인 경우 부양 인정
2. 직계비속의 배우자	부양 인정	부양 불인정
3. 배우자의 직계비속	미혼인 경우 부양 인정	부양 불인정
4. 배우자, 직계존속, 배우자의 직계존속, 직계비속, 직계비속의 배우자, 형제·자매, 배우자의 직계비속	위 제1호부터 제3호까지의 경우에 해당되지 않더라도 해당 직장가입자에게 주로 생계를 의존하고 있음을 공단이 확인한 경우 부양 인정	

※「국민건강보험법 시행규칙」[별표 1](제2조 제1항 제1호 관련) 일부 요약

보기

Q: 재혼 가정의 경우, 배우자의 자녀도 직장건강보험 피부양자로 등록이 가능한가요?
A: 배우자의 자녀는 피부양자 자격의 인정기준 중 ① 부양 요건의 '배우자의 직계비속'에 해당합니다. 이 경우 ② 자녀가 주민등록상 직장가입자와 동거하는지의 여부와 관계없이 미혼이면 부양 요건을 충족하여 피부양자 취득이 가능합니다. 다만, 자녀의 나이가 19세 이상이면 미혼임을 입증할 수 있는 자녀의 혼인관계증명서가 필요합니다. 그리고 ③ 피부양자는 부양 요건, 소득 요건을 동시에 충족하여야 합니다. 소득 요건은 소득의 연간 합계액이 3,400만 원 이하, 사업소득(④ 사업자등록이 되어 있지 않은 경우에는 사업소득의 합계액이 연간 500만 원 이하)이 없으면 충족이 됩니다.

[14~15] 다음은 장기요양급여비용 등의 산정에 관한 자료이다. 이를 바탕으로 질문에 답하시오.

장기요양급여비용 등의 산정

1. 장기요양급여비용 산정의 일반 원칙

    장기요양급여비용은 급여 종류별 급여비용 및 산정 기준에 의하여 산정하되, 급여비용의 가산 및 감산에 의하여 최종 산출된 금액의 합계에 10원 미만의 단수가 있을 경우 반올림하여 산정한다.

2. 재가급여비용

    - 방문요양

30분	60분	90분	120분	150분	180분	210분	240분 이상
11,810원	18,130원	24,310원	30,690원	34,880원	38,560원	41,950원	45,090원

    ※ 야간 시 20% 가산, 심야 및 휴일 시 30% 가산(단, 야간, 심야, 휴일 가산이 동시에 적용되는 경우 중복하여 가산하지 않으며, 심야 및 휴일 시 가산 기준을 따름)

    - 방문목욕

차량 이용(차량 내 목욕)	차량 이용(가정 내 목욕)	차량 미이용
72,540원/회	65,410원/회	40,840원/회

    ※ 방문목욕 급여비용은 2인 이상의 요양보호사가 60분 이상 서비스를 제공한 경우에 산정하고, 소요 시간이 40분 이상 60분 미만인 경우에는 해당 급여비용의 80%를 산정

    - 방문간호

30분 미만	30분 이상 60분 미만	60분 이상
33,640원/회	42,200원/회	50,770원/회

    ※ 야간 시 20% 가산, 심야 및 휴일 시 30% 가산(단, 야간, 심야, 휴일 가산이 동시에 적용되는 경우 중복하여 가산하지 않음)

고난도
14 다음은 요양보호사 A씨의 일별 장기요양 방문에 대한 서비스비용 수급 내역이다. A씨가 장기요양 방문 업무에 투입한 최소 시간을 고르면?(단, 언급되지 않은 다른 조건은 고려하지 않는다.)

[서비스비용 수급 내역]

일	월	화	수	목	금	토
5	6 방문요양 (41,950원)	7 방문요양 (29,172원)	8	9 방문간호 (42,200원)	10	11 방문목욕 (65,410원)
12 방문간호 (66,001원)	13 방문목욕 (32,672원)	14	15 방문요양 (38,560원)	16	17 방문요양 (11,810원)	18

① 11시간 20분 ② 11시간 40분 ③ 12시간 30분 ④ 12시간 50분

고난도
15 다음 [보기]는 A씨와 함께 장기요양 방문 업무를 하는 요양보호사 B씨의 장기요양 방문 업무 내역이다. 14번과 [보기]를 참고할 때, B씨에게 지급되어야 할 총급여를 고르면?(단, 10원 단위 미만 반올림은 합산 금액에 적용한다.)

> **보기**
> - 6일: A씨와 교대하여 야간 20:00~23:30까지 근무하였다.
> - 9일: A씨에게 개인 사정을 얘기하고 근무 시작한 지 20분 만에 퇴근하였다.
> - 15일: A씨와 교대하여 야간 20:00~23:00까지 근무하였다.
> - 나머지 일정은 A씨와 동일하다.

① 311,320원 ② 335,320원 ③ 353,370원 ④ 358,370원

CHAPTER 04 실전연습 문제

[01~02] 다음은 이민자 가족 초청에 관한 자료이다. 이를 바탕으로 질문에 답하시오.

2024 상반기 국민건강보험공단 기출변형

    가족 초청의 종류 중 부모 초청과 관련하여 부모 초청이 가능한 초청자와 피초청자의 요건에 대하여 안내드리고자 합니다. 먼저 부모 초청에 대하여 간략하게 설명을 드리면, 미국 시민권자의 부모는 미국 시민권자의 Immediate Relative로 미국 이민 비자 문호의 제한 없이 1년에서 1년 반 정도의 기간 안에 빠르게 영주권을 취득할 수 있습니다. 부모 초청 시 주의할 점은 자녀의 동반 초청이 되지 않는다는 점입니다. 따라서 미국 시민권자인 자녀가 미국 영주권이 없는 미성년자인 동생이 있다 하더라도 부모와 함께 초청할 수 없으며, 부모와 별개의 절차인 형제 초청을 통해 영주권 신청 절차를 진행해야 합니다.
    형제 초청을 통해 영주권을 신청할 경우 문호 기간이 10여 년 이상으로 길어지기 때문에 부모 초청을 통하여 부모가 영주권을 취득한 후 영주권자의 자녀 초청으로 진행하여 기간을 단축시키는 방법이 있습니다. 미국 시민권 자녀의 부모 초청을 하기 위하여 초청자와 피초청자는 다음의 요건을 충족해야 합니다.

1. 초청인의 자격
   1) 초청인 자녀는 만 21세 이상의 미국 시민권자이어야 하고, 미국에 주소지가 있어야 합니다.
   2) 초청인 자녀와 피초청인 부모는 법적인 부모과 자녀 관계임을 입증해야 합니다.
   3) 초청인 자녀는 재정보증 능력이 있어야 합니다. 만약, 자녀가 학생이라 소득이 없는 경우 제3자 또는 초청인 스스로 재정보증을 할 수 있습니다.

2. 법적인 부모와 자녀 관계
   미국 이민법의 규정에 부합하는 법적인 부모와 자녀 관계는 다음과 같습니다.
   1) 친부모(Biological Parents)
      a. 친부모가 혼인한 상태에서 태어난 경우
      b. 친부모가 혼인하지 않은 상태에서 태어난 경우: 이 경우 친모는 친부모로 인정되지만, 친부의 경우 자녀에 대하여 친권을 가지고 있는지, 자녀를 부양해 왔는지 등의 지속적인 관계를 입증해야 합니다.
   2) 계부모(Step Parents): 초청자인 자녀가 만 18세가 되기 이전에 친모 또는 친부와 재혼을 한 계부와 계모가 대상이 됩니다.
   3) 입양 부모(Adopted Parents): 초청자인 자녀가 만 16세가 되기 전에 입양한 양부모가 대상이 됩니다. 이 경우 친부모는 초청 대상자에서 제외됩니다.
   ※ 부모와 자녀의 관계는 친부와 계모 또는 친모와 계부의 이혼, 또는 입양이 포기된 경우에는 성립되지 않습니다.
   ※ 자녀의 친부모가 이혼하고 자녀가 만 18세가 되기 이전에 각각 재혼한 경우에는 친부와 계모, 친모와 계부 모두 법적인 부모 관계가 성립하여 부모 초청을 진행할 수 있습니다.

3. 피초청인의 자격
   1) 피초청인 부모와 초청인 자녀는 법적인 부모와 자녀 관계임을 입증해야 합니다.
   2) 피초청인 부모는 미국 이민법이 규정하는 비도덕적 범죄기록이 없어야 합니다.
   3) 피초청인 부모는 신체 검사상 문제가 없어야 합니다.

4. 비도덕적 범죄기록(Criminal Involving Moral Turpitude)
   1) 1년 이상의 실형 또는 절도, 성관련 범죄, 횡령, 사기, 배임, 공갈 등과 같은 비도덕적 범죄 기록이 있는 경우 비자 발급이 거절될 수 있습니다. 이 경우 사면 신청(waiver)을 통해 영주권 신청 절차를 진행할 수 있습니다.
   2) 미국 영주권 신청자는 본국(한국)을 포함하여 6개월 이상 거주한 모든 국가(미국은 제외)의 경찰 신원조회 서류를 제출해야 합니다. 만약 범죄기록이 있다면 이에 대한 서류(판결문 또는 약식명령)와 영어 번역본을 제출해야 합니다.

01 주어진 자료에 관한 설명으로 옳지 <u>않은</u> 것을 고르면?

① 횡령으로 인한 범죄 기록이 있는 경우 비자 발급이 거절될 수 있다.
② 미국 시민권자인 자녀가 한국에 있는 부모를 초청하는 경우 경찰 신원조회 서류를 제출해야 한다.
③ 미국 시민권자인 자녀가 미국 영주권이 없는 미성년자인 동생을 부모와 함께 동반 초청할 수 있다.
④ 미국 시민권자의 부모는 1년 6개월 안에 미국 이민 비자 문호의 제한 없이도 미국 영주권을 취득할 수 있다.

02 다음 [보기] 중 초청인 또는 피초청인 자격에 관한 설명으로 옳은 것의 개수를 고르면?

> **보기**
> ㉠ 초청자인 자녀가 만 16세가 되기 전에 입양된 경우 친부모는 초청 대상이 될 수 있다.
> ㉡ 피초청인 부모와 초청인 자녀는 법적인 부모와 자녀 관계임을 입증해야 하고, 신체 검사상 문제가 없어야 한다.
> ㉢ 초청인 자녀는 만 21세 이상의 미국 시민권자이어야 하고, 미국에 주소지가 있어야 하며 재정보증 능력이 있어야 한다.
> ㉣ 초청자인 자녀가 만 18세가 되기 이전에 친모, 친부가 각각 재혼을 한 경우 친부와 계모, 친모와 계부 모두 법적인 부모 관계가 성립하여 부모 초청을 진행할 수 있다.

① 1개 ② 2개 ③ 3개 ④ 4개

[03~04] 다음은 입원환자 간호관리료 차등제에 관한 자료이다. 이 자료를 바탕으로 질문에 답하시오.

2024 상반기 국민건강보험공단 기출변형

1. 의미

    입원환자 간호관리료 차등제는 간호 인력 확보 수준에 따라 1등급 내지 7등급으로 구분하고, 그 구분에 따라 소정 점수를 가감한 후 나온 점수에 점수당 단가를 곱하여 입원료를 산정하는 제도를 의미합니다.

2. 간호 인력 확보를 위한 차등제의 실시

    입원환자 간호관리료 차등제는 적정 수준의 간호 인력을 확보하지 못한 요양기관에서 간호서비스의 일부를 보호자나 간병인에게 위임하는 등 입원 진료 시 간호서비스의 질이 저하되는 바람직하지 않은 현상을 해소하기 위해서 시행되고 있습니다.

3. 입원료의 산정

    ○ 입원료의 산정기준

      - 요양기관이 요양급여를 실시하고 비용을 산정할 때는 분류항목의 상대가치점수에 점수당 단가를 곱하여 산정합니다.
      - 입원료 등의 소정점수에는 다음의 비용이 포함되어 있으며, 요양기관 종별에 따라 산정합니다.
        • 입원환자 의학관리료(소정점수의 40%)
        • 입원환자 간호관리료(소정점수의 25%)
        • 입원환자 병원관리료(소정점수의 35%)

    ○ 1일당 입원료의 산정기준

      - 입원료 등은 1일당으로 다음과 같이 산정합니다.
        • 1일이라 함은 12시(정오)부터 다음 날 12시(정오)까지를 의미합니다.
        • 0~6시 사이에 입원하거나, 18~24시 사이에 퇴원한 경우에는 입원료 소정점수의 50%를 별도로 산정합니다.
        • 6~12시 사이에 입원하거나, 12~18시 사이에 퇴원한 경우 동기간의 입원료는 별도 산정하지 않습니다.
        • 입원과 퇴원이 24시간 이내에 이루어진 경우에는 전체 입원 시간이 6시간 이상인 경우에 한하여 1일의 입원료를 산정합니다.
        • 입원료는 입원 16일째부터 30일째까지 해당 점수의 90%를 산정합니다.
        • 입원료는 입원 31일째부터 해당 점수의 85%를 산정합니다.

4. 입원환자 간호관리료 차등제의 등급 구분

    ○ 간호 인력 확보 수준에 따른 입원환자 간호관리료 차등제의 등급

      - 간호관리료 등급 산정식
        • 간호 인력 확보 수준에 따른 입원환자 간호관리료 차등제의 등급은 일반병동의 직전 분기 평균 병상 수 대비 해당 병동에서 간호 업무에 종사하는 직전 분기 평균 간호사 수(병상 수 대 간호사 수의 비)로 구분합니다.

• 즉, (일반병동 3개월 평균 병상 수)÷(일반병동 3개월 평균 간호사 수)입니다.
— 간호관리료 등급의 구분

등급	상급종합병원	종합병원·병원·의원
1등급	2.0:1 미만	2.5:1 미만
2등급	2.0:1 이상 ~ 2.5:1 미만	2.5:1 이상 ~ 3.0:1 미만
3등급	2.5:1 이상 ~ 3.0:1 미만	3.0:1 이상 ~ 3.5:1 미만
4등급	3.0:1 이상 ~ 3.5:1 미만	3.5:1 이상 ~ 4.0:1 미만
5등급	3.5:1 이상 ~ 4.0:1 미만	4.0:1 이상 ~ 4.5:1 미만
6등급	4.0:1 이상	4.5:1 이상 ~ 6.0:1 미만
7등급	—	6.0:1 이상

※ 간호사 1명이 돌보는 병상 수(환자 수)에 따라 산정한 등급임

03 주어진 자료에 관한 설명으로 옳지 않은 것을 고르면?

① 환자가 새벽 4시에 입원하였다면 해당 일의 입원료는 지불하지 않아도 된다.
② 입원한 환자는 해당 병원의 간호사 수에 따라 입원료가 달라질 수 있다.
③ 간호사 1명이 돌보는 병상 수 또는 환자 수가 적을수록 간호관리료 등급이 높다.
④ 입원환자 간호관리료 차등제는 부족한 간호 인력 상황에서 환자에 대한 간호서비스의 질을 높이기 위해 시행되고 있다.

04 주어진 자료와 다음 [표]를 바탕으로 할 때, 간호관리료 등급을 바르게 구분한 것을 고르면?

[표] A~D기관별 평균 간호사 및 병상 수   (단위: 명, 개)

구분	일반병동 3개월 평균 간호사 수	일반병동 3개월 평균 병상 수	비고
A기관	678	802	종합병원
B기관	4	12	의원
C기관	82	206	병원
D기관	4,716	2,764	상급종합병원

① A기관: 4등급
② B기관: 3등급
③ C기관: 3등급
④ D기관: 2등급

[05~07] 다음은 R사가 신규 홈페이지 제작을 위해 웹 제작 기업인 K사로부터 받은 견적 사항이다. 이를 바탕으로 질문에 답하시오.

[홈페이지 특징 및 지원 사항]
- 원하는 디자인 맞춤형 제작
- 약정 기간이 없어 위약금 미발생
- 호스팅과 서버 관리 이용 무료 지원
- 신규 도메인과 고객 소유 도메인 모두 추가 비용 없이 사용 가능

[이용요금]

기본형 (웹 or 모바일)	결합형 (웹+모바일)	고급형 (웹 or 모바일)
50,000원/월 1년 일시불(5% 할인)	70,000원/월 1년 일시불(5% 할인)	80,000원/월 1년 일시불(5% 할인)
• 홈페이지 제작 • 관리자 계정 및 호스팅 할인 제공 • 메인 페이지 포함 총 10페이지까지 제작 가능(계약 기간 없음)	• 홈페이지 제작 및 자동 콜백 문자 서비스 • 관리자 계정 및 호스팅 무료 제공 • 메인 페이지 포함 총 10페이지까지 제작 가능. 단, 웹은 기본형으로 제작(계약 기간 없음)	• 홈페이지 제작 및 자동 콜백 문자 서비스 • 관리자 계정 및 호스팅 무료 제공 • 메인 페이지 포함 총 20페이지까지 제작 가능(계약 기간 3개월)

※ 추가 혜택
 - co, kr, com, net 등 원하는 도메인 주소를 무료로 연결
 - 두 번의 백업 제공을 통해 고객의 홈페이지를 랜섬웨어로부터 안전하게 보호
 - 바이러스, 디도스 등 장애를 차단할 수 있는 강력한 방화벽 무료 세팅

[월 정액형 유지 보수 서비스]

구분		A형	B형	C형
가격		35,000원	55,000원	70,000원
서비스 내용	텍스트 수정	1page	3page	5page
	텍스트+이미지 수정	1page	2page	5page
	새로운 페이지 추가	─	1page	3page
	이벤트 팝업	─	팝업 1개/월	팝업 2개/월
	배너 이미지 수정	1개 수정	1개 수정+1개 추가	2개 수정+2개 추가

※ 유지 보수 서비스의 가격은 연 기준임(단, 서비스는 매월 적용된다.)

05 주어진 자료에 대한 설명으로 옳지 않은 것을 고르면?

① 기본형과 결합형의 차이는 자동 콜백 문자 서비스의 제공 여부뿐이다.
② 신규 도메인은 물론 고객 소유의 도메인도 추가 비용 없이 사용할 수 있다.
③ 홈페이지에 포함할 텍스트나 이미지가 많을수록 더 고가의 유형을 선택해야 한다.
④ 바이러스 방화벽 설치는 견적 내용에 포함되어 있어 별도의 추가 금액이 발생하지 않는다.

06 R사의 신 대리가 자사 홈페이지 운영을 위해 연간 기본요금 최대 90만 원에 배너 이미지와 팝업 창을 매월 적어도 1개씩은 업데이트하려고 할 때, 다음 중 이용할 수 있는 홈페이지 및 유지 보수 유형에 해당하는 것을 고르면?

① 결합형+A형
② 결합형+B형
③ 고급형+A형
④ 고급형+B형

07 다음 [보기]는 고객(A)과 K사의 직원(B)이 나눈 대화이다. B의 답변 내용으로 적절하지 않은 것을 고르면?

> **보기**
> A: 약정 기간이 별도로 있는 건 아니죠?
> B: ㉠ 기본형과 결합형은 별도의 약정 기간을 설정하고 있지 않지만, 고급형의 경우만 3개월 단위로 계약을 진행하고 있습니다.
> A: 저희 회사 홈페이지는 메인 페이지까지 13~15page 정도 되고, 연 기본요금이 100만 원을 넘지 않았으면 하는데요, 추천해주실 상품이 있나요?
> B: ㉡ 네, 결합형과 고급형 두 가지를 추천해드릴 수 있겠네요.
> A: 저희 회사는 이전에 쓰던 도메인을 가지고 있고, 저희 회사에 맞춰 화면을 디자인하고 싶은데요. 그렇게도 제작이 가능한지요?
> B: ㉢ 그럼요, 가지고 계신 도메인은 추가 비용 없이 사용하실 수 있고, 원하시는 디자인으로 제작해 드릴 수 있습니다.
> A: 업무 특성상 홈페이지 이미지를 매달 3~4page 정도는 계속 업데이트를 해야 하는데요, 이런 조건이 포함된 유지 보수 서비스 유형이 있나요?
> B: ㉣ C형 유지 보수를 선택하시면 매달 원하시는 이미지 업데이트 서비스를 받으실 수 있습니다.

① ㉠
② ㉡
③ ㉢
④ ㉣

[08~09] 다음은 K공기업의 인재 개발원 교육 교재 제작 업체 입찰 공고에 관한 자료이다. 이를 바탕으로 질문에 답하시오.

입찰 공고

1. 과업명: 2021년 인재 개발원 교육 교재 제작
2. 과업 기간: 2021. 1. 1.~2021. 12. 31.
3. 사업 예산: 367,000천 원(VAT 포함) - 건강보험 사업(297,000천 원), 장기요양 사업(70,000천 원)
4. 입찰 방식: 중소기업자 간 제한 경쟁
   - 단가, 질, 업체 규모, 이행 능력 점수를 10점 만점으로 부여하고, 각 항목을 2:3:1:4의 비율로 계산하여 합산 점수가 가장 높은 업체를 선정한다. 동점자 발생 시 단가 점수가 가장 높은 업체를 선정한다.
5. 예상 제작 내역

구분	제작 개수(예상)
표지(부수)	2,350부
내지(면수)	2,650면

6. 물량 결정 및 정산 방법
   - 교재별 정산은 실제 납품한 부수 및 면수에 계약 단가를 곱하여 정산하며, 매 과정마다 동일한 방식으로 적용된다.
7. 2021년 교육 교재 제작 내역

연번	과정명	제작 부수 (예상)	권당 면수 (예상)	전체 면수 (예상)	실시 월 (예정)
1	장애인 인식 개선 교육	600부	50면	30,000면	10월
2	자격 관리 심화 과정	160부	150면	24,000면	10월
3	부과 관리 심화 과정	160부	150면	24,000면	4월
4	국가 건강 검진 사업 실무 과정	100부	200면	20,000면	3월
5	일차 의료 만성 질환 관리 실무 과정	100부	200면	20,000면	5월
6	검진 기관 관리 심화 과정	100부	200면	20,000면	2월
7	건강직, 행정직 전직 과정	70부	250면	17,500면	7월
8	감사 전문 인력 양성 과정	90부	150면	13,500면	5월
9	회계, 세무 실무 심화 과정	100부	150면	15,000면	5월
10	소송 실무 심화 과정	70부	250면	17,500면	3월
11	건강보험 정보 분석사 보수 과정	100부	150면	15,000면	9월
12	Office 활용 능력 향상 과정	300부	150면	45,000면	6월, 7월
13	감사 체험 수행 과정	60부	150면	9,000면	10월
14	검진 결과 사후 관리 심화 과정	100부	150면	15,000면	5월

| 15 | 재난적 의료비 지원 사업 담당자 교육 | 160부 | 150면 | 24,000면 | 2월, 8월 |
| 16 | 불법 개설 기관 행정 조사 심화 과정 | 80부 | 150면 | 12,000면 | 3월 |

08 다음 [표]는 K공기업의 인재 개발원 교육 교재 입찰에 참여한 네 업체의 항목별 평가 점수에 관한 자료이다. A~D업체 중 교육 교재 제작에 선정되는 업체를 고르면?

[표] A~D업체의 항목별 평가 점수 (단위: 점)

구분	단가	질	업체 규모	이행 능력
A업체	10	8	9	9
B업체	7	10	10	8
C업체	9	8	7	10
D업체	8	10	8	9

① A업체 ② B업체 ③ C업체 ④ D업체

09 제작 단가는 한 면당 5원이고, 한 권의 교재로 제작하기 위해 한 부당 2,500원이 소요된다. 검진 기관 관리 심화 과정 교육이 예정 월보다 한 달 늦게 실시되고, 나머지 과정은 모두 예정된 월에 실시되었다고 할 때, 이 업체가 3월에 제작 납품한 교육 교재의 총제작 비용을 고르면?(단, 교육 교재는 각 교육 실시 예정 월에 제작 납품하였고, 각 교재의 제작 부수 및 권당 면수는 예상과 동일하다.)

① 872,500원 ② 1,222,500원 ③ 1,375,000원 ④ 2,275,000원

[10~11] 다음은 요양원 입소 및 비용에 관한 자료이다. 이를 바탕으로 질문에 답하시오.

1. 요양원 입소

    공단에서 받은 '개인별장기요양이용계획서'를 작성하면 장기요양등급 및 본인부담률을 확인할 수 있다. 일반적으로 국민건강보험공단을 통해 최소 80%에서 최대 100%의 국가 지원을 받게 되며, 장기요양등급에 따른 수가를 기준으로 하므로 대부분의 요양원 및 공동생활가정의 입소 비용은 동일하다. 다만, 식사재료비, 상급침실료, 이·미용비, 계약의사 진료비 및 약제비 등의 비급여 항목에서 차이가 발생할 수 있다.

2. 장기요양 3, 4등급의 이용

    - 장기요양등급이 3등급 또는 4등급인 경우에도 요양원(시설급여)을 이용할 수 있다. 다만, 국민건강보험공단 장기요양보험에 '장기요양 급여종류·내용변경신청'을 하고 시설급여를 인정받아야 한다.
    - 제출 서류
        - 장기요양 급여종류·내용변경신청
        - 사실확인서(제출 필요시)
    - 요양원 입소대상자 자격
        ① 주수발자인 가족 구성원으로부터 수발이 곤란한 경우
            - 주수발자인 가족 구성원으로부터 방임 또는 유기되거나 학대받을 가능성이 높은 때
            - 주수발자인 가족 구성원의 직장, 질병, 해외 체류 등의 사유로 수발이 곤란한 때
            - 독거이며 가까운 거리에 수발할 수 있는 가족(주수발자)이 없을 때
        ② 주거환경이 열악하여 시설 입소가 불가피한 경우
        ③ 치매 등에 따른 문제행동으로 재가급여를 이용할 수 없는 경우
            - 치매 증상이 확인된 경우
            - 치매 증상 요건이 확인되지 않았으나 수급자의 문제행동으로 가족의 수발 부담이 크고 스트레스가 심한 상태에 있는 때

3. 시설급여 이용 비용

구분	요양원			노인요양공동생활가정		
등급	1등급	2등급	3~5등급	1등급	2등급	3~5등급
1일 비용	78,250원	72,600원	66,950원	68,780원	63,820원	58,830원

    주1) 기초생활수급자의 경우 100% 무료이고, 비급여는 별도이므로 전액 본인이 부담해야 함
     2) 일반대상자는 본인부담률이 20%이고, 감경대상자는 감경률에 따라 12% 또는 8%가 적용됨

10 주어진 자료에 관한 설명으로 옳지 <u>않은</u> 것을 고르면?

① 장기요양등급에 관계없이 요양원 비용은 비급여 항목을 제외하면 모두 동일하다.
② 기초생활수급자라 하더라도 요양원 이용 시 비용이 발생할 수 있다.
③ 치매 증상이 확인되고 장기요양등급이 4등급이면 시설급여를 이용할 수 있다.
④ 장기요양 3등급인 경우 국민건강보험공단에서 인정하는 경우에 한하여 요양원을 이용할 수 있다.

11 시설급여 이용 비용 중 본인부담금 총액이 가장 적은 경우를 [보기]에서 고르면?(단, 한 달을 30일로 계산하고, 언급되지 않은 내용에 대해서는 시설급여 이용 조건을 만족한다고 가정한다.)

> **보기**
> ㉠ 장기요양등급이 1등급이고 일반대상자인 A씨가 요양원을 6개월 이용하는 경우
> ㉡ 본인부담률이 8%인 감경대상자 B씨가 장기요양등급 4등급을 받고 노인요양공동생활가정을 12개월간 이용하는 경우
> ㉢ 본인부담률이 12%인 감경대상자 C씨가 장기요양등급 2등급을 받고 요양원을 10개월간 이용하는 경우
> ㉣ 장기요양등급 5등급이고 일반대상자인 D씨가 노인요양공동생활가정을 8개월 이용하는 경우

① ㉠ ② ㉡ ③ ㉢ ④ ㉣

[12~13] 다음 제안 요청서를 바탕으로 질문에 답하시오.

제안 요청서

1. 목적: 2022년 신입사원 연수복 구매
2. 추진 방향: 신입사원이 선호하는 디자인 및 연수 기간 동안 착용할 수 있도록 활동성이 우수한 제품 구매
3. 사업 예산(부가세, 배송비 등 일체의 비용 포함)

구분		예정 인원	1인 단가	예산액
여름용 (1, 2차수)	운동복 상의(1장)	460명	150,000원	69,000,000원
	운동복 하의(2장)			
	반소매 티셔츠(2장)			
겨울용 (3, 4차수)	운동복 상의(1장)	440명	150,000원	66,000,000원
	운동복 하의(2장)			
	긴소매 티셔츠(2장)			

※ 단, 산출 내역서 작성 시, 운동복 상/하의(여름용/겨울용), 티셔츠(반/긴소매)로 구분하여 개별 품목 단가 표기

4. 사업 기간: 2022. 3. 1. ~ 2022. 12. 31.
5. 세부 내역
   1) 구매 품목 및 수량

차수(예정 인원)	품목	구매 예정 수량	납품일
합계	운동복 상의(900장), 운동복 하의(1,800장), 티셔츠(1,800장)		
1차수 (약 230명)	운동복 상의(여름용)	230장	2022년 7월 중
	운동복 하의(여름용)	460장	
	티셔츠(여름용)	460장	
2차수 (약 230명)	운동복 상의(여름용)	230장	
	운동복 하의(여름용)	460장	
	티셔츠(여름용)	460장	
3차수 (약 220명)	운동복 상의(겨울용)	220장	2022년 12월 중
	운동복 하의(겨울용)	440장	
	티셔츠(겨울용)	440장	
4차수 (약 220명)	운동복 상의(겨울용)	220장	
	운동복 하의(겨울용)	440장	
	티셔츠(겨울용)	440장	

※ 단, 구매 수량, 납품일, 구매 품목 등은 신입사원 채용 결과 등에 따라 변경될 수 있음
※ 대금 지급은 차수별로 실제 납품 수량 확인 후 납품 수량에 품목별 단가를 곱한 총액을 분할 지급

2) 납품 장소: ○○공단 인재 개발원
3) 납품 방법
   - 차수별 교육 시작 7일 전까지 납품하여야 하며, 공단이 지정하는 장소로 납품(납품 장소 변경 가능)
   - 차수별 납품 후 14일 이내 발생한 불량품은 발생일로부터 5일 이내 교환 납품하여야 함

12 주어진 자료에 대한 설명으로 옳지 <u>않은</u> 것을 고르면?

① 2022년 채용 예정 인원은 약 900명이다.
② 2022년 신입사원은 교육 시 5장의 연수복을 받는다.
③ 2022년 신입사원 연수복의 총예산액은 약 1억 3천 5백만 원이다.
④ 2022년 신입사원은 1인당 30만 원 정도의 연수복을 지급받는다.

13 2022년 신입사원 채용 인원이 기존 예상 인원의 70%로 변경되어 해당 인원에 맞춰 겨울용 연수복을 구입하려고 한다. 또한 긴소매 티셔츠 대신 운동복 상의를 2장 추가하여 구매한다고 할 때, 다음 [표]의 가격에 따라 연수복 구매에 들어가는 최소 비용으로 옳은 것을 고르면?

[표] 겨울용 연수복 1장당 금액

구분	운동복 상의	운동복 하의	긴소매 티셔츠
금액	20,000원	40,000원	15,000원

※ 운동복을 상하의 세트로 구매할 시 해당 세트에는 10% 할인을 적용한다.

① 39,400천 원
② 39,424천 원
③ 39,840천 원
④ 40,000천 원

[14~16] 다음은 의과학 분야 연구비 지원 사업 학생 공모에 대한 질의응답 내용이다. 이를 바탕으로 질문에 답하시오.

질문	학생 선발 기준을 알고 싶습니다.
답변	공정한 선발을 위해 선발심의위원회를 구성하여 선발합니다. 학생 선발 관련하여 심사 항목과 항목별 평가 기준을 마련하였으며, 심사 항목은 지원동기(40점), 학업계획(40점), 과외활동(20점)으로 구성되어 있습니다. 항목별 평가 기준은 지원동기의 적절성, 향후 학업계획의 구체성, 연구 분야와의 연관성 등을 평가하여 고득점 순으로 선발합니다.
질문	연구기관과 학생은 어떻게 매칭되나요?
답변	선발된 학생의 1지망을 기준으로 매칭합니다. 1지망 지원자가 기관에서 수용 가능한 인원인 경우에는 학생이 희망한 1지망 연구 주제로 매칭하나, 1지망 지원자가 연구 주제별 수용 인원보다 많은 경우에는 1지망 학생들 중에서 고득점 순으로 매칭하고, 1지망에서 탈락한 학생은 2지망 연구 주제로 매칭합니다.
질문	선발 학생 수는 정해져 있나요?
답변	연구 분야는 84명 선발 예정입니다. 총 55개 연구 주제이며, 주제별로 1명 또는 2명을 모집할 예정입니다.
질문	이공계 학생도 참여가 가능한가요?
답변	의과대학 및 의학전문대학 학생만 가능합니다.
질문	한 사람이 실습비 지원 사업과 연구비 지원 사업을 중복 지원할 수 있나요?
답변	더 많은 학생들에게 기회를 주기 위해 실습과 연구는 중복 지원이 불가합니다.
질문	의대 본과생만 가능한가요?
답변	예과, 본과 구분 없이 의과대학 및 의학전문대학 학생의 경우 지원 가능합니다.
질문	휴학생도 신청 가능한가요?
답변	네, 가능합니다.
질문	신청 시 제출해야 하는 서류는 무엇인가요?
답변	의과학 분야 연구 과정 지원 신청서, 개인정보 수집·이용 동의서, 재학 증명서를 제출하시면 됩니다.
질문	신청서 작성 및 제출 시 유의해야 할 사항이 있나요?
답변	신청서 작성 시 '지원동기', '향후 학업계획', '관련 과외활동' 항목에 특정인을 구분할 수 있는 학교명과 성명 등 개인정보의 작성을 지양하여 주시기 바랍니다. 신청서 양식의 각 항목 및 본인 서명란을 빠짐없이 작성하여야 하며, 제출 이후 수정이 불가하므로 연구 주제별 일정 등을 참고하여 신중을 기하여 작성하여 주시기 바랍니다. 또한, 공고 기간 내 전자우편의 방식으로 제출된 신청서만 인정됩니다.(중복 및 수정제출 불가) ※ 공고 기간: 5. 17.(화) ~ 5. 27.(금) (접수 마감일 18:00까지 도착분에 한함)

질문	연구 시 학생 지원금의 기준과 지급일은 어떻게 되나요?
답변	연구 일수에 따른 정액의 형태로 공단에서 직접 지급하며, 연구 수행 1일(4시간)당 학생(10만 원)을 지급합니다. 지원금은 조세 관련 법령에 따라 원천징수 후 지급합니다. 지원금 지급은 기관에서 연구 종료일 익월 15일까지 일체의 자료를 공단에 제출하고 공단의 검토 후 1개월 이내에 지급하게 됩니다.
질문	선발된 학생이 지켜야 하는 사항에는 무엇이 있나요?
답변	연구기관에서 진행하는 연구를 성실하게 수행해야 합니다. 예정된 연구 일수(10~30일)에 50% 초과 불참한 경우 학생 지원금은 전액 지원하지 않으며, 50% 이하 불참한 경우에는 불참 일수를 일할 계산하여 학생 지원금을 차감하여 지급합니다. 또한, 성과 평가를 위해 공단이 실시하는 학생 대상의 만족도 설문조사에 성실히 참여해야 합니다.
질문	연구 종료 후 제출해야 하는 자료에는 무엇이 있나요?
답변	학생은 연구 수행과 관련한 자료 일체를 연구기관 담당자에게 제출합니다. 지도교수, 조교 및 학생이 서명한 출석일지, 매 연구일마다 학생이 작성하여 지도교수의 서명을 받은 연구일지, 연구 종료 후 2페이지 이상 분량의 연구결과 보고서를 제출해야 합니다.
질문	연구 종료 후 수료증을 발급해주나요?
답변	실습비 지원 프로그램과 달리, 연구비 지원 프로그램은 발급되는 수료증이 없습니다.
질문	연구 종료 후 표창장 수여 또는 워크숍 계획이 있나요?
답변	올해 연구 프로그램에 참여한 학생을 대상으로 실시 예정입니다. 기관에서 학생별로 작성한 연구 수행 평가, 학생의 출석일지 및 연구일지, 연구 보고서 등을 고려하여 우수 학생에게 국민건강보험공단 이사장 표창장을 수여할 계획입니다.

14 주어진 질의응답 내용과 일치하지 않는 것을 고르면?

① 학생은 연구 종료 후 출석일지와 연구일지, 연구결과 보고서를 연구기관 담당자에게 제출해야 한다.
② 의과학 분야 연구비 지원 학생 공모는 의대 본과생 외에 이공계 학생의 참여도 가능하다.
③ 의과학 분야 연구비 지원 학생 공모 신청 시 제출해야 하는 서류는 3개이다.
④ 연구 학생을 2명 모집하는 연구 주제는 29개이다.

15 주어진 질의응답 내용을 적절하게 이해하지 못한 사람을 고르면?

> - 규진: 실습비 지원 프로그램은 연구 종료 후 수료증이 발급되는구나.
> - 아영: 예정된 연구 일수에 50% 불참한 경우 학생 지원금은 전액 지원되지 않으니 유의해야 해.
> - 훈규: 신청서는 5월 27일 오후 6시까지 전자우편으로 제출해야겠다.
> - 윤미: 학업계획에 대한 심사 점수는 과외 활동에 대한 심사 점수의 2배야.

① 규진　　　　② 아영　　　　③ 훈규　　　　④ 윤미

16 주어진 질의응답 내용을 토대로 지영이와 현수가 나눈 대화 내용 중 적절한 것을 고르면?

> 현수: 의과학 분야 연구비 지원 학생 공모에 대한 신청서를 작성했는데 지원 동기에 특정인을 구분할 수 있는 학교명이 드러난 것 같아 걱정이야.
> 지영: ① 의과학 분야 연구비 지원 학생 공모에 대한 신청서는 제출 이후에도 공고 기간 내에는 수정이 가능하니 걱정하지 말고 확인해 봐! 그런데 이번 지원 사업은 지원금이 얼마나 돼?
> 현수: 연구 수행 4시간당 10만 원이 지급되는 걸로 알고 있어. ② 연구 종료일 당월 15일까지 모든 자료를 공단에 제출하면 공단에서 검토 후 1개월 이내로 지급해 준대.
> 지영: 아하, 그렇구나. ③ 실습비 지원 사업과 중복 지원이 된다는데 나도 지원해 볼까?
> 현수: ④ 연구 종료 후 연구 프로그램에 참여한 학생 중 우수 학생에게 국민건강보험공단 이사장 표창장을 수여할 계획이라고 하더라.

[17~18] 다음 글을 읽고 질문에 답하시오.

의료급여 수급권자 선정

매년 보건복지부장관이 각 시·도지사에게 선정 기준을 시달하면 거주지를 관할하는 보장기관장이 「국민기초생활 보장법」에 의해 가구 단위 급여 또는 개인 단위 급여를 기준으로 수급자를 선정합니다. 타 법률에 의해 보건복지부장관이 의료급여가 필요하다고 인정한 사람을 대상으로 의료급여 수급권자의 자격 관리 및 의료 혜택 부여 등의 관리 체계를 운영하고 있으며, 그 선정 유형 및 자격 유지 기간은 다음과 같습니다.

1. 수급권자의 선정 유형
   (1) 1종
      - 「국민기초생활 보장법」에 의한 수급권자
      - 행려환자
      - 「재해구호법」에 따른 이재민으로서 보건복지부장관이 의료급여가 필요하다고 인정한 사람
      - 「의사상자 등 예우 및 지원에 관한 법률」에 따라 의료급여를 받는 사람
      - 「입양특례법」에 따라 국내에 입양된 18세 미만의 입양 아동
      - 「독립유공자예우에 관한 법률」, 「국가유공자 등 예우 및 지원에 관한 법률」 및 「보훈보상대상자 지원에 관한 법률」의 적용을 받고 있는 사람과 그 가족으로서 국가보훈처장이 의료급여가 필요하다고 추천한 사람 중에서 보건복지부장관이 의료급여가 필요하다고 인정한 사람
      - 「무형문화재 보전 및 진흥에 관한 법률」에 따라 지정된 국가무형문화재의 보유자(명예보유자 포함)와 그 가족으로서 문화재청장이 의료급여가 필요하다고 추천한 사람 중에서 보건복지부장관이 의료급여가 필요하다고 인정한 사람
      - 「북한이탈주민의 보호 및 정착지원에 관한 법률」의 적용을 받고 있는 사람과 그 가족으로서 보건복지부장관이 의료급여가 필요하다고 인정한 사람
      - 「5·18민주화운동 관련자 보상 등에 관한 법률」 제8조에 따라 보상금 등을 받은 사람과 그 가족으로서 보건복지부장관이 의료급여가 필요하다고 인정한 사람
      - 「노숙인 등의 복지 및 자립지원에 관한 법률」에 따른 노숙인 등으로서 보건복지부장관이 의료급여가 필요하다고 인정한 사람
   (2) 2종
      - 국민기초생활보장 수급권자 중 의료급여 1종 수급권자 기준에 해당되지 않는 자

2. 의료급여 수급권과 자격 유지 기간
   (1) 의료급여 개시일: 의료급여 수급권자는 원칙적으로 수급자로 결정된 날부터 의료급어 실시
   (2) 의료급여 개시일의 적용
      - 국민기초생활보장 수급자(시설수급자, 특례자 포함)는 국민기초생활보장 수급자로 책정된 날부터 개시
      - 이재민은 특별재난지역으로 선포된 원인이 된 재해가 발생한 날부터 개시

- 의사상자는 의사상 행위를 한 날부터 개시
- 입양 후 30일 이내 신청 시는 입양일로 소급 취득, 그 이후 신청 시는 결정일부터 개시
- 북한이탈주민은 하나원 퇴소일(사회진출일)로부터 10일 이내 신청 시는 퇴소일로 소급 취득하되, 그 이후 신청 시는 결정일부터 개시
  ※ 북한이탈주민은 하나원 입소 중 기초생활 자격 결정 및 최초 거주지 전입 시 확인조사 실시 후 계속 보장 여부 결정 (「국민기초생활보장사업안내」 참고)
- 행려환자는 진료를 시작한 날부터 개시

(3) 의료급여 종료일

의료급여 수급권자 요건에 해당되지 아니하게 된 때 종료되며, 이재민 등 보장기관이 특별하게 기간을 정하는 경우에는 보장기관에서 정한 기간까지만 자격이 유지됩니다.

※ 의료급여 수급권자가 건강보험 당연적용 사업장에 고용되었을 경우 당연히 건강보험가입자가 되는 것은 아니며, 건강보험에 가입할지 의료급여를 유지할지는 당사자가 선택할 수 있음

17 주어진 자료에 대한 설명으로 옳은 것을 고르면?

① 의료급여 1종 수급권자 기준에 해당하지 않는 모든 사람은 의료급여 2종 수급권자가 될 수 있다.
② 국내에서 11세의 아동을 입양하고 2달 뒤에 의료급여를 신청했다면 의료급여 수급권자로 결정된 날부터 의료급여를 받을 수 있다.
③ 독립유공자 가족으로서 국가보훈처장이 의료급여가 필요하다고 추천했다면 바로 1종 수급권자가 될 수 있다.
④ 이재민은 의료급여 수급권자 요건에 해당되지 않을 때까지 의료급여 수급권자 자격을 유지할 수 있다.

18 주어진 자료를 바탕으로 의료급여 1종 수급권자 유형과 의료급여 개시일이 바르게 정리된 것을 고르면?

①
의료급여 1종 수급권자 유형	의료급여 개시일
국민기초생활보장 수급자	수급자로 책정된 날
이재민	재해가 발생한 다음 날
의사상자	의사상 행위를 한 날
북한이탈주민	하나원 퇴소 10일 이내 → 퇴소일
행려환자	진료를 시작한 날

②
의료급여 1종 수급권자 유형	의료급여 개시일
국민기초생활보장 수급자	수급자로 책정된 날
이재민	재해가 발생한 날
의사상자	의사상 행위를 한 날
국내에 입양된 18세 미만의 입양 아동	입양 후 30일 이내 → 결정일
행려환자	진료를 시작한 날

③
의료급여 1종 수급권자 유형	의료급여 개시일
국민기초생활보장 수급자	수급자로 책정된 날
이재민	재해가 발생한 날
의사상자	의사상 행위를 한 날
국내에 입양된 18세 미만의 입양 아동	입양 후 30일 이내 → 입양일
북한이탈주민	최초 거주지 전입 시

④
의료급여 1종 수급권자 유형	의료급여 개시일
국민기초생활보장 수급자	수급자로 책정된 날
이재민	재해가 발생한 날
의사상자	의사상 행위를 한 날
북한이탈주민	하나원 퇴소일 10일 이후 → 결정일
행려환자	진료를 시작한 날

[19~20] 다음은 △△기업의 사내 근로복지기금 운영 세칙의 일부이다. 이를 바탕으로 질문에 답하시오.

---

1. 유아자녀교육비 보조
   ① 대상 자녀는 지급 연도의 3월 1일 기준 만 0~5세인 자녀로 한다.
   ② 지급 대상 직원은 지급 기준일 현재 재직 중인 전 직원으로 하며 휴직, 정직 중인 자는 제외(단, 공상휴직, 육아휴직자는 지급)한다.
   ③ 지급 금액은 자녀 1인당 만 0~4세는 연간 180만 원, 만 5세는 연간 240만 원으로 하며 반기별로(3월, 9월) 정액 지급한다.
   ④ 직원이 정부로부터 영유아보육료 또는 양육수당을 지원받는 경우 지급 시기 이전 6개월치의 정부 지원 금액을 뺀 만큼을 지급한다.

2. 대학생 자녀 장학금 지급
   ① 대학생 자녀 장학금 지원은 학기당 2인 한도로 한다. 지원 금액이 많은 자녀 순으로 지급한다.
   ② 대학생 자녀 장학금은 지급 시기 직전 학기별 성적에 따라 등록금 범위 내에서 지급하며, 학점별 지급 가능한 상한 금액은 다음과 같다.
   - 학기당 A학점: 300만 원
   - 학기당 B학점: 200만 원
   - 학기당 C학점: 150만 원
   - 학기당 D학점 이하: 지원하지 않음
   ③ 장학금 지원 학기는 자녀 1인당 최대 8학기로 하고 자녀 합산 16학기로 한다.
   ④ 장학금은 3월(1학기)과 9월(2학기)에 정액으로 지원한다.

19 휴직 중인 두 직원에 관한 [보기]의 내용을 바탕으로 할 때, 옳은 것을 고르면?

> [보기]
> - 직원 한 씨는 현재 육아휴직 중이다. 그는 3월 1일 기준 만 0세, 만 2세 자녀 육아 중이고, 정부로부터 1인당 월 10만 원의 양육수당을 수급 중이다.
> - 직원 안 씨는 일반휴직 중이다. 그녀는 3월 1일 기준 만 5세 자녀 육아 중이다.

① 두 직원 모두 9월에 유아자녀교육비 보조금을 받지 못한다.
② 9월에 한 씨는 유아자녀교육비 보조금을 60만 원 받지만, 안 씨는 받지 못한다.
③ 9월에 한 씨는 유아자녀교육비 보조금을 받지 못하지만, 안 씨는 120만 원 받는다.
④ 9월에 한 씨는 유아자녀교육비 보조금을 60만 원 받고, 안 씨는 120만 원 받는다.

20 주어진 자료와 다음 [상황]을 바탕으로, 유 부장이 앞으로 받을 수 있는 장학금 지원액을 고르면?

> [상황]
> △△기업에 근무 중인 유 부장은 4명의 대학생 자녀 '갑', '을', '병', '정'을 둔 다자녀 부모이다. 자녀 중 '갑', '을'의 한 학기 등록금은 300만 원, '병', '정'의 한 학기 등록금은 180만 원이다. 네 자녀에 관한 정보는 다음과 같다.
> - 갑: 대학 10학기 등록 예정, 4학기 동안 장학금 수급, 지급 시기 직전 학기에 B학점
> - 을: 대학 10학기 등록 예정, 8학기 동안 장학금 수급, 지급 시기 직전 학기에 A학점
> - 병: 대학 2학기 등록 예정, 1학기 동안 장학금 수급, 지급 시기 직전 학기에 C학점
> - 정: 대학 2학기 등록 예정, 1학기 동안 장학금 수급, 지급 시기 직전 학기에 A학점

① 280만 원   ② 340만 원   ③ 380만 원   ④ 440만 원

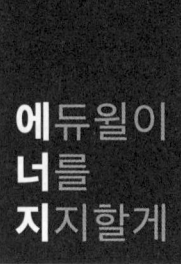

행운이란
100%의 노력 뒤에 남는 것이다.

– 랭스턴 콜먼(Langston Coleman)

h·well
국민건강보험

PART

04

법률

CHAPTER 01 국민건강보험법   226

CHAPTER 02 노인장기요양보험법   264

CHAPTER 01 국민건강보험법

핵심법률 정리   ※ [2025. 4. 23. 시행] 기준으로 반영하였습니다.

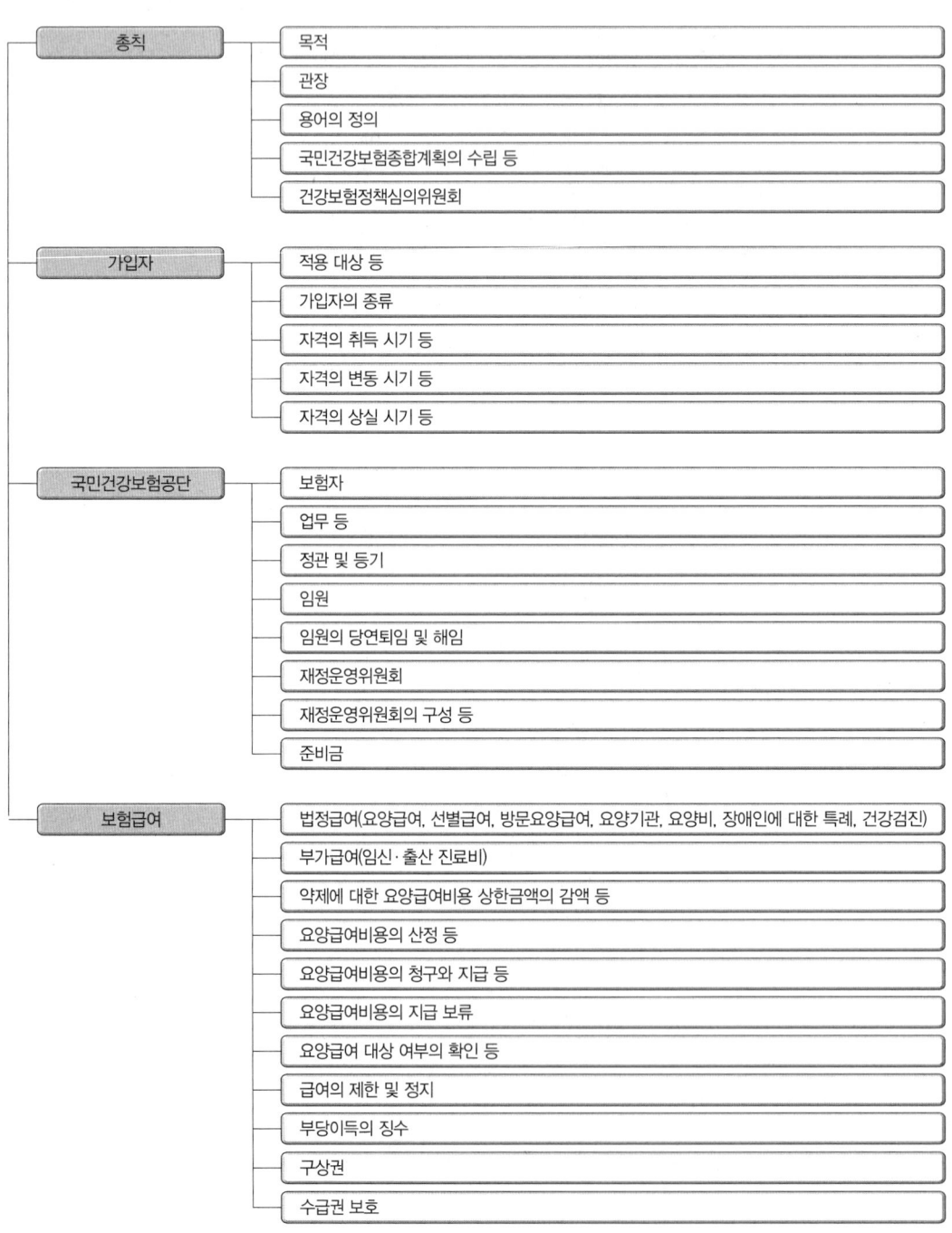

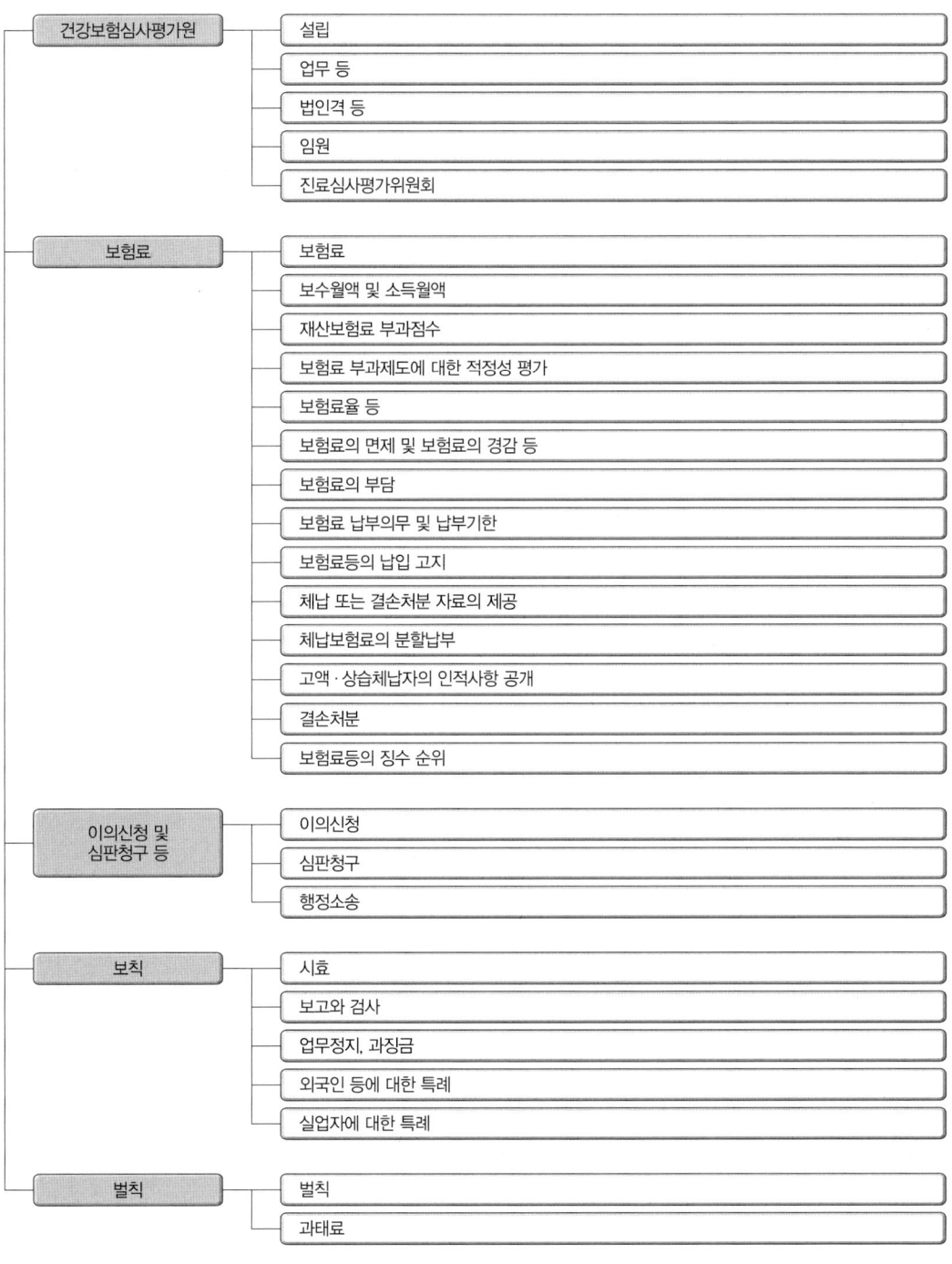

1 총칙

1. 목적(제1조)

이 법은 국민의 질병·부상에 대한 예방·진단·치료·재활과 출산·사망 및 건강 증진에 대하여 보험급여를 실시함으로써 국민보건 향상과 사회보장 증진에 이바지함을 목적으로 한다.

2. 관장(제2조)

이 법에 따른 건강보험사업은 보건복지부장관이 맡아 주관한다.

3. 용어의 정의(제3조)

근로자	직업의 종류와 관계없이 근로의 대가로 보수를 받아 생활하는 사람(법인의 이사와 그 밖의 임원을 포함한다)으로서 공무원 및 교직원을 제외한 사람
사용자	가. 근로자가 소속되어 있는 사업장의 사업주 나. 공무원이 소속되어 있는 기관의 장으로서 대통령령으로 정하는 사람 다. 교직원이 소속되어 있는 사립학교를 설립·운영하는 자
사업장	사업소나 사무소
공무원	국가나 지방자치단체에서 상시 공무에 종사하는 사람
교직원	사립학교나 사립학교의 경영기관에서 근무하는 교원과 직원

4. 국민건강보험종합계획의 수립 등(제3조의2)

① 보건복지부장관은 이 법에 따른 건강보험의 건전한 운영을 위하여 제4조에 따른 건강보험정책심의위원회의 심의를 거쳐 5년마다 국민건강보험종합계획(이하 "종합계획"이라 한다)을 수립하여야 한다. 수립된 종합계획을 변경할 때도 또한 같다.

② 종합계획에는 다음 각 호의 사항이 포함되어야 한다.

> 1. 건강보험정책의 기본목표 및 추진방향
> 2. 건강보험 보장성 강화의 추진계획 및 추진방법
> 3. 건강보험의 중장기 재정 전망 및 운영
> 4. 보험료 부과체계에 관한 사항
> 5. 요양급여비용에 관한 사항
> 6. 건강증진 사업에 관한 사항
> 7. 취약계층 지원에 관한 사항
> 8. 건강보험에 관한 통계 및 정보의 관리에 관한 사항
> 9. 그 밖에 건강보험의 개선을 위하여 필요한 사항으로 대통령령으로 정하는 사항

③ 보건복지부장관은 종합계획에 따라 매년 연도별 시행계획(이하 "시행계획"이라 한다)을 건강보험정책심의위원회의 심의를 거쳐 수립·시행하여야 한다.

④ 보건복지부장관은 매년 시행계획에 따른 추진실적을 평가하여야 한다.

⑤ 보건복지부장관은 다음 각 호의 사유가 발생한 경우 관련 사항에 대한 보고서를 작성하여 지체 없이 국회 소관 상임위원회에 보고하여야 한다.

> 1. 종합계획의 수립 및 변경
> 2. 시행계획의 수립
> 3. 시행계획에 따른 추진실적의 평가

⑥ 보건복지부장관은 종합계획의 수립, 시행계획의 수립·시행 및 시행계획에 따른 추진실적의 평가를 위하여 필요하다고 인정하는 경우 관계 기관의 장에게 자료의 제출을 요구할 수 있다. 이 경우 자료의 제출을 요구받은 자는 특별한 사유가 없으면 이에 따라야 한다.

⑦ 그 밖에 제1항에 따른 종합계획의 수립 및 변경, 제3항에 따른 시행계획의 수립·시행 및 제4항에 따른 시행계획에 따른 추진실적의 평가 등에 필요한 사항은 대통령령으로 정한다.

5. 건강보험정책심의위원회(제4조)

① 건강보험정책에 관한 다음 각 호의 사항을 심의·의결하기 위하여 보건복지부장관 소속으로 건강보험정책심의위원회(이하 "심의위원회"라 한다)를 둔다.

> 1. 종합계획 및 시행계획에 관한 사항(의결은 제외한다)
> 2. 요양급여의 기준
> 3. 요양급여비용에 관한 사항
> 4. 직장가입자의 보험료율
> 5. 지역가입자의 보험료율과 재산보험료부과점수당 금액
> 5의2. 보험료 부과 관련 제도 개선에 관한 다음 각 목의 사항(의결은 제외한다)
> 가. 건강보험 가입자(이하 "가입자"라 한다)의 소득 파악 실태에 관한 조사 및 연구에 관한 사항
> 나. 가입자의 소득 파악 및 소득에 대한 보험료 부과 강화를 위한 개선 방안에 관한 사항
> 다. 그 밖에 보험료 부과와 관련된 제도 개선 사항으로서 심의위원회 위원장이 회의에 부치는 사항
> 6. 그 밖에 건강보험에 관한 주요 사항으로서 대통령령으로 정하는 사항

② 심의위원회는 위원장 1명과 부위원장 1명을 포함하여 25명의 위원으로 구성한다.

건강보험정책심의위원회 (보건복지부장관 소속 위원회)	건강보험심사평가원 (심사·평가 전문기관)
• 국민건강보험종합계획 및 연도별 시행 계획 • 요양급여의 기준, 요양급여비용 • 가입자의 보험료 수준 등 건강보험에 관한 주요 사항을 심의·의결	• 요양급여비용의 심사 및 요양급여의 적정성 평가 • 심사기준 및 평가기준의 개발

※ 건강보험정책심의위원회와 건강보험심사평가원 비교

③ 심의위원회의 위원장은 보건복지부차관이 되고, 부위원장은 제4항제4호의 위원 중에서 위원장이 지명하는 사람이 된다.

④ 심의위원회의 위원은 다음 각 호에 해당하는 사람을 보건복지부장관이 임명 또는 위촉한다.

> 1. 근로자단체 및 사용자단체가 추천하는 각 2명
> 2. 시민단체(「비영리민간단체지원법」 제2조에 따른 비영리민간단체를 말한다), 소비자단체, 농어업인단체 및 자영업자단체가 추천하는 각 1명
> 3. 의료계를 대표하는 단체 및 약업계를 대표하는 단체가 추천하는 8명
> 4. 다음 각 목에 해당하는 8명
>   가. 대통령령으로 정하는 중앙행정기관 소속 공무원 2명
>   나. 국민건강보험공단의 이사장 및 건강보험심사평가원의 원장이 추천하는 각 1명
>   다. 건강보험에 관한 학식과 경험이 풍부한 4명

⑤ 심의위원회 위원(제4항제4호의 '대통령령으로 정하는 중앙행정기관 소속 공무원 2명'은 제외한다)의 임기는 3년으로 한다. 다만, 위원의 사임 등으로 새로 위촉된 위원의 임기는 전임위원 임기의 남은 기간으로 한다.
⑥ 보건복지부장관은 심의위원회가 제1항제5호의2에 따라 심의한 사항을 국회에 보고하여야 한다.
⑦ 심의위원회의 운영 등에 필요한 사항은 대통령령으로 정한다.

2 가입자

1. 적용 대상 등(제5조)

① 국내에 거주하는 국민은 건강보험의 가입자 또는 피부양자가 된다. 다만, 다음 각 호의 어느 하나에 해당하는 사람은 제외한다.

> 1. 「의료급여법」에 따라 의료급여를 받는 사람(이하 "수급권자"라 한다)
> 2. 「독립유공자예우에 관한 법률」 및 「국가유공자 등 예우 및 지원에 관한 법률」에 따라 의료보호를 받는 사람(이하 "유공자등 의료보호대상자"라 한다). 다만, 다음 각 목의 어느 하나에 해당하는 사람은 가입자 또는 피부양자가 된다.
>   가. 유공자등 의료보호대상자 중 건강보험의 적용을 보험자에게 신청한 사람
>   나. 건강보험을 적용받고 있던 사람이 유공자등 의료보호대상자로 되었으나 건강보험의 적용배제신청을 보험자에게 하지 아니한 사람

② 제1항의 피부양자는 다음 각 호의 어느 하나에 해당하는 사람 중 직장가입자에게 주로 생계를 의존하는 사람으로서 소득 및 재산이 보건복지부령으로 정하는 기준 이하에 해당하는 사람을 말한다.

> 1. 직장가입자의 배우자
> 2. 직장가입자의 직계존속(배우자의 직계존속을 포함한다)
> 3. 직장가입자의 직계비속(배우자의 직계비속을 포함한다)과 그 배우자
> 4. 직장가입자의 형제·자매

③ 제2항에 따른 피부양자 자격의 인정 기준, 취득·상실시기 및 그 밖에 필요한 사항은 보건복지부령으로 정한다.

2. 가입자의 종류(제6조)

① 가입자는 직장가입자와 지역가입자로 구분한다.
② 모든 사업장의 근로자 및 사용자와 공무원 및 교직원은 직장가입자가 된다. 다만, 다음 각 호의 어느 하나에 해당하는 사람은 제외한다.

> 1. 고용 기간이 1개월 미만인 일용근로자
> 2. 「병역법」에 따른 현역병(지원에 의하지 아니하고 임용된 하사를 포함한다), 전환복무된 사람 및 군간부후보생
> 3. 선거에 당선되어 취임하는 공무원으로서 매월 보수 또는 보수에 준하는 급료를 받지 아니하는 사람
> 4. 그 밖에 사업장의 특성, 고용 형태 및 사업의 종류 등을 고려하여 대통령령으로 정하는 사업장의 근로자 및 사용자와 공무원 및 교직원

③ 지역가입자는 직장가입자와 그 피부양자를 제외한 가입자를 말한다.

3. 자격의 취득 시기 등(제8조)

① 가입자는 국내에 거주하게 된 날에 직장가입자 또는 지역가입자의 자격을 얻는다. 다만, 다음 각 호의 어느 하나에 해당하는 사람은 그 해당되는 날에 각각 자격을 얻는다.

> 1. 수급권자이었던 사람은 그 대상자에서 제외된 날
> 2. 직장가입자의 피부양자이었던 사람은 그 자격을 잃은 날
> 3. 유공자등 의료보호대상자이었던 사람은 그 대상자에서 제외된 날
> 4. 보험자에게 건강보험의 적용을 신청한 유공자등 의료보호대상자는 그 신청한 날

② 제1항에 따라 자격을 얻은 경우 그 직장가입자의 사용자 및 지역가입자의 세대주는 그 명세를 보건복지부령으로 정하는 바에 따라 자격을 취득한 날부터 14일 이내에 보험자에게 신고하여야 한다.

4. 자격의 변동 시기 등(제9조)

① 가입자는 다음 각 호의 어느 하나에 해당하게 된 날에 그 자격이 변동된다.

> 1. 지역가입자가 적용대상사업장의 사용자로 되거나, 근로자·공무원 또는 교직원(이하 "근로자등"이라 한다)으로 사용된 날
> 2. 직장가입자가 다른 적용대상사업장의 사용자로 되거나 근로자등으로 사용된 날
> 3. 직장가입자인 근로자등이 그 사용관계가 끝난 날의 다음 날
> 4. 적용대상사업장에 제7조제2호에 따른 사유가 발생한 날의 다음 날
> 5. 지역가입자가 다른 세대로 전입한 날

② 제1항에 따라 자격이 변동된 경우 직장가입자의 사용자와 지역가입자의 세대주는 다음 각 호의 구분에 따라 그 명세를 보건복지부령으로 정하는 바에 따라 자격이 변동된 날부터 14일 이내에 보험자에게 신고하여야 한다.

> 1. 제1항제1호 및 제2호에 따라 자격이 변동된 경우: 직장가입자의 사용자
> 2. 제1항제3호부터 제5호까지의 규정에 따라 자격이 변동된 경우: 지역가입자의 세대주

③ 법무부장관 및 국방부장관은 직장가입자나 지역가입자가 제54조 제3호 또는 제4호에 해당하면 보건복지부령으로 정하는 바에 따라 그 사유에 해당된 날부터 1개월 이내에 보험자에게 알려야 한다.

5. 자격 취득·변동 사항의 고지(제9조의2)

공단은 제96조제1항에 따라 제공받은 자료를 통하여 가입자 자격의 취득 또는 변동 여부를 확인하는 경우에는 자격 취득 또는 변동 후 최초로 제79조에 따른 납부의무자에게 보험료 납입 고지를 할 때 보건복지부령으로 정하는 바에 따라 자격 취득 또는 변동에 관한 사항을 알려야 한다.

6. 자격의 상실 시기 등(제10조)

① 가입자는 다음 각 호의 어느 하나에 해당하게 된 날에 그 자격을 잃는다.

다음 날	• 사망한 날 • 국적을 잃은 날 • 국내에 거주하지 아니하게 된 날
당일	• 직장가입자의 피부양자가 된 날 • 수급권자가 된 날 • 건강보험을 적용받고 있던 사람이 유공자등 의료보호대상자가 되어 건강보험의 적용배제신청을 한 날

② 제1항에 따라 자격을 잃은 경우 직장가입자의 사용자와 지역가입자의 세대주는 그 명세를 보건복지부령으로 정하는 바에 따라 자격을 잃은 날부터 14일 이내에 보험자에게 신고하여야 한다.

7. 건강보험증(제12조)

① 국민건강보험공단은 가입자 또는 피부양자가 신청하는 경우 건강보험증을 발급하여야 한다.
② 가입자 또는 피부양자가 요양급여를 받을 때에는 건강보험증을 요양기관에 제출하여야 한다. 다만, 천재지변이나 그 밖의 부득이한 사유가 있으면 그러하지 아니하다.
③ 가입자 또는 피부양자는 주민등록증(모바일 주민등록증을 포함한다), 운전면허증, 여권, 그 밖에 보건복지부령으로 정하는 본인 여부를 확인할 수 있는 신분증명서(이하 "신분증명서"라 한다)로 요양기관이 그 자격을 확인할 수 있으면 건강보험증을 제출하지 아니할 수 있다.
④ 요양기관은 가입자 또는 피부양자에게 요양급여를 실시하는 경우 보건복지부령으로 정하는 바에 따라 건강보험증이나 신분증명서로 본인 여부 및 그 자격을 확인하여야 한다. 다만, 요양기관이 가입자 또는 피부양자의 본인 여부 및 그 자격을 확인하기 곤란한 경우로서 보건복지부령으로 정하는 정당한 사유가 있을 때에는 그러하지 아니하다.
⑤ 가입자·피부양자는 제10조제1항에 따라 자격을 잃은 후 자격을 증명하던 서류를 사용하여 보험급여를 받아서는 아니 된다.
⑥ 누구든지 건강보험증이나 신분증명서를 다른 사람에게 양도(讓渡)하거나 대여하여 보험급여를 받게 하여서는 아니 된다.

⑦ 누구든지 건강보험증이나 신분증명서를 양도 또는 대여를 받거나 그 밖에 이를 부정하게 사용하여 보험급여를 받아서는 아니 된다.
⑧ 제1항에 따른 건강보험증의 신청 절차와 방법, 서식과 그 교부 및 사용 등에 필요한 사항은 보건복지부령으로 정한다.

3 국민건강보험공단

1. 보험자(제13조)

건강보험의 보험자는 국민건강보험공단(이하 "공단"이라 한다)으로 한다.

2. 업무 등(제14조)

① 공단은 다음 각 호의 업무를 관장한다.

> 1. 가입자 및 피부양자의 자격 관리
> 2. 보험료와 그 밖에 이 법에 따른 징수금의 부과·징수
> 3. 보험급여의 관리
> 4. 가입자 및 피부양자의 질병의 조기발견·예방 및 건강관리를 위하여 요양급여 실시 현황과 건강검진 결과 등을 활용하여 실시하는 예방사업으로서 대통령령으로 정하는 사업
> 5. 보험급여 비용의 지급
> 6. 자산의 관리·운영 및 증식사업
> 7. 의료시설의 운영
> 8. 건강보험에 관한 교육훈련 및 홍보
> 9. 건강보험에 관한 조사연구 및 국제협력
> 10. 이 법에서 공단의 업무로 정하고 있는 사항
> 11. 「국민연금법」, 「고용보험 및 산업재해보상보험의 보험료징수 등에 관한 법률」, 「임금채권보장법」 및 「석면피해구제법」(이하 "징수위탁근거법"이라 한다)에 따라 위탁받은 업무
> 12. 그 밖에 이 법 또는 다른 법령에 따라 위탁받은 업무
> 13. 그 밖에 건강보험과 관련하여 보건복지부장관이 필요하다고 인정한 업무

② 제1항제6호에 따른 자산의 관리·운영 및 증식사업은 안정성과 수익성을 고려하여 다음 각 호의 방법에 따라야 한다.

> 1. 체신관서 또는 「은행법」에 따른 은행에의 예입 또는 신탁
> 2. 국가·지방자치단체 또는 「은행법」에 따른 은행이 직접 발행하거나 채무이행을 보증하는 유가증권의 매입
> 3. 특별법에 따라 설립된 법인이 발행하는 유가증권의 매입
> 4. 「자본시장과 금융투자업에 관한 법률」에 따른 신탁업자가 발행하거나 같은 법에 따른 집합투자업자가 발행하는 수익증권의 매입
> 5. 공단의 업무에 사용되는 부동산의 취득 및 일부 임대
> 6. 그 밖에 공단 자산의 증식을 위하여 대통령령으로 정하는 사업

③ 공단은 특정인을 위하여 업무를 제공하거나 공단 시설을 이용하게 할 경우 공단의 정관으로 정하는 바에 따라 그 업무의 제공 또는 시설의 이용에 대한 수수료와 사용료를 징수할 수 있다.
④ 공단은 「공공기관의 정보공개에 관한 법률」에 따라 건강보험과 관련하여 보유·관리하고 있는 정보를 공개한다.

3. 정관(제17조)

① 공단의 정관에는 다음 각 호의 사항을 적어야 한다.

```
1. 목적                           2. 명칭
3. 사무소의 소재지                 4. 임직원에 관한 사항
5. 이사회의 운영                   6. 재정운영위원회에 관한 사항
7. 보험료 및 보험급여에 관한 사항   8. 예산 및 결산에 관한 사항
9. 자산 및 회계에 관한 사항       10. 업무와 그 집행
11. 정관의 변경에 관한 사항       12. 공고에 관한 사항
```

② 공단은 정관을 변경하려면 보건복지부장관의 인가를 받아야 한다.

4. 등기(제18조)

① 공단의 설립등기에는 다음 각 호의 사항을 포함하여야 한다.

```
1. 목적
2. 명칭
3. 주된 사무소 및 분사무소의 소재지
4. 이사장의 성명·주소 및 주민등록번호
```

5. 임원(제20조)

① 공단은 임원으로서 이사장 1명, 이사 14명 및 감사 1명을 둔다. 이 경우 이사장, 이사 중 5명 및 감사는 상임으로 한다.

② 이사장은 「공공기관의 운영에 관한 법률」 제29조에 따른 임원추천위원회(이하 "임원추천위원회"라 한다)가 복수로 추천한 사람 중에서 보건복지부장관의 제청으로 대통령이 임명한다.

③ 상임이사는 보건복지부령으로 정하는 추천 절차를 거쳐 이사장이 임명한다.

④ 비상임이사는 다음 각 호의 사람을 보건복지부장관이 임명한다.

```
1. 노동조합·사용자단체·시민단체·소비자단체·농어업인단체 및 노인단체가 추천하는 각 1명
2. 대통령령으로 정하는 바에 따라 추천하는 관계 공무원 3명
```

⑤ 감사는 임원추천위원회가 복수로 추천한 사람 중에서 기획재정부장관의 제청으로 대통령이 임명한다.

⑥ 제4항에 따른 비상임이사는 정관으로 정하는 바에 따라 실비변상(實費辨償)을 받을 수 있다.

⑦ 이사장의 임기는 3년, 이사(공무원인 이사는 제외한다)와 감사의 임기는 각각 2년으로 한다.

6. 임원의 당연퇴임 및 해임(제24조)

① 임원의 결격사유 중, 어느 하나에 해당하게 되거나 임명 당시 그에 해당하는 사람으로 확인되면 그 임원은 당연퇴임한다.
② 임명권자는 임원이 다음 각 호의 어느 하나에 해당하면 그 임원을 해임할 수 있다.

> 1. 신체장애나 정신장애로 직무를 수행할 수 없다고 인정되는 경우
> 2. 직무상 의무를 위반한 경우
> 3. 고의나 중대한 과실로 공단에 손실이 생기게 한 경우
> 4. 직무 여부와 관계없이 품위를 손상하는 행위를 한 경우
> 5. 이 법에 따른 보건복지부장관의 명령을 위반한 경우

7. 재정운영위원회(제33조)

① 요양급여비용의 계약 및 결손처분 등 보험재정에 관련된 사항을 심의·의결하기 위하여 공단에 재정운영위원회를 둔다.
② 재정운영위원회의 위원장은 공익을 대표하는 위원 10명 중에서 호선(互選)한다.

8. 재정운영위원회의 구성 등(제34조)

① 재정운영위원회는 다음 각 호의 위원으로 구성한다.

> 1. 직장가입자를 대표하는 위원 10명
> 2. 지역가입자를 대표하는 위원 10명
> 3. 공익을 대표하는 위원 10명

② 재정운영위원회의 위원은 다음 각 호의 사람을 보건복지부장관이 임명하거나 위촉한다.

> 1. 직장가입자를 대표하는 위원 10명은 노동조합과 사용자단체에서 추천하는 각 5명
> 2. 지역가입자를 대표하는 위원 10명은 대통령령으로 정하는 바에 따라 농어업인 단체·도시자영업자단체 및 시민단체에서 추천하는 사람
> 3. 공익을 대표하는 위원 10명은 대통령령으로 정하는 관계 공무원 및 건강보험에 관한 학식과 경험이 풍부한 사람

③ 재정운영위원회 위원(공무원인 위원은 제외한다)의 임기는 2년으로 한다. 다만, 위원의 사임 등으로 새로 위촉된 위원의 임기는 전임위원 임기의 남은 기간으로 한다.
④ 재정운영위원회의 운영 등에 필요한 사항은 대통령령으로 정한다.

9. 준비금(제38조)

① 공단은 회계연도마다 결산상의 잉여금 중에서 그 연도의 보험급여에 든 비용의 100분의 5 이상에 상당하는 금액을 그 연도에 든 비용의 100분의 50에 이를 때까지 준비금으로 적립하여야 한다.
② 제1항에 따른 준비금은 부족한 보험급여 비용에 충당하거나 지출할 현금이 부족할 때 외에는 사용할 수 없으며, 현금 지출에 준비금을 사용한 경우에는 해당 회계연도 중에 이를 보전(補塡)하여야 한다.

③ 제1항에 따른 준비금의 관리 및 운영 방법 등에 필요한 사항은 보건복지부장관이 정한다.

4 보험급여

구분			수급권자
법정급여	현물급여 (원칙)	요양급여	가입자 및 피부양자
		건강검진	가입자 및 피부양자
	현금급여	요양비	가입자 및 피부양자
		장애인 보조기기 (장애인에 대한 특례)	가입자 및 피부양자 중, 장애인복지법에 의해 등록된 장애인
		본인부담금 상한	가입자 및 피부양자
부가급여	이용권 (바우처)	임신·출산 진료비 (유산 및 사산 포함)	가입자 및 피부양자 중 임산부

1. 법정급여

① **요양급여(제41조)**: 가입자와 피부양자의 질병, 부상, 출산 등에 대하여 다음 각 호의 요양급여를 실시한다.

> 1. 진찰·검사
> 2. 약제(藥劑)·치료재료의 지급
> 3. 처치·수술 및 그 밖의 치료
> 4. 예방·재활
> 5. 입원
> 6. 간호
> 7. 이송(移送)

② **선별급여(제41조의4)**
- 요양급여를 결정함에 있어 경제성 또는 치료효과성 등이 불확실하여 그 검증을 위하여 추가적인 근거가 필요하거나, 경제성이 낮아도 가입자와 피부양자의 건강회복에 잠재적 이득이 있는 등 대통령령으로 정하는 경우에는 예비적인 요양급여인 선별급여로 지정하여 실시할 수 있다.
- 보건복지부장관은 대통령령으로 정하는 절차와 방법에 따라 선별급여에 대하여 주기적으로 요양급여의 적합성을 평가하여 요양급여 여부를 다시 결정하고, 요양급여의 기준을 조정하여야 한다.

③ **방문요양급여(제41조의5)**: 가입자 또는 피부양자가 질병이나 부상으로 거동이 불편한 경우 등 보건복지부령으로 정하는 사유에 해당하는 경우에는 가입자 또는 피부양자를 직접 방문하여 요양급여를 실시할 수 있다.

④ **요양기관(제42조)**
- 요양급여(간호와 이송은 제외한다)는 다음 각 호의 요양기관에서 실시한다. 이 경우 보건복지부장관은 공익이나 국가정책에 비추어 요양기관으로 적합하지 아니한 대통령령으로 정하는 의료기관 등은 요양기관에서 제외할 수 있다.

> 1. 「의료법」에 따라 개설된 의료기관
> 2. 「약사법」에 따라 등록된 약국
> 3. 「약사법」에 따라 설립된 한국희귀·필수의약품센터
> 4. 「지역보건법」에 따른 보건소·보건의료원 및 보건지소
> 5. 「농어촌 등 보건의료를 위한 특별조치법」에 따라 설치된 보건진료소

- 보건복지부장관은 효율적인 요양급여를 위하여 필요하면 보건복지부령으로 정하는 바에 따라 시설·장비·인력 및 진료과목 등 보건복지부령으로 정하는 기준에 해당하는 요양기관을 전문요양기관으로 인정할 수 있다. 이 경우 해당 전문요양기관에 인정서를 발급하여야 한다.

⑤ 요양비(제49조): 공단은 가입자나 피부양자가 보건복지부령으로 정하는 긴급하거나 그 밖의 부득이한 사유로 요양기관과 비슷한 기능을 하는 기관으로서 보건복지부령으로 정하는 기관(제98조제1항에 따라 업무정지기간 중인 요양기관을 포함한다. 이하 "준요양기관"이라 한다)에서 질병·부상·출산 등에 대하여 요양을 받거나 요양기관이 아닌 장소에서 출산한 경우에는 그 요양급여에 상당하는 금액을 보건복지부령으로 정하는 바에 따라 가입자나 피부양자에게 요양비로 지급한다.

⑥ 장애인에 대한 특례(제51조)

- 공단은 「장애인복지법」에 따라 등록한 장애인인 가입자 및 피부양자에게는 「장애인·노인 등을 위한 보조기기 지원 및 활용촉진에 관한 법률」에 따른 보조기기에 대하여 보험급여를 할 수 있다.
- 장애인인 가입자 또는 피부양자에게 보조기기를 판매한 자는 가입자나 피부양자의 위임이 있는 경우 공단에 보험급여를 직접 청구할 수 있다. 이 경우 공단은 지급이 청구된 내용의 적정성을 심사하여 보조기기를 판매한 자에게 보조기기에 대한 보험급여를 지급할 수 있다.

⑦ 건강검진(제52조)

- 공단은 가입자와 피부양자에 대하여 질병의 조기 발견과 그에 따른 요양급여를 하기 위하여 건강검진을 실시한다.
- 건강검진의 종류 및 대상은 다음 각 호와 같다.

> 1. 일반건강검진: 직장가입자, 세대주인 지역가입자, 20세 이상인 지역가입자 및 20세 이상인 피부양자
> 2. 암검진: 「암관리법」에 따른 암의 종류별 검진주기와 연령 기준 등에 해당하는 사람
> 3. 영유아건강검진: 6세 미만의 가입자 및 피부양자

- 건강검진의 검진항목은 성별, 연령 등의 특성 및 생애 주기에 맞게 설계되어야 한다.

2. 부가급여(제50조)

공단은 이 법에서 정한 요양급여 외에 대통령령으로 정하는 바에 따라 임신·출산 진료비, 장제비, 상병수당, 그 밖의 급여를 실시할 수 있다.

3. 약제에 대한 요양급여비용 상한금액의 감액 등(제41조의2)

① 보건복지부장관은 「약사법」 제47조제2항의 위반과 관련된 제41조제1항제2호의 약제에 대하여는 요양급여비용 상한금액의 100분의 20을 넘지 아니하는 범위에서 그 금액의 일부를 감액할 수 있다.

② 보건복지부장관은 제1항에 따라 요양급여비용의 상한금액이 감액된 약제가 감액된 날부터 5년의 범위에서 대통령령으로 정하는 기간 내에 다시 제1항에 따른 감액의 대상이 된 경우에는 요양급여비용 상한금액의 100분의 40을 넘지 아니하는 범위에서 요양급여비용 상한금액의 일부를 감액할 수 있다.

③ 보건복지부장관은 제2항에 따라 요양급여비용의 상한금액이 감액된 약제가 감액된 날부터 5년의 범위에서 대통령령으로 정하는 기간 내에 다시 「약사법」 제47조제2항의 위반과 관련된 경우에는 해당 약제에 대하여 1년의 범위에서 기간을 정하여 요양급여의 적용을 정지할 수 있다.

④ 제1항부터 제3항까지의 규정에 따른 요양급여비용 상한금액의 감액 및 요양급여 적용 정지의 기준, 절차, 그 밖에 필요한 사항은 대통령령으로 정한다.

4. 요양급여비용의 산정 등(제45조)

① 요양급여비용은 공단의 이사장과 대통령령으로 정하는 의약계를 대표하는 사람들의 계약으로 정한다. 이 경우 계약기간은 1년으로 한다.

② 계약이 체결되면 그 계약은 공단과 각 요양기관 사이에 체결된 것으로 본다.

③ 계약은 그 직전 계약기간 만료일이 속하는 연도의 5월 31일까지 체결하여야 하며, 그 기한까지 계약이 체결되지 아니하는 경우 보건복지부장관이 그 직전 계약기간 만료일이 속하는 연도의 6월 30일까지 심의위원회의 의결을 거쳐 요양급여비용을 정한다. 이 경우 보건복지부장관이 정하는 요양급여비용은 계약으로 정한 요양급여비용으로 본다.

④ 요양급여비용이 정해지면 보건복지부장관은 그 요양급여비용의 명세를 지체 없이 고시하여야 한다.

⑤ 공단의 이사장은 재정운영위원회의 심의·의결을 거쳐 계약을 체결하여야 한다.

⑥ 심사평가원은 공단의 이사장이 계약을 체결하기 위하여 필요한 자료를 요청하면 그 요청에 성실히 따라야 한다.

⑦ 계약의 내용과 그 밖에 필요한 사항은 대통령령으로 정한다.

5. 요양급여비용의 청구와 지급 등(제47조)

① 요양기관은 공단에 요양급여비용의 지급을 청구할 수 있다. 이 경우 제2항에 따른 요양급여비용에 대한 심사청구는 공단에 대한 요양급여비용의 청구로 본다.

② 제1항에 따라 요양급여비용을 청구하려는 요양기관은 심사평가원에 요양급여비용의 심사청구를 하여야 하며, 심사청구를 받은 심사평가원은 이를 심사한 후 지체 없이 그 내용을 공단과 요양기관에 알려야 한다.

③ 제2항에 따라 심사 내용을 통보받은 공단은 지체 없이 그 내용에 따라 요양급여비용을 요양기관에 지급한다. 이 경우 이미 낸 본인일부부담금이 제2항에 따라 통보된 금액보다 더 많으면 요양기관에 지급할 금액에서 더 많이 낸 금액을 공제하여 해당 가입자에게 지급하여야 한다.

④ 공단은 제3항 전단에 따라 요양급여비용을 요양기관에 지급하는 경우 해당 요양기관이 제77조제1항제1호에 따라 공단에 납부하여야 하는 보험료 또는 그 밖에 이 법에 따른 징수금을 체납한 때에는 요양급여비용에서 이를 공제하고 지급할 수 있다.

⑤ 공단은 제3항 후단에 따라 가입자에게 지급하여야 하는 금액을 그 가입자가 내야 하는 보험료와 그 밖에 이 법에 따른 징수금(이하 "보험료등"이라 한다)과 상계(相計)할 수 있다.

⑥ 공단은 심사평가원이 제47조의4에 따라 요양급여의 적정성을 평가하여 공단에 통보하면 그 평가 결과에 따라 요양급여비용을 가산하거나 감액 조정하여 지급한다. 이 경우 평가 결과에 따라 요양급여비용을 가산하거나 감액하여 지급하는 기준은 보건복지부령으로 정한다.

⑦ 요양기관은 제2항에 따른 심사청구를 다음 각 호의 단체가 대행하게 할 수 있다.

> 1. 「의료법」 제28조제1항에 따른 의사회·치과의사회·한의사회·조산사회 또는 같은 조 제6항에 따라 신고한 각각의 지부 및 분회
> 2. 「의료법」 제52조에 따른 의료기관 단체
> 3. 「약사법」 제11조에 따른 약사회 또는 같은 법 제14조에 따라 신고한 지부 및 분회

⑧ 제1항부터 제7항까지의 규정에 따른 요양급여비용의 청구·심사·지급 등의 방법과 절차에 필요한 사항은 보건복지부령으로 정한다.

6. 요양급여비용의 지급 보류(제47조의2)

① 공단은 요양급여비용의 지급을 청구한 요양기관이 「의료법」 또는 「약사법」을 위반하였거나, 위반하여 개설·운영되었다는 사실을 수사기관의 수사 결과로 확인한 경우에는 해당 요양기관이 청구한 요양급여비용의 지급을 보류할 수 있다. 이 경우 요양급여비용 지급 보류 처분의 효력은 해당 요양기관이 그 처분 이후 청구하는 요양급여비용에 대해서도 미친다.

② 공단은 요양급여비용의 지급을 보류하기 전에 해당 요양기관에 의견 제출의 기회를 주어야 한다.

③ 공단은 요양기관이 「의료법」 또는 「약사법」을 위반한 혐의나 위반하여 개설·운영된 혐의에 대하여 법원에서 무죄 판결이 선고된 경우 그 선고 이후 실시한 요양급여에 한정하여 해당 요양기관이 청구하는 요양급여비용을 지급할 수 있다.

④ 법원의 무죄 판결이 확정되는 등 대통령령으로 정하는 사유로 제1항에 따른 요양기관이 「의료법」 또는 「약사법」을 위반한 혐의나 위반하여 개설·운영된 혐의가 입증되지 아니한 경우에는 공단은 지급보류 처분을 취소하고, 지급 보류된 요양급여비용에 지급 보류된 기간 동안의 이자를 가산하여 해당 요양기관에 지급하여야 한다. 이 경우 이자는 「민법」 제379조에 따른 법정이율을 적용하여 계산한다.

⑤ 지급 보류 절차 및 의견 제출의 절차 등에 필요한 사항, 지급 보류된 요양급여비용 및 이자의 지급 절차 등에 필요한 사항은 대통령령으로 정한다.

7. 요양급여 대상 여부의 확인 등(제48조)

① 가입자나 피부양자는 본인일부부담금 외에 자신이 부담한 비용이 요양급여 대상에서 제외되는 비용인지 여부에 대하여 심사평가원에 확인을 요청할 수 있다.

② 확인 요청을 받은 심사평가원은 그 결과를 요청한 사람에게 알려야 한다. 이 경우 확인을 요청한 비용이 요양급여 대상에 해당되는 비용으로 확인되면 그 내용을 공단 및 관련 요양기관에 알려야 한다.

③ 통보받은 요양기관은 받아야 할 금액보다 더 많이 징수한 금액(이하 "과다본인부담금"이라 한다)을 지체 없이 확인을 요청한 사람에게 지급하여야 한다. 다만, 공단은 해당 요양기관이 과다본인

부담금을 지급하지 아니하면 해당 요양기관에 지급할 요양급여비용에서 과다본인부담금을 공제하여 확인을 요청한 사람에게 지급할 수 있다.

8. 급여의 제한(제53조)

① 공단은 보험급여를 받을 수 있는 사람이 다음 각 호의 어느 하나에 해당하면 보험급여를 하지 아니한다.

> 1. 고의 또는 중대한 과실로 인한 범죄행위에 그 원인이 있거나 고의로 사고를 일으킨 경우
> 2. 고의 또는 중대한 과실로 공단이나 요양기관의 요양에 관한 지시에 따르지 아니한 경우
> 3. 고의 또는 중대한 과실로 문서와 그 밖의 물건의 제출을 거부하거나 질문 또는 진단을 기피한 경우
> 4. 업무 또는 공무로 생긴 질병·부상·재해로 다른 법령에 따른 보험급여나 보상(報償) 또는 보상(補償)을 받게 되는 경우

② 공단은 보험급여를 받을 수 있는 사람이 다른 법령에 따라 국가나 지방자치단체로부터 보험급여에 상당하는 급여를 받거나 보험급여에 상당하는 비용을 지급받게 되는 경우에는 그 한도에서 보험급여를 하지 아니한다.

③ 공단은 가입자가 대통령령으로 정하는 기간 이상 다음 각 호의 보험료를 체납한 경우 그 체납한 보험료를 완납할 때까지 그 가입자 및 피부양자에 대하여 보험급여를 실시하지 아니할 수 있다. 다만, 월별 보험료의 총체납횟수(이미 납부된 체납보험료는 총체납횟수에서 제외하며, 보험료의 체납기간은 고려하지 아니한다)가 대통령령으로 정하는 횟수 미만이거나 가입자 및 피부양자의 소득·재산 등이 대통령령으로 정하는 기준 미만인 경우에는 그러하지 아니하다.

> 1. 보수 외 소득월액보험료
> 2. 세대단위의 보험료

④ 공단은 납부의무를 부담하는 사용자가 보수월액보험료를 체납한 경우에는 그 체납에 대하여 직장가입자 본인에게 귀책사유가 있는 경우에 한하여 제3항의 규정을 적용한다. 이 경우 해당 직장가입자의 피부양자에게도 제3항의 규정을 적용한다.

⑤ 공단으로부터 분할납부 승인을 받고 그 승인된 보험료를 1회 이상 낸 경우에는 보험급여를 할 수 있다. 다만, 분할납부 승인을 받은 사람이 정당한 사유 없이 5회(승인받은 분할납부 횟수가 5회 미만인 경우에는 해당 분할납부 횟수를 말한다) 이상 그 승인된 보험료를 내지 아니한 경우에는 그러하지 아니하다.

⑥ 보험급여를 하지 아니하는 기간(이하 "급여제한기간"이라 한다)에 받은 보험급여는 다음 각 호의 어느 하나에 해당하는 경우에만 보험급여로 인정한다.

> 1. 공단이 급여제한기간에 보험급여를 받은 사실이 있음을 가입자에게 통지한 날부터 2개월이 지난 날이 속한 달의 납부기한 이내에 체납된 보험료를 완납한 경우
> 2. 공단이 급여제한기간에 보험급여를 받은 사실이 있음을 가입자에게 통지한 날부터 2개월이 지난 날이 속한 달의 납부기한 이내에 분할납부 승인을 받은 체납보험료를 1회 이상 낸 경우. 다만, 분할납부 승인을 받은 사람이 정당한 사유 없이 5회 이상 그 승인된 보험료를 내지 아니한 경우에는 그러하지 아니하다.

9. 급여의 정지(제54조)

보험급여를 받을 수 있는 사람이 다음 각 호의 어느 하나에 해당하면 그 기간에는 보험급여를 하지 아니한다. 다만, 아래의 제2호 및 제3호의 경우에는 요양급여를 실시한다.

> 1. 국외에 체류하는 경우
> 2. 「병역법」에 따른 현역병(지원에 의하지 아니하고 임용된 하사를 포함한다), 전환복무된 사람 및 군간부후보생
> 3. 교도소, 그 밖에 이에 준하는 시설에 수용되어 있는 경우

10. 부당이득의 징수(제57조)

① 공단은 속임수나 그 밖의 부당한 방법으로 보험급여를 받은 사람·준요양기관 및 보조기기 판매업자나 보험급여 비용을 받은 요양기관에 대하여 그 보험급여나 보험급여 비용에 상당하는 금액을 징수한다.

② 공단은 제1항에 따라 속임수나 그 밖의 부당한 방법으로 보험급여 비용을 받은 요양기관이 다음 각 호의 어느 하나에 해당하는 경우에는 해당 요양기관을 개설한 자에게 그 요양기관과 연대하여 같은 항에 따른 징수금을 납부하게 할 수 있다.

> 1. 「의료법」 제33조제2항을 위반하여 의료기관을 개설할 수 없는 자가 의료인의 면허나 의료법인 등의 명의를 대여받아 개설·운영하는 의료기관
> 2. 「약사법」 제20조제1항을 위반하여 약국을 개설할 수 없는 자가 약사 등의 면허를 대여받아 개설·운영하는 약국
> 3. 「의료법」 제4조제2항 또는 제33조제8항·제10항을 위반하여 개설·운영하는 의료기관
> 4. 「약사법」 제21조제1항을 위반하여 개설·운영하는 약국
> 5. 「약사법」 제6조제3항·제4항을 위반하여 면허를 대여받아 개설·운영하는 약국

③ 사용자나 가입자의 거짓 보고나 거짓 증명(제12조제6항을 위반하여 건강보험증이나 신분증명서를 양도·대여하여 다른 사람이 보험급여를 받게 하는 것을 포함한다), 요양기관의 거짓 진단이나 거짓 확인(제12조제4항을 위반하여 건강보험증이나 신분증명서로 가입자 또는 피부양자의 본인 여부 및 그 자격을 확인하지 아니한 것을 포함한다) 또는 준요양기관이나 보조기기를 판매한 자의 속임수 및 그 밖의 부당한 방법으로 보험급여가 실시된 경우 공단은 이들에게 보험급여를 받은 사람과 연대하여 제1항에 따른 징수금을 내게 할 수 있다.

④ 공단은 속임수나 그 밖의 부당한 방법으로 보험급여를 받은 사람과 같은 세대에 속한 가입자(속임수나 그 밖의 부당한 방법으로 보험급여를 받은 사람이 피부양자인 경우에는 그 직장가입자를 말한다)에게 속임수나 그 밖의 부당한 방법으로 보험급여를 받은 사람과 연대하여 제1항에 따른 징수금을 내게 할 수 있다.

⑤ 요양기관이 가입자나 피부양자로부터 속임수나 그 밖의 부당한 방법으로 요양급여비용을 받은 경우 공단은 해당 요양기관으로부터 이를 징수하여 가입자나 피부양자에게 지체 없이 지급하여야 한다. 이 경우 공단은 가입자나 피부양자에게 지급하여야 하는 금액을 그 가입자 및 피부양자가 내야 하는 보험료등과 상계할 수 있다.

11. 구상권(제58조)

① 공단은 제3자의 행위로 보험급여사유가 생겨 가입자 또는 피부양자에게 보험급여를 한 경우에는 그 급여에 들어간 비용 한도에서 그 제3자에게 손해배상을 청구할 권리를 얻는다.
② 제1항에 따라 보험급여를 받은 사람이 제3자로부터 이미 손해배상을 받은 경우에는 공단은 그 배상액 한도에서 보험급여를 하지 아니한다.

12. 수급권 보호(제59조)

① 보험급여를 받을 권리는 양도하거나 압류할 수 없다.
② 요양비등수급계좌에 입금된 요양비등은 압류할 수 없다.

5 건강보험심사평가원

1. 설립(제62조)

요양급여비용을 심사하고 요양급여의 적정성을 평가하기 위하여 건강보험심사평가원을 설립한다.

2. 업무 등(제63조)

① 심사평가원은 다음 각 호의 업무를 관장한다.

> 1. 요양급여비용의 심사
> 2. 요양급여의 적정성 평가
> 3. 심사기준 및 평가기준의 개발
> 4. 제1호부터 제3호까지의 규정에 따른 업무와 관련된 조사연구 및 국제협력
> 5. 다른 법률에 따라 지급되는 급여비용의 심사 또는 의료의 적정성 평가에 관하여 위탁받은 업무
> 6. 그 밖에 이 법 또는 다른 법령에 따라 위탁받은 업무
> 7. 건강보험과 관련하여 보건복지부장관이 필요하다고 인정한 업무
> 8. 그 밖에 보험급여 비용의 심사와 보험급여의 적정성 평가와 관련하여 대통령령으로 정하는 업무

② 제1항제8호에 따른 요양급여 등의 적정성 평가의 기준·절차·방법 등에 필요한 사항은 보건복지부장관이 정하여 고시한다.

3. 법인격 등(제64조)

① 심사평가원은 법인으로 한다.
② 심사평가원은 주된 사무소의 소재지에서 설립등기를 함으로써 성립한다.

4. 임원(제65조)

① 심사평가원에 임원으로서 원장, 이사 15명 및 감사 1명을 둔다. 이 경우 원장, 이사 중 4명 및 감사는 상임으로 한다.
② 원장은 임원추천위원회가 복수로 추천한 사람 중에서 보건복지부장관의 제청으로 대통령이 임명한다.

③ 상임이사는 보건복지부령으로 정하는 추천 절차를 거쳐 원장이 임명한다.
④ 비상임이사는 다음 각 호의 사람 중에서 10명과 대통령령으로 정하는 바에 따라 추천한 관계 공무원 1명을 보건복지부장관이 임명한다.

> 1. 공단이 추천하는 1명
> 2. 의약관계단체가 추천하는 5명
> 3. 노동조합·사용자단체·소비자단체 및 농어업인단체가 추천하는 각 1명

⑤ 감사는 임원추천위원회가 복수로 추천한 사람 중에서 기획재정부장관의 제청으로 대통령이 임명한다.
⑥ 제4항에 따른 비상임이사는 정관으로 정하는 바에 따라 실비변상을 받을 수 있다.
⑦ 원장의 임기는 3년, 이사(공무원인 이사는 제외한다)와 감사의 임기는 각각 2년으로 한다.

5. 진료심사평가위원회(제66조)

① 심사평가원의 업무를 효율적으로 수행하기 위하여 심사평가원에 진료심사평가위원회(이하 "심사위원회"라 한다)를 둔다.
② 심사위원회는 위원장을 포함하여 90명 이내의 상근 심사위원과 1천 명 이내의 비상근 심사위원으로 구성하며, 진료과목별 분과위원회를 둘 수 있다.
③ 제2항에 따른 상근 심사위원은 심사평가원의 원장이 보건복지부령으로 정하는 사람 중에서 임명한다.
④ 제2항에 따른 비상근 심사위원은 심사평가원의 원장이 보건복지부령으로 정하는 사람 중에서 위촉한다.
⑤ 심사평가원의 원장은 심사위원이 다음 각 호의 어느 하나에 해당하면 그 심사위원을 해임 또는 해촉할 수 있다.

> 1. 신체장애나 정신장애로 직무를 수행할 수 없다고 인정되는 경우
> 2. 직무상 의무를 위반하거나 직무를 게을리한 경우
> 3. 고의나 중대한 과실로 심사평가원에 손실이 생기게 한 경우
> 4. 직무 여부와 관계없이 품위를 손상하는 행위를 한 경우

6 보험료

1. 보험료(제69조)

① 공단은 건강보험사업에 드는 비용에 충당하기 위하여 보험료의 납부의무자로부터 보험료를 징수한다.
② 보험료는 가입자의 자격을 취득한 날이 속하는 달의 다음 달부터 가입자의 자격을 잃은 날의 전날이 속하는 달까지 징수한다. 다만, 가입자의 자격을 매월 1일에 취득한 경우 또는 건강보험 적용 신청으로 가입자의 자격을 취득하는 경우에는 그 달부터 징수한다.

③ 보험료를 징수할 때 가입자의 자격이 변동된 경우에는 변동된 날이 속하는 달의 보험료는 변동되기 전의 자격을 기준으로 징수한다. 다만, 가입자의 자격이 매월 1일에 변동된 경우에는 변동된 자격을 기준으로 징수한다.

④ 직장가입자의 월별 보험료액은 다음 각 호에 따라 산정한 금액으로 한다.

> 1. 보수월액보험료: 보수월액에 보험료율을 곱하여 얻은 금액
> 2. 보수 외 소득월액보험료: 보수 외 소득월액에 보험료율을 곱하여 얻은 금액

⑤ 지역가입자의 월별 보험료액은 다음 각 호의 구분에 따라 산정한 금액을 합산한 금액으로 한다. 이 경우 보험료액은 세대 단위로 산정한다.

> 1. 소득: 지역가입자의 소득월액에 보험료율을 곱하여 얻은 금액
> 2. 재산: 재산보험료부과점수에 재산보험료부과점수당 금액을 곱하여 얻은 금액

⑥ 제4항 및 제5항에 따른 월별 보험료액은 가입자의 보험료 평균액의 일정비율에 해당하는 금액을 고려하여 대통령령으로 정하는 기준에 따라 상한 및 하한을 정한다.

2. 보수월액(제70조)

① 직장가입자의 보수월액은 직장가입자가 지급받는 보수를 기준으로 하여 산정한다.

② 휴직이나 그 밖의 사유로 보수의 전부 또는 일부가 지급되지 아니하는 가입자(이하 "휴직자등"이라 한다)의 보수월액보험료는 해당 사유가 생기기 전 달의 보수월액을 기준으로 산정한다.

③ 보수는 근로자등이 근로를 제공하고 사용자·국가 또는 지방자치단체로부터 지급받는 금품(실비변상적인 성격을 갖는 금품은 제외한다)으로서 대통령령으로 정하는 것을 말한다. 이 경우 보수 관련 자료가 없거나 불명확한 경우 등 대통령령으로 정하는 사유에 해당하면 보건복지부장관이 정하여 고시하는 금액을 보수로 본다.

> • 건강보험료 = 보수월액 × 건강보험료율(7.09%, 2025년)
>   ※ 보수월액은 동일사업장에서 당해연도에 지급받은 보수총액을 근무월수로 나눈 금액을 의미
> • 장기요양보험료 = 건강보험료 × 장기요양보험료율(12.95%, 2025년)

3. 소득월액(제71조)

① 직장가입자의 보수 외 소득월액은 제70조에 따른 보수월액의 산정에 포함된 보수를 제외한 직장가입자의 소득(이하 "보수 외 소득"이라 한다)이 대통령령으로 정하는 금액을 초과하는 경우 다음의 계산식에 따른 값을 보건복지부령으로 정하는 바에 따라 평가하여 산정한다.

> (연간 보수 외 소득 − 대통령령으로 정하는 금액) × 1/12

② 지역가입자의 소득월액은 지역가입자의 연간 소득을 12개월로 나눈 값을 보건복지부령으로 정하는 바에 따라 평가하여 산정한다.

③ 제1항 및 제2항에 따른 소득의 구체적인 범위, 소득월액을 산정하는 기준, 방법 등 소득월액의 산정에 필요한 사항은 대통령령으로 정한다.

4. 재산보험료부과점수(제72조)

① 재산보험료부과점수는 지역가입자의 재산을 기준으로 산정한다. 다만, 대통령령으로 정하는 지역가입자가 실제 거주를 목적으로 대통령령으로 정하는 기준 이하의 주택을 구입 또는 임차하기 위하여 다음 각 호의 어느 하나에 해당하는 대출을 받고 그 사실을 공단에 통보하는 경우에는 해당 대출금액을 대통령령으로 정하는 바에 따라 평가하여 재산보험료부과점수 산정 시 제외한다.

> 1. 「금융실명거래 및 비밀보장에 관한 법률」 제2조제1호에 따른 금융회사등으로부터 받은 대출
> 2. 「주택도시기금법」에 따른 주택도시기금을 재원으로 하는 대출 등 보건복지부장관이 정하여 고시하는 대출

② 제1항에 따라 재산보험료부과점수의 산정방법과 산정기준을 정할 때 법령에 따라 재산권의 행사가 제한되는 재산에 대하여는 다른 재산과 달리 정할 수 있다.

③ 지역가입자는 제1항 단서에 따라 공단에 통보할 때 「신용정보의 이용 및 보호에 관한 법률」에 따른 신용정보, 「금융실명거래 및 비밀보장에 관한 법률」에 따른 금융자산, 금융거래의 내용에 대한 자료·정보 중 대출금액 등 대통령령으로 정하는 자료·정보(이하 "금융정보등"이라 한다)를 공단에 제출하여야 하며, 제1항 단서에 따른 재산보험료부과점수 산정을 위하여 필요한 금융정보등을 공단에 제공하는 것에 대하여 동의한다는 서면을 함께 제출하여야 한다.

④ 제1항 및 제2항에 따른 재산보험료부과점수의 산정방법·산정기준 등에 필요한 사항은 대통령령으로 정한다.

5. 보험료 부과제도에 대한 적정성 평가(제72조의3)

① 보건복지부장관은 피부양자 인정기준과 보험료, 보수월액, 소득월액 및 재산보험료부과점수의 산정 기준 및 방법 등에 대하여 적정성을 평가하고, 이 법 시행일로부터 4년이 경과한 때 이를 조정하여야 한다.

② 보건복지부장관은 적정성 평가를 하는 경우에는 다음 각 호를 종합적으로 고려하여야 한다.

> 1. 심의위원회가 심의한 가입자의 소득 파악 현황 및 개선방안
> 2. 공단의 소득 관련 자료 보유 현황
> 3. 「소득세법」에 따른 종합소득 과세 현황
> 4. 직장가입자에게 부과되는 보험료와 지역가입자에게 부과되는 보험료 간 형평성
> 5. 인정기준 및 산정기준의 조정으로 인한 보험료 변동
> 6. 그 밖에 적정성 평가 대상이 될 수 있는 사항으로서 보건복지부장관이 정하는 사항

③ 제1항에 따른 적정성 평가의 절차, 방법 및 그 밖에 적정성 평가를 위하여 필요한 사항은 대통령령으로 정한다.

6. 보험료율 등(제73조)

① 직장가입자의 보험료율은 1천분의 80의 범위에서 심의위원회의 의결을 거쳐 대통령령으로 정한다.
② 국외에서 업무에 종사하고 있는 직장가입자에 대한 보험료율은 보험료율의 100분의 50으로 한다.
③ 지역가입자의 보험료율과 재산보험료부과점수당 금액은 심의위원회의 의결을 거쳐 대통령령으로 정한다.

7. 보험료의 면제(제74조)

① 공단은 직장가입자가 '국외에 체류하는 경우', 「병역법」에 따른 경우', '교도소, 그 밖에 이에 준하는 시설에 수용되어 있는 경우'의 어느 하나에 해당하면 그 가입자의 보험료를 면제한다. 다만, '국외에 체류하는 경우'에 해당하는 직장가입자의 경우에는 국내에 거주하는 피부양자가 없을 때에만 보험료를 면제한다.

② 지역가입자가 '국외에 체류하는 경우', 「병역법」에 따른 경우', '교도소, 그 밖에 이에 준하는 시설에 수용되어 있는 경우'의 어느 하나에 해당하면 그 가입자가 속한 세대의 보험료를 산정할 때 그 가입자의 소득월액 및 재산보험료부과점수를 제외한다.

③ 제1항에 따른 보험료의 면제나 제2항에 따라 보험료의 산정에서 제외되는 소득월액 및 재산보험료부과점수에 대하여는 '국외에 체류하는 경우', 「병역법」에 따른 경우', '교도소, 그 밖에 이에 준하는 시설에 수용되어 있는 경우'의 어느 하나에 해당하는 급여정지 사유가 생긴 날이 속하는 달의 다음 달부터 사유가 없어진 날이 속하는 달까지 적용한다. 다만, 다음 각 호의 어느 하나에 해당하는 경우에는 그 달의 보험료를 면제하지 아니하거나 보험료의 산정에서 소득월액 및 재산보험료부과점수를 제외하지 아니한다.

> 1. 급여정지 사유가 매월 1일에 없어진 경우
> 2. 국외에 체류하는 가입자 또는 그 피부양자가 국내에 입국하여 입국일이 속하는 달에 보험급여를 받고 그 달에 출국하는 경우

8. 보험료의 경감 등(제75조)

① 다음 각 호의 어느 하나에 해당하는 가입자 중 보건복지부령으로 정하는 가입자에 대하여는 그 가입자 또는 그 가입자가 속한 세대의 보험료의 일부를 경감할 수 있다.

> 1. 섬·벽지(僻地)·농어촌 등 대통령령으로 정하는 지역에 거주하는 사람
> 2. 65세 이상인 사람
> 3. 「장애인복지법」에 따라 등록한 장애인
> 4. 「국가유공자 등 예우 및 지원에 관한 법률」 제4조 제1항 제4호, 제6호, 제12호, 제15호 및 제17호에 따른 국가유공자
> 5. 휴직자
> 6. 그 밖에 생활이 어렵거나 천재지변 등의 사유로 보험료를 경감할 필요가 있다고 보건복지부장관이 정하여 고시하는 사람

② 보험료 납부의무자가 다음 각 호의 어느 하나에 해당하는 경우에는 대통령령으로 정하는 바에 따라 보험료를 감액하는 등 재산상의 이익을 제공할 수 있다.

> 1. 보험료의 납입 고지 또는 독촉을 전자문서로 받는 경우
> 2. 보험료를 계좌 또는 신용카드 자동이체의 방법으로 내는 경우

9. 보험료의 부담(제76조)

① 직장가입자의 보수월액보험료는 직장가입자와 다음 각 호의 구분에 따른 자가 각각 보험료액의

100분의 50씩 부담한다. 다만, 직장가입자가 교직원으로서 사립학교에 근무하는 교원이면 보험료액은 그 직장가입자가 100분의 50을, 사용자가 100분의 30을, 국가가 100분의 20을 각각 부담한다.

> 1. 직장가입자가 근로자인 경우에는 사업주
> 2. 직장가입자가 공무원인 경우에는 그 공무원이 소속되어 있는 국가 또는 지방자치단체
> 3. 직장가입자가 교직원(사립학교에 근무하는 교원은 제외)인 경우에는 사용자

② 직장가입자의 보수 외 소득월액보험료는 직장가입자가 부담한다.
③ 지역가입자의 보험료는 그 가입자가 속한 세대의 지역가입자 전원이 연대하여 부담한다.
④ 직장가입자가 교직원인 경우 사용자가 부담액 전부를 부담할 수 없으면 그 부족액을 학교에 속하는 회계에서 부담하게 할 수 있다.

구분	계	가입자부담	사용자부담	국가부담
근로자	7.09%	3.545%	3.545%	—
공무원		3.545%	—	3.545%
사립학교 교원		3.545%(50%)	2.127%(30%)	1.418%(20%)

10. 보험료 납부의무(제77조)

① 직장가입자의 보험료는 다음 각 호의 구분에 따라 그 각 호에서 정한 자가 납부한다.

> 1. 보수월액보험료: 사용자. 이 경우 사업장의 사용자가 2명 이상인 때에는 그 사업장의 사용자는 해당 직장가입자의 보험료를 연대하여 납부한다.
> 2. 보수 외 소득월액보험료: 직장가입자

② 지역가입자의 보험료는 그 가입자가 속한 세대의 지역가입자 전원이 연대하여 납부한다. 다만, 소득 및 재산이 없는 미성년자와 소득 및 재산 등을 고려하여 대통령령으로 정하는 기준에 해당하는 미성년자는 납부의무를 부담하지 아니한다.
③ 사용자는 보수월액보험료 중 직장가입자가 부담하여야 하는 그 달의 보험료액을 그 보수에서 공제하여 납부하여야 한다. 이 경우 직장가입자에게 공제액을 알려야 한다.

11. 보험료의 납부기한(제78조)

① 보험료 납부의무가 있는 자는 가입자에 대한 그 달의 보험료를 그 다음 달 10일까지 납부하여야 한다. 다만, 직장가입자의 보수 외 소득월액보험료 및 지역가입자의 보험료는 보건복지부령으로 정하는 바에 따라 분기별로 납부할 수 있다.
② 공단은 납입 고지의 송달 지연 등 보건복지부령으로 정하는 사유가 있는 경우 납부의무자의 신청에 따라 납부기한부터 1개월의 범위에서 납부기한을 연장할 수 있다. 이 경우 납부기한 연장을 신청하는 방법, 절차 등에 필요한 사항은 보건복지부령으로 정한다.

12. 보험료등의 납입 고지(제79조)

① 공단은 보험료등을 징수하려면 그 금액을 결정하여 납부의무자에게 다음 각 호의 사항을 적은 문서로 납입 고지를 하여야 한다.

> 1. 징수하려는 보험료등의 종류
> 2. 납부해야 하는 금액
> 3. 납부기한 및 장소

② 직장가입자의 사용자가 2명 이상인 경우 또는 지역가입자의 세대가 2명 이상으로 구성된 경우 그 중 1명에게 한 고지는 해당 사업장의 다른 사용자 또는 세대 구성원인 다른 지역가입자 모두에게 효력이 있는 것으로 본다.

③ 휴직자등의 보험료는 휴직 등의 사유가 끝날 때까지 보건복지부령으로 정하는 바에 따라 납입 고지를 유예할 수 있다.

④ 공단은 제77조의2에 따른 제2차 납부의무자에게 납입의 고지를 한 경우에는 해당 법인인 사용자 및 사업 양도인에게 그 사실을 통지하여야 한다.

13. 체납 또는 결손처분 자료의 제공(제81조의3)

① 공단은 보험료 징수 및 제57조에 따른 징수금의 징수 또는 공익목적을 위하여 필요한 경우에 「신용정보의 이용 및 보호에 관한 법률」 제25조제2항제1호의 종합신용정보집중기관에 다음 각 호의 어느 하나에 해당하는 체납자 또는 결손처분자의 인적사항·체납액 또는 결손처분액에 관한 자료(이하 이 조에서 "체납등 자료"라 한다)를 제공할 수 있다. 다만, 체납된 보험료나 부당이득금과 관련하여 행정심판 또는 행정소송이 계류 중인 경우, 제82조제1항에 따라 분할납부를 승인받은 경우 중 대통령령으로 정하는 경우, 그 밖에 대통령령으로 정하는 사유가 있을 때에는 그러하지 아니하다.

> 1. 이 법에 따른 납부기한의 다음 날부터 1년이 지난 보험료 및 그에 따른 연체금과 체납처분비의 총액이 500만 원 이상인 자
> 2. 이 법에 따른 납부기한의 다음 날부터 1년이 지난 부당이득금 및 그에 따른 연체금과 체납처분비의 총액이 1억 원 이상인 자
> 3. 제84조에 따라 결손처분한 금액의 총액이 500만 원 이상인 자

② 공단은 제1항에 따라 종합신용정보집중기관에 체납등 자료를 제공하기 전에 해당 체납자 또는 결손처분자에게 그 사실을 서면으로 통지하여야 한다. 이 경우 통지를 받은 체납자가 체납액을 납부하거나 체납액 납부계획서를 제출하는 경우 공단은 종합신용정보집중기관에 체납등 자료를 제공하지 아니하거나 체납등 자료의 제공을 유예할 수 있다.

③ 체납등 자료의 제공절차에 필요한 사항은 대통령령으로 정한다.

④ 제1항에 따라 체납등 자료를 제공받은 자는 이를 업무 외의 목적으로 누설하거나 이용하여서는 아니 된다.

14. 체납보험료의 분할납부(제82조)

① 공단은 보험료를 3회 이상 체납한 자가 신청하는 경우 보건복지부령으로 정하는 바에 따라 분할납부를 승인할 수 있다.
② 공단은 보험료를 3회 이상 체납한 자에 대하여 체납처분을 하기 전에 분할납부를 신청할 수 있음을 알리고, 보건복지부령으로 정하는 바에 따라 분할납부 신청의 절차·방법 등에 관한 사항을 안내하여야 한다.
③ 공단은 분할납부 승인을 받은 자가 정당한 사유 없이 5회(승인받은 분할납부 횟수가 5회 미만인 경우에는 해당 분할납부 횟수를 말한다) 이상 그 승인된 보험료를 납부하지 아니하면 그 분할납부의 승인을 취소한다.
④ 분할납부의 승인과 취소에 관한 절차·방법·기준 등에 필요한 사항은 보건복지부령으로 정한다.

15. 고액·상습체납자의 인적사항 공개(제83조)

① 공단은 이 법에 따른 납부기한의 다음 날부터 1년이 경과한 보험료, 연체금과 체납처분비(제84조에 따라 결손처분한 보험료, 연체금과 체납처분비로서 징수권 소멸시효가 완성되지 아니한 것을 포함한다)의 총액이 1천만 원 이상인 체납자가 납부능력이 있음에도 불구하고 체납한 경우 그 인적사항·체납액 등(이하 이 조에서 "인적사항등"이라 한다)을 공개할 수 있다. 다만, 체납된 보험료, 연체금과 체납처분비와 관련하여 제87조에 따른 이의신청, 제88조에 따른 심판청구가 제기되거나 행정소송이 계류 중인 경우 또는 그 밖에 체납된 금액의 일부 납부 등 대통령령으로 정하는 사유가 있는 경우에는 그러하지 아니하다.
② 제1항에 따른 체납자의 인적사항등에 대한 공개 여부를 심의하기 위하여 공단에 보험료정보공개심의위원회를 둔다.
③ 공단은 보험료정보공개심의위원회의 심의를 거친 인적사항등의 공개대상자에게 공개대상자임을 서면으로 통지하여 소명의 기회를 부여하여야 하며, 통지일부터 6개월이 경과한 후 체납액의 납부이행 등을 감안하여 공개대상자를 선정한다.
④ 제1항에 따른 체납자 인적사항등의 공개는 관보에 게재하거나 공단 인터넷 홈페이지에 게시하는 방법에 따른다.
⑤ 제1항부터 제4항까지의 규정에 따른 체납자 인적사항등의 공개와 관련한 납부능력의 기준, 공개절차 및 위원회의 구성·운영 등에 필요한 사항은 대통령령으로 정한다.

16. 결손처분(제84조)

① 공단은 다음 각 호의 어느 하나에 해당하는 사유가 있으면 재정운영위원회의 의결을 받아 보험료등을 결손처분할 수 있다.

> 1. 체납처분이 끝나고 체납액에 충당될 배분금액이 그 체납액에 미치지 못하는 경우
> 2. 해당 권리에 대한 소멸시효가 완성된 경우
> 3. 그 밖에 징수할 가능성이 없다고 인정되는 경우로서 대통령령으로 정하는 경우

② 공단은 결손처분을 한 후 압류할 수 있는 다른 재산이 있는 것을 발견한 때에는 지체 없이 그 처분을 취소하고 체납처분을 하여야 한다.

17. 보험료등의 징수 순위(제85조)

보험료등은 국세와 지방세를 제외한 다른 채권에 우선하여 징수한다. 다만, 보험료등의 납부기한 전에 전세권·질권·저당권 또는 「동산·채권 등의 담보에 관한 법률」에 따른 담보권의 설정을 등기 또는 등록한 사실이 증명되는 재산을 매각할 때에 그 매각대금 중에서 보험료등을 징수하는 경우 그 전세권·질권·저당권 또는 「동산·채권 등의 담보에 관한 법률」에 따른 담보권으로 담보된 채권에 대하여는 그러하지 아니하다.

7 이의신청 및 심판청구 등

1. 이의신청(제87조)

① 가입자 및 피부양자의 자격, 보험료등, 보험급여, 보험급여 비용에 관한 공단의 처분에 이의가 있는 자는 공단에 이의신청을 할 수 있다.
② 요양급여비용 및 요양급여의 적정성 평가 등에 관한 심사평가원의 처분에 이의가 있는 공단, 요양기관 또는 그 밖의 자는 심사평가원에 이의신청을 할 수 있다.
③ 이의신청은 처분이 있음을 안 날부터 90일 이내에 문서(전자문서를 포함한다)로 하여야 하며 처분이 있은 날부터 180일을 지나면 제기하지 못한다. 다만, 정당한 사유로 그 기간에 이의신청을 할 수 없었음을 소명한 경우에는 그러하지 아니하다.
④ 요양기관이 심사평가원의 확인에 대하여 이의신청을 하려면 통보받은 날부터 30일 이내에 하여야 한다.
⑤ 위 규정한 사항 외에 이의신청의 방법·결정 및 그 결정의 통지 등에 필요한 사항은 대통령령으로 정한다.

2. 심판청구(제88조)

① 이의신청에 대한 결정에 불복하는 자는 건강보험분쟁조정위원회에 심판청구를 할 수 있다. 이 경우 심판청구의 제기기간 및 제기방법에 관하여는 제87조제3항을 준용한다.
② 심판청구를 하려는 자는 대통령령으로 정하는 심판청구서를 제87조제1항 또는 제2항에 따른 처분을 한 공단 또는 심사평가원에 제출하거나 건강보험분쟁조정위원회에 제출하여야 한다.
③ 위 규정한 사항 외에 심판청구의 절차·방법·결정 및 그 결정의 통지 등에 필요한 사항은 대통령령으로 정한다.

3. 행정소송(제90조)

공단 또는 심사평가원의 처분에 이의가 있는 자와 이의신청 또는 심판청구에 대한 결정에 불복하는 자는 「행정소송법」에서 정하는 바에 따라 행정소송을 제기할 수 있다.

8 보칙

1. 시효(제91조)

① 다음 각 호의 권리는 3년 동안 행사하지 아니하면 소멸시효가 완성된다.

> 1. 보험료, 연체금 및 가산금을 징수할 권리
> 2. 보험료, 연체금 및 가산금으로 과오납부한 금액을 환급받을 권리
> 3. 보험급여를 받을 권리
> 4. 보험급여 비용을 받을 권리
> 5. 과다납부된 본인일부부담금을 돌려받을 권리
> 6. 근로복지공단의 권리

② 시효는 다음 각 호의 어느 하나의 사유로 중단된다.

> 1. 보험료의 고지 또는 독촉
> 2. 보험급여 또는 보험급여 비용의 청구

③ 휴직자등의 보수월액보험료를 징수할 권리의 소멸시효는 고지가 유예된 경우 휴직 등의 사유가 끝날 때까지 진행하지 아니한다.
④ 소멸시효기간, 시효 중단 및 시효 정지에 관하여 이 법에서 정한 사항 외에는 「민법」에 따른다.

2. 보고와 검사(제97조)

① 보건복지부장관은 사용자, 직장가입자 또는 세대주에게 가입자의 이동·보수·소득이나 그 밖에 필요한 사항에 관한 보고 또는 서류 제출을 명하거나, 소속 공무원이 관계인에게 질문하게 하거나 관계 서류를 검사하게 할 수 있다.
② 보건복지부장관은 요양기관(제49조에 따라 요양을 실시한 기관을 포함한다)에 대하여 요양·약제의 지급 등 보험급여에 관한 보고 또는 서류 제출을 명하거나, 소속 공무원이 관계인에게 질문하게 하거나 관계 서류를 검사하게 할 수 있다.
③ 보건복지부장관은 보험급여를 받은 자에게 해당 보험급여의 내용에 관하여 보고하게 하거나, 소속 공무원이 질문하게 할 수 있다.
④ 보건복지부장관은 요양급여비용의 심사청구를 대행하는 단체(이하 "대행청구단체"라 한다)에 필요한 자료의 제출을 명하거나, 소속 공무원이 대행청구에 관한 자료 등을 조사·확인하게 할 수 있다.
⑤ 보건복지부장관은 약제에 대한 요양급여비용 상한금액의 감액 및 요양급여의 적용 정지를 위하여 필요한 경우에는 「약사법」에 따른 의약품공급자에 대하여 금전, 물품, 편익, 노무, 향응, 그 밖의 경제적 이익등 제공으로 인한 의약품 판매 질서 위반 행위에 관한 보고 또는 서류 제출을 명하거나, 소속 공무원이 관계인에게 질문하게 하거나 관계 서류를 검사하게 할 수 있다.
⑥ 위 규정에 따라 질문·검사·조사 또는 확인을 하는 소속 공무원은 그 권한을 표시하는 증표를 지니고 관계인에게 보여주어야 한다.

⑦ 보건복지부장관은 제1항부터 제5항까지에 따른 질문·검사·조사 또는 확인 업무를 효율적으로 수행하기 위하여 대통령령으로 정하는 바에 따라 공단 또는 심사평가원으로 하여금 그 업무를 지원하게 할 수 있다.

⑧ 제1항부터 제6항까지에 따른 질문·검사·조사 또는 확인의 내용·절차·방법 등에 관하여 이 법에서 정하는 사항을 제외하고는 「행정조사기본법」에서 정하는 바에 따른다.

3. 업무정지(제98조)

① 보건복지부장관은 요양기관이 다음 각 호의 어느 하나에 해당하면 그 요양기관에 대하여 1년의 범위에서 기간을 정하여 업무정지를 명할 수 있다. 이 경우 보건복지부장관은 그 사실을 공단 및 심사평가원에 알려야 한다.

> 1. 속임수나 그 밖의 부당한 방법으로 보험자·가입자 및 피부양자에게 요양급여비용을 부담하게 한 경우
> 2. 제97조제2항에 따른 명령에 위반하거나 거짓 보고를 하거나 거짓 서류를 제출하거나, 소속 공무원의 검사 또는 질문을 거부·방해 또는 기피한 경우
> 3. 정당한 사유 없이 요양기관이 요양급여대상 여부의 결정을 신청하지 아니하고 속임수나 그 밖의 부당한 방법으로 행위·치료재료를 가입자 또는 피부양자에게 실시 또는 사용하고 비용을 부담시킨 경우

② 업무정지 처분을 받은 자는 해당 업무정지기간 중에는 요양급여를 하지 못한다.

4. 과징금(제99조)

① 보건복지부장관은 요양기관이 업무정지 처분을 하여야 하는 경우로서 그 업무정지 처분이 해당 요양기관을 이용하는 사람에게 심한 불편을 주거나 보건복지부장관이 정하는 특별한 사유가 있다고 인정되면 업무정지 처분을 갈음하여 속임수나 그 밖의 부당한 방법으로 부담하게 한 금액의 5배 이하의 금액을 과징금으로 부과·징수할 수 있다. 이 경우 보건복지부장관은 12개월의 범위에서 분할납부를 하게 할 수 있다.

② 보건복지부장관은 약제를 요양급여에서 적용 정지하는 경우 다음 각 호의 어느 하나에 해당하는 때에는 요양급여의 적용 정지에 갈음하여 대통령령으로 정하는 바에 따라 다음 각 호의 구분에 따른 범위에서 과징금을 부과·징수할 수 있다. 이 경우 보건복지부장관은 12개월의 범위에서 분할납부를 하게 할 수 있다.

> 1. 환자 진료에 불편을 초래하는 등 공공복리에 지장을 줄 것으로 예상되는 때: 해당 약제에 대한 요양급여비용 총액의 100분의 200을 넘지 아니하는 범위
> 2. 국민 건강에 심각한 위험을 초래할 것이 예상되는 등 특별한 사유가 있다고 인정되는 때: 해당 약제에 대한 요양급여비용 총액의 100분의 60을 넘지 아니하는 범위

③ 보건복지부장관은 과징금 부과 대상이 된 약제가 과징금이 부과된 날부터 5년의 범위에서 대통령령으로 정하는 기간 내에 다시 과징금 부과 대상이 되는 경우에는 대통령령으로 정하는 바에 따라 다음 각 호의 구분에 따른 범위에서 과징금을 부과·징수할 수 있다.

> 1. ②의 제1호에서 정하는 사유로 과징금 부과대상이 되는 경우: 해당 약제에 대한 요양급여비용 총액의 100분의 350을 넘지 아니하는 범위
> 2. ②의 제2호에서 정하는 사유로 과징금 부과대상이 되는 경우: 해당 약제에 대한 요양급여비용 총액의 100분의 100을 넘지 아니하는 범위

5. 외국인 등에 대한 특례(제109조)

① 정부는 외국 정부가 사용자인 사업장의 근로자의 건강보험에 관하여는 외국 정부와 한 합의에 따라 이를 따로 정할 수 있다.

② 국내에 체류하는 재외국민 또는 외국인(이하 "국내체류 외국인등"이라 한다)이 적용대상사업장의 근로자, 공무원 또는 교직원이고 제6조제2항 각 호의 어느 하나에 해당하지 아니하면서 다음 각 호의 어느 하나에 해당하는 경우에는 직장가입자가 된다.

> 1. 「주민등록법」 제6조제1항제3호에 따라 등록한 사람
> 2. 「재외동포의 출입국과 법적 지위에 관한 법률」 제6조에 따라 국내거소신고를 한 사람
> 3. 「출입국관리법」 제31조에 따라 외국인등록을 한 사람

③ 제2항에 따른 직장가입자에 해당하지 아니하는 국내체류 외국인등이 다음 각 호의 요건을 모두 갖춘 경우에는 지역가입자가 된다.

> 1. 보건복지부령으로 정하는 기간 동안 국내에 거주하였거나 해당 기간 동안 국내에 지속적으로 거주할 것으로 예상할 수 있는 사유로서 보건복지부령으로 정하는 사유에 해당될 것
> 2. 다음 각 목의 어느 하나에 해당할 것
>   가. 제2항제1호 또는 제2호에 해당하는 사람
>   나. 「출입국관리법」 제31조에 따라 외국인등록을 한 사람으로서 보건복지부령으로 정하는 체류자격이 있는 사람

④ 제2항 각 호의 어느 하나에 해당하는 국내체류 외국인등이 다음 각 호의 요건을 모두 갖춘 경우에는 공단에 신청하면 피부양자가 될 수 있다.

> 1. 직장가입자와의 관계가 제5조제2항 각 호의 어느 하나에 해당할 것
> 2. 제5조제3항에 따른 피부양자 자격의 인정 기준에 해당할 것
> 3. 국내 거주기간 또는 거주사유가 제3항제1호에 따른 기준에 해당할 것. 다만, 직장가입자의 배우자 및 19세 미만 자녀(배우자의 자녀를 포함한다)에 대해서는 그러하지 아니하다.

⑤ 위 규정에도 불구하고 다음 각 호에 해당되는 경우에는 가입자 및 피부양자가 될 수 없다.

> 1. 국내체류가 법률에 위반되는 경우로서 대통령령으로 정하는 사유가 있는 경우
> 2. 국내체류 외국인등이 외국의 법령, 외국의 보험 또는 사용자와의 계약 등에 따라 요양급여에 상당하는 의료보장을 받을 수 있어 사용자 또는 가입자가 보건복지부령으로 정하는 바에 따라 가입 제외를 신청한 경우

⑥ 위 규정에서 정한 사항 외에 국내체류 외국인등의 가입자 또는 피부양자 자격의 취득 및 상실에 관한 시기·절차 등에 필요한 사항은 제5조부터 제11조까지의 규정을 준용한다. 다만, 국내체류 외국인등의 특성을 고려하여 특별히 규정해야 할 사항은 대통령령으로 다르게 정할 수 있다.

⑦ 가입자인 국내체류 외국인등이 매월 2일 이후 지역가입자의 자격을 취득하고 그 자격을 취득한 날이 속하는 달에 보건복지부장관이 고시하는 사유로 해당 자격을 상실한 경우에는 그 자격을 취득한 날이 속하는 달의 보험료를 부과하여 징수한다.

⑧ 국내체류 외국인등(제9항 단서의 적용을 받는 사람에 한정한다)에 해당하는 지역가입자의 보험료는 그 직전 월 25일까지 납부하여야 한다. 다만, 다음 각 호에 해당되는 경우에는 공단이 정하는 바에 따라 납부하여야 한다.

> 1. 자격을 취득한 날이 속하는 달의 보험료를 징수하는 경우
> 2. 매월 26일 이후부터 말일까지의 기간에 자격을 취득한 경우

⑨ 위에서 정한 사항 외에 가입자인 국내체류 외국인등의 보험료 부과·징수에 관한 사항은 제69조부터 제86조까지의 규정을 준용한다. 다만, 대통령령으로 정하는 국내체류 외국인등의 보험료 부과·징수에 관한 사항은 그 특성을 고려하여 보건복지부장관이 다르게 정하여 고시할 수 있다.

⑩ 공단은 지역가입자인 국내체류 외국인등(제9항 단서의 적용을 받는 사람에 한정한다)이 보험료를 대통령령으로 정하는 기간 이상 체납한 경우에는 체납일부터 체납한 보험료를 완납할 때까지 보험급여를 하지 아니한다. 이 경우 제53조제3항 각 호 외의 부분 단서 및 같은 조 제5항·제6항은 적용하지 아니한다.

⑪ 체류자격 및 체류기간 등 국내체류 외국인등의 특성을 고려하여 특별히 규정하여야 할 사항은 대통령령으로 다르게 정할 수 있다.

6. 실업자에 대한 특례(제110조)

① 사용관계가 끝난 사람 중 직장가입자로서의 자격을 유지한 기간이 보건복지부령으로 정하는 기간 동안 통산 1년 이상인 사람은 지역가입자가 된 이후 최초로 지역가입자 보험료를 고지받은 날부터 그 납부기한에서 2개월이 지나기 이전까지 공단에 직장가입자로서의 자격을 유지할 것을 신청할 수 있다.

② 공단에 신청한 가입자(이하 "임의계속가입자"라 한다)는 대통령령으로 정하는 기간 동안 직장가입자의 자격을 유지한다. 다만, 신청 후 최초로 내야 할 직장가입자 보험료를 그 납부기한부터 2개월이 지난 날까지 내지 아니한 경우에는 그 자격을 유지할 수 없다.

③ 임의계속가입자의 보수월액은 보수월액보험료가 산정된 최근 12개월간의 보수월액을 평균한 금액으로 한다.

④ 임의계속가입자의 보험료는 보건복지부장관이 정하여 고시하는 바에 따라 그 일부를 경감할 수 있다.

⑤ 임의계속가입자의 보수월액보험료는 그 임의계속가입자가 전액을 부담하고 납부한다.

⑥ 임의계속가입자가 보험료를 납부기한까지 내지 아니하는 경우 그 급여제한에 관하여는 제53조제3항·제5항 및 제6항을 준용한다. 이 경우 "세대단위의 보험료"는 "임의계속가입자의 보수월액보험료"로 본다.

⑦ 임의계속가입자의 신청 방법·절차 등에 필요한 사항은 보건복지부령으로 정한다.

9 벌칙

1. 벌칙(제115조)

① 가입자 및 피부양자의 개인정보를 누설하거나 직무상 목적 외의 용도로 이용 또는 정당한 사유 없이 제3자에게 제공한 자는 5년 이하의 징역 또는 5천만 원 이하의 벌금에 처한다.

② 다음 각 호의 어느 하나에 해당하는 자는 3년 이하의 징역 또는 3천만 원 이하의 벌금에 처한다.

> 1. 대행청구단체의 종사자로서 거짓이나 그 밖의 부정한 방법으로 요양급여비용을 청구한 자
> 2. 업무를 수행하면서 알게 된 정보를 누설하거나 직무상 목적 외의 용도로 이용 또는 제3자에게 제공한 자

③ 공동이용하는 전산정보자료를 목적 외의 용도로 이용하거나 활용한 자는 3년 이하의 징역 또는 1천만 원 이하의 벌금에 처한다.

④ 거짓이나 그 밖의 부정한 방법으로 보험급여를 받거나 타인으로 하여금 보험급여를 받게 한 사람은 2년 이하의 징역 또는 2천만 원 이하의 벌금에 처한다.

⑤ 다음 각 호의 어느 하나에 해당하는 자는 1년 이하의 징역 또는 1천만 원 이하의 벌금에 처한다.

> 1. 제42조의2제1항 및 제3항을 위반하여 선별급여를 제공한 요양기관의 개설자
> 2. 제47조제7항을 위반하여 대행청구단체가 아닌 자로 하여금 대행하게 한 자
> 3. 제93조를 위반한 사용자
> 4. 제98조제2항을 위반한 요양기관의 개설자

2. 과태료(119조)

① 다음 각 호의 어느 하나에 해당하는 자에게는 500만 원 이하의 과태료를 부과한다.

> 1. 제7조(사업장의 신고)를 위반하여 신고를 하지 아니하거나 거짓으로 신고한 사용자
> 2. 정당한 사유 없이 제94조제1항을 위반하여 신고·서류제출을 하지 아니하거나, 거짓으로 신고·서류제출을 한 자
> 3. 정당한 사유 없이 제97조제1항, 제3항, 제4항, 제5항을 위반하여 보고·서류제출을 하지 아니하거나 거짓으로 보고·서류제출을 한 자
> 4. 제98조제4항을 위반하여 행정처분을 받은 사실 또는 행정처분절차가 진행 중인 사실을 지체 없이 알리지 아니한 자
> 5. 정당한 사유 없이 제101조제2항을 위반하여 서류를 제출하지 아니하거나 거짓으로 제출한 자

② 다음 각 호의 어느 하나에 해당하는 자에게는 100만 원 이하의 과태료를 부과한다.

> 1. 제12조제4항을 위반하여 정당한 사유 없이 건강보험증이나 신분증명서로 가입자 또는 피부양자의 본인 여부 및 그 자격을 확인하지 아니하고 요양급여를 실시한 자
> 2. 제96조의4를 위반하여 서류를 보존하지 아니한 자
> 3. 제103조에 따른 명령을 위반한 자
> 4. 제105조를 위반한 자

③ ① 및 ②에 따른 과태료는 대통령령으로 정하는 바에 따라 보건복지부장관이 부과·징수한다.

CHAPTER 01 국민건강보험법

실전연습 문제

01 다음 [보기] 중 국민건강보험공단에 대한 내용으로 옳은 것의 개수를 고르면?

보기
⊙ 공단은 법인으로 한다.
ⓒ 공단은 주된 사무소의 소재지에서 설립등기를 함으로써 성립한다.
ⓒ 공단의 주된 사무소의 소재지는 보건복지부령으로 정한다.
② 공단은 필요하면 정관으로 정하는 바에 따라 분사무소를 둘 수 있다.

① 1개 ② 2개 ③ 3개 ④ 4개

02 국민건강보험법상 직장가입자의 피부양자 자격 조건에 해당하는 자를 [보기]에서 모두 고르면?

보기
⊙ 직장가입자의 배우자
ⓒ 직장가입자의 직계비속
ⓒ 직장가입자의 형제·자매
② 직장가입자의 배우자의 직계존속
ⓜ 직장가입자의 직계존속의 배우자

① ⊙, ⓒ
② ⊙, ⓒ, ⓒ
③ ⊙, ⓒ, ⓒ, ②
④ ⊙, ⓒ, ⓒ, ②, ⓜ

03 국민건강보험법상 요양기관에 대한 업무정지 처분과 관련된 설명으로 옳은 것을 고르면?

① 요양기관에 대한 업무정지 기간은 최장 6개월이다.
② 업무정지 처분의 효과는 그 법인을 양수하는 양수인이 그 처분을 알지 못했을 경우에도 승계된다.
③ 업무정지기간 중이라도 필요한 경우 보건복지부장관의 승인을 얻어 요양급여를 할 수 있다.
④ 업무정지를 부과하는 위반행위의 종류, 위반 정도 등에 따른 행정처분기준이나 그 밖에 필요한 사항은 대통령령으로 정한다.

04 약제에 대한 요양급여비용 상한금액의 감액에 대한 내용으로 옳은 것을 [보기]에서 모두 고르면?

보기

㉠ 보건복지부장관은 「약사법」의 위반과 관련된 약제에 대하여는 요양급여비용 상한금액의 100분의 40을 넘지 아니하는 범위에서 그 금액의 일부를 감액할 수 있다.
㉡ 보건복지부장관은 요양급여비용의 상한금액이 감액된 약제가 감액된 날부터 5년의 범위에서 대통령령으로 정하는 기간 내에 다시 감액의 대상이 된 경우에는 요양급여비용 상한금액의 100분의 20을 넘지 아니하는 범위에서 요양급여비용 상한금액의 일부를 감액할 수 있다.
㉢ 보건복지부장관은 요양급여비용의 상한금액이 감액된 약제가 감액된 날부터 5년의 범위에서 대통령령으로 정하는 기간 내에 다시 「약사법」의 위반과 관련된 경우에는 해당 약제에 대하여 1년의 범위에서 기간을 정하여 요양급여의 적용을 정지할 수 있다.
㉣ 요양급여비용 상한금액의 감액 및 요양급여 적용 정지의 기준, 절차, 그 밖에 필요한 사항은 대통령령으로 정한다.

① ㉠, ㉡ ② ㉢, ㉣ ③ ㉣ ④ ㉠, ㉡, ㉢, ㉣

05 다음은 국민건강보험법상 징수이사에 대한 설명이다. 빈칸 ㉠, ㉡에 들어갈 내용을 바르게 나열한 것을 고르면?

> (㉠) 중 징수 업무를 담당하는 이사는 경영, 경제 및 사회보험에 관한 학식과 경험이 풍부한 사람으로서 (㉡)으로 정하는 자격을 갖춘 사람 중에서 선임한다.

	㉠	㉡
①	상임 이사	보건복지부령
②	비상임 이사	정관
③	비상임 이사	대통령령
④	상임 이사	대통령령

06 국민건강보험법상 체납보험료의 분할납부에 대한 설명으로 옳지 않은 것을 고르면?

① 분할납부의 승인과 취소에 관한 절차·방법·기준 등에 필요한 사항은 보건복지부령으로 정한다.
② 공단은 보험료를 3회 이상 체납한 자가 신청하는 경우 보건복지부령으로 정하는 바에 따라 분할납부를 승인할 수 있다.
③ 공단은 분할납부 승인을 받은 자가 정당한 사유 없이 5회 이상 그 승인된 보험료를 납부하지 아니하면 그 분할납부의 승인을 정지한다.
④ 공단은 보험료를 3회 이상 체납한 자에 대하여 체납처분을 하기 전에 분할납부를 신청할 수 있음을 알리고, 보건복지부령으로 정하는 바에 따라 분할납부 신청의 절차·방법 등에 관한 사항을 안내하여야 한다.

07 국민건강보험법상 보험급여의 정지 사유에 해당하는 것을 [보기]에서 모두 고르면?

> **보기**
> ㉠ 국외에 체류하는 경우
> ㉡ 국적을 잃은 날의 경우
> ㉢ 「병역법」에 따른 현역병의 경우
> ㉣ 교도소, 그 밖에 이에 준하는 시설에 수용되어 있는 경우

① ㉠, ㉡　　② ㉢, ㉣　　③ ㉠, ㉢, ㉣　　④ ㉠, ㉡, ㉢, ㉣

08 장애인에 대한 특례 중 보조기기에 관한 설명으로 옳은 것을 고르면?

① 공단은 장애인복지법에 따라 등록한 장애인인 가입자 및 피부양자에게는 보조기기에 대하여 보험급여를 할 수 있다.
② 장애인인 가입자 또는 피부양자에게 보조기기를 판매한 자는 가입자나 피부양자의 위임이 있는 경우에도 공단에 보험급여를 직접 청구할 수 없다.
③ 공단은 지급이 청구된 내용의 적정성을 심사하여 보조기기를 구매한 자에게 보조기기에 대한 보험급여를 지급할 수 있다.
④ 보조기기에 대한 보험급여의 범위·방법·절차, 보조기기 판매업자의 보험급여 청구, 공단의 적정성 심사 및 그 밖에 필요한 사항은 공단의 정관으로 정한다.

09 국민건강보험법상 500만 원 이하의 과태료를 부과받는 경우가 아닌 것을 [보기]에서 모두 고르면?

> **보기**
> ㉠ 정당한 사유 없이 신고·서류제출을 하지 아니하거나 거짓으로 신고·서류제출을 한 자
> ㉡ 서류를 보존하지 아니한 자
> ㉢ 공단 등에 대한 감독 명령을 위반한 자
> ㉣ 공단이나 심사평가원이 아닌 자로서 국민건강보험공단, 건강보험심사평가원 또는 이와 유사한 명칭을 사용하여 위반한 자

① ㉠, ㉡　　② ㉡, ㉢　　③ ㉠, ㉢, ㉣　　④ ㉡, ㉢, ㉣

10 보험료에 대한 설명으로 옳지 <u>않은</u> 것을 고르면?

① 공단은 건강보험사업에 드는 비용에 충당하기 위하여 보험료의 납부의무자로부터 보험료를 징수한다.
② 월별 보험료액은 가입자의 보험료 평균액의 일정 비율에 재산보험료 부과 점수당 금액을 곱하여 얻은 금액 기준에 따라 상한 및 하한을 정한다.
③ 보험료는 가입자의 자격을 취득한 날이 속하는 달의 다음 달부터 가입자의 자격을 잃은 날의 전날이 속하는 달까지 징수한다.
④ 보험료를 징수할 때 가입자의 자격이 변동된 경우에는 변동된 날이 속하는 달의 보험료는 변동되기 전의 자격을 기준으로 징수한다.

11 현역병 등에 대한 요양급여비용 등의 지급에 요양비를 예탁받아 지급할 수 있는 기관장에 해당되지 <u>않는</u> 것을 [보기]에서 모두 고르면?

> **보기**
> ㉠ 보건복지부장관
> ㉡ 법무부장관
> ㉢ 국방부장관
> ㉣ 경찰청장(해양경찰청장 포함)
> ㉤ 소방청장

① ㉠ ② ㉠, ㉡ ③ ㉠, ㉡, ㉤ ④ ㉠, ㉡, ㉣

12 국민건강보험법상 3년 동안 행사하지 않을 시 소멸시효가 완성되는 사항을 [보기]에서 모두 고르면?

> **보기**
> ㉠ 보험료, 연체금 및 가산금으로 과오납부한 금액을 환급받을 권리
> ㉡ 보험급여를 받을 권리
> ㉢ 보험급여 비용을 받을 권리
> ㉣ 보험료의 고지 또는 독촉

① ㉠, ㉡ ② ㉢, ㉣ ③ ㉠, ㉡, ㉢ ④ ㉠, ㉡, ㉢, ㉣

13 국민건강보험법상 공단의 신고 의무에 대한 설명으로 옳은 것을 [보기]에서 모두 고르면?

> **보기**
> ㉠ 공단은 가입자에게 거주지 변경, 보수·소득 사항 등을 신고하게 할 수 있다.
> ㉡ 공단이 신고 등을 요구할 수 있는 가입자는 사용자, 직장가입자 및 세대주이다.
> ㉢ 공단은 소속 직원을 보내 사용자의 신고 사항 외의 사실을 확인하게 할 수 있다.
> ㉣ 조사를 하는 공단 소속 직원은 그 권한을 표시하는 증표를 관계인에게 제시해야 한다.
> ㉤ 가입자는 건강보험사업을 위해 필요한 사항을 반드시 서류로 작성하여 공단에 제출해야 한다.

① ㉠, ㉡, ㉢   ② ㉠, ㉡, ㉣   ③ ㉡, ㉢, ㉤   ④ ㉢, ㉣, ㉤

14 국민건강보험법상 가입자의 자격 상실 시기로 옳은 것을 고르면?

① 사망한 날
② 국적을 잃은 날
③ 국내에 거주하지 아니하게 된 날의 다음 날
④ 직장가입자의 피부양자가 된 날의 다음 날

15 국민건강보험법상 용어의 정의로 옳지 <u>않은</u> 것을 고르면?

① 사업장: 사업소나 사무소
② 사용자: 근로자가 소속되어 있는 사업장의 사업주
③ 교직원: 사립학교나 사립학교의 경영기관에서 근무하는 교원과 직원
④ 근로자: 직업의 종류와 관계없이 근로의 대가로 보수를 받아 생활하는 사람(법인의 이사와 그 밖의 임원을 포함한다)으로서 공무원 및 교직원을 포함한 사람

16 국민건강보험법상 고액·상습체납자에 대한 설명으로 옳은 것을 고르면?

① 고액·상습체납자의 인적사항, 체납액 등의 공개는 반드시 공단 인터넷 홈페이지를 통해야 한다.
② 체납된 보험료, 연체금과 체납처분비의 총액이 2천만 원 이상인 체납자가 인적사항 공개 대상이다.
③ 고액·상습체납자 선정 조건은 납부기한이 도래한 날부터 1년이 경과한 보험료, 연체금과 체납처분비이다.
④ 공단은 고액·상습체납자의 인적사항 등을 공개하기 전에 공개대상자에게 공개대상자임을 서면으로 통지하여 소명의 기회를 부여해야 한다.

17 국민건강보험법상 보수월액에 대한 설명으로 옳은 것을 [보기]에서 모두 고르면?

> 보기
> ㉠ 직장가입자의 보수월액은 직장가입자가 지급받는 보수를 기준으로 하여 산정한다.
> ㉡ 휴직이나 그 밖의 사유로 보수의 전부 또는 일부가 지급되지 아니하는 가입자의 보수월액보험료는 해당 사유가 생기기 전 달의 보수월액을 기준으로 산정한다.
> ㉢ 보수는 근로자 등이 근로를 제공하고 사용자·국가 또는 지방자치단체로부터 지급받는 금품(실비변상적인 성격을 갖는 금품은 제외)으로서 대통령령으로 정하는 것을 말한다.

① ㉢   ② ㉠, ㉡   ③ ㉡, ㉢   ④ ㉠, ㉡, ㉢

18 보험료 감액 대상자를 [보기]에서 모두 고르면?

> 보기
> ㉠ 섬·벽지(僻地)·농어촌 등 대통령령으로 정하는 지역에 거주하는 사람
> ㉡ 60세 이상인 사람
> ㉢ 「장애인복지법」에 따라 등록한 장애인
> ㉣ 「국가유공자 등 예우 및 지원에 관한 법률」에 따른 국가유공자
> ㉤ 구직자

① ㉠, ㉡, ㉢   ② ㉠, ㉡, ㉤
③ ㉠, ㉢, ㉣   ④ ㉠, ㉡, ㉢, ㉣, ㉤

19 국민건강보험법상 외국인 등에 대한 특례에 대한 설명으로 옳지 않은 것을 고르면?

① 국내체류가 법률에 위반되는 경우로서 체류기간 연장허가를 받지 아니하고 체류하는 경우 가입자 및 피부양자가 될 수 없다.
② 국내에 체류하는 외국인은 피부양자 자격의 인정 기준에 해당하는 경우라도 피부양자가 될 수 없다.
③ 국내에 체류하는 재외국민 또는 외국인이 적용대상사업장의 근로자이고, 직장가입자의 자격조건을 충족하면서 「주민등록법」에 따라 등록한 사람은 직장가입자가 된다.
④ 국내에 체류하는 재외국민 또는 외국인이 적용대상사업장의 교직원이고, 직장가입자의 자격조건을 충족하면서 「재외동포의 출입국과 법적 지위에 관한 법률」에 따라 국내거소신고를 한 사람은 직장가입자가 된다.

20 국민건강보험법상 부당이득의 징수에 대한 설명으로 옳은 것을 고르면?

① 공단은 속임수나 그 밖의 부당한 방법으로 보험급여를 받은 사람·준요양기관 및 보조기기 판매업자나 보험급여 비용을 받은 요양기관에 대하여 그 보험급여나 보험급여 비용에 상당하는 금액의 일부를 징수할 수 있다.
② 공단은 속임수나 그 밖의 부당한 방법으로 보험급여 비용을 받은 요양기관이 「의료법」을 위반하여 의료기관을 개설할 수 없는 자가 의료인의 면허나 의료법인 등의 명의를 대여받아 개설·운영하는 의료기관에 해당하는 경우에는 명의를 대여해준 자에게 그 요양기관과 연대하여 같은 항에 따른 징수금을 납부하게 할 수 있다.
③ 공단은 속임수나 그 밖의 부당한 방법으로 보험급여를 받은 사람과 같은 세대에 속한 가입자(속임수나 그 밖의 부당한 방법으로 보험급여를 받은 사람이 피부양자인 경우에는 그 직장가입자를 말한다)에게 속임수나 그 밖의 부당한 방법으로 보험급여를 받은 사람과 연대하여 징수금을 내게 할 수 있다.
④ 요양기관이 가입자나 피부양자로부터 속임수나 그 밖의 부당한 방법으로 요양급여비용을 받은 경우 공단은 해당 요양기관으로부터 이를 징수하여 가입자나 피부양자에게 지급할 것을 고려해야 한다. 이 경우 공단은 가입자나 피부양자에게 지급하여야 하는 금액을 그 가입자 및 피부양자가 내야 하는 보험료 등과 상계하여야 한다.

CHAPTER 02 노인장기요양보험법

핵심법률 정리

※ [2025. 6. 21. 시행] 기준으로 반영하였습니다.

- 총칙
  - 목적
  - 용어의 정의
  - 장기요양급여 제공의 기본원칙
  - 국가 및 지방자치단체의 책무 등
  - 장기요양기본계획
  - 실태조사

- 장기요양보험
  - 장기요양보험
  - 장기요양보험료의 징수 및 산정
  - 장애인 등에 대한 장기요양보험료의 감면
  - 장기요양보험가입 자격 등에 관한 준용

- 장기요양인정
  - 장기요양인정의 신청자격
  - 장기요양인정 신청의 조사
  - 등급판정 등 및 장기요양등급판정기간
  - 장기요양인정서 및 장기요양인정서를 작성할 경우 고려사항
  - 장기요양인정의 유효기간 및 갱신
  - 장기요양인정 신청 등에 대한 대리

- 장기요양급여의 종류
  - 장기요양급여의 종류
  - 특별현금급여

- 장기요양급여의 제공
  - 장기요양급여의 제공 및 특별현금급여수급계좌
  - 장기요양급여의 월 한도액
  - 급여외행위의 제공 금지
  - 장기요양급여의 제한

```
장기요양기관 ─┬─ 장기요양기관의 지정
              ├─ 결격사유
              ├─ 장기요양기관 지정의 유효기간 및 갱신
              ├─ 폐쇄회로 텔레비전의 설치 등 및 영상정보의 열람금지 등
              ├─ 장기요양기관 정보의 안내 등 및 장기요양기관의 의무 등
              ├─ 보험 가입
              ├─ 장기요양기관의 폐업 등의 신고 등 및 장기요양기관 지정의 취소 등
              ├─ 위반사실 등의 공표
              └─ 행정제재처분 효과의 승계

재가 및 시설 급여비용 등 ─┬─ 재가 및 시설 급여비용의 청구 및 지급 등
                          ├─ 장기요양급여비용 등의 산정
                          ├─ 본인부담금
                          └─ 부당이득의 징수

장기요양위원회 ─┬─ 장기요양위원회의 설치 및 기능
                └─ 장기요양위원회의 구성 및 운영

관리운영기관 ─┬─ 관리운영기관 등
              └─ 등급판정위원회의 설치

심사청구 및 재심사청구 ─┬─ 심사청구 및 재심사청구
                        └─ 행정심판과의 관계 및 행정소송

관리운영기관 ── 관리운영기관 등
```

1 총칙

1. 목적(제1조)

이 법은 고령이나 노인성 질병 등의 사유로 일상생활을 혼자서 수행하기 어려운 노인등에게 제공하는 신체활동 또는 가사활동 지원 등의 장기요양급여에 관한 사항을 규정하여 노후의 건강증진 및 생활안정을 도모하고 그 가족의 부담을 덜어줌으로써 국민의 삶의 질을 향상하도록 함을 목적으로 한다.

2. 용어의 정의(제2조)

노인등	65세 이상의 노인 또는 65세 미만의 자로서 치매·뇌혈관성질환 등 대통령령으로 정하는 노인성 질병을 가진 자
장기요양급여	6개월 이상 동안 혼자서 일상생활을 수행하기 어렵다고 인정되는 자에게 신체활동·가사활동의 지원 또는 간병 등의 서비스나 이에 갈음하여 지급하는 현금 등
장기요양사업	장기요양보험료, 국가 및 지방자치단체의 부담금 등을 재원으로 하여 노인등에게 장기요양급여를 제공하는 사업
장기요양기관	지정을 받은 기관으로서 장기요양급여를 제공하는 기관
장기요양요원	장기요양기관에 소속되어 노인등의 신체활동 또는 가사활동 지원 등의 업무를 수행하는 자

3. 장기요양급여 제공의 기본원칙(제3조)

① 장기요양급여는 노인등이 자신의 의사와 능력에 따라 최대한 자립적으로 일상생활을 수행할 수 있도록 제공하여야 한다.
② 장기요양급여는 노인등의 심신상태·생활환경과 노인등 및 그 가족의 욕구·선택을 종합적으로 고려하여 필요한 범위 안에서 이를 적정하게 제공하여야 한다.
③ 장기요양급여는 노인등이 가족과 함께 생활하면서 가정에서 장기요양을 받는 재가급여를 우선적으로 제공하여야 한다.
④ 장기요양급여는 노인등의 심신상태나 건강 등이 악화되지 아니하도록 의료서비스와 연계하여 이를 제공하여야 한다.

4. 국가 및 지방자치단체의 책무 등(제4조)

① 국가 및 지방자치단체는 노인이 일상생활을 혼자서 수행할 수 있는 온전한 심신상태를 유지하는 데 필요한 사업(이하 "노인성질환예방사업"이라 한다)을 실시하여야 한다.
② 국가는 노인성질환예방사업을 수행하는 지방자치단체 또는 「국민건강보험법」에 따른 국민건강보험공단(이하 "공단"이라 한다)에 대하여 이에 소요되는 비용을 지원할 수 있다.
③ 국가 및 지방자치단체는 노인인구 및 지역특성 등을 고려하여 장기요양급여가 원활하게 제공될 수 있도록 적정한 수의 장기요양기관을 확충하고 장기요양기관의 설립을 지원하여야 한다.
④ 국가 및 지방자치단체는 국·공립 장기요양기관을 확충하기 위하여 노력하여야 한다.

⑤ 국가 및 지방자치단체는 장기요양급여가 원활히 제공될 수 있도록 공단에 필요한 행정적 또는 재정적 지원을 할 수 있다.

⑥ 국가 및 지방자치단체는 장기요양요원의 처우를 개선하고 복지를 증진하며 지위를 향상시키기 위하여 적극적으로 노력하여야 한다.

⑦ 국가 및 지방자치단체는 지역의 특성에 맞는 장기요양사업의 표준을 개발·보급할 수 있다.

5. 장기요양기본계획(제6조)

보건복지부장관은 노인등에 대한 장기요양급여를 원활하게 제공하기 위하여 5년 단위로 다음 각 호의 사항이 포함된 장기요양기본계획을 수립·시행하여야 한다.

1. 연도별 장기요양급여 대상인원 및 재원조달 계획
2. 연도별 장기요양기관 및 장기요양전문인력 관리 방안
3. 장기요양요원의 처우에 관한 사항
4. 그 밖에 노인등의 장기요양에 관한 사항으로서 대통령령으로 정하는 사항

6. 실태조사(제6조의2)

보건복지부장관은 장기요양사업의 실태를 파악하기 위하여 3년마다 다음 각 호의 사항에 관한 조사를 정기적으로 실시하고 그 결과를 공표하여야 한다.

1. 장기요양인정에 관한 사항
2. 장기요양등급판정위원회(이하 "등급판정위원회"라 한다)의 판정에 따라 장기요양급여를 받을 사람(이하 "수급자"라 한다)의 규모, 그 급여의 수준 및 만족도에 관한 사항
3. 장기요양기관에 관한 사항
4. 장기요양요원의 근로조건, 처우 및 규모에 관한 사항
5. 그 밖에 장기요양사업에 관한 사항으로서 보건복지부령으로 정하는 사항

2 장기요양보험

1. 장기요양보험(제7조)

① 장기요양보험사업은 보건복지부장관이 관장한다.
② 장기요양보험사업의 보험자는 공단으로 한다.
③ 장기요양보험의 가입자는 「국민건강보험법」에 따른 가입자로 한다.
④ 공단은 「외국인근로자의 고용 등에 관한 법률」에 따른 외국인근로자 등 대통령령으로 정하는 외국인이 신청하는 경우 보건복지부령으로 정하는 바에 따라 장기요양보험가입자에서 제외할 수 있다.

2. 장기요양보험료의 징수(제8조)

① 공단은 장기요양사업에 사용되는 비용에 충당하기 위하여 장기요양보험료를 징수한다.

② 장기요양보험료는 「국민건강보험법」에 따른 보험료와 통합하여 징수한다. 이 경우 공단은 장기요양보험료와 건강보험료를 구분하여 고지하여야 한다.
③ 공단은 통합 징수한 장기요양보험료와 건강보험료를 각각의 독립회계로 관리하여야 한다.

3. 장기요양보험료의 산정(제9조)

① 장기요양보험료는 「국민건강보험법」에 따라 산정한 보험료액에서 경감 또는 면제되는 비용을 공제한 금액에 건강보험료율 대비 장기요양보험료율의 비율을 곱하여 산정한 금액으로 한다.
② 장기요양보험료율은 장기요양위원회의 심의를 거쳐 대통령령으로 정한다.
③ 장기요양보험의 특성을 고려하여 경감 또는 면제되는 비용을 달리 적용할 필요가 있는 경우에는 대통령령으로 정하는 바에 따라 경감 또는 면제되는 비용의 공제 수준을 달리 정할 수 있다.

4. 장애인 등에 대한 장기요양보험료의 감면(제10조)

공단은 「장애인복지법」에 따른 장애인 또는 이와 유사한 자로서 대통령령으로 정하는 자가 장기요양보험가입자 또는 그 피부양자인 경우 수급자로 결정되지 못한 때 대통령령으로 정하는 바에 따라 장기요양보험료의 전부 또는 일부를 감면할 수 있다.

5. 장기요양보험가입 자격 등에 관한 준용(제11조)

「국민건강보험법」은 장기요양보험가입자·피부양자의 자격취득·상실, 장기요양보험료 등의 납부·징수 및 결손처분 등에 관하여 이를 준용한다. 이 경우 "보험료"는 "장기요양보험료"로, "건강보험"은 "장기요양보험"으로, "가입자"는 "장기요양보험가입자"로 본다.

3 장기요양인정

1. 장기요양인정의 신청자격(제12조)

장기요양인정을 신청할 수 있는 자는 노인등으로서 다음 각 호의 어느 하나에 해당하는 자격을 갖추어야 한다.

> 1. 장기요양보험가입자 또는 그 피부양자
> 2. 「의료급여법」 제3조제1항에 따른 수급권자
>
>   ※ 「의료급여법」 제3조제1항에 따른 수급권자
>   1. 「국민기초생활 보장법」에 따른 의료급여 수급자
>   2. 「재해구호법」에 따른 이재민으로서 보건복지부장관이 의료급여가 필요하다고 인정한 사람
>   3. 「의사상자 등 예우 및 지원에 관한 법률」에 따라 의료급여를 받는 사람
>   4. 「입양특례법」에 따라 국내에 입양된 18세 미만의 아동
>   5. 「독립유공자예우에 관한 법률」, 「국가유공자 등 예우 및 지원에 관한 법률」 및 「보훈보상대상자 지원에 관한 법률」의 적용을 받고 있는 사람과 그 가족으로서 국가보훈부장관이 의료급여가 필요하다고 추천한 사람 중에서 보건복지부장관이 의료급여가 필요하다고 인정한 사람
>   6. 「무형유산의 보전 및 진흥에 관한 법률」에 따라 지정된 국가무형문화재의 보유자(명예보유자를 포함한다)와 그 가족으로서 국가유산청장이 의료급여가 필요하다고 추천한 사람 중에서 보건복지부장관이 의료급여가 필요하다고 인정한 사람

7. 「북한이탈주민의 보호 및 정착지원에 관한 법률」의 적용을 받고 있는 사람과 그 가족으로서 보건복지부장관이 의료급여가 필요하다고 인정한 사람
8. 「5·18민주화운동 관련자 보상 등에 관한 법률」 제8조에 따라 보상금등을 받은 사람과 그 가족으로서 보건복지부장관이 의료급여가 필요하다고 인정한 사람
9. 「노숙인 등의 복지 및 자립지원에 관한 법률」에 따른 노숙인 등으로서 보건복지부장관이 의료급여가 필요하다고 인정한 사람
10. 그 밖에 생활유지 능력이 없거나 생활이 어려운 사람으로서 대통령령으로 정하는 사람

2. 장기요양인정 신청의 조사(제14조)

① 공단은 신청서를 접수한 때 보건복지부령으로 정하는 바에 따라 소속 직원으로 하여금 다음 각 호의 사항을 조사하게 하여야 한다. 다만, 지리적 사정 등으로 직접 조사하기 어려운 경우 또는 조사에 필요하다고 인정하는 경우 특별자치시·특별자치도·시·군·구에 대하여 조사를 의뢰하거나 공동으로 조사할 것을 요청할 수 있다.

1. 신청인의 심신상태
2. 신청인에게 필요한 장기요양급여의 종류 및 내용
3. 그 밖에 장기요양에 관하여 필요한 사항으로서 보건복지부령으로 정하는 사항

② 공단은 제1항 각 호의 사항을 조사하는 경우 2명 이상의 소속 직원이 조사할 수 있도록 노력하여야 한다.
③ 조사를 하는 자는 조사일시, 장소 및 조사를 담당하는 자의 인적사항 등을 미리 신청인에게 통보하여야 한다.
④ 공단 또는 조사를 의뢰받은 특별자치시·특별자치도·시·군·구는 조사를 완료한 때 조사결과서를 작성하여야 한다. 조사를 의뢰받은 특별자치시·특별자치도·시·군·구는 지체 없이 공단에 조사결과서를 송부하여야 한다.

3. 등급판정 등(제15조)

① 공단은 제14조에 따른 조사가 완료된 때 조사결과서, 신청서, 의사소견서, 그 밖에 심의에 필요한 자료를 등급판정위원회에 제출하여야 한다.
② 등급판정위원회는 신청인이 신청자격요건을 충족하고 6개월 이상 동안 혼자서 일상생활을 수행하기 어렵다고 인정하는 경우 심신상태 및 장기요양이 필요한 정도 등 대통령령으로 정하는 등급판정기준에 따라 수급자로 판정한다.
③ 등급판정위원회는 심의·판정을 하는 때 신청인과 그 가족, 의사소견서를 발급한 의사 등 관계인의 의견을 들을 수 있다.
④ 공단은 장기요양급여를 받고 있거나 받을 수 있는 자가 다음 각 호의 어느 하나에 해당하는 것으로 의심되는 경우에는 제14조제1항 각 호의 사항을 조사하여 그 결과를 등급판정위원회에 제출하여야 한다.

1. 거짓이나 그 밖의 부정한 방법으로 장기요양인정을 받은 경우
2. 고의로 사고를 발생하도록 하거나 본인의 위법행위에 기인하여 장기요양인정을 받은 경우

⑤ 등급판정위원회는 제출된 조사 결과를 토대로 다시 수급자 등급을 조정하고 수급자 여부를 판정할 수 있다.

4. 장기요양등급판정기간(제16조)

① 등급판정위원회는 신청인이 신청서를 제출한 날부터 30일 이내에 장기요양등급판정을 완료하여야 한다. 다만, 신청인에 대한 정밀조사가 필요한 경우 등 기간 이내에 등급판정을 완료할 수 없는 부득이한 사유가 있는 경우 30일 이내의 범위에서 이를 연장할 수 있다.
② 공단은 등급판정위원회가 장기요양인정심의 및 등급판정기간을 연장하고자 하는 경우 신청인 및 대리인에게 그 내용·사유 및 기간을 통보하여야 한다.

5. 장기요양인정서(제17조)

① 공단은 등급판정위원회가 장기요양인정 및 등급판정의 심의를 완료한 경우 지체 없이 다음 각 호의 사항이 포함된 장기요양인정서를 작성하여 수급자에게 송부하여야 한다.

> 1. 장기요양등급
> 2. 장기요양급여의 종류 및 내용
> 3. 그 밖에 장기요양급여에 관한 사항으로서 보건복지부령으로 정하는 사항

② 공단은 등급판정위원회가 장기요양인정 및 등급판정의 심의를 완료한 경우 수급자로 판정받지 못한 신청인에게 그 내용 및 사유를 통보하여야 한다. 이 경우 특별자치시장·특별자치도지사·시장·군수·구청장(자치구의 구청장을 말한다. 이하 같다)은 공단에 대하여 이를 통보하도록 요청할 수 있고, 요청을 받은 공단은 이에 응하여야 한다.
③ 공단은 제1항에 따라 장기요양인정서를 송부하는 때 장기요양급여를 원활히 이용할 수 있도록 월 한도액 범위 안에서 개인별장기요양이용계획서를 작성하여 이를 함께 송부하여야 한다.
④ 장기요양인정서 및 개인별장기요양이용계획서의 작성방법에 관하여 필요한 사항은 보건복지부령으로 정한다.

6. 장기요양인정서를 작성할 경우 고려사항(제18조)

공단은 장기요양인정서를 작성할 경우 장기요양급여의 종류 및 내용을 정하는 때 다음 각 호의 사항을 고려하여 정하여야 한다.

> 1. 수급자의 장기요양등급 및 생활환경
> 2. 수급자와 그 가족의 욕구 및 선택
> 3. 시설급여를 제공하는 경우 장기요양기관이 운영하는 시설 현황

7. 장기요양인정의 유효기간(제19조)

① 장기요양인정의 유효기간은 최소 1년 이상으로서 대통령령으로 정한다.
② 유효기간의 산정방법과 그 밖에 필요한 사항은 보건복지부령으로 정한다.

8. 장기요양인정의 갱신(제20조)

① 수급자는 장기요양인정의 유효기간이 만료된 후 장기요양급여를 계속하여 받고자 하는 경우 공단에 장기요양인정의 갱신을 신청하여야 한다.
② 장기요양인정의 갱신 신청은 유효기간이 만료되기 전 30일까지 이를 완료하여야 한다.

9. 장기요양인정 신청 등에 대한 대리(제22조)

① 장기요양급여를 받고자 하는 자 또는 수급자가 신체적·정신적인 사유로 이 법에 따른 장기요양인정의 신청, 장기요양인정의 갱신신청 또는 장기요양등급의 변경신청 등을 직접 수행할 수 없을 때 본인의 가족이나 친족, 그 밖의 이해관계인은 이를 대리할 수 있다.
② 다음 각 호의 어느 하나에 해당하는 사람은 관할 지역 안에 거주하는 사람 중 장기요양급여를 받고자 하는 사람 또는 수급자가 장기요양인정신청 등을 직접 수행할 수 없을 때 본인 또는 가족의 동의를 받아 그 신청을 대리할 수 있다.

> 1. 「사회보장급여의 이용·제공 및 수급권자 발굴에 관한 법률」에 따른 사회복지전담공무원
> 2. 「치매관리법」에 따른 치매안심센터의 장(장기요양급여를 받고자 하는 사람 또는 수급자가 치매환자인 경우로 한정)

③ 장기요양급여를 받고자 하는 자 또는 수급자가 장기요양인정신청 등을 할 수 없는 경우 특별자치시장·특별자치도지사·시장·군수·구청장이 지정하는 자는 이를 대리할 수 있다.
④ 장기요양인정신청 등의 방법 및 절차 등에 관하여 필요한 사항은 보건복지부령으로 정한다.

4 장기요양급여의 종류(제23조)

1. 재가급여

- **방문요양**: 장기요양요원이 수급자의 가정 등을 방문하여 신체활동 및 가사활동 등을 지원하는 장기요양급여
- **방문목욕**: 장기요양요원이 목욕설비를 갖춘 장비를 이용하여 수급자의 가정 등을 방문하여 목욕을 제공하는 장기요양급여
- **방문간호**: 장기요양요원인 간호사 등이 의사, 한의사 또는 치과의사의 지시서에 따라 수급자의 가정 등을 방문하여 간호, 진료의 보조, 요양에 관한 상담 또는 구강위생 등을 제공하는 장기요양급여
- **주·야간보호**: 수급자를 하루 중 일정한 시간 동안 장기요양기관에 보호하여 신체활동 지원 및 심신기능의 유지·향상을 위한 교육·훈련 등을 제공하는 장기요양급여
- **단기보호**: 수급자를 보건복지부령으로 정하는 범위 안에서 일정 기간 동안 장기요양기관에 보호하여 신체활동 지원 및 심신기능의 유지·향상을 위한 교육·훈련 등을 제공하는 장기요양급여
- **기타재가급여**: 수급자의 일상생활·신체활동 지원 및 인지기능의 유지·향상에 필요한 용구(소프트웨어를 포함한다)를 제공하거나 가정을 방문하여 재활에 관한 지원 등을 제공하는 장기요양급여로서 대통령령으로 정하는 것

2. 시설급여

장기요양기관에 장기간 입소한 수급자에게 신체활동 지원 및 심신기능의 유지·향상을 위한 교육·훈련 등을 제공하는 장기요양급여

3. 특별현금급여

- 가족요양비(제24조): 공단은 다음 각 호의 어느 하나에 해당하는 수급자가 가족 등으로부터 방문요양에 상당한 장기요양급여를 받은 때 대통령령으로 정하는 기준에 따라 해당 수급자에게 가족요양비를 지급할 수 있다.

  > 1. 도서·벽지 등 장기요양기관이 현저히 부족한 지역으로서 보건복지부장관이 정하여 고시하는 지역에 거주하는 자
  > 2. 천재지변이나 그 밖에 이와 유사한 사유로 인하여 장기요양기관이 제공하는 장기요양급여를 이용하기가 어렵다고 보건복지부장관이 인정하는 자
  > 3. 신체·정신 또는 성격 등 대통령령으로 정하는 사유로 인하여 가족 등으로부터 장기요양을 받아야 하는 자

- 특례요양비(제25조): 공단은 수급자가 장기요양기관이 아닌 노인요양시설 등의 기관 또는 시설에서 재가급여 또는 시설급여에 상당한 장기요양급여를 받은 경우 대통령령으로 정하는 기준에 따라 해당 장기요양급여비용의 일부를 해당 수급자에게 특례요양비로 지급할 수 있다.
- 요양병원간병비(제26조): 공단은 수급자가 「의료법」에 따른 요양병원에 입원한 때 대통령령으로 정하는 기준에 따라 장기요양에 사용되는 비용의 일부를 요양병원간병비로 지급할 수 있다.
  ① 장기요양급여를 제공할 수 있는 장기요양기관의 종류 및 기준과 장기요양급여 종류별 장기요양요원의 범위·업무·보수교육 등에 관하여 필요한 사항은 대통령령으로 정한다.
  ② 장기요양기관은 재가급여 전부 또는 일부를 통합하여 제공하는 서비스(이하 이 조에서 "통합재가서비스"라 한다)를 제공할 수 있다.
  ③ 통합재가서비스를 제공하는 장기요양기관은 보건복지부령으로 정하는 인력, 시설, 운영 등의 기준을 준수하여야 한다.
  ④ 장기요양급여의 제공 기준·절차·방법·범위, 그 밖에 필요한 사항은 보건복지부령으로 정한다.

5 장기요양급여의 제공

1. 장기요양급여의 제공(제27조)

① 수급자는 장기요양인정서와 개인별장기요양이용계획서가 도달한 날부터 장기요양급여를 받을 수 있다.
② 수급자는 돌볼 가족이 없는 경우 등 대통령령으로 정하는 사유가 있는 경우 신청서를 제출한 날부터 장기요양인정서가 도달되는 날까지의 기간 중에도 장기요양급여를 받을 수 있다.
③ 수급자는 장기요양급여를 받으려면 장기요양기관에 장기요양인정서와 개인별장기요양이용계획서를 제시하여야 한다. 다만, 수급자가 장기요양인정서 및 개인별장기요양이용계획서를 제시하지 못하는 경우 장기요양기관은 공단에 전화나 인터넷 등을 통하여 그 자격 등을 확인할 수 있다.

④ 장기요양기관은 수급자가 제시한 장기요양인정서와 개인별장기요양이용계획서를 바탕으로 장기요양급여 제공 계획서를 작성하고 수급자의 동의를 받아 그 내용을 공단에 통보하여야 한다.
⑤ 장기요양급여 인정 범위와 절차, 장기요양급여 제공 계획서 작성 절차에 관한 구체적인 사항 등은 대통령령으로 정한다.

2. 특별현금급여수급계좌(제27조의2)

① 공단은 특별현금급여를 받는 수급자의 신청이 있는 경우에는 특별현금급여를 수급자 명의의 지정된 계좌(이하 "특별현금급여수급계좌"라 한다)로 입금하여야 한다. 다만, 정보통신장애나 그 밖에 대통령령으로 정하는 불가피한 사유로 특별현금급여수급계좌로 이체할 수 없을 때에는 현금 지급 등 대통령령으로 정하는 바에 따라 특별현금급여를 지급할 수 있다.
② 특별현금급여수급계좌가 개설된 금융기관은 특별현금급여만이 특별현금급여수급계좌에 입금되도록 관리하여야 한다.
③ 신청방법·절차와 제2항에 따른 특별현금급여수급계좌의 관리에 필요한 사항은 대통령령으로 정한다.

3. 장기요양급여의 월 한도액(제28조)

① 장기요양급여는 월 한도액 범위 안에서 제공한다. 이 경우 월 한도액은 장기요양등급 및 장기요양급여의 종류 등을 고려하여 산정한다.
② 월 한도액의 산정기준 및 방법, 그 밖에 필요한 사항은 보건복지부령으로 정한다.

4. 급여외행위의 제공 금지(제28조의2)

수급자 또는 장기요양기관은 장기요양급여를 제공받거나 제공할 경우 다음 각 호의 행위를 요구하거나 제공하여서는 아니 된다.

> 1. 수급자의 가족만을 위한 행위
> 2. 수급자 또는 그 가족의 생업을 지원하는 행위
> 3. 그 밖에 수급자의 일상생활에 지장이 없는 행위

5. 장기요양급여의 제한(제29조)

① 공단은 장기요양급여를 받고 있는 자가 정당한 사유 없이 제15조제4항에 따른 조사나 제60조 또는 제61조에 따른 요구에 응하지 아니하거나 답변을 거절한 경우 장기요양급여의 전부 또는 일부를 제공하지 아니하게 할 수 있다.
② 공단은 장기요양급여를 받고 있거나 받을 수 있는 자가 장기요양기관이 거짓이나 그 밖의 부정한 방법으로 장기요양급여비용을 받는 데에 가담한 경우 장기요양급여를 중단하거나 1년의 범위에서 장기요양급여의 횟수 또는 제공 기간을 제한할 수 있다.
③ 장기요양급여의 중단 및 제한 기준과 그 밖에 필요한 사항은 보건복지부령으로 정한다.

6 장기요양기관

1. 장기요양기관의 지정(제31조)

① 재가급여 또는 시설급여를 제공하는 장기요양기관을 운영하려는 자는 보건복지부령으로 정하는 장기요양에 필요한 시설 및 인력을 갖추어 소재지를 관할 구역으로 하는 특별자치시장·특별자치도지사·시장·군수·구청장으로부터 지정을 받아야 한다.

② 장기요양기관으로 지정을 받을 수 있는 시설은 「노인복지법」에 따른 노인복지시설 중 대통령령으로 정하는 시설로 한다.

③ 특별자치시장·특별자치도지사·시장·군수·구청장이 지정을 하려는 경우에는 다음 각 호의 사항을 검토하여 장기요양기관을 지정하여야 한다. 이 경우 특별자치시장·특별자치도지사·시장·군수·구청장은 공단에 관련 자료의 제출을 요청하거나 그 의견을 들을 수 있다.

> 1. 장기요양기관을 운영하려는 자의 장기요양급여 제공 이력
> 2. 장기요양기관을 운영하려는 자 및 그 기관에 종사하려는 자가 이 법, 「사회복지사업법」 또는 「노인복지법」 등 장기요양기관의 운영과 관련된 법에 따라 받은 행정처분의 내용
> 3. 장기요양기관의 운영 계획
> 4. 해당 지역의 노인인구 수, 치매 등 노인성질환 환자 수 및 장기요양급여 수요 등 지역 특성
> 5. 그 밖에 특별자치시장·특별자치도지사·시장·군수·구청장이 장기요양기관으로 지정하는 데 필요하다고 인정하여 정하는 사항

④ 특별자치시장·특별자치도지사·시장·군수·구청장은 장기요양기관을 지정한 때 지체 없이 지정 명세를 공단에 통보하여야 한다.

⑤ 재가급여를 제공하는 장기요양기관 중 의료기관이 아닌 자가 설치·운영하는 장기요양기관이 방문간호를 제공하는 경우에는 방문간호의 관리책임자로서 간호사를 둔다.

2. 결격사유(제32조의2)

다음 각 호의 어느 하나에 해당하는 자는 장기요양기관으로 지정받을 수 없다.

> 1. 미성년자, 피성년후견인 또는 피한정후견인
> 2. 「정신건강증진 및 정신질환자 복지서비스 지원에 관한 법률」의 정신질환자. 다만, 전문의가 장기요양기관 설립·운영 업무에 종사하는 것이 적합하다고 인정하는 사람은 그러하지 아니하다.
> 3. 「마약류 관리에 관한 법률」의 마약류에 중독된 사람
> 4. 파산선고를 받고 복권되지 아니한 사람
> 5. 금고 이상의 실형을 선고받고 그 집행이 종료(집행이 종료된 것으로 보는 경우를 포함한다)되거나 집행이 면제된 날부터 5년이 경과되지 아니한 사람
> 6. 금고 이상의 형의 집행유예를 선고받고 그 유예기간 중에 있는 사람
> 7. 대표자가 제1호부터 제6호까지의 규정 중 어느 하나에 해당하는 법인

3. 장기요양기관 지정의 유효기간(제32조의3)

장기요양기관 지정의 유효기간은 지정을 받은 날부터 6년으로 한다.

4. 장기요양기관 지정의 갱신(제32조의4)

① 장기요양기관의 장은 지정의 유효기간이 끝난 후에도 계속하여 그 지정을 유지하려는 경우에는 소재지를 관할구역으로 하는 특별자치시장·특별자치도지사·시장·군수·구청장에게 지정 유효기간이 끝나기 90일 전까지 지정 갱신을 신청하여야 한다.
② 신청을 받은 특별자치시장·특별자치도지사·시장·군수·구청장은 갱신 심사에 필요하다고 판단되는 경우에는 장기요양기관에 추가자료의 제출을 요구하거나 소속 공무원으로 하여금 현장심사를 하게 할 수 있다.
③ 지정 갱신이 지정 유효기간 내에 완료되지 못한 경우에는 심사 결정이 이루어질 때까지 지정이 유효한 것으로 본다.
④ 특별자치시장·특별자치도지사·시장·군수·구청장은 갱신 심사를 완료한 경우 그 결과를 지체 없이 해당 장기요양기관의 장에게 통보하여야 한다.
⑤ 특별자치시장·특별자치도지사·시장·군수·구청장이 지정의 갱신을 거부하는 경우 그 내용의 통보 및 수급자의 권익을 보호하기 위한 조치에 관하여는 제37조제2항 및 제5항을 준용한다.
⑥ 그 밖에 지역별 장기요양급여의 수요 등 지정 갱신의 기준, 절차 및 방법 등에 필요한 사항은 보건복지부령으로 정한다.

5. 폐쇄회로 텔레비전의 설치 등(제33조의2)

① 장기요양기관을 운영하는 자는 노인학대 방지 등 수급자의 안전과 장기요양기관의 보안을 위하여 「개인정보 보호법」 및 관련 법령에 따른 폐쇄회로 텔레비전(이하 "폐쇄회로 텔레비전"이라 한다)을 설치·관리하여야 한다. 다만, 다음 각 호의 어느 하나에 해당하는 경우에는 그러하지 아니하다.

> 1. 재가급여만을 제공하는 경우
> 2. 장기요양기관을 운영하는 자가 수급자 전원 또는 그 보호자 전원의 동의를 받아 특별자치시장·특별자치도지사·시장·군수·구청장에게 신고한 경우
> 3. 장기요양기관을 설치·운영하는 자가 수급자, 그 보호자 및 장기요양기관 종사자 전원의 동의를 받아 「개인정보 보호법」 및 관련 법령에 따른 네트워크 카메라를 설치한 경우

② 폐쇄회로 텔레비전을 설치·관리하는 자는 수급자 및 장기요양기관 종사자 등 정보주체의 권리가 침해되지 아니하도록 다음 각 호의 사항을 준수하여야 한다.

> 1. 노인학대 방지 등 수급자의 안전과 장기요양기관의 보안을 위하여 최소한의 영상정보만을 적법하고 정당하게 수집하고, 목적 외의 용도로 활용하지 아니하도록 할 것
> 2. 수급자 및 장기요양기관 종사자 등 정보주체의 권리가 침해받을 가능성과 그 위험 정도를 고려하여 영상정보를 안전하게 관리할 것
> 3. 수급자 및 장기요양기관 종사자 등 정보주체의 사생활 침해를 최소화하는 방법으로 영상정보를 처리할 것

③ 장기요양기관을 운영하는 자는 폐쇄회로 텔레비전에 기록된 영상정보를 60일 이상 보관하여야 한다.
④ 국가 또는 지방자치단체는 제1항에 따른 폐쇄회로 텔레비전 설치비의 전부 또는 일부를 지원할 수 있다.

⑤ 제1항에 따른 폐쇄회로 텔레비전의 설치·관리 기준 및 동의 또는 신고의 방법·절차·요건, 제3항에 따른 영상정보의 보관기준 및 보관기간 등에 필요한 사항은 보건복지부령으로 정한다.

6. 영상정보의 열람금지 등(제33조의3)

① 폐쇄회로 텔레비전을 설치·관리하는 자는 다음 각 호의 어느 하나에 해당하는 경우를 제외하고는 제33조의2제3항의 영상정보를 열람하게 하여서는 아니 된다.

> 1. 수급자가 자신의 생명·신체·재산상의 이익을 위하여 본인과 관련된 사항을 확인할 목적으로 열람 시기·절차 및 방법 등 보건복지부령으로 정하는 바에 따라 요청하는 경우
> 2. 수급자의 보호자가 수급자의 안전을 확인할 목적으로 열람 시기·절차 및 방법 등 보건복지부령으로 정하는 바에 따라 요청하는 경우
> 3. 「개인정보 보호법」에 따른 공공기관이 「노인복지법」 등 법령에서 정하는 노인의 안전업무 수행을 위하여 요청하는 경우
> 4. 범죄의 수사와 공소의 제기 및 유지, 법원의 재판업무 수행을 위하여 필요한 경우
> 5. 그 밖에 노인 관련 안전업무를 수행하는 기관으로서 보건복지부령으로 정하는 자가 업무의 수행을 위하여 열람시기·절차 및 방법 등 보건복지부령으로 정하는 바에 따라 요청하는 경우

② 장기요양기관을 운영하는 자는 다음 각 호의 어느 하나에 해당하는 행위를 하여서는 아니 된다.

> 1. 제33조의2제1항의 설치 목적과 다른 목적으로 폐쇄회로 텔레비전을 임의로 조작하거나 다른 곳을 비추는 행위
> 2. 녹음기능을 사용하거나 보건복지부령으로 정하는 저장장치 이외의 장치 또는 기기에 영상정보를 저장하는 행위

③ 장기요양기관을 운영하는 자는 제33조의2제3항의 영상정보가 분실·도난·유출·변조 또는 훼손되지 아니하도록 내부 관리계획의 수립, 접속기록 보관 등 대통령령으로 정하는 바에 따라 안전성 확보에 필요한 기술적·관리적·물리적 조치를 하여야 한다.
④ 국가 및 지방자치단체는 장기요양기관에 설치한 폐쇄회로 텔레비전의 설치·관리와 그 영상정보의 열람으로 수급자 및 장기요양기관 종사자 등 정보주체의 권리가 침해되지 아니하도록 설치·관리 및 열람 실태를 보건복지부령으로 정하는 바에 따라 매년 1회 이상 조사·점검하여야 한다.
⑤ 폐쇄회로 텔레비전의 설치·관리와 그 영상정보의 열람에 관하여 이 법에서 규정된 것을 제외하고는 「개인정보 보호법」(제25조는 제외한다)을 적용한다.

7. 장기요양기관 정보의 안내 등(제34조)

① 장기요양기관은 수급자가 장기요양급여를 쉽게 선택하도록 하고 장기요양기관이 제공하는 급여의 질을 보장하기 위하여 장기요양기관별 급여의 내용, 시설·인력 등 현황자료 등을 공단이 운영하는 인터넷 홈페이지에 게시하여야 한다.
② 게시 내용, 방법, 절차, 그 밖에 필요한 사항은 보건복지부령으로 정한다.

※ 노인장기요양보험법 시행규칙 제26조(장기요양기관 정보의 안내 등)
① 장기요양기관이 공단 인터넷 홈페이지에 게시하여야 하는 내용은 다음 각 호와 같다.
   1. 시설의 구조, 설비 상태 및 건물 전경 등의 사진
   2. 장기요양기관의 주소, 약도, 전화번호 및 홈페이지 주소
   3. 장기요양기관에 소속된 인력 종류별 종사자 수, 장기요양요원이 해당 기관에서 근속한 연수, 입소(이용)정원 및 현재 입소(이용)인원
   4. 장기요양기관에서 제공하고 있는 급여 종류
   5. 장기요양급여 이용계약에 관한 사항
   6. 비급여대상 항목별 비용
   7. 보험에 가입했는지 여부
   8. 「사회복지사업법」 제34조의3제1항에 따른 책임보험에 가입했는지 여부
② 장기요양기관은 제1항 각 호의 내용이 변경되는 경우에는 공단의 인터넷 홈페이지에 지체 없이 그 내용을 반영하여 게시하여야 한다.

8. 장기요양기관의 의무 등(제35조)

① 장기요양기관은 수급자로부터 장기요양급여신청을 받은 때 장기요양급여의 제공을 거부하여서는 아니 된다. 다만, 입소정원에 여유가 없는 경우 등 정당한 사유가 있는 경우는 그러하지 아니하다.
② 장기요양기관은 장기요양급여의 제공 기준·절차 및 방법 등에 따라 장기요양급여를 제공하여야 한다.
③ 장기요양기관의 장은 장기요양급여를 제공한 수급자에게 장기요양급여비용에 대한 명세서를 교부하여야 한다.
④ 장기요양기관의 장은 장기요양급여 제공에 관한 자료를 기록·관리하여야 하며, 장기요양기관의 장 및 그 종사자는 장기요양급여 제공에 관한 자료를 거짓으로 작성하여서는 아니 된다.
⑤ 장기요양기관은 면제받거나 감경받는 금액 외에 영리를 목적으로 수급자가 부담하는 재가 및 시설 급여비용(이하 "본인부담금"이라 한다)을 면제하거나 감경하는 행위를 하여서는 아니 된다.
⑥ 누구든지 영리를 목적으로 금전, 물품, 노무, 향응, 그 밖의 이익을 제공하거나 제공할 것을 약속하는 방법으로 수급자를 장기요양기관에 소개, 알선 또는 유인하는 행위 및 이를 조장하는 행위를 하여서는 아니 된다.
⑦ 장기요양급여비용의 명세서, 기록·관리하여야 할 장기요양급여 제공 자료의 내용 및 보존기한, 그 밖에 필요한 사항은 보건복지부령으로 정한다.

9. 보험 가입(제35조의5)

① 장기요양기관은 종사자가 장기요양급여를 제공하는 과정에서 발생할 수 있는 수급자의 상해 등 법률상 손해를 배상하는 보험(이하 "전문인 배상책임보험"이라 한다)에 가입할 수 있다.
② 공단은 장기요양기관이 전문인 배상책임보험에 가입하지 않은 경우 그 기간 동안 해당 장기요양기관에 지급하는 장기요양급여비용의 일부를 감액할 수 있다.
③ 장기요양급여비용의 감액 기준 등에 관하여 필요한 사항은 보건복지부령으로 정한다.

10. 장기요양기관의 폐업 등의 신고 등(제36조)

① 장기요양기관의 장은 폐업하거나 휴업하고자 하는 경우 폐업이나 휴업 예정일 전 30일까지 특별자치시장·특별자치도지사·시장·군수·구청장에게 신고하여야 한다. 신고를 받은 특별자치시장·특별자치도지사·시장·군수·구청장은 지체 없이 신고 명세를 공단에 통보하여야 한다.

② 특별자치시장·특별자치도지사·시장·군수·구청장은 장기요양기관의 장이 유효기간이 끝나기 30일 전까지 지정 갱신 신청을 하지 아니하는 경우 그 사실을 공단에 통보하여야 한다.

③ 장기요양기관의 장은 장기요양기관을 폐업하거나 휴업하려는 경우 또는 장기요양기관의 지정 갱신을 하지 아니하려는 경우 보건복지부령으로 정하는 바에 따라 수급자의 권익을 보호하기 위하여 다음 각 호의 조치를 취하여야 한다.

> 1. 해당 장기요양기관을 이용하는 수급자가 다른 장기요양기관을 선택하여 이용할 수 있도록 계획을 수립하고 이행하는 조치
> 2. 해당 장기요양기관에서 수급자가 제40조제1항 및 제3항에 따라 부담한 비용 중 정산하여야 할 비용이 있는 경우 이를 정산하는 조치
> 3. 그 밖에 수급자의 권익 보호를 위하여 필요하다고 인정되는 조치로서 보건복지부령으로 정하는 조치

④ 특별자치시장·특별자치도지사·시장·군수·구청장은 폐업·휴업 신고를 접수한 경우 또는 장기요양기관의 장이 유효기간이 끝나기 30일 전까지 지정 갱신 신청을 하지 아니한 경우 장기요양기관의 장이 수급자의 권익을 보호하기 위한 조치를 취하였는지의 여부를 확인하고, 인근지역에 대체 장기요양기관이 없는 경우 등 장기요양급여에 중대한 차질이 우려되는 때에는 장기요양기관의 폐업·휴업 철회 또는 지정 갱신 신청을 권고하거나 그 밖의 다른 조치를 강구하여야 한다.

⑤ 특별자치시장·특별자치도지사·시장·군수·구청장은 「노인복지법」에 따라 노인의료복지시설 등(장기요양기관이 운영하는 시설인 경우에 한한다)에 대하여 사업정지 또는 폐지 명령을 하는 경우 지체 없이 공단에 그 내용을 통보하여야 한다.

⑥ 장기요양기관의 장은 폐업·휴업 신고를 할 때 또는 장기요양기관의 지정 갱신을 하지 아니하여 유효기간이 만료될 때 보건복지부령으로 정하는 바에 따라 장기요양급여 제공 자료를 공단으로 이관하여야 한다. 다만, 휴업 신고를 하는 장기요양기관의 장이 휴업 예정일 전까지 공단의 허가를 받은 경우에는 장기요양급여 제공 자료를 직접 보관할 수 있다.

11. 장기요양기관 지정의 취소 등(제37조)

① 특별자치시장·특별자치도지사·시장·군수·구청장은 장기요양기관이 다음 각 호의 어느 하나에 해당하는 경우 그 지정을 취소하거나 6개월의 범위에서 업무정지를 명할 수 있다. 다만, 제1호, 제2호의2, 제3호의5, 제7호 또는 제8호에 해당하는 경우에는 지정을 취소하여야 한다.

> 1. 거짓이나 그 밖의 부정한 방법으로 지정을 받은 경우(*지정 취소)
> 1의2. 급여외행위를 제공한 경우. 다만, 장기요양기관의 장이 그 위반행위를 방지하기 위하여 해당 업무에 관하여 상당한 주의와 감독을 게을리하지 아니한 경우는 제외한다.
> 2. 지정기준에 적합하지 아니한 경우
> 2의2. 결격사유의 각 호의 어느 하나에 해당하게 된 경우(*지정 취소). 다만, 결격사유 제7호에 해당하게 된 법인의 경우 3개월 이내에 그 대표자를 변경하는 때에는 그러하지 아니하다.

3. 장기요양급여를 거부한 경우
3의2. 본인부담금을 면제하거나 감경하는 행위를 한 경우
3의3. 수급자를 소개, 알선 또는 유인하는 행위 및 이를 조장하는 행위를 한 경우
3의4. 장기요양요원의 보호 제2항 각 호의 어느 하나를 위반한 경우
3의5. 폐업 또는 휴업 신고를 하지 아니하고 1년 이상 장기요양급여를 제공하지 아니한 경우(*지정 취소)
3의6. 시정명령을 이행하지 아니하거나 회계부정 행위가 있는 경우
3의7. 정당한 사유 없이 평가를 거부·방해 또는 기피하는 경우
4. 거짓이나 그 밖의 부정한 방법으로 재가 및 시설 급여비용을 청구한 경우
5. 자료제출 명령에 따르지 아니하거나 거짓으로 자료제출을 한 경우나 질문 또는 검사를 거부·방해 또는 기피하거나 거짓으로 답변한 경우
6. 장기요양기관의 종사자 등이 다음 각 목의 어느 하나에 해당하는 행위를 한 경우. 다만, 장기요양기관의 장이 그 행위를 방지하기 위하여 해당 업무에 관하여 상당한 주의와 감독을 게을리하지 아니한 경우는 제외한다.
   가. 수급자의 신체에 폭행을 가하거나 상해를 입히는 행위
   나. 수급자에게 성적 수치심을 주는 성폭행, 성희롱 등의 행위
   다. 자신의 보호·감독을 받는 수급자를 유기하거나 의식주를 포함한 기본적 보호 및 치료를 소홀히 하는 방임행위
   라. 수급자를 위하여 증여 또는 급여된 금품을 그 목적 외의 용도에 사용하는 행위
   마. 폭언, 협박, 위협 등으로 수급자의 정신건강에 해를 끼치는 정서적 학대행위
7. 업무정지기간 중에 장기요양급여를 제공한 경우(*지정 취소)
8. 「부가가치세법」 제8조에 따른 사업자등록 또는 「소득세법」 제168조에 따른 사업자등록이나 고유번호가 말소된 경우(*지정 취소)

② 특별자치시장·특별자치도지사·시장·군수·구청장은 지정을 취소하거나 업무정지명령을 한 경우에는 지체 없이 그 내용을 공단에 통보하고, 보건복지부령으로 정하는 바에 따라 보건복지부장관에게 통보한다. 이 경우 시장·군수·구청장은 관할 특별시장·광역시장 또는 도지사를 거쳐 보건복지부장관에게 통보하여야 한다.

③ 특별자치시장·특별자치도지사·시장·군수·구청장은 장기요양기관이 지정취소 또는 업무정지되는 경우에는 해당 장기요양기관을 이용하는 수급자의 권익을 보호하기 위하여 적극적으로 노력하여야 한다.

④ 특별자치시장·특별자치도지사·시장·군수·구청장은 수급자의 권익을 보호하기 위하여 보건복지부령으로 정하는 바에 따라 다음 각 호의 조치를 하여야 한다.

> 1. 행정처분의 내용을 우편 또는 정보통신망 이용 등의 방법으로 수급자 또는 그 보호자에게 통보하는 조치
> 2. 해당 장기요양기관을 이용하는 수급자가 다른 장기요양기관을 선택하여 이용할 수 있도록 하는 조치

⑤ 지정취소 또는 업무정지되는 장기요양기관의 장은 해당 기관에서 수급자가 부담한 비용 중 정산하여야 할 비용이 있는 경우 이를 정산하여야 한다.

⑥ 다음 각 호의 어느 하나에 해당하는 자는 장기요양기관으로 지정받을 수 없다.

> 1. 지정취소를 받은 후 3년이 지나지 아니한 자(법인인 경우 그 대표자를 포함한다)
> 2. 업무정지명령을 받고 업무정지기간이 지나지 아니한 자(법인인 경우 그 대표자를 포함한다)

⑦ 행정처분의 기준은 보건복지부령으로 정한다.

12. 위반사실 등의 공표(제37조의3)

① 보건복지부장관 또는 특별자치시장·특별자치도지사·시장·군수·구청장은 장기요양기관이 거짓으로 재가·시설 급여비용을 청구하였다는 이유로 제37조 또는 제37조의2에 따른 처분이 확정된 경우로서 다음 각 호의 어느 하나에 해당하는 경우에는 위반사실, 처분내용, 장기요양기관의 명칭·주소, 장기요양기관의 장의 성명, 그 밖에 다른 장기요양기관과의 구별에 필요한 사항으로서 대통령령으로 정하는 사항을 공표하여야 한다. 다만, 장기요양기관의 폐업 등으로 공표의 실효성이 없는 경우에는 그러하지 아니하다.

> 1. 거짓으로 청구한 금액이 1천만 원 이상인 경우
> 2. 거짓으로 청구한 금액이 장기요양급여비용 총액의 100분의 10 이상인 경우

② 보건복지부장관 또는 특별자치시장·특별자치도지사·시장·군수·구청장은 장기요양기관이 자료제출 명령에 따르지 아니하거나 거짓으로 자료제출을 한 경우나 질문 또는 검사를 거부·방해 또는 기피하거나 거짓으로 답변하였다는 이유로 제37조 또는 제37조의2에 따른 처분이 확정된 경우 위반사실, 처분내용, 장기요양기관의 명칭·주소, 장기요양기관의 장의 성명, 그 밖에 다른 장기요양기관과의 구별에 필요한 사항으로서 대통령령으로 정하는 사항을 공표하여야 한다. 다만, 장기요양기관의 폐업 등으로 공표의 실효성이 없는 경우 또는 장기요양기관이 위반사실 등의 공표 전에 자료를 제출하거나 질문 또는 검사에 응하는 경우에는 그러하지 아니하다.

③ 보건복지부장관 또는 특별자치시장·특별자치도지사·시장·군수·구청장은 제1항 및 제2항에 따른 공표 여부 등을 심의하기 위하여 공표심의위원회를 설치·운영할 수 있다.

④ 제1항 및 제2항에 따른 공표 여부의 결정 방법, 공표 방법·절차 및 제3항에 따른 공표심의위원회의 구성·운영 등에 필요한 사항은 대통령령으로 정한다.

13. 행정제재처분 효과의 승계(제37조의4)

① 장기요양기관 지정의 취소 요건의 어느 하나에 해당하는 행위를 이유로 한 행정제재처분의 효과는 그 처분을 한 날부터 3년간 다음 각 호의 어느 하나에 해당하는 자에게 승계된다.

> 1. 장기요양기관을 양도한 경우 양수인
> 2. 법인이 합병된 경우 합병으로 신설되거나 합병 후 존속하는 법인
> 3. 장기요양기관 폐업 후 같은 장소에서 장기요양기관을 운영하는 자 중 종전에 행정제재처분을 받은 자(법인인 경우 그 대표자를 포함한다)나 그 배우자 또는 직계혈족

② 행정제재처분의 절차가 진행 중일 때에는 다음 각 호의 어느 하나에 해당하는 자에 대하여 그 절차를 계속 이어서 할 수 있다.

> 1. 장기요양기관을 양도한 경우 양수인
> 2. 법인이 합병된 경우 합병으로 신설되거나 합병 후 존속하는 법인
> 3. 장기요양기관 폐업 후 3년 이내에 같은 장소에서 장기요양기관을 운영하는 자 중 종전에 위반행위를 한 자(법인인 경우 그 대표자를 포함한다)나 그 배우자 또는 직계혈족

③ 제1항 및 제2항에도 불구하고 제1항 각 호의 어느 하나 또는 제2항 각 호의 어느 하나에 해당하는 자(이하 "양수인등"이라 한다)가 양수, 합병 또는 운영 시에 행정제재처분 또는 위반사실을 알지 못하였음을 증명하는 경우에는 그러하지 아니하다.
④ 행정제재처분을 받았거나 그 절차가 진행 중인 자는 보건복지부령으로 정하는 바에 따라 지체 없이 그 사실을 양수인등에게 알려야 한다.

7 재가 및 시설 급여비용 등

1. 재가 및 시설 급여비용의 청구 및 지급 등(제38조)
① 장기요양기관은 수급자에게 재가급여 또는 시설급여를 제공한 경우 공단에 장기요양급여비용을 청구하여야 한다.
② 공단은 장기요양기관으로부터 재가 또는 시설 급여비용의 청구를 받은 경우 이를 심사하여 그 내용을 장기요양기관에 통보하여야 하며, 장기요양에 사용된 비용 중 공단부담금(재가 및 시설 급여비용 중 본인부담금을 공제한 금액을 말한다)을 해당 장기요양기관에 지급하여야 한다.
③ 공단은 장기요양기관의 장기요양급여평가 결과에 따라 장기요양급여비용을 가산 또는 감액조정하여 지급할 수 있다.
④ 공단은 장기요양급여비용을 심사한 결과 수급자가 이미 낸 본인부담금이 통보한 본인부담금보다 더 많으면 두 금액 간의 차액을 장기요양기관에 지급할 금액에서 공제하여 수급자에게 지급하여야 한다.
⑤ 공단은 수급자에게 지급하여야 하는 금액을 그 수급자가 납부하여야 하는 장기요양보험료 및 그 밖에 이 법에 따른 징수금(이하 "장기요양보험료등"이라 한다)과 상계(相計)할 수 있다.
⑥ 장기요양기관은 지급받은 장기요양급여비용 중 보건복지부장관이 정하여 고시하는 비율에 따라 그 일부를 장기요양요원에 대한 인건비로 지출하여야 한다.
⑦ 공단은 장기요양기관이 정당한 사유 없이 자료제출 명령에 따르지 아니하거나 질문 또는 검사를 거부·방해 또는 기피하는 경우 이에 응할 때까지 해당 장기요양기관에 지급하여야 할 장기요양급여비용의 지급을 보류할 수 있다. 이 경우 공단은 장기요양급여비용의 지급을 보류하기 전에 해당 장기요양기관에 의견 제출의 기회를 주어야 한다.
⑧ 재가 및 시설 급여비용의 심사기준, 장기요양급여비용의 가감지급의 기준, 청구절차, 지급방법 및 지급 보류의 절차·방법 등에 관한 사항은 보건복지부령으로 정한다.

2. 장기요양급여비용 등의 산정(제39조)
① 보건복지부장관은 매년 급여종류 및 장기요양등급 등에 따라 장기요양위원회의 심의를 거쳐 다음 연도의 재가 및 시설 급여비용과 특별현금급여의 지급금액을 정하여 고시하여야 한다.
② 보건복지부장관은 재가 및 시설 급여비용을 정할 때 대통령령으로 정하는 바에 따라 국가 및 지방자치단체로부터 장기요양기관의 설립비용을 지원받았는지 여부 등을 고려할 수 있다.
③ 재가 및 시설 급여비용과 특별현금급여의 지급금액의 구체적인 산정방법 및 항목 등에 관하여 필요한 사항은 보건복지부령으로 정한다.

3. 본인부담금(제40조)

① 장기요양급여(특별현금급여는 제외한다. 이하 이 조에서 같다)를 받는 자는 대통령령으로 정하는 바에 따라 비용의 일부를 본인이 부담한다. 이 경우 장기요양급여를 받는 수급자의 장기요양등급, 이용하는 장기요양급여의 종류 및 수준 등에 따라 본인부담의 수준을 달리 정할 수 있다.

② 제1항에도 불구하고 수급자 중「의료급여법」에 따른 수급자는 본인부담금을 부담하지 아니한다.

③ 다음 각 호의 장기요양급여에 대한 비용은 수급자 본인이 전부 부담한다.

> 1. 이 법의 규정에 따른 급여의 범위 및 대상에 포함되지 아니하는 장기요양급여
> 2. 수급자가 장기요양인정서에 기재된 장기요양급여의 종류 및 내용과 다르게 선택하여 장기요양급여를 받은 경우 그 차액
> 3. 장기요양급여의 월 한도액을 초과하는 장기요양급여

④ 다음 각 호의 어느 하나에 해당하는 자에 대해서는 본인부담금의 100분의 60의 범위에서 보건복지부장관이 정하는 바에 따라 차등하여 감경할 수 있다.

> 1. 「의료급여법」제3조제1항제2호부터 제9호까지의 규정에 따른 수급권자
> 2. 소득·재산 등이 보건복지부장관이 정하여 고시하는 일정 금액 이하인 자. 다만, 도서·벽지·농어촌 등의 지역에 거주하는 자에 대하여 따로 금액을 정할 수 있다.
> 3. 천재지변 등 보건복지부령으로 정하는 사유로 인하여 생계가 곤란한 자

⑤ 위 규정에 따른 본인부담금의 산정방법, 감경절차 및 감경방법 등에 관하여 필요한 사항은 보건복지부령으로 정한다.

4. 부당이득의 징수(제43조)

① 공단은 장기요양급여를 받은 자, 장기요양급여비용을 받은 자 또는 의사소견서·방문간호지시서 발급비용(이하 "의사소견서등 발급비용"이라 한다)을 받은 자가 다음 각 호의 어느 하나에 해당하는 경우 그 장기요양급여, 장기요양급여비용 또는 의사소견서등 발급비용에 상당하는 금액을 징수한다. 이 경우 의사소견서등 발급비용에 관하여는「국민건강보험법」제57조제2항을 준용하며, "보험급여 비용"은 "의사소견서등 발급비용"으로, "요양기관"은 "의료기관"으로 본다.

> 1. 제15조제5항에 따른 등급판정 결과 같은 조 제4항 각 호의 어느 하나에 해당하는 것으로 확인된 경우
> 2. 제28조의 월 한도액 범위를 초과하여 장기요양급여를 받은 경우
> 3. 제29조 또는 제30조에 따라 장기요양급여의 제한 등을 받을 자가 장기요양급여를 받은 경우
> 4. 제37조제1항제4호에 따른 거짓이나 그 밖의 부정한 방법으로 재가 및 시설 급여비용을 청구하여 이를 지급받은 경우
> 4의2. 거짓이나 그 밖의 부정한 방법으로 의사소견서등 발급비용을 청구하여 이를 지급받은 경우
> 5. 그 밖에 이 법상의 원인 없이 공단으로부터 장기요양급여를 받거나 장기요양급여비용을 지급받은 경우

② 공단은 제1항의 경우 거짓 보고 또는 증명에 의하거나 거짓 진단에 따라 장기요양급여가 제공된 때 거짓의 행위에 관여한 자에 대하여 장기요양급여를 받은 자와 연대하여 제1항에 따른 징수금을 납부하게 할 수 있다.

③ 공단은 제1항의 경우 거짓이나 그 밖의 부정한 방법으로 장기요양급여를 받은 자와 같은 세대에 속한 자(장기요양급여를 받은 자를 부양하고 있거나 다른 법령에 따라 장기요양급여를 받은 자를 부양할 의무가 있는 자를 말한다)에 대하여 거짓이나 그 밖의 부정한 방법으로 장기요양급여를 받은 자와 연대하여 제1항에 따른 징수금을 납부하게 할 수 있다.

④ 공단은 제1항의 경우 장기요양기관이나 의료기관이 수급자 또는 신청인으로부터 거짓이나 그 밖의 부정한 방법으로 장기요양급여비용 또는 의사소견서등 발급비용을 받은 때 해당 장기요양기관 또는 의료기관으로부터 이를 징수하여 수급자 또는 신청인에게 지체 없이 지급하여야 한다. 이 경우 공단은 수급자 또는 신청인에게 지급하여야 하는 금액을 그 수급자 또는 신청인이 납부하여야 하는 장기요양보험료등과 상계할 수 있다.

8 장기요양위원회

1. 장기요양위원회의 설치 및 기능(제45조)

다음 각 호의 사항을 심의하기 위하여 보건복지부장관 소속으로 장기요양위원회를 둔다.

> 1. 장기요양보험료율
> 2. 가족요양비, 특례요양비 및 요양병원간병비의 지급기준
> 3. 재가 및 시설 급여비용
> 4. 그 밖에 대통령령으로 정하는 주요 사항

2. 장기요양위원회의 구성(제46조)

① 장기요양위원회는 위원장 1인, 부위원장 1인을 포함한 16인 이상 22인 이하의 위원으로 구성한다.

② 위원장이 아닌 위원은 다음 각 호의 자 중에서 보건복지부장관이 임명 또는 위촉한 자로 하고, 각 호에 해당하는 자를 각각 동수로 구성하여야 한다.

> 1. 근로자단체, 사용자단체, 시민단체(「비영리민간단체 지원법」에 따른 비영리민간단체), 노인단체, 농어업인단체 또는 자영자단체를 대표하는 자
> 2. 장기요양기관 또는 의료계를 대표하는 자
> 3. 대통령령으로 정하는 관계 중앙행정기관의 고위공무원단 소속 공무원, 장기요양에 관한 학계 또는 연구계를 대표하는 자, 공단 이사장이 추천하는 자

③ 위원장은 보건복지부차관이 되고, 부위원장은 위원 중에서 위원장이 지명한다.

④ 장기요양위원회 위원의 임기는 3년으로 한다. 다만, 공무원인 위원의 임기는 재임기간으로 한다.

3. 장기요양위원회의 운영(제47조)

① 장기요양위원회 회의는 구성원 과반수의 출석으로 개의하고 출석위원 과반수의 찬성으로 의결한다.

② 장기요양위원회의 효율적 운영을 위하여 분야별로 실무위원회를 둘 수 있다.

③ 이 법에서 정한 것 외에 장기요양위원회의 구성·운영, 그 밖에 필요한 사항은 대통령령으로 정한다.

9 관리운영기관

1. 관리운영기관 등(제48조)

① 장기요양사업의 관리운영기관은 공단으로 한다.

② 공단은 다음 각 호의 업무를 관장한다.

> 1. 장기요양보험가입자 및 그 피부양자와 의료급여수급권자의 자격관리
> 2. 장기요양보험료의 부과·징수
> 3. 신청인에 대한 조사
> 4. 등급판정위원회의 운영 및 장기요양등급 판정
> 5. 장기요양인정서의 작성 및 개인별장기요양이용계획서의 제공
> 6. 장기요양급여의 관리 및 평가
> 7. 수급자 및 그 가족에 대한 정보제공·안내·상담 등 장기요양급여 관련 이용지원에 관한 사항
> 8. 재가 및 시설 급여비용의 심사 및 지급과 특별현금급여의 지급
> 9. 장기요양급여 제공내용 확인
> 10. 장기요양사업에 관한 조사·연구, 국제협력 및 홍보
> 11. 노인성질환예방사업
> 12. 이 법에 따른 부당이득금의 부과·징수 등
> 13. 장기요양급여의 제공기준을 개발하고 장기요양급여비용의 적정성을 검토하기 위한 장기요양기관의 설치 및 운영
> 14. 그 밖에 장기요양사업과 관련하여 보건복지부장관이 위탁한 업무

③ 공단은 장기요양기관을 설치할 때 노인인구 및 지역특성 등을 고려한 지역 간 불균형 해소를 고려하여야 하고, 설치 목적에 필요한 최소한의 범위에서 이를 설치·운영하여야 한다.

④ 「국민건강보험법」에 따른 공단의 정관은 장기요양사업과 관련하여 다음 각 호의 사항을 포함·기재한다.

> 1. 장기요양보험료
> 2. 장기요양급여
> 3. 장기요양사업에 관한 예산 및 결산
> 4. 그 밖에 대통령령으로 정하는 사항

2. 등급판정위원회의 설치(제52조)

① 장기요양인정 및 장기요양등급 판정 등을 심의하기 위하여 공단에 장기요양등급판정위원회를 둔다.

② 등급판정위원회는 특별자치시·특별자치도·시·군·구 단위로 설치한다. 다만, 인구 수 등을 고려하여 하나의 특별자치시·특별자치도·시·군·구에 2 이상의 등급판정위원회를 설치하거나 2 이상의 특별자치시·특별자치도·시·군·구를 통합하여 하나의 등급판정위원회를 설치할 수 있다.

③ 등급판정위원회는 위원장 1인을 포함하여 15인의 위원으로 구성한다.

④ 등급판정위원회 위원은 다음 각 호의 자 중에서 공단 이사장이 위촉한다. 이 경우 특별자치시장·특별자치도지사·시장·군수·구청장이 추천한 위원은 7인, 의사 또는 한의사가 1인 이상 각각 포함되어야 한다.

> 1. 「의료법」에 따른 의료인
> 2. 「사회복지사업법」에 따른 사회복지사
> 3. 특별자치시·특별자치도·시·군·구 소속 공무원
> 4. 그 밖에 법학 또는 장기요양에 관한 학식과 경험이 풍부한 자

⑤ 등급판정위원회 위원의 임기는 3년으로 하되, 한 차례만 연임할 수 있다. 다만, 공무원인 위원의 임기는 재임기간으로 한다.

10 심사청구 및 재심사청구

1. 심사청구(제55조)

① 장기요양인정·장기요양등급·장기요양급여·부당이득·장기요양급여비용 또는 장기요양보험료 등에 관한 공단의 처분에 이의가 있는 자는 공단에 심사청구를 할 수 있다.
② 심사청구는 그 처분이 있음을 안 날부터 90일 이내에 문서(전자문서를 포함한다)로 하여야 하며, 처분이 있은 날부터 180일을 경과하면 이를 제기하지 못한다. 다만, 정당한 사유로 그 기간에 심사청구를 할 수 없었음을 증명하면 그 기간이 지난 후에도 심사청구를 할 수 있다.
③ 심사청구 사항을 심사하기 위하여 공단에 장기요양심사위원회(이하 "심사위원회"라 한다)를 둔다.
④ 심사위원회는 위원장 1명을 포함한 50명 이내의 위원으로 구성한다.
⑤ 심사위원회의 구성·운영, 그 밖에 필요한 사항은 대통령령으로 정한다.

2. 재심사청구(제56조)

① 심사청구에 대한 결정에 불복하는 사람은 그 결정통지를 받은 날부터 90일 이내에 장기요양재심사위원회(이하 "재심사위원회"라 한다)에 재심사를 청구할 수 있다.
② 재심사위원회는 보건복지부장관 소속으로 두고, 위원장 1인을 포함한 20인 이내의 위원으로 구성한다.
③ 재심사위원회의 위원은 관계 공무원, 법학, 그 밖에 장기요양사업 분야의 학식과 경험이 풍부한 자 중에서 보건복지부장관이 임명 또는 위촉한다. 이 경우 공무원이 아닌 위원이 전체 위원의 과반수가 되도록 하여야 한다.
④ 재심사위원회의 구성·운영, 그 밖에 필요한 사항은 대통령령으로 정한다.

3. 행정심판과의 관계(제56조의2)

① 재심사위원회의 재심사에 관한 절차에 관하여는 「행정심판법」을 준용한다.
② 재심사청구 사항에 대한 재심사위원회의 재심사를 거친 경우에는 「행정심판법」에 따른 행정심판을 청구할 수 없다.

4. 행정소송(제57조)

공단의 처분에 이의가 있는 자와 심사청구 또는 재심사청구에 대한 결정에 불복하는 자는 「행정소송법」으로 정하는 바에 따라 행정소송을 제기할 수 있다.

CHAPTER 02 노인장기요양보험법

실전연습 문제

01 노인장기요양보험법상 용어의 정의 중 옳은 것을 고르면?

① 노인등이란 65세 이상의 노인 또는 65세 미만의 자로서 치매·뇌혈관성질환 등 부령으로 정하는 노인성 질병을 가진 자를 말한다.
② 장기요양급여란 6개월 이상 동안 혼자서 일상생활을 수행하기 어렵다고 인정되는 자에게 신체활동·가사활동의 지원 또는 간병 등의 서비스나 이에 갈음하여 지급하는 현금 등을 말한다.
③ 장기요양사업이란 장기요양보험료, 국가 및 지방자치단체의 기금등을 재원으로 하여 노인등에게 장기요양급여를 제공하는 사업을 말한다.
④ 요양보호사란 장기요양기관에 소속되어 노인등의 신체활동 또는 가사활동 지원 등의 업무를 수행하는 자를 말한다.

02 장기요양기본계획에 해당되는 것을 [보기]에서 모두 고르면?

> **보기**
> ㉠ 연도별 장기요양급여 대상인원 및 재원조달 계획
> ㉡ 연도별 장기요양기관 및 장기요양전문인력 관리 방안
> ㉢ 장기요양요원의 처우에 관한 사항
> ㉣ 장기요양인정에 관한 사항

① ㉠, ㉡
② ㉡, ㉣
③ ㉠, ㉡, ㉢
④ ㉠, ㉡, ㉢, ㉣

03 장기요양인정서 작성 시 고려사항이 아닌 것을 고르면?
　① 수급자의 장기요양등급 및 그 가족의 생활환경
　② 수급자와 그 가족의 욕구 및 선택
　③ 시설급여를 제공하는 경우 장기요양기관이 운영하는 시설 현황
　④ 그 밖에 장기요양급여에 관한 사항으로서 보건복지부령으로 정하는 사항

04 다음은 장기요양급여의 종류에 대한 설명이다. 빈칸 ㉠~㉢에 들어갈 내용을 바르게 나열한 것을 고르면?

- 주·야간 보호란 수급자를 하루 중 (㉠) 동안 장기요양기관에 보호하여 신체활동 지원 및 심신기능의 유지·향상을 위한 교육·훈련 등을 제공하는 장기요양급여
- 단기보호란 수급자를 보건복지부령으로 정하는 범위 안에서 (㉡) 동안 장기요양기관에 보호하여 신체활동 지원 및 심신기능의 유지·향상을 위한 교육·훈련 등을 제공하는 장기요양급여
- 기타재가급여란 수급자의 일상생활·신체활동 지원 및 인지기능의 유지·향상에 필요한 용구를 제공하거나 가정을 방문하여 재활에 관한 지원 등을 제공하는 장기요양급여로서 (㉢)으로 정하는 것

	㉠	㉡	㉢
①	일정 기간	일정 시간	부령
②	일정 시간	일정 기간	부령
③	일정 기간	일정 시간	대통령령
④	일정 시간	일정 기간	대통령령

05 장기요양인정 신청 대리자에 포함되지 않는 자를 고르면?

① 사회복지전담공무원
② 치매안심센터의 장
③ 시·도지사 및 시·군·구청장
④ 이해 관계인

06 노인장기요양보험법상 급여비용의 청구 등에 대한 설명으로 옳지 않은 것을 고르면?

① 장기요양기관은 수급자에게 재가급여 또는 시설급여를 제공한 경우 공단에 장기요양급여비용을 청구하여야 한다.
② 장기요양기관은 지급받은 장기요양급여비용 중 보건복지부 장관이 정하여 고시하는 비율에 따라 그 일부를 장기요양요원에 대한 인건비로 지출하여야 한다.
③ 공단은 장기요양기관으로부터 재가 또는 시설 급여비용의 청구를 받은 경우 이를 심사하여 그 내용을 장기요양기관에 통보하여야 하며, 장기요양에 사용된 비용 중 공단부담금을 해당 장기요양기관에 지급하여야 한다.
④ 공단은 장기요양기관이 정당한 사유 없이 자료제출 명령에 따르지 아니하거나 질문 또는 검사를 거부·방해 또는 기피하는 경우 이에 응할 때까지 해당 장기요양기관에 지급하여야 할 장기요양급여비용의 지급을 즉시 보류하여야 한다.

07 노인장기요양보험법상 위반사실 등의 공표에 해당하는 것을 고르면?

① 거짓으로 청구한 금액이 3천만 원 이상인 경우
② 거짓으로 청구한 금액이 장기요양급여비용 총액의 100분의 20 이상인 경우
③ 보건복지부장관 또는 특별자치시장·특별자치도지사·시장·군수·구청장은 장기요양기관이 자료제출 명령에 따르지 아니하거나 거짓으로 자료 제출을 한 경우 공표할 수 있다.
④ 보건복지부장관 또는 특별자치시장·특별자치도지사·시장·군수·구청장은 공표 여부 등을 심의는 장기요양등급판정위원회에서 이루어진다.

08 노인장기요양보험법상의 과태료 처분에서 300만 원 이하에 해당되지 <u>않는</u> 것을 [보기]에서 모두 고르면?

보기

㉠ 열람 요청에 응하지 아니한 자
㉡ 수급자에게 장기요양급여비용에 대한 명세서를 교부하지 아니하거나 거짓으로 교부한 자
㉢ 노인장기요양보험 또는 이와 유사한 용어를 사용한 자
㉣ 행정제재처분을 받았거나 그 절차가 진행 중인 사실을 양수인등에게 지체 없이 알리지 아니한 자
㉤ 장기요양급여 제공 자료를 기록·관리하지 아니하거나 거짓으로 작성한 자
㉥ 폐쇄회로 텔레비전을 설치하지 아니하거나 설치·관리의무를 위반한 자

① ㉠, ㉥
② ㉠, ㉢, ㉤
③ ㉠, ㉡, ㉣, ㉤
④ ㉡, ㉢, ㉣, ㉤

09 노인장기요양보험법상 본인부담금의 산정과 관련된 설명으로 옳은 것을 [보기]에서 모두 고르면?

> **보기**
> ㉠ 재가급여비용의 100분의 15는 수급자가 부담한다.
> ㉡ 시설급여비용의 100분의 20은 수급자가 부담한다.
> ㉢ 장기요양급여의 월 한도액을 초과하는 장기요양급여에 대한 비용은 수급자 본인이 전부 부담한다.
> ㉣ 천재지변에 따른 생계 곤란은 본인부담금 감경 사유에 해당한다.
> ㉤ 본인부담금의 감경 한도는 본인부담금의 100분의 60이다.

① ㉠, ㉢, ㉣
② ㉠, ㉢, ㉤
③ ㉡, ㉢, ㉣, ㉤
④ ㉠, ㉡, ㉢, ㉣, ㉤

10 노인장기요양보험법상 부당이득의 징수에 대한 설명으로 옳지 <u>않은</u> 것을 고르면?

① 공단은 장기요양기관이 수급자로부터 거짓이나 그 밖의 부정한 방법으로 장기요양급여비용을 받은 때 해당 장기요양기관으로부터 이를 징수하여 수급자에게 지체 없이 지급하여야 한다.
② 공단은 거짓 보고 또는 증명에 의하거나 거짓 진단에 따라 장기요양급여가 제공된 때 거짓의 행위에 관여한 자에 대하여 장기요양급여를 받은 자와 연대하여 징수금을 납부하게 할 수 있다.
③ 공단은 장기요양급여를 받은 자, 장기요양급여비용을 받은 자가 거짓이나 부정한 방법으로 재가 및 시설 급여비용을 청구하여 지급받은 경우 그 장기요양급여, 장기요양급여비용에 상당하는 금액을 징수한다.
④ 공단은 거짓이나 그 밖의 부정한 방법으로 장기요양급여를 받은 자와 같은 세대에 속한 자(장기요양급여를 받은 자를 부양하고 있는 자)에 대하여 거짓이나 그 밖의 부정한 방법으로 장기요양급여를 받은 자와 연대하여 징수금을 납부하게 하여서는 아니 된다.

11 보고 또는 자료제출 등에 관한 설명으로 옳지 않은 것을 고르면?

① 보건복지부장관, 특별시장·광역시장·도지사 또는 특별자치시장·특별자치도지사·시장·군수·구청장은 장기요양보험가입자등에게 보수·소득이나 그 밖에 보건복지부령으로 정하는 사항의 보고 또는 자료의 제출을 명하거나 소속 공무원으로 하여금 관계인에게 질문을 하게 하거나 관계 서류를 검사하게 할 수 있다.

② 보건복지부장관, 특별시장·광역시장·도지사 또는 특별자치시장·특별자치도지사·시장·군수·구청장은 장기요양급여의 제공 명세, 재무·회계에 관한 사항 등 장기요양급여에 관련된 자료의 제출을 명하거나 소속 공무원으로 하여금 관계인에게 질문을 하게 하거나 관계 서류를 검사하게 할 수 있다.

③ 보건복지부장관, 특별시장·광역시장·도지사 또는 특별자치시장·특별자치도지사·시장·군수·구청장은 보고 또는 자료제출 명령이나 질문 또는 검사 업무를 효율적으로 수행하기 위하여 필요한 경우에는 공단에 협조공문을 요청할 수 있다.

④ 소속 공무원은 그 권한을 표시하는 증표 및 조사기간, 조사범위, 조사담당자, 관계 법령 등 보건복지부령으로 정하는 사항이 기재된 서류를 지니고 이를 관계인에게 내보여야 한다.

12 노인장기요양보험법상 설치되는 위원회와 그 구성 인원의 연결이 옳지 않은 것을 고르면?

① 등급판정위원회 – 위원장 1인을 포함하여 15인의 위원
② 장기요양심사위원회 – 위원장 1인을 포함한 20인 이내의 위원
③ 장기요양재심사위원회 – 위원장 1인을 포함한 20인 이내의 위원
④ 장기요양위원회 – 위원장 1인, 부위원장 1인을 포함한 16인 이상 22인 이하의 위원

13 노인장기요양보험법상 등급판정위원회의 운영에 대한 설명으로 옳지 <u>않은</u> 것을 고르면?

① 이 법에 정한 것 외에 등급판정위원회의 구성·운영, 그 밖에 필요한 사항은 대통령령으로 정한다.
② 등급판정위원회 회의는 구성원 과반수의 출석으로 개의하고 출석위원 과반수의 찬성으로 의결한다.
③ 등급판정위원회 위원장은 위원 중에서 특별자치시장·특별자치도지사·시장·군수·구청장이 위촉한다.
④ 2 이상의 특별자치시·특별자치도·시·군·구를 통합하여 하나의 등급판정위원회를 설치하는 때 등급판정위원회 위원장은 해당 시·도지사가 공동으로 위촉한다.

14 다음은 노인장기요양보험법상 목적의 내용이다. 빈칸 ㉠, ㉡에 들어갈 단어를 바르게 나열한 것을 고르면?

> 노인장기요양보험법은 고령이나 노인성 질병 등의 사유로 일상생활을 혼자서 수행하기 어려운 노인 등에게 제공하는 신체활동 또는 가사활동 지원 등의 장기요양급여에 관한 사항을 규정하여 노후의 건강증진 및 (㉠)을 도모하고 그 (㉡)의 부담을 덜어줌으로써 국민의 삶의 질을 향상하도록 함을 목적으로 한다.

	㉠	㉡
①	생활안정	본인
②	소득보장	가족
③	소득보장	본인
④	생활안정	가족

15 장기요양기관의 폐·휴업 등의 신고에 대한 설명으로 옳은 것을 고르면?

① 장기요양기관의 장은 폐업·휴업 신고를 할 때 또는 장기요양기관의 지정 갱신을 하지 아니하여 유효기간이 만료될 때 보건복지부령으로 정하는 바에 따라 장기요양급여 제공 자료를 특별자치시장·특별자치도지사·시장·군수·구청장에게 이관하여야 한다.
② 장기요양기관의 장은 폐업하거나 휴업하고자 하는 경우 폐업이나 휴업 예정일 전 30일까지 공단에 신고하여야 한다.
③ 특별자치시장·특별자치도지사·시장·군수·구청장은 장기요양기관의 장이 유효기간이 끝나기 90일 전까지 지정 갱신 신청을 하지 아니하는 경우 그 사실을 공단에 통보하여야 한다.
④ 특별자치시장·특별자치도지사·시장·군수·구청장은 폐업·휴업 신고를 접수한 경우에 장기요양기관의 장이 수급자의 권익 보호 조치를 취하였는지의 여부를 확인하고, 장기요양급여에 중대한 차질이 우려되는 때에는 장기요양기관의 폐업·휴업을 철회하거나 그 밖의 다른 조치를 강구하여야 한다.

16 노인장기요양보험법상 장기요양기관 지정이 당연취소되는 항목을 [보기]에서 모두 고르면?

보기
㉠ 거짓이나 그 밖의 부정한 방법으로 지정을 받은 경우
㉡ 업무정지기간 중에 장기요양급여를 제공한 경우
㉢ 폐업 또는 휴업 신고를 하지 아니하고 1년 이상 장기요양급여를 제공하지 아니한 경우
㉣ 시정명령을 이행하지 아니하거나 회계부정 행위가 있는 경우

① ㉠, ㉢　　② ㉡, ㉣　　③ ㉠, ㉡, ㉢　　④ ㉠, ㉡, ㉢, ㉣

17. 장기요양급여의 제공과 제한에 대한 설명으로 옳지 않은 것을 [보기]에서 모두 고르면?

> **보기**
> ㉠ 수급자는 장기요양인정서와 개인별장기요양이용계획서가 도달한 다음 날부터 장기요양급여를 받을 수 있다.
> ㉡ 장기요양기관은 수급자가 제시한 장기요양인정서와 개인별장기요양이용계획서를 바탕으로 장기요양급여 제공 계획서를 작성하고 수급자의 동의를 받지 못하더라도 일단 그 내용을 공단에 통보하여야 한다.
> ㉢ 공단은 장기요양급여를 받고 있는 자가 장기요양기관이 거짓이나 그 밖의 부정한 방법으로 장기요양급여비용을 받는 데에 가담한 경우 장기요양급여를 중단하여야 한다.
> ㉣ 공단은 장기요양급여를 받고 있는 자가 정당한 사유 없이 조사나 자료의 제출 또는 보고 및 검사에 따른 요구에 응하지 아니하거나 답변을 거절한 경우 장기요양급여의 전부 또는 일부를 제공하지 아니하게 할 수 있다.

① ㉠, ㉡　　② ㉡, ㉣　　③ ㉠, ㉡, ㉢　　④ ㉡, ㉢, ㉣

18. 노인장기요양보험법상 장기요양보험의 일반적 사항에 대한 설명으로 옳지 않은 것을 고르면?

① 장기요양보험사업의 보험자는 공단으로 한다.
② 장기요양보험사업은 보건복지부장관이 관장한다.
③ 장기요양보험의 가입자는 「국민건강보험법」에 따른 가입자로 한다.
④ 공단은 「외국인근로자의 고용 등에 관한 법률」에 따른 외국인근로자 등 대통령령으로 정하는 외국인이 신청하는 경우 보건복지부령으로 정하는 바에 따라 장기요양보험가입자에 포함할 수 있다.

19 노인장기요양보험법상 장기요양기관의 의무 등에 대한 설명으로 옳지 않은 것을 고르면?

① 장기요양기관은 장기요양급여의 제공 기준·절차 및 방법 등에 따라 장기요양급여를 제공하여야 한다.
② 장기요양기관은 수급자로부터 장기요양급여신청을 받은 때에는 예외 없이 장기요양급여를 제공하여야 한다.
③ 장기요양기관의 장은 장기요양급여를 제공한 수급자에게 장기요양급여비용에 대한 명세서를 교부하여야 한다.
④ 장기요양기관의 장은 장기요양급여 제공에 관한 자료를 기록·관리하여야 하며, 장기요양기관의 장 및 그 종사자는 장기요양급여 제공에 관한 자료를 거짓으로 작성하여서는 아니 된다.

20 노인장기요양보험법상 장기요양보험료의 징수에 대한 설명으로 옳은 것을 [보기]에서 모두 고르면?

보기
㉠ 공단은 장기요양사업에 사용되는 비용에 충당하기 위하여 장기요양보험료를 징수한다.
㉡ 공단은 통합 징수한 장기요양보험료와 건강보험료를 각각의 독립회계로 관리하여야 한다.
㉢ 장기요양보험료는 「국민건강보험법」에 따른 보험료와 구분하여 징수한다.
㉣ 공단은 장기요양보험료와 건강보험료를 통합하여 고지하여야 한다.

① ㉠, ㉡
② ㉡, ㉢
③ ㉠, ㉢, ㉣
④ ㉠, ㉡, ㉢, ㉣

우리가 두려워해야 할 것은
바로 두려움 그 자체다.

- 프랭클린 루스벨트(Franklin Roosevelt)

h·well
국민건강보험

PART 05 실전모의고사

제1과목	NCS 직업기초능력		
	NCS 직업기초능력 1회		300
	NCS 직업기초능력 2회		356
제2과목	법률		
	국민건강보험법	행정직·건강직·기술직	408
	노인장기요양보험법	요양직	418

※ 지원하시는 직렬에 따라 법률의 과목을 선택하여 풀이하시기 바랍니다.
※ 전산직의 경우, 국민건강보험법을 풀이하시기 바랍니다.
※ 정답과 해설의 OMR카드를 활용하여 실전처럼 연습해 보시기 바랍니다.

NCS 직업기초능력 1회

[01~03] 다음 글을 읽고 질문에 답하시오.

　뇌는 인간의 신체와 정신을 통합적으로 조율하는 핵심 기관으로, 그 복잡성으로 인해 여전히 많은 부분이 미지의 영역으로 남아 있다. 최근의 연구는 뇌 질환이 단순히 특정 부위의 손상에서 비롯되는 것이 아니라, 여러 뇌 영역 간의 복잡한 상호작용의 실패에서 기인한다는 점을 밝혀내고 있다. 예를 들어, 알츠하이머병은 해마를 포함한 특정 부위의 신경세포 퇴행에서 시작되지만, 시간이 지나면서 뇌 전체에 걸친 연결망의 균형이 무너지게 한다. ㉠이러한 연결망의 혼란은 기억 상실뿐만 아니라 인지 능력과 감정 조절에도 영향을 미친다.

　최근 뇌 연구에서 주목받는 분야 중 하나는 신경가소성이다. 신경가소성은 뇌가 새로운 경험과 학습을 통해 스스로를 재구성할 수 있는 능력을 말한다. 이는 뇌가 손상된 이후에도 다른 신경 경로를 통해 손실된 기능을 일부 복구할 수 있음을 보여준다. ㉡뇌 연구는 시간이 많이 소요되기 때문에 치료법 개발이 어렵다는 비판도 있다. 이와 관련하여 신경가소성을 활용한 재활 프로그램이 뇌졸중 환자의 운동 능력을 회복시키는 사례가 늘고 있다. 과거에는 뇌 손상이 영구적이라는 인식이 지배적이었지만, 신경가소성 연구는 이를 극복할 가능성을 제시하며, 새로운 치료법 개발에 도움을 주고 있다.

　㉢뇌 질환의 원인을 규명하기 위한 연구는 유전자와 환경 요인의 상호작용을 중심으로 이루어지고 있다. 예컨대, 파킨슨병은 특정 유전자 변이가 발병 위험을 증가시키는 것으로 알려져 있지만, 환경적 요인 또한 증상을 촉진하거나 완화하는 데 중요한 역할을 한다. 이를 바탕으로, 과학자들은 개인 맞춤형 치료법을 개발하기 위해 유전자 정보를 활용하는 정밀의학 접근법을 도입하고 있다.

　하지만 뇌 연구는 여전히 많은 도전에 직면해 있다. 뇌는 수십억 개의 신경세포와 그들 간의 수백조 개에 달하는 연결망으로 이루어져 있어, 이를 정밀히 분석하는 것은 기술적 한계와 막대한 연구 비용을 요구한다. 그럼에도 불구하고 최근의 AI와 빅데이터 기술은 뇌 연구를 가속화하고 있다. 거대한 데이터셋을 활용하여 뇌 질환의 패턴을 분석하고, 기존의 치료법으로는 설명할 수 없는 환자의 증상을 이해하는 데 도움을 준다.

　㉣뇌 연구는 단순히 질병 치료를 넘어 인간의 사고와 감정, 그리고 행동의 근본적인 비밀을 밝히는 데 중요한 역할을 한다. 따라서 이를 위해 기술적 진보와 함께 윤리적 고려를 병행하여 미래 사회에 기여할 수 있는 방향으로 발전시켜야 할 것이다.

01 주어진 글의 제목으로 가장 적절한 것을 고르면?

① 신경가소성의 원리와 활용
② 뇌 연구의 현재와 미래
③ AI와 빅데이터의 뇌 연구 활용
④ 뇌 질환 치료를 위한 정밀의학 접근

02 주어진 글의 ㉠~㉣ 중 글의 흐름상 삭제되어야 할 문장을 고르면?

① ㉠　　　　　② ㉡　　　　　③ ㉢　　　　　④ ㉣

03 주어진 글을 이해한 내용으로 적절하지 않은 것을 고르면?

① 알츠하이머병은 뇌의 특정 부위에서 시작되지만, 뇌 연결망 전반의 균형을 무너뜨릴 수 있다.
② 신경가소성은 뇌졸중 환자의 운동 능력 회복에 활용될 수 있다.
③ AI 기술은 뇌 질환 패턴을 분석하고 기존 치료법으로 설명되지 않는 증상을 이해하는 데 도움을 줄 수 있다.
④ 파킨슨병은 유전적 요인만으로 발병 위험을 예측할 수 있다.

[04~05] 다음 글을 읽고 질문에 답하시오.

　환경성 질병은 물리적, 화학적, 생물학적 요인 등 환경 인자에 의해 발생하는 건강 장애를 말한다. 넓은 의미로는 유전적 요인 외에도 식이습관, 음주, 흡연 등을 포함한 외부 환경 요인에 의해 발생할 수 있는 건강 문제를 모두 포함하지만, 좁은 의미로는 개인의 생활 습관이나 직업 활동과 관련된 환경 요인을 제외한 외부 환경 유해인자에 노출되어 발생하는 질병을 뜻한다. (㉠) 환경성 질병은 역학적 연구 등을 통해 환경 유해인자와 질환 간에 상관관계가 있다고 인정되는 질환이라고 정의할 수 있다.
　고대 그리스 시대부터 공기, 물 등 환경적 요인의 중요성은 인식되어 왔으나, 그다지 주목받지 못했다. 19세기 산업화와 공업화가 급격히 진행되면서 대기 오염, 수질 오염, 토양 오염 등 환경 문제가 사회적인 이슈로 떠오르며 특정 지역의 고농도 환경 오염으로 인한 환경성 질병이 부각되었다. 농촌의 도시화, 산업화, 핵가족화로 인스턴트 식품 섭취가 증가하고, 실내외 공해로 알레르기 물질이 증가하면서 환경성 질병의 발생과 밀접하게 연관되며 유병률이 높아지고 있다. (㉡) 국민건강보험공단은 우리나라의 3대 환경성 질병으로 아토피 피부염, 천식, 알레르기 비염을 지정하고 매년 예방을 위한 교육을 하고 있다.
　아토피 피부염은 유아기 또는 소아기에 시작되는 만성 재발성 염증성 피부 질환이다. 이 질환은 유전적 요인과 환경적 요인이 복합적으로 작용하여 발생하며, 미세먼지, 대기 오염, 온도 변화, 건조한 공기 등이 주요한 환경적 유발 요인이다. 아토피 피부염 환자는 피부 장벽이 약해 외부 자극에 민감하며, 대기 중 오염물질이나 알레르기 유발 물질에 노출되면 증상이 악화될 수 있다. (㉢) 집안의 위생 상태나 곰팡이, 먼지 등도 아토피 피부염을 악화시킬 수 있다. 서울시 보건환경연구원의 연구에 따르면, 대기 오염 물질 농도가 상승하면 아토피 피부염 증상이 악화되며, 증상 악화의 주요 요인은 계절에 따라 달라진다.
　천식은 폐로 연결되는 통로인 기관지가 염증으로 좁아지는 만성 기도 염증 질환이다. 천식은 집먼지진드기, 곰팡이, 꽃가루 등 알레르겐에 의해 발생하며, 기후 변화나 대기 오염, 미세먼지 등 환경적 요인에 의해 증상이 악화될 수 있다. 천식을 악화시키는 주요 요인으로는 기후 변화, 대기 오염, 담배 연기, 화학물질 등이 있다.
　알레르기 비염은 특정 알레르기 유발 물질에 의해 발생하는 비염으로, 주로 먼지, 꽃가루, 동물의 털, 곰팡이 등이 원인이다. 이러한 물질이 호흡기와 접촉하면 면역 반응을 일으켜 염증을 유발한다. 또한, 대기 오염 수준이 높아지면 알레르기 비염 환자의 증상이 악화될 수 있으며, 실내 공기 오염과 환기가 부족한 환경도 주요 원인으로 작용할 수 있다. 보건복지부의 국민건강통계에 따르면, 대기 오염 물질에 의한 주요 질환인 천식, 알레르기 비염, 아토피 피부염은 시간이 지남에 따라 증가하였으며, 알레르기 비염의 유병률이 가장 크게 증가한 것으로 나타났다.
　환경성 질병을 예방하고 관리하기 위해서는 주로 환경을 개선하는 데 중점을 두어야 한다. 미세먼지나 대기 오염이 심한 지역에서는 외출을 자제하고, 실내에서는 공기청정기나 습도 조절기를 사용해 공기를 깨끗하게 유지해야 한다. 또한, 환경성 질병을 앓고 있는 사람들은 자주 청소하고 세탁하며, 곰팡이나 먼지가 쌓이지 않도록 생활 공간을 정기적으로 관리해야 한다. 음식이나 화학물질 등도 환경성 질병에 영향을 미칠 수 있으므로, 무리한 환경 노출을 피하고 적절한 생활습관을 유지해야 한다. 환경성 질병 예방을 위해서는 사회적 차원에서의 예방 관리 대책과 함께 환경 유해인자에 대한 관심과 기전에 대한 이해를 바탕으로 한 교육이 중요하다.

04 주어진 글을 읽고 답변할 수 <u>없는</u> 질문을 고르면?

① 환경성 질병의 원인은 무엇인가?
② 환경성 질병의 정의는 무엇인가?
③ 환경성 질병의 치료법은 무엇인가?
④ 환경성 질병의 예방법은 무엇인가?

05 주어진 글의 빈칸 ㉠~㉢에 들어갈 말을 바르게 짝지은 것을 고르면?

	㉠	㉡	㉢
①	즉	그래서	또한
②	그런데	그래서	더불어
③	단	이밖에	그러나
④	그러므로	단	그래서

[06~07] 다음 자료를 읽고 질문에 답하시오.

- ■ 시술 항목: 틀니, 틀니 유지관리, 임플란트, 치석 제거, 선천성 악안면 기형 환자 교정·치료
- ■ 등록 방법: 치과 병(의)원에서 공단 홈페이지(요양기관 정보마당)를 통해 등록 대행 또는 공단(지사)에 팩스, 우편, 방문을 통해 신청서 제출
- ■ 등록 절차: 대상자 판정(병·의원) ▶ 시술 동의 등록 신청(환자) ▶ 등록 결과 통보(공단) ▶ 시술(병·의원)

  ※ 진료가 나눠져 이뤄지는 틀니(1~5, 6단계), 치과 임플란트(1~3단계)는 진료 단계 진행 중에 병·의원 이동이 불가하므로 담당 의사로부터 충분한 설명을 듣고 신중하게 결정하시기 바랍니다.

- ■ 시술별 건강보험 혜택

[틀니]
- 대상자: 만 65세 이상 건강보험 가입자 또는 피부양자(생년월일 기준)
- 급여 대상: 완전 틀니 — 상(하)악의 완전 무치악 환자
              — 레진상 완전 틀니
              — 금속상 완전 틀니
         부분 틀니 — 상(하)악의 부분 무치악 환자
              — 클라스프(고리) 부분 틀니
- 본인부담금: 요양급여비용 총액의 30%
- 적용 횟수: 상(하)악 각각 7년에 1회

[틀니 유지관리]
- 대상자: 만 65세 이상 건강보험 가입자 또는 피부양자(생년월일 기준)
- 급여 대상: 레진상 완전 틀니, 금속상 완전 틀니 및 클라스프 부분 틀니
- 본인부담금: 요양급여비용 총액의 30%
- 적용 횟수: 첨상, 개상, 틀니 수리·조정 등 11개 유지관리 항목당 상이(인공치 수리 시 최대 연 2회)

[임플란트]
- 대상자: 만 65세 이상 건강보험 가입자 또는 피부양자(생년월일 기준)
- 급여 대상: 부분 무치악 환자(완전 무치악 제외)
- 본인부담금: 요양급여비용 총액의 30%
- 적용 횟수: 1인당 평생 2개
- 유지관리: 보철 수복 후 횟수 제한 없이 3개월 이내(진찰료만 산정)

[치석 제거(스케일링)]
- 대상자: 만 19세 이상 건강보험 가입자 또는 피부양자(생년월일 기준)
- 급여 대상: 후속 치주질환 치료 없이 전악 치석 제거만으로 치료가 종료되는 환자
- 본인부담금: 법정본인부담률
- 적용 횟수: 연 1회(매년 1월 1일~12월 31일)

[선천성 악안면 기형 환자 교정·치료]
- 급여 대상: ① 구개열, 구순열을 동반한 치조열, 구순열을 동반한 구개열 환자
   ② 쇄골두개골이골증, 두개안면골이골증, 크루존병, 첨두유합지증 환자로서 희귀질환 산정특례대상(등록이력 포함)
- 본인부담금: 법정본인부담률
   ※ 희귀질환 산정특례 등록자가 산정특례 적용 기간 내 진료받는 경우, 본인부담률 10% 적용
- 적용 횟수: 질환별 적용횟수 상이

06 주어진 자료의 제목으로 가장 적절한 것을 고르면?

① 건강보험 혜택 적용 치과 시술 항목 안내
② 치과 중증질환 산정특례 적용 안내
③ 의료급여 대상자 치과 질환 중복 지원 안내
④ 치과 시술과 기타 질환 검진의 혜택 차이 안내

07 주어진 자료의 내용과 일치하지 않는 것을 고르면?

① 건강보험 혜택을 적용하여 임플란트 진료를 2단계까지 마쳤다면 다음 진료를 받을 병원을 바꿀 수 없다.
② 치주질환으로 인해 치석 제거를 선행 치료로 받아야 하는 환자는 건강보험 대상이 아니다.
③ 선천성 악안면 기형 환자의 경우 질환에 따라 건강보험 혜택 적용 횟수가 다르다.
④ 틀니 시술을 받은 모든 환자는 1년간 최대 11회까지 틀니 유지관리 급여 적용 혜택을 받을 수 있다.

[08~09] 다음 자료를 바탕으로 질문에 답하시오.

1. 요구 규격

구분	저출력 심장 충격기 요구 규격
무게	1~3.5kg 이내
출력	성인용: 150~200J/소아용: 50J 이하
충전 시간	10초 이내
전극 패드	성인/소아 겸용 패드
음성 안내	전기 충격 및 제세동에 대한 음성 설명
표시 기능	- 음성, LED 화면 등을 통한 환자에 대한 처치 방법 전달 - 장비 상태, 배터리 상태 등 표시
관리 기능	- (매월/매주 또는 매일) 정기 자가 진단 기능 ※ 배터리, 패드, 내부 결함 확인 기능 필수 - 패드 상태 확인 기능(패드의 사용 가능 상태 항시 관리)
데이터 관리	- 내부 메모리에 심전도 데이터 저장, 확인 기능 보유 - 외부 자료 이동 가능(제품 → PC)
기록 저장	심전도, 맥박 수 등 환자에 대한 정보 저장 기능
인증	미국 FDA 승인 등 안전성을 입증받았거나, 한국 식품의약품안전처의 승인을 받은 제품(증빙 서류 제출 필수)

2. 납품 및 설치 관련 요구 사항
- 배송처는 162곳으로 추후 통보하며, 납품 및 설치는 계약 체결일로부터 50일 이내에 완료해야 한다.
- 납품 제품은 공단이 요구하는 장소·일정에 따라 설치하여야 하며, 설치 후 포장 박스 등은 납품 업체 책임하에 전량 회수하여야 한다.
- 납품 업체는 제품 납품 완료일을 기준으로 납품 업체명, 사양, 무상 유지 보수 기간, 사용 방법, A/S 연락처 등이 표시된 스티커를 부착하여야 한다.
- 납품 제품은 납품 업체가 직접 설치하여야 하고, 담당자에게 작동 요령, 관리 방법, 주의 사항 및 유지 보수 등에 대해 상세히 교육을 해야 하며, 담당자 서명을 받은 증빙 서류(교육 확인서)를 제출한다.
- 납품 제품의 설치 및 사용 방법, 관리 방법 등 매뉴얼을 작성하여 제공하여야 한다.
  ※ 단, 매뉴얼에 포함될 정보는 공단 사업부서 담당자 협의
- 납품 시 파손되거나 납품 중 또는 납품 완료일 한 달 내에 하자가 발생한 경우 A/S를 불허하며, 동일 사양 이상의 신규 제품으로 교체하여야 하고, 이에 따른 비용 일체는 납품 업체가 부담한다.

3. 납품 시 유의 사항
- 계약 상대자는 자동 제세동기(보관함 포함) 납품 시 제3자로부터 상표 및 특허권 침해를 이유로 하여 어떠한 청구도 받지 않고 공단이 정상적으로 물품을 납품받을 수 있도록 보장하여야 하며, 관련 문제 발생 시 공단은 계약 상대자에게 손해 배상을 청구할 수 있다.

- 물품의 규격 요구 사항에 별도로 명시되지 않았더라도 관련 규정에 의해 필요한 인·허가, 신고, 등록, 검정·승인, 성능 시험 등을 필하여야 하며, 공단이 요구하는 경우에는 관련 자료를 제출하여야 한다.

08 주어진 자료의 주제로 가장 적절한 것을 고르면?

① 저출력 심장 충격기의 필요성
② 저출력 심장 충격기 납품 안내
③ 저출력 심장 충격기 사용 방법
④ 저출력 심장 충격기 관리 실태 점검

09 주어진 자료의 내용과 일치하지 않는 것을 고르면?

① 납품 및 설치는 계약 체결일로부터 50일 이내에 완료해야 한다.
② 납품 제품의 설치 및 사용 방법, 관리 방법 등 매뉴얼을 작성하여 제공하여야 한다.
③ 미국 FDA 승인 등 안정성을 입증받았거나, 한국 식품의약품안전처의 승인을 받은 제품이어야 한다.
④ 납품 시 파손되거나 하자가 발생한 경우 A/S를 실시하고, 이에 따른 비용 일체는 납품 업체가 부담한다.

[10~11] 다음 글을 읽고 질문에 답하시오.

    스트레스란 위험한 상황에 대한 우리 몸의 반응이다. 낯선 상황에 처해 있거나, 재정적으로 문제가 있거나, 사람과의 관계에서 나타나기도 하며, 아주 극한 위험 상황에서도 나타날 수 있는 반응이다. 위해한 상황에서 우리 자신을 손상으로부터 지키기 위해 우리 몸에서는 화학적 반응이 나타난다. 이 스트레스 반응은 사고나 위기 상황을 극복하게도 해주지만, 이러한 상황이 지속적으로 유지되면 우리 몸이 더 이상 지탱하지 못하고 병적인 상태로 접어들게 된다. 이 상태는 우리의 감정이나 사고 방식, 그리고 건강에 악영향을 끼치게 되는데, 대표적으로 나타나는 현상이 바로 통증이다.
    스트레스는 교감 신경계를 활성화시킨다. 교감 신경은 심장을 빠르게 뛰게 하며 혈관을 수축시켜 혈압을 상승시킨다. 또한 우리 몸의 근육 긴장도를 증가시킨다. 증가된 근육의 긴장도는 근육의 국소적 손상과 경직을 일으킨다. 경직은 근육 내의 혈류를 감소시켜 국소적 순환 장애를 일으킨다. 이렇게 유발된 허혈은 혈관을 확장시키는 물질들의 분비를 촉진시키는데 이것이 통증 유발 물질이다. 통증 유발 물질에 의해 유발된 통증은 근육의 경직을 더욱 악화시킨다. 경직된 근육은 근육 내 순환 장애를 일으켜 통증 유발 물질 분비를 촉진하여 통증을 더욱 악화시킨다. 스트레스에 의해 유발되는 대표적인 통증 질환으로 근근막통증 증후군, 섬유 근육통 등이 있다.
    근근막통증 증후군은 한 개 혹은 몇 개의 골격근과 근막에서 국소적으로 발생되는 급·만성 통증으로 가장 흔한 통증의 원인이다. '담이 들었다', '근육이 뭉쳤다'와 같은 증상으로 나타나며, 수반되는 증상으로는 근 경직, 근력의 약화, 운동 범위의 제한, 때로는 벌레가 기어가는 듯한 이상 감각, 저린 느낌 그리고 구역감, 이명, 현기증이 있다. 통증 유발점을 누르면 심한 통증과 함께 멀리 떨어진 부위에도 통증이나 이상 감각이 나타나는 연관통이 나타나기도 한다. 근근막통증 증후군의 원인으로 장시간 나쁜 자세로 일하거나, 신경이 자극을 받아 연관된 근육이 민감해진 상태에서 스트레스를 받거나 날씨가 춥거나 근육과 인대에 손상을 받게 되면, 그에 따른 근육의 긴장과 순환 장애, 통증, 근 경직이 반복적으로 나타나는 통증의 악순환 고리가 활성화되어 나타나게 된다.
    섬유 근육통은 전신에 걸쳐 쑤시는 듯한, 염증이 생긴 것 같은 통증이 3개월 이상 지속되는 광범위한 통증이다. 보통 수면 장애가 심하며 아침에 일어나도 개운하지 않고 온몸이 뻣뻣하고 마디마디가 맞은 듯이 아프고, 따끔거리는 듯한 이상 감각을 동반하다, 전신의 권태감과 불안, 우울감, 과민성 대장 증후군이 같이 나타나는 경우가 흔하다. 중년의 여성에서 자주 발생하며, 전체 인구 100명 중 2명에게서 나타날 정도로 흔한 질환이다. 치료는 항우울제를 사용하여 통증의 개선과 수면 장애, 권태감, 우울감 같은 정서적 동반 증상을 치료해야 한다. 항경련제도 효과적이고 유산소 운동도 통증 치료에 도움이 된다.
    이러한 근육에서 유발되는 통증은 부적절한 생활 습관, 나쁜 자세, 외상 등에 의해 발생되므로 피해야 한다. 특히 스트레스는 반드시 피해야 한다. 긍정적인 사고와 적절한 운동은 스트레스를 줄일 수 있다. 적절한 운동은 혈액 순환을 개선시켜 통증 유발 물질을 제거해서 통증을 완화시킨다. 스트레스에 의한 통증은 급성기에 적절한 치료를 하지 않을 경우, 근육의 변성과 통증 전달 체계의 교란에 의해 만성 통증으로 진행된다. 만성으로 진행된 경우, 증상이 호전되었다 하더라도 스트레스, 우울감, 나쁜 자세, 추운 날씨 등에 의해 쉽게 통증의 악순환 고리가 활성화되어 통증이 재발 혹은 악화된다. 이런 만성적인 상태는 이제 치료가 어려운 난치병적인 상황이다. 그러므로 초기에 스트레스에 대한 적절한 조치와 통증에 대한 치료가 필요하다.

10 주어진 글을 읽고 답할 수 <u>없는</u> 질문을 고르면?

① 스트레스란 무엇인가?
② 스트레스로 인해 통증이 일어나는 까닭은?
③ 스트레스에 의한 통증을 초기에 치료해야 하는 까닭은?
④ 스트레스를 받아도 통증을 느끼지 않도록 하는 방법은?

11 주어진 글의 내용과 일치하는 것을 고르면?

① 근근막통증은 여성보다 남성에게 많이 나타난다.
② 근근막통증은 한 번 발병하면 재발 비율이 적은 편이다.
③ 섬유 근육통은 항우울제를 사용하여 통증을 감소시킬 수 있다.
④ 섬유 근육통은 많은 사람들에게 흔히 나타나는 질환은 아니다.

[12~14] 다음은 서울시의 '금연도시 만들기'에 관한 글이다. 이를 바탕으로 이어지는 질문에 답하시오.

[가] 간접흡연이란 다른 사람이 피우는 담배 연기에 노출되는 것을 의미합니다. 간접흡연은 흡연과 마찬가지로 암, 호흡기질환, 심혈관질환을 일으키고 영아와 아동의 건강에 악영향을 미칩니다. 특히 간접흡연에 따른 피해는 주변 10m에까지 이르며 금연 선진국가에서는 3차 피해까지 논의되고 있습니다. ㉠ <u>또한, 주류연보다 부류연에 포함된 유해물질이 2~3배 더 많은 것으로 알려져 있습니다.</u>

[나] 국가에서는 국민들을 간접흡연 피해로부터 보호하고, 흡연자들로 하여금 중장기적으로 금연을 유도하기 위하여 금연구역 지정제도를 운영하고 있습니다. 일반적으로 음식점 등 실내 공중이용시설은 「국민건강증진법」에서, 광장, 공원, 거리 등 실외 공공장소는 개별 지방자치단체의 조례에서 금연구역을 지정하고 있습니다. 그러나 유치원, 어린이집 주변 등 실외 지역도 「국민건강증진법」을 통해 2018년 12월 말부터 금연구역으로 포함되는 등 「국민건강증진법」에서도 실외 지역을 다루고 있습니다.

현재 서울시 전체 금연구역 중 90% 이상이 실내 공중이용시설로, 실내 금연문화는 빠르게 정착되는 추세입니다. ㉡ <u>대신 흡연자들이 실외에서 흡연하는 사례가 많아지면서, 최근에는 실외에서의 간접흡연 피해문제가 부각되고 있습니다.</u> 특히 우리나라 성인 남성 흡연율은 아직 OECD 가입국 최고 수준이므로, 중앙정부와 서울시에서는 무조건적인 금연구역 확대 대신 흡연율 자체를 낮추는 것을 최우선으로 하는 금연정책을 추진 중에 있습니다.

[다] 국가에서는 실내 금연구역 정착을 우선적으로 추진하고 있으며 「국민건강증진법」에 따라 2012년 공공기관, 학교, 청소년 시설, 의료기관 등이 금연구역으로 지정되었고, 그 범위가 점차 확대되어 2015년에는 모든 음식점이 금연구역으로 지정되었습니다.

2016년 9월부터는 공동주택의 거주 세대 중 2분의 1 이상이 동의하면 복도, 계단, 엘리베이터 및 지하주차장의 전부 또는 일부를 금연구역으로 지정할 수 있게 되었으며, 2017년 12월에는 당구장 등 실내 체육시설도 금연구역으로 지정되었습니다. 금연구역에서 흡연 시 10만 원 이하의 과태료가 부과되며, 금연구역 내에서 담배에 불만 붙이거나 전자담배를 사용하는 행위도 단속대상입니다. 실내 공중이용시설에 대한 1차적인 지정의무와 관리책임은 해당 시설의 소유자, 점유자 또는 관리자에게 있습니다. 해당 시설의 지정의무자는 이용자가 잘 볼 수 있는 곳에 금연구역임을 알리는 표지판을 설치하거나 스티커를 부착해야 하며, 이를 위반한 경우 500만 원 이하의 과태료가 부과됩니다. 금연구역의 관리자는 흡연실을 실내외에 설치할 수 있으나 밀폐공간 조성 및 환기시설 설치 등으로 2차 피해가 없어야 하는 등 제반 규정을 준수해야 합니다. ㉢ <u>음압시설이 갖춰진 흡연실에서조차 유해물질이 발생하여 선진국에서는 흡연실이 효과가 없다고 규정하고 있습니다.</u> 2017년 6월부터는 자치구의 시정명령을 준수하지 않을 경우 500만 원 이하의 과태료가 부과됩니다.

[라] 「국민건강증진법」 제9조 제7항에서는 '다수인이 모이거나 오고가는 관할 구역 안의 일정한 장소'를 지방자치단체의 조례를 통해 금연구역으로 지정할 수 있도록 하였습니다. 이에 서울시는 유동인구가 많은 공공장소를 중심으로 서울시민의 건강을 보호하고자 2010년 「서울특별시 간접흡연 피해방지조례(현 서울특별시 금연환경 조성 및 간접흡연 피해방지 조례)」를 제정·공포하였

고, 2011년 전국 최초로 실외 금연구역(서울광장, 청계광장, 광화문광장)을 지정하였습니다. 또한 서울시 관내 모든 중앙차로 버스정류소와 남산공원 등 서울시 관리 도시공원을 금연구역으로 지정하였으며, 2016년 5월에는 대중교통 이용시민과 길거리 흡연피해 방지를 위해 서울시 관내 모든 지하철 출입구 사방 10m를 금연구역으로 지정하였습니다. 그리고 2018년 12월부터는 유치원, 어린이집 시설경계 10m 이내도 금연구역으로 지정하였습니다. 그 외 25개 자치구에서도 개별 조례를 통해 강남대로 등 주요 거리, 가로변 버스정류소, 학교절대보호구역 및 자치구 관리 공원과 광장 등을 금연구역을 지정·관리하고 있습니다. ㉣ 아울러 어린이, 청소년들의 간접흡연 피해방지를 위하여 2017년부터 자치구별로 학교 주변 통학로를 금연구역으로 지정해 나가고 있습니다. 현재 25개 모든 자치구가 공통으로 금연구역으로 지정하고 있는 곳은 초·중·고등학교 절대보호구역(출입문으로부터 50m 이내)과 가로변 버스정류소 주변 10m, 도시공원입니다. 위반 시 과태료는 10만 원 이하로, 자치구에 따라 5만 원 또는 10만 원으로 정해져 있습니다.

12 다음 중 [가]~[라]의 소제목으로 적절하지 않은 것을 고르면?

① [가]: 간접흡연이 인체에 미치는 영향
② [나]: 금연문화 정착을 위한 정책 제안
③ [다]: 실내 공중이용시설 등 금연구역 지정
④ [라]: 금연거리, 지하철 출입구 등 실외 금연구역

13 주어진 글을 읽고 보인 반응으로 적절하지 않은 것을 [보기]에서 모두 고르면?

보기
A: 자치구는 수시로 금연구역을 지정하고 있으며 점점 금연구역이 늘어나고 있구나.
B: 우리 빌라에 사는 사람의 반 이상만 동의하면 엘리베이터를 금연구역으로 지정할 수 있겠구나.
C: 유치원의 반경 10m 이내에서 전자담배를 피우면 최대 10만 원까지 과태료를 낼 수 있겠구나.
D: 초·중·고등학교의 사방 50m 이내는 모든 자치구가 금연구역으로 지정하고 있구나.

① A, B ② A, C ③ B, D ④ C, D

14 주어진 글의 ㉠~㉣ 중 글의 흐름상 삭제되어야 할 문장을 고르면?

① ㉠ ② ㉡ ③ ㉢ ④ ㉣

[15~16] 다음 글을 읽고 질문에 답하시오.

보건복지부가 '제네릭(복제약) 의약품 약가 제도 개편 방안'을 발표하였다. 이에 따라 2019년 하반기부터 제네릭 의약품(이하 제네릭)의 가격 제도가 현재 동일 제제-동일 가격 원칙에서 제네릭 개발 노력(책임성 강화 및 시간, 비용 투자 등)에 따른 차등 가격 원칙으로 개편된다. 지금까지 제네릭 생산을 직접 하기보다 위탁 생산 방식을 주로 이용했던 제약사는 제품 가격이 인하될 가능성이 높기 때문에 수익성 하락이 예상된다. 이번에 보건복지부가 발표한 '제네릭 의약품 약가 제도 개편 방안'의 세부 내용은 다음과 같다.

▲ 의약품 성분별 20개(제네릭 내에서 등재 순서 20번째까지의 제품군 청구액 비중이 90%인 점 등 고려) 내에서는 건강보험 등재 순서와 상관없이 아래 2개 기준 요건 충족 여부에 따라 제네릭 가격이 산정된다.

① 자체 생물학적 동등성 시험 실시: 품목 허가권자(제약사)가 직접 주관이 되어 단독 또는 타사와 공동으로 수행한 생물학적 동등성 시험 결과 보고서를 보유한 경우
② 등록된 원료 의약품 사용: 완제 의약품 제조 시, 식약처 고시(원료 의약품 등록에 관한 규정)에 따라 식약처에 등록된 원료 의약품을 주성분으로 사용하는 경우

2개 기준 요건을 모두 충족하면, 현재와 같이 원조(오리지널) 의약품 가격의 53.55%로 가격이 산정된다. 1개, 0개 등 기준 요건 충족 수준에 따라서는 53.55%에서 0.85씩 각각 곱한 가격으로 산정된다.

▲ 건강보험 등재 순서 21번째부터는 기준 요건 충족 여부와 상관없이 최저가의 85% 수준으로 약가가 산정된다. 예를 들어, 21번째 제네릭은 20개 내 제품 최저가의 85%로 산정되고, 22번째 제네릭은 21번째 제네릭 가격의 85%가 된다.

이번 '제네릭(복제약) 의약품 약가 제도 개편 방안'은 관련 규정 개정(「약제의 결정 및 조정 기준」, 보건복지부 고시)을 거쳐 이르면 2019년 하반기부터 시행할 예정이다. 다만 제약계 및 의료 현장의 혼란을 최소화하기 위해, 신규 제네릭과 기존에 등재된 제네릭(현재 건강보험 급여 적용 중인 제네릭)으로 구분하여 적용 시점을 다르게 한다는 계획이다. 신규 제네릭의 경우 2019년 중으로 규정 개정 및 일정 기간 경과 후 건강보험 급여를 신청하는 제품부터 개편안을 적용한다. 기존에 등재된 제네릭의 경우, 기준 요건 적용 준비에 소요되는 기간을 고려해 준비 기간(3년) 부여 후 개편안을 적용한다.

보건복지부 보험약제 과장은 "이번 개편 방안은 2018년 발사르탄 사태를 계기로 제네릭 제도 전반에 대한 개편이 필요하다는 판단에 따라 마련되었다"라며, "세부 운영 방안에 대해서는 제약계와 지속적인 논의를 통해 제약사 및 요양기관(병의원, 약국), 환자들의 불편이 없도록 세심히 살펴가며 추진하겠다"라고 덧붙였다.

그동안 보건복지부는 식품의약품안전처와 실무 협의체를 구성·운영해 제네릭 제도 전반(허가부터 약가 제도까지)에 대한 검토 및 개편 방향 등을 논의했다. 이번 '제네릭(복제약) 의약품 약가 제도 개편 방안'은 지난 2월 26일 식약처에서 발표한 '제네릭 의약품 허가 제도 개편 방향' 등과 연계하여 추

진된다. 이에 따라 제네릭에 대한 제약사의 책임성을 강화하고, 개발을 위한 시간과 비용 투자 등의 노력 여부에 따라 보상 체계가 다르게 적용되도록 하였다. 특히 그간 제약계에서 우려를 나타낸 일괄적인 약가 인하 방식이 아닌, 차등 가격 체계 운영을 통해 제약사에서 신약 개발 동력을 계속 확보할 수 있도록 하였다.

15 주어진 글을 통해 추론할 수 있는 내용으로 적절하지 않은 것을 고르면?

① 향후 제네릭 의약품을 생산하는 제약사들 간의 경쟁이 줄어들 것이다.
② 개편안은 제네릭 의약품에 대해 자체 생물학적 동등성 시험을 진행하도록 유도할 것이다.
③ 발사르탄 사태는 생물학적 동등성 시험이 충분하지 않았거나 저품질 원료 의약품을 사용한 문제였을 것이다.
④ 개편안이 적용되면 제네릭 의약품 생산에 비용과 시간을 더 많이 투자한 제약사는 더 높은 가격을 유지할 수 있을 것이다.

16 건강보험에 등재된 20개 제네릭 의약품 중 최저가 의약품의 가격이 150,000원일 경우, 2개의 기준 요건 중 한 개만을 충족한 21번째 제네릭 의약품과 두 요건을 모두 충족한 22번째 제네릭 의약품의 개편안 적용 후 가격을 각각 고르면?

	21번째 제네릭 의약품	22번째 제네릭 의약품
①	80,325원	68,277원
②	80,325원	80,325원
③	127,500원	108,375원
④	150,000원	127,500원

[17~18] 다음 글을 읽고 질문에 답하시오.

의료용 대마, 이제 국산 유전자원으로 연구한다.

최근 전 세계적인 규제 완화와 산업화로 의료용 대마(大麻) 시장에 대한 기대감이 커지는 가운데 국내 의료용 대마 생산을 위한 기반 기술 연구가 첫 열매를 맺었다. 농촌진흥청장은 의료용 대마 식물체 개발을 위한 육종 기술을 개발해 특허 출원하고, 이 기술로 만든 국산 의료용 대마 식물체 2자원을 국내 연구기관에 분양한다고 밝혔다.

대마는 삼과의 한해살이 식물로 우리나라에서는 '삼'이라 불리며, 오래전부터 수의나 상복을 만드는 삼베의 원료인 섬유 작물로 이용되어 오다 1960년대 도취(중독) 효과가 알려지면서 대마초 흡연이 사회적 문제가 되었고, 정부는 1970년 습관성의약품관리법을 통해 대마 단속을 시작하였다. 그 후 대마관리법, 마약류관리법 등 법적 규제로 인해 금기시하던 대마가 최근 식품·화장품·의약품 등의 산업 원료로 주목받고 있다. 대마는 활용 용도에 따라 줄기를 활용하는 섬유용, 씨앗을 활용하는 종실용, 꽃과 잎에서 추출한 유용 성분(CBD)을 의약품, 화장품 등의 원료로 사용하는 의료용으로 구분한다.

국내에서는 현행법상 의료 성분의 산업 활용은 불가하며 연구 목적으로만 활용 가능하다. 연구 목적으로 활용이 가능함에도 불구하고, 그동안 우리나라는 의료용 대마의 기술 표준화와 산업화를 위한 자원이 없어 북아메리카나 유럽에서 도입한 자원을 연구에 활용해 왔다. 이에 농촌진흥청은 2020년부터 국산 의료용 대마 품종 개발을 목표로 연구 사업을 진행해 왔으며, 2022년 3월 대마 육종에 필요한 기술 특허 2건을 출원하고 이 기술을 활용해 의료용 대마 자원을 육성하는 데 성공하였다.

연구진은 육종 효율을 높이기 위해 암그루에서 수꽃이 피도록 유도해 자가 수정하는 인공교배 기술과 암꽃이 피기 전 어린잎(미전개엽)을 조기 분석해 우수 자원을 선발하는 기술, 실내 재배에 알맞은 자원을 선발하는 기술을 개발하였다. 또한, 이 기술로 의료 성분인 칸나비디올(CBD)을 9% 이상 함유한 '칸나비디올 고함유 대마(IT 342820)'와 중독 성분인 테트라하이드로칸나비놀(THC)이 0.3% 미만으로 적은 '테트라하이드로칸나비놀 저함유 대마(IT 342821)' 총 2자원을 육성했다. 칸나비디올(CBD)은 대마에서 가장 활용도가 높은 기능 성분으로 소아뇌전증 치료제인 에피디올렉스(Epidiolex)의 주성분이며, 해외에서는 염증이나 우울증·불면증 완화 효과가 알려져 식품 등에 이용하고 있다. 반면 테트라하이드로칸나비놀(THC)은 진통·진정 효과가 있으나 도취 성분으로 중독성이 있어 대마 산업화의 장애 요인이 되고 있다.

이번에 개발한 자원은 농촌진흥청이 2000년대 초 섬유 생산용으로 개발한 대마인 섬유용 대마 '청삼'과 달리 줄기가 짧고 가지가 많은 특성(단간·다분지형)이 있어 시설 안에서 여러 단으로 재배할 수 있다. 디지털 농업기술을 활용한다면 연간 3~4회 이상 생산도 가능하다. 농촌진흥청은 이들 의료용 대마를 농업유전자원센터에 기탁해 생명자원 등록을 마쳤으며, 대마의 재배, 분석, 생리활성 연구에 활용할 수 있도록 국내 연구기관에 분양할 계획이다.

경북바이오산업연구원 헴프규제자유특구 사업추진단 단장은 "이번 연구로 대마 자원의 국산화를 통한 종자 주권 확보가 기대된다"라며 "농촌진흥청에서 육성한 계통을 분양받아 해외 품종과 비교·검증하는 등 지속적인 연구, 협력을 통해 대마 산업 활성화에 이바지하겠다"라고 말했다. 또한, 농촌진흥청 국립원예특작과학원 약용작물과 과장은 "학술연구 허가를 받은 국내 연구기관을 대상으로 육성 계통을 보급함으로써 의료용 대마 연구의 기술 표준화에 기여하겠다"라며, "의료용 대마 연구는 단기적으로는 규제를 고려해 위험 요소를 최소화하는 기술 개발에 집중하고, 장기적으로는 산업 경쟁력을 높일 수 있는 전략을 세워 추진할 계획이다"라고 밝혔다.

17 주어진 보도자료를 근거로 판단한 내용으로 옳지 않은 것을 고르면?

① 테트라하이드로칸나비놀은 대마가 중독 효과를 나타내는 원인 중 하나이다.
② 대마는 우리나라에서 수의를 만드는 원단의 원료 작물로 이용되어 왔다.
③ 단기적으로는 의료용 대마 연구가 위험 요소를 최소화하는 기술 개발에 집중될 것이다.
④ 대마의 줄기는 의약품과 화장품의 원료로 이용된다.

18 주어진 보도자료를 근거로 판단할 때, 다음 [보기]를 빠른 연도 순으로 바르게 나열한 것을 고르면?

> **보기**
> (가) 섬유용 대마 청삼 개발
> (나) 습관성의약품관리법을 통한 대마 단속
> (다) 대마 육종에 필요한 기술 특허 출원
> (라) 상복을 만드는 섬유 작물로 대마 이용

① (나)-(가)-(다)-(라)
② (나)-(다)-(가)-(라)
③ (라)-(나)-(가)-(다)
④ (라)-(나)-(다)-(가)

[19~20] 주어진 글을 보고 질문에 답하시오.

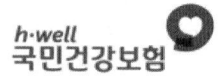

보도자료

| 보도시점 | 배포 후 즉시 사용 | 배포 | 2023. 12. 5.(화) |

의료 방사선 관련 환자 안전 관리 방안 마련을 위해 지난 7월 실시
[㉠]

□ 조사 결과, 의료 방사선 관련 용어는 응답자의 81.5%가 들어본 적 있다고 응답하였으며, 인지 경로는 언론 매체가 가장 많았다.
  ※ (인지 경로) 언론 매체(63.2%) > 의료진 설명·안내(44.0%) > 인터넷 매체(27.8%)
  ○ 또한, 의료 방사선이 가장 많이 발생할 것 같은 검사에 MRI(42.2%) > 일반 X-ray (25.3%) > CT 검사(23.0%) 순으로 응답*하였으나,
    ※ 중복을 허용할 경우 62.5%에서 MRI로 잘못 인지하고 있음
    - 실상 의료 방사선이 가장 많이 유출되는 검사는 CT 검사이며, MRI는 의료 방사선이 나오지 않는다.
    - 흉부 CT 1회 촬영 시 유효선량*이 6mSv**로 흉부 X-ray의 120배에 달한다.
      * 유효선량: 의료 방사선에 의해 인체의 각 장기가 받은 방사선 위해정도를 종합하여 평가하는 지표
      ** mSv: 방사선 피폭 단위, 일반인의 자연 방사선 노출량 2.4mSv/년

□ 최근 3년 이내 의료 영상촬영 검사는 일반 X-ray는 82.0%, 초음파 57.3%, CT 검사 43.8%에서 경험한 것으로 나타났으나, 영상촬영 검사 경험자 중 72.2%는 의료 영상촬영 검사가 미치는 영향에 대한 설명을 듣지 못한 것으로 나타났다.
  ○ 의료 영상촬영 검사와 관련, 국민들이 가장 중요하게 생각하는 정보는 의료 방사선의 안전성·부작용(83.6%) 및 의료 방사선 유효선량(48.0%) 등이며, 효과적인 정보제공 방법으로는 의료진의 설명·안내(43.7%)와 언론 매체(35.8%)로 응답하였다.
  ○ 또한, 의료 영상촬영 검사에 대한 이력관리 서비스 제공 시 이용하겠다는 응답이 87.8%로 서비스 이용에 매우 긍정적 반응을 보였다.
  ○ 의료 방사선 관계 종사자의 의료 방사선에 대한 안전관리법은 있지만, 환자의 안전 관리에 대한 기준이 없다는 것을 알고 있다고 응답한 비율은 6.4%로 매우 저조한 반면, 환자 안전을 위한 의료 방사선 안전관리법의 필요성에는 89.0%에서 필요하다고 응답한 것으로 나타났다.

□ 국민건강보험공단 관계자는 "의료 영상촬영에 대한 국민 인식 조사를 통해 의료 영상촬영 검사 관련 올바른 정보 제공이 부족하며, 이와 연관된 국민의 요구를 파악했다"라고 밝히면서,
  ○ "질병의 진단 및 치료를 위해 사용하는 의료 영상촬영 검사가 좀 더 효과적으로 사용될 수 있도록 관계 기관과 지속적으로 협의하여 제도 개선 방안을 마련할 예정이다"라고 덧붙였다.

19 주어진 보도자료의 ㉠에 들어갈 부제로 가장 적절한 것을 고르면?

① 건보공단, 의료 영상촬영에 대한 국민 인식 조사 결과 발표
② 건보공단, 수술실 CCTV에 대한 국민 인식 조사 결과 발표
③ 건보공단, 효과적인 의료 영상촬영에 대한 제도 개선 방안 마련
④ 건보공단, 의료 영상촬영에 대한 잘못된 정보 인지율에 관한 문제점 제기

20 주어진 보도자료의 내용으로 적절하지 않은 것을 고르면?

① 의료 영상촬영 기기 중 의료 방사선이 가장 많이 유출되는 것은 CT이다.
② 국민들이 의료 영상촬영 검사 중 가장 중요하게 생각하는 것은 의료 방사선의 안전성 및 부작용이다.
③ 10명 중 8명 이상이 의료 영상촬영 검사에 대한 이력관리 서비스가 있다면 사용하고자 한다.
④ 환자에게 적용되는 의료 방사선 안전관리법의 내용 및 기준에 대한 인지율이 현저히 낮다.

[21~22] 다음 [표]는 연령별 헌혈 건수에 대한 자료이다. 이를 바탕으로 질문에 답하시오.

[표] 연령별 헌혈 건수 (단위: 건)

구분		합계	16~19세	20~29세	30~39세	40~49세	50~59세	60세 이상
2020년	계	2,611,401	509,626	945,115	450,991	445,991	222,222	37,456
	남자	1,916,444	318,402	705,657	343,822	343,320	174,810	30,433
	여자	694,957	191,224	239,458	107,169	102,671	47,412	7,023
2021년	계	2,604,437	544,176	918,066	423,354	440,457	235,723	42,661
	남자	1,895,131	348,994	672,591	320,270	335,491	183,384	34,401
	여자	709,306	195,182	245,475	103,084	104,966	52,339	8,260
2022년	계	2,649,007	462,186	970,120	439,078	463,883	262,920	50,820
	남자	1,876,184	294,300	689,794	319,915	340,897	192,894	38,384
	여자	772,823	167,886	280,326	119,163	122,986	70,026	12,436
2023년	계	2,776,291	503,624	1,024,621	448,166	474,966	272,060	52,854
	남자	2,008,892	335,001	744,146	330,019	354,878	203,641	41,207
	여자	767,399	168,623	280,475	118,147	120,088	68,419	11,647

21 주어진 자료에 대한 설명으로 옳은 것을 고르면?

① 2020년 남자 전체 헌혈 건수는 여자 전체 헌혈 건수의 3배 이상이다.
② 2022년 50~59세 전체 헌혈 건수는 1년 전 대비 29,197건 증가하였다.
③ 2021년 16~29세 여자 헌혈 건수는 440,657건이다.
④ 2023년 30~39세 남자 헌혈 건수는 16~19세 남자 헌혈 건수보다 많다.

22 다음 중 연도별 30~39세 헌혈 건수 비중을 나타낸 그래프로 옳지 <u>않은</u> 것을 고르면?(단, 비중은 소수점 이하 둘째 자리에서 반올림한다.)

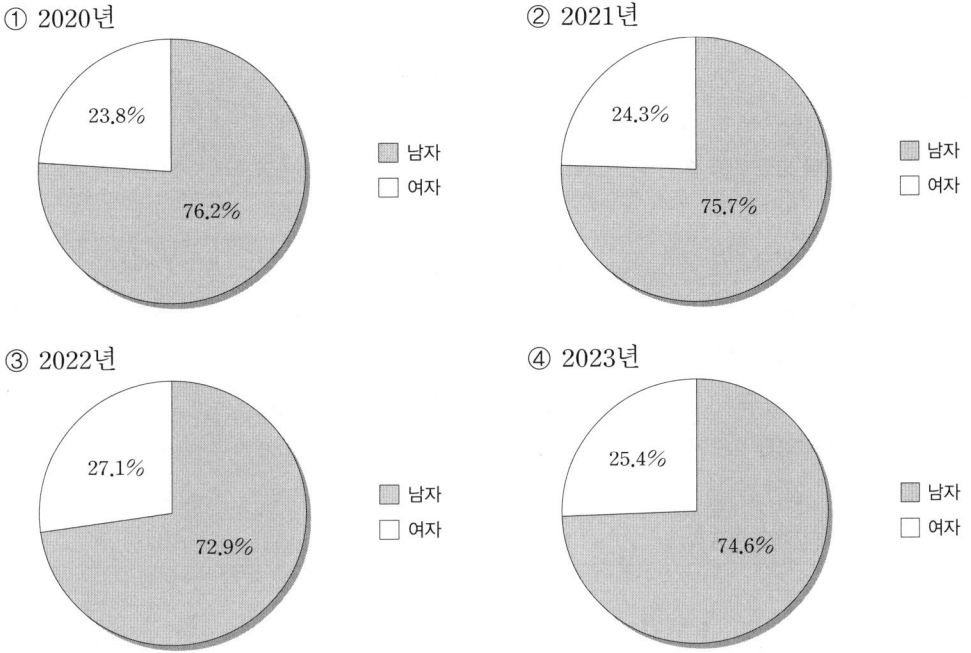

[23~24] 다음 [표]와 [그래프]는 주요 프로 스포츠의 경기 수 및 경기당 평균 관중 수와 좌석 점유율에 관한 자료이다. 이를 바탕으로 질문에 답하시오.

[표] 연도별 주요 프로 스포츠의 경기 수 및 경기당 평균 관중 수 (단위: 경기, 명)

구분		2014년	2015년	2016년	2017년	2018년
야구	경기 수	593	591	736	720	720
	경기당 평균 관중 수	11,373	11,429	10,357	11,583	11,668
축구	경기 수	266	229	228	228	228
	경기당 평균 관중 수	7,656	8,115	7,720	7,854	6,502
농구(남)	경기 수	300	301	292	291	291
	경기당 평균 관중 수	4,092	4,458	3,953	3,543	3,188
농구(여)	경기 수	113	112	111	112	112
	경기당 평균 관중 수	1,237	1,417	1,480	1,425	1,097
배구	경기 수	210	227	227	229	229
	경기당 평균 관중 수	1,525	1,967	2,311	2,336	2,425

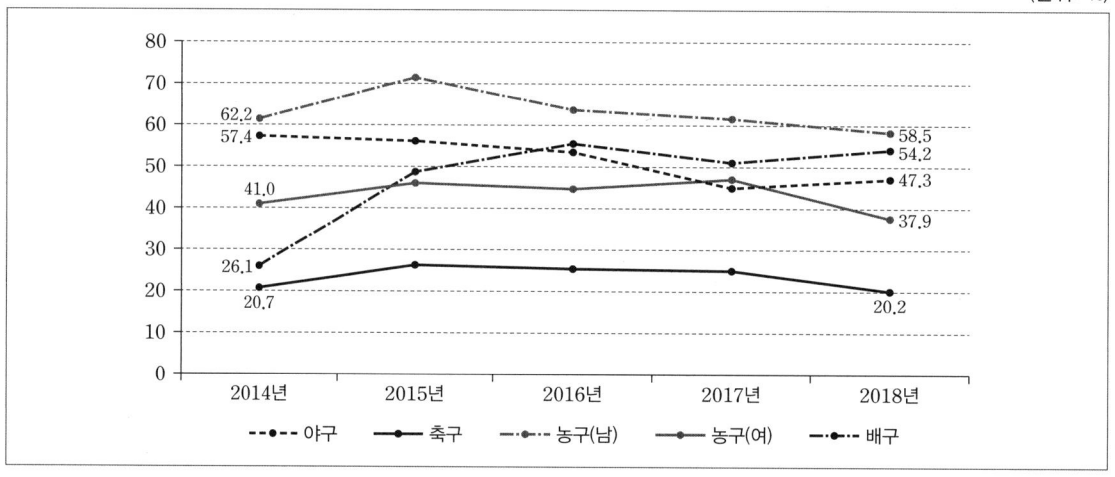

[그래프] 연도별 주요 프로 스포츠의 좌석 점유율 (단위: %)

※ 좌석 점유율(%) = $\dfrac{\text{경기당 평균 관중 수}}{\text{경기장당 평균 수용 규모}} \times 100$

23 주어진 자료에 대한 설명으로 옳지 <u>않은</u> 것을 고르면?

① 2014년 경기장당 평균 수용 규모는 배구가 남자 농구보다 더 크다.
② 매년 좌석 점유율이 가장 높은 종목과 가장 낮은 종목은 변함이 없다.
③ 2014년 대비 2018년에 좌석 점유율이 가장 크게 변동된 종목은 배구이다.
④ 경기 수와 경기당 평균 관중 수 모두 남자 농구가 여자 농구의 매년 2배 이상이다.

24 축구의 연도별 연간 전체 관중 수에 대한 설명으로 옳은 것을 고르면?

① 2016년까지 증가하다가 이후 2개 연도에서 모두 감소하였다.
② 매년 지속적으로 감소하여 2018년에는 150만 명을 넘었다.
③ 5개년 동안 연도별 150~190만 명 사이에서 증가와 감소를 반복하고 있다.
④ 2014년에는 200만 명 이상이던 전체 관중 수가 2018년에는 150만 명 미만으로 감소하였다.

[25~27] 다음 [표]는 2020년 연령별 성별로 한방 외래진료 서비스를 선택한 이유를 나타낸 자료이다. 이를 바탕으로 질문에 답하시오.

[표1] 연령별 성별 한방 외래진료 서비스를 선택한 이유 현황 1 (단위: %)

구분		치료 효과가 좋아서	수술과 검사에 대한 부담이 없어서	부작용이 적어서	진료비가 적게 들어서	설명을 자세하게 들을 수 있어서
연령별	20대 이하	45.1	6.1	6.3	3.5	5.4
	30대	39.7	11.9	15.1	2.0	3.1
	40대	59.6	7.4	11.3	1.5	1.7
	50대	65.2	6.7	8.4	1.1	1.1
	60대 이상	62.0	6.6	8.3	1.3	2.6
성별	남자	55.8	8.1	8.6	1.6	3.3
	여자	58.7	7.0	10.4	1.6	1.8

[표2] 연령별 성별 한방 외래진료 서비스를 선택한 이유 현황 2 (단위: %)

구분		질환에 특화된 진료를 해서	거리가 가까워서	시설 및 환경이 좋아서	유명해서 또는 주변 사람이 권해서
연령별	20대 이하	6.1	18.3	0.4	8.8
	30대	5.6	8.9	–	13.7
	40대	4.4	9.0	0.1	5.0
	50대	4.9	9.9	0.1	2.6
	60대 이상	3.9	9.9	0.5	4.9
성별	남자	5.9	10.9	0.4	5.4
	여자	3.7	10.1	0.1	6.6

25 주어진 자료에 대한 설명으로 옳지 않은 것을 고르면?

① 한방 외래진료 서비스를 선택한 이유로 남자의 비율이 여자의 비율보다 적은 것은 3가지이다.
② 모든 연령대에서 한방 외래진료 서비스를 선택한 이유로 가장 많이 선택한 이유는 동일하다.
③ 30대가 선택한 이유 중 비율이 5% 미만인 이유는 나머지 연령대의 비율도 5% 미만이다.
④ 남자와 여자가 서비스를 선택한 이유 중 비율이 하위 5개인 이유의 종류는 같다.

26 50대 조사 인원 중 '거리가 가까워서'를 선택한 인원이 495명이었고, 각 연령대의 조사 인원이 같다고 할 때, '수술과 검사에 대한 부담이 없어서'를 선택한 40대는 몇 명인지 고르면?

① 350명 ② 370명 ③ 390명 ④ 410명

27 주어진 자료의 연령별 비율을 [그래프]로 나타낸 것이다. 한방 외래진료 서비스 선택 이유 중 A, B에 들어갈 내용으로 옳은 것을 고르면?

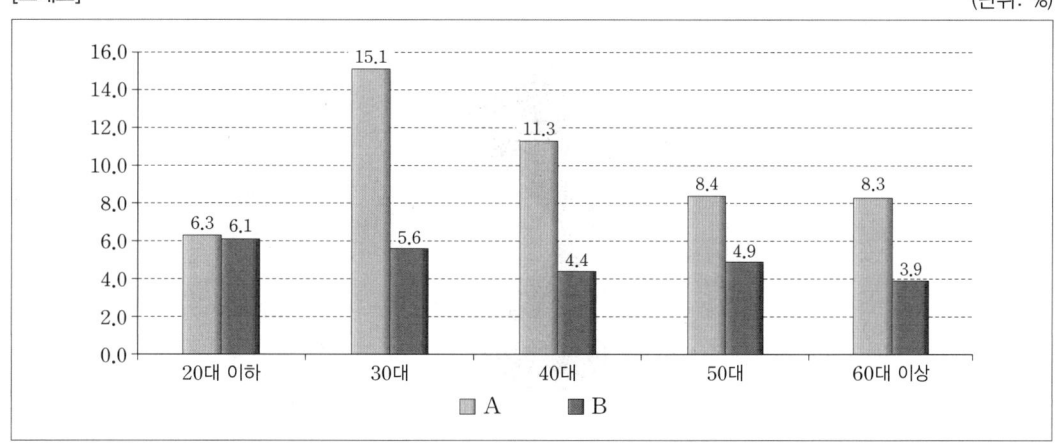

	A	B
①	거리가 가까워서	수술과 검사에 대한 부담이 없어서
②	수술과 검사에 대한 부담이 없어서	거리가 가까워서
③	질환에 특화된 진료를 해서	부작용이 적어서
④	부작용이 적어서	질환에 특화된 진료를 해서

[28~29] 다음은 의료기관 수의 종별 점유율과 의료기관 종별 의료급여비용 점유율에 대한 자료이다. 이를 바탕으로 이어지는 질문에 답하시오.

[그래프1] 의료기관 수의 종별 점유율

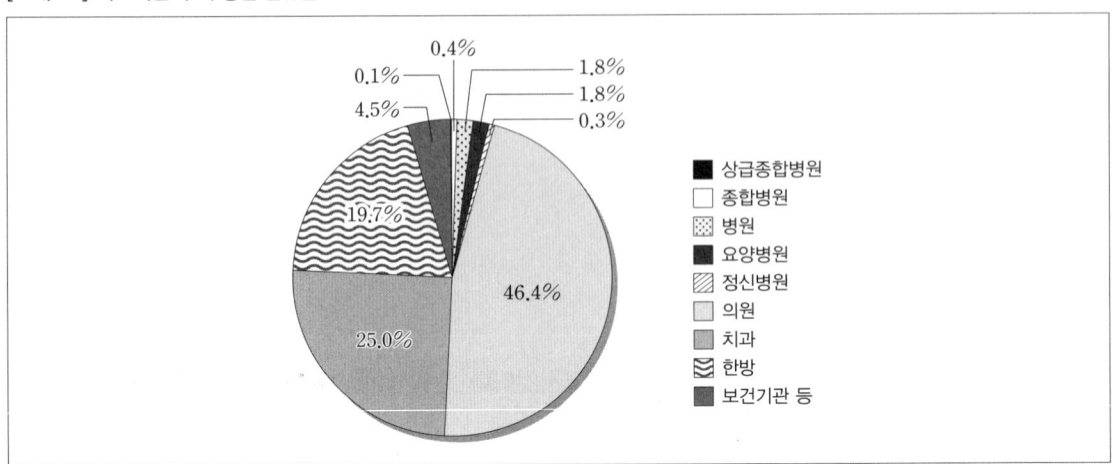

[그래프2] 의료기관 종별 의료급여비용 점유율

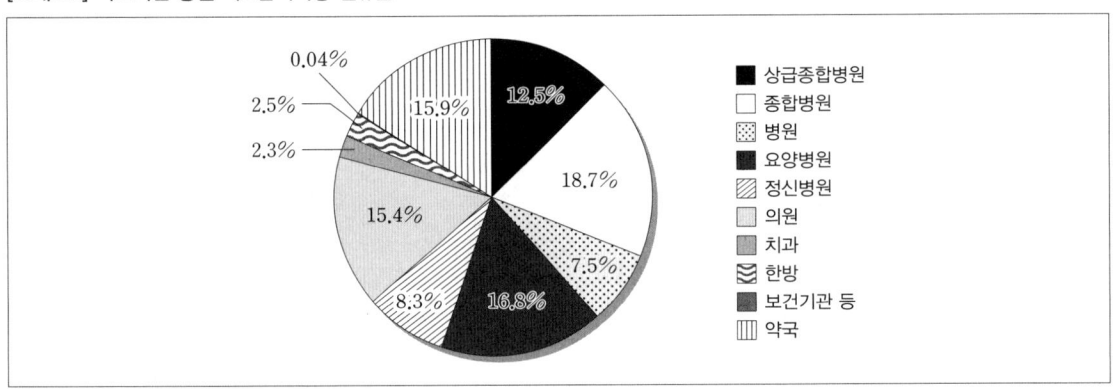

28 주어진 자료에 대한 설명으로 옳은 것을 고르면?

① 상급종합병원 수는 종합병원의 4배이다.
② 한방이 차지하는 의료급여비용은 전체의 0.25이다.
③ 의료기관 수 대비 의료급여비용이 가장 많은 의료기관은 상급종합병원이다.
④ 의료급여비용이 가장 적은 의료기관은 그 수도 가장 적다.

29 병원 수가 1,647개라고 할 때, 의원 수와 치과 수의 차를 고르면?

① 19,073개   ② 19,581개   ③ 20,160개   ④ 20,637개

[30~31] 다음은 저출산 및 고령화에 관한 자료이다. 이를 바탕으로 질문에 답하시오.

2020년 출생아 수는 27만 2천 명으로 전년 대비 10% 감소하였다. 여성 1명이 평생 낳을 것으로 예상되는 평균 출생아 수를 나타내는 합계 출산율은 0.84명으로 전년 대비 8.7% 감소하였으며 OECD 주요 국가의 합계 출산율과 비교해 볼 때 매우 낮다.

[그래프1] 연도별 합계 출산율 (단위: 명)

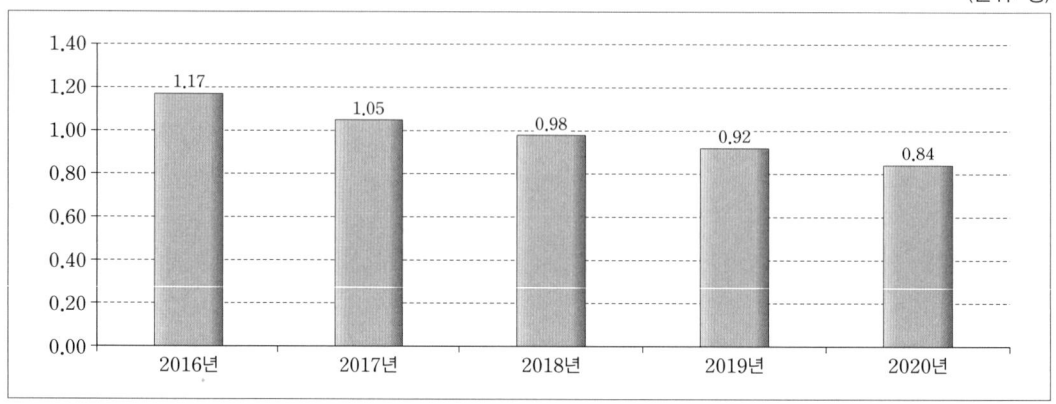

[표1] 2020년 OECD 주요 국가의 합계 출산율 비교 (단위: 명)

멕시코	터키	프랑스	스웨덴	영국	스위스	폴란드	일본
2.14	2.08	1.85	1.85	1.75	1.54	1.42	1.37

한편, 노년부양비는 생산가능인구(15~64세 인구) 100명당 부양해야 하는 고령인구(65세 이상)의 수를 나타내는데, 노년인구에 대한 생산가능인구의 경제적 부담을 나타내는 지표이다. 그리고 노령화지수는 유소년인구(0~14세) 100명에 대하여 고령인구의 수를 나타낸다.

우리나라의 노년부양비는 2010년 14.8명에서 2020년에는 6.9명만큼 증가하였고, 그 비율의 증가 폭은 계속 상승할 것으로 예상된다. 따라서 노인인구 부양을 위해 생산가능인구가 부담하는 조세, 사회보장비 등이 늘어나면서 세대 간 갈등이 유발될 가능성이 있다.

[그래프2] 연도별 노년부양비 및 노령화지수 예상 추계

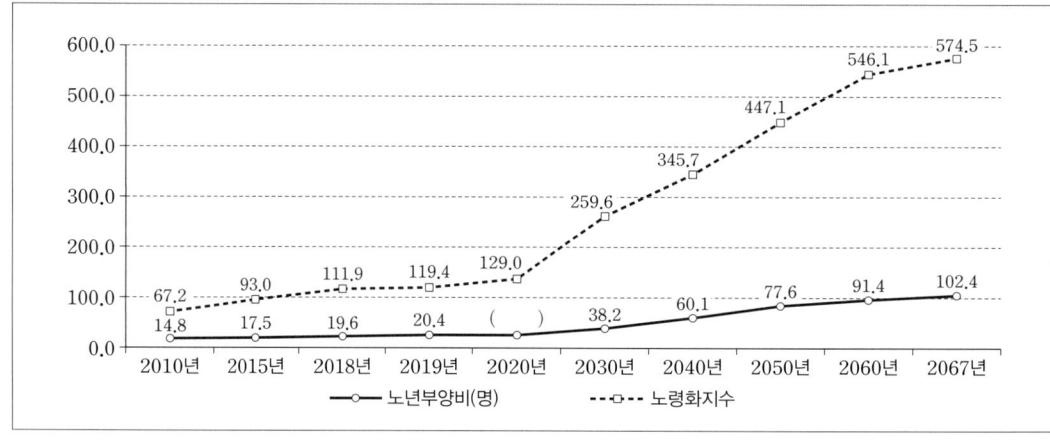

또한, 우리나라는 OECD 주요 국가 중에 2020년 기준 노년부양비가 높은 편이 아니었지만, 향후 급속도로 수치가 높아질 것으로 예상되어 2030년에는 미국, 2040년에는 스페인을 추월할 것으로 전망된다.

[표2] 연도별 OECD 주요 국가의 노년부양비 2020년 현황 및 예상 추계 (단위: 명)

구분	2020년	2030년	2040년	2050년	2060년
한국	( )	38.2	60.1	77.6	91.4
일본	48.0	53.2	65.5	74.3	76.3
미국	25.6	32.5	35.4	36.6	40.4
칠레	17.9	26.0	33.5	40.9	50.8
프랑스	33.7	40.4	47.0	49.3	50.6
네덜란드	31.2	40.8	48.4	48.6	51.1
폴란드	28.4	37.0	42.0	55.6	66.0
스페인	30.4	39.8	55.9	72.2	71.0

30 2020년 우리나라의 생산가능인구가 3,683만 명일 때, 다음 중 2020년 고령인구와 유소년인구의 차이를 고르면?(단, 계산 시 천 명 단위에서 반올림한다.)

① 178만 명 ② 180만 명
③ 182만 명 ④ 184만 명

31 주어진 자료에 관한 설명으로 옳은 것을 [보기]에서 모두 고르면?

보기
㉠ 2019년 우리나라 출생아 수는 30만 명 이상이다.
㉡ 우리나라와 [표1]의 국가들에 대한 2020년 합계 출산율의 평균은 1.7명 이상이다.
㉢ 2020년에 우리나라의 생산가능인구 100명당 부양해야 하는 고령인구는 20.7명이다.
㉣ 우리나라는 2020년부터 2060년까지 OECD 주요 국가 중에서 노년부양비가 가장 빠르게 높아질 것으로 전망된다.

① ㉠, ㉡   ② ㉠, ㉣   ③ ㉡, ㉢   ④ ㉢, ㉣

[32~33] 다음 [표]는 건강보험 진료비 현황에 대한 자료이다. 이를 바탕으로 질문에 답하시오.

[표] 건강보험 진료비 현황
(단위: 억 원)

구분		2019년	2020년	2021년	2022년	2023년
행위별 수가	소계	803,157	811,236	881,395	981,212	1,074,873
	기본진료료	201,084	188,194	192,886	210,422	230,593
	진료행위료	372,986	385,739	434,110	498,472	534,102
	약품비	193,388	199,116	212,097	228,968	256,446
	재료대	35,698	38,187	42,302	43,350	53,732
정액수가	소계	54,782	57,102	53,588	48,558	52,558
	요양병원 정액수가 등	36,927	38,820	34,131	29,202	33,773
	포괄수가	17,855	18,282	19,458	19,356	18,786

32 2023년 포괄수가의 2년 전 대비 증감률을 고르면?(단, 증감률은 소수점 이하 둘째 자리에서 반올림한다.)

① −3.5%   ② −2.9%   ③ −1.5%   ④ −0.6%

33 조사 기간 동안 전년 대비 행위별 수가 증감량을 나타낸 그래프로 옳지 <u>않은</u> 것을 고르면?

① 기본진료료

② 진료행위료
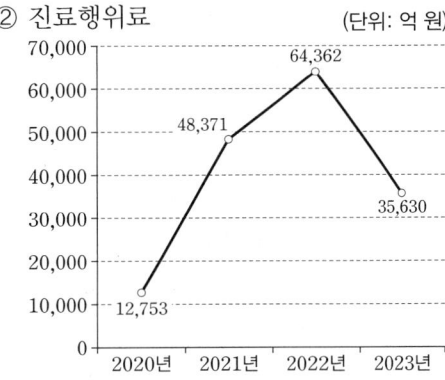

③ 약품비
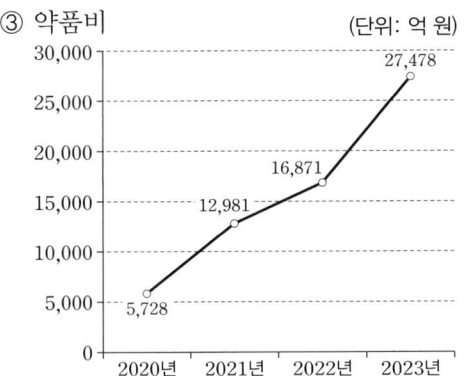

④ 재료대
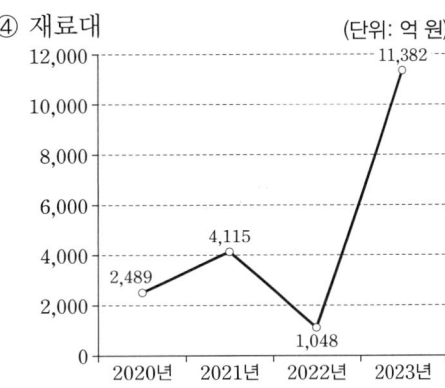

[34~35] 다음 [표]는 부모 비만과 영유아 자녀(54~60개월) 비만의 상관 관계를 나타낸 자료이다. 이를 바탕으로 질문에 답하시오.(단, 비만인 영유아 수는 소수점 이하 첫째 자리에서 반올림한다.)

[표1] 부모 비만과 영유아 자녀 비만의 상관 관계

(단위: 명, %)

구분	부	모	대상자	비만율
부모 비만	BMI<25	BMI<25	47,699	3.16
	BMI<25	25≤BMI<30	10,470	8.32
	25≤BMI<30	BMI<25	43,108	6.63
	25≤BMI<30	25≤BMI<30	11,602	14.44
부모 저체중	18.5≤BMI	18.5≤BMI	103,248	6.52
	18.5≤BMI	BMI<18.5	8,318	1.88
	BMI<18.5	18.5≤BMI	( )	(A)
	BMI<18.5	BMI<18.5	106	0

[표2] 영유아 성별 및 부모 비만에 따른 영유아 자녀 비만 분석 결과

(단위: 명, %)

구분	부	모	성별	대상자	비만율
영유아 비만	BMI<25	BMI<25	남아	31,347	3.01
			여아	16,352	3.45
	BMI<25	25≤BMI<30	남아	6,910	7.83
			여아	3,560	9.27
	25≤BMI<30	BMI<25	남아	28,195	6.28
			여아	14,913	7.29
	25≤BMI<30	25≤BMI<30	남아	7,638	14.05
			여아	3,964	15.19
영유아 저체중	18.5≤BMI	18.5≤BMI	남아	67,736	6.21
			여아	35,512	7.1
	18.5≤BMI	BMI<18.5	남아	5,487	1.86
			여아	2,831	1.91
	BMI<18.5	18.5≤BMI	남아	798	2.76
			여아	409	1.71
	BMI<18.5	BMI<18.5	남아	69	0
			여아	37	0

※ 저체중: BMI<18.5
※ 비만: 25≤BMI<30

34 주어진 자료에 대한 [보기]의 설명 중 옳은 것을 모두 고르면?

> **보기**
> ㉠ 부모의 BMI가 모두 25 이상일 때 영유아의 비만율은 부모의 BMI가 모두 25 미만일 때보다 4배 이상 높다.
> ㉡ 부모의 체중에 상관없이 여아의 체중이 남아보다 높다.
> ㉢ A의 값은 2 이상이다.
> ㉣ 아빠가 비만이고 엄마가 비만이 아닌 경우, 남아와 여아의 비만율은 모두 8% 미만이다.
> ㉤ 부모의 BMI가 모두 25 미만일 때 영유아 자녀의 BMI가 25 미만일 확률은 96.84%이다.

① ㉠, ㉡   ② ㉠, ㉢, ㉣   ③ ㉡, ㉣, ㉤   ④ ㉢, ㉣, ㉤

35 BMI는 체질량 지수로 체중(kg)/[키(m)]^{2}을 나타낸다. 박 씨는 키가 180cm이고 체중이 85kg이다. 박 씨 부인의 BMI가 30 미만일 때, 58개월인 박 씨의 아들이 비만일 확률을 고르면?[단, 비만율과 비만인 영유아(남아) 수는 소수점 이하 첫째 자리에서 반올림한다.]

① 8%   ② 10%   ③ 12%   ④ 15%

[36~38] 다음 [표]는 2016~2018년 장애 유형별 장애인 암검진 대상 및 수검 인원 현황을 나타낸 자료이다. 이를 바탕으로 질문에 답하시오.

[표1] 장애 유형별 장애인 암검진 대상 인원

(단위: 명)

구분	2016년		2017년		2018년	
	남자	여자	남자	여자	남자	여자
지체	543,696	443,279	546,515	444,184	529,664	431,780
뇌병변	90,093	70,435	89,150	70,665	100,182	78,685
시각	102,419	77,647	102,530	78,216	105,743	81,012
청각	101,292	85,903	127,911	111,525	144,632	129,426
언어	7,830	3,375	7,472	3,175	8,754	3,624
지적	31,676	37,676	31,513	38,551	31,937	38,978
자폐성	80	391	95	484	107	612
정신	29,168	30,990	29,139	32,149	35,511	37,607

[표2] 장애 유형별 장애인 암검진 수검 인원

(단위: 명)

구분	2016년		2017년		2018년	
	남자	여자	남자	여자	남자	여자
지체	257,619	216,494	262,716	214,642	272,073	215,134
뇌병변	28,537	18,615	27,564	18,287	32,513	20,618
시각	46,275	34,613	46,839	34,890	51,220	36,842
청각	44,942	33,516	57,187	43,378	68,976	50,876
언어	2,988	1,298	2,726	1,276	3,273	1,406
지적	11,153	11,020	11,079	11,568	11,553	11,375
자폐성	29	22	30	23	37	28
정신	10,304	12,161	10,268	12,260	12,023	14,116

36 주어진 자료에 대한 설명으로 옳지 않은 것을 고르면?(단, 비율은 소수점 이하 둘째 자리에서 반올림한다.)

① 2017~2018년 동안 남자의 대상 인원과 수검 인원이 전년 대비 모두 계속 증가한 장애 유형은 4가지 이하이다.
② 2017년 자폐성 전체 대상 인원 대비 전체 수검 인원의 비율은 9% 미만이다.
③ 2018년 여자의 수검 인원과 2016년 여자 대상 인원의 각각 세 번째로 많은 장애 유형은 같다.
④ 매년 언어 장애인 암검진 대상 인원과 수검 인원은 각각 남자가 여자보다 많다.

37 남자와 여자의 지적 장애인 대상 인원 차이가 가장 큰 해의 정신 장애인 전체 수검 인원은 몇 명인지 고르면?

① 26,139명 ② 26,532명 ③ 26,916명 ④ 27,325명

38 다음 [그래프]는 주어진 자료에서 장애 유형 중 연도별 전체 대상 인원을 나타낸 것이다. [그래프]에서 나타낸 장애 유형을 고르면?

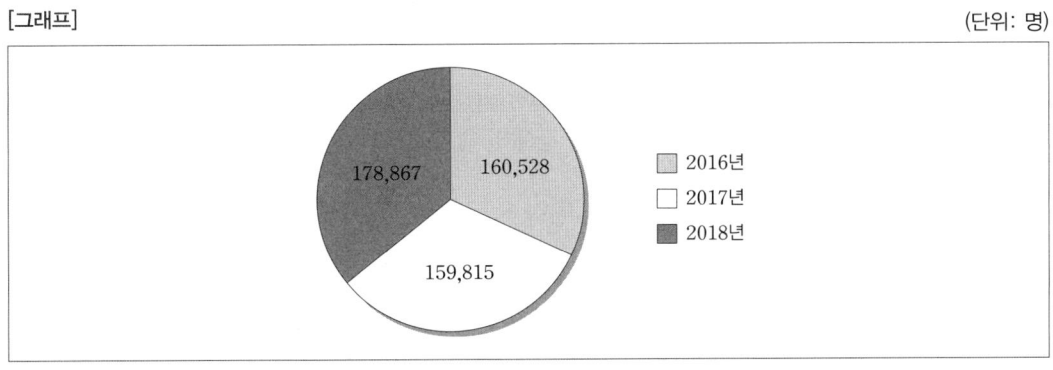

① 시각 ② 청각 ③ 뇌병변 ④ 자폐성

[39~40] 다음 [표]는 연도별 질병별 진료 인원 및 진료비 현황에 관한 자료이다. 이를 바탕으로 질문에 답하시오.

[표] 연도별 질병별 진료 인원 및 진료비 현황

(단위: 천 명, 억 원)

구분	진료 인원			진료비		
	2015년	2018년	2019년	2015년	2018년	2019년
합계	24,571	27,970	29,448	233,583	311,258	345,295
고혈압	5,706	6,310	6,534	28,542	33,329	36,516
당뇨병	2,522	3,043	3,224	18,170	24,474	27,393
심장 질환	1,314	1,528	1,609	17,947	26,085	29,427
대뇌혈관 질환	880	966	1,046	23,766	27,867	31,287
악성 신생물	1,349	1,602	1,686	51,772	74,917	83,538
간 질환	1,493	1,771	1,957	7,994	10,202	10,810
정신 및 행동 장애	2,628	3,144	3,348	30,838	41,092	44,444
호흡기 결핵	72	52	47	1,120	1,452	1,505
신경계 질환	2,742	3,094	3,279	16,697	25,500	29,263
갑상선 장애	1,201	1,375	1,448	2,654	3,385	3,697
만성 신장병	172	228	251	15,671	19,472	21,019
관절염	4,492	4,857	5,019	18,412	23,483	26,396

39 주어진 자료에 대한 설명으로 옳지 않은 것을 고르면?

① 조사 기간 동안 모든 질병의 진료 인원은 증가하였다.
② 전년 대비 2019년 진료비가 가장 많이 증가한 질병은 악성 신생물이다.
③ 2015년 대비 2019년에 진료비가 1조 원 이상 증가한 질병은 모두 4개이다.
④ 2019년 악성 신생물과 정신 및 행동 장애의 합계 진료비는 전체의 30% 이상이지만, 합계 진료 인원은 전체의 20% 미만이다.

40 주어진 자료를 근거로 하여 2019년 질병별 진료 인원 1,000명당 진료비의 그래프로 옳은 것을 고르면?

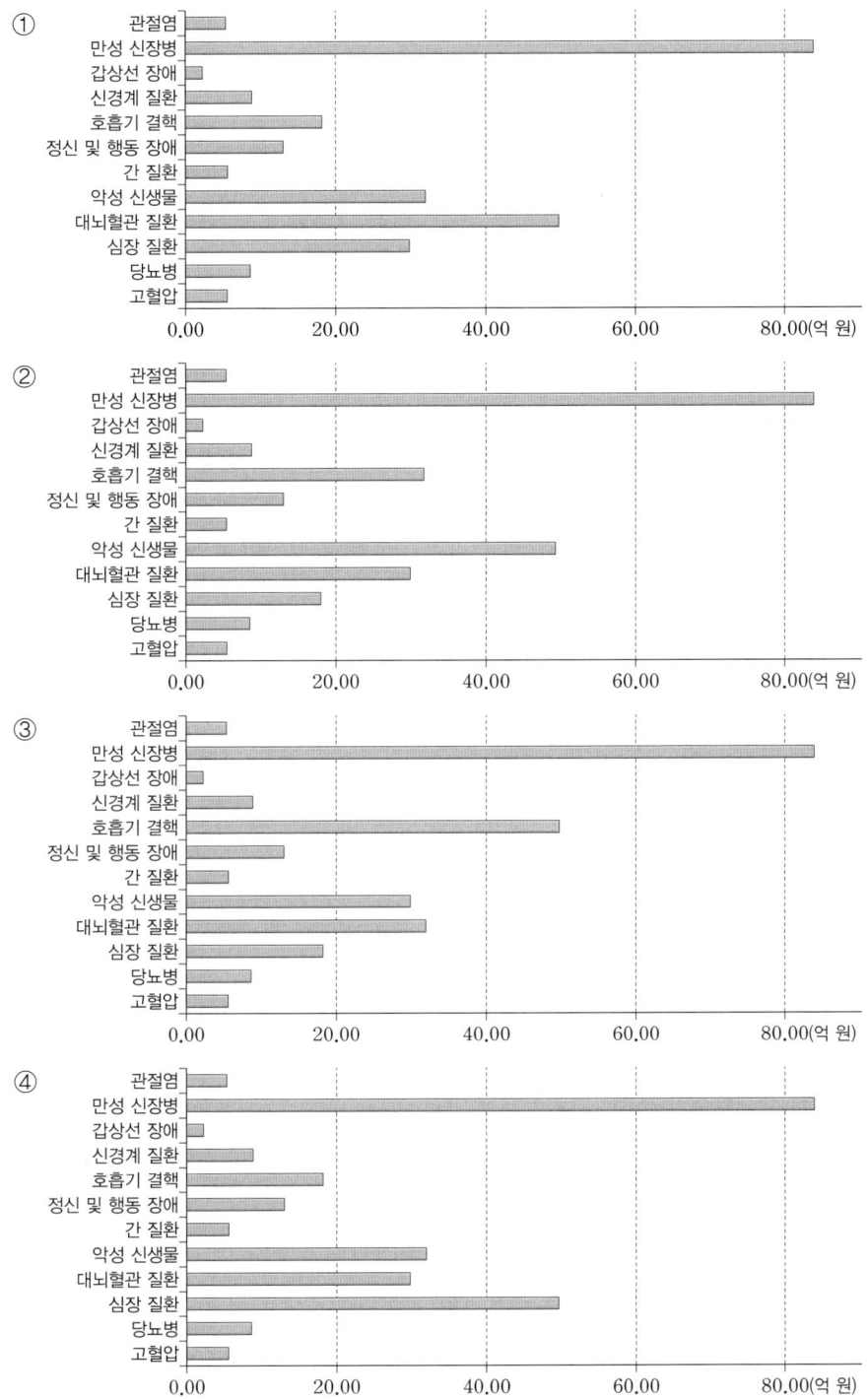

[41~42] 다음은 △△병원의 건강보험에 관한 안내문 내용의 일부이다. 이 안내문을 바탕으로 이어지는 질문에 답하시오.

---

1. 건강보험

의료보험이라는 명칭이 국민건강보험으로 바뀌었습니다. 질병, 부상, 분만, 사망 등으로 인하여 과다한 의료비를 부담하게 되어 겪게 되는 어려움을 덜어주기 위해 가입자에게 보험료를 추렴하여 기금을 조성하고 그 자금으로 보험급여를 제공함으로써 국민의 경제적 부담을 덜어주며 건강을 유지하고 향상시키는 제도입니다.

2. 건강보험 환자의 본인 부담액 기준
   - 보험진료비 중 외래는 50%, 입원은 20%의 진료비를 환자 본인이 부담하셔야 합니다. (단, 한방병원, 치과병원 외래는 40% 환자 부담)
   - 건강보험 급여는 질병, 부상에 대한 보편적 진료만 가능하며 예방접종, 건강진단, 성형수술, 병실료 차액, 그외 보건복지부장관이 정한 사항(초음파 검사 등)은 보험급여 대상에서 제외(비급여)되며 환자가 전액 부담하셔야 합니다. (단, MRI는 상병부위, 증상에 따라 급여에 해당됩니다.)

3. 알아두셔야 할 사항
   - 진료 기간 중 건강보험 사항의 변동 등이 있을 경우 즉시 고객지원팀 외래 수납창구, 입·퇴원 파트 재원 담당 직원과 상의하시기 바랍니다.
   - 교통사고, 상해, 자해, 범죄행위, 고의사고 등 기타 부정한 방법으로 보험급여를 받는 것은 금지되어 있으니 사전에 원무팀 외래 파트(02-000-0000) 및 입·퇴원 파트 재원 담당(02-000-0001)에게 문의하시기 바랍니다.

4. 산정특례

산정특례제도란 고액의 비용과 장기간 치료가 요구되는 상병에 대하여 건강보험 급여 부담액을 경감(본인 부담 10%)하는 제도입니다.
   - 적용대상: 암환자(본인 부담 5%), 만성신부전증 환자, 혈우병 환자, 장기이식 환자, 희귀질환 환자 등

산정특례 대상과 전혀 관련이 없는 타 상병에 대해 다른 진료과목 또는 전문분야가 다른 진료 담당 의사가 진료한 경우에는 산정특례 대상에 해당되지 않습니다.

5. 교통사고 환자의 진료안내
   - 교통사고로 인한 진료비는 보험회사에서 발급한 지불보증(서류 제출)을 한 경우에는 지불 보증부분에 대하여 병원에서 보험사에 청구하며, 지불보증 외 항목은 환자 본인이 부담합니다.
   - 자손 및 책임보험의 경우 치료비 한도 지불보증까지만 혜택을 받을 수 있으며, 치료비 초과 시 본인이 초과액 전액을 부담하셔야 합니다.
   - 보험사의 지불보증이 없을 시 환자 본인이 영수증 및 계산서를 보험회사에 제출하여 본인이 직접 청구하셔야 합니다.
   - 교통사고 환자문의 원무팀 교통 담당 02-000-0002

41 다음 중 주어진 안내문의 내용과 일치하지 <u>않는</u> 것을 고르면?

① 국민건강보험은 가입자에게 추렴한 보험료 자금으로 보험급여를 제공하는 제도이다.
② 보험사의 지불보증이 없을 때는 관련 서류를 환자가 직접 보험회사에 청구해야 한다.
③ 교통사고로 인한 진료비 중 지불보증 외 항목에 대해서는 환자 본인이 부담해야 한다.
④ 건강보험 급여는 질병, 부상에 대한 보편적 진료만 가능하며 그 외의 모든 사항은 제외되어 환자가 전액을 부담해야 한다.

42 다음 [보기]에서 주어진 안내문을 바탕으로 추론한 내용 중 옳지 <u>않은</u> 것의 개수를 고르면?

> **보기**
> ㉠ 암환자는 산정특례제도의 적용대상이나 다른 적용대상 환자보다 본인 부담이 5%p 적다.
> ㉡ 자손 및 책임보험의 경우 치료비 초과분이 1,200만 원이라면 본인이 1,200만 원 전액을 부담해야 한다.
> ㉢ 코 성형수술을 받은 경우 비급여 대상으로 환자가 전액 부담하고, MRI의 경우 증상에 따라 비급여 대상이 될 수도 있다.
> ㉣ 산정특례제도 적용 대상이고 장기간 치료가 요구되며 1억 2,000만 원의 고액 비용이 발생한 경우 환자는 건강보험 급여 부담액의 10%를 경감할 수 있다.

① 1개 ② 2개 ③ 3개 ④ 4개

[43~44] 다음은 △△ 업체의 차량 대여 및 요금 안내에 관한 자료이다. 이를 바탕으로 이어지는 질문에 답하시오.

1. 대여 자격

「도로교통법」상 유효한 운전면허증을 소지하여야 대여가 가능하며, 1종 면허의 경우 적성기간 경과 후 1년이 지나면 운전면허 취소로 대여가 불가합니다.

구분	9인승 이하	11~12인승	15인승
면허 종류	2종 보통 이상	1종 보통 이상	
운전자 연령 (대여일 기준)	만 21세 이상 만 80세 미만		만 26세 이상 만 80세 미만
취득 후 기간	면허 취득일로부터 1년 이상 경과		

※ 「여객자동차 운수사업법 시행규칙」 제67조에 의거 15인승 이하 차량만 대여가 가능함
※ 운전면허증에 원동기가 함께 기재되어 있는 경우 운전경력증명서를 지참하셔야 차량 대여가 가능함
※ 대여 시 반드시 예약자 본인의 운전면허증을 지참해야 함(지점 대여 시 정보가 상이할 경우, 예약이 취소되거나 추가 확인이 필요할 수 있음)
※ 국제운전면허증 소지자의 경우, 입국일을 증명할 수 있도록 여권을 지참해야 함
※ 만 21세 이상 나이는 생년월일이 지나야 인정됨

2. 요금 안내

• 대여 기간별 일일 요금 (단위: 원)

구분		1~2일	3~4일	5~6일	7일 이상
차종 A	11~12인승	266,000	239,000	221,000	202,000
	9인승	290,000	261,000	241,000	221,000
차종 B	9인승	326,000	293,000	271,000	248,000
	7인승/11인승	350,000	315,000	291,000	266,000
	리무진 (7인승 또는 9인승)	447,000	402,000	371,000	340,000
차종 C(15인승)		303,000	272,000	252,000	231,000

• 대여 시간별 요금 (단위: 원)

구분		6시간	10시간	12시간
차종 A	11~12인승	149,000	192,000	213,000
	9인승	163,000	209,000	232,000
차종 B	9인승	183,000	235,000	261,000
	7인승/11인승	196,000	252,000	280,000
	리무진 (7인승 또는 9인승)	250,000	322,000	358,000
차종 C(15인승)		170,000	218,000	242,000

43 주어진 자료에 관한 설명으로 옳은 것을 [보기]에서 모두 고르면?

> **보기**
> ㉠ 차종 C를 대여하기 위해서는 반드시 운전면허 1종 보통 이상을 소지해야 한다.
> ㉡ 만 30세이고 1종 보통 운전면허를 취득한 지 2년 된 사람은 차종과 관계없이 차량을 대여할 수 있다.
> ㉢ 18명이 하루 동안 가장 적은 요금으로 차량을 대여하려면 11인승 차종 A와 7인승 차종 B를 대여하면 된다.

① ㉠ ② ㉡ ③ ㉠, ㉡ ④ ㉠, ㉡, ㉢

44 다음 두 [상황]에 대하여 차량 대여 비용의 최소 금액이 각각 얼마인지 고르면?(단, 제시되지 않은 내용에 대해서는 고려하지 않고, 대여 자격은 모두 만족한다고 가정한다.)

> **상황1**
> S 회사에 근무 중인 K 과장은 회사 워크숍을 위해 차량을 대여하려고 한다. 워크숍에 참여하는 인원은 25명이고 워크숍 기간은 2024년 4월 14일부터 17일까지이며, 워크숍 중에도 이동이 있을 예정이어서 워크숍 기간 내에 차량을 대여해야 하는 상황이다.

> **상황2**
> H 회사에서는 2024년 5월 12일 8시간에 걸쳐 10명이 한꺼번에 이동해야 한다. 그리고 14일에는 외국 거래처에서 6명이 입국하여 공항에서 회사까지 리무진 차량으로 그들을 안내해야 하며, 6시간의 회의 뒤에 다시 그들을 공항으로 안내해야 한다. 공항에서 H 회사까지는 약 2시간이 소요될 예정이다.

	[상황1]	[상황2]
①	498,000원	511,000원
②	511,000원	511,000원
③	498,000원	514,000원
④	511,000원	514,000원

[45~46] 다음은 예방 접종 후 이상 반응과 피해 발생 시 국가보상 절차에 관한 자료이다. 이를 바탕으로 질문에 답하시오.

예방 접종 후 이상 반응이란 예방 접종 후 발생하는 모든 원하지 않는 이상 증상 또는 질병으로, 실제 백신이나 예방 접종 행위가 원인이 되어 발생한 반응과 우연한 시간적 일치로 인한 반응 모두 포함한다.

- 이상 반응 신고 방법

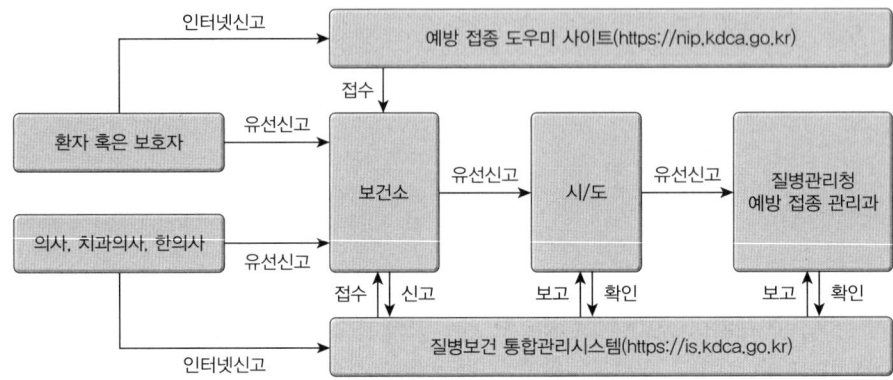

- 예방 접종 후 이상 반응 신고 대상 및 이상 반응 종류 예시

예방 접종	이상 반응의 범위	예방 접종 후 이상 반응이 나타날 때까지의 시간
BCG	1. 림프절 종창(지름 1.5cm 이상)	1년 이내
	2. 골염, 골수염	6개월 이내
	3. 전신 파종성 BCG 감염증	6개월 이내
	4. 국소 이상 반응	6개월 이내
	5. 그 밖에 접종과 연관성이 있는 것으로 의심되는 이상 반응	기한 없음
	6. 제1호부터 제5호로 인한 후유증	기한 없음
B형 간염	1. 아나필락시스	24시간 이내
	2. 국소 이상 반응	7일 이내
	3. 그 밖에 접종과 연관성이 있는 것으로 의심되는 이상 반응	기한 없음
	4. 제1호부터 제3호로 인한 후유증	기한 없음

- 예방 접종 피해 국가보상 절차

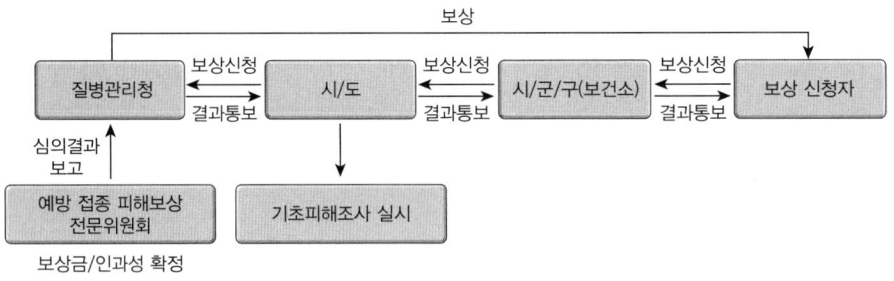

- 「감염병의 예방 및 관리에 관한 법률」 제24조 및 제25조 규정에 의한 예방 접종으로 인해 피해를 입었다고 의심될 경우 피접종자 또는 보호자는 관련 시·군·구에 이를 보상 신청할 수 있다.
  - 보상 대상자: 예방 접종의 실시 기준 및 방법에 명시된 백신 및 접종 대상자
  - 보상 신청 유효 기간: 예방 접종 후 이상 반응 발생일로부터 5년 이내
  - 보상 신청 가능 최소 피해 금액: 진료비 중 본인 부담금 30만 원 이상인 경우
  - 제출받은 피해보상 신청서를 시·군·구청장은 시·도지사를 거쳐 보건복지부장관에게 제출해야 한다.
  - 질병관리청장은 보상 신청 후 120일 이내에 예방 접종 피해보상 전문위원회를 통해 보상 심의를 완료해야 한다.
  - 보상금 지급 여부의 결정과 장애 등급의 판정에 대한 이의 신청은 1회에 한한다.
  - 재심의 신청을 접수한 시·군·구청장 재심의 요청 서류를 시·도지사를 경유하여 질병관리청장에게 제출해야 한다.
  - 보상이 결정될 경우, 질병관리청에서 해당 보상금을 보상 수급권자에게 지급한다.

45 주어진 자료에 대한 설명으로 옳은 것을 고르면?

① 예방 접종 후 이상 반응이 발생한 경우 의사는 예방 접종 도우미 사이트에 신고할 수 있다.
② B형 간염 접종을 받고, 6개월째에 국소 이상 반응이 발생한 경우 환자는 보건소에 신고할 수 있다.
③ 예방 접종 후 이상 반응 발생 시 접종 후 5년 이내에 보상 신청을 해야 한다.
④ 예방 접종 피해로 인한 총진료비가 30만 원 미만일 경우 보상 신청이 불가능하다.

46 주어진 자료를 바탕으로 할 때, 예방 접종의 이상 반응이 나타난 것으로 볼 수 <u>없는</u> 사람을 고르면?
(단, BCG 또는 B형 간염 예방 접종을 했다고 가정한다.)

① 3일 전에 예방 접종을 받은 A씨는 아나필락시스로 인해 응급실에 방문하였다.
② 하루 전에 예방 접종을 받은 B씨는 국소 이상 반응으로 병원에 방문하였다.
③ 5개월 전에 예방 접종을 받은 C씨는 골염이 발생하여 병원에 방문하였다.
④ 1년 6개월 전에 예방 접종의 이상 반응으로 지름 2cm 크기의 림프절 종창을 진단받은 D씨는 이로 인한 후유증으로 고생 중이다.

[47~49] 다음은 의료비지원 사업 중 본인부담상한제에 관한 자료이다. 이를 바탕으로 질문에 답하시오.

- **본인부담상한제란?**

  과도한 의료비로 인한 가계 부담을 덜어 드리기 위하여 환자가 부담한 연간(1. 1.~12. 31.) 건강보험 본인일부부담금 총액이 개인별 상한액을 초과하는 경우 그 초과금액을 건강보험공단에서 부담하는 제도입니다.

  ※ 단, 비급여, 선별급여, 전액본인부담, 임플란트, 상급병실(2~3인실) 입원료, 추나요법, 상급종합병원 경증질환 외래 초·재진 본인부담금, 장애인 보장구, 출산비 등은 제외

- **본인부담상한액 기준**

연도	요양병원 입원일수	연평균 보험료 분위(저소득 → 고소득)						
		1분위	2~3분위	4~5분위	6~7분위	8분위	9분위	10분위
2024년	요양병원 120일 초과 입원	138만 원	174만 원	235만 원	388만 원	557만 원	669만 원	1,050만 원
	그 밖의 경우	87만 원	108만 원	167만 원	313만 원	428만 원	514만 원	808만 원
2023년	요양병원 120일 초과 입원	134만 원	168만 원	227만 원	375만 원	538만 원	646만 원	1,014만 원
	그 밖의 경우	87만 원	108만 원	162만 원	303만 원	414만 원	497만 원	780만 원
2022년	요양병원 120일 초과 입원	128만 원	160만 원	217만 원	289만 원	360만 원	443만 원	598만 원
	그 밖의 경우	83만 원	103만 원	155만 원				
2021년	요양병원 120일 초과 입원	125만 원	157만 원	212만 원	282만 원	352만 원	433만 원	584만 원
	그 밖의 경우	81만 원	101만 원	152만 원				

※ 2024년 본인부담상한액은 「국민건강보험법 시행령」 개정 추진 상황에 따라 변동될 수 있음

- **적용 방법**
  - 사전급여

    동일 요양기관에서 진료를 받고 발생한 당해 연도 본인일부부담금 총액이 2024년 기준 808만 원(2023년 780만 원)을 넘는 경우 환자는 808만 원까지만 부담하고, 그 넘는 금액은 병·의원에서 공단으로 청구합니다.

    ※ 2020년 1월 1일부터 요양병원 사전급여 적용 제외

- 사후급여

  당해 연도에 환자가 여러 병·의원(약국 포함)에서 진료를 받고 부담한 연간 본인일부부담금을 다음 해 8월 말경에 최종 합산하여 보험료 수준에 따른 본인부담상한액을 넘는 경우에는 그 넘는 금액을 공단이 환자에게 돌려드립니다.

■ 신청방법

공단에서 본인부담상한제 사후환급금 지급대상자에게 보내드린 지급신청서에 진료받은 사람의 인적사항과 지급받을 계좌를 기재하여 방문, 전화(1577-1000), 인터넷(정부24, 공단 홈페이지, The건강보험(모바일앱), 팩스, 우편을 통해 국민건강보험공단 지사에 신청하시기 바랍니다.
※ 주의사항: 수진자(진료받은 사람) 본인 계좌로 신청하는 것이 원칙이나, 부득이한 사유로 대리인 신청 시 추가 서류가 필요

■ 환수대상

상한기준금액 변동(건강보험료 재정산), 진료를 받은 사람의 고의 또는 중대한 과실로 인한 사고로 진료를 받은 경우 제3자의 행위로 인한 진료, 병원의 착오 청구 등이 확인될 경우 이미 지급해드린 상한액 금액의 전부 또는 일부를 환수 고지할 수 있습니다.

47 주어진 자료의 내용을 바탕으로 할 때, 다음 중 옳지 <u>않은</u> 것을 고르면?

① 같은 분위별로 연평균 보험료는 해마다 꾸준히 증가하였다.
② 아이를 출산하는 비용은 본인부담상한제에 해당하지 않는다.
③ 상급종합병원에서 가벼운 질환으로 외래 초진에 해당하는 비용은 본인부담상한제에 포함되지 않는다.
④ 본인부담상한제 사후환급금 지급대상자는 본인이어야 하며 방문, 전화, 인터넷, 우편으로 신청이 가능하다.

48 다음 두 가입자의 본인부담상한액 사후환급금을 바르게 나타낸 것을 고르면?

- 보험료 수준이 하위 50%에 해당하는 김 씨는 2023년 1월 1일부터 동년 12월 31일까지 A 요양병원에서 500만 원, B 병원에서 200만 원, C 약국에서 70만 원을 부담하였고, A 요양병원 입원일수가 120일을 초과하였다.
- 보험료 수준이 하위 10%에 해당하는 박 씨는 2023년 1월 1일부터 동년 12월 31일까지 A 요양병원에서 400만 원, B 병원에서 100만 원, C 약국에서 50만 원을 부담하였고, A 요양병원 입원일수가 120일 이하였다.

	김 씨	박 씨
①	543만 원	453만 원
②	543만 원	463만 원
③	552만 원	453만 원
④	552만 원	463만 원

49 다음 [사례]에서 유 씨의 본인부담의료비 중 건강보험공단이 부담한 액수를 고르면?

[사례]

여주시에 사는 59세 유 씨는 2023년 희귀질환으로 병원에서 관련 치료를 받아 비급여 비용을 제외한 총진료비 5억 3,769만 원이 발생하였는데, 산정특례 혜택(본인부담금 10%) 등에 따른 4억 8,382만 원의 공단 부담금에도 불구하고 본인부담의료비가 발생하였다.
- 유 씨는 2023년도에 이미 본인부담상한제 최고상한액을 넘어 본인부담상한액만 본인이 부담하고, 이를 초과한 금액은 공단에서 부담하였다.
- 2024년 8월에 유 씨는 본인부담상한제 사후정산에서 소득 9분위가 확정되어 공단으로부터 추가 517만 원을 받았다.

※ (본인부담의료비)=(총진료비)-(공단부담금)

① 4,373만 원   ② 4,584만 원   ③ 4,890만 원   ④ 5,387만 원

[50~52] 다음은 상병수당 시범사업 참여 의료기관 모집에 관한 자료이다. 이를 바탕으로 질문에 답하시오.

[상병수당 시범사업 참여 의료기관 모집 안내]

1. 상병수당이란?
   - 근로자가 업무 외 질병 혹은 부상으로 경제활동이 어려운 경우에 치료에 집중할 수 있도록 소득을 보전하는 제도를 말한다.
   - 상병수당 시범사업은 우리나라 사회보장체계를 구축하는 과정에서 도입되지 못하고 남아있던 상병수당을 본격적으로 도입하기 위한 첫 발걸음으로 2022년 7월부터 6개 지역*에서 시행된다.
     * 상병수당 시행 지역

구분	지역
근로활동불가 모형 I	경기 부천시, 경북 포항시
근로활동불가 모형 II	서울 종로구, 충남 천안시
의료이용일수 모형	전남 순천시, 경남 창원시

2. 신청 대상 및 신청 방법
   - 신청 대상: 근로활동불가 모형 I · II에 해당하는 지역 내 소재한 의원 · 병원 · 종합병원 · 상급종합병원
     ※ 의료이용일수 모형의 경우 근로자가 입원 및 외래 방문 시 상병수당을 지급하므로 별도의 참여 의료기관을 모집하지 않음
   - 신청 방법: 공단 홈페이지에 안내된 상병수당 시범사업 가수요 신청서와 등록 신청서를 작성하여 각각의 기간 내에 이메일, 팩스, 우편 중 하나로 제출

3. 참여 의료기관의 역할
   - 소득 상실에 대한 걱정으로 인해 필요한 치료를 미루거나 무리하게 일을 계속하여 질병이 악화되는 환자 등에게 상병수당을 안내한다.
   - 상병수당을 신청한 환자에 대한 의료적 판단을 거쳐 필요하다고 인정하는 경우 상병수당 신청용 진단서를 작성하고 공단에 제출한다.

4. 상병수당 대상 요건 및 지원 내용
   - 상병수당 대상 요건

구분	근로활동불가 모형 I	근로활동불가 모형 II	의료이용일수 모형
입원 여부	제한 없음	제한 없음	입원이 반드시 필요함
급여	근로활동불가 기간	근로활동불가 기간	의료이용일수
대기기간	7일	14일	3일
최대 보장기간	90일	120일	90일

※ 1) 최대 보장기간은 지급 요건을 충족하는 수급자에 대한 상병수당 지원 기간을 의미함
　 2) 상병으로 근로가 어려운 경우 대기기간의 다음 날부터 상병수당을 지급받을 수 있음

― 상병수당 지원 내용

급여 지급기간	• 근로활동불가 모형 Ⅰ·Ⅱ: 근로활동이 어려운 전체 기간 • 의료이용일수 모형: 의료이용일수에서 대기기간 일수를 제외한 기간
급여 지급금액	일 43,960원(2022년 기준 최저 임금의 60%)

5. 시범사업 참여 의료기관 등록 절차

가수요 신청 05. 09. ~ 05. 31.	상병수당 시범사업 가수요 신청서 공단에 제출

▼

교육 이수 06. 01. ~ 06. 22.	상병수당 진단서 관련 온라인 교육 이수 ※ 가수요 신청 기관에 한하여 교육자료·영상 등 배포

▼

등록 신청 06. 01. ~ 06. 22.	상병수당 시범사업 참여 의료기관 등록 신청서 공단에 제출 ※ 교육 이수가 완료된 의료기관에 한함

▼

등록 안내 06. 01. ~ 06. 30.	공단에서 교육 이수 결과 등을 검토 및 확인 후 등록 결과 안내

50 주어진 안내문을 근거로 판단한 내용으로 옳지 <u>않은</u> 것을 고르면?

① 상병수당 시범사업 참여 의료기관이 교육을 이수할 수 있는 기간과 등록 신청을 할 수 있는 기간은 동일하다.
② 상병수당 시범사업에 참여하기 위해서는 6월 22일 이전에만 상병수당 시범사업 가수요 신청서를 작성하면 된다.
③ 상병수당 시범사업은 2022년 7월부터 시행된다.
④ 2022년 일 최저임금은 73,000원 이상이다.

51 주어진 안내문을 적절하게 이해한 사람을 [보기]에서 고르면?

> **보기**
> - 혁필: 근로활동불가 모형 Ⅱ 지역에서 상병수당 대상이 되는 환자는 최대 3,956,400원을 지원받을 수 있겠다.
> - 설아: 상병수당 시범사업 참여 의료기관 등록 신청을 완료한 후에 온라인 교육을 이수해도 돼.
> - 정훈: 의료이용일수 지역에서 상병수당 대상이 되는 환자의 의료이용일수가 25일이었다면 25일간의 급여를 지급받을 수 있어.
> - 세윤: 상병수당 시범사업에 참여하는 의료기관은 상병수당 대상 요건이 되는 환자에게 상병수당에 대한 안내도 해야 해.

① 혁필　　　　② 설아　　　　③ 정훈　　　　④ 세윤

52 다음 중 상병수당 시범사업 참여 의료기관으로 신청할 수 없는 지역을 고르면?

① 경기 부천시　　　　② 경남 창원시
③ 충남 천안시　　　　④ 서울 종로구

[53~54] 다음은 H병원이 의료기기를 구매할 업체의 선정을 위해 정리한 자료이다. 이를 바탕으로 질문에 답하시오.

[업체별 평가 내역]

구분	가격	안전성	편리성	기타
A업체	8점, 7점	9점, 8점	8점, 7점	업계 평판 우수
B업체	7점, 8점	6점, 8점	9점, 9점	업계 평판 우수
C업체	9점, 8점	7점, 7점	9점, 8점	해외 수출
D업체	9점, 7점	8점, 9점	9점, 9점	해외 수출
E업체	6점, 7점	9점, 9점	7점, 7점	우수기기 인증
F업체	8점, 8점	7점, 8점	9점, 8점	해외 수출
G업체	6점, 7점	9점, 9점	8점, 8점	우수기기 인증
H업체	7점, 8점	7점, 8점	9점, 8점	해외 수출

[업체 선정 기준]
- 위의 각 항목 점수는 '원장 부여 점수, 진료과장 부여 점수'이다.
- 최종 선정은 최종 평가 점수가 최고 득점인 업체 2곳으로 하며, 최종 평가 점수가 동점일 경우 원장 부여 점수의 항목별 합계 점수가 가장 높은 업체를 선정한다.
- 평가 점수 산정 기준
  - 각 항목에서 원장과 진료과장이 부여한 점수 중 고점 부여자의 점수를 반영
    (단, 원장 부여 점수와 진료과장 부여 점수가 같을 경우 해당 점수를 반영)
  - (가격 점수)+(안전성 점수)+(편리성 점수)+(기타 점수)=(최종 평가 점수)
  - 업계 평판 우수 1점, 해외 수출 2점, 우수기기 인증 3점을 각각 반영

53 주어진 자료에서 최종 선정될 업체를 모두 고르면?

① A업체, C업체
② C업체, D업체
③ D업체, F업체
④ F업체, H업체

54 주어진 자료에 대한 설명으로 옳은 것을 [보기]에서 모두 고르면?

보기

㉠ 원장보다 진료과장에게 더 높은 총점을 받은 업체가 반대의 경우보다 더 많다.
㉡ 진료과장이 평가한 항목 중에서 편리성 점수의 합이 가장 높다.
㉢ 원장과 진료과장에게 같은 총점을 받은 업체는 2곳이다.
㉣ B업체가 '업계 평판 우수' 대신 '우수기기 인증'에 해당한다면 C업체보다 최종 평가 점수를 높게 받을 수 있다.

① ㉠, ㉡   ② ㉠, ㉣   ③ ㉡, ㉢   ④ ㉢, ㉣

[55~57] 다음 자료를 바탕으로 이어지는 질문에 답하시오.

20×× 1차 장애 아동·청소년 의료비 지원 사업 안내

저희 Y재단에서는 의료비 지원이 필요한 만 18세 미만의 장애 아동·청소년에게 의료비 지원을 통해 경제·치료·양육에 대한 부담을 경감시키고, 적기에 의료적 개입을 통해 의료적 위기 상황 대처 및 2차 장애·질병을 예방하기 위해 의료비를 지원합니다.

1. 지원 기간: 총 5회(20××년 3월, 5월, 7월, 9월, 11월)
   ※ 1차 접수 기간: 20××년 3월 2일(월)~23일(월)
2. 지원 대상: 의료비 지원이 필요한 만 18세 미만의 장애 아동 및 청소년(미등록 장애 아동 및 청소년 포함)
3. 지원 내용
   - 지원 항목
     1) 의료비: 수술과 입원에 소요되는 비용, 수술 후 급성기 재활 치료비 포함
     2) 주사비: 장애 완화를 위한 주사 치료비
     3) 검사비: 장애 등록 등을 위한 검사비
   - 지원 금액
     1) 의료비: 1인당 300만 원 한도
     2) 주사비: 1인당 300만 원 한도
     3) 검사비: 1인당 100만 원 한도
4. 심사 기준
   - 1차 팀 평가(적격성 평가): 지원 신청자의 제출 서류 충실도, 장애 정도, 소득 수준 등 평가
   - 2차 배분위원 평가(타당성 평가): 지원 신청자의 시급성, 필요성, 효과성 및 배분위원 의견
5. 신청 방법
   - 사례 관리가 가능한 기관 담당자가 신청(이메일 접수)
   - 사례 관리가 가능한 기관: 사회복지 기관(시설, 단체 포함), 의료 기관 및 지방행정 기관(읍·면·동 주민자치센터 등) 등
   - 지원 내용과 일정을 확인하고, 신청·접수 기간 내 신청 서류 제출
6. 제출 서류
   - 필수 서류
     1) 의료비 지원 신청서 1부
     2) 개인 정보 수집, 이용 및 제3자 제공 동의서 1부
     3) 장애인임을 확인할 수 있는 서류(복지 카드 사본, 장애인 증명서, 장애인 진단서 중 택 1)
     4) 소득을 확인할 수 있는 서류
        ※ 수급자 증명서, 차상위 계층 확인서, 근로 소득 원천 징수 영수증, 건강보험료 납부 확인서 중 택 1
     5) 의료적 상황을 확인할 수 있는 서류
        ※ 주치의 소견서, 지원 요청 항목에 대한 기재 필수

- 선택 서류
  1) 의료비 지출 사실을 확인할 수 있는 서류(직전 연도 의료비 납입 증명서)
  2) 부채 사실을 확인할 수 있는 서류(부채 증명서 등 금융권 증빙 공적 서류)
  3) 주거 형태를 확인할 수 있는 서류(매매 계약서, 임대차 계약서, 무상 거주 사실 확인서, 시설 입소 확인서 중 택 1)

7. 진행 일정

내용	일정
사업 홍보 및 지원 공지	20××년 2~3월
지원 신청 및 접수	20××년 3월 2~23일
팀 및 배분위원 평가	3월 30일
선정 발표	접수 마감 후 2주 이내
치료 진행 및 종결	선정일로부터 6개월 이내
종결 보고서 접수	치료 종결 후 2주 이내
지원금 지급	종결 보고서 접수 1주 이내

8. 지원 신청 시 유의 사항
- 최근 2년 내 Y재단을 통해 동일한 지원을 받은 경우 지원 대상에서 제외됩니다.
- 지원 대상자로 선정된 후 제출 서류의 허위 사실이 발견되거나 요청 서류 미제출 또는 지원에 소극적인 경우 지원이 취소될 수 있습니다.
- 지원 대상자는 개인 정보 수집, 이용 및 제3자 제공 동의서상의 내용에 따라 지원 내용이 사례로 소개될 수 있습니다.
- 추천 기관의 사회복지사는 지원 대상의 치료 지원이 종결될 때까지 치료 과정 및 변경 사항에 대한 사후 관리를 해야 하며, 지원 기관의 요청 사항에 가능한 한 협조해 주셔야 합니다.
- 지원 예산 소진 시 지원 사업이 조기 종료될 수 있습니다.

55 주어진 자료에 대한 설명으로 옳은 것을 고르면?

① 지원 대상 1인이 지원받을 수 있는 최대 금액은 300만 원이다.
② 신청자의 장애 정도와 소득 수준만 충족되면 의료비를 지원받을 수 있다.
③ 최근 2년 내 Y재단에서 동일 지원을 받은 사람은 대상자로 선정될 수 없다.
④ 만 18세 미만의 장애 아동·청소년 본인이 직접 신청해야 한다.

56 지원을 받기 위해 해당 사업에 신청하고자 할 때, 필수 서류에 속하지 <u>않는</u> 것을 고르면?

① 장애인 진단서
② 주치의 소견서
③ 의료비 납입 증명서
④ 건강보험료 납부 확인서

57 지원 사업 선정자에 대한 실제 지원금이 가장 늦게 지급되는 예상 시기를 고르면?

① 20××년 9월 15일경
② 20××년 9월 29일경
③ 20××년 10월 13일경
④ 20××년 10월 27일경

[58~60] 지역가입자의 건강보험료는 가입자의 소득, 재산, 자동차에 따라 각기 다른 점수를 산정하고 합산한 후, 여기에 점수당 금액을 곱하여 보험료를 세대 단위로 부과한다. 다음 지역가입자의 건강보험료 산정 방식 설명 자료를 바탕으로 질문에 답하시오.

■ 건강보험료 산정 방법
- 건강보험료=보험료 부과 점수(소득+재산+자동차)×점수당 금액(205.3원, 2022년)
  ※ 연소득 100만 원 이하 세대의 경우 소득 최저 보험료(14,650원)+보험료 부과 점수(재산+자동차)×점수당 금액
- 장기요양보험료=건강보험료×장기요양보험료율(12.27%, 2022년)

■ 보험료 부과 점수 기준
- 소득 점수: 소득 종류에 따라 반영되는 비율이 다르며, 반영 비율을 고려하여 합산한 소득 금액 합계로 점수를 부과함
  ※ 소득 종류별 반영 비율은 이자·배당·사업·기타소득은 100%, 근로·연금 소득은 30%

소득 금액(만 원)	점수(점)	소득 금액(만 원)	점수(점)
5,190 초과 5,500 이하	1,518	7,840 초과 8,320 이하	2,294
5,500 초과 5,840 이하	1,610	8,320 초과 8,820 이하	2,434
5,840 초과 6,190 이하	1,708	8,820 초과 9,360 이하	2,581
6,190 초과 6,560 이하	1,810	9,360 초과 9,930 이하	2,739
6,560 초과 6,960 이하	1,920	9,930 초과 10,600 이하	2,915
6,960 초과 7,380 이하	2,036	10,600 초과 11,200 이하	3,095
7,380 초과 7,840 이하	2,161	11,200 초과 11,900 이하	3,280

- 재산 점수: 재산 종류에 따라 반영되는 비율이 다르며, 반영 비율을 고려하여 합산한 재산 금액 합계로 점수를 부과함
  ※ 재산 종류별 반영 비율은 건물·토지·선박·항공기는 100%, 전·월세는 30%

소득 금액(만 원)	점수(점)	소득 금액(만 원)	점수(점)
22,700 초과 25,300 이하	637	48,100 초과 53,600 이하	812
25,300 초과 28,100 이하	659	53,600 초과 59,700 이하	841
28,100 초과 31,300 이하	681	59,700 초과 66,500 이하	881
31,300 초과 34,900 이하	706	66,500 초과 74,000 이하	921
34,900 초과 38,800 이하	731	74,000 초과 82,400 이하	961
38,800 초과 43,200 이하	757	82,400 초과 91,800 이하	1,001
43,200 초과 48,100 이하	785	91,800 초과 103,000 이하	1,041

- 자동차 점수: 사용연수 9년 미만의 승용차 중 잔존 가액 4천만 원 이상이거나 배기량 1,600cc 초과 승용차에 한해 잔존 가액, 배기량, 사용 연수에 따라 점수를 부과함

  ※ 승용차 잔존 가액은 최초 차량 가액에 아래 경과 연수별 잔존 가치율을 곱하여 산정함

[표1] 승용차 잔존 가액

구분	1년 미만	1년 이상 2년 미만	2년 이상 3년 미만	3년 이상 4년 미만	4년 이상 5년 미만	5년 이상 6년 미만	6년 이상 7년 미만	7년 이상 8년 미만	8년 이상 9년 미만
국산 승용차	0.826	0.725	0.614	0.518	0.437	0.368	0.311	0.262	0.221
외국산 승용차	0.842	0.729	0.605	0.500	0.412	0.340	0.281	0.232	0.172

[표2] 승용차 사용 연수별 점수 (단위: 점)

구분		사용 연수별 점수		
승용차 잔존 가액	배기량	3년 미만	3년 이상 6년 미만	6년 이상 9년 미만
4천만 원 이하		0		
4천만 원 이상	800cc 이하	18	14	11
4천만 원 이상	800cc 초과 1,000cc 이하	28	23	17
4천만 원 이상	1,000cc 초과 1,600cc 이하	59	47	35
4천만 원 미만	1,600cc 초과 2,000cc 이하	79	63	48
4천만 원 이상	1,600cc 초과 2,000cc 이하	113	90	68
4천만 원 미만	2,000cc 초과 2,500cc 이하	109	87	65
4천만 원 이상	2,000cc 초과 2,500cc 이하	155	124	93
4천만 원 미만	2,500cc 초과 3,000cc 이하	130	104	78
4천만 원 이상	2,500cc 초과 3,000cc 이하	186	149	111
구분 없음	3,000cc 초과	217	173	130

■ 월별 건강보험료 상한액·하한액
- 상한액: 3,653,550원
- 하한액: 14,650원

■ 건강보험료 경감 종류 및 경감률
- 섬·벽지 경감: 50%
- 농어촌 경감: 22%
- 세대 경감: 10~30%(노인, 장애인, 한부모가족 세대 등)

  ※ 세대 경감 사유가 중복될 경우 유리한 경감률 하나만 적용

- 재해 경감: 30~50%

  ※ 종류가 중복될 경우 최대 경감률은 50%임

58 주어진 자료에 대한 설명 중 옳은 것을 고르면?

① 승용차로 인한 보험료는 매년 낮아지다가 결국 사라진다.
② 소득, 재산, 자동차 모두 없을 경우 건강보험료를 전혀 납부하지 않는다.
③ 월 수령액이 같더라도 연금 상품이 배당 상품보다 건강보험료 납부 측면에서 더 유리하다.
④ 보유하고 있던 건물을 매각하고 동일한 액수를 전세로 돌리면 보험료가 반드시 낮아진다.

59 사용 연수 2년 3개월, 배기량 1,800cc, 최초 차량 가액 7,000만 원짜리 외국산 승용차로 인해 발생하는 건강보험료가 1년 후에 감소하는 액수를 고르면?(단, 모든 계산은 소수점 이하 첫 번째 자리에서 반올림한다.)

① 3,285원   ② 4,722원   ③ 6,328원   ④ 10,265원

60 다음 [조건]과 같은 지역가입자 C씨의 건강보험료를 고르면?(단, 모든 계산마다 1원 단위 이하는 절사한다.)

> **조건**
> - 연간 사업 소득: 61,500,000원
> - 연간 연금 소득: 45,000,000원
> - 건물 273,000,000원 보유
> - 사용 연수 7년, 배기량 1,200cc, 최초 가량 가액 5,000만 원짜리 국산 승용차 보유
> - 섬 거주

① 289,470원   ② 293,060원   ③ 385,340원   ④ 578,940원

제1과목 NCS 직업기초능력 2회

[01~02] 다음 글을 읽고 질문에 답하시오.

의료 IT 융합산업은 의료산업과 IT 산업의 이종 간 융합산업으로 IT, BT, NT 등 신기술의 융합을 통하여 창출되는 IT 기반의 고부가가치 의료산업이다. 의료정보화, 의료 IT 등으로도 지칭되는 헬스케어 IT는 헬스케어와 관련된 모든 활동에서 발생하는 정보나 데이터, 지식 등을 정보처리 기술과 네트워크를 활용해 저장·분석·전달하는 과정을 포괄하는 의미이다.

이 산업은 최근 고령화 사회의 도래에 따른 뉴에이징(New-Aging) 산업 분야로 고령질환 모니터링 및 홈 재택의료 등 고령인구의 건강한 생활을 지원하는 시스템과 기기 등을 포함한다. 또한 현대인의 생활 질병에 대한 라이프스타일 산업 분야로 생활에서 오는 질병(만성질환, 암 등)의 조기 진단, 성인병 예방관리 등을 지원하는 바이오센서 칩, 현장진단기기, 헬스케어 시스템 등을 포함한다. 여기에 첨단의료장비, 로봇 등을 통하여 고차원 의료서비스를 제공하기 위한 첨단의료 산업 분야로 텔레호스피탈, 영상진단기기, 수술로봇 등이 추가된다.

정보통신기술을 기반으로 지능형 의료기기와 첨단화에 관계된 IT 기술이 융합되고 있으며 차세대 맞춤형 진단치료기술, u-Health 핵심기술, SW 기술, 센서기술 등으로 향후 10년 이내에 개인 건강관리를 위한 모바일 의료기기 시장이 급속히 성장할 것이다. 최근 비만 및 성인병 환자 증가에 대한 경계심과 건강관리를 위한 모바일 의료기기 보급이 확대되고 있으며, 만성질환 등의 상시 관리를 위한 원격/재택 진료 및 POCS(Point Of Care System)에 대한 관심도 높아지고 있다.

의료 IT 융합 기술은 시간과 공간에 구애받지 않고 언제 어디서나 건강을 관리하고 증진시키며 질병을 예방하고 관리하는 U-헬스, 병원 내 장비를 디지털화하고 이를 하나의 통합된 프로그램으로 제어, 네트워크화하여 진료 효율을 높이고 최상의 의료서비스를 제공하는 디지털병원, IT 기술을 의료기기에 접목하여 효율을 높이고 새로운 형태의 진단 및 치료를 가능하게 하는 IT 융복합 진단치료 시스템, 대규모로 축적되는 의료정보의 효율적 활용을 추구하는 Health 2.0 등이 있다. 의료 IT는 1990년대 들어 병원의 보험청구 시스템을 시작으로 처방전달 시스템(OCS), 영상정보 저장전달 시스템(PACS) 등의 도입과 함께 성장하였고, 최근 수년 동안에는 병원 내 진료 정보를 전자문서화하는 전자의무기록(EMR)의 도입이 주요 관심사로 부상하였다.

또한 홈케어가 집안 내에서 생체정보를 측정하여 건강관리 서비스를 제공하는 것과 달리, 스마트폰의 보급은 이동 중에도 생체정보를 측정하여 언제 어디서나 건강관리 서비스를 제공하는 모바일 헬스케어 시장 확산을 가져 왔다.

스마트폰은 자체적으로 중력계, 가속계, 자이로스코프 등 다양한 모션 센서를 가지고 있으며, 3G/4G LTE, Wi-Fi, Bluetooth, NFC, USB 등의 연결성을 제공하고 있다. 또한 센서들을 활용하여 수집된 정보를 가공하고 다시 앱으로 제공하는 서비스도 인기를 끌고 있다. 이와 같이 모바일 헬스케어는 스마트폰의 보급 확대와 의료비 절감을 위한 건강관리와 예방 중심의 헬스케어 트렌드가 맞물리면서 시장규모가 급속히 커지고 있다.

01 주어진 글을 읽고 답변할 수 없는 질문을 고르면?

① 의료 IT 융합산업에서 어떤 신기술이 사용될 수 있는가?
② 의료 IT 융합산업의 국내외 추진 동향은 어떠한가?
③ 의료 IT 융합산업은 어떤 분야로 구성되는가?
④ 의료 IT 융합산업의 사례에는 무엇이 있는가?

02 주어진 글을 읽고 추론한 내용으로 적절하지 않은 것을 고르면?

① 향후 IT의 활용도는 헬스케어 시스템의 효율과 질을 결정하는 중요한 지표로 부상하게 될 것이다.
② 의료 IT 융합기기 산업은 산업적으로는 전형적인 중소기업형 다품종 소량생산의 고부가가치 산업이다.
③ 예방 중심의 헬스케어 트렌드는 집에서 생체정보를 측정하여 서비스를 제공하는 스마트폰의 확산이 가져온 변화이다.
④ IT의 의료 분야와의 융합과 활용은 고비용 구조인 헬스케어 산업의 패러다임을 변화시키는 데 중추적인 역할을 하고 있다.

[03~04] 다음은 '임상연구 계획서 작성법'의 일부이다. 이를 바탕으로 이어지는 질문에 답하시오.

13. 이상반응을 포함한 안전성 평가기준 및 보고방법
13-1. 이상반응의 정의
　　1) 이상반응(AE: Adverse Event): 임상시험용 의약품을 투여한 대상자에게 발생한 모든 유해하고 의도하지 않은 증후, 증상 또는 질병을 말하며, 해당 임상시험용 의약품과 반드시 인과관계를 가져야 하는 것은 아니다.
　　2) 약물이상반응(ADR: Adverse Drug Reaction): 임상시험용 의약품의 임의 용량에서 발생한 모든 유해하고 의도하지 않은 반응으로서 임상시험용 의약품과의 인과관계를 부정할 수 없는 경우이다.
　　3) 중대한 이상반응/이상약물반응(Serious AE/ADR): 임상시험용 의약품의 임의 용량에서 발생한 이상반응 또는 이상약물반응 중에서 다음의 어느 하나에 해당하는 경우를 말한다.
　　　① 사망하거나 생명에 대한 위험이 발생한 경우
　　　② 입원할 필요가 있거나 입원 기간을 연장할 필요가 있는 경우
　　　③ 영구적이거나 중대한 장애 및 기능 저하를 가져온 경우
　　　④ 태아에게 기형 또는 이상이 발생한 경우
　　　⑤ 기타 의학적으로 중요한 상황

13-2. 이상반응 평가기준 및 방법
　이상사례의 빈도 및 정도에 대한 검사결과에서의 이상소견을 고려하여 평가하며, 이상사례 발생 여부, 증상, 발현일, 소실일, 중증도, 의약품과의 관련성, 관련된 조치, 치료, 결과 등 확인된 사항들을 ㉮ 증례기록서에 기록한다.
　　1) 이상반응의 중증도
　　　① 경증(mild): 증상, 증후를 지각할 수 있으나 쉽게 참을 수 있는 정도로, 연구대상자는 불쾌감을 느끼지만 대부분 치료가 필요하지 않은 정도
　　　② 중등증(moderate): 일상 생활을 방해할 만큼 불편한 정도로, 연구대상자는 불쾌감을 느끼고 연구 참여를 지속할 수는 있으나 치료가 필요할 수 있는 정도
　　　③ 중증(severe): 일상적인 활동을 불가능하게 하는 정도의 이상사례로, 지속적인 연구 참여가 불가능한 정도
　　2) ㉯ 조사의약품과의 관련성
　　　① 확실함(certain): ㉠
　　　② 상당히 확실함(probable/likely): ㉡
　　　③ 가능함(possible): ㉢
　　　④ 가능성 적음(unlikely): ㉣
　　　⑤ 평가 곤란(conditional/unclassified): ㉤
　　　⑥ 평가 불가(unassessable/unclassifiable): ㉥

03 주어진 글의 내용을 참고하였을 때, 밑줄 친 ㉮의 작성요령으로 보기 어려운 것은?

① 국문을 원칙으로 하나 영문으로도 작성할 수 있으며 필요에 따라서는 괄호 안에 토를 달 수 있다.
② 연구대상자에게 시행되는 투약, 시술, 각종 검사 등에 대한 내용을 개별 연구대상자에 대해 행해지는 진행표에 적합하도록 경시적으로 작성한다.
③ 임상시험과 관련된 손상이 발생하였을 경우 연구대상자가 받을 보상이나 배상 및 치료방법 등 연구대상자의 권리를 명시한다.
④ 연구대상자에게 시행되는 투약, 각종 검사 등에 대한 일목요연한 time schedule표를 개별 환자의 case record form에 앞서 기록한다.

04 다음 [보기]는 주어진 글의 밑줄 친 ㉯에 해당하는 내용이다. ㉠~㉥에 들어갈 내용을 적절하게 연결한 것은?

보기

A. 적정한 평가를 위해 더 많은 자료가 필요하거나 추가 자료를 검토 중인 경우
B. 의약품 투여와의 시간적 관계가 합당하고 다른 의약품이나 화학물질 또는 수반하는 질환에 따른 것으로 보이지 않으며, 이 약의 투여 중단 시 임상적으로 합당한 반응을 보이는 경우
C. 정보가 불충분하거나 상충되어 판단할 수 없고 이를 보완하거나 확인할 수 없는 경우
D. 의약품 투여·사용과 인과관계가 있을 것 같지 않은 일시적 사례이고, 다른 의약품이나 화학물질 또는 잠재적 질환에 따른 것으로도 타당한 설명이 가능한 경우
E. 의약품 투여와의 전후 관계가 타당하고 다른 의약품이나 화학물질 또는 수반되는 질환으로 설명되지 않으며, 이 약의 투여 중단 시 임상적으로 타당한 반응을 보이고 약물학적으로 결정적인 경우
F. 의약품 투여·사용과 시간적 관계가 합당하나 다른 의약품이나 화학물질 또는 수반하는 질환에 따른 것으로도 설명되며, 이 약의 투여 중단에 관한 정보가 부족하거나 불명확한 경우

	㉠	㉡	㉢	㉣	㉤	㉥
①	B	F	E	D	C	A
②	D	F	B	E	C	A
③	E	B	F	D	A	C
④	F	B	D	E	A	C

[05~07] 다음은 '장애인 주치의'에 관한 글이다. 이를 바탕으로 이어지는 질문에 답하시오.

　　의료보장은 소득보장에 이어 장애인의 요구가 두 번째로 많은 분야이다. (㉠) 현재의 의료체계가 이러한 요구를 담지 못해 장애인들은 종합병원의 여러 전문과를 전전하며 제대로 된 의료서비스를 받지 못하는 상황이다. 이런 가운데 민간 차원의 사회복지공동모금회가 취약집단을 위한 성과관리 모델 사업을 공모했다. 이에 의료복지 사회적 협동조합, 노들장애인야학, 행동하는 의사회 등 13개 기관이 장애인 건강 분야에 참여해 20XX년 6월부터 20XX년 5월까지 2년 동안 장애인 주치의 사업을 추진하게 되었다. (가)

　　장애인 주치의 사업에서 무엇보다 중요한 것은 장애인들의 건강과 복지에 대한 요구를 충족시키는 일이다. 건강은 생활 전반에 걸친 통합적 접근과 이해가 필요한데 교육, 예방, 관리, 진료영역이 모두 제각각이라면 효과적인 결과를 기대하기 어렵다. (㉡) 장애인 주치의 사업 개발에는 장애인 감수성에 대한 교육 등을 위한 장애인단체의 참여가 절대적으로 필요하다. 사회복지공동모금회의 사업에서 장애인단체의 자발적인 참여는 이 사업이 어떻게 진행되어야 하는지, 사업이 전국적으로 확대되고 제도적으로 안착되기 위해 필요한 것이 무엇인지를 명확하게 해 주었다. 장애인들이 사업의 대상자로 남아 있지 않고 사업의 주체로 참여했을 때 그 효과가 더 크게 나타난다는 것을 잘 보여 주었다. (나)

　　(㉢) 한정된 사업 예산으로는 장애인들이 가진 여러 건강에 대한 요구를 다 담기에 한계가 있다. 저소득층 장애인의 요구가 절실하기 때문에 사업 확대 시에는 장애인이 자발적으로 참여할 수 있도록 장애인 주치의 기관을 이용하는 경우 본인부담금 인하 등의 인센티브를 줄 필요가 있다. 장애인 주치의 기관으로 의원이 참여하게 하되 지역의 자원을 연계·활용해 장애인의 건강과 복지 요구를 충족시킬 수 있는 모델을 개발해야 한다. 장애인 주치의 사업에 많은 의료기관이 참여하고 호응하도록 하기 위해서는 진료비 지불 제도 개편과 같은 제도 개선이 뒷받침되어야 한다는 인식이 생기면서 장애인 건강권과 의료접근성 보장을 위한 법 제정의 필요성이 제기되었다. (다)

　　건강권과 의료접근성을 보장하는 독립 법안의 부재 속에 장애인 의료보장이 「장애인복지법」 등에서 포괄적으로 취급되어 장애인에게 특화된 보건의료정책이 미흡했다. 이러한 상황에서 장애인 주치의 제도는 사전에 질병의 위험 요인을 관리해 의료비 절감 효과를 가져왔다. (㉣) 장애인과 저소득층 등 사회취약계층의 미충족 의료수요를 충족시키고 건강증진 효과도 높은 것으로 알려져 있다. (라)

　　사회복지공동모금회가 지원하는 장애인 주치의 사업은 장애인단체, 보건의료단체, 의료사협이 장애인의 건강권 보장을 위해 서로 협력하는 계기로 작용했다. 이 사업은 취지가 알려지면서 지역에서 장애인들에게 뜨거운 호응을 받게 되었다.

05 주어진 글의 내용과 일치하는 것을 고르면?

① 장애인을 대상으로 하는 13개의 비영리 기관이 취약집단을 위한 성과관리 모델 사업을 공모하여 수주하였다.
② 장애인 주치의 사업을 활성화시키기 위해서 장애인의 건강권과 의료접근성 보장을 위한 법안에 대해 관심을 갖게 되었다.
③ 지역의 자원을 연계하고 활용하는 방안으로 장애인 주치의 기관으로 의원을 참여시키는 것이 고려된다.
④ 정부 주도하에 시작된 장애인 주치의 사업이 정착되기 위해서는 다양한 제도 개선이 뒷받침되어야 한다.

06 주어진 글의 빈칸 ㉠~㉣에 들어갈 말을 바르게 짝지은 것을 고르면?

	㉠	㉡	㉢	㉣
①	한편	그러나	반면	따라서
②	그래서	그럼에도 불구하고	아울러	결론적으로
③	그럼에도 불구하고	따라서	그런데	그뿐만 아니라
④	그렇지만	즉	반면에	그런데

07 주어진 글의 흐름상 [보기]의 문장이 삽입되기 가장 적절한 위치를 고르면?

> **보기**
> 사업 목표는 보건의료인 및 의료기관의 주치의 네트워크 참여 활성화와 장애인의 참여를 통한 '지역 단위의 장애인 주치의 시스템' 마련, 지역 단위 장애인주치의사업을 통한 '장애인 건강관리 및 건강증진 정책' 제안이다.

① (가) ② (나) ③ (다) ④ (라)

[08~09] 다음 글을 읽고 질문에 답하시오.

 복부·흉부 MRI 검사는 간, 담췌, 심장 등에 암(간암, 유방암) 등 이상 소견을 확인하는 데 사용된다. 그동안에는 암 질환 등 중증 질환에 한해 제한적으로 건강보험이 적용되었다. 그 외 악성 종양과 감별이 필요한 양성 종양, 중등도 이상의 담관 결석 등 질환은 증상의 경중과 상관없이 건강보험이 적용되지 않아 환자들은 비싼 검사비를 전액 부담해야 했다. 그러나 이제는 암 질환 등 중증 질환뿐 아니라 복부·흉부에 MRI 촬영이 필요한 질환이 있거나, 해당 질환이 의심되어 의사가 타 선행 검사 이후 MRI를 통한 정밀 진단이 필요하다고 판단한 경우, 모두 건강보험 혜택을 볼 수 있다. 골반 조영제 MRI를 기준으로 살펴보면, 평균 49~75만 원이던 복부·흉부 MRI 검사 비용이 3분의 1 수준인 16~26만 원으로 경감된다. MRI는 무조건 비싸다는 인식 때문에 검사를 받기가 부담스러웠던 것이 사실이다. 게다가 복부·흉부는 심장, 담췌관, 간 등 우리 몸의 주요 장기가 있어 이상 징후에 빠르게 대처하지 않으면 자칫 큰 병을 초래할 수 있다. 이번 조치로 건강을 해치는 심각한 질환을 조기에 발견하고 대처할 수 있을 것으로 기대한다.
 복부·흉부의 질환은 일차적으로 초음파나 전산화단층촬영(CT) 등의 검사로 진단하는 것이 일반적이다. 하지만 악성 종양과 양성 종양을 감별하거나 치료 방법을 결정하기 위해 보다 정밀한 진단을 내려야 할 때 MRI 검사가 필요한 경우가 있다. 예를 들어 간내 담석은 초음파 검사로 정확한 진단이 어렵지만, MRI 검사로 간내 담석의 분포와 담관 협착 위치 등에 대한 정확한 평가가 가능하다. 이를 통해 해부학적 구조 확인이 필요한 자궁 기형 환자, 심장 기능의 평가가 필요한 심부전 환자 등이 건강보험 혜택을 받을 것으로 보인다.

[표] 보험 적용 이후 환자 부담금 변화(골반 조영제 MRI 기준)

구분		상급종합병원	종합병원	병원
급여화 이전	최소~최대	61~94만 원	35~89만 원	40~70만 원
	평균	75만 원	55만 원	49만 원
급여화	보험 가격	43만 원	41만 원	40만 원
급여화 이후	환자 부담 (60~40%)	26만 원	21만 원	16만 원

 충분한 경과 관찰을 보장하기 위해 건강보험 적용 기간과 적용 횟수도 확대된다. 만약 경과 관찰 기간 중 정해진 검사 횟수를 초과하더라도 건강보험 적용이 되지만, 본인 부담률이 80%로 높다. 예를 들어 이형성 결절은 진단 이후 1년에 1회 촬영이 경과 관찰 기준이다. 기간 내 1회 촬영은 본인 부담률이 30%(의원)~60%(상급종합병원)이지만, 2회 촬영부터는 80%가 적용된다. 다만 초음파나 전산화단층촬영(CT) 등 1차 검사 없이 바로 MRI를 촬영하면 건강보험이 적용되지 않으니 주의해야 한다. 이런 경우 환자 동의하에 비급여로 검사를 진행할 수 있다. 보건복지부는 복부·흉부 MRI 검사 급여화 이후 6개월~2년간 MRI 검사의 적정성을 의학계와 공동 관리·점검(모니터링)하고 필요시 보완 대책을 마련해 나갈 예정이다.

08 주어진 글의 주제로 가장 적절한 것을 고르면?

① 복부·흉부 MRI 검사의 중요성
② 복부·흉부 MRI 검사 비용의 하락
③ 복부·흉부 CT와 MRI 검사의 차이점
④ 복부·흉부 MRI 검사의 건강보험 적용

09 주어진 글의 내용과 일치하는 것을 고르면?

① 암 질환 등 중증 질환 환자의 경우 보험 혜택이 줄어든다.
② 경과 관찰 기간 중 정해진 검사 횟수를 초과할 때는 건강보험이 적용되지 않는다.
③ 골반 조영제 MRI 평균 금액을 기준으로 볼 때, 환자 부담률이 가장 낮은 곳은 병원이다.
④ 복부·흉부의 질환이 의심되어 1차적으로 MRI 검사를 받았을 경우에도 건강보험이 적용된다.

[10~11] 다음 글을 읽고 질문에 답하시오.

건강보험과 국민연금 등 4대 사회 보험 통합 징수 기관인 국민건강보험공단에 따르면 국민연금 보험료는 원칙적으로 휴직 기간에 내지 않아도 된다. 하지만 휴직 기간에 연금 보험료를 내지 않으면 당장은 금전적 부담을 덜 수 있을지 모르지만, 장기적으로 봤을 땐 손해인 경우가 많다. ㉠ 보험료를 내지 않은 기간과 금액에 비례해 노후에 받게 될 연금액이 늘어나기 때문이다.

만약 육아 휴직자가 노후 연금 소득을 늘리기 위해 휴직 기간 동안 내지 않은 연금 보험료를 내고 싶으면 추후 납부 제도(추납)를 이용하면 된다. ㉡ 다만 근로 기간에는 직장가입자이기에 회사가 보험료의 절반을 내줬지만, 육아 휴직 기간의 추납 보험료는 직장인 자신이 전액 내야 한다. 직장 다닐 때 내던 연금 보험료의 2배를 납부해야 하는 셈이다. 추납 보험료는 근로자가 추납을 신청한 날이 속하는 달의 연금 보험료에 추납할 기간을 곱해서 산정한다. 연금 보험료가 월 20만 원이고 육아 휴직 기간이 12개월이라면, 추납 보험료는 240만 원이 된다. 추납은 국민연금 가입 중이면 언제든 신청할 수 있다. ㉢ 따라서 추납 보험료를 언제 내느냐도 중요하다. 가령, 퇴직이 가까워져서 임금 피크제 등으로 월급이 줄었을 때 추납 신청을 하면 보험료 부담을 덜 수 있다.

건강보험료도 휴직 기간에 회사의 건강보험 담당자를 통해 '휴직자 등 직장가입자 보험료 납입 고지 유예(해지)'를 신청하면 납부를 유예할 수 있다. ㉣ 그렇지만 육아 휴직 기간에도 의료 기관을 이용하면서 보험 급여 혜택을 받기 때문에 복직한 이후에는 휴직 기간에 내지 않았던 건보료를 반드시 내야 한다. 다만 건보 당국이 저출산 극복에 기여하고자 2019년 1월부터 육아 휴직 기간 건보료를 직장가입자 최저 수준으로 대폭 줄였기에 크게 부담이 되지는 않는다. 2021년 기준으로 직장가입자의 보수월액 보험료 하한액은 월 1만 9,140원이다. 물론 직장가입자는 회사와 근로자 개인이 보험료의 절반씩을 부담하는 원칙에 따라 직장인 본인은 월 9,570원만 내게 된다.

한편 이달부터 은퇴자 1만 8,000명이 매월 건보료 평균 12만 원을 새로 납입해야 한다. 그동안 집 한 채의 공시가가 상대적으로 비싸지 않아 자녀 건강보험에 이름을 같이 올릴 수 있었지만, 공시가가 오르면서 더 이상 이런 지위를 유지할 수 없어졌기 때문이다. 이달부터 건보료가 인상될 가구는 127만 1,000가구, 인하되는 가구는 237만 3,000가구가 될 전망이다. 숫자만 놓고 보면 부담이 줄어드는 가구가 110만 가구 정도 많다. 하지만 인하되는 가구의 건보료 인하 폭은 미미한 실정이다. 가령 시세 1억 원 정도의 집을 갖고 있는 지역가입자의 경우 건보료 인하 폭은 기존보다 500원도 채 안 되는 수준이다. 피부양자 자격을 잃는 은퇴자들에 대해서는 부담 경감 차원에서 내년 6월까지는 신규 건보료의 50%만 부과한다. 월 평균 11만 9,000원만 청구하겠다는 의미다. 국토교통부는 "내년 7월부터는 건보료 2단계 부과 체계 개편에 따라 공시 가격에 따른 보험료 변동 영향이 축소된다"며 "피부양자에서 제외돼 신규로 보험료를 부담케 될 경우 보험료 감면 제도화를 검토 중"이라고 밝혔다.

10 주어진 글을 이해한 내용으로 적절하지 않은 것을 고르면?

① 국민연금 징수 업무는 국민건강보험공단에서 수행한다.
② 연금 보험료 추납을 이용하면 노후 연금 소득을 늘릴 수 있다.
③ 추납 신청 시기와 상관없이 추납 보험료 부담은 줄일 수 없다.
④ 이달부터 건강보험 피부양자 자격이 박탈되는 은퇴자는 1만 8,000명에 이른다.

11 주어진 글의 밑줄 친 ㉠~㉣ 중 어색한 것을 고르면?

① ㉠   ② ㉡   ③ ㉢   ④ ㉣

[12~14] 다음 글을 읽고 질문에 답하시오.

　보건복지부는 올해 6월부터 병원에서 퇴원하는 의료급여 수급자가 집에서도 안심하고 생활할 수 있도록 지원하는「재가 의료급여 시범 사업」을 2년간 실시한다고 밝혔다. 이번「재가 의료급여 시범 사업」(이하 '시범 사업')은 지역 사회 통합돌봄 선도 사업(커뮤니티케어)의 다양한 연계 사업 중 하나로서, 선도 사업 지역 중 4~5개 지방자치단체(노인 모형)에서 실시한다. 급격한 고령화 추세 속에서 노인 돌봄에 대한 국가 책임을 강화하기 위해 정부는 살던 곳에서 의료·돌봄·주거 등 통합적인 지원이 가능하도록 할 계획이며, 이에 따라 재가 의료급여 시범 사업을 선도적으로 추진하게 되었다.
　노인은 대부분 의료와 돌봄, 주거 등에 대한 복합적 욕구가 있으나, 기존에는 이에 대한 서비스가 충분하지 않고 개별적으로 제공되어 실질적으로 집에서 생활하는 것이 어렵다는 지적이 있었다. 그간 노인을 돌볼 가족이 없거나, 가족이 있어도 돌볼 여유가 없는 빈곤층은 원하지 않게 살던 곳을 떠나 병원이나 시설에서 생활하는 경우가 많았다. 이에 정부는 의료급여 수급자의 지역 사회 복귀를 지원하기 위해 의료 기관과 지방자치단체가 협력하여 의료급여에서 재가 서비스를 추가 지원하는 사업 모형을 추진하게 되었다. 특히, 이번 시범 사업에서는 국토교통부와 협업하여 재가 돌봄을 희망하지만, 거주 공간을 마련하지 못한 어르신에게 매입 임대 주택을 제공하여 안정적인 재가 생활을 지원할 예정이다.
　시범 사업 대상은 6개월 이상 병원 입원자 중 입원 치료의 필요성이 없어 재가 생활이 가능한 수급자로, 지방자치단체 의료급여 관리사의 사례 관리를 통해 맞춤형 의료·돌봄 통합 서비스를 받게 된다. 입원 중인 대상자는 의료급여 관리사와의 상담을 통해 퇴원 후 필요한 서비스에 대한 돌봄 계획(케어플랜)을 수립하여 체계적으로 퇴원을 준비할 수 있게 된다. 집으로 돌아온 후에는 돌봄 계획(케어플랜)에 따라 의료, 이동 지원, 돌봄, 식사 지원 서비스를 필수 급여로 받을 수 있으며, 대상자의 필요에 따라 선택적으로 주거 개선, 냉난방 비용 등도 지원받을 수 있다. 무엇보다 의료 서비스에 대한 우려를 해소하기 위해 전담 의료 기관을 연계하여 의사·간호사·의료 사회복지사·영양사로 구성된 지원팀이 실시간으로 의료·영양·외래 이용 상담 서비스를 제공하고, 통원 치료를 위한 이동 지원도 지역 상황을 고려하여 최대 월 8회 제공받을 수 있다. 돌봄 서비스가 필요한 경우에는 기존 서비스(노인 장기요양, 노인돌봄, 일상생활 지원 서비스 등)를 우선 연계·지원하되, 자격이 안 되거나 추가 지원이 필요하면 보충적으로 의료급여에서 지원(최대 월 36시간)받을 수 있다. 또한 복지관·민간 제공 기관 등을 활용한 식사 지원도 받게 된다. 이 외에도 대상자의 특성과 상황에 따라 주거 개선, 냉난방 등이 필요하지만 기존 지역 사회 지원만으로 부족한 경우에는, 선택급여로써 일정 한도 내에서 지원을 받을 수 있다. 의료급여 관리사는 급여 제공 이후에도 어르신들이 불편 없이 생활하는지 또는 추가 서비스가 필요한지를 살펴보면서 건강하고 안정된 노후 생활을 누리도록 지속적으로 지원한다.
　보건복지부 기초의료보장과장은 "그간 의료급여 제도는 사례 관리를 통해 대상자 중심의 지원 체계를 갖추었으나, 의료 지원에 한정되어 퇴원자의 지역 사회 정착을 실질적으로 지원하는 데 한계가 있었다"라고 말했다. 이에 "지역 사회 자원과 역량이 결집될 지역 사회 통합돌봄 선도 사업과 연계하여 추진하는 이번 시범 사업을 통해 어르신들이 병원이 아닌 내 집에서 노후를 누리시는 데 필요한 서비스가 무엇이고, 어떻게 제공해야 하는지를 사례 중심으로 검증할 수 있을 것으로 기대한다"라고 밝혔다. 또한 "내년에는 정신 질환자 대상으로도 시범 사업을 실시할 예정으로 향후 빈곤층 노인뿐만 아니라, 보편적 지역 사회 통합돌봄에 대한 모형 개발과 활용이 가능할 것"이라고 전망하였다.

12 주어진 글에서 알 수 없는 내용을 고르면?

① 재가 의료급여 시범 사업 기간
② 재가 의료급여 시범 사업의 전망
③ 재가 의료급여 시범 사업의 문제점
④ 재가 의료급여 시범 사업 지원 대상

13 주어진 글에서 답을 알 수 없는 질문을 고르면?

① 의료급여 관리사가 되기 위해서 필요한 것은 무엇일까?
② 수급자가 퇴원 후 받을 수 있는 지원 사항은 어떤 것일까?
③ 재가 의료급여 시범 사업에서 국토교통부와 협업할 수 있는 것은 무엇일까?
④ 노인들이 원하지 않게 살던 곳을 떠나 병원이나 시설에서 생활하는 이유는 무엇일까?

14 주어진 글의 내용과 일치하지 않는 것을 고르면?

① 입원 중인 대상자는 의료급여 관리사와의 상담을 통해 체계적으로 퇴원을 준비할 수 있다.
② 재가 의료급여 시범 사업은 지역 사회 통합돌봄 선도 사업(커뮤니티케어)의 다양한 연계 사업 중 하나이다.
③ 돌봄 서비스가 필요한 경우에는 기존 서비스를 우선 연계·지원하고, 자격이 안 되는 경우에는 지원이 불가하다.
④ 노인은 대부분 의료와 돌봄, 주거 등에 대한 복합적 욕구가 있으나, 기존에는 이에 대한 서비스가 충분하지 않다는 지적이 있었다.

[15~17] 다음 글을 읽고 질문에 답하시오.

요로결석이란 소변이 만들어져 몸 밖으로 배출되는 경로인 '요로'에서 발견되는 돌(결석)을 뜻한다. 소변은 신장에서 피를 걸러 생성되는데, 소변 배출관인 신배로 배출됐다가 신우에 잠시 머문 뒤 요관을 거쳐 방광에 모여 있다가 요도를 통해 몸 밖으로 배설된다. 이 과정에서 요로결석이 파이프 역할을 하는 요관을 막게 되면 하수도가 역류하는 것처럼 신장에 물이 차면서 붓는 수신증이 발생한다. 이때 옆구리 통증, 혈뇨, 메스꺼림, 구토와 같은 증상을 겪게 된다. 방광이나 요도의 결석은 배뇨통, 배뇨곤란, 심한 경우 아무리 아랫배에 힘을 줘도 소변이 나오지 않는 요폐 등의 증상을 일으킨다.

요로결석은 특히 여름철에 발병이 잦다. 가장 주요한 발병 원인이 수분 부족인데, 수분의 섭취가 감소하면 소변의 양이 감소하면서 소변의 흐름이 느려지게 되고, 소변 내에서 결석을 형성할 수 있는 성분의 농도가 짙어지면서 요로결석이 더 잘 만들어진다. 요로결석의 발생 빈도와 종류는 여러 요인에 따라 다르다. 종족, 유전, 식이와 영양상태, 성별, 연령, 기후 등이 요로결석 발생 빈도에 영향을 주는 인자이다. 우리나라의 유병률은 약 2% 정도로, 연령별 발생률을 보면 20~40대가 가장 높다. 10세 이하와 65세 이상의 연령층에서는 드물게 나타나며, 남자가 여자보다 2배 이상 많이 걸린다.

요로결석이 있는 경우 소변 검사에서 혈뇨가 관찰된다. 결석에서 육안적 혈뇨 또는 미세혈뇨가 발생하는 경우가 많으므로 혈뇨가 있을 때는 병원에 들러 결석 유무를 확인하는 것이 좋다. 단순 엑스레이 검사에서도 결석이 보이는 경우가 70% 정도지만 크기가 작거나 방사선 투과성 결석인 요산석인 경우는 잘 보이지 않는다. 초음파 검사 또한 비교적 큰 결석을 쉽게 확인할 수 있고 몸에 방사선을 가하지 않아도 되는 장점이 있으나, 작은 요로결석은 놓치기 쉽다. 요로결석을 진단하는 가장 정확한 방법은 조영제를 사용하지 않는 컴퓨터단층촬영(CT)이다.

요로결석의 크기가 5mm를 넘지 않으면 절반 이상은 자연적으로 배출된다. 이런 경우엔 약물치료를 병행해 결석이 자연적으로 배출될 수 있도록 돕는다. 요로결석이 신장이나 상하부 요관에 위치하고 있다면 체외충격파쇄석술을 시행한다. 체외충격파쇄석술은 결석이 있는 위치에 고에너지 충격파를 쏘아 결석을 작게 부숴 자연 배출되도록 하는 치료 방법이다. 하지만 결석이 크거나 성분이 단단한 경우 또는 결석의 위치에 따라 효과가 떨어질 수 있다. 이럴 땐 수술을 고려해야 한다.

요관내시경을 이용한 결석 제거술은 피부 절개 없이 내시경적으로 요로결석을 제거하는 치료법이다. 이를 통해 결석을 거의 완전하게 제거할 수 있다고 보고되고 있다. 경피적 신장결석제거술은 신장 내에 있는 크기가 큰 결석을 제거하기 위해 시행된다. 이는 환자의 등을 1~1.5cm 정도 절개한 후 신장까지 내시경을 삽입할 수 있는 통로를 만들고, 이 통로를 통해 내시경 기구를 삽입해 결석을 분쇄·제거하는 수술법이다.

요로결석은 치료 후에도 1년에 약 7%의 환자에게서 재발하고, 10년 이내에는 약 절반의 환자에게서 재발하므로 치료 이후에도 식이요법으로 재발률을 낮추는 것이 중요하다. 따라서 요로결석 예방을 위해서는 식이 조절이 먼저이다. 결석의 주요 구성 성분인 칼슘, 인, 수산, 퓨린 등의 섭취를 제한해야 한다. 단백질이 풍부한 생선, 육류에는 칼슘과 인이 다량 함유돼 있다. 우유에 함유된 락토오스는 장에서 칼슘 흡수를 도우므로 유제품은 가급적 먹지 않는 것이 좋다.

15 주어진 글에 대한 이해로 적절하지 <u>않은</u> 것을 고르면?

① 요로에서 발견된 돌을 요로결석이라고 하는데 옆구리 통증, 혈뇨, 메슥거림, 구토와 같은 증상을 동반한다.
② 요로결석의 발생 빈도에 영향을 주는 인자는 종족, 유전, 식이와 영양상태, 성별, 연령, 기후 등이다.
③ 요로결석이 있는 경우 혈뇨도 증상으로 나타난다.
④ 요로결석 예방을 위해서는 식이 조절이 필요한데 칼슘, 인, 수산, 퓨린 등이 들어간 음식을 섭취해야 한다.

16 주어진 글을 읽고 답을 알 수 <u>없는</u> 질문을 고르면?

① 수분 섭취와 요로결석 발병률 간의 관계는 어떠한가?
② 요로결석의 유병률의 연령별, 성별 차이는 어떠한가?
③ 요로결석의 가장 정확한 진단 방법은 무엇인가?
④ 요로결석과 방광염 간의 관계는 어떠한가?

17 주어진 글에서 중점적으로 다루고 있는 내용이 <u>아닌</u> 것을 고르면?

① 요로결석의 정의 및 증상
② 요로결석의 발병 원인
③ 요로결석 시술의 위험성
④ 요로결석의 예방법

[18~20] 다음은 국민건강보험공단이 제공하는 장기요양보험 제도를 소개하는 글이다. 이를 바탕으로 질문에 답하시오.

▶ 고령이나 노인성 질병 등의 사유로 일상생활을 혼자서 수행하기 어려운 노인 등에게 신체 활동 또는 가사 활동 지원 등의 장기요양급여를 제공하여 노후의 건강 증진 및 생활 안정을 도모하고, 그 가족의 부담을 덜어 줌으로써 국민의 삶의 질을 향상하도록 함을 목적으로 시행하는 사회보험 제도입니다.

▶ 우리나라 장기요양보험 제도는 건강보험 제도와는 별개의 제도로 도입·운영되고 있는 한편으로, 제도 운영의 효율성을 도모하기 위하여 보험자 및 관리 운영 기관을 국민건강보험공단으로 일원화하고 있습니다. 또한 국고 지원이 가미된 사회보험 방식을 채택하고 있고, 수급 대상자에는 65세 미만의 장애인이 제외되어 노인을 중심으로 운영되고 있습니다.

▶ 장기요양보험 가입자 및 그 피부양자, 의료급여 수급권자가 자격을 가지며, 만 65세 이상 또는 만 65세 미만으로 노인성 질병을 가진 자를 대상으로 합니다. 여기서 노인성 질병이란 치매, 뇌혈관성 질환, 파킨슨병 등 대통령령으로 정하는 질병을 말합니다. 다만, 장애인 활동 지원급여를 이용 중이거나 이용을 희망하는 경우, 장기요양 등급을 받으면 장애인 활동 지원 신청이 제한되며, 장기요양 등급을 취소해도 장애인 활동 지원 신청이 불가능합니다.

18 주어진 글에서 소개하고 있지 <u>않은</u> 것을 고르면?

① 장기요양급여 계약 체결
② 장기요양보험 제도의 목적
③ 장기요양 인정의 신청 자격
④ 장기요양 인정 과정 및 이용 절차

19 주어진 글을 읽고 다음 [표]를 봤을 때 노인장기요양보험 제도에 대하여 보인 반응으로 적절하지 않은 것을 고르면?

[표] 노인장기요양보험 제도와 기존 노인복지 서비스 비교

구분	노인장기요양보험	기존 노인복지 서비스
관련법	노인장기요양보험법	노인복지법
서비스 대상	— 보편적 제도 — 장기요양이 필요한 만 65세 이상 또는 만 65세 미만으로 치매 등 노인성 질병을 가진 자	— 특정 대상 한정(선택적) — 국민기초생활보장 수급자를 포함한 저소득층 위주
서비스 선택	수급자 및 부양 가족의 선택에 의한 서비스 제공	지방자치단체장의 판단(공급자 위주)
재원	장기요양보험료 + 국가 및 지방자치단체 부담 + 이용자 본인 부담	정부 및 지방자치단체의 부담

① 제도적으로 법률적인 근거를 통해 유지되고 있군.
② 기존 노인복지 서비스보다 보편적으로 많은 사람들이 대상이 된다는 점이 인상적이군.
③ 치매를 앓고 있는 50대 형님이 계신데 적용 대상이 아니라 아쉽군.
④ 노인성 질병을 앓는 가족이 있는 가정에서는 장기요양보험료를 납부하는 것이 장기적으로는 이익이겠군.

20 주어진 글의 내용과 일치하지 않는 것을 고르면?

① 장기요양보험은 국고의 지원을 받는 사회보험 제도이다.
② 장애인의 경우 장기요양 등급판정 시 장애인 활동 지원 신청이 제한된다.
③ 효율적인 운영을 위해 장기요양보험 제도는 국민건강보험 제도에 통합하여 운영된다.
④ 치매, 뇌혈관성 질환, 파킨슨병 등 대통령령으로 정하는 질병에 한해 노인성 질병으로 인정된다.

[21~22] 다음 [표]는 2015년부터 2021년까지 인구 10만 명당 성별 암 발생률 추이를 나타낸 자료이다. 이를 바탕으로 질문에 답하시오.

[표1] 2015~2021년 남성 암 발생률 추이 (단위: 명/10만 명)

구분	2015년	2016년	2017년	2018년	2019년	2020년	2021년
위	77.1	80.9	82.3	85.8	83.3	80.6	79.2
대장	56.1	61.8	64.6	69.5	70.1	66.2	63.8
간	48.3	48.5	48.5	49.3	48.7	48.3	47.5
췌장	9.8	9.9	10.2	11.3	11.8	11.9	12.6
폐	55.0	57.3	60.0	61.5	61.7	64.5	66.0
유방	0.3	0.2	0.3	0.3	0.3	0.2	0.3
전립선	26.7	30.2	32.4	36.2	37.1	37.9	38.6
고환	0.7	0.8	0.8	0.9	1.0	1.0	1.0
갑상선	17.5	21.0	25.4	28.3	32.4	33.6	24.3
백혈병	5.9	6.0	6.3	6.4	6.4	6.9	7.0

[표2] 2015~2021년 여성 암 발생률 추이 (단위: 명/10만 명)

구분	2015년	2016년	2017년	2018년	2019년	2020년	2021년
위	37.7	40.0	40.7	41.6	40.1	39.4	38.5
대장	37.8	40.8	42.1	44.5	46.5	44.0	42.5
간	16.0	16.5	16.9	17.4	16.5	16.4	16.2
췌장	7.9	8.2	8.7	9.2	9.9	10.1	10.9
폐	22.5	23.4	25.2	26.9	27.3	28.0	28.7
유방	51.8	54.9	58.6	64.3	66.2	68.6	72.1
자궁경부	16.3	15.4	16.0	15.1	14.4	14.5	13.8
난소	7.6	7.4	8.2	8.2	8.8	8.9	9.5
갑상선	93.2	110.0	122.0	136.4	144.7	135.8	97.0
백혈병	4.6	4.9	4.7	5.1	4.9	5.2	5.2

21 다음 [표]는 2015년부터 2021년까지 성별 인구를 나타낸 자료이다. 주어진 자료와 [표]를 바탕으로 2021년 국민 10만 명당 폐암 환자의 수의 2016년 대비 증가 값을 고르면?(단, 계산 시 백 명 단위에서 반올림한다.)

[표] 2015~2021년 성별 인구 현황 (단위: 만 명)

구분	2015년	2016년	2017년	2018년	2019년	2020년	2021년
남성	2,559	2,567	2,574	2,586	2,595	2,593	2,586
여성	2,543	2,555	2,563	2,573	2,582	2,591	2,589

① 3.8명   ② 4.3명   ③ 4.9명   ④ 5.4명

22 다음 [그래프]는 연도별 여성의 암 발생률 추이 일부를 나타낸 것이다. 주어진 자료와 [그래프]를 바탕으로 할 때, A~D에 해당하는 암 질환명이 바르게 짝지어지지 <u>않은</u> 것을 고르면?

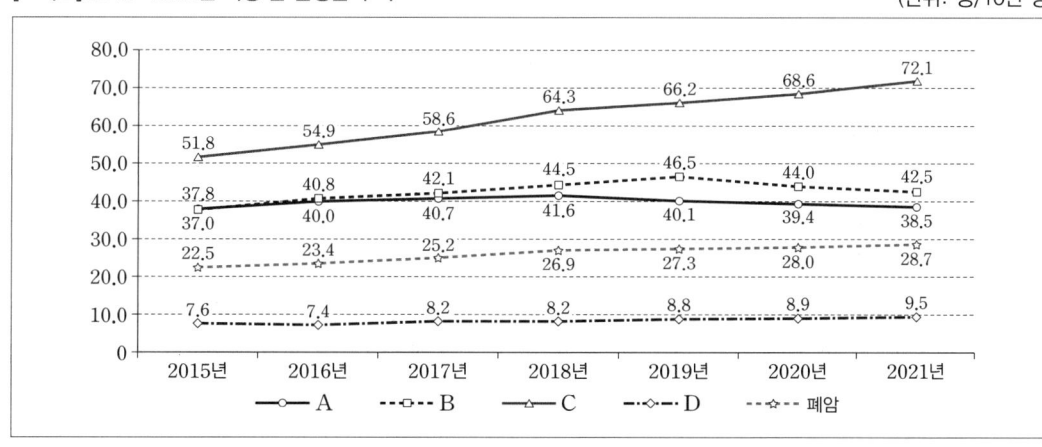

[그래프] 2015~2021년 여성 암 발생률 추이 (단위: 명/10만 명)

① A-위암   ② B-대장암   ③ C-유방암   ④ D-췌장암

[23~24] 다음은 장기요양등급판정을 받은 재가 거주 노인 및 해당 노인의 돌봄제공자인 조사대상자 5,000명의 신체활동수준을 조사한 것이다. 이를 바탕으로 이어지는 질문에 답하시오.

[표] 신체활동수준 사례수 비율　　(단위: %)

구분		사례수 비율
성별	남성	30
	여성	70
연령	65~74세	16
	75~84세	46
	85세 이상	38
독거 여부	독거	18.6
	비독거	81.4
장기요양등급	1~2등급	9
	3등급	22.4
	4등급	44
	5등급, 인지	14.4
	등급외	10.2

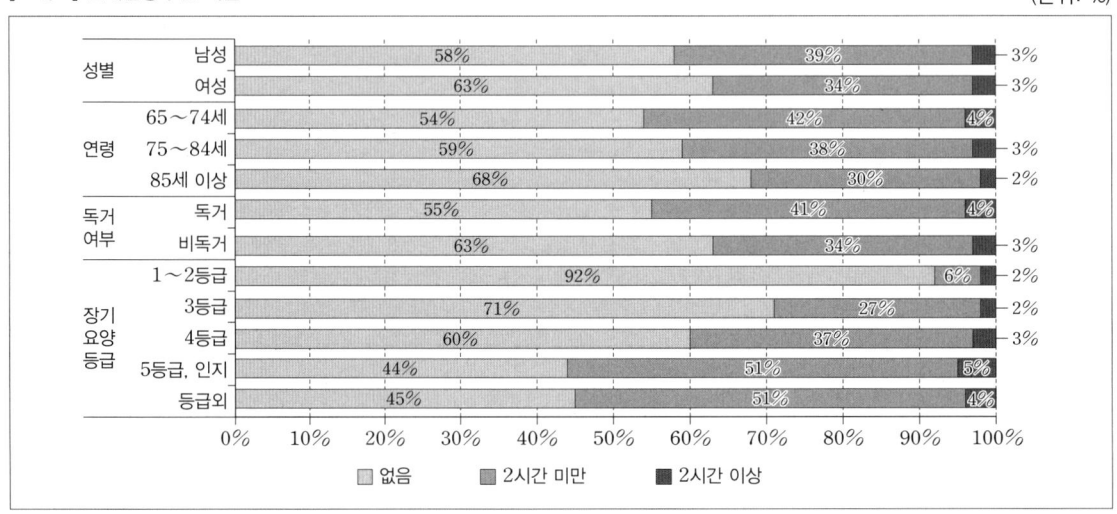

[그래프] 신체활동수준 비율　　(단위: %)

※ 신체활동수준 2시간 미만은 신체활동을 하는 사람 중 2시간 미만으로 신체활동을 하는 사례임

23 주어진 자료에 대한 설명으로 옳지 않은 것을 고르면?

① 여성 사례수는 남성 사례수보다 2,000명 많다.
② 65~74세 중 신체활동 시간이 2시간 이상인 사례수는 32명이다.
③ 비독거 사례수는 독거 사례수의 4배 이상이다.
④ 장기요양 4등급 중 신체활동이 없는 사례수는 2시간 미만인 사례수보다 50.6명 많다.

24 전체 조사대상자 중 신체활동을 하는 사례수를 고르면?

① 1,925명 ② 1,980명 ③ 2,046명 ④ 2,097명

[25~27] 다음 [표]는 시·도별 공공의료기관 병상 수에 대한 자료이다. 이를 바탕으로 질문에 답하시오.

[표] 시·도별 공공의료기관 병상 수 (단위: 개)

구분	2018년	2019년	2020년	2021년	2022년	2023년
전국	63,924	62,240	63,417	63,551	63,133	61,654
서울특별시	8,333	8,283	8,617	8,973	8,749	8,609
부산광역시	4,009	3,957	3,656	3,621	3,585	3,578
대구광역시	3,654	3,547	3,800	3,923	3,825	3,747
인천광역시	1,380	1,338	1,406	1,379	1,361	1,373
광주광역시	2,753	2,771	2,797	2,736	2,837	2,589
대전광역시	3,129	2,958	3,018	2,982	2,956	3,016
울산광역시	130	130	157	157	148	149
세종시	0	0	259	399	451	408
경기도	9,096	8,504	9,107	9,186	9,014	8,847
강원도	3,882	3,618	3,565	3,382	3,336	3,172
충청북도	2,917	2,815	2,815	2,919	2,879	2,858
충청남도	3,601	3,451	3,572	3,369	3,301	3,164
전라북도	3,466	3,458	3,554	3,515	3,503	3,273
전라남도	5,228	5,159	4,746	4,678	4,746	4,724
경상북도	4,512	4,481	4,516	4,690	4,716	4,578
경상남도	6,385	6,340	6,365	6,213	6,243	6,101
제주도	1,449	1,430	1,467	1,429	1,483	1,468

25 주어진 자료에 대한 설명으로 옳지 않은 것을 고르면?

① 제시된 기간 동안 부산광역시의 병상 수는 매년 감소하고 있다.
② 2022년 전국 병상 수 중 경기도 병상 수의 비중은 약 14%이다.
③ 2020년 경기도 병상 수는 강원도 병상 수의 2.5배 이상이다.
④ 2023년 전국 병상 수는 5년 전 대비 5% 이상 감소하였다.

26. 제시된 기간 중 강원도 병상 수가 가장 적은 해에 전국 공공의료기관 기관 수는 228개소라고 할 때, 해당 해에 공공의료기관 1개소당 평균 병상 수를 고르면?(단, 평균은 소수점 첫째 자리에서 반올림한다.)

① 264개 ② 265개 ③ 268개 ④ 270개

27. 다음 중 조사 기간 동안 전국 병상 수 대비 전라도 병상 수의 비중을 나타낸 그래프로 옳지 않은 것을 고르면?(단, 전라도 병상 수는 전라북도와 전라남도 병상 수의 합이며 계산은 소수점 둘째 자리에서 반올림한다.)

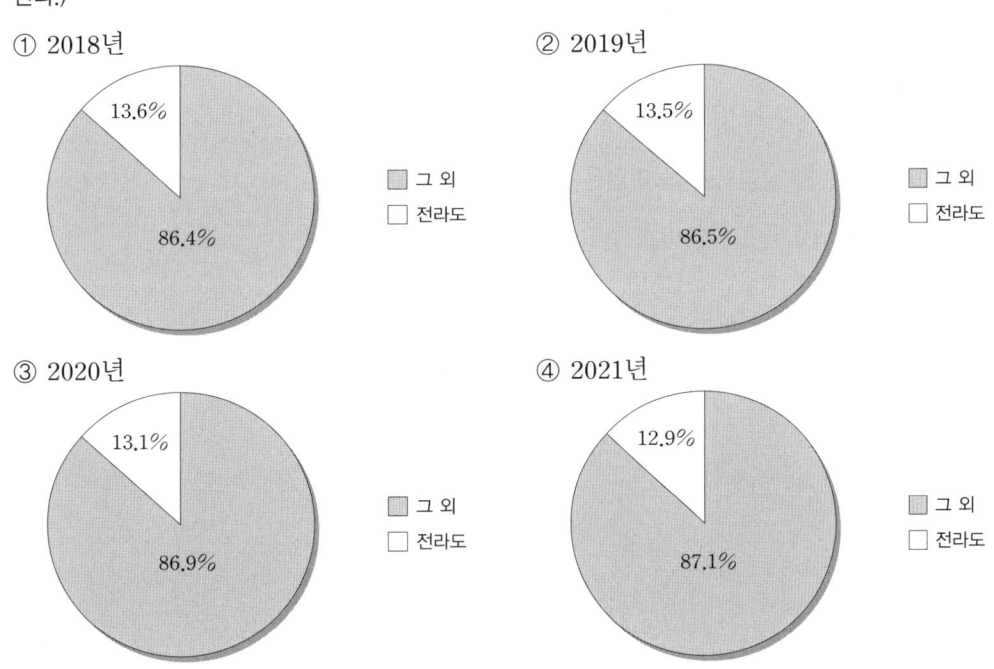

[28~29] 다음은 2016년부터 2020년까지 A형 간염에 대한 1인당 진료비와 진료실 인원을 나타낸 자료이다. 이를 바탕으로 질문에 답하시오.

[그래프] 2016~2020년 A형 간염에 대한 연도별 1인당 진료비 및 진료실 인원 (단위: 만 원, 명)

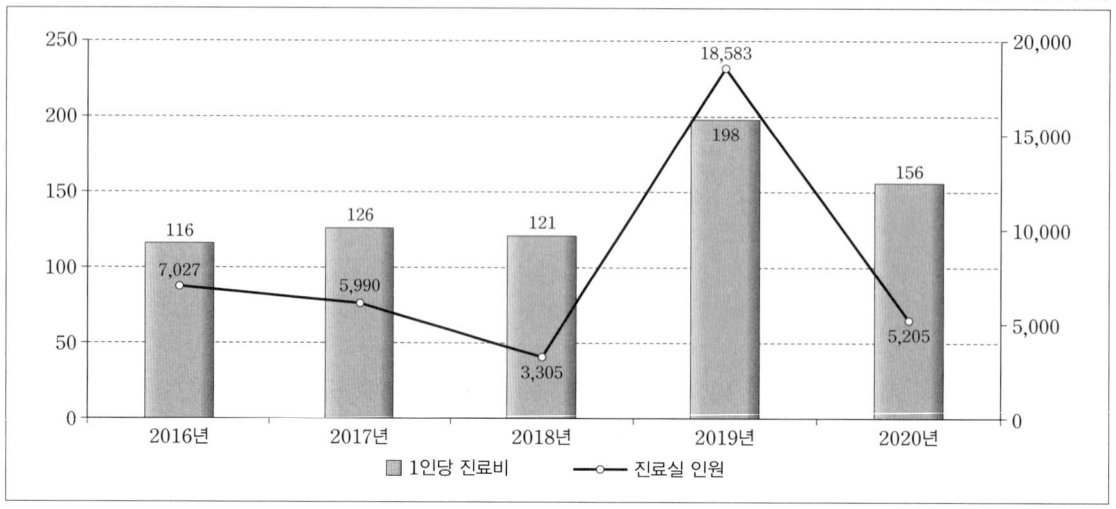

※ (1인당 진료비)(원) = $\dfrac{(총진료비)}{(진료실 인원)}$

28 주어진 자료에 관한 설명으로 옳지 않은 것을 고르면?

① 2016~2020년 1인당 진료비의 평균은 143만 원 이상이다.
② 2020년 1인당 진료비는 2016년 대비 35% 미만으로 증가하였다.
③ 진료실 인원이 가장 많은 해의 1인당 진료비는 전년 대비 감소하였다.
④ 2019년의 진료실 인원은 2016~2018년 진료실 인원의 합보다 2,200명 이상 더 많다.

29. 다음 중 2016년부터 2020년까지 5년간 A형 간염에 대한 총진료비 그래프로 옳은 것을 고르면?(단, 총진료비 계산 시 천만 원 단위에서 반올림한다.)

①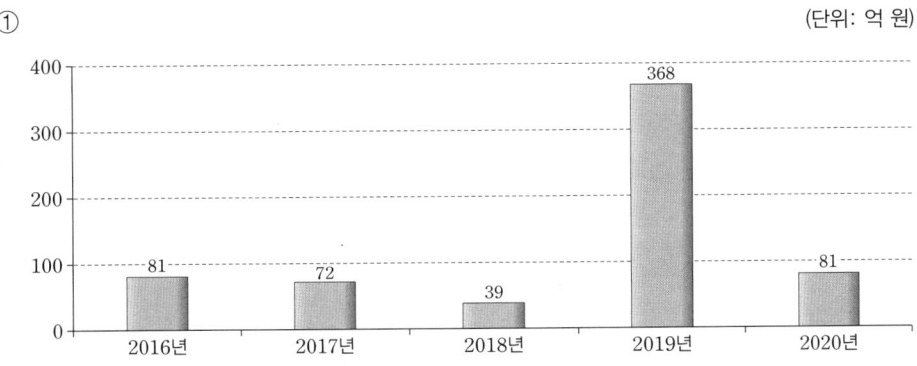

②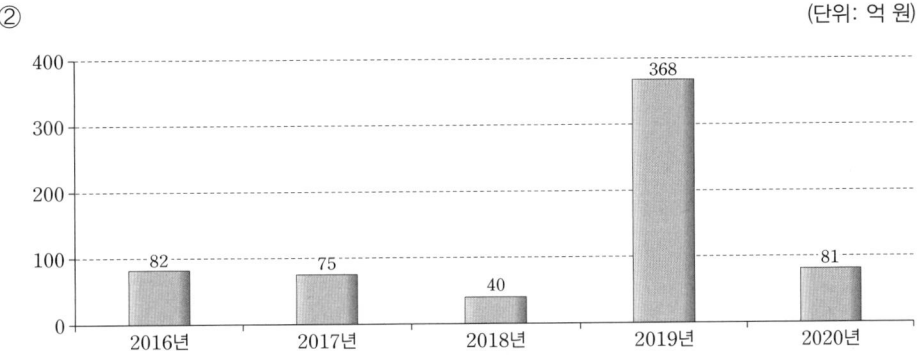

③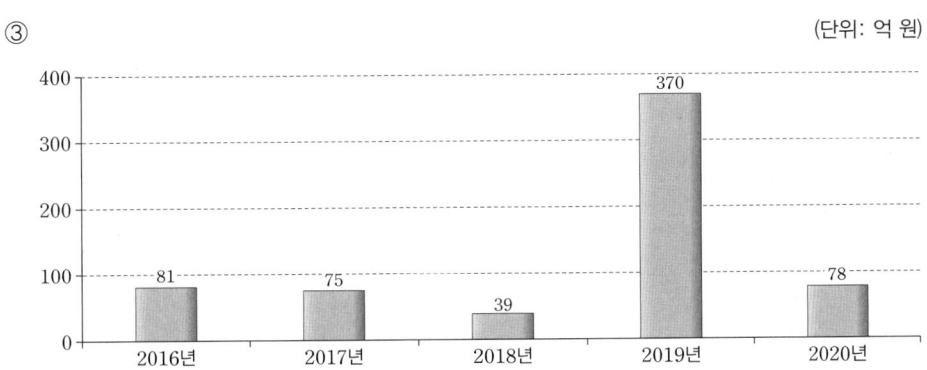

④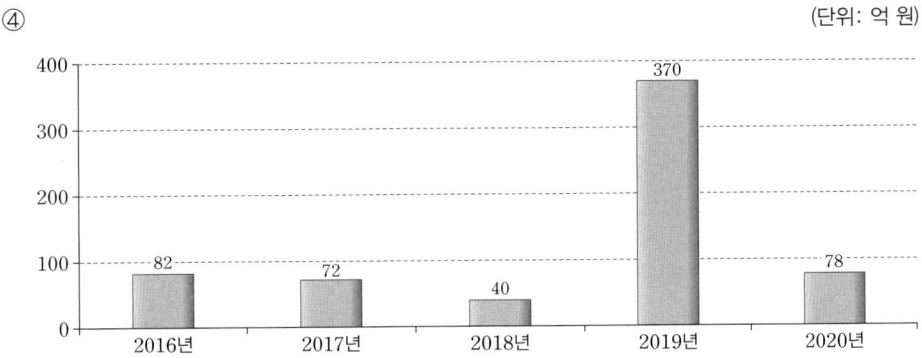

[30~31] 다음 [표]는 연도별 성별 연령별 한국과 OECD 평균의 기대 여명 변화 추이에 관한 자료이다. 이를 바탕으로 질문에 답하시오.

[표1] 연도별 성별 연령별 한국의 기대 여명 변화 추이 (단위: 년)

구분	남자					여자				
	1970년	1997년	2007년	2016년	2017년	1970년	1997년	2007년	2016년	2017년
0세	58.7	70.7	75.9	79.3	79.7	65.8	78.7	82.5	85.4	85.7
10세	52.8	61.5	66.3	69.6	70.0	60.2	69.5	72.8	75.7	76.0
20세	43.9	51.9	56.5	59.8	60.1	51.3	59.7	63.0	65.8	66.1
30세	35.4	42.5	46.8	50.0	50.4	43.0	50.0	53.2	55.9	56.2
40세	26.7	33.3	37.2	40.4	40.7	34.3	40.4	43.5	46.2	46.5
50세	19.0	24.8	28.2	31.1	31.4	26.0	31.0	34.0	36.6	36.8
60세	12.7	17.2	19.9	22.5	22.8	18.4	22.0	24.7	27.2	27.4
70세	8.2	10.8	12.6	14.5	14.7	11.7	14.0	16.0	18.1	18.3
80세	4.7	6.2	7.0	8.1	8.1	6.4	7.9	8.8	10.2	10.2
90세	2.8	3.5	3.7	4.1	4.0	3.4	4.2	4.3	4.9	4.8
100세 이상	1.7	1.8	2.0	2.1	2.0	1.9	2.2	2.2	2.3	2.3

[표2] 연도별 성별 한국과 OECD 평균의 기대 여명 변화 추이 (단위: 년)

구분		남자				여자			
		1970년	1997년	2007년	2017년	1970년	1997년	2007년	2017년
65세	한국	10.2	13.8	16.0	18.6	14.9	17.9	20.2	22.7
	OECD 평균	12.8	15.0	16.6	18.0	15.6	18.7	20.1	21.3
80세	한국	4.7	6.2	7.0	8.1	6.4	7.9	8.8	10.2
	OECD 평균	5.8	6.8	7.5	8.3	6.6	8.4	9.1	9.9

30 주어진 자료에 대한 설명으로 옳지 <u>않은</u> 것을 고르면?

① 한국의 2017년 남녀 기대 여명이 모든 연령대에서 1년 전보다 증가한 것은 아니다.
② 1970년 대비 2017년에 증가한 기대 여명의 증가폭은 모든 연령대에서 한국 남자가 한국 여자보다 크다.
③ 1970년, 1997년, 2007년 65세와 80세 남자의 경우, 한국과 OECD 평균과의 기대 여명 차이는 갈수록 줄어들었다.
④ 80세 한국 남자의 경우, 어느 시기에도 90세 이상의 수명을 기대하지 않지만 80세 한국 여자의 경우, 2016년과 2017년에는 90세 이상의 수명을 기대한다.

31 주어진 자료를 바탕으로 작성한 다음 [표3]이 나타내고 있는 것을 고르면?

[표3] 연도별 성별 기대 여명에 의한 수명 (단위: 년)

남자					여자				
1970년	1997년	2007년	2016년	2017년	1970년	1997년	2007년	2016년	2017년
69.0	74.8	78.2	81.1	81.4	76.0	81.0	84.0	86.6	86.8

① 30세 한국 남녀의 기대 여명에 의한 수명
② 40세 한국 남녀의 기대 여명에 의한 수명
③ 50세 한국 남녀의 기대 여명에 의한 수명
④ 60세 한국 남녀의 기대 여명에 의한 수명

[32~33] 다음 [표]와 [그래프]는 2006년부터 2016년까지 11년간의 영아 사망자 수, 영아 사망률, 출생아 수를 나타낸 자료이다. 이를 바탕으로 질문에 답하시오.

[표] 2006~2016년 영아 사망자 수 및 영아 사망률 (단위: 명)

구분	영아 사망자 수			출생아 천 명당 영아 사망률(명/천 명)			출생아 수
	전체	남	여	전체	남	여	
2006년	1,707	958	749	3.8	4.1	3.5	448,153
2007년	1,703	934	769	3.5	3.7	3.2	493,189
2008년	1,580	842	738	3.4	3.5	3.3	465,892
2009년	1,414	756	659	3.2	3.3	3.1	444,849
2010년	1,508	888	620	3.2	3.7	2.7	470,171
2011년	1,435	818	617	3.0	3.4	2.6	471,265
2012년	1,405	779	626	2.9	3.1	2.7	484,550
2013년	1,305	698	607	3.0	3.1	2.9	436,455
2014년	1,305	715	590	3.0	3.2	2.8	435,435
2015년	1,190	655	535	2.7	2.9	2.5	438,420
2016년	1,154	642	512	2.8	3.1	2.6	406,243

[그래프] 2006~2016년 생존 기간별 영아 사망률 추이 (단위: 명/천 명)

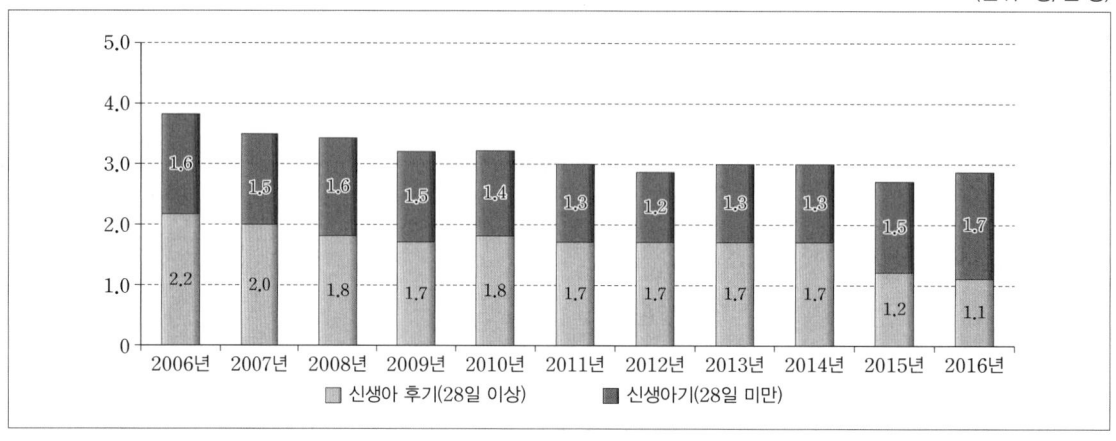

32 주어진 자료를 바탕으로 2015년 여자 출생아 수를 고르면?

① 194,000명
② 204,000명
③ 214,000명
④ 224,000명

33 주어진 자료에 대한 설명으로 옳지 <u>않은</u> 것을 [보기]에서 모두 고르면?

> **보기**
> ㉠ 2006년 이후 매년 출생아 천 명당 남아 사망률이 여아 사망률보다 높게 나타난다.
> ㉡ 2011년과 2013년의 신생아 후기 영아 사망자 수가 같다.
> ㉢ 조사기간 동안 출생아 수가 가장 적었던 해에 신생아기 영아 사망률이 가장 높다.
> ㉣ 출생아 천 명당 영아 사망률이 세 번째로 높은 해에 신생아 후기 영아 사망률의 전년 대비 감소율이 가장 높다.

① ㉠, ㉢
② ㉠, ㉣
③ ㉡, ㉢
④ ㉡, ㉣

[34~36] 다음 [표]는 연도별 요양기관 및 2019년 지역별 요양기관 인력 현황에 관한 자료이다. 이를 바탕으로 질문에 답하시오.

[표1] 연도별 요양기관 인력 현황 (단위: 명, %)

구분		합계	의료기관								약국
			상급 종합병원	종합 병원	병원	요양 병원	의원	치과	한방	보건기관 등	
2009년		258,012	43,597	51,723	31,517	10,601	46,996	19,217	16,887	9,076	28,398
2018년		382,173	70,688	88,750	43,363	36,226	57,041	24,671	21,165	8,974	31,295
2019년		407,978	77,915	97,266	47,046	37,565	59,155	25,368	22,599	9,006	32,058
증감률	전년대비	6.75	10.22	9.60	8.49	3.70	3.71	2.83	6.78	0.36	2.44
	연평균	4.69	5.98	6.52	4.09	13.49	2.33	2.82	2.96	−0.08	1.22

[표2] 2019년 지역별 요양기관 인력 현황 (단위: 명)

합계	서울	부산	대구	인천	광주	대전	울산	세종
407,978	104,797	32,765	23,024	20,920	15,615	13,734	8,004	926
경기	강원	충북	충남	전북	전남	경북	경남	제주
80,001	10,964	9,679	12,342	14,619	14,568	16,848	24,263	4,909

34 주어진 자료에 대한 설명 중 옳은 것을 [보기]에서 모두 고르면?

보기

㉠ 모든 의료기관의 2019년 인력은 10년 전보다 증가하였다.
㉡ 2019년 요양기관 인력이 많은 순으로 상위 5개 지역의 인력의 합은 전체의 절반 미만이다.
㉢ 2019년 전년 대비 인력 증감률이 연평균 증감률보다 낮은 의료기관은 1개이다.
㉣ 2019년 요양기관 인력이 10,000명 미만인 지역은 모두 4곳이다.

① ㉠, ㉡   ② ㉡, ㉢   ③ ㉢, ㉣   ④ ㉡, ㉢, ㉣

35 2019년 전국 요양기관 인력 대비 상급종합병원과 종합병원의 인력의 비중이 서울의 요양기관 인력 대비 상급종합병원과 종합병원의 인력의 비중과 동일하다고 할 때, 서울의 상급종합병원과 종합병원의 인력의 합을 고르면?(단, 전국 요양기관 인력 대비 상급종합병원과 종합병원의 인력의 백분율은 소수점 이하 둘째 자리에서 반올림하고, 인력의 합은 소수점 이하 첫째 자리에서 반올림한다.)

① 44,952명　　　② 44,958명　　　③ 44,963명　　　④ 44,968명

36 2019년 요양기관 인력을 많은 순으로 나열했을 때 상위 3개 요양기관과 나머지 요양기관의 인력 비중 그래프로 옳은 것을 고르면?

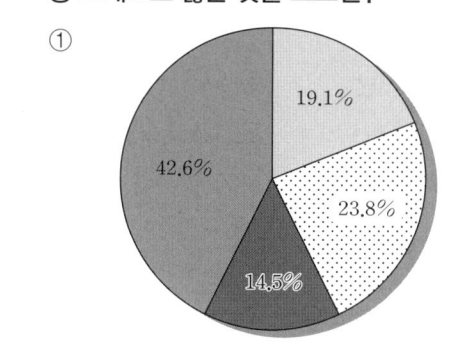

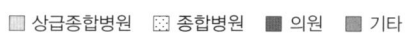

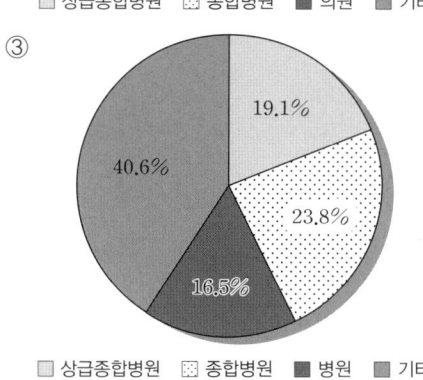

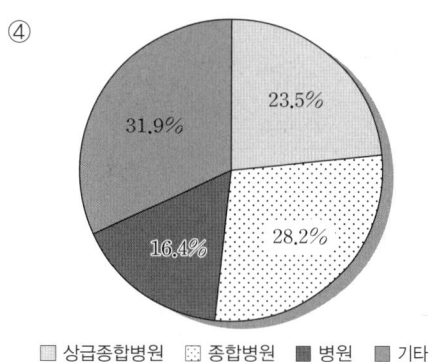

[37~38] 다음 [표]는 영유아 건강검진 대상 및 수검 현황에 대한 자료이다. 이를 바탕으로 질문에 답하시오.

[표1] 서울시 구별 영유아 건강검진 대상 및 수검 현황 (단위: 명)

구분	2020년		2021년		2022년	
	대상자	수검자	대상자	수검자	대상자	수검자
소계	475,215	384,730	456,255	389,977	465,010	363,736
종로구	7,047	5,330	6,338	5,216	6,382	4,618
중구	9,602	7,584	8,623	7,235	8,588	6,557
용산구	11,715	8,575	11,184	8,837	11,710	8,169
성동구	17,194	13,710	16,968	14,365	17,865	13,663
광진구	16,703	13,538	16,133	13,999	15,793	12,692
동대문구	15,091	12,523	14,958	13,026	15,207	12,168
중랑구	17,872	15,242	17,658	15,556	18,115	14,732
성북구	18,280	14,775	17,928	15,385	18,609	14,782
강북구	11,372	9,434	10,403	9,216	10,291	8,345
도봉구	13,118	10,999	12,224	11,049	12,163	10,139
노원구	22,938	19,287	21,963	19,587	22,489	18,651
은평구	20,263	17,238	19,764	17,370	20,267	16,374
서대문구	12,936	10,559	12,866	11,120	13,443	10,462
마포구	20,335	16,366	19,521	16,385	19,800	14,883
양천구	18,615	14,960	17,942	15,215	18,382	14,418
강서구	32,440	27,191	31,193	26,973	31,604	25,200
구로구	23,457	19,530	22,404	19,406	22,842	18,132
금천구	12,089	10,057	11,837	10,279	11,676	9,682
영등포구	23,917	19,170	23,499	19,794	24,077	18,573
동작구	19,209	15,631	18,396	15,801	18,575	14,503
관악구	20,942	17,621	19,487	16,898	18,712	15,155
서초구	25,215	18,982	23,685	19,476	23,728	17,368
강남구	29,136	21,362	25,892	20,626	26,222	18,353
송파구	34,876	27,956	33,805	28,936	35,583	27,785
강동구	20,853	17,110	21,584	18,227	22,887	18,332

[표2] 2022년 서울시 월령별 영유아 건강검진 대상 및 수검 현황
(단위: 명)

구분	합계		남자		여자	
	대상자	수검자	대상자	수검자	대상자	수검자
계	465,010	363,736	239,238	187,306	225,772	176,430
14~35일	44,703	17,864	22,963	9,208	21,740	8,656
4~6개월	45,779	38,709	23,644	19,983	22,135	18,726
9~12개월	48,745	42,883	25,140	22,127	23,605	20,756
18~24개월	53,420	48,631	27,395	24,972	26,025	23,659
30~36개월	58,561	51,478	30,261	26,571	28,300	24,907
42~48개월	62,563	51,221	32,453	26,561	30,110	24,660
54~60개월	70,369	53,740	35,952	27,445	34,417	26,295
66~71개월	80,870	59,210	41,430	30,439	39,440	28,771

37 주어진 자료에 대한 설명으로 옳지 <u>않은</u> 것을 고르면?

① 2021년 영유아 건강검진 대상자 수가 가장 많은 지역은 송파구이다.
② 2022년 30~36개월 대상자 수 대비 수검자 수의 비중은 약 86%이다.
③ 2021년 서대문구의 수검자 수는 전년 대비 500명 이상 증가하였다.
④ 제시된 기간 동안 영등포구의 연평균 대상자 수는 24,000명 이하이다.

38 주어진 자료에 대한 설명으로 옳은 것을 고르면?

① 2022년 영유아 건강검진 남자 전체 대상자 중 54~60개월 대상자 수의 비중은 약 20%이다.
② 2020년 구로구와 금천구의 수검자 수의 합은 중랑구와 성북구의 수검자 수의 합보다 많다.
③ 2022년 남자 수검자 수는 월령이 높을수록 많다.
④ 제시된 기간 동안 영유아 건강검진 대상자 수가 두 번째로 적은 지역은 매년 같다.

[39~40] 다음 [그래프]는 2015~2019년 평균 총콜레스테롤 수치에 관한 자료이다. 이 자료를 바탕으로 질문에 답하시오.

[그래프1] 2015~2019년 성별 평균 총콜레스테롤 수치 추이 (단위: mg/dL)

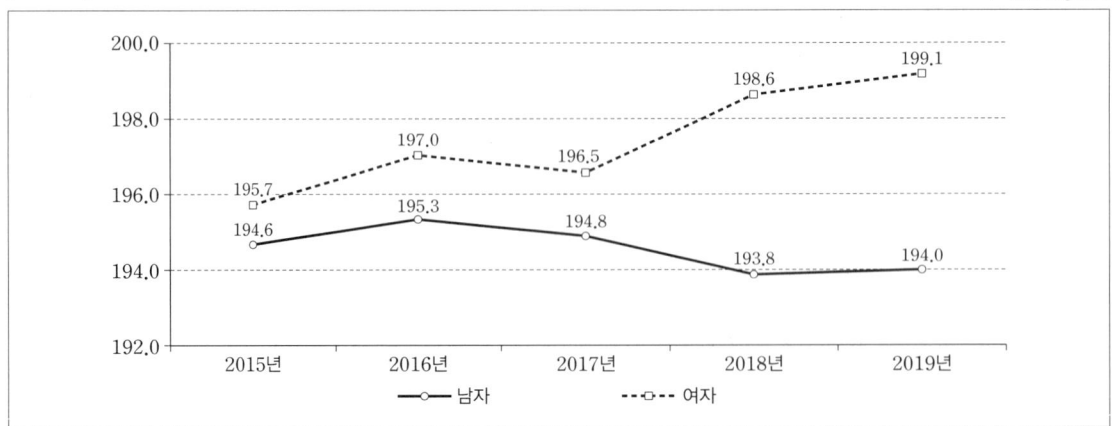

[그래프2] 2019년 성별 연령별 평균 총콜레스테롤 수치 분포 현황 (단위: mg/dL)

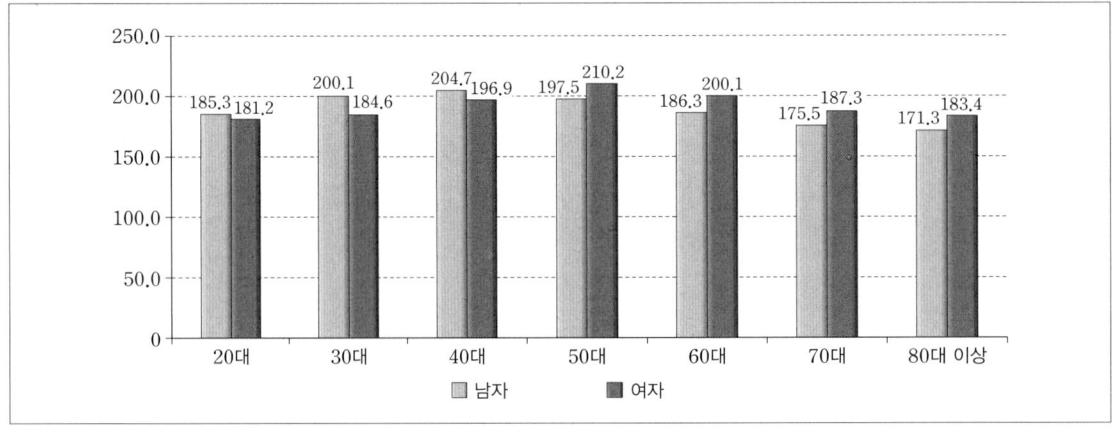

39 다음 중 주어진 자료에 관한 설명으로 옳은 것을 [보기]에서 모두 고르면?

> **보기**
> ㉠ 조사기간 동안 매년 남자는 여자보다 평균 총콜레스테롤 수치가 낮았다.
> ㉡ 2019년 전체 평균 총콜레스테롤 수치보다 평균 총콜레스테롤 수치가 낮은 연령대는 4개이다.
> ㉢ 2019년에 여자는 50대부터 연령대가 높을수록 평균 총콜레스테롤 수치가 낮아진다.

① ㉠, ㉡   ② ㉠, ㉢   ③ ㉡, ㉢   ④ ㉠, ㉡, ㉢

40 다음 중 2016년부터 2019년까지 전년 대비 여자의 평균 총콜레스테롤 수치의 증가율을 나타낸 그래프로 옳은 것을 고르면?(단, 소수점 이하 둘째 자리에서 반올림한다.)

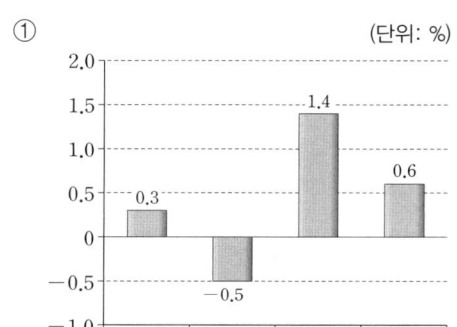
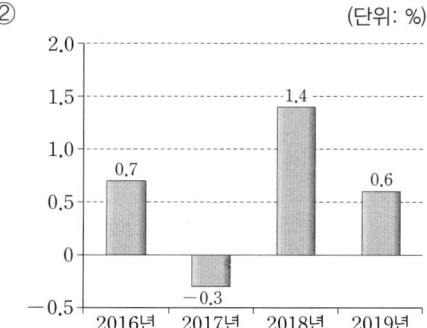
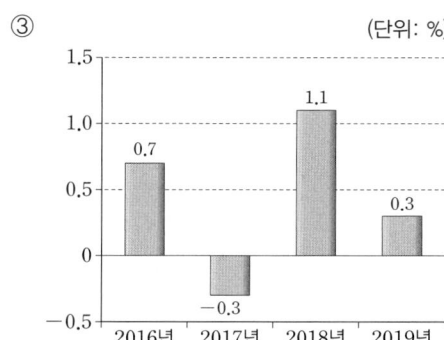
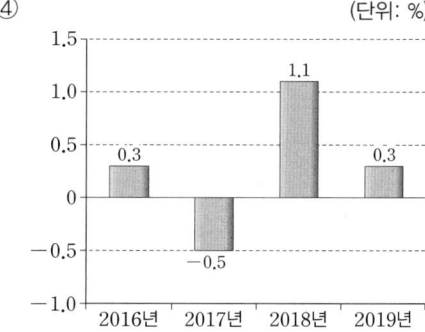

[41~43] 다음은 지역가입자의 건강보험 보험료에 관한 자료이다. 이 자료를 바탕으로 질문에 답하시오.

1. 개요

   지역가입자의 건강보험 보험료는 가입자의 소득, 재산(전월세 포함)을 기준으로 부과요소별로 산정한 후 합산한 보험료에 경감률 등을 적용하여 세대 단위로 부과합니다.

2. 건강보험료 산정 방법
   - (건강보험료) = (소득월액) × (건강보험료율) + {(재산보험료 부과점수) × (부과점수당 금액(208.4원))}
     ※ 소득월액: 연간 소득을 12개월로 나눈 금액
   - (장기요양보험료) = (건강보험료) × {(장기요양보험료율) ÷ (건강보험료율)}

3. 부과요소별 산정기준
   - 소득월액: 「소득세법」에 따라 산정한 이자·배당·사업·기타소득금액, 「소득세법」에 따른 근로·연금소득*의 금액 합계액을 12개월로 나눈 금액
     * 현재 보험료 부과에 적용하는 연금 소득의 범위: 국민연금, 공무원연금, 군인연금, 사립학교교직원연금, 별정우체국연금
     − 소득월액 28만 원 이하 세대: 지역가입자의 월별 보험료 하한액 19,780원 부과
     − 소득월액 28만 원 초과 세대: 영 제41조에 따른 소득을 보건복지부령으로 정하는 바에 따라 평가하여 합산한 소득금액(연소득)을 12개월로 나누어 산정
   - 재산보험료 부과점수(60등급): 주택, 건물, 토지, 선박, 항공기, 전월세
     − 재산등급별 부과점수에 점수당 금액을 곱하여 산정

4. 2023~2024년 건강보험료 부과점수당 금액, 건강보험료율 및 장기요양보험료율

(단위: 원, %)

적용 기간	부과점수당 금액	건강보험료율	장기요양보험료율
2024년	208.4	7.09	0.9182
2023년	208.4	7.09	0.9082

5. 건강보험료 경감 종류 및 경감률
   - 섬·벽지 경감: 50%
   - 농어촌 경감: 22%
     ※ 농어업인 지원: 28%(농림축산식품부·해양수산부에서 국고지원)
   - 세대 경감: 10~30%(노인, 장애인, 한부모가족 세대 등)
     ※ 세대 경감 사유가 중복될 경우 유리한 경감률 하나만 적용
   - 재난 경감: 30~50%
   - 경감 종류가 중복될 경우 최대 경감률은 50% 적용
   - 섬·벽지 경감 ⇒ 농어촌 경감(농어업인 경감) ⇒ 세대 경감 순으로 적용

6. 건강보험료 면제 사유
   - 3개월 이상 국외 체류자로서 국내에 피부양자가 없는 경우 보험료 면제(단, 국외업무종사로 국외 체류 시 해당 사실을 공단에 증빙한 경우 1개월 이상임)
     ※ 국외업무종사 1개월 이상 체류에 대한 면제는 2021. 10. 14. 입국부터 적용
   - 현역병 등으로 군 복무, 교도소 기타 이에 준하는 시설에 수용

7. 장기요양보험료 경감 사유 및 경감률
   등록장애인(장애의 정도가 심한) 및 희귀난치성질환자(6종): 30%

41 주어진 자료에 대한 설명으로 옳지 않은 것을 고르면?

① 장기요양보험료는 건강보험료보다 항상 높게 책정된다.
② 군 입대를 한 사람의 경우 건강보험료가 적용되지 않는다.
③ 건강보험료에서 재난 경감과 세대 경감이 중복되어 적용될 수 있다.
④ 건강보험료를 산정할 때 거주지가 동일하다면 남편과 아내의 연소득을 합하여 계산해야 한다.

42 등록장애인인 박 씨는 2023년 건강보험료로 12만 원이 산정되었다. 박 씨의 2023년 장기요양보험료는 얼마인지 고르면?(단, 원 단위 미만은 절사한다.)

① 15,372원   ② 15,841원   ③ 15,903원   ④ 16,207원

43 주어진 자료와 다음 [정보]를 바탕으로 지역가입자인 김 씨의 2024년 건강보험료를 고르면?(단, 원 단위 미만은 절사한다.)

> **정보**
>
> 48세인 김 씨는 시골에서 자영업을 하고 있다. 그의 2023년 총소득은 2억 원이었고, 2024년에는 전년 대비 총소득이 20% 증가하였다. 그의 재산등급은 전체 60등급 중 31등급이며, 이에 해당하는 부과점수는 757점이다. 그런데 김 씨는 외진 산간벽지에 살고 있으며 장애인이어서 두 가지 항목에 대해 경감 혜택을 받을 수 있다.

① 78,950원   ② 94,302원   ③ 120,502원   ④ 157,900원

[44~45] 다음 보도자료를 읽고 질문에 답하시오.

2022년 간호·간병통합서비스 성과평가 사업설명회 성료

　국민건강보험공단 이사장은 간호·간병통합서비스 제공기관 530여 개소를 대상으로 '2022년 간호·간병통합서비스 성과평가 온라인 사업설명회'를 5월 31일 성황리에 마쳤다고 밝혔다. '간호·간병통합서비스 성과평가 사업'은 제공 기관의 운영 성과에 따른 적정 보상 실현 및 입원서비스 질 향상 유도를 목적으로 2019년 최초 도입 후 올해 네 번째로 실시할 예정이다. 이번 온라인 사업설명회에서는 2022년과 2023년 성과평가 지표의 주요 변경 사항과 세부 기준, 인센티브 지급 규모 및 요양기관정보마당 포털을 활용한 자료 제출 방법 등에 대해 설명했다.

　2022년 성과평가는 평가 참여도, 사업 참여도, 간호인력 처우개선 성과 총 3개 영역의 5개 평가지표와 모니터링 지표에 대해 평가하며, 특히 올해는 성과평가 인센티브를 간호인력에게 직접인건비로 지급한 환류 이행 실적 가중치를 15점에서 20점으로 상향하여 간호인력 처우개선 성과 부분에 대해 개신하였다. 또한 간호·간병통합병동 개시 후 간호 인력 처우개선을 위해 제공기관 자체 재원으로 지급하는 수당 형태인 재정적 인센티브 지급 유지기관, 선도병원, 중증도·간호필요도 교육전문가 운영기관에 대해 가점을 적용하여 노력도 및 참여 보상을 강화하였다.

　코로나19 대응을 위해 감염병전담병원 등 지정기관에 대해서도 평가상 불이익이 없도록 별도의 특례 기준도 마련하여 코로나19 관련 정책지원 기여도를 반영하였다. 또한 최초로 5개 모니터링 지표(간호인력 스트레스 관리, 낙상, 욕창, 보호자 상주율, 경력간호사 비율)의 산출 결과를 제공기관에 안내할 예정으로 간호·간병통합서비스 수준을 자율적으로 점검하고 개선해 볼 수 있는 기회가 될 것으로 예상된다.

　간호·간병통합서비스 성과평가 조사표 및 증빙자료는 2022. 6. 7.(화)부터 24.(금)까지 우편(등기) 또는 요양기관정보마당 파일 첨부 형식으로 접수하며, 7~9월까지 신뢰도 점검 및 심의를 거쳐 등급을 결정하여 12월까지 인센티브를 지급할 예정이다.

[붙임] 간호·간병통합서비스 2022년 성과평가 지표

영역(가중치)	평가지표
평가 참여도(25)	• 제출 자료의 충분성 　- 인건비 자료 충분성(15점) 　- 기한 내 자료 제출 여부(10점)
사업 참여도(40)	• 간호간병통합서비스 참여율(30점)
	• 배치기준 준수율 및 정기신고 적기준수율(10점)
간호인력 처우개선 성과(35)	• 간호인력 처우개선 지원 정도 　- 일반병동 간호등급 유지 여부(5점) 　- 인센티브 환류 규정 유무(5점) 　- 인센티브 환류 이행 실적(20점)
	• 간호인력 정규직 고용률 및 간병지원인력 직접 고용률(5점)

	• 간호인력 스트레스 관리
	– 스트레스 관리 체계 유무
	– 제공인력 근무환경 설문조사 참여율
간호·간병 서비스 적정성 (모니터링 지표)	• 낙상 발생률
	– 낙상 관리 규정 유무
	– 낙상 위험 평가도구 사용한 위험성 평가 수행 여부
	– 낙상 단계별 발생 현황
	• 욕창 발생률
	– 욕창 관리 규정 유무
	– 욕창 위험 평가도구 사용한 위험성 평가 수행 여부
	– 욕창 악화/완화 현황
	• 보호자 상주 현황
	• 경력간호사 비율

44 주어진 보도자료를 근거로 판단한 내용으로 옳은 것을 고르면?

① 간호·간병 서비스 적정성 영역의 산출 결과는 제공기관에 안내될 예정이다.
② 간호·간병통합서비스 성과평가 사업은 시행 이후 매년 2회 꼴로 실시했다.
③ 간호·간병통합서비스 성과평가 조사표 및 증빙 자료는 9월에 신뢰도 점검 및 심의를 시작한다.
④ 2021년에 평가 지표 중 인센티브 환류 이행 실적의 가중치는 20점이었다.

45 주어진 보도자료를 근거로 추측하였을 때, 잘못 추측한 사람을 고르면?

① A: 간호·간병통합서비스 성과평가에 대한 인센티브는 9월에 지급될 예정이야.
② B: 2022년 성과평가 3개 영역 중 가중치가 가장 높은 영역은 사업참여도 영역이네.
③ C: 감염병전담병원 등의 지정기관은 코로나19 관련 정책지원 기여도를 반영하여 평가했어.
④ D: 2022년과 2023년에는 간호·간병통합서비스 성과평가 지표에 주요 변경사항이 있구나.

[46~48] 다음은 재난적의료비 지원사업에 관한 자료이다. 이 자료를 바탕으로 질문에 답하시오.

○ **재난적의료비 지원사업이란?**

과도한 의료비 지출로 경제적 어려움을 겪는 국민들에게 건강보험이 보장하지 않은 부분에 대해 의료비 일부를 지원하는 사업입니다.

○ **지원대상**: 선정기준(질환, 소득, 재산, 의료비부담수준 기준)을 모두 충족하는 자

① 질환기준: 입원, 외래 구분 없이 모든 질환 합산 지원
  ※ 단, 질환특성과 의료적 필요성을 고려해야 하는 경우(치과, 한방병원, 정신병원 진료 등) 개별심사를 통해 선별 지원

② 소득기준: 가구 소득이 기준중위소득 100%(소득하위 50%) 이하 중심
  ※ 가구원 수별 건강보험료를 기준으로 소득구간(기준중위소득 등)별 의료비부담수준 확인
  ※ 가구원은 환자 기준 주민등록표(등본)를 기준으로 생계·주거를 같이하는 자

③ 재산기준: 지원대상자가 속한 가구의 재산 과세표준액이 7억 원 이하

④ 의료비부담수준: 가구의 소득 구간별로 본인이 부담한 의료비 총액이 기준금액 초과 시 지원

소득 수준	의료비부담수준	지원 비율
기초생활수급자, 차상위계층	본인부담의료비 총액이 80만 원 초과	80%
기준중위소득 50% 이하	1인 가구: 본인부담의료비 총액이 120만 원 초과	70%
	2인 가구 이상: 본인부담의료비 총액이 160만 원 초과	
기준중위소득 50% 초과 100% 이하	본인부담의료비 총액이 연소득 10% 초과	60%
기준중위소득 100% 초과 200% 이하	본인부담의료비 총액이 연소득 20% 초과 (개별심사 대상)	50%

※ (본인부담의료비 총액)=(급여일부본인부담금)+(전액본인부담금)+(비급여)−(지원제외항목)

○ **지원범위**

• 지원금액: 연간 5천만 원 한도 내 지원
  ※ 단, 지원기준에 따라 산정한 금액이 10만 원 미만인 경우 지원하지 않음

• 지원수준: 소득기준에 따라 지원제외항목을 차감한 본인부담의료비(건강보험 적용된 본인부담금 제외)의 50~80% 차등 적용

• 지원일수: 최종진료일 이전 1년 이내 진료 건 중 입원 외래 진료일수의 합이 연간 180일 이내(투약일수 제외)

• 지원금계산법: {(본인부담상한제 적용을 받지 않는 본인부담금)+(전액본인부담금)+(비급여)−(지원제외항목)−(국가·지방자치단체 지원금, 민간실손보험 수령금 등)}×(지원비율(50~80%))
  ※ 본인부담상한제 적용을 받지 않는 본인부담금: 예비급여, 선별급여, 노인 틀니(의료급여수급권자에 한함), 65세 이상 임플란트, 추나요법(급여적용 건에 한함), 병원 2~3인실 입원료

○ **지원신청**

① 신청방법: 환자 또는 대리인이 국민건강보험공단 지사에 방문하여 지급 신청
② 신청기한: 퇴원일(최종진료일) 다음 날부터 180일(토·공휴일 포함) 이내
  ※ 단, 입원 중 지원대상 기준이 충족되어 의료기관이 직접 지급받게 하려는 경우 퇴원일 7일 전까지[기초생활수급자, 차상위계층(「의료급여법」이 아닌 타 법에 의한 의료급여수급권자 제외)은 3일 전까지] 의료기관 등 직접 지급 및 지원대상자 확인 신청해야 함
  ※ 민간실손보험가입자, 사망자, 개별심사 대상은 입원 중 신청은 불가능함
③ 구비서류: 추가 확인이 필요한 경우 아래 구비서류 외 해당자 관련 서류를 별도 요구할 수 있음

구비 서류	발급 기관
재난적의료비 지급신청서 1부(신분증 첨부)	국민건강 보험공단
(원본) 개인정보 수집·이용 및 제공 동의서(환자용) 각 1부	
(원본) 개인정보 수집·이용 동의서(가구원용) 각 1부 – 기초생활수급자·차상위계층은 제외	
(원본) 재난적의료비 지원 신청을 위한 보험정보 제공 및 통보의무 면제 동의서 1부	
타 의료비 지원금 등 수령내역 신고서 1부	
진단서 1부 ※ 다만, 진단서 발급이 곤란한 경우 질병명, 질병코드 등이 기재되어 진료내역이 확인 가능한 의료기관에서 발급한 서류도 제출 가능	의료기관
입(퇴)원 확인서 또는 통원사실확인서 1부 ※ 진단서에 입·퇴원 확인 시 제출 불필요	
진료비 계산서·영수증 1부	
진료비 영수증에 대한 전체(비급여 포함) 세부내역 1부	
가족관계증명서(상세) 1부(환자기준 발급) – 기초생활수급자·차상위계층은 제출 생략	행정복지센터 (주민자치센터)
민간보험 가입(계약)서류 및 지급내역 확인서 1부	보험회사

46 주어진 자료에 관한 설명으로 옳은 것을 고르면?

① 지원대상자는 가구 소득이 기준중위소득 100% 이하여야 한다.
② 입원 중 지원대상 기준이 충족된 경우 의료기관이 직접 지급받게 할 수 있으며, 대상자에 따라 5일 전에 신청할 수도 있다.
③ 재난적의료비 지원사업은 선정기준 4가지 중 하나라도 만족하는 경우 건강보험이 보장하지 않은 부분에 대해 의료비 일부를 지원하는 사업을 의미한다.
④ 지원금액은 금액에 상관없이 연간 5천만 원 한도 내에서는 소득기준에 따라 지원제외항목을 차감한 본인부담의료비의 50~80%를 차등 적용하여 지원한다.

47 지원대상에 해당하며 차상위계층인 김 씨는 2024년 A 상병으로 130일 입원 진료 후 퇴원하면서 1,200만 원의 비용이 발생하였다. 그리고 B 상병으로 60일 외래 진료를 받으며 200만 원의 비용이 추가로 발생하였다. 이때, 산정 기준에 따라 김 씨가 받을 수 있는 지원금액에 관한 설명으로 옳은 것을 고르면?

① 김 씨가 지원받을 수 있는 금액은 1,120만 원이다.
② 김 씨의 연소득에 따라 지원받을 수 있는 금액을 확인하기 어렵다.
③ 김 씨는 지원상한일수인 180일에 대하여 지원금액을 산정받을 수 있다.
④ 김 씨의 소득기준에 따라 지원제외항목을 차감한 본인부담의료비의 50~80% 차등 적용하여 지원금을 받게 된다.

48 재난적의료비 지원대상자가 건강보험이 적용된 본인부담금을 제외하고 본인부담의료비가 2,000만 원이고 민간보험금 수령액이 300만 원일 때, 다음 중 옳은 것을 고르면?

① 대상자가 기초생활수급자인 경우 지원금액은 1,260만 원이다.
② 대상자가 기준중위소득 45%인 경우 지원금액은 1,090만 원이다.
③ 대상자가 기준중위소득 60%인 경우 지원금액은 1,000만 원 미만이다.
④ 대상자가 기준중위소득 120%이고 개별심사에 통과한 경우 지원금액은 850만 원이다.

[49~51] 다음은 외국인근로자의 체류자격 및 활동 범위에 관한 자료이다. 이 자료를 바탕으로 질문에 답하시오.

1. 체류 원칙
   - 외국인근로자는 그 체류자격과 체류기간의 범위 내에서 대한민국에 체류할 수 있습니다(「출입국관리법」 제17조 제1항).
   - 외국인은 다음 중 어느 하나에 해당하는 체류자격을 가져야 합니다(「출입국관리법」 제10조).
     - 단기체류자격: 관광, 방문 등의 목적으로 대한민국에 90일 이하의 기간(사증면제협정이나 상호주의에 따라 90일을 초과하는 경우에는 그 기간) 동안 머물 수 있는 체류자격
     - 장기체류자격: 유학, 연수, 투자, 주재, 결혼 등의 목적으로 대한민국에 90일을 초과하여 법무부령으로 정하는 체류기간의 상한 범위에서 거주할 수 있는 체류자격
   - 영주자격을 가진 외국인은 활동범위 및 체류기간의 제한을 받지 않습니다(「출입국관리법」 제10조의3 제1항).
     - 영주자격: 대한민국에 영주(永住)할 수 있는 체류자격

2. 정치활동 금지
   대한민국에 체류하는 외국인근로자는 법률에서 정하는 경우를 제외하고는 정치활동을 해서는 안 되며(「출입국관리법」 제17조 제2항), 대한민국에 체류하는 외국인근로자가 정치활동을 한 경우에는 법무부장관으로부터 서면으로 그 활동의 중지명령이나 그 밖에 필요한 명령을 받을 수 있습니다(「출입국관리법」 제17조 제3항).

3. 체류자격 외 활동허가
   - 대한민국에 체류하는 외국인이 그 체류자격에 해당하는 활동과 함께 다른 체류자격에 해당하는 활동을 하려는 경우에는 「출입국관리법 시행령」 제25조에 따라 미리 법무부장관의 체류자격 외 활동허가를 받아야 합니다(「출입국관리법」 제20조).
   - 체류자격 외 활동허가를 받으려는 사람은 체류자격 외 활동허가 신청서에 체류자격별 해당 서류(「출입국관리법 시행규칙」 별표5의2)를 첨부해서 그 체류지를 관할하는 출입국·외국인청의 장(이하 "청장"이라 함), 출입국·외국인사무소의 장(이하 "사무소장"이라 함), 출입국·외국인청 출장소의 장 또는 출입국·외국인사무소 출장소의 장(이하 "출장소장"이라 함)에게 제출해야 합니다(「출입국관리법 시행령」 제25조 제1항).

4. 근무처 변경·추가 허가 및 신고
   - 근무처 변경·추가 허가
     - 대한민국에 체류하는 외국인근로자가 그 체류자격의 범위에서 그의 근무처를 변경하거나 추가하려는 경우에는 「출입국관리법 시행령」 제26조에 따라 미리 법무부장관의 허가를 받아야 합니다(「출입국관리법」 제21조 제1항 본문).
     - 근무처 변경·추가허가를 받으려는 사람은 근무처 변경·추가 허가 신청서에 체류자격별 해당 서류(「출입국관리법 시행규칙」 별표5의2)를 첨부해서 그 체류지를 관할하는 청장·사무소장 또는 출장소장에게 제출해야 합니다(「출입국관리법 시행령」 제26조 제1항).

- 근무처 변경·추가 신고
  - 전문적인 지식·기술 또는 기능을 가진 사람으로 다음의 자격요건에 해당하는 사람은 근무처를 변경하거나 추가한 날부터 15일 이내에 「출입국관리법 시행령」 제26조의2에 따라 법무부장관에게 신고하면 됩니다[「출입국관리법」 제21조 제1항 단서, 「출입국관리법 시행령」 제26조의2 제1항 및 「출입국관리법 시행령 제26조의2 제1항에 따라 신고만으로 근무처 변경·추가를 할 수 있는 외국인의 요건」(법무부고시 제2020-212호, 2020. 6. 22. 발령·시행)].
    (1) 자격요건
      √ 교수(E-1), 회화지도(E-2), 연구(E-3), 기술지도(E-4), 전문직업(E-5), 예술흥행(E-6), 특정활동(E-7) 자격으로 외국인등록을 하고 체류 중이어야 함
      √ 변경·추가되는 근무처에서 활동하는 데 필요한 자격요건을 구비하고 있어야 함(예: E-2 자격 원어민 영어보조교사가 사설외국어학원에서 활동하려면 대학졸업 및 학사학위 이상의 요건을 갖추어야 함)
    (2) 적용제외대상
      √ 예술흥행(E-6) 체류자격자 중 「관광진흥법」에 따른 호텔업시설, 유흥업소 등에서 공연활동에 종사하는 자(E-6-2)
      √ 특정활동(E-7) 자격자 중 고용업체별 허용인원 제한 등이 있어 사전관리가 필요한 다음 직종 종사자: 기계공학기술자(2351), 제도사(2395), 해외영업원(2742) 중 해외 온라인상품판매원, 디자이너(285), 판매사무원(31215), 주방장 및 조리사(441), 고객상담사무원(3991), 호텔접수사무원(3922), 의료코디네이터(S3922), 양식기술자(6301), 조선용접공(7430), 숙련기능 점수제 종사자[뿌리산업체 숙련기능공(S740), 농림축산어업 숙련기능인(S610), 일반 제조업체 및 건설업체 숙련기능공(S700)]
      √ 자격요건을 갖추었더라도 본인 귀책사유로 해고 또는 중도 퇴직한 자로서 원 고용주의 이적 동의를 받지 못한 자
  - 근무처의 변경·추가 신고를 하려는 사람은 근무처 변경·추가 신고서에 체류자격별 해당 서류(「출입국관리법 시행규칙」 별표5의2)를 첨부해서 그 체류지를 관할하는 청장·사무소장 또는 출장소장에게 제출해야 합니다(「출입국관리법 시행령」 제26조의2 제2항).

5. 체류자격 변경허가
- 대한민국에 체류하는 외국인근로자가 그 체류자격과 다른 체류자격에 해당하는 활동을 하려는 경우에는 「출입국관리법 시행령」 제30조에 따라 미리 법무부장관의 체류자격 변경허가를 받아야 합니다(「출입국관리법」 제24조 제1항).
- 체류자격 변경허가를 받으려는 사람은 체류자격 변경허가 신청서에 체류자격별 해당 서류(「출입국관리법 시행규칙」 별표5의2)를 첨부해서 그 체류지를 관할하는 청장·사무소장 또는 출장소장에게 제출해야 합니다(「출입국관리법 시행령」 제30조 제1항).

6. 체류기간 연장허가
- 외국인근로자가 체류기간을 초과해서 계속 체류하려는 경우에는 그 체류기간이 만료되기 전에 체류기간 연장허가를 받아야 합니다(「출입국관리법」 제25조 및 「출입국관리법 시행령」 제31조).

- 체류기간 연장허가를 받으려는 사람은 체류기간 연장허가 신청서에 체류자격별 해당 서류(「출입국관리법 시행규칙」 별표5의2)를 첨부해서 그 체류지를 관할하는 청장·사무소장 또는 출장소장에게 제출해야 합니다(「출입국관리법 시행령」 제31조 제1항).

49 다음 [보기] 중 옳은 것의 개수를 고르면?

> **보기**
> ㉠ 영주자격을 가진 외국인도 체류기간에 제한을 받을 수 있다.
> ㉡ 외국인근로자가 체류기간을 초과해서 계속 체류하려는 경우 체류기간 만료 후 15일 이내에 체류기간 연장허가를 받아야 한다.
> ㉢ 외국인근로자가 체류자격에 해당하는 활동 외에 다른 체류자격에 해당하는 활동을 하려면 법무부장관의 허가를 받아야 한다.
> ㉣ 일반적으로 우리나라에 관광을 목적으로 2개월 동안 머무르는 외국인은 단기체류자격에 해당한다.

① 1개   ② 2개   ③ 3개   ④ 4개

50 종교의 체류자격(D-6)을 소지한 선교사 A가 종교활동을 계속하면서 대학에서 강의(E-1)를 하고자 한다. 이에 대한 설명으로 옳지 <u>않은</u> 것을 고르면?

① 선교사 A는 반드시 법무부장관의 체류자격 변경허가를 받아야 한다.
② 선교사 A는 반드시 다른 체류자격에 해당하는 활동을 함께하기 이전에 허가를 받아야 한다.
③ 선교사 A가 체류자격 외 활동허가를 신청할 경우 D-6 자격에 해당하는 서류를 첨부하여 그 체류지를 관할하는 출입국·외국인청의 장에게 제출하면 된다.
④ 대학에서의 강의 활동이 전일 근무 등 주된 활동인 경우여서 체류자격 외 활동이 허가되지 않는다면 선교사 A는 체류자격 변경허가를 받은 뒤 강의할 수 있다.

51 주어진 자료의 내용과 일치하는 것을 고르면?

① 자격요건을 갖춘 외국인근로자라면 누구라도 근무처를 변경할 수 있다.
② 대한민국에 체류하는 외국인근로자는 「출입국관리법」 제17조 제2항에 의거하여 정치활동을 할 수 없다.
③ 체류자격 변경허가를 받으려는 외국인근로자는 「출입국관리법 시행규칙」 별표5의2에 제시된 체류자격 변경허가 신청서에 체류자격별 해당 서류를 첨부해야 한다.
④ 예술흥행(E-6) 자격으로 외국인등록을 하고 「관광진흥법」에 따른 호텔업시설에서 근무 중인 외국인근로자가 근무처를 추가한 경우 15일 내에 「출입국관리법 시행령」 제26조의2에 따라 법무부장관에게 신고하면 된다.

[52~53] 다음은 공무원 초과 근무수당에 대한 운영 규정이다. 이를 바탕으로 질문에 답하시오.

초과 근무수당 운영 규정

■ 시간외 근무수당(지방공무원수당 등에 관한 규정 제15조)
- 지급 대상: 근무명령에 의하여 규정된 근무시간 외에 근무한 공무원
- 지급액: 매시간에 대하여 당해 공무원에게 적용되는 기준 호봉의 봉급액의 7할×1/226×1.5

■ 인정 범위(일반 대상자는 시간외 근무수당만 해당)
- 현업 대상자 이외에 일반적인 출퇴근 시간 내 근무를 원칙으로 하는 공무원
- 초과 근무수당 중 시간외 근무수당만 지급
  - 지급 시간: 1일 4시간, 월 67시간 이내에서 인정
- 지급 시간 수의 계산
  - 평일 정규 근무시간 이후 시간외 근무: 1일 2시간 이상 시간외 근무를 한 경우에 2시간을 공제한 후 4시간 이내에서 매분 단위까지 합산함. 단, 월간 시간외 근무시간 계산 시 분 단위 이하는 계산하지 않음
  - 조기 출근으로 인한 정규 출근 시간 이전의 시간외 근무: 1시간 이상 조기 출근한 시간외 근무에 한하여 당일 정규 퇴근 시간 이후의 시간외 근무시간과 합산하여 2시간을 공제한 후 매분 단위까지 산정함
  - 휴무 토요일 및 휴일 근무: 1일 2시간 이상 근무한 자에 한하여 4시간 이내에서 매분 단위까지 합산함

  2시간 미만: 시간외 근무시간으로 인정하지 않음

  2시간 이상 4시간 미만: 공제 없이 매분 단위까지 인정

  4시간 이상: 4시간만 인정

  ※ 월 단위 계산: 일 단위 시간외 근무시간을 분 단위까지 합산하여 산정하되, 1시간 미만은 절사함

■ 초과 근무수당 지급 방법
- 지급 시기: 초과 근무를 한 다음 달의 보수 지급일 또는 각 기관의 장이 정한 날(단, 12월분은 12월 31일 이전 지급)
- 일반 대상자의 시간외 근무수당 정액분 지급: 일반 대상자 중 정규 근무일을 기준으로 월간 또는 출근(또는 출장) 근무일수가 15일 이상인 자에 대하여는 별도의 초과 근무명령이나 승인 없이 월 15시간분의 시간외 근무수당을 정액으로 지급하고, 출근 근무일수가 15일 미만인 경우에는 15일에 미달하는 매 1일마다 15분의 1에 해당하는 금액을 감액하여 지급함. 이에 더해 근무시간이 있다면 이를 합산하여 지급함

  ※ 월간 출근(또는 출장) 근무일수를 계산함에 있어 정직, 직위해제, 휴직, 연가, 병가, 공가, 특별휴가, 방학, 결근 등의 사유가 있어 근무하지 아니한 경우는 출근 근무일수에 포함하지 않으며, 외출 등의 경우 외출 시간을 제외하고 당일에 '국가공무원 복무 규정'상 1일 근무시간(8시간)을 모두 근무하는 경우에는 출근 근무일수에 포함함

- 휴무 토요일 근무자 초과 근무수당 지급 방법

  > 휴무 토요일 근무자(토요민원상황실 근무요원 포함)의 시간외 근무
  > – 주 5일 근무제 관련 휴무 토요일 근무자(토요민원상황실 근무요원 포함)의 시간외 근무시간은 휴일근무에 준하여 시간외 근무시간을 계산함
  >   → 일반 대상자: 1일 2시간 이상 근무한 자에 한하여 4시간 이내에서 매분 단위까지 합산함

- 지급 제외 대상자
  - 초과 근무에 대하여 다른 방법으로 금전적 보상을 하는 경우(보충수업지도 교원, 시험감시 근무자 등)
  - 당직 명령에 의한 당직 근무자(재택 당직자 포함)
  - 공무원임용령 제14조 제1항 제4호 및 제6호의 규정에 의한 장기(1개월 이상) 파견 공무원
  - 자연보호 행사, 농촌일손돕기 행사, 국경일 및 각종 기념일 행사의 지원으로 인한 초과 근무자, 을지연습 기간 중의 초과 근무자 및 비상소집 등 동원에 따른 초과 근무자(단, 군인 및 행사나 훈련을 주관하는 담당자는 지급 대상에 포함)

52 주어진 자료에 대한 설명으로 옳지 <u>않은</u> 것을 고르면?

① 일반 대상자와 현업 대상자의 초과 근무수당 운영 규정은 다를 수 있다.
② 정규 근무시간 외 초과 근무를 하더라도 초과 근무수당을 받지 못할 수도 있다.
③ 국경일 행사를 주관하는 담당자는 행사 중 초과 근무를 하더라도 초과 근무수당을 받을 수 없다.
④ 평일 정규 근무시간 이후 시간외 근무로 초과 근무 4시간을 인정받기 위해서는 6시간을 추가 근무해야 한다.

53 주어진 자료를 참고할 때, 다음 [상황]의 A주무관은 정액분을 포함하여 총 몇 시간분에 해당하는 초과 근무수당을 지급받게 되는지 고르면?(단, A주무관은 일반 대상자에 해당하는 공무원이고, 모두 평일에 근무하였다.)

> [상황]
> A주무관의 평일 근무시간은 오전 9시부터 오후 6시이다. 지난달 총근무일수는 20일이었으나, 감기로 인해 이 중 5일은 병가 처리하였다. 또 출근일 중 하루는 오전 8시 50분부터 오후 10시 20분까지 근무하였다.

① 13시간　　② 15시간　　③ 17시간　　④ 19시간

[54~56] 다음은 아이행복카드에 관한 자료이다. 이를 바탕으로 질문에 답하시오.

1. 아이행복카드란
   - 만 0세부터 만 5세까지 취학 전 아동을 대상으로 정부에서 제공하는 보육료·유아학비 지원서비스를 이용할 수 있는 카드(2015년도 도입)
   - 아이행복카드 금융기관: ('15.1월부터) KB국민, 우리, 하나, NH농협, 신한, 비씨, 롯데카드

2. 도입 배경: 어린이집과 유치원 간 이동 시 카드를 교체해야 하는 불편을 개선하기 위해 기존 아이사랑카드(보육료 지원)와 아이즐거운카드(유아학비 지원)를 아이행복카드 하나로 통합
   → 기존 아이사랑카드 소지자도 카드 교체 없이 어린이집에서 계속 사용 가능
   보육료를 전자카드(신용·체크·전용카드) 형태로 부모에게 직접 지원하는 방식
   ※ 전용카드: 아동단독세대, 복지시설입소아동, 보호시설입소 동반아동, 신용불량자에 한하여 읍·면·동 주민센터 또는 금융사 영업점에서 신청 가능

3. 발급 신청대상자: 어린이집에 다니며 정부 보육료를 지원받는 모든 아동의 부모

4. 발급 신청장소: 주소지 읍·면·동 주민센터
   ※ 복지로(http://www.bokjiro.go.kr)를 통한 온라인 신청도 가능하나, 다문화보육료, 장애아보육료를 지원받으려는 비등록 장애아의 경우 방문 신청만 가능

5. 발급 신청서류
   - 사회복지서비스 및 급여 제공(변경) 신청서
   - 바우처카드 발급 신청 및 개인신용정보의 조회·제공·이용 동의서
   - 카드연결계좌 통장 또는 통장사본 확인(사본 제출 불필요)
   - 신청인 본인을 확인할 수 있는 신분증(주민등록증, 운전면허증 등) 확인
   ※ 단, 경우에 따라 장애진단서 및 특수교육 대상자 선정·결정 통지서, 혼인관계증명서, 난민인정증명서 제출 필요

6. 결제 방법
   방문 결제(매달 어린이집 방문), ARS 결제(1566-0244), 인터넷 결제(http://www.childcare.go.kr), 스마트폰 결제(아이사랑포털에 회원 가입 시)
   - 아이행복카드 결제 시에만 보육료 지원 가능하며 일반 카드로는 보육료 지원 불가
   - 정부지원 보육료와 부모 부담금 총액이 동시에 결제되나 부모에게는 부모 부담금만 청구
   ※ 카드사·영업점을 통해 발급된 아이행복카드만으로는 보육료가 지원되지 않으며, 읍·면·동 주민센터 또는 복지로를 통해 보육료가 신청된 경우에 한해 지원

54 주어진 자료에 대한 설명으로 옳은 것을 고르면?

① 스마트폰이 있으면 누구나 별도의 절차 없이 결제를 할 수 있다.
② 기존 아이사랑카드를 아이행복카드로 교체하지 않아도 어린이집 유아학비를 결제할 수 있다.
③ 정부지원 보육료와 부모 부담금이 모두 있는 경우에는 부모 부담금만 결제된다.
④ 아이행복카드를 발급받기 위해서는 주소지 읍·면·동 주민센터를 방문해야 한다.

55 아이행복카드 발급에 관한 설명으로 옳은 것을 [보기]에서 모두 고르면?

> **보기**
> ㉠ 난민도 아이행복카드를 발급받을 수 있다.
> ㉡ 아이행복카드를 발급받으려면 적어도 2개 이상의 서류를 제출해야 한다.
> ㉢ 카드를 발급받으려면 카드연결계좌 통장 또는 통장사본을 제출해야 한다.
> ㉣ 아직 등록되지 않은 장애아의 보육료를 지원받으려면 반드시 주소지의 주민센터를 방문해야 한다.

① ㉠, ㉡, ㉢ ② ㉠, ㉡, ㉣ ③ ㉠, ㉢, ㉣ ④ ㉡, ㉢, ㉣

56 주어진 자료와 다음 [상황]을 바탕으로 할 때, 옳은 것을 고르면?

> **상황**
> A씨는 아이행복카드를 △△은행에서 체크카드로 발급받아 사용하였다. △△은행에서 아이행복카드를 체크카드로 발급받으면 아이행복카드의 기본적인 혜택에 다음과 같은 혜택을 추가로 받을 수 있다.
>
> | 구분 | 할인율 | 전월 이용실적 | 할인 한도 |
> |---|---|---|---|
> | 인터넷 쇼핑몰(G마켓, 옥션), 약국 업종 | 건당 3만 원 이상 이용 시 5% 할인 | 10만 원 이상 | 건당 최대 10만 원 월 최대 30만 원 |

① A씨가 지난달에 아이행복카드로 50만 원을 결제하였고, 이번 달에 약국에서 24,000원의 약을 구입한다면 1,200원의 할인 혜택을 받을 수 있다.
② A씨가 지난달에 아이행복카드로 8만 원을 결제하였고, 이번 달에 G마켓에서 120만 원어치 물건을 구입한다면 6만 원의 할인 혜택을 받을 수 있다.
③ A씨가 지난달에 아이행복카드로 11만 원을 결제하였고, 이번 달 두 번에 걸쳐 옥션에서 각각 240만 원과 180만 원어치의 물건을 구입한다면 총 21만 원의 할인 혜택을 받을 수 있다.
④ A씨가 지난달에 아이행복카드로 18만 원을 결제하였고, 이번 달 세 번에 걸쳐 옥션에서 각각 120만 원, 20만 원, 300만 원어치의 물건을 구입한다면 총 17만 원의 할인 혜택을 받을 수 있다.

[57~58] 다음 자료를 읽고 질문에 답하시오.

국민건강보험공단, 2022년 장기요양 청구그린(Green)기관 330개소 선정

　국민건강보험공단은 올바른 장기요양급여비용 청구문화 확산을 위하여 330개 모범 청구기관을 2022년 장기요양 청구그린(Green)기관으로 선정했다고 밝혔다. 청구그린기관은 급여비용 조정 및 환수 미발생 등 자격 기준을 충족하는 기관을 대상으로 선정심의위원회의 심의를 거쳐 선정하였으며, 2022년 추가 선정된 청구그린기관은 2021년 급여비용 청구기관 30,422개소 중 상위 1%에 속하는 우수 기관으로 재가기관(방문요양, 방문목욕, 방문간호) 47개소, 시설기관(주야간 및 단기 보호 포함) 38개소, 총 85개소가 추가 선정되었다.

　국민건강보험공단은 청구그린기관으로 선정된 기관에 매월 청구 참고자료 및 공단운영 현황 등을 포함한 나눔자료를 발송하고 홈페이지 홍보, 청구그린기관 증서수여 등의 인센티브를 제공하고 있다. 청구그린기관은 '노인장기요양보험 홈페이지 > 기관검색 > 장기요양기관 찾기 > 청구그린기관검색'을 통해 확인할 수 있다.

[붙임 1] 2022년 청구그린기관 현황   (단위: 개소)

구분	서울·강원	부산·울산·경남	대구·경북	광주·전라·제주	대전·세종·충청	인천·경기
기관 수	56	53	53	53	53	62

[붙임 2] 청구그린기관 자격 기준 및 취소 기준

— 자격 기준: 급여종류별 자격 기준 항목을 모두 충족하는 기관(재가 6항목, 시설 5항목)

자격 기준		
	① 2021년 평균 재가급여전자관리시스템 자동 청구율이 85% 이상인 기관	재가
	② 1년 이내 심사 불능 및 조정 3건수 이상 발생하지 않은 기관	재가·시설
	③ 1년 이내 장기요양급여비용 환수 내역이 없는 기관 ※ 자진신고, 공단착오 제외함	재가·시설
	④ 행정처분일 기준 1년 이내 현지조사 실시로 행정처분 받지 않은 기관	재가·시설
	⑤ 지역본부별 급여종별 평균 수급자수 이상 기관 ※ 1년 평균을 기준으로 함	재가·시설
	⑥ 건강·장기요양보험료 체납이 없는 기관	재가·시설

※ 청구그린기관 취소 기관은 취소일로부터 2년 이내 선정 제외
※ (자동 청구율)(%)=(총청구 건수−직접 입력 건수)÷(총청구 건수)×100

― 취소 기준: 한 개 항목 이상 해당 시 선정 취소(원청구 기준)

취소 기준	
	①-1 3개월 연속 재가급여 전자관리시스템 자동 청구율 85% 미만일 경우
	①-2 치매전담형 또는 치매전담실 운영 종료
	② 심사 불능 및 조정 3건수 이상 발생된 경우
	③ 장기요양급여비용 환수 내역이 20만 원 이상 발생된 경우 ※ 제외: 인지경위, 자진신고-추가청구 제외, 자진신고, 본부선정건 중 착오청구 확인
	④ 행정처분 받을 경우
	⑤ 폐업
	⑥ 지역본부별 급여종별 3개월 연속 급여 미청구 기관
	⑦ 해당 기관 취소 요청이 있는 경우

57 주어진 자료의 이해한 내용으로 옳은 것을 고르면?

① 청구그린기관은 국민건강보험공단 홈페이지에서 확인할 수 있다.
② 청구그린기관의 자격 기준은 시설기관의 경우 6항목, 재가기관의 경우 5항목이다.
③ 2022년 추가로 선정된 청구그린기관 중 주야간 및 단기 보호를 포함한 시설기관은 85개소이다.
④ 청구그린기관이 취소된 기관은 취소일로부터 2년 내에는 재선정이 불가하다.

58 주어진 자료를 근거로 추측한 내용으로 옳은 것을 고르면?

① 2022년 전체 청구그린기관에서 인천·경기 기관이 차지하는 비중은 15% 이상이다.
② 청구그린기관은 자격 기준 중 한 개 항목 이상을 충족하는 기관을 대상으로 심의를 통해 선정된다.
③ 장기요양급여비용 환수 내역이 10만 원 발생된 기관은 청구그린기관이 취소된다.
④ 방문목욕이나 방문간호 서비스를 제공하는 기관은 시설기관이다.

[59~60] 다음은 건강보험 해외통신원 추가 모집에 대한 공고문이다. 이를 바탕으로 질문에 답하시오.

[건강보험 해외통신원 추가 모집 공고]

국민건강보험공단은 업무와 관련된 해외 사회보장제도, 노인장기요양보험 및 보건의료 복지 분야의 정책동향을 신속하게 수집하고 파악하여 국내 정책 결정 및 제도 발전에 활용하고자 아래와 같이 건강보험 해외통신원을 추가 모집 공고합니다.

1. 모집 개요
   - 모집 국가: 네덜란드
   - 위촉기간: 2022. 5. 1.~12. 31.

2. 지원 자격
   - 모집 국가 거주자로서 모집 국가 언어와 한국어가 능통하고, 보고서 작성 능력을 갖춘 자
   - 거주 국가 및 한국의 보건·의료·복지 분야에 관심과 식견이 있는 자
   - 거주 국가의 보건·의료·복지정책 분야 종사자, 동 분야 대학원 재학 또는 졸업자

3. 주요 업무 및 활동 수당
   - 기본 활동: 격월로 공단이 지정한 주제에 대한 보고서 작성 등
   - 추가 활동: 국민건강보험공단이 긴급히 요청한 주제와 관련한 보고서 작성 및 현지 지원 등

구분	과제명	주요 내용	분량(A4)	기간	비고
기본 활동	정기 과제	국가별 사회보장제도와 최근 동향, 주요 정책 관련 조사 등	20매 이상	격월 (짝수 월)	기본 활동비
추가 활동	수시 과제	제도 관련 정책자료 활용 사항, 부서 긴급요청사항 수행 등	2매 이상	연중	추가 활동비
	현지 지원	출장 시 해당국가 기관 섭외, 통역 등 업무 수행 지원	-	연중	

   - 활동비: 평가위원 심사에 따라 차등 지급하며, 최대 지급 금액은 다음과 같음

구분	최대 지급 금액
정기 과제	회당 60만 원
수시 과제	회당 30만 원
현지 지원	섭외 건당 10만 원

※ 통역비 등 발생 시 현지 시세 적용하여 지급

4. 지원 방법
   − 공고·접수 기간: 2022. 4. 5.~4. 20.
   − 제출 서류: 지원서 1부, 개인정보 수집·이용 동의서 1부, 재직·재학(졸업) 증명서 1부, 활동 경력 증빙 서류
   − 제출 방법: e-mail 제출
5. 향후 일정
   − 운영심의위원회 개최: 2022. 4. 21.
   − 결과 발표: 2022. 4. 25.(개별 통지)
   − 약정서 체결 및 사전 전달교육: 2022. 4. 26.~4. 29.
   − 활동 시작: 2022. 5. 1.

59 주어진 안내문을 근거로 판단한 내용으로 옳지 않은 것을 고르면?

① 건강보험 해외통신원 추가 모집 접수 마감일 다음 날 운영심의위원회가 개최된다.
② 건강보험 해외통신원의 위촉 기간은 약 8개월이다.
③ 네덜란드 거주자로 보고서 작성 능력을 갖추었다면 현지 언어만 능통하여도 지원이 가능하다.
④ 통역비는 현지 시세로 적용하여 지급된다.

60 주어진 안내문을 근거로 추측한 내용으로 옳지 않은 것을 고르면?

① 결과 발표 6일 후 건강보험 해외통신원 활동을 시작해야 한다.
② 네덜란드에 거주하는 의료 분야 종사자라면 대학원에 재학 중이거나 졸업한 자가 아니어도 지원 자격을 충족한다.
③ 공단이 긴급히 요청한 주제와 관련된 보고서 작성 시에는 A4용지 20매 이상의 분량을 필수적으로 작성해야 한다.
④ 주요 정책 관련 조사 업무를 마치면 회당 최대 60만 원의 활동비를 지급받을 수 있다.

제2과목 법률(국민건강보험법)

01 국민건강보험종합계획의 수립에 관한 내용으로 옳지 않은 것을 고르면?

① 보건복지부장관은 국민건강보험법에 따른 건강보험의 건전한 운영을 위하여 건강보험정책심의위원회의 심의를 거쳐 5년마다 국민건강보험종합계획을 수립하여야 한다.
② 보건복지부장관은 종합계획에 따라 매년 연도별 시행계획을 건강보험정책심의위원회의 심의·의결을 거쳐 수립·시행하여야 한다.
③ 보건복지부장관은 종합계획의 수립 및 변경, 시행계획의 수립, 시행계획에 따른 추진실적의 평가의 사유가 발생한 경우 관련 사항에 대한 보고서를 작성하여 지체 없이 국회 소관 상임위원회에 보고하여야 한다.
④ 종합계획의 수립 및 변경, 시행계획의 수립·시행 및 시행계획에 따른 추진실적의 평가 등에 필요한 사항은 대통령령으로 정한다.

02 국민건강보험법상 직장가입자가 될 수 없는 사람을 [보기]에서 모두 고르면?

> **보기**
> ㉠ 고용 기간이 1개월 미만인 일용근로자
> ㉡ 「병역법」에 따른 현역병(지원에 의하지 아니하고 임용된 하사는 제외), 전환복무된 사람 및 군간부후보생
> ㉢ 선거에 당선되어 취임하는 공무원으로서 매월 보수 또는 보수에 준하는 급료를 받지 아니하는 사람
> ㉣ 사업장의 특성, 고용 형태 및 사업의 종류 등을 고려하여 대통령령으로 정하는 사업장의 근로자 및 사용자와 공무원 및 교직원

① ㉠, ㉡
② ㉢, ㉣
③ ㉠, ㉡, ㉢
④ ㉠, ㉢, ㉣

03 다음은 국민건강보험법상 보험료율에 대한 설명이다. 빈칸 ㉠, ㉡에 들어갈 내용을 바르게 나열한 것을 고르면?

- 직장가입자의 보험료율은 (㉠)의 범위에서 심의위원회의 의결을 거쳐 대통령령으로 정한다.
- 국외에서 업무에 종사하고 있는 직장가입자에 대한 보험료율은 국내 직장가입자의 보험료율의 (㉡)으로 한다.

	㉠	㉡
①	1천분의 60	100분의 50
②	1천분의 60	100분의 60
③	1천분의 80	100분의 50
④	1천분의 80	100분의 60

04 국민건강보험법상 국민건강보험공단의 정관과 관련된 설명으로 옳지 않은 것을 고르면?

① 공단의 정관에는 목적, 명칭을 적어야 한다.
② 공단은 보건복지부장관의 인가를 받아 정관을 변경할 수 있다.
③ 공단은 정관으로 정하는 바에 따라 주된 사무소만 둘 수 있고 분사무소는 둘 수 없다.
④ 재정운영위원회에 관한 사항, 예산 및 결산에 관한 사항, 자산 및 회계에 관한 사항도 정관에 포함되어야 하는 내용이다.

05 국민건강보험법상 건강보험증과 관련된 설명으로 옳지 않은 것을 고르면?

① 누구든지 양도받은 건강보험증이나 신분증명서로 보험급여를 받아서는 안 된다.
② 건강보험증의 발급 신청은 가입자 또는 피부양자가 국민건강보험공단에 할 수 있다.
③ 가입자 또는 피부양자가 요양급여를 받을 때에는 천재지변이나 그 밖의 부득이한 사유가 있는 경우를 제외하고는 요양기관에 건강보험증을 제출해야 한다.
④ 자격을 잃은 가입자나 피부양자라도 자격을 증명하던 서류를 사용하여 보험급여를 받을 수 있다.

06 다음 대화에서 박 대리의 질문에 대한 김 대리의 대답으로 적절하지 않은 것을 고르면?

① 가입자의 거짓 보고나 거짓 증명으로 보험급여가 실시된 경우 공단은 이들에게 보험급여를 받은 사람과 연대하여 징수금을 내게 할 수 있습니다.
② 공단은 요양기관이 가입자를 속여 요양급여비용을 받았다면 이를 징수해 해당 가입자에게 지급해야 하고, 이때 가입자가 내야 하는 보험료등과 상계해서는 안 됩니다.
③ 공단이 부당이득을 징수할 수 있는 대상은 속임수나 그 밖의 부당한 방법으로 보험급여를 받은 사람·준요양기관 및 보조기기 판매업자나 보험급여 비용을 받은 요양기관 등입니다.
④ 속임수를 써서 보험급여 비용을 받은 요양기관이 「약사법」을 위반하여 개설·운영하는 약국이라면, 공단은 해당 약국은 물론 그 약국을 개설한 자에게 연대하여 징수금을 납부하게 할 수 있습니다.

07 국민건강보험법상 요양급여비용의 청구와 관련된 설명으로 옳은 것을 고르면?

① 공단은 심사평가원의 요양급여 적정성 평가 결과를 참고하여 요양급여를 지급할 수 있다.
② 심사평가원에 대한 요양기관의 요양급여비용의 심사청구는 공단에 대한 요양급여비용의 청구로 본다.
③ 공단은 가입자에게 지급해야 하는 금액을 그 가입자가 내야 하는 보험료, 징수금 등과 상계할 수 없다.
④ 요양급여비용의 심사청구를 받은 심사평가원은 청구받은 날부터 30일 내에 심사 결과를 공단과 요양기관에 알려야 한다.

08 국민건강보험법상 보수월액과 소득월액에 대한 설명으로 옳은 것을 [보기]에서 모두 고르면?

보기

㉠ 직장가입자의 소득월액은 직장가입자가 지급받는 소득을 기준으로 하여 산정한다. 휴직이나 그 밖의 사유로 소득의 전부 또는 일부가 지급되지 아니하는 가입자의 소득월액보험료는 해당 사유가 생기기 전 달의 소득월액을 기준으로 산정한다.
㉡ 보수는 근로자등이 근로를 제공하고 사용자·국가 또는 지방자치단체로부터 지급받는 금품(실비변상적인 성격을 갖는 금품은 제외)으로서 대통령령으로 정하는 것을 말한다. 이 경우 보수 관련 자료가 없거나 불명확한 경우 등 대통령령으로 정하는 사유에 해당하면 보건복지부장관이 정하여 고시하는 금액을 보수로 본다.
㉢ 보수월액의 산정 및 보수가 지급되지 아니하는 근로자의 보수월액의 산정 등에 필요한 사항은 대통령령으로 정한다.
㉣ 소득월액은 보수월액의 산정에 포함된 보수를 제외한 직장가입자의 소득이 대통령령으로 정하는 금액을 초과하는 경우 (연간 보수외소득－대통령령으로 정하는 금액)×1/12 계산식에 따라 산정한다.

① ㉠, ㉢   ② ㉡, ㉣   ③ ㉣   ④ ㉠, ㉡, ㉢, ㉣

09 국민건강보험법상 가입자 또는 그 가입자가 속한 세대의 보험료의 일부를 경감할 수 있는 자에 해당하는 사람을 [보기]에서 모두 고르면?

> **보기**
> ㉠ 국외에서 1개월 이상 체류하는 사람
> ㉡ 교도소, 그 밖에 이에 준하는 시설에 수용되어 있는 사람
> ㉢ 섬·벽지(僻地)·농어촌 등 대통령령으로 정하는 지역에 거주하는 사람
> ㉣ 65세 이상인 사람
> ㉤ 휴직자

① ㉠, ㉡, ㉢ ② ㉡, ㉢, ㉣ ③ ㉢, ㉣, ㉤ ④ ㉠, ㉡, ㉢, ㉣, ㉤

10 국민건강보험법상 고액·상습체납자의 인적사항 공개에 관한 설명으로 옳지 않은 것을 고르면?

① 체납자의 인적사항은 관보에 게재되거나 공단 인터넷 홈페이지에 게시된다.
② 공단은 공개대상자에게 공개대상자임을 서면으로 통지하여 소명의 기회를 부여하여야 한다.
③ 공단은 공개대상자 통지일부터 2개월이 경과한 후 공개대상자를 선정한다.
④ 인적사항등의 공개대상자를 선정할 때에는 체납액의 납부이행 등을 감안하여야 한다.

11 공단의 예산 및 회계에 관한 사항으로 옳은 것을 고르면?

① 공단의 회계연도는 정부의 회계연도에 따른다.
② 공단은 직장가입자와 지역가입자의 재정을 분리하여 운영한다.
③ 공단은 건강보험사업 및 징수위탁근거법의 위탁에 따른 국민연금사업·고용보험사업·산업재해보상보험사업·임금채권보장사업에 관한 회계를 공단의 다른 회계와 통합하여 각각 회계처리하여야 한다.
④ 공단은 회계연도마다 예산안을 편성하여 이사회의 의결을 거친 후 재정위원회의 심의, 의결을 받아야 한다.

12 국민건강보험법상 제2차 납부의무에 대한 설명으로 옳지 않은 것을 고르면?

① 양수인의 범위 및 양수한 재산의 가액은 대통령령으로 정한다.
② 법인의 재산으로 그 법인이 납부하여야 하는 보험료, 연체금 및 체납처분비를 충당하여도 부족한 경우에는 해당 법인에게 보험료의 납부의무가 부과된 날 현재의 무한책임사원 또는 과점주주가 그 부족한 금액에 대하여 제2차 납부의무를 진다.
③ 사업이 양도·양수된 경우에 양도일 이전에 양도인에게 납부의무가 부과된 보험료, 연체금 및 체납처분비를 양도인의 재산으로 충당하여도 부족한 경우에는 사업의 양수인이 그 부족한 금액에 대하여 양수한 재산의 가액을 한도로 제2차 납부의무를 진다.
④ 과점주주의 경우에는 그 부족한 금액을 그 법인의 발행주식 총수(의결권이 없는 주식은 제외) 또는 출자총액으로 나눈 금액에 해당 과점주주가 실질적으로 권리를 행사하는 주식 수(의결권이 없는 주식은 제외) 또는 출자액을 나누어 산출한 금액을 한도로 한다.

13 국민건강보험법상 직장가입자 또는 지역가입자 자격을 취득 가능한 날로 옳은 것을 [보기]에서 모두 고르면?

> **보기**
> ㉠ 수급권자이었던 사람은 그 대상자에서 제외된 날
> ㉡ 직장가입자의 피부양자이었던 사람은 그 자격을 잃은 날
> ㉢ 유공자등 의료보호대상자이었던 사람은 그 대상자에서 제외된 날
> ㉣ 보험자에게 건강보험의 적용을 신청한 유공자등 의료보호대상자는 그 신청한 날

① ㉠, ㉡   ② ㉢, ㉣   ③ ㉠, ㉡, ㉢   ④ ㉠, ㉡, ㉢, ㉣

14 국민건강보험법상 위반사실의 공표와 관련하여 빈칸 ㉠, ㉡에 들어갈 내용을 바르게 나열한 것을 고르면?

> 보건복지부장관은 관련 서류의 위조·변조로 요양급여비용을 거짓으로 청구하여 행정처분을 받은 요양기관이 다음 각 호의 어느 하나에 해당하면 그 위반 행위, 처분 내용, 해당 요양기관의 명칭·주소 및 대표자 성명, 그 밖에 다른 요양기관과의 구별에 필요한 사항으로서 대통령령으로 정하는 사항을 공표할 수 있다. 이 경우 공표 여부를 결정할 때에는 그 위반행위의 동기, 정도, 횟수 및 결과 등을 고려하여야 한다.
> 1. 거짓으로 청구한 금액이 (㉠) 이상인 경우
> 2. 요양급여비용 총액 중 거짓으로 청구한 금액의 비율이 (㉡) 이상인 경우

	㉠	㉡
①	1천만 원 이상	100분의 20 이상
②	1천만 원 이상	100분의 30 이상
③	1천 500만 원 이상	100분의 20 이상
④	1천 500만 원 이상	100분의 30 이상

15 국민건강보험법상 피부양자에 해당하지 않는 것을 고르면?

① 직장 및 지역가입자의 배우자
② 직장가입자의 직계존속(배우자의 직계존속을 포함한다)
③ 직장가입자의 직계비속(배우자의 직계비속을 포함한다)과 그 배우자
④ 직장가입자의 형제·자매

16 국민건강보험법상 요양기관의 업무정지에 대한 설명으로 옳지 않은 것을 고르면?

① 업무정지 처분을 받은 자는 해당 업무정지기간 중에도 요양급여를 실시할 수 있다.
② 보건복지부장관은 요양기관이 속임수나 그 밖의 부당한 방법으로 보험자·가입자 및 피부양자에게 요양급여비용을 부담하게 한 경우, 그 요양기관에 대하여 1년의 범위에서 기간을 정하여 업무정지를 명할 수 있다.
③ 업무정지 처분을 받았거나 업무정지 처분의 절차가 진행 중인 자는 행정처분을 받은 사실 또는 행정처분절차가 진행 중인 사실을 보건복지부령으로 정하는 바에 따라 양수인 또는 합병 후 존속하는 법인이나 합병으로 설립되는 법인에 지체 없이 알려야 한다.
④ 업무정지 처분의 효과는 그 처분이 확정된 요양기관을 양수한 자 또는 합병 후 존속하는 법인이나 합병으로 설립되는 법인에 승계되고, 업무정지 처분의 절차가 진행 중인 때에는 양수인 또는 합병 후 존속하는 법인이나 합병으로 설립되는 법인에 대하여 그 절차를 계속 진행할 수 있다.

17 국민건강보험법상 요양급여비용의 산정 등에 대한 설명으로 옳지 <u>않은</u> 것을 고르면?

① 계약이 체결되면 그 계약은 공단과 심사평가원 사이에 체결된 것으로 본다.
② 공단의 이사장은 재정운영위원회의 심의·의결을 거쳐 계약을 체결하여야 한다.
③ 요양급여비용은 공단의 이사장과 대통령령으로 정하는 의약계를 대표하는 사람들의 계약으로 정하며, 계약기간은 1년으로 한다.
④ 계약은 그 직전 계약기간 만료일이 속하는 연도의 5월 31일까지 체결하여야 하며, 그 기한까지 계약이 체결되지 아니하는 경우 보건복지부장관이 그 직전 계약기간 만료일이 속하는 연도의 6월 30일까지 심의위원회의 의결을 거쳐 요양급여비용을 정한다.

18 국민건강보험법상 이의신청 및 심판청구 등에 대한 설명으로 옳지 <u>않은</u> 것을 고르면?

① 분쟁조정위원회 및 사무국의 구성 및 운영 등에 필요한 사항은 대통령령으로 정한다.
② 이의신청의 방법·결정 및 그 결정의 통지 등에 필요한 사항은 보건복지부령으로 정한다.
③ 심판청구의 절차·방법·결정 및 그 결정의 통지 등에 필요한 사항은 대통령령으로 정한다.
④ 심판청구를 하려는 자는 대통령령으로 정하는 심판청구서를 처분을 한 공단 또는 심사평가원에 제출하거나 건강보험분쟁조정위원회에 제출하여야 한다.

19 국민건강보험법상 이의신청에 대한 설명으로 옳지 않은 것을 고르면?

① 요양기관이 심사평가원의 확인에 대하여 이의신청을 하려면 통보받은 날부터 60일 이내에 하여야 한다.
② 이의신청은 처분이 있음을 안 날부터 90일 이내에 문서로 하여야 하며, 처분이 있은 날부터 180일을 지나면 제기하지 못한다.
③ 가입자 및 피부양자의 자격, 보험료등, 보험급여, 보험급여 비용에 관한 공단의 처분에 이의가 있는 자는 공단에 이의신청을 할 수 있다.
④ 요양급여비용 및 요양급여의 적정성 평가 등에 관한 심사평가원의 처분에 이의가 있는 공단, 요양기관 또는 그 밖의 자는 심사평가원에 이의신청을 할 수 있다.

20 국민건강보험법상 건강보험분쟁조정위원회에 대한 설명으로 옳은 것을 [보기]에서 모두 고르면?

보기

㉠ 분쟁조정위원회는 구성원 과반수의 출석과 출석위원 과반수의 찬성으로 의결한다.
㉡ 심판청구를 심리·의결하기 위하여 건강보험공단에 건강보험분쟁조정위원회를 둔다.
㉢ 분쟁조정위원회는 위원장을 포함하여 60명 이내의 위원으로 구성하고, 위원장을 포함한 위원 중 1명은 당연직위원으로 한다.
㉣ 분쟁조정위원회의 회의는 위원장, 당연직위원 및 위원장이 매 회의마다 지정하는 7명의 위원을 포함하여 총 9명으로 구성하되, 공무원이 아닌 위원이 과반수가 되도록 하여야 한다.

① ㉠, ㉡ ② ㉠, ㉣ ③ ㉡, ㉢ ④ ㉢, ㉣

제2과목 법률(노인장기요양보험법)

01 노인장기요양보험법상 벌칙과 관련된 설명으로 옳은 것을 [보기]에서 모두 고르면?

> **보기**
> ㉠ 보건복지부장관의 자료제출 명령에 따르지 않은 장기요양기관은 1천만 원 이하의 벌금에 처한다.
> ㉡ 거짓으로 장기요양급여비용을 청구한 자는 3년 이하의 징역 또는 3천만 원 이하의 벌금에 처한다.
> ㉢ 장기요양기관 종사자가 벌금형에 해당하는 위반행위를 한 때에는 그 행위자는 물론 해당 법인에도 벌금형을 과할 수 있다.
> ㉣ 장기요양기관의 대표가 벌금형에 해당하는 위반행위를 방지하기 위하여 해당 업무에 관하여 상당한 주의와 감독을 게을리하지 않았다면 그 위반행위를 한 사용인에게만 벌금형을 과한다.

① ㉡ ② ㉠, ㉡ ③ ㉠, ㉡, ㉢ ④ ㉠, ㉡, ㉢, ㉣

02 노인장기요양보험법상 등급판정위원회에 대한 설명으로 옳지 않은 것을 [보기]에서 모두 고르면?

> **보기**
> ㉠ 등급판정위원회 위원의 임기는 4년으로 하되, 한 차례만 연임할 수 있다.
> ㉡ 등급판정위원회의 위원이 공무원인 경우 임기는 재임기간으로 한다.
> ㉢ 등급판정위원회 회의는 구성원 절반의 출석으로 개의하고 출석위원 과반수의 찬성으로 의결한다.
> ㉣ 등급판정위원회의 위원장은 위원 중에서 특별자치시장·특별자치도지사·시장·군수·구청장이 위촉한다.

① ㉠, ㉡ ② ㉠, ㉢ ③ ㉡, ㉢ ④ ㉢, ㉣

03 노인장기요양보험법상 심사청구에 대한 설명으로 옳지 않은 것을 고르면?

① 심사청구 사항을 심사하기 위하여 공단에 장기요양심사위원회를 둔다.
② 정당한 사유로 법에서 정한 기간에 심사청구를 할 수 없었음을 증명하면 그 기간이 지난 후에도 심사청구를 할 수 있다.
③ 심사청구는 그 처분이 있음을 안 날부터 60일 이내에 문서(전자문서를 포함)로 하여야 하며, 처분이 있은 날부터 90일을 경과하면 이를 제기하지 못한다.
④ 장기요양인정·장기요양등급·장기요양급여·부당이득·장기요양급여비용 또는 장기요양보험료 등에 관한 공단의 처분에 이의가 있는 자는 공단에 심사청구를 할 수 있다.

04 노인장기요양보험법상 다음 [보기] 중 옳은 것의 개수를 고르면?

> 보기
> ⊙ 가족요양비·특례요양비 및 요양병원간병비와 관련된 급여를 제공받은 자는 업무수행 중 알게 된 비밀을 누설하여서는 아니 된다.
> ⓒ 장기요양보험 사업을 수행하는 자가 아닌 자는 보건복지부령으로 정하는 사항을 제외하고는 보험계약 또는 보험계약의 명칭에 노인장기요양보험 또는 이와 유사한 용어를 사용하지 못한다.
> ⓒ 특별자치시장·특별자치도지사·시장·군수·구청장은 장기요양기관 지정취소 또는 업무정지 명령에 해당하는 처분 또는 공표를 하는 경우 청문을 할 수 있다.

① 0개　　② 1개　　③ 2개　　④ 3개

05 노인장기요양보험법상 본인부담금에 대한 설명으로 옳지 않은 것을 고르면?

① 재가급여는 장기요양급여비용의 100분의 15를, 시설급여는 장기요양급여비용의 100분의 20을 본인이 부담한다.
② 노인장기요양보험법에 따른 급여의 범위 및 대상에 포함되지 아니하는 장기요양급여는 수급자 본인이 전부 부담한다.
③ 수급자가 장기요양인정서에 기재된 장기요양급여의 종류 및 내용과 다르게 선택하여 장기요양급여를 받은 경우 그 차액은 본인이 전부 부담한다.
④ 천재지변 등 보건복지부령으로 정하는 사유로 인하여 생계가 곤란한 자는 본인부담금의 100분의 50의 범위에서 보건복지부장관이 정하는 바에 따라 차등하여 감경할 수 있다.

06 노인장기요양보험법상 장기요양급여의 제공 기본원칙으로 보기 어려운 것을 고르면?

① 장기요양급여는 노인등이 자신의 의사와 능력에 따라 최대한 자립적으로 일상생활을 수행할 수 있도록 제공하여야 한다.
② 장기요양급여는 노인등의 심신상태·생활환경과 노인등 및 그 가족의 욕구·선택을 종합적으로 고려하여 필요한 범위 안에서 이를 적정하게 제공하여야 한다.
③ 장기요양급여는 노인등이 가족과 함께 생활하면서 가정에서 장기요양을 받는 재가급여를 우선적으로 제공하여야 한다.
④ 장기요양급여는 노인등의 심신상태나 건강 등이 악화되지 아니하도록 복지서비스와 연계하여 이를 제공하여야 한다.

07 노인장기요양보험법상 벌칙에 관하여 각 대상에 대한 벌금형 기준이 <u>다른</u> 하나를 고르면?

① 녹음기능을 사용하거나 보건복지부령으로 정하는 저장장치 이외의 장치 또는 기기에 영상정보를 저장한 자
② 거짓이나 그 밖의 부정한 방법으로 장기요양급여비용을 청구한 자
③ 수급자를 소개, 알선 또는 유인하는 행위를 하거나 이를 조장한 자
④ 폐쇄회로 텔레비전의 설치 목적과 다른 목적으로 폐쇄회로 텔레비전을 임의로 조작하거나 다른 곳을 비추는 행위를 한 자

08 노인장기요양보험법상 다음 내용과 관련하여 빈칸 ㉠~㉣에 들어갈 숫자를 바르게 나열한 것을 고르면?

- 장기요양인정의 유효기간은 최소 (㉠)년 이상으로서 대통령령으로 정한다.
- 장기요양인정의 갱신 신청은 유효기간이 만료되기 전 (㉡)일까지 이를 완료하여야 한다.
- 장기요양기관 지정의 유효기간은 지정을 받은 날부터 (㉢)년으로 한다.
- 장기요양기관의 장은 지정의 유효기간이 끝난 후에도 계속하여 그 지정을 유지하려는 경우에는 소재지를 관할구역으로 하는 특별자치시장·특별자치도지사·시장·군수·구청장에게 지정 유효기간이 끝나기 (㉣)일 전까지 지정 갱신을 신청하여야 한다.

	㉠	㉡	㉢	㉣
①	1	30	6	90
②	3	30	5	90
③	1	60	5	120
④	3	60	6	120

09 노인장기요양보험법상 다음 사례에 대한 설명으로 옳은 것을 고르면?

> 서울에 살고 있는 A는 파킨슨병을 진단받아 1년 이상 혼자서 일상생활을 수행하기 어려운 63세의 아버지를 모시고 살고 있다. 최근 A는 아버지와 비슷한 증상으로 고생하고 있는 직장 동료의 할머니가 장기요양급여를 받고 있다는 이야기를 들었다. A는 국민건강보험 가입자인 아버지가 장기요양급여를 지원받을 수 있을지 궁금해 하고 있다.

① A의 아버지가 장기요양급여를 받기 위해서는 장기요양보험에 별도로 가입해야 한다.
② A의 아버지는 아직 65세가 되지 않았기 때문에 장기요양급여를 신청할 수 없다.
③ A는 몸을 움직이기 힘든 아버지를 대신해서 장기요양인정 신청을 대리할 수 있다.
④ A의 아버지는 장기요양인정을 신청만 하면 장기요양등급을 받지 않더라도 장기요양급여를 받을 수 있다.

10 다음 사례에서 ㉠~㉢이 제공받고 있는 장기요양급여의 종류를 바르게 연결한 것을 고르면?

> ㉠ 70세 A씨는 몇 년 전 중풍에 걸려 지금은 오른쪽 손발을 자유롭게 사용할 수 없는 상태이다. A씨는 일주일 중 3일 주간보호센터에서 일정한 시간 동안 신체활동 지원 및 심신기능의 유지·향상을 위한 교육·훈련 등을 제공받고 있다.
> ㉡ 68세 B씨는 치매에 걸려 3년째 일상생활에 어려움을 겪고 있다. B씨에게 일주일에 2번 집으로 방문요양보호사가 방문하여 신체활동을 도와주며, 청소와 설거지 등의 가사활동을 지원받고 있다.
> ㉢ 60세 C씨는 8개월 전부터 뇌졸중에 의한 후유증으로 심한 두통에 시달리고 있다. C씨에게 일주일에 1번 간호사가 집에 방문하여 의사의 지시서에 따라 진료보조와 간호를 제공받고 있다.

	㉠	㉡	㉢
①	시설급여	주·야간보호	방문요양
②	주·야간보호	방문요양	방문간호
③	시설급여	방문간호	방문요양
④	주·야간보호	방문목욕	시설급여

11 장기요양보험료의 산정에 관한 사항으로 옳은 것을 고르면?

① 장기요양보험료는 산정한 보험료액에서 경감 또는 면제되는 비용을 공제한 금액에 건강보험료율 대비 장기요양보험료율의 비율을 곱하여 산정한 금액으로 한다.
② 장기요양보험료율은 건강보험정책심의위원회의 심의를 거쳐 대통령령으로 정한다.
③ 장기요양보험의 특성을 고려하여 경감 또는 면제되는 비용을 달리 적용할 필요가 있는 경우에는 부령으로 정하는 바에 따라 경감 또는 면제되는 비용의 공제 수준을 달리 정할 수 있다.
④ 공단은 징수한 장기요양보험료와 건강보험료를 일반회계로 통합 관리해야 한다.

12 노인장기요양보험법상 장기요양인정 신청의 조사에 대한 설명으로 옳지 않은 것을 고르면?

① 조사를 하는 자는 조사일시, 장소 및 조사를 담당하는 자의 인적사항 등을 미리 신청인에게 통보하여야 한다.
② 공단은 신청인의 심신상태 등의 사항을 조사하게 하는 경우 2명 이상의 소속 직원이 조사할 수 있도록 노력하여야 한다.
③ 공단 또는 조사를 의뢰받은 특별자치시·특별자치도·시·군·구는 조사를 완료한 때 조사결과서를 작성하여야 한다.
④ 공단은 신청서를 접수한 때 보건복지부령으로 정하는 바에 따라 소속 직원으로 하여금 신청인의 심신상태 등의 사항을 조사하는 절차를 생략할 수 있다.

13 노인장기요양보험법상 가족요양비를 지급받을 수 있는 사례를 [보기]에서 모두 고르면?

> **보기**
>
> ㉠ 도서·벽지 등 장기요양기관이 현저히 부족한 지역으로서 보건복지부장관이 정하여 고시하는 지역에 거주하는 수급자가 가족 등으로부터 방문요양에 상당한 장기요양급여를 받은 경우
> ㉡ 장기요양시설이 아닌 노인요양시설에서 수급자가 재가급여 또는 시설급여에 상당한 장기요양급여를 받은 경우
> ㉢ 수급자가 천재지변으로 인해 장기요양기관에서 장기요양급여를 이용하기 어렵다고 보건복지부장관이 인정하는 경우
> ㉣ 수급자의 신체적·정신적 문제로 인해 가족으로부터 장기요양을 받아야 하는 경우

① ㉠, ㉡, ㉢
② ㉠, ㉡, ㉣
③ ㉠, ㉢, ㉣
④ ㉡, ㉢, ㉣

14 과징금 부과에 대한 설명으로 옳은 것을 고르면?

① 공단은 그 업무정지가 해당 장기요양기관을 이용하는 수급자에게 심한 불편을 줄 우려가 있는 등 보건복지부장관이 정하는 특별한 사유가 있다고 인정되는 경우에는 업무정지 명령을 갈음하여 1억 원 이하의 과징금을 부과할 수 있다.
② 공단은 업무정지명령을 하여야 하는 경우로서 그 업무정지가 해당 장기요양기관을 이용하는 수급자에게 심한 불편을 줄 우려가 있는 등 보건복지부장관이 정하는 특별한 사유가 있다고 인정되는 경우에는 업무정지명령을 갈음하여 거짓이나 그 밖의 부정한 방법으로 청구한 금액의 2배 이하의 금액을 과징금으로 부과할 수 있다.
③ 과징금을 부과하는 위반행위의 종류 및 위반의 정도 등에 따른 과징금의 금액과 과징금의 부과절차 등에 필요한 사항은 대통령령으로 정한다.
④ 공단은 과징금을 내야 할 자가 납부기한까지 내지 아니한 경우에는 지방세 체납처분의 예에 따라 징수하지 아니하고 유예 조치한다.

15 노인장기요양보험법상 장기요양보험사업과 관련해 공단이 관장하는 업무에 대한 설명으로 옳은 것을 [보기]에서 모두 고르면?

> 보기
> ㉠ 공단은 장기요양보험료를 건강보험료와 통합하여 고지한다.
> ㉡ 공단은 장기요양보험료를 건강보험료와 통합하여 징수한다.
> ㉢ 공단은 장기요양보험료와 건강보험료를 각각 독립회계로 관리하여야 한다.

① ㉠, ㉡　　② ㉠, ㉢　　③ ㉡, ㉢　　④ ㉠, ㉡, ㉢

16 노인장기요양보험법상 특별현금급여수급계좌와 관련된 설명으로 옳은 것을 고르면?

① 특별현금급여수급계좌가 개설된 금융기관은 해당 계좌에 특별현금급여만 입금되도록 관리해야 한다.
② 공단의 특별현금급여 지급은 현금 지급이 원칙이고, 예외적으로 특별현금급여수급계좌로 입금할 수 있다.
③ 공단은 특별현금급여 지급 사유가 확인되면 수급자의 신청 여부와 상관없이 특별현금급여를 지급해야 한다.
④ 특별현금급여 신청방법 및 절차와 특별현금급여수급계좌의 관리에 필요한 사항은 보건복지부령으로 정한다.

17 장기요양인정에 대한 설명으로 옳지 않은 것을 [보기]에서 모두 고르면?

> **보기**
> ㉠ 장기요양인정을 신청하는 자가 첨부해서 제출해야 하는 의사소견서는 공단이 등급판정위원회에 자료를 제출한 후에도 제출할 수 있다.
> ㉡ 공단은 장기요양인정 신청의 조사를 할 때 특별자치시·특별자치도·시·군·구에게 조사를 의뢰하거나 공동조사를 요청해야만 한다.
> ㉢ 등급판정위원회는 신청인이 신청서를 제출한 날부터 60일 이내에 장기요양등급판정을 완료하여야 한다.
> ㉣ 고의로 사고를 발생하게 하여 장기요양인정을 받은 경우라도 다시 수급자 여부를 판정할 수는 없다.

① ㉠, ㉡, ㉢
② ㉠, ㉢, ㉣
③ ㉡, ㉢, ㉣
④ ㉠, ㉡, ㉢, ㉣

18 장기요양사업을 유지하기 위하여 다양한 위원회가 마련되어 있다. 위원회에 대한 설명으로 옳은 것을 고르면?

① 장기요양재심사위원회의 위원은 공단 이사장이 임명 또는 위촉하는데, 그중에 의사 또는 한의사가 1인 이상 각각 포함되어야 한다.
② 등급판정위원회의 위원은 보건복지부장관이 위촉하며, 위원장을 포함하여 15인의 위원으로 구성된다.
③ 심사청구에 대한 결정에 불복하는 사람은 결정통지를 받은 날로부터 90일 이내에 장기요양재심사위원회에 재심사를 청구할 수 있다.
④ 장기요양심사위원회는 보건복지부장관 소속으로 두고, 위원장 1인을 포함한 20인 이내의 위원으로 구성한다.

19 노인장기요양보험법상 재심사위원회에 대한 설명으로 옳은 것을 [보기]에서 모두 고르면?

보기
㉠ 재심사위원회는 건강보험공단 소속으로 둔다.
㉡ 재심사위원회는 위원장 1인을 포함한 20인 이내의 위원으로 구성한다.
㉢ 재심사위원회의 위원 중 공무원이 아닌 위원이 전체 위원의 과반수가 되도록 하여야 한다.
㉣ 재심사위원회의 구성·운영, 그 밖에 필요한 사항은 보건복지부령으로 정한다.

① ㉠, ㉣　　② ㉡, ㉢　　③ ㉠, ㉡, ㉢　　④ ㉠, ㉡, ㉢, ㉣

20 국가 및 지방자치단체의 책무로 보기 어려운 것을 고르면?

① 국가 및 지방자치단체는 국·공립 및 민간을 포함한 장기요양기관을 확충하기 위하여 노력하여야 한다.
② 국가 및 지방자치단체는 장기요양급여가 원활히 제공될 수 있도록 공단에 필요한 행정적 또는 재정적 지원을 할 수 있다.
③ 국가 및 지방자치단체는 장기요양요원의 처우를 개선하고 복지를 증진하며 지위를 향상시키기 위하여 적극적으로 노력하여야 한다.
④ 국가 및 지방자치단체는 지역의 특성에 맞는 장기요양사업의 표준을 개발·보급할 수 있다.

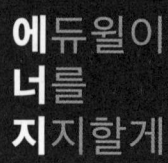

끝이 좋아야 시작이 빛난다.

— 마리아노 리베라(Mariano Rivera)

MEMO

국민건강보험공단 NCS+법률 기본서

발 행 일	2025년 3월 7일 초판
편 저 자	에듀윌 취업연구소
펴 낸 이	양형남
개발책임	김기철, 윤은영
개 발	이정은
펴 낸 곳	(주)에듀윌
I S B N	979-11-360-3673-5
등록번호	제25100-2002-000052호
주 소	08378 서울특별시 구로구 디지털로34길 55 코오롱싸이언스밸리 2차 3층

* 이 책의 무단 인용·전재·복제를 금합니다.

www.eduwill.net
대표전화 1600-6700

여러분의 작은 소리
에듀윌은 크게 듣겠습니다.

본 교재에 대한 여러분의 목소리를 들려주세요.
공부하시면서 어려웠던 점, 궁금한 점,
칭찬하고 싶은 점, 개선할 점, 어떤 것이라도 좋습니다.

에듀윌은 여러분께서 나누어 주신 의견을
통해 끊임없이 발전하고 있습니다.

에듀윌 도서몰 book.eduwill.net
- 부가학습자료 및 정오표: 에듀윌 도서몰 → 도서자료실
- 교재 문의: 에듀윌 도서몰 → 문의하기 → 교재(내용, 출간) / 주문 및 배송

누적 판매량 15만 부 돌파
베스트셀러 1위 677회 달성

학사장교·항공준사관·부사관 통합 기본서

* 에듀윌 군 간부 교재 누적 판매량 합산 기준 (2016년 8월 25일~2024년 10월 31일)
* 온라인서점(YES24) 주별/월별 베스트셀러 합산 기준 (2016년 10월 4주~2024년 12월 ROTC·학사장교/육군부사관/공군부사관/해군부사관 교재)
* YES24 국내도서 해당 분야 월별, 주별 베스트 기준

2025 최신판

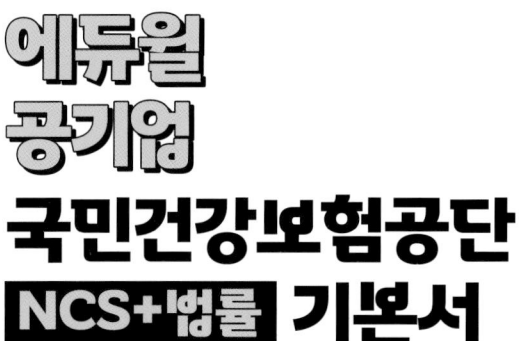

정답과 해설

eduwill

2025 최신판

에듀윌 공기업 국민건강보험공단
NCS+법률 기본서

최신판

에듀윌 공기업
국민건강보험공단
NCS+법률 기본서

정답과 해설

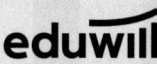

PART 01 의사소통능력

CHAPTER 03 유형연습 문제

유형	독해							
세부 유형	주제/제목 찾기							P.38
01	③	02	④	03	②	04	②	05	④
06	②							

01 | 정답 | ③

암의 치료는 결국 치료 자체뿐만 아니라 암이 재발하지 않게 하는 것이 중요하므로, 재발 방지를 위한 음식 섭취와 운동 등의 건강한 생활 습관이 중요하다고 이야기하는 글이다. 따라서 '암의 재발을 방지하기 위한 올바른 습관의 중요성'을 강조하는 것이 글의 주제라 할 수 있다.

| 오답풀이 |
① 암 치료 중과 치료 후의 올바른 식습관의 차이점을 설명하고 있으나, 그 자체를 강조하는 글은 아니다.
② 암의 재발 여부와 관련한 의학적 언급은 전체 내용 중 일부이므로 글의 주제가 될 수 없다.
④ 암 치료 후 5년이 지나서 전이 또는 재발의 조짐이 없는 상태일 경우 '완치'라고 말하며, 완치 판정 이후에도 재발이 될 수 있다고 언급되어 있지만 글의 주요 내용은 아니므로 주제가 될 수 없다.

02 | 정답 | ④

주어진 글은 통합 돌봄 선도 사업 5개 지역에서 병원 및 지자체와의 협업으로 장기요양 수급자의 탈시설 지원, 연계 방안을 마련하는 사업을 알리는 내용의 글이다. 따라서 글의 제목으로 가장 적절한 것은 ④이다.

03 | 정답 | ②

주어진 글은 소아청소년과의 수가 줄어드는 원인을 밝히고 이를 해결하기 위한 방안을 제안하고 있다. 그리고 소아청소년과가 줄어드는 이유는 필수 의료 정책이 상급종합병원에만 집중되고 있으며, 이로 인해 의료진의 이탈이 가속화되었기 때문이라고 밝히고 있다. 이를 해결하기 위해서는 소아청소년과 전공의 지원율을 정상화해야 하며 소아청소년과 전공의들의 현실을 보장하는 것이 이들의 지원율을 높이는 것이라 주장하고 있다.

04 | 정답 | ②

주어진 글은 여러 가지 노화 이론을 소개하고 있다. 우선 노화가 이미 프로그램되어 있다고 보는 '프로그램 이론'과 내·외의 충격이 축적되어 노화가 진행된다고 보는 '사고 이론'을 소개하고 있으며, 마지막으로 신경 내분비 시스템에 초점을 맞추어 노화를 설명하는 '신경 내분비 이론'을 소개하고 있다. 따라서 이 글의 제목과 부제로 가장 적절한 것은 ②이다.

05 | 정답 | ④

주어진 보도자료는 유아 흡연 위해(危害) 예방 교육의 우수사례를 발굴하고 확산하기 위해 개최하는 공모전의 상세 내용 및 목적 등에 관한 내용이다. 따라서 보도자료의 제목으로는 '유아 흡연 위험 예방 교육 공모전 개최'가 가장 적절하다.

| 오답풀이 |
① 공모전은 청소년이 아닌 유아를 대상으로 한다.
② 놀이형 체험관 전시에 관한 언급은 있으나 주어진 보도자료의 제목으로 적절하지 않다.
③ 주어진 보도자료와 관련없는 내용이다.

> **시간단축 TIP**
> '공식적인 입장을 언론에 제공하기 위하여 작성한 자료'인 보도자료는 자료를 통해 전달하고자 하는 내용을 대체로 첫 문단에 요약하여 쓴다. 따라서 보도자료의 주제나 제목을 찾는 유형의 경우 자료의 앞부분을 빠르게 이해하여 정답을 찾는 방법으로 풀이 시간을 단축할 수 있다.

06 | 정답 | ②

[나]에서는 건강보험 보장성 강화 대책을 촉구하는 내용이 아니라, 건강보험의 보장성 강화를 위해 지금까

지 정부에서 추진해 왔던 대책과 그 대책의 시행 과정을 구체적으로 소개하고 있다.

세부 유형	내용 확인							P.44
01	①	02	③	03	①	04	④	05	③
06	④	07	④					

01
| 정답 | ①

주어진 글은 백신의 유통 과정에서 제조·수입사로부터 의료 기관까지의 동선을 확인하며, 기준 적정 온도를 유지하는가를 목적으로 조사한 내용의 글이다. 운송 과정을 관찰하고 온도 기록지의 온도를 체크하며, 백신의 기준 적정 온도를 기록하고 있다. 따라서 인플루엔자 백신 유통 과정을 조사한 목적으로 가장 적절한 것은 ①이다.

| 오답풀이 |
② 접종 기관에서 백신을 관리한다는 내용은 제시되어 있지 않다.
③ 기준 온도는 명시되어 있지만, 그 안에서 얼마만큼의 품질을 유지하는지에 대한 내용은 없다.
④ 백신 접종 후의 사례에 대한 내용은 없다.

02
| 정답 | ③

운송 과정의 온도 유지 여부는 회사가 제출한 각 차량의 온도 기록지를 검토하여 확인한다.

| 오답풀이 |
① 백신 보관의 적정 온도는 2~8℃임을 알 수 있다.
② WHO에서도 백신 유통 중 단기간의 온도 일탈을 피할 수 없다는 것을 인정하고 있으며, 이에 따라 예상 가능한 노출을 반영한 안정성 시험을 권고하고 있다고 서술되어 있다.
④ 백신을 야외 주차장 바닥에 내려놓은 후 배분하여 이동한 경우도 있지만, 온도를 유지하기 위해 트럭 간 문을 맞대거나 팔레트를 이용하여 이동시키는 경우도 있음을 알 수 있다.

03
| 정답 | ①

첫 번째 문단에서 '생선의 다량 섭취와 흑색종 사이의 상관 관계만 드러났을 뿐 인과 관계가 입증된 건 아니다.'라고 언급함에 따라 옳지 않다.

| 오답풀이 |
② 네 번째 문단에서 머시 헬스 렉스 암 센터의 브라가그니니 영양사는 주당 8온스(약 224g)의 생선 섭취를 권장한다고 하였다. 이를 7일로 나누어 성인이 섭취하기 권장하는 하루 평균 생선 섭취량을 구하면 224÷7=32(g), 즉 32g이다.
③ 네 번째 문단에서 브라가그니니 영양사는 생선은 염증을 막는 오메가-3 지방산 등이 풍부하고 건강에 매우 좋은 단백질 공급원이라고 하였다.

④ 네 번째 문단에서 브라가그니니 영양사는 생선이 결장·직장암 등의 발병 위험을 높이는 붉은색 육류와 가공육의 훌륭한 대안이 될 수 있다고 하였다.

04　　　　　　　　　　　　　　　| 정답 | ④

네 번째 문단에서 생선은 염증을 막는 오메가-3 지방산 등이 풍부하고 건강에 매우 좋은 단백질 공급원이라고 하였으나, 단백질 공급원의 종류에 대해서는 언급하고 있지 않다. 따라서 단백질 공급원의 종류에는 어떤 것들이 있는지에 대해서는 주어진 글에서 확인할 수 없다.

| 오답풀이 |
① 첫 번째 문단에서 건강 식단의 수위를 차지하는 생선을 대체할 만한 식품도 마땅치 않다고 하였다. 따라서 생선을 대체할 만한 식품이 있는지에 대한 여부는 주어진 글을 통해 확인할 수 있다.
② 두 번째 문단에서 흑색종에는 일광 화상(자외선 과다 노출), 가족력 등이 큰 위험 요인으로 작용한다고 설명하고 있다. 따라서 흑색종을 유발하는 위험 요인이 무엇인지는 주어진 글을 통해 확인할 수 있다.
③ 세 번째 문단에서 수은에 노출되면 흑색종 및 기타 피부암의 위험이 높아진다는 연구 결과도 있다고 설명하고 있다. 따라서 수은과 피부암과의 상관 관계에 대해서는 주어진 글을 통해 확인할 수 있다.

05　　　　　　　　　　　　　　　| 정답 | ③

주어진 글은 임상시험 분야로의 AI와 빅데이터 기술 도입을 언급하며 AI는 실시간으로 데이터를 분석하여 이상 패턴을 탐지한다고 설명하고 있다.

| 오답풀이 |
① 연구 대상자는 자발적 동의를 통해 참여해야 한다고 설명하고 있다.
② 빅데이터가 정교한 연구 대상자 선정을 가능하게 한다고 언급했지만, 약물의 부작용 제거에 대한 내용은 없다.
④ 임상연구계획서가 단순한 참고 문서가 아니며, 임상시험을 체계적으로 관리하고 신뢰성을 보장하는 핵심적인 역할을 한다고 강조하고 있다.

06　　　　　　　　　　　　　　　| 정답 | ④

세 번째 문단을 보면, DTaP-IPV, Tdap 백신 등이 추가되어 총 10종의 백신에 대한 국가 지원이 이루어지게 된 해는 2012년부터임을 알 수 있다.

| 오답풀이 |
① 세 번째 문단에서 2009년 만 12세 이하 어린이를 대상으로 본격적인 국가 예방 접종 지원 사업이 시행되었다고 설명되어 있다.
② 마지막 문단에서 약 1,160만 건에 해당하는 비용이 약 4,300억 원이라고 하였으므로, 1건당 평균 접종 비용은 4,300억 원÷1,160만 건≒37,000(원)이다.
③ 국가 재정의 수용 가능성을 고려해 확대 실시되었다는 점, 비용 상환 신청이 이루어지고 있다는 점 등을 통해 의료 기관에서 실시한 예방 접종 비용은 국가 재정으로 지원되고 있음을 알 수 있다.

07　　　　　　　　　　　　　　　| 정답 | ④

제□□조 제1항에 따라 제□□조 제1항 제1호에 해당하는 세무서장(환급대행자를 통하여 환급을 신청하는 경우에는 환급대행자의 사업장 관할 세무서장)은 농어민 등이 농업·임업 또는 어업에 사용하기 위하여 구입하는 기자재 또는 직접 수입하는 기자재에 대해서는 기자재를 구입 또는 수입한 때에 부담한 부가가치세액을 해당 농어민 등에게 대통령령으로 정하는 바에 따라 환급할 수 있다.

| 오답풀이 |
① 제○○조 제1항 제1호에 따라 대통령령으로 정하는 농민 또는 임업에 종사하는 자에게 공급하는 농업용·축산업용 또는 임업용 기자재로서 대통령령으로 정하는 것이 아니라면 부가가치세 영세율의 적용을 받지 못하지만, 농민이 아니라고 해서 농업용 기계를 구입할 수 없는 것은 아니다.
② 제□□조 제3항에 따라 대통령령으로 정하는 자의 경우에는 사업장 관할 세무서장에게 직접 환급을 신청할 수 있지만, 그 외 환급을 받으려는 농어민 등은 환급대행자를 통하여 환급을 신청하여야 한다.
③ 제○○조 제2항에 따라 공급자가 아닌 공급받은 자로부터 부가가치세액과 가산세를 추징한다.

세부 유형	접속어					P.52
01	②	02	③	03	③	04	②

01
| 정답 | ②

'이처럼'은 인과 관계의 접속어로, 이전 문단의 내용을 정리해 주는 역할을 한다. 주어진 글에서 고지혈증에 대한 설명과 함께 환자 통계를 제시하는 내용과 고지혈증 환자가 매년 증가하면서 고지혈증 치료제 시장을 놓고 제약사들의 경쟁이 치열하다는 내용 사이에는 인과 관계가 성립한다. 따라서 인과 관계의 접속어인 '이처럼'이 들어가는 것이 가장 적절하다.

02
| 정답 | ③

주어진 글은 국민건강보험공단에서 추진하고 있는 5대 암 검진의 중요성에 대해 설명하고 있다. ㉠ 앞에서는 건강 검진이 얼마나 중요한지 밝히고 있고, ㉠ 뒤에서는 국민건강보험공단이 건강 검진의 질을 향상시키기 위해 여러 방법을 취하고 있음을 서술하고 있다. 따라서 ㉠에는 '이러하여서'라는 의미의 '이에'가 들어가는 것이 가장 적절하다.
㉡ 앞에서는 5대 암 검진의 중요성을 밝히고 있고, ㉡ 뒤에서는 5대 암 검진이 필수라고 주장하고 있다. 따라서 인과 관계를 나타내는 '그러므로'가 들어가는 것이 가장 적절하다.
㉢이 포함된 문장은 간암 검진을 6개월 간격으로 받아야 하는 경우에 대해 나열하고 있는데, 40세 이상, 간경변증, B형 간염 바이러스 항원, C형 간염 바이러스 항체 양성이 확인된 사람들이다. 즉, 이 조건 중 하나라도 해당되는 사람이라면 간암 검진을 6개월에 한 번씩 받는 것이 좋다는 내용이다. 따라서 이들을 동격으로 연결해 주는 접속어인 '또는'이 들어가는 것이 가장 적절하다.

| 오답풀이 |
① ㉠에 '그래서'가 들어가도 문장이 이어지는 데 어색함이 없다. 하지만 ㉡의 '하지만'은 역접 관계를 연결해 주는 접속어이므로 적절하지 않다.
④ '그러므로'는 앞의 말이 원인이 되고 뒤의 말이 결과가 될 때 쓰이는 접속어로 '그래서'와 비슷한 의미로 쓰이지만, ㉠에 들어가기에는 어색하다. '그러므로'가 쓰일 때에는 뒤의 결과가 앞의 원인에 당연하게 나올 때 쓰이는 것이 적절하다. 건강 검진이 중요하다 해서 국민건강보험공단에서 질을 높이기 위해 노력하는 것은 해야 하는 일일지언정 당연하다고 보기 어렵기 때문이다. 또 ㉢의 '그리고' 역시 '또한'과 유사하게 쓰이는 접속어이지만, ㉢에 쓰였을 때는 마치 40대 이상이면서 간경변증 및 이하 증상을 가지고 있는 사람을 일컫는 의미가 될 수 있다. 이 문장에서는 30대라도 간경변증이 있는 사람은 6개월에 한 번씩 간암 검진을 받아야 한다는 의미로 쓰이고 있으므로, '그리고'보다는 '또는'이 적절하다.

03
| 정답 | ③

기존 규정에서 바뀐 사항을 설명하고 있으므로 반대되는 내용인 빈칸 앞의 문장과 뒤의 문장을 이어주는 접속어인 '하지만'이 들어가는 것이 가장 적절하다.

| 오답풀이 |
① '또한'은 '어떤 것을 전제로 하고 그것과 같게'라는 의미로 첨가 보충 관계를 나타낼 때 쓰는 접속어이다.
② '그리고'는 앞의 내용이 뒤의 내용과 같거나 유사한 내용으로 접속되는 순접 관계를 나타낼 때 쓰는 접속어이다.
④ '예를 들면'은 예시 관계를 나타낼 때 쓰는 접속어이다.

04
| 정답 | ②

주어진 글은 로타바이러스에 대한 설명과 이를 예방하기 위한 손 씻기의 중요성을 강조하고 있다. 빈칸의 앞은 로타바이러스의 전염 경로와 전염력에 대해 설명하고 있고, 빈칸의 뒤는 손 씻기가 바이러스의 전파를 차단하는 방법임을 설명하고 있다. 그러므로 빈칸에는 인과 관계를 나타내는 접속어인 '따라서'가 들어가는 것이 가장 적절하다.

세부 유형	문단배열					P.56
01	②	02	②	03	③	04 ③

01

| 정답 | ②

주어진 글은 사회공학적 해킹에 관하여 서술하고 있다. 따라서 가장 먼저 나와야 할 문단은 사회공학적 해킹이 무엇인지 개념을 밝히는 [나] 문단이다. 그러고 나서 사회공학적 해킹의 대표적인 방법이 설명되어 있는 [가] 문단이 나와야 한다. 이렇게 사회공학적 해킹이 무엇인지 설명한 후 사회공학적 해킹 개념이 등장했던 시기와 이 공격이 주목받게 된 까닭, 즉 사람의 심리를 공략하는 방법임을 밝힌 [다] 문단이 나오고, 사람의 심리를 이용한 공격에 대해 설명한 [마] 문단이 순서대로 나와야 한다. 마지막으로 최근 SNS의 발달로 시스템적인 해킹이 아닌 사회공학적 해킹이 더욱 위험해졌다는 것을 서술하고 있는 [라] 문단이 가장 마지막에 나와야 한다. 따라서 [나]-[가]-[다]-[마]-[라] 문단 순으로 배열되는 것이 적절하다.

02

| 정답 | ②

[가]~[라] 문단은 비누가 어떻게 손에 있는 바이러스를 없애는지에 대한 내용을 설명하고 있다. 따라서 가장 먼저 와야 하는 문단은 비누가 어떻게 만들어지는지에 대한 설명이 포함된 [다] 문단이다. 그리고 나서 비누의 가장 큰 특성이라 할 수 있는 친수성과 친유성에 대해 설명하는 [나] 문단이 와야 한다. 그 후에 친수성과 친유성을 이용한 비누의 작용 원리를 설명하는 [가] 문단이 오고, 마지막으로 이러한 작용 원리가 코로나 19 바이러스를 어떻게 무력화시키는지에 대해 설명하는 [라] 문단이 와야 한다. 따라서 [다]-[나]-[가]-[라] 문단 순으로 배열되는 것이 적절하다.

03

| 정답 | ③

[가]~[라] 문단은 치매의 개념과 대표적 증상 및 치료제에 대한 내용을 설명하고 있다. 따라서 가장 먼저 와야 하는 문단은 앞서 언급한 치매의 원인이 되는 대표적 질환을 언급하고 있는 [라] 문단이다. 이어 치매 진행 시 나타날 수 있는 증상에 대해 설명하는 [나] 문단이 와야 한다. 그 후에 앞서 언급된 지남력이 손상될 경우 나타날 수 있는 증상에 대해 설명하고 있는 [가] 문단이, 이어 치매 치료제의 종류와 특징을 서술하고 있는 [다] 문단이 차례로 이어져야 한다. 따라서 [라]-[나]-[가]-[다] 문단 순으로 배열되는 것이 적절하다.

> **시간단축 TIP**
> 제시된 각 문단의 핵심 키워드를 파악하고, 키워드의 위치와 관계를 이해하면 순서를 보다 쉽게 알 수 있다. 예를 들어, 지문에서 언급된 '지남력'의 경우 [나] 문단에서는 그 뜻을 설명하고 있고, [가] 문단에서는 해당 용어로 문단이 시작되고 있으므로 [나] 문단이 [가] 문단에 선행할 것임을 알 수 있다.

04

| 정답 | ③

주어진 글은 오로라가 생기는 원리와 그 이론에 대해 설명하고 있다. 가장 먼저 글의 관련 정보인 오로라의 개념과 생기는 원리를 설명하는 [나] 문단이 와야 한다. 그리고 오로라의 원리인 소폭풍 발생 과정과 관련한 두 가지 이론을 소개하는 [가] 문단이 다음으로 와야 한다. 그리고 나서 각각의 이론에 대한 설명인 [다] 문단과 [마] 문단이 순서대로 와야 한다. [가] 문단에서 두 이론을 소개할 때, '전류 단절 이론과 자기장 재결합 이론'의 순서로 언급했고, [마] 문단의 시작이 '반면'이므로 [다] 문단과 [마] 문단의 순서가 바뀌어서는 안 된다. 마지막으로 미국 항공 우주국의 프로젝트를 통해 자기장 재결합 이론이 검증되었다는 내용인 [라] 문단이 와야 한다. 따라서 [나]-[가]-[다]-[마]-[라] 순으로 배열되는 것이 적절하다.

세부 유형	어색한 내용 찾기						P.60
01	③	02	①	03	④	04	①

01
| 정답 | ③

주어진 글에서는 한 국가의 건강보험 제도가 공보험의 운영 및 재원 관리, 의료 서비스의 공급 체계, 비용 통제 제도 등에 따라 수행하는 기능의 효과성에 영향을 받는다는 점을 바탕으로 우리나라의 건강보험 제도의 특징에 대해 설명하고 있다. 이러한 글의 내용과 밀접한 관련이 없는 문단은 [다]이다. [다]에서는 최근 우리나라의 의료비가 OECD 회원국 중에서 가장 빠르게 증가하고 있으며, 저출산 및 고령화의 가속화에 따라 국민건강보험의 재정과 국민 개인의 의료비 부담은 더욱 가중될 것임을 말하고 있다.

| 오답풀이 |
① [가]는 주어진 글에서 다룰 내용을 요약 정리하여 소개하고 있다.
② [나]는 [가]에 대한 상술로, 공보험의 운영·재정이 국민건강보험으로 집중되어 있으나, 의료비에서 공공 재원의 의존도가 낮아 보장성이 낮다는 것을 설명하고 있다.
④ [라]는 [가]에 대한 상술로, 의료 공급에서 민간 재원의 의존도가 높고 의료인 수도 부족하다고 설명하고 있다.

02
| 정답 | ①

주어진 글은 영아기 집중 투자 지원 사업을 안내하는 글이다. 첫 번째 문단에서 글의 도입부로 영아기 집중 투자 사업의 목적과 개요를 간단히 제시하고 있다. 따라서 영아기 집중 투자 사업과 직접적인 관련이 없는 육아 휴직 제도에 관한 문장인 ㉠은 삭제하는 것이 적절하다.

| 오답풀이 |
② 첫만남이용권 바우처 사용 범위와 관련된 내용이므로 삭제해서는 안 된다.
③ 영아수당의 주요 내용을 설명하고 있는 문장이므로 삭제해서는 안 된다.
④ 아동수당의 주요 내용을 설명하고 있는 문장이므로 삭제해서는 안 된다.

03
| 정답 | ④

글의 도입부인 [가]에서는 외국인 근로자의 근로 여건 개선 방안으로 농·어촌 외국인 근로자 입국 즉시 지역 건강보험 가입, 사업장 변경 사유 확대로 부실 숙소·중대 재해 발생 포함, 외국인 근로자 주거 환경 개선 이행 기간 부여 등의 내용을 다룰 것임을 말하고 있다. 이에 따르면 [라]에서는 외국인 근로자 주거 환경 개선 이행 기간 부여에 관한 내용이 나와야 하는데 [라]에서는 농·어업 분야에 고용된 외국인 근로자의 열악한 주거환경 실태를 제시하고 있으므로, 글의 흐름상 [라] 문단은 삭제하는 것이 적절하다.

| 오답풀이 |
① [가]는 도입 부분으로 주어진 글에서 다룰 내용을 적절히 소개하고 있다.
② 외국인 근로자의 근로 여건 개선을 위해 건강보험 사각지대를 해소할 것이라는 내용에 부합한다.
③ 외국인 근로자의 근로 여건 개선을 위해 사업장 변경 시 외국인 근로자의 책임이 없는 사유를 확대할 것이라는 내용에 부합한다.

04
| 정답 | ①

㉠에서 당뇨병의 유형을 정확히 알고 치료를 해야 완치 가능하다고 했는데 주어진 글에서는 당뇨병이 완치가 가능한 병이 아니라고 말하고 있다. 첫 번째 문단에서 한 번 당뇨병으로 진단받으면 이전의 몸으로 되돌리기 어렵다고 하였으며, 네 번째 문단에서도 당뇨병은 한 번 진단을 받으면 완치가 불가기에 예방이 최선이라고 하였다.

| 오답풀이 |
② ㉡의 앞 문장에서 인슐린이 분비되지만 세포에서 이를 받아들이지 못한다고 하였으며, 뒤의 문장에서 인슐린 분비 결함과 동반된 인슐린 저항성으로 혈당 수치가 정상 범위를 넘어가면 여러 합병증을 유발한다고 하였으므로 2형 당뇨병이 혈중 당 농도가 정상 범위에서 벗어나는 것이 문제임을 알 수 있다.
③ 1형 당뇨병이 주로 30대 이전 성인이나 소아에서 발생하고 우리나라 당뇨병의 10~15%를 차지한다고 하였으므로, 2형 당뇨병이 40세 이상에서 나타나며 당뇨병 환자의 85~90%를 차지한다는 설명은 적절하다.
④ 1형 당뇨병과 2형 당뇨병 모두 인슐린 분비 이상 때문에 발생하는 질병이므로 그 증상이 비슷하게 나타난다.

세부 유형	문장삽입			P.64
01	③	02	②	

01

| 정답 | ③

주어진 글은 알레르기 비염 관리에서 약물 치료가 증상을 완화하는 데 효과적일 수는 있지만, 근본적인 해결을 위해서는 환경 관리를 병행해야 한다고 강조하고 있다. ㉠에 들어갈 문장은 앞뒤의 내용이 환경 관리의 구체적인 방법(예: 꽃가루 차단, 먼지 진드기 제거)과 연결되므로, '알레르기 비염의 근본적인 관리를 위해서는 환경 관리를 병행하는 것이 중요하다'라는 문장이 들어가는 것이 가장 적절하다.

| 오답풀이 |
① ㉠ 앞뒤의 내용은 환경 관리의 중요성을 다루고 있으므로, 약물 치료만을 강조하는 이 문장은 문맥과 맞지 않는다.
② ㉠이 위치한 문맥은 환경 관리 방법을 다루고 있으므로, 환경적 요인의 중요성을 축소하고 유전적 요인을 강조하는 이 문장은 ㉠에 들어갈 내용으로 부적절하다.
④ 약물 치료와 환경 관리가 상호 보완적임을 강조하며, 환경 관리가 근본적 해결책이라고 명시하고 있다. ④는 주어진 글의 주요 논점과 모순되며, 문맥에도 맞지 않는다.

02

| 정답 | ②

주어진 [보기] 문장은 네덜란드 암스테르담대 메디컬 센터 헤르트 드하엔스 등 연구진이 베돌리주맙의 효과를 파악하기 위한 연구를 하게 된 계기이다. 그러므로 연구의 개요를 설명하기 전에 언급하는 것이 적절하다. 즉, (나)에 들어가는 것이 적절하다. 특히 (나)의 앞 문단에는 크론병이 수술로 완치되는 병은 아니지만, 합병증이 생기거나 약물 치료만으로 치료가 안 될 경우 손상된 병변을 제거하는 수술을 진행한다고 마무리하고 있다. 이 수술에 대해서 구체적으로 [보기] 문장에 '장 절제술'이라고 서술하고 있으므로 (나)에 들어가는 것이 글의 문맥에 맞다.

| 오답풀이 |
① (가)의 뒤에 있는 문단은 크론병에 대한 설명이 나오고, 특히 수술로 완치할 수 있는 질환이 아니라고 설명하고 있어서 크론병에 대한 내용만 나와 있다. [보기]에 있는 연구 계기가 언급된 다음에는 연구에 대한 세부사항이 나오는 것이 적절하므로 (가)에 [보기]가 들어가는 것은 적절하지 않다.
③ (다)의 앞 문단은 연구의 개요를 구체적으로 설명하고 있으므로 개요가 나온 다음 연구의 계기인 [보기]가 들어가는 것은 글의 논리적 구조에 어긋난다.
④ (라)의 앞 문단은 연구결과가 드러나 있으므로 (라)에 연구의 계기인 [보기]가 들어가는 것은 적절하지 않다.

세부 유형	보도자료 연계					P.66
01	④	02	①	03	③	04	②

01

| 정답 | ④

주어진 보도자료에서 '치매안심센터 조기검진 데이터-도로교통공단 시스템 연계 작업'이 완료되어 앞으로는 치매안심센터에서 받은 치매선별검사 결과가 면허시험장으로 실시간 공유된다고 하였으므로, 치매선별검사 수행 내역은 치매안심센터와 도로교통공단에서 모두 확인할 수 있음을 알 수 있다.

| 오답풀이 |
① 면허시험장에서 치매선별검사를 받을 수 있다는 내용은 찾을 수 없다.
② 인지능력진단은 교통안전교육 과정으로 받아야 하는 치매선별검사로, 교통안전교육은 만 65세가 아닌 만 75세 이상 운전자를 대상으로 한다고 하였다.
③ 치매선별검사인 인지능력진단을 전국 보건소에 설치된 치매안심센터에서도 받을 수 있다고 하였을 뿐 보건소에서 치매선별검사를 받았다고 해서 검사지를 직접 도로교통공단에 제출해야 하는 것은 아니다.

02

| 정답 | ①

주어진 보도자료를 보면 이 사업은 상급종합병원이 중증, 고난도 진료에 집중하고 중증도가 낮은 환자를 지역으로 회송하는 동시에, 회송된 환자가 가까운 곳에서 안심하고 진료를 받을 수 있도록 지역 의료기관들과 진료 협력 체계를 구축하고자 하는 사업이다. 즉, 경증 환자는 상급종합병원이 지역 의료기관으로 회송하고, 반대로 지역 의료기관은 중증 환자를 상급종합병원으로 보냄으로써 상급종합병원으로 환자가 몰리는 것을 방지하고, 지역 병원의 환자가 줄어드는 것을 해결하고자 하는 것이다. 그러므로 지역 병원에서도 상급종합병원 수준의 치료를 받게 되었다고 이해하는 것은 적절한 반응이 아니다.

| 오답풀이 |
② 이 사업은 2022년 하반기 참여기관 공모를 진행하였으며, 의료계 3명, 전문가 4명, 소비자환자단체 3명 등 14명으로 구성된 시범 사업 운영위원회의 심의를 통해 최종 선정되었다고 하였다.
③ [표] 기관별 주요 사업 내용을 보면 모두 진료 협력 네트워크 부분에서 핫라인을 설치한다고 말하고 있으나 인력을 증원할 것이라 말한 병원은 △△대학교 병원뿐이다.
④ 마지막 문단에서 보건복지부 박○○ 제2차관은 무한 경쟁의 비효율적 의료전달 체계가 지역, 필수의료 강화를 위해 긴밀

히 협력하는 체계로 정상화될 수 있도록 건강보험을 집중 투자하겠다고 하였다.

03 | 정답 | ③

규모별 본인 부담률을 보면, 상급병실 이용에 따른 환자 본인의 부담률이 병원의 규모와 인실에 따라 차등 적용됨을 알 수 있다.

| 오답풀이 |
① 적용 배경을 보면, 상급종합병원과 종합병원에서는 건강보험이 적용되는 일반병상(4~6인실)이 부족하여 환자의 의사와 상관없이 원치 않은 상급병실 입원이 많기 때문이라고 나와 있다.
② 적용 대상을 보면, 상급병실의 건강보험 적용에 병·의원급 의료 기관은 입원 환자 대비 건강보험 적용 병상에 여유가 있어 사회적 의견 수렴 후 연말까지 건강보험 적용 여부를 결정할 예정이라고 나와 있다.
④ 상급병실의 건강보험 적용에 따라 연간 환자 부담금이 3,690억 원에서 1,871억 원으로 절반 정도로 감소할 것으로 보고 있다.

04 | 정답 | ②

상급종합병원인 경우, 3인실에 대한 본인 부담률이 40%이므로 $163 \times 0.4 = 65.2$(만 원)의 입원료를 부담하게 된다.

CHAPTER 04 실전연습 문제

P.72

01	02	03	04	05
③	②	④	④	④
06	07	08	09	10
③	④	③	②	①
11	12	13	14	15
①	②	②	①	④
16	17	18	19	20
③	②	①	③	④

01 | 정답 | ③

주어진 글에서는 건강보험공단이 서비스 품질 개선과 관련하여 방문 서비스 확대 및 요양보호사 교육을 언급했으나, 관련 법 제도 정비는 언급되지 않았다.

| 오답풀이 |
① 주어진 글에 언급된 내용으로 재가급여의 장단점을 설명하고 있다.
② 시설급여의 주요 장점인 전문적 서비스와 가족 부담 완화의 내용이다.
④ 재가급여 서비스의 구성 요소와 자율성 보장의 의도를 설명한 부분이다.

02 | 정답 | ②

'하지만'은 대조나 전환을 나타내는 접속어로, 앞 문장에서 시설급여의 장점을 설명한 뒤 맞춤형 서비스를 추가적으로 설명하는 문맥에서 사용되기에는 적절하지 않다. '또한', '이와 같이' 등의 접속어가 적절하다.

| 오답풀이 |
①, ③ 재가 급여와 시설급여의 대조적 관계를 나타내며, 적절하게 사용되었다.
④ 건강보험공단의 정책 추진과 교육 프로그램 운영을 연결하는 데 적절하다.

03 | 정답 | ④

주어진 글은 언어 장애의 종류를 설명한 글이다.

| 오답풀이 |
① 언어 장애의 개념이 1문단에 나타나기는 하지만 주어진 글의 전체적인 내용을 고려하여 제목을 붙여야 하므로 적절하지 않다.
② 주어진 글에서 언어 장애의 치료에 관한 내용은 소개하고 있지 않다.

③ 주어진 글에서 언어 장애의 진단에 대해 일부 설명하고는 있지만 전체적인 내용을 고려하여 제목을 붙여야 하므로 적절하지 않다.

04 | 정답 | ④

단어나 문장을 사용하지 못하거나 간단한 지시를 이해하지 못하는 경우, 언어발달장애를 의심해야 할 기준이 되는 나이는 만 3세이다. 이는 글의 4문단에서 확인할 수 있다.

| 오답풀이 |
① 주어진 글에서 말하기에 대한 긴장감을 해소하는 구체적인 방법은 나타나지 않는다.
② 주어진 글에서 발음장애를 치료하는 데 효과적인 치료법은 소개하고 있지 않다.
③ 주어진 글에서 손상되면 실어증이 나타날 수 있는 뇌의 부위는 나타나지 않고 특정 부위라고만 언급하고 있다.

05 | 정답 | ④

주어진 글의 내용은 다제약물 관리사업에 관한 내용이다. 특히, 과거에는 의사와 약사의 협업을 통해 처방을 조정하였으나, 향후에는 가정방문 또는 약국 내방 상담을 확대할 것이라고 언급하고 있다. 그러므로 글의 제목으로 적절한 것은 ④이다.

| 오답풀이 |
① '의약사 협업' 확대는 국민건강보험공단에서 진행하고 있을 뿐만 아니라, 약국 내방 상담 등 다양한 모델을 활용할 것이라는 내용이 빠져 있으므로 제목으로 적절하지 않다.
② 도봉구에서 약물 점검 서비스를 도입한 것은 맞으나 전체 지문에서 강조하는 내용은 아니므로 제목으로 적절하지 않다.
③ 국민건강보험공단에서 올해 만성질환 보유자를 대상으로 다제약물 관리사업을 진행한다는 내용은 지문에 언급되어 있으나, 전체 지문에서 그 방식에 대해서 강조하고 있으므로 구체적인 방식이 제목에 포함되는 것이 적절하다.

06 | 정답 | ③

[가] 문단에서 '국민건강보험공단이 다제약물 관리사업에서 의약사 협업을 확대해 실효성을 강화하고 약국 내방 상담 등 다양한 모델을 활용해 서비스를 지속 제공할 수 있는 기반을 조성해 나갈 방침'라고 언급하고 있다. 따라서 뒤에는 이를 구체화하는 내용이 연결되는 것이 자연스럽다. [나]~[아] 문단은 크게 의약사 협업모형의 고도화와 자문약사에 대한 내용으로 나눌 수 있다. 자문약사에 대한 내용은 [다] 문단과 [사] 문단에 있으므로 이를 제외하고 나머지 내용 중에서 살펴보면 국민건강보험공단 측이 밝힌 내용을 쌍따옴표(" ")를 써서 직접적으로 언급한 부분이 있다. 바로 [아] 문단인데, [아] 문단은 국민건강보험공단이 "올해 의약사 협업모형 고도화, 약물 점검 서비스 적용 지역 확대"를 계획한 것이다. 다음으로 또 국민건강보험공단이 덧붙인 내용이 '이어~덧붙였다.'로 표현되어 있는 [라] 문단이 오는 것이 적절하다. 앞 문단의 내용을 보다 구체화하고 있기 때문이다. [라] 문단에서 약국 내방 상담 확대방침에 이어서 이러한 방침을 세운 이유인 [바] 문단이 오는 것이 적절하다. 다음으로는 [바] 문단의 내용을 구체적인 수치로 나타낸 [나] 문단이 오는 것이 적절하다. 여기까지는 과거의 내용이었던 반면 다음으로는 올해의 계획을 구체화하고 과거와의 차이를 비교한 [마] 문단이 오는 것이 자연스럽다. 이후에는 자문약사에 대한 내용이다. [다]와 [사] 문단 중에서 내용의 전환을 나타내는 '한편'으로 시작하는 [사] 문단이 먼저 오는 것이 적절하다. 마지막으로 이러한 서비스가 안정적으로 정착되기 위해서 필요한 당부의 내용을 서술하고 있는 [다] 문단이 오는 것이 적절하다. 따라서 [아] 건보, 올해 의약사 협업모형 고도화, 약물 점검 서비스 적용 지역 확대 계획 – [라] 약국 내방 상담 확대방침 – [바] 약국 내방 상담 확대방침의 이유 – [나] 상담만족도 89.7점, 54.9% 처방조정률 – [마] 올해부터 바뀌는 내용 – [사] 자문약사 교육 변경 – [다] 자문약사의 유의사항으로 배열하는 것이 적절하다.

07 | 정답 | ④

자문약사 대상 필수 교육 수강과목 전체가 신규 업데이트된 것은 맞으나 이것을 자문약사 기준 강화로 볼 수 있는 것은 아니며, 나아가 이것이 신뢰 관계 구축을 위한 기반이라고는 추론할 수 없다.

| 오답풀이 |
① 보건복지부가 국민건강보험공단의 다제약물 관리사업예산을 포함한 계획을 확정한 만큼 해당 사업에 대해서 긍정적으로 평가하고 있음을 파악할 수 있다.
② 다제약물 관리사업에 정부예산이 책정된 것은 아니지만 정부사업으로 인정이 되었다는 내용을 통해 특정 사업을 정부 사업으로 인정한다고 해서 정부가 직접적으로 예산을 책정하는 것은 아님을 알 수 있다
③ 올해 약국, 의원(협업지역), 통합돌봄 등에서 추천된 자 3,500명(목표 인원)을 대상으로 가정방문 또는 약국 상담 2회, 필요

시 유선 상담을 실시할 예정이라는 내용을 통해서 파악할 수 있다.

08
| 정답 | ③

주어진 글에서 언급된 내용으로 상병수당의 산정방식(최저임금을 기준으로 개인 소득과 근무 조건에 따라 조정됨)을 설명하고 있다.

| 오답풀이 |
① 상병수당은 일시적으로 소득이 상실된 근로자가 신청할 수 있으며, '완전히 상실된'이라는 조건은 주어진 글에서 언급되지 않았다.
② 상병수당 제도는 일부 지역에서 시범 운영 중이며, 제도가 전국적으로 시행되지는 않고 있다. 또한, 지원 조건은 개인의 소득과 근무 조건에 따라 달라질 수 있다.
④ 사업주에게도 긍정적인 영향을 미치며, 근로자의 빠른 회복과 원활한 복귀로 인력 운영의 안정성을 확보할 수 있다고 설명하고 있다.

09
| 정답 | ②

'지역 축제나 문화 행사'와 '상병수당'은 연관이 없다. 지원 기간은 근로자가 치료와 회복에 집중하는 시간인데 봉사활동을 요구하는 내용은 문맥상 부적절하다.

| 오답풀이 |
①, ③, ④ 모두 앞뒤 문맥 흐름에 맞는 문장이다.

10
| 정답 | ①

주어진 글에서 상병수당이 근로자의 치료와 복귀를 지원하고 사업주의 안정적 인력 운영에 도움을 준다는 내용을 바탕으로 유추한 결과이다. 제도의 확대는 이러한 긍정적 효과를 전국적으로 확산시킬 가능성을 제시하며, 주어진 글의 맥락과 잘 맞는다.

| 오답풀이 |
② 상병수당의 재정 부담에 대한 직접적인 언급은 없다. 또한, 제도의 확대와 함께 재정 부담이 커질 가능성은 추론 가능하지만, 지원 기간 단축과 연관 짓기에는 과도한 추측이다.
③ 상병수당이 사업주에게도 긍정적인 영향을 미친다고 명시되어 있다. 따라서 '직접적인 혜택이 없을 가능성'은 지문의 흐름과 반대되는 추론이다.
④ 제도의 효율성을 높이기 위한 노력을 언급하고 있으며, 조건 추가나 절차 복잡화는 언급되지 않았다. 이는 부정적인 방향의 추론으로 주어진 글과 맞지 않는다.

11
| 정답 | ①

주어진 글은 간 질환이 발생하는 원인과 그 치료 방법을 제시하고 있다. 첫 번째 문단에서는 간 질환의 증상을 소개하고 있고, 두 번째 문단에서는 바이러스로 인해 발생한 간 질환과 치료제를 설명하고 있다. 그리고 세 번째 문단에서는 술로 인해 발생한 간 질환을, 네 번째 문단에서는 알코올성 간 질환의 치료 방법을 설명하고 있다. 따라서 글의 제목으로 가장 적절한 것은 ①이다.

| 오답풀이 |
② 술이 간 건강에 미치는 영향은 세 번째 문단에만 해당하므로 전체 글의 제목으로 보기 어렵다.
③ 간이 '침묵의 장기'라고 불리는 이유에 대해 첫 번째 문단에 나와 있지만, 이를 전체 글의 제목으로 보기 어렵다.
④ 우리나라의 간 질환 환자가 많은 까닭은 제시되지 않았으며, 제목으로도 볼 수 없다.

12
| 정답 | ②

두 번째 문단에 따르면, 만성 간 질환의 원인 중 80%를 차지하는 것은 B형과 C형 간염이다.

| 오답풀이 |
① 두 번째 문단에 따르면 대부분 성인은 A형 간염에 대한 항체를 갖고 있으나, 최근 10~20대들은 이에 대한 항체가 없는 경우가 많아서 예방 접종이 권유된다고 나와 있다. 즉, A형 간염은 예방 접종을 통해 예방할 수 있다.
③ 네 번째 문단에 따르면 알코올성 간 질환의 치료에서 가장 중요한 것은 금주라고 나와 있다.
④ 세 번째 문단에 따르면 알코올성 지방간은 간 내에 지방이 정상 이상으로 쌓이는 것으로 간 기능에는 큰 이상이 없는 상태를 말하며, 알코올성 간염은 과도한 음주로 간에 염증성 손상이 진행되는 것을 말하며, 알코올성 간경변증은 간의 염증성 손상이 비가역적으로 축적, 섬유화되어 출혈과 혼수, 간암 등의 심각한 합병증이 동반되는 것을 말한다고 나와 있다.

13
| 정답 | ②

두 번째 문단에서 노안은 먼 곳과 가까운 곳에 초점을 자유롭게 조절하는 능력이 저하된 것으로, 자연스러운 노화 과정이라고 말하고 있다. 따라서 노안은 먼 곳과 가까운 곳에 초점을 자유롭게 조절하는 능력이 저하된 것으로, 인위적인 노화 과정이라는 설명은 적절하지 않다.

| 오답풀이 |
① 첫 번째 문단에서 황반의 기능이 떨어지면서 시력이 감소되고, 심할 경우 시력을 완전히 잃기도 하는 질환이 황반변성이라고 말하고 있으므로 적절하다.
③ 세 번째 문단에서 습성 황반변성은 망막진료를 보고 항혈관내피성장인자 안구 내 주사를 적절한 주기마다 맞는 것이 유일하게 질환의 진행을 막는 방법이라고 말하고 있으므로 적절하다.
④ 다섯 번째 문단에서 음식으로 황반변성을 완전히 예방할 수는 없지만 시작과 진행을 늦출 수 있고 항산화 성분과 황반색소 성분이 들어 있는 야채와 과일, 견과류, 곡류, 어류 등을 충분히 섭취하는 것이 좋다고 하고 있으므로 적절하다.

14 | 정답 | ①

적절한 접속어를 찾는 문제는 접속어의 기능과 글 전체의 문맥, 특히 접속어 앞뒤 문장의 문맥을 파악해야 쉽게 풀 수 있다. ㉠ 앞의 문장에서 황반은 빛에 의한 산화 스트레스를 받는데 젊었을 때는 산화 스트레스를 적절히 처리하는 기능이 있다고 설명하고 있다. ㉠ 뒤의 문장에서는 연령이 증가하면서 처리 능력이 저하된다고 설명하고 있다. 서로 상반된 내용을 이야기하고 있으므로 역접의 접속어인 '그러나'나 '하지만'을 써야 한다.
㉡ 앞의 문장에서 적절한 도수의 안경을 착용했을 때 잘 보이고, 휘어 보이거나 검게 보이는 부분이 없다면 노안이니 안심해도 된다고 이야기하고 있다. ㉡ 뒤의 문장에서 맞는 도수의 안경을 착용해도 최근 급격한 시력 저하, 먼 곳과 가까운 곳이 모두 보이지 않는 증상, 사물이 찌그러져 보임, 시야에 검은 점처럼 보이지 않는 부위 발생 등의 증상이 나타난다면 황반변성을 의심할 수 있다고 이야기하고 있으므로 ㉡에도 역접의 접속어인 '그러나'나 '하지만'을 사용해야 한다.
㉢ 앞의 문장은 황반변성의 예방법에 대한 설명이고 ㉢ 뒤의 문장도 황반변성의 예방법에 대해서 설명하고 있다. 따라서 ㉢에는 대등병렬관계의 접속어인 '또한'이나 '그리고'가 들어가야 한다. 따라서 답은 ①이다.

15 | 정답 | ④

'개인정보 처리 위탁'에 따르면 위탁 업무의 목적 및 범위는 '나. 개인정보의 관리적·기술적 보호조치에 관한 사항'이 아닌, '다. 개인정보의 안전관리에 관한 사항'에 포함되므로 적절하지 않다.

16 | 정답 | ③

'개인정보 파기'의 '나. 파기 기한'에 따르면 목적이 달성된 개인정보는 그 개인정보가 불필요하게 되었을 때 즉시 파기해야 한다고 하였으므로 적절하지 않다.

17 | 정답 | ②

'개인정보의 제3자 제공'의 ①의 '다'에 따르면 정보주체 또는 법정대리인이 의사표시를 할 수 없는 상태에 있거나 주소불명 등으로 사전 동의를 받을 수 없는 경우로서 명백히 정보주체 또는 제3자의 급박한 생명, 신체, 재산의 이익을 위해 필요하다고 인정되는 경우 예외적으로 정보주체의 개인정보를 제3자에 제공한다고 하였다.

18 | 정답 | ①

주어진 글은 65세 이전에 증상이 시작되는 치매를 뜻하는 EOD 질환의 발병 원인, 사회 문제 발생 가능성 등을 서술하면서 전반적인 EOD 질환에 대해 설명하고 있다. 따라서 글의 제목으로 가장 적절한 것은 ①이다.

| 오답풀이 |
② 알츠하이머에 대한 논의는 세 번째 문단에서 다루고 있으나, 글 전체 내용을 포괄하지 못하므로 글의 제목으로 적절하지 않다.
③ 국내 EOD 환자의 증가 추세에 관한 언급은 있으나, 해외 EOD 환자의 증가 추세는 확인할 수 없으므로 적절하지 않다.
④ EOAD는 EOD의 한 종류일 뿐, 둘의 차이점을 설명하고 있지 않으므로 적절하지 않다.

19 | 정답 | ③

세 번째 문단에 따르면 현재 EOAD는 어떻게 시작되는지에 대해 거의 알려지지 않았다. 이를 통해 현재 EOAD의 발병 원인이 밝혀지지 않았음을 파악할 수 있을 뿐, 연구의 진행 여부에 대해서는 알 수 없다.

| 오답풀이 |
① 세 번째 문단에 따르면 EOAD는 30대 또는 40대에서 극히 드물게 발생할 수 있으나, 대부분 50대 또는 60대 초반에 발병한다.
② 첫 번째 문단에 따르면 연구별로 EOD에 대한 다른 기준을 사용하지만, 사망 시 79세 미만의 기준을 사용하기도 한다.
④ 두 번째 문단에 따르면 혈관성 치매와 같은 퇴행성 질환이 EOD 발병의 가장 큰 원인이 된다.

20 |정답| ④

주어진 글은 EOD 질환의 발병 원인, 사회 문제 발생 가능성 등을 서술하면서 전반적인 EOD 질환에 대해 설명하고 있다. ㉣이 포함된 마지막 문단에서는 EOD 발병으로 인해 겪게 될 사회적 문제나 가정 문제 등에 대해 설명하고 있는데, ㉣은 EOD를 예방하기 위한 방법을 이야기하고 있으므로 적절하지 않은 내용이다.

| 오답풀이 |
① 앞서 언급한 EOD의 정의에서 기준이 되는 나이는 정확한 기준이 아닌 임의적인 사회적 요인이 적용된 것임을 이야기하고 있으므로 삭제해서는 안 되는 문장이다.
② 앞서 언급한 연구별로 다르게 사용된 EOD에 대한 기준이 연구들 간의 비교를 어렵게 한다는 점을 이야기하고 있으므로 삭제해서는 안 되는 문장이다.
③ 앞서 언급한 WHO 기준 전체 치매 환자 중 EOD 환자가 차지하는 비중을 제시하면서 국내 EOD 환자 현황을 언급하며 비교하고 있으므로 삭제해서는 안 되는 문장이다.

PART 02 수리능력

CHAPTER 03 유형연습 문제

유형	자료해석							
세부 유형	자료이해							P.100
01	①	02	②	03	③	04	③	05	③
06	③	07	①	08	③	09	④	10	①

01
| 정답 | ①

2017년 여자 대장암 검사자 수는 65~69세가 75~79세의 2배 미만이므로 2017년 여자 대장암 검사자 수는 65~69세가 75~79세의 2배보다 많지 않음을 알 수 있다.

| 오답풀이 |

② 연평균 남자 대장암 검사자 수는 50~54세가
$\frac{486,383+542,552+578,580+489,929+578,036}{5}$
=535,096(명), 80~84세가
$\frac{89,259+96,481+114,273+96,623+122,310}{5}$
=103,789.2(명)이므로 $\frac{535,096}{103,789.2}$≒5.2(배)이다.

③ 2021년 65~69세 여자 대장암 검사자는 2018년 대비
$\frac{566,345-463,932}{463,932}$×100≒22.1(%) 증가했다.

④ 2020년 대장암 검사자는 남자와 여자 모두 모든 연령대에서 전년 대비 감소했다.

02
| 정답 | ②

군지역 세대수가 110만 세대가 넘는 해는 2016년과 2019년이며, 도시지역 가입자가 가장 적은 해는 2017년이다.

| 오답풀이 |

① 2015년부터 2019년까지 지역 건강보험 총세대수는 계속 증가하고 있다.
③ 군지역 가입자가 가장 많은 해는 1,913,233명인 2016년이며, 이 해에 도시지역 세대수는 6,556,630세대로 가장 적다.
④ 조사기간 동안 도시지역 가입자와 총가입자의 증감 추세는 '감소-감소-증가-증가'로 같다.

03
| 정답 | ③

㉠ [표]를 통해 모든 지역의 청구 건수가 전년 대비 증가하였다는 것을 확인할 수 있다.
㉢ 2019년 건당 진료비가 전년 대비 증가한 지역은 부산, 울산, 충북, 충남, 경남, 세종으로 6곳이며, 나머지 지역은 모두 감소하였으므로 감소한 지역이 증가한 지역보다 더 많다.
㉣ 2018년 전체 건당 진료비 대비 서울 지역의 건당 진료비의 비중은 $\frac{99,635}{113,386}$×100≒87.9(%)이고, 2019년은 $\frac{98,505}{112,566}$×100≒87.5(%)이므로 전년 대비 감소하였다.

| 오답풀이 |

㉡ 2018년 대비 2019년 서울의 진료비는 407,253-376,556=30,697(백만 원) 증가하였으나, 경기 지역의 진료비는 이보다 더 많은 534,538-478,598=55,940(백만 원) 증가하였다.

04
| 정답 | ③

한국이 OECD 평균보다 증가분이 더 큰 경우에는 우위에 있던 항목은 [그래프]의 격차가 더 벌어질 것이고, 열위에 있던 항목은 [그래프]의 격차가 좁혀질 것이다. 이러한 [그래프]의 형태는 의사, MRI, PET의 3가지 자료에서 나타난다.

05
| 정답 | ③

2019년 4월 진료비 청구 건수 심사실적은 전월 대비 $\frac{120,167-105,187}{105,187}$×100≒14.2(%) 증가했다.

| 오답풀이 |

① 2017~2022년 동안 12월 진료비 청구 건수 심사실적의 전월 대비 증가 폭은 다음과 같다.
 • 2017년: 123,391-108,039=15,352(건)
 • 2018년: 128,248-124,836=3,412(건)
 • 2019년: 130,040-124,327=5,713(건)
 • 2020년: 108,497-99,651=8,846(건)
 • 2021년: 120,327-109,942=10,385(건)
 • 2022년: 125,815-121,514=4,301(건)

② 2022년 진료비 청구 건수 심사실적이 가장 많은 달은 4월, 가장 적은 달은 2월이며, 4월의 진료비 청구 건수 심사실적은 2월의 136,720÷102,923≒1.3(배)이다.
④ 매년 2월 진료비 청구 건수 심사실적은 같은 해 1월 대비 감소했다.

06 | 정답 | ③

연도별로 진료실 인원 1인당 진료비는 다음과 같다.

- 2016년: $\frac{1,880+1,386}{10,747+8,225} \times 10,000 ≒ 1,721$(만 원)
- 2017년: $\frac{2,153+1,573}{11,326+8,618} \times 10,000 ≒ 1,868$(만 원)
- 2018년: $\frac{2,445+1,687}{11,952+8,980} \times 10,000 ≒ 1,974$(만 원)
- 2019년: $\frac{2,597+1,864}{12,537+9,587} \times 10,000 ≒ 2,016$(만 원)
- 2020년: $\frac{2,610+2,023}{12,874+9,836} \times 10,000 ≒ 2,040$(만 원)

따라서 진료실 인원 1인당 진료비가 처음으로 2,000만 원을 넘은 것은 2019년이다.

| 오답풀이 |
① 혈액암 총진료비는 2016년에 1,880+1,386=3,266(억 원)이고 2020년에 2,610+2,023=4,633(억 원)이다. 따라서 2020년 총진료비는 4년 전 대비 $\frac{4,633-3,266}{3,266} \times 100 ≒ 41.9$(%) 증가하였으므로 45% 미만 증가하였다.
② 연도별로 남자와 여자의 진료실 인원 차이는 다음과 같다.
  - 2018년: 11,952−8,980=2,972(명)
  - 2019년: 12,537−9,587=2,950(명)
  - 2020년: 12,874−9,836=3,038(명)

  따라서 2019년은 2018년 대비 감소하였으므로 꾸준히 증가하지 않았다.
④ 주어진 [그래프]의 자료는 실제 진료 인원을 나타낸 것이 아니다. 연령별 인구 10만 명당 진료실 인원을 나타낸 수치이므로 실제 진료실 인원은 알 수 없다.

07 | 정답 | ①

간암 수검 대상 인원은 2021년 360×100÷72=500(천 명)이고, 2022년 370×100÷74=500(천 명)이므로 서로 같다.

| 오답풀이 |
② 대장암 수검자 수가 가장 적은 해는 3,220천 명인 2020년이고, 수검 대상 인원은 2019년 3,760×100÷40=9,400(천 명), 2020년 3,220×100÷35=9,200(천 명), 2021년 3,640×100÷40=9,100(천 명)이므로 수검자 수가 가장 적은 해에 수검 대상 인원이 가장 적은 것은 아니다. 참고로, 대장암 수검 대상 인원이 가장 적은 해는 2023년으로 3,570×100÷42=8,500(천 명)이다.
③ 2020년 폐암의 수검자 수는 전년보다 증가했다.
④ 2019년 수검률이 60% 이상인 것은 위암, 간암, 유방암, 자궁경부암이고, 이 중 수검자 수가 가장 많은 것은 위암이므로 수검 대상 인원이 가장 많은 것은 위암이다. 한편, 수검률이 60% 미만인 대장암과 폐암에서 폐암의 수검자 수는 50천 명으로 위암 대비 매우 적으므로 수검 대상 인원도 위암보다 적다. 따라서 위암과 대장암의 2019년 수검 대상 인원을 조사하면 위암은 4,200×100÷60=7,000(천 명)이고, 대장암은 3,760×100÷40=9,400(천 명)이므로 2019년 수검 대상 인원이 가장 많은 것은 대장암이다.

08 | 정답 | ③

2022년 간암 수검 대상 인원은 370×100÷74=500(천 명)이므로 2022년 유방암 수검 대상 인원은 500×8=4,000(천 명)이다.
2022년 유방암 수검률은 65%이므로 수검자 수는 4,000×65%=4,000×0.65=2,600(천 명)이다.
따라서 2022년 대장암 수검자 수보다 3,700−2,600=1,100(천 명) 적다.

| 오답풀이 |
① 2021년 유방암 수검자 수보다 2,600−2,480=120(천 명) 증가하였다.
② 2023년 유방암 수검자 수보다 2,600−2,640=−40(천 명), 즉 40천 명 적다.
④ 2021년 자궁경부암 수검자 수보다 2,600−3,200=−600(천 명), 즉 600천 명 적다.

09 | 정답 | ④

19~49세 연령층의 장기 기증자 수는 2012년에 857+839=1,696명, 2013년에 813+770=1,583명, 2014년에 825+740=1,565명, 2015년에 881+771=1,652명, 2016년에 880+865=1,745명으로 '감소−감소−증가−증가' 추이를 보이고 있다.

| 오답풀이 |
① 2012년 대비 2016년 장기 기증자 수의 증가율은 $\frac{2,716-2,353}{2,353} \times 100 ≒ 15.4$(%)이므로 ㉠은 옳다.
② 2012년 대비 2016년 성별 장기 기증자 수의 증가율은 여성이 $\frac{1,184-986}{986} \times 100 ≒ 20.1$(%)이고, 남성이 $\frac{1,532-1,367}{1,367} \times 100 ≒ 12.1$(%)로 여성의 증가율이 더 크며, 약 8%p의 차이를 보이므로 ㉡은 옳다.

③ 11~18세의 연령층은 5세 이하 영유아와 다르게 장기 기증자 수가 매년 감소하고 있으므로 ©은 옳다.

10
| 정답 | ①

2012~2016년 생존자의 장기 기증자 수의 증감 추이는 2013년에만 감소하였고, 나머지 해에는 모두 증가하였다. 이와 동일한 '감소-증가-증가-증가'의 증감 추이를 보이고 있는 것은 '남성의 연도별 장기 기증자 수'이다.

세부 유형	자료계산								P.110
01	①	02	④	03	①	04	④	05	②
06	①	07	②	08	②	09	②	10	②
11	④	12	①						

01
| 정답 | ①

㉠ 위생용품 판매량 1톤당 판매액은 2019년에 $\frac{2,451,313}{1,586,545} ≒ 1.5$(백만 원), 2022년에 $\frac{2,874,516}{1,535,321} ≒ 1.9$(백만 원)이다. 2022년 위생용품 판매량 1톤당 판매액의 2019년 대비 증감률은 $\frac{1.9-1.5}{1.5} \times 100 ≒ 26.7(\%)$이다.

㉡ 위생용품 생산량 1톤당 생산액은 2021년에 $\frac{1,991,885}{1,630,697} ≒ 1.2$(백만 원), 2022년에 $\frac{2,264,987}{1,674,379} ≒ 1.4$(백만 원)이다. 2022년 위생용품 생산량 1톤당 생산액의 전년 대비 증감률은 $\frac{1.4-1.2}{1.2} \times 100 ≒ 16.7(\%)$이다.

02
| 정답 | ④

㉠ 서울 식약청의 수거검사 적합률은 2021년에 $2,147 \div 2,161 \times 100 ≒ 99.4(\%)$, 2022년에 $2,341 \div 2,352 \times 100 ≒ 99.5(\%)$이므로 증가량은 $99.5-99.4=0.1(\%p)$이다.

㉡ 부산 식약청의 수거검사 적합률은 2021년에 $1,759 \div 1,761 \times 100 ≒ 99.9(\%)$, 2022년에 $2,482 \div 2,486 \times 100 ≒ 99.8(\%)$이므로 증가량은 $99.8-99.9=-0.1(\%p)$이다.

㉢ 경인 식약청의 수거검사 적합률은 2021년에 $1,824 \div 1,844 \times 100 ≒ 98.9(\%)$, 2022년에 $2,673 \div 2,692 \times 100 ≒ 99.3(\%)$이므로 증가량은 $99.3-98.9=0.4(\%p)$이다.

따라서 증가량이 높은 순서대로 나열한 것은 ㉢>㉠>㉡이다.

03
| 정답 | ①

총등록자 수를 a, 총참여자 수를 b라 하면 $\frac{b}{a}=0.88$이다.

일반건강관리 등록자는 $0.77a$이고, 참여자는 $0.84b$이므로 일반건강관리 등록자에 대한 참여자의 비 A는

$\dfrac{0.84b}{0.77a} = \dfrac{0.84}{0.77} \times \dfrac{b}{a} = \dfrac{0.84}{0.77} \times 0.88 = 0.96$이다.

통합관리 등록자는 $0.11a$이고, 참여자는 $0.07b$이므로 통합관리 등록자에 대한 참여자의 비 B는

$\dfrac{0.07b}{0.11a} = \dfrac{0.07}{0.11} \times \dfrac{b}{a} = \dfrac{0.07}{0.11} \times 0.88 = 0.56$이다.

따라서 A−B=0.96−0.56=0.4이다.

04 | 정답 | ④

여자 수술 인원은 1,656−702=954(천 명)이다.
여자 진료비는 8,082,300−3,717,250=4,365,050 (백만 원)이다.
여자 급여비는 6,978,300−3,249,250=3,729,050 (백만 원)이다.
이때 진료비=급여비+본인부담금이므로 여자 본인부담금은 4,365,050−3,729,050=636,000(백만 원) 이다.
따라서 여자 1인당 본인부담금은 636,000백만 원÷954천 명≒666,666(원)이다.

05 | 정답 | ②

1인당 진료비는 $\dfrac{\text{진료비 총액}}{\text{진료 인원}}$, 진료비 총액에서 급여비 총액의 비중은 $\dfrac{\text{급여비 총액}}{\text{진료비 총액}} \times 100$으로 구할 수 있다.

1인당 진료비를 계산해 보면, 암은 $\dfrac{70,012}{1,097} \approx 63.8$(억 원/천 명), 뇌혈관은 $\dfrac{6,588}{64} \approx 102.9$(억 원/천 명), 심장은 $\dfrac{11,547}{97} \approx 119.0$(억 원/천 명), 희귀 난치는 $\dfrac{46,014}{756} \approx 60.9$(억 원/천 명), 중증 화상은 $\dfrac{507}{15} = 33.8$(억 원/천 명)이다. 즉, 1인당 진료비가 가장 높은 질환은 심장이므로, 정답은 ② 또는 ③이다. 따라서 ⓒ을 구할 때는 5가지 질환을 모두 계산할 필요 없이 뇌혈관과 중증 화상만 구하여 대소 비교하면 된다. 뇌혈관의 진료비 총액에서 급여비 총액의 비중은 $\dfrac{6,131}{6,588} \times 100 \approx 93.1(\%)$이고, 중증 화상은 $\dfrac{441}{507} \times 100 \approx 87.0(\%)$이다. 즉, 진료비 총액에서 급여비 총액의 비중은 중증 화상보다 뇌혈관이 더 높으므로 정답은 ②이다.

06 | 정답 | ①

2012년 신청 건수가 238건이고, ㉠과 ㉡을 제외한 수치들의 합이 30+61+28=119이므로, ㉠과 ㉡의 합은 238−119=119이다.

2016년을 보면, ㉣을 제외한 수치들의 합이 18+56+45+16+15=150이므로 ㉢=150+㉣이다.

2016년 신의료 기술 승인율이 41.3%이므로 $\dfrac{18+56}{\text{㉢}} \times 100 = 41.3(\%)$의 식이 성립한다. ㉢$= \dfrac{74}{0.413} \approx$ 179이므로 ㉣은 179−150=29(건)이다.
따라서 ㉠+㉡+㉢+㉣=119+179+29=327이다.

07 | 정답 | ②

도시별로 인정률을 확인해 보면 다음과 같다.

- 서울: $\dfrac{125,251}{141,778} \times 100 \approx 88.3(\%)$
- 부산: $\dfrac{57,878}{68,987} \times 100 \approx 83.9(\%)$
- 대구: $\dfrac{39,647}{45,786} \times 100 \approx 86.6(\%)$
- 인천: $\dfrac{48,550}{54,872} \times 100 \approx 88.5(\%)$
- 광주: $\dfrac{23,551}{29,706} \times 100 \approx 79.3(\%)$
- 대전: $\dfrac{23,655}{27,816} \times 100 \approx 85.0(\%)$
- 울산: $\dfrac{13,375}{14,995} \times 100 \approx 89.2(\%)$

따라서 인정률이 가장 낮은 도시는 광주이고, 인정률은 79.3%이다.

08 | 정답 | ②

2019년 암검진 수검률은 (12,891÷23,123)×100≒55.7(%)이고, 2020년 암검진 수검률은 (11,389÷22,973)×100≒49.6(%)이다. 따라서 2020년 암검진 수검률의 전년 대비 증감량은 49.6−55.7=−6.1(%p)이다.

09 | 정답 | ②

2019년 1인당 진료비가 500만 원 미만인 전체 진료 인원은 29,858+12,322+3,161=45,341(천 명)이

고, 진료비는 115,141+213,459+120,641=449,241 (억 원)이다. 따라서 진료 인원 1,000명당 평균 진료비는 $\frac{449,241}{45,341}$≒9.9(억 원)이다.

10
| 정답 | ②

2019년 전체 주요 수술 진료비용이 $\frac{800,156}{0.119}$=6,724,000(백만 원)이므로 2019년 스텐트삽입술 진료비용이 전체 주요 수술 진료비용에서 차지하는 비율은 $\frac{697,586}{6,724,000}$×100≒10.4(%)이다.

11
| 정답 | ④

먼저 당월 총보험료를 구하기 위해 건강보험료와 장기요양보험료를 계산하면 다음과 같다.
- 건강보험료: 1,192×195.8=233,393.6(원)
  → 233,390원
- 장기요양보험료: 233,390×0.1025≒23,922.5(원)
  → 23,920원

따라서 당월 총보험료는 233,390+23,920=257,310(원)이므로 체납으로 인한 연체금을 계산하면 다음과 같다.
- 1~30일까지의 연체금: 257,310×$\frac{1}{1,500}$×30
  =5,146.2(원) → 5,140원
- 31~40일까지의 연체금: 257,310×$\frac{1}{6,000}$×10
  =428.85(원) → 420원

따라서 40일간의 연체금은 5,140+420=5,560(원)이므로 연체금을 포함하여 납부할 총보험료는 257,310+5,560=262,870(원)이다.

12
| 정답 | ①

주간은 일주일 전체, 주말은 토~일요일, 주중은 월~금요일을 의미한다. 따라서 주간 평균 매출액은 주중 평균 매출액과 주말 평균 매출액의 가중평균인데, 주중은 5일, 주말은 2일이므로 각각 $\frac{5}{7}$와 $\frac{2}{7}$의 비중을 갖는다. 그런데 이것은 주중과 주말의 하루 평균 매출액이 동등하다는 가정하의 비중이고, 실제로는 주말 하루의 평균 매출액이 주중 하루의 평균 매출액보다 3.75배 크다. 따라서 5 : 2였던 비율을 5 : (2×3.75)

=5 : 7.5로 수정하여 생각해야 하므로, 구하고자 하는 실제 비중은 각각 $\frac{5}{12.5}$와 $\frac{7.5}{12.5}$가 된다.

13:00~17:00 시간대의 주간 평균 매출액 비중은 15+16=31(%)이고, 같은 시간대의 주말 평균 매출액 비중은 33%이므로 해당 시간대의 주중 평균 매출액 비중을 x라고 하면, 가중평균에 따라 $\frac{5}{12.5}x+\frac{7.5}{12.5}×33=31$ → $x=28$이다.

따라서 13:00~17:00 시간대의 주중 평균 매출액 비중은 28%이다.

> **시간단축 TIP**
> 13:00~17:00 시간대의 주간 평균 매출액 비중은 31%이고, 같은 시간대의 주말 평균 매출액 비중은 33%이므로 해당 시간대의 주중 평균 매출액 비중을 x라고 한다면 가중평균에 따라 x와 33 사이의 값이 31이 되어야 한다. 따라서 31% 이상인 ④는 정답이 될 수 없다. 한편 주중과 주말의 평균 매출액 비중이 동일하다면, 31은 x와 33의 중앙값이 되므로 $x=29$가 될 것이다. 그런데 주중과 주말의 평균 매출액 비중은 5 : 7.5로 주말이 더 높으므로 31은 x와 33 중 33에 더 가까워질 것이라고 추론할 수 있다. 따라서 x는 29보다 더 작아야 하는데, 주어진 선택지 중 29보다 작은 것은 28%인 ①뿐이므로 계산하지 않더라도 정답을 ①로 선택할 수 있다.

세부 유형	도표변환								P.120
01	②	02	③	03	①	04	④	05	②
06	④	07	③	08	④	09	④	10	③
11	④	12	④						

01

| 정답 | ②

ⓒ 전북 급성상기도감염 환자의 항생제 처방률의 전년 대비 증감률은 2020년에 $\frac{33.2-35.7}{35.7}\times100≒-7.0(\%)$, 2021년에 $\frac{33.5-33.2}{33.2}\times100≒0.9(\%)$, 2022년에 $\frac{29.8-33.5}{33.5}\times100≒-11.0(\%)$이다.

따라서 증감률을 잘못 나타낸 그래프의 개수는 1개이다.

| 오답풀이 |

㉠ 서울 급성상기도감염 환자의 항생제 처방률의 전년 대비 증감률은 2020년에 $\frac{33.1-35.6}{35.6}\times100≒-7.0(\%)$ 2021년에 $\frac{31.0-33.1}{33.1}\times100≒-6.3(\%)$, 2022년에 $\frac{28.9-31.0}{31.0}\times100≒-6.8(\%)$이다.

㉢ 인천 급성상기도감염 환자의 항생제 처방률의 전년 대비 증감률은 2020년에 $\frac{32.7-35.5}{35.5}\times100≒-7.9(\%)$, 2021년에 $\frac{33.1-32.7}{32.7}\times100≒1.2(\%)$, 2022년에 $\frac{30.2-33.1}{33.1}\times100≒-8.8(\%)$이다.

㉣ 대전 급성상기도감염 환자의 항생제 처방률의 전년 대비 증감률은 2020년에 $\frac{33.0-33.5}{33.5}\times100≒-1.5(\%)$, 2021년에 $\frac{31.6-33.0}{33.0}\times100≒-4.2(\%)$, 2022년에 $\frac{28.2-31.6}{31.6}\times100≒-10.8(\%)$이다.

> **시간단축 TIP**
> ⓒ 전북 급성상기도감염 환자의 항생제 처방률은 전년 증가했으므로 전년 대비 증감률이 양수임을 알 수 있다.

02

| 정답 | ③

'도매상 → 도매상'의 출고량 중 반품량 비중은 다음과 같다.

- 2020년: $5,721÷156,383\times100≒3.7(\%)$
- 2021년: $4,917÷162,729\times100≒3.0(\%)$
- 2022년: $5,340÷174,225\times100≒3.1(\%)$

따라서 정답은 ③이다.

03

| 정답 | ①

직장 가입 건강보험 부양률의 감소율을 연도별로 확인하면 다음과 같다.

- 2016년: $\frac{1.30-1.24}{1.30}\times100≒4.6(\%)$
- 2017년: $\frac{1.24-1.19}{1.24}\times100≒4.0(\%)$
- 2018년: $\frac{1.19-1.12}{1.19}\times100≒5.9(\%)$
- 2019년: $\frac{1.12-1.05}{1.12}\times100≒6.3(\%)$
- 2020년: $\frac{1.05-1.00}{1.05}\times100≒4.8(\%)$

따라서 2018~2020년의 감소율이 잘못 작성되었으므로 ①은 옳지 않은 그래프이다.

| 오답풀이 |

② 지역 세대주의 전년 대비 증감을 살펴보면 다음과 같다.
- 2016년: 6,481-6,507=-26(천 명)
- 2017년: 6,541-6,481=60(천 명)
- 2018년: 6,678-6,541=137(천 명)
- 2019년: 6,957-6,678=279(천 명)
- 2020년: 7,134-6,957=177(천 명)

따라서 옳은 그래프이다.

③ 건강보험 직장 가입자 중 전년 대비 가입자 증감을 살펴보면 다음과 같다.
- 2016년: 16,338-15,760=578(천 명)
- 2017년: 16,830-16,338=492(천 명)
- 2018년: 17,480-16,830=650(천 명)
- 2019년: 18,123-17,480=643(천 명)
- 2020년: 18,543-18,123=420(천 명)

따라서 옳은 그래프이다.

④ 2018년 건강보험은 직장(가입)이 36,990천 명, 지역(가입)이 14,082천 명이다. 건강보험 적용 인구 가입 유형별 비중은 직장이 $\frac{36,990}{36,990+14,082}\times100≒72(\%)$이고 지역은 100-72=28(%)이므로 옳은 그래프이다.

04

| 정답 | ④

160시간 미만 근무인원 중 시설 근무인원 1인당 평균 근무시간은 2020년 385,400÷4,700≒82(시간), 2021년 403,200÷4,800=84(시간), 443,700÷5,100≒87(시간), 510,400÷5,800≒88(시간)이다.

| 오답풀이 |

① 2021년 시설 근무인원의 총근무시간은 16,765,700시간이다.
② 2022년 장기요양(재가·시설) 총근무인원은 359,100+97,300=456,400(명)이다.

③ 160시간 이상 재가 근무인원 중 2023년 근무인원은 전년보다 증가했지만 근무시간은 감소했으므로 1인당 근무시간은 감소해야 한다. 즉, 그래프는 오른쪽 아래 방향으로 내려가는 모양이어야 한다. 참고로, 160시간 이상 근무인원 중 재가 근무인원 1인당 평균 근무시간은 2022년 10,035,900÷53,100=189(시간), 2023년 9,612,000÷54,000=178(시간)이다.

05 | 정답 | ②

연도별 사옥관리비와 타기관부담금의 금액이 서로 바뀌었다.

| 오답풀이 |

①, ③ 그래프의 수치는 [표]에서와 일치한다.
④ 연도별 보험급여비 중 건강검진비와 임신·출산진료비 합이 차지하는 비중은 다음과 같다.
- 2015년: $\frac{149,481}{4,576,019} \times 100 ≒ 3.3(\%)$
- 2016년: $\frac{161,625}{5,101,493} \times 100 ≒ 3.2(\%)$
- 2017년: $\frac{169,503}{5,489,174} \times 100 ≒ 3.1(\%)$
- 2018년: $\frac{174,497}{6,316,833} \times 100 ≒ 2.8(\%)$
- 2019년: $\frac{186,622}{6,899,658} \times 100 ≒ 2.7(\%)$

06 | 정답 | ④

소득 수준 하 계층의 접종률은 2014년부터 31.0%, 31.7%, 30.7%, 30.7%, 34.5%이나 선택지 ④의 그래프는 소득 수준 상 계층의 접종률을 나타내고 있다.

07 | 정답 | ③

주관적 건강 전체의 연령별 기대 여명은 연도별로 0세가 각각 66.1년, 67.5년, 68.5년이고, 65세가 각각 9.3년, 9.9년, 10.8년이다. 따라서 ③은 이를 옳게 반영한 그래프이다.

| 오답풀이 |

① 0세와 65세가 서로 뒤바뀌어 표기되어 있다.
② 남자와 여자가 서로 뒤바뀌어 표기되어 있다.
④ 유병 기간 제외와 주관적 건강이 뒤바뀌어 표기되어 있다.

08 | 정답 | ④

주어진 그래프는 각각 1인당 월평균 보험급여비와 연도별 보험급여비이다. 아래의 항목부터 해당하는 연도를 찾으면 2010년, 2012년, 2013년, 2015년이다. 따라서 (A)에 해당하는 연도는 2015년이다.

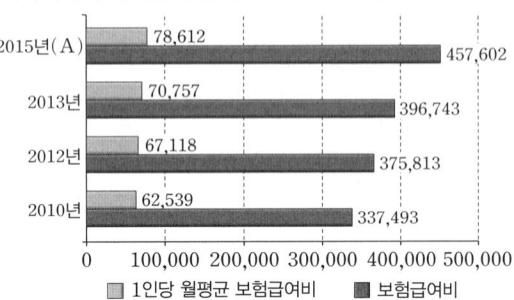

09 | 정답 | ④

진료실 인원 합계는 입원 및 외래의 중복 인원을 제외한 수치이다. 따라서 합계에서 소계(입원과 외래 인원 합)를 제외한 값이며, 구별 중복 인원은 다음과 같다.
- 중랑구: 410,149−358,830=51,319(명)
- 성북구: 453,672−403,693=49,979(명)
- 강북구: 317,179−278,758=38,421(명)
- 도봉구: 341,487−302,819=38,668(명)
- 노원구: 535,139−479,226=55,913(명)

| 오답풀이 |

① 입원 진료실 인원 수치는 중랑구와 성북구가 바뀌었고, 강북구와 도봉구가 바뀌었다.
② 도봉구의 내원일수 소계(6,611,728일)가 틀린 수치이다.
③ 진료실 인원, 내원일수, 급여일수 각 소계는 아래와 같은 순위로 동일하다.

1위	노원구
2위	성북구
3위	중랑구
4위	도봉구
5위	강북구

10 | 정답 | ③

연도별 노인 1인당 연평균 진료비의 전년 대비 증가폭을 구하면 다음과 같다.
- 2010년: 2,861−2,650=211(천 원)
- 2011년: 3,030−2,861=169(천 원)
- 2012년: 3,108−3,030=78(천 원)

- 2013년: 3,224−3,108=116(천 원)
- 2014년: 3,399−3,224=175(천 원)
- 2015년: 3,625−3,399=226(천 원)
- 2016년: 3,983−3,625=358(천 원)

따라서 이를 그래프로 나타내면 ③의 그래프와 같다.

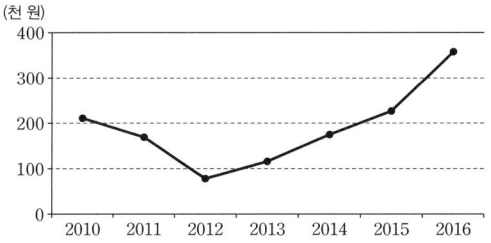

11
| 정답 | ④

브이백 이외의 자연 분만 건수이므로 자연 분만 건수에서 브이백 건수를 뺀 수치여야 한다. 따라서 브이백이 포함된 자연 분만 건수가 반영된 ④의 그래프는 옳지 않다.

12
| 정답 | ④

④의 그래프는 50대 이상 수검 인원 중 정상 판정자 수가 아닌, 질환 의심 판정자 수의 수치를 나타내고 있으므로 옳지 않은 그래프이다.

CHAPTER 04 실전연습 문제

P.140

01	③	02	①	03	③	04	④	05	②
06	③	07	④	08	②	09	④	10	③
11	②	12	③	13	①	14	③	15	②
16	②	17	③	18	③	19	②	20	①

01
| 정답 | ③

2019년 제시된 7개 수술 건수의 합은 1,305+580+348+323+160+150+103=2,969(건)으로 34개 주요 수술 건수 대비 제시된 7개 수술 건수의 합의 비중은 (2,969÷3,775)×100≒79(%)이므로 옳지 않다.

| 오답풀이 |

① 제시된 7개의 수술 중 건수가 가장 적은 수술은 매년 내시경 및 경피적 담도수술로 동일하므로 옳다.
② 2023년 의료보장인구 10만 명당 제왕절개수술 건수는 2년 전인 2021년 대비 559−555=4(건) 감소하였으므로 옳다.
④ 제시된 기간 동안 매년 일반 척추수술 건수는 슬관절 치환술 건수의 2배 이상이므로 옳다.

02
| 정답 | ①

2023년 의료보장인구 10만 명당 일반 척추수술 건수는 390건이고, 2023년 의료보장인구는 5,297만 명이므로 2023년 일반 척추수술 건수는 5,297×390÷10=206,583(건)이다.

03
| 정답 | ③

1종 근린생활시설 적정 설치율은 $\frac{1,088,170}{1,485,132}×100$≒73.3(%), 2종 근린생활시설의 적정 설치율은 $\frac{302,960}{422,324}×100$≒71.7(%)이므로 차이는 73.3−71.7=1.6(%p)이다.

| 오답풀이 |

① 대상 건물이 가장 많은 시설은 공동주택이고, 가장 적은 시설은 교정시설이다. 건물 1개당 편의시설 설치 수는 공동주택이 $\frac{1,587,369}{51,753}$≒30.7(개), 교정시설이 $\frac{2,299}{47}$≒48.9(개)이므로 그 차이는 48.9−30.7=18.2(개)이다.
② 조사 시설의 총설치율은 $\frac{7,243,294}{9,034,890}×100$≒80.2(%)이다.

④ 편의시설 설치 수와 적정 설치 수를 시설이 많은 순서대로 각각 순위를 1위부터 5위까지 매기면 공동주택, 교육연구시설, 1종 근린생활시설, 노유자시설, 업무시설로 동일하다.

04 | 정답 | ④

㉠ 판매시설의 적정 설치율은 $\frac{96,985}{120,309} \times 100 ≒ 80.6(\%)$이다.

㉡ 기숙사의 설치율은 $\frac{32,551}{42,317} \times 100 ≒ 76.9(\%)$이다.

㉢ 대상 편의시설 중 상위 6개의 비중은
$\frac{1,888,072+1,485,132+1,422,689+1,324,789+861,319+422,324}{9,034,890}$
$\times 100 ≒ 82.0(\%)$이다.

따라서 ㉠~㉢ 값의 크기가 큰 순서대로 바르게 나열하면 ㉢>㉠>㉡이다.

05 | 정답 | ②

개인 근로자 수는 213,964명으로 영리법인 근로자 수의 8배인 $28,437 \times 8 = 227,496$(명)보다 적다. 따라서 8배 미만이다.

| 오답풀이 |
① 월평균 근로시간이 60시간 미만이라고 응답한 비율이 가장 적은 직종은 0.3%가 응답한 물리치료사이다.
③ 중소도시 근로자가 월평균 근로시간으로 응답한 비율이 가장 높은 항목은 33.5%가 응답한 160시간 이상이다.
④ 여성 근로자 수는 285,193명으로 전체 근로자 수의 95%인 $300,999 \times 0.95 ≒ 285,949$(명)보다 적다. 따라서 95% 미만이다.

06 | 정답 | ③

월평균 근로시간을 60시간 미만으로 응답한 근로자 수가 257명, 60시간 이상 120시간 미만으로 응답한 근로자 수가 1,145명, 120시간 이상 160시간 미만으로 응답한 근로자 수가 1,955명, 160시간 이상으로 응답한 근로자 수가 16,389명인 항목은 주야간보호이다. 따라서 E에 해당하는 항목은 주야간보호이다.

> **시간단축 TIP**
> 선택지에 제시된 항목 중 월평균 근로시간이 160시간 이상으로 응답한 근로자 수가 다른 근로시간보다 많은 항목을 먼저 체크한다. 급여유형별 항목 중 월평균 근로시간이 160시간 이상으로 응답한 근로자 수가 다른 근로시간보다 많은 항목은 주야간보호, 노인요양시설(10~29명), 노인요양시설(30~49명)이므로 방문목욕 항목은 제외하고 생각한다. 남은 항목 중 월평균 근로시간이 60시간 미만으로 응답한 비율이 현저히 적은 노인요양시설(30~49명) 항목 또한 답이 될 수 없음을 알 수 있다.

07 | 정답 | ④

월평균 60시간 이상 120시간 미만을 근무하는 요양보호사 수는 $274,086 \times 0.317 ≒ 86,885$(명)이고, 간호사 수는 $12,882 \times 0.033 ≒ 425$(명)이다. 따라서 총 $86,885 + 425 = 87,310$(명)이다.

08 | 정답 | ②

빈칸의 수치는 갑 지역의 남자와 여자의 노인장기요양보험 인정자 수의 합계이므로 각 등급별로 계산하면 다음과 같다.
• 1등급: $120 + 247 = 367$(명)
• 2등급: $116 + 355 = 471$(명)
• 3등급: $348 + 761 = 1,109$(명)
• 4등급: $286 + 762 = 1,048$(명)
• 5등급: $86 + 182 = 268$(명)

따라서 노인장기요양보험 인정자 수의 상위 3개 등급은 순서대로 '3등급-4등급-2등급'이다.

09 | 정답 | ④

3등급과 4등급의 수치를 합산한 값의 2배를 한 결괏값이 합계의 수치보다 큰지 확인해 본다. 남녀 모두 모든 연령대에서 결괏값이 합계의 수치보다 크다는 것을 알 수 있다.

| 오답풀이 |
① 전국 대비 갑 지역의 인정자 비중은 등급별로 순서대로 약 0.85%, 약 0.59%, 약 0.57%, 약 0.48%, 약 0.67%로 1등급이 가장 높다.
② 여자의 경우에는 연령이 높아질수록 인정자의 수가 증가하지만, 남자의 경우에는 65세 미만(92명)보다 65~69세(84명)의 인정자 수가 더 적다는 것을 알 수 있다.
③ 전국의 비중은 $\frac{575,700}{739,495} \times 100 ≒ 77.9(\%)$이고, 갑 지역의 비중은 $\frac{3,263}{3,798} \times 100 ≒ 85.9(\%)$이다. 따라서 $85.9 - 77.9 = 8.0$(%p)로 10%p 미만의 차이를 보인다.

10

| 정답 | ③

영유아 건강 검진 대상 인원은 조사기간 동안 3,246 → 3,162 → 3,135 → 3,129 → 3,025 → 2,889천 명으로 매년 감소하였다는 것을 알 수 있다.

| 오답풀이 |

① 2018년 일반 건강 검진 수검률은 $\frac{15,077}{19,593} \times 100 ≒ 77.0(\%)$인 반면, 2017년은 $\frac{13,987}{17,818} \times 100 ≒ 78.5(\%)$이므로 2018년이 더 낮다.

② 2014년 3,162−2,206=956(천 명)에서 2015년 3,135−2,178=957(천 명)으로 증가하였다.

④ 3개 검진의 대상 인원과 수검 인원의 합 모두 2018년에 각각 44,985천 명, 29,360천 명으로 가장 많다.

11

| 정답 | ②

건강 검진 종류별 2013년 대비 2018년 대상 인원과 수검 인원의 변화율을 구하면 다음과 같다.

[일반 건강 검진]
- 대상 인원 변화율: $\frac{19,593-15,776}{15,776} \times 100 ≒ 24.2(\%)$
- 수검 인원 변화율: $\frac{15,077-11,381}{11,381} \times 100 ≒ 32.5(\%)$

[암 검진]
- 대상 인원 변화율: $\frac{22,503-19,195}{19,195} \times 100 ≒ 17.2(\%)$
- 수검 인원 변화율: $\frac{12,131-8,341}{8,341} \times 100 ≒ 45.4(\%)$

[영유아 건강 검진]
- 대상 인원 변화율: $\left|\frac{2,889-3,246}{3,246} \times 100\right| ≒ 11(\%)$
- 수검 인원 변화율: $\frac{2,152-2,069}{2,069} \times 100 ≒ 4(\%)$

따라서 수검 인원의 변화율이 대상 인원의 변화율보다 더 큰 검진 종류는 일반 건강 검진과 암 검진이다.

12

| 정답 | ③

연도별 영유아 건강 검진 수검률을 구하면 다음과 같다.
- 2013년: $\frac{2,069}{3,246} \times 100 ≒ 63.7(\%)$
- 2014년: $\frac{2,206}{3,162} \times 100 ≒ 69.8(\%)$
- 2015년: $\frac{2,178}{3,135} \times 100 ≒ 69.5(\%)$
- 2016년: $\frac{2,250}{3,129} \times 100 ≒ 71.9(\%)$
- 2017년: $\frac{2,182}{3,025} \times 100 ≒ 72.1(\%)$
- 2018년: $\frac{2,152}{2,889} \times 100 ≒ 74.5(\%)$

따라서 연도별 영유아 건강 검진의 수검률 그래프로 옳은 것은 ③이다.

13

| 정답 | ①

남자 사망자 중 기혼 사망자 비중은 2021년에 $107,191 \div 171,318 \times 100 ≒ 62.6(\%)$, 2022년에 $121,993 \div 195,780 \times 100 ≒ 62.3(\%)$이므로 2022년에 전년 대비 감소했다.

| 오답풀이 |

② 전년 대비 2015~2022년의 남자와 여자 사망자 수의 증감 추이는 증가, 증가, 증가, 증가, 감소, 증가, 증가, 증가로 일치한다.

③ 2018년부터 매년 혼인 상태가 사별인 여자의 사망자 수와 혼인 상태가 미혼인 여자의 사망자 수 관계는 다음과 같다.
- 2018년: 91,023÷6,118≒14.9(배)
- 2019년: 87,764÷6,354≒13.8(배)
- 2020년: 90,509÷6,917≒13.1(배)
- 2021년: 94,506÷7,292≒13.0(배)
- 2022년: 117,681÷8,474≒13.9(배)

④ 연평균 남자 사망자 수는 (146,177+149,340+151,480+153,355+160,297+159,473+164,460+171,318+195,780)÷9≒161,297.8(명), 연평균 여자 사망자 수는 (119,436+124,610+127,475+130,470+136,931+134,149+139,257+145,187+175,946)÷9≒137,051.2(명)이므로 161,297.8−137,051.2=24,246.6(명) 더 많다.

14

| 정답 | ③

㉠ 2020년 혼인 상태가 미상인 남자 사망자의 비중은 $\frac{340}{164,460} \times 100 ≒ 0.2(\%)$이다.

㉡ 2022년 남자 사망자는 여자 사망자보다 $\frac{195,780-175,946}{175,946} \times 100 ≒ 11.3(\%)$ 더 많다.

㉢ 2021년 혼인 상태가 사별인 남자 사망자의 2019년 대비 증가율은 $\frac{25,301-22,980}{22,980} \times 100 ≒ 10.1(\%)$이다.

따라서 ㉠~㉢의 값을 모두 합하면 0.2+11.3+10.1=21.6이다.

15 | 정답 | ②

조사기간 동안 지급 금액이 가장 많은 것은 보청기이며 청각 보조기기에 속한다.

| 오답풀이 |

① 2017년부터 2020년까지 자세보조 용구 지급 건수는 851 → 780 → 814 → 769로 증가와 감소를 반복하고 있다.
③ 돋보기 지급 금액은 2016년 대비 2020년에 $\frac{24-19}{24} \times 100 ≒ 20.8(\%)$ 감소하였으므로 20% 이상 감소하였다.
④ 팔보조기 지급 건수가 가장 많았던 해는 2017년(834건)이다. 이때의 장애인 보조기기 지급 금액 합계는 106,487백만 원으로 전년 금액인 110,077백만 원 대비 감소하였다.

16 | 정답 | ②

2017년 휠체어 지급 1건에 해당하는 금액은 7,462÷17,245≒0.43(백만 원), 즉 43만 원이다.

| 오답풀이 |

① 2016년 이동식 전동리프트 지급 1건에 해당하는 금액은 1,092÷471≒2.32(백만 원), 즉 232만 원이다.
③ 2018년 욕창예방 매트리스 지급 1건에 해당하는 금액은 690÷1,928≒0.36(백만 원), 즉 36만 원이다.
④ 2020년 다리보조기 지급 1건에 해당하는 금액은 3,482÷8,612≒0.40(백만 원), 즉 40만 원이다.

17 | 정답 | ③

2019년 한의원의 한약제제 약품비 청구 금액은 356억 원이고, 2019년 한방 총진료비는 30,119억 원이므로 비중은 $\frac{356}{30,119} \times 100 ≒ 1.2(\%)$ 이다.

| 오답풀이 |

① 2016년 한약제제 약품비의 전년 대비 증가율은 $\frac{309-284}{284} \times 100 ≒ 8.8(\%)$ 이지만, 2017년은 이보다 큰 $\frac{340-309}{309} \times 100 ≒ 10.0(\%)$ 이다.
② 한약제제 약품비 1억 원당 평균 청구 건수는 2018년은 $\frac{22,681}{358} ≒ 63.4$(천 건)이고, 2019년은 $\frac{24,749}{382} ≒ 64.8$(천 건)이므로 2019년이 더 많다.
④ 전년 대비 한방 총진료비 증가액은 2016년부터 연도별로 순서대로 994억 원, 1,207억 원, 1,784억 원, 2,923억 원이므로 '2019년-2018년-2017년-2016년' 순으로 많다.

18 | 정답 | ③

③의 그래프는 모든 항목별 수치들이 주어진 자료에 부합하므로 옳은 그래프이다.

| 오답풀이 |

① 한방병원과 한의원의 수치가 모두 뒤바뀌어 있다.
② 한의원의 수치가 합계의 수치로 잘못 반영되어 있다.
④ 한방병원의 수치가 한의원의 청구 금액으로 잘못 반영되어 있다.

19 | 정답 | ②

여자 헌혈 실적 합계는 2016년에 113,011+27,430+2,089+7,248+29,719+10,202+606,974+2,731=799,404(건), 2018년에 106,390+29,517+2,481+9,104+30,241+9,412+587,164+2,049=776,358(건)이므로 2016년이 더 높다.

| 오답풀이 |

① 2021년 헌혈 차량의 헌혈 실적 전년 대비 증감률은 남자가 $\frac{8,267-7,624}{7,624} \times 100 ≒ 8.4(\%)$, 여자가 $\frac{5,161-4,782}{4,782} \times 100 ≒ 7.9(\%)$ 이다.
③ 2017~2020년 동안 매년 헌혈 실적이 전년 대비 감소한 헌혈 장소는 남자에서 고등학교, 여자에서 헌혈의 집이다.
④ 2019년 남자 헌혈 실적은 219,656+55,202+286,167+5,400+118,799+32,380+1,314,974+3,988=2,036,566(건), 여자 헌혈 실적은 108,279+33,089+3,259+5,663+37,738+9,529+555,425+1,544=754,526(건)이므로 남자가 여자의 $\frac{2,036,566}{754,526} ≒ 2.7$(배)이다.

20 | 정답 | ①

2021년 여성 헌혈 인구는 42,199+14,553+5,131+5,441+58,951+11,743+566,127+5,161=709,306(명)이므로 2021년 여성 헌혈률은 $\frac{709,306}{24,974,276} \times 100 ≒ 2.8(\%)$ 이다.

PART 03 문제해결능력

CHAPTER 03 유형연습 문제

유형	자료형 문제해결

세부 유형	문제해석								P.168
01	④	02	①	03	②	04	②	05	②
06	③	07	①	08	③	09	④	10	①
11	③	12	③	13	①	14	④	15	②

01
| 정답 | ④

차량 가액이 4,000만 원 이상인 자동차에 대해서 자동차 보험료를 부과하지만, 배기량 및 사용 연수 기준에 따라 차등 적용되므로 일괄적으로 자동차 보험료가 부과되는 것은 아니다.

| 오답풀이 |
① 지역가입자의 소득 보험료 중 최저 보험료 납부자의 기준이 연 소득 100만 원 이하 세대에서 연 소득 336만 원 이하 세대로 바뀜에 따라 납부자 수는 이전보다 증가할 것이다.
② 피부양자의 소득 요건이 연 소득 3,400만 원 초과에서 연 소득 2,000만 원 초과로 조정됨에 따라 이전 대비 지역가입자가 증가할 것이다.
③ 개편 전에는 연간 3,400만 원을 초과하는 경우 추가로 보험료를 부담해야 하지만, 개편 후에는 연간 2,000만 원을 초과하는 경우에 보험료를 추가로 부담해야 한다. 따라서 연 소득이 3,000만 원인 직장가입자의 경우 개편 이후 소득월액 보험료를 추가로 부담해야 한다.

02
| 정답 | ①

요양급여는 의료기관이 지급받는 것으로, 요양급여 지급 보류 시점을 조정하는 조치로는 요양급여 지급 보류 시점을 사무장 병원 수사 개시 시점으로 변경하는 등 더 앞당기는 방안과 지급 보류 적용 대상을 확대하는 방안 등이 합리적인 조치이다.

| 오답풀이 |
② 불법 개설을 사전 차단하는 것은 진입 단계에서의 대책으로, 전방위 감시 체계를 구축하는 일은 운영 단계에서의 대책으로 볼 수 있다. 그리고 불법행위 반복 방지 대책의 내용은 형사처벌, 폐쇄명령 처분 등의 조치를 포함하고 있으므로 사무장 병원의 퇴출을 강력히 시행하고자 하는 대책으로 볼 수 있다.
③ 요양급여 비용 환수 처분 감면 및 면허취소(정지) 행정처분 면제 등의 제재 조치 경감을 통하여 자진신고를 유도하고 있음을 알 수 있다.
④ 의료기관 회계 공시제도 적용 대상 확대 검토 방안은 병원 회계·경영의 불투명성을 해결하기 위한 방안으로 볼 수 있다.

03
| 정답 | ②

두 번째 단락에서 '국민건강보험공단은 ESG경영추진단을 설치하여 ESG 분야에서 신규 과제를 발굴하고 고유 업무와 연계한 사업을 주관해 추진하고 있다.'라고 하였으므로 옳은 설명이다.

| 오답풀이 |
① ESG경영추진단은 이사장을 위원장으로 하며, 자문단 및 3개의 분과와 6개의 지역본부로 구성된 각 추진분과로 이루어져 있다고 하였다. 따라서 추진분과는 총 9개로 구성되어 있다.
③ 국민건강보험공단은 3대 전략 목표와 핵심성과지표를 설정하고, 15개의 전략 과제를 통해 구체적인 실행 방향을 수립하였다. 즉, 전체 15개의 전략 과제가 주어져 있음을 알 수 있다.
④ ESG경영추진단은 경영자문단으로 외부 전문가를 두고 있다. 즉, 임직원이 아닌 외부인이 포함되어 있다.

04
| 정답 | ②

임신 및 출산 진료비 지원제도 제외대상자에서 「의료급여법」에 따라 의료급여를 받는 자(수급권자)를 명시하고 있으므로 임신 및 출산 진료비 지원을 받을 수 없다.

| 오답풀이 |
① 분만 취약지 임산부에게 20만 원이 추가로 지원되므로 지역에 따라 지원 금액이 다를 수 있다.
③ 산부인과, 조산원, 한방의료기관 등의 기관에서 산전검사, 분만, 산후치료, 임신오조 등 분만 외 비용을 다양하게 지원한다.
④ 해당 제도는 '건강한 태아의 분만과 산모의 건강관리, 출산 친화적 환경 조성을 위해 임신 및 출산과 관련된 진료비를 전자바우처(국민행복카드)로 일부 지원하는 제도'라고 명시하고 있다. 따라서 전액을 지원하는 것이 아니다.

05 | 정답 | ②

도시가스요금 경감 지원 대상은 장애인, 국가유공자, 독립유공자, 생계·의료·주거·교육급여 수급자, 차상위계층, 차상위계층확인서 발급대상자, 다자녀가구이다. 이때, 다자녀가구는 법으로 정한 것은 아니고, 세대별 주민등록표상 세대주와의 관계가 "자(子)" 또는 "손(孫)"이 각각 3인 이상으로 표시된 주거용 주택의 세대주 또는 가정위탁보호 확인서상 위탁아동으로서 세대별 주민등록표상 세대주와의 관계가 '동거인'으로 지정된 자와 세대별 주민등록표상 세대주와의 관계가 "자(子)" 또는 "손(孫)"인 자의 합이 각각 3인 이상인 주거용 주택의 세대주에 해당한다.

| 오답풀이 |
① 차상위계층 대상자 중 「장애인복지법(제49조, 제50조)」에 따라 장애수당을 받는 18세 이상 장애인 및 장애아동수당을 받는 18세 미만 장애인이 해당하므로 18세 미만이어도 도시가스요금을 경감받을 수 있다.
③ 도시가스요금 경감 대상자가 경감 신청을 하면 전자 정부망(GRMS)을 통해 도시가스 회사에 정보가 제공되어 자격을 확인하게 된다.
④ '1. 신청 방법'에 주민센터에 도시가스요금 경감 지원을 신청할 때 도시가스요금 납부 고지서를 지참해야 한다고 명시하고 있다.

06 | 정답 | ③

'1. 건이강이 스케일업 주요 내용'에 따르면 최대 30인의 투자자·전문평가사 대상 테이블 미팅 기회 제공은 '액셀러레이팅'이 아닌 '임팩트투자 데모데이'에 해당하므로 옳지 않은 내용이다.

| 오답풀이 |
① '1. 건이강이 스케일업 주요 내용'에 따르면 헬스케어는 보건 분야에 해당하므로 옳은 내용이다.
② '1. 건이강이 스케일업 주요 내용'에 따르면 건이강이 스케일업 프로그램에 선정된 8개 기관은 모두 사업지원금으로 500만 원을 지원받을 수 있다.
④ '2. 공모 및 심사·선발 일정'에 따르면 건이강이 스케일업 프로그램에 선정되는 기관은 5월 중순에 발표되므로 옳은 내용이다.

07 | 정답 | ①

'1. 건이강이 스케일업 주요 내용'에 따르면 기업별로 한 번씩 받을 수 있는 심화 경영진단은 엑셀러레이팅에 해당하며, '3. 선정기관 지원 일정'에 따르면 엑셀러레이팅은 6월에서 10월 사이에 진행될 예정이므로 옳은 내용이다.

| 오답풀이 |
② '1. 건이강이 스케일업 주요 내용'에 따르면 개인사업자는 지원이 불가하므로 옳지 않은 내용이다.
③ '1. 건이강이 스케일업 주요 내용'에 따르면 건이강이 스케일업 프로그램에 사용되는 성장 지원금은 선정기관 사업 지원금과 임팩트투자 금액을 합한 1억 9천만 원이므로 옳지 않은 내용이다.
④ '2. 공모 및 심사·선발 일정'에 따르면 프로그램 접수 신청 마감은 4월 22일이고, 대면 심사는 5월 초로 예정되어 있으므로 옳지 않은 내용이다.

08 | 정답 | ③

'2. 사업 내용'에 따르면 장애인 치과 주치의 시범사업의 대상자는 약물 진정, 행동 조절 없이 물리적 속박만으로 진료 협조가 가능한 중증 장애인이므로 옳은 내용이다.

| 오답풀이 |
① '2. 사업 내용'에 따르면 주치의 등록은 국민건강보험공단에 신청하므로 옳지 않은 내용이다.
② '1. 사업 목적'에 따르면 장애인 치과 주치의 시범사업을 실시하여 장애인의 구강건강을 증진하고 상급의료기관의 개입 필요성을 낮춰 장기적으로 요양급여비용을 감소시키고자 한다고 하였으므로 옳지 않은 내용이다.
④ '2. 사업 내용'에 따르면 장애인 치과 주치의 시범사업의 사업 지역은 부산광역시, 대구광역시 남구, 제주도 제주시 총 3개 지역이므로 옳지 않은 내용이다.

09 | 정답 | ④

'2. 사업 내용'에 따르면 사업 대상 중 치과 주치의는 「의료법」 제3조 제2항에 따른 의료기관에 소속된 치과 의사이되, 상급종합병원에 설치된 치과대학부속치과병원 소속 치과의사는 제외한다고 하였으므로 옳지 않은 내용이다.

| 오답풀이 |
① '1. 사업 목적'에 따르면 장애인 진료 가능으로 치과협회에 등록한 치과의원 수는 전체 치과의원의 1.9%인 299개소라고 하였으므로 치과협회에 등록한 전체 치과의원 수는 299÷0.019≒15,737(개소)로 옳은 내용이다.
② '3. 장애인 치과 주치의 서비스 모형'에 따르면 장애인 치과주치의 서비스는 불소도포, 구강보건교육, 치석 제거를 모두 제공한다고 하였으므로 옳은 내용이다.

③ '2. 사업 내용'에 따르면 장애인 치과 주치의 서비스 시범기관은 당해 기관이 사업 참여기관인 점과 장애인 구강건강관리에 대한 안내, 환자 본인 부담 내역 등 주요사항을 환자 또는 보호자가 보기 쉬운 곳에 게시해야 하므로 옳은 내용이다.

10 | 정답 | ①

'2. 이용 전 확인 사항'에 따르면 재가급여 전자 관리 시스템 앱을 다운로드할 때에는 Wi-Fi에서 가능하나, 이를 실행할 때에는 Wi-Fi 기능을 해제해야 한다.

| 오답풀이 |

② '4. 본인 인증 및 장기요양 앱 설치'에 따르면 본인 인증 앱은 재가급여 전자 관리 시스템 사용 여부와 관계없이 장기요양 앱을 다운로드하여 설치한 후 삭제하라고 하였다.
③ '8. 미승인 사유'에 따르면 수급자 정보가 올바르지 않을 경우에는 'A9'가 나타난다.
④ '6. 서비스 시작 전송 및 종료'에 따르면 태그 접촉 시 급여 종류를 잘못 선택한 경우에는 '태그 취소'를 선택 후 급여 종류를 재선택해야 한다.

11 | 정답 | ③

C로 시작되는 에러 코드는 C2, C3, C4이다. 이는 모두 해당 기관의 사유에 의한 에러이며, 수급자 정보 오류에 의한 것은 아니다.

| 오답풀이 |

① 앱 다운로드는 Wi-Fi 기능을 사용할 수 있으며, 실행 시에만 해제하면 된다.
② 비밀번호는 10~15자리여야 하므로 12자리는 사용이 가능하지만, 영문과 숫자를 포함하여 설정해야 한다.
④ 주어진 매뉴얼에는 최신 버전으로 필수 업데이트해야 할 경우에 로그인 시 자동 업데이트된다고 하였으며, 반드시 최신 버전을 다운로드하여 사용해야 한다는 내용은 명시되어 있지 않다.

12 | 정답 | ③

무상으로 거주하고 있는 경우 무상거주확인서는 배우자, 직계존비속(배우자의 직계존비속 포함) 주택 등에 거주하고 있을 경우라도 반드시 제출해야 한다.

| 오답풀이 |

① 소득이 변동된 경우 가입자가 지역 건강보험료 조정을 신청해야 한다.
② 자동차 소유권 변경 및 폐차한 경우 적용시기는 원인 발생일이 속한 달의 다음 달부터(1일인 경우 그 달부터) 지역 건강보험료가 조정된다.
④ 부동산은 매각하고 사업자 번호를 유지할 경우, 부동산에 대한 보험료만 조정되고, 소득금액은 조정되지 않는다.

13 | 정답 | ①

폐업 사업장 수보다 재개업 사업장 수가 많으면 폐업 사업장 전체 연계소득과 재개업 사업장 전체 업종별 평균 소득 합산 금액을 비교하여 낮은 소득금액을 부과한다. 폐업 사업장 전체 연계소득이 2억 4천만 원이고, 재개업 사업장이 10개이면서 각 재개업 사업장의 재개업 사업장 전체 업종별 평균 소득이 2천만 원이라면 합산 금액이 2억 원이므로 둘 중 더 낮은 2억 원을 부과한다.

| 오답풀이 |

② 해촉 후 재취업의 경우, 동일 업종 판단 후 해촉한 동일 업종 귀속년도 연계소득(해촉한 동일 업종 귀속년도 연계소득이 없을 경우 최근 해촉 업종소득)과 재취업한 업종의 지역 업종별 평균 소득금액과 비교하여 낮은 소득금액을 부과하고, 지역 업종별 평균 소득이 없는 경우 전국 업종별 평균 소득금액으로 조정한다. 주어진 조건에서 해촉한 동일 업종 귀속년도 연계소득, 재취업한 업종의 지역 업종별 평균 소득금액이 주어져 있으므로 이 두 금액을 비교하여 더 낮은 연 3,200만 원을 적용한다.
③ 8월 이후 서류 제출하는 경우 신청일 속한 달의 다음 달부터 조정되나 1일에 제출한 경우 당월부터 조정된다.
④ 폐업한 경우에는 원인 발생일이 속한 달의 다음 달 혹은 1일인 경우 그 달부터 지역 건강보험료가 조정된다.

14 | 정답 | ④

해외 신종 감염병이 지역 사회의 전파 상태를 넘어 전국으로 확산될 징후를 보이는 경우에는 경계 단계가 아닌 심각 단계의 경보가 발동된다.

| 오답풀이 |

① 교육(지원)청과 산하 교육 기관에 전파해야 한다는 설명은 주의 단계인 2단계부터 언급되어 있다.
② 학교의 단체 활동과 외부인 출입을 제한하는 것은 심각 단계에서 시행되는 대응 방안이다.
③ 주의 단계인 2단계와 경계 단계인 3단계의 차이점은 감염병이 제한적인 전파 상태를 넘어 지역 사회로 전파되기 시작한다는 것이다.

15 | 정답 | ②

기사문에 따르면 SFTS에 대한 첫 환자가 발생한 상황이며, SFTS는 이미 과거에 국내에서 발생한 바

있어 재출현 감염병으로 볼 수 있다. 따라서 이 경우에는 위기 대응 1단계인 관심 단계의 경보가 발동되어야 한다.

| 오답풀이 |
① 주의 및 경계 단계의 대응 방안이다.
③ 경계 단계의 대응 방안이다.
④ 심각 단계의 대응 방안이다.

세부 유형	문제처리			P.186
01 ④	02 ①	03 ③	04 ④	05 ③
06 ②	07 ①	08 ④	09 ③	10 ④
11 ①	12 ④	13 ②	14 ②	15 ②

01
| 정답 | ④

심사 기준에 따라 업체별로 총점을 계산하면 다음과 같다.
- 갑: $17 \times 0.2 + 16 \times 0.2 + 12 \times 0.2 + 12 \times 0.2 + 15 \times 0.2 + 1 = 3.4 + 3.2 + 2.4 + 2.4 + 3 + 1 = 15.4$(점)
- 을: $19 \times 0.2 + 16 \times 0.2 + 12 \times 0.2 + 13 \times 0.2 + 15 \times 0.2 - 1 = 3.8 + 3.2 + 2.4 + 2.6 + 3 - 1 = 14$(점)
- 병: $13 \times 0.2 + 15 \times 0.2 + 16 \times 0.2 + 19 \times 0.2 + 14 \times 0.2 + 1.5 - 1 = 2.6 + 3 + 3.2 + 3.8 + 2.8 + 0.5 = 15.9$(점)
- 정: $16 \times 0.2 + 17 \times 0.2 + 15 \times 0.2 + 18 \times 0.2 + 16 \times 0.2 + 1.5 - 2 = 3.2 + 3.4 + 3 + 3.6 + 3.2 - 0.5 = 15.9$(점)

이때, '병'과 '정' 두 업체의 총점이 같은데, '정' 업체의 '사업 계획 수행 능력' 항목의 점수가 더 높다. 따라서 △△ 기관에서 심사 기준에 따라 선정하게 되는 건설 업체는 '정'이다.

02
| 정답 | ①

가중치를 적용하여 업체별로 총점을 계산하면 다음과 같다.
- 갑: $17 \times 0.4 + 16 \times 0.3 + 12 \times 0.1 + 12 \times 0.2 + 1 = 6.8 + 4.8 + 1.2 + 2.4 + 1 = 16.2$(점)
- 을: $19 \times 0.4 + 16 \times 0.3 + 12 \times 0.1 + 13 \times 0.2 - 1 = 7.6 + 4.8 + 1.2 + 2.6 - 1 = 15.2$(점)
- 병: $13 \times 0.4 + 15 \times 0.3 + 16 \times 0.1 + 19 \times 0.2 + 1.5 - 1 = 5.2 + 4.5 + 1.6 + 3.8 + 0.5 = 15.6$(점)
- 정: $16 \times 0.4 + 17 \times 0.3 + 15 \times 0.1 + 18 \times 0.2 + 1.5 - 2 = 6.4 + 5.1 + 1.5 + 3.6 - 0.5 = 16.1$(점)

따라서 변경된 가중치를 적용할 때 선정되는 업체는 '갑'이다.

03
| 정답 | ③

키가 164cm이고 체중이 $x$kg인 여성의 BMI는 $x \div 1.64^2$로 계산된다. 이때, 비만 정도가 정상 범위 안에 들어오려면 부등식 $x \div 1.64^2 \leq 22.9$가 성립해야 하고, 이를 풀면 $x \leq 22.9 \times 1.64^2 \fallingdotseq 61.59$(kg)이다.

따라서 64kg 이하라면 정상 체중이 아닐 수도 있으므로 옳지 않다.

| 오답풀이 |
① '4. BMI의 한계'에서 BMI는 근육과 지방의 차이를 인정하지 않는 수치임을 언급하며, '근육량이 많은 운동 선수인 경우 건강에는 전혀 문제가 없는 경우에도 BMI 수치상으로는 과체중으로 분류될 수 있다.'라고 하였다.
② 키가 170cm이고 체중이 80kg인 남성의 BMI는 $80 \div 1.7^2 ≒ 27.7$이다. '3. BMI에 따른 증상'에서 BMI가 27 이상인 경우에는 고혈압·당뇨병·심장병에 걸릴 확률이 높아진다고 하였으므로 옳은 내용이다.
④ BMI가 26(1단계 비만)인 경우에는 21(정상)인 사람에 비해 당뇨병에 걸릴 가능성이 여성의 경우에는 8배, 남성의 경우에는 4배에 달한다고 하였으므로 옳은 내용이다.

04
| 정답 | ④

[지원 대상]에 따르면 차상위 계층은 인원수에 대한 조건이 없으므로, 인원수에 관계없이 본인 부담 의료비 총액이 100만 원을 초과하면 지원 대상이 될 수 있다.

| 오답풀이 |
① [지원 대상]에 따르면 외래 진료는 중증 질환인 경우에만 지원 대상이 될 수 있다.
② [지원 제외 항목]에 따르면 도수 치료는 지원 제외 항목이므로, 중증 질환자가 도수 치료를 했더라도 도수 치료는 지원 대상 항목이 될 수 없다.
③ [지원 대상]에 따르면 기준 중위 소득 100% 이하인 경우에만 지원 대상이 될 수 있다.

05
| 정답 | ③

C: 뇌혈관 질환의 경우, 중증 질환이므로 대상 질환에 속한다. 기준 중위 소득이 80%이고, 4인이므로 의료비 부담 수준이 4,600,000원을 초과해야 한다. 현재 의료비 부담 수준이 5,200,000원이므로 지원 대상이다.

| 오답풀이 |
① A: 심장 질환의 경우, 중증 질환이므로 대상 질환에 속한다. 기초 생활 수급자이므로 의료비 부담 수준이 1,000,000원을 초과해야 한다. 현재 의료비 부담 수준이 1,000,000원으로 초과하지 않으므로 지원 대상이 아니다.
② B: 간염은 중증 질환에 속하지 않고, 외래 진료를 하였으므로 대상 질환에 속하지 않는다. 따라서 지원 대상이 아니다.
④ D: 중증 화상 질환으로 입원 진료를 하였으므로 대상 질환에 속한다. 소득 하위 50%이므로 기준 중위 소득 100%이다. 기준 중위 소득이 100%이고, 인원수가 1인인 경우 의료비 부담 수준이 3,100,000원을 초과해야 한다. 현재 의료비 부담 수준이 2,700,000원이므로 지원 대상이 아니다.

06
| 정답 | ②

지원금 계산법은 (예비·선별급여 등의 법정 본인 부담금+전액 본인 부담금+비급여-지원 제외 항목-국가·지방 자치 단체 지원금, 민간 보험금 등)×50%이다. 따라서 K의 의료비 지원 금액은 $(1,440+300-400-550) \times 0.5 = 395$(만 원)이다.

07
| 정답 | ①

2022년 4분기 첨단재생의료 실시기관 지정 신청의 분기 마감은 12월 23일이고, 4분기 접수 건에 대해서만 2023년 1분기에 심사를 진행하므로 옳지 않은 내용이다.

| 오답풀이 |
② '2. 신청 대상'에 따르면 본래 '첨단재생의료 실시기관'은 조산원을 제외한 「의료법」 제3조 제2항에 따른 모든 의료기관이 신청 가능하므로 옳은 내용이다.
③ '4. 지정 절차'에 따르면 서류 심사에서는 시설·장비 및 인력 현황에 대한 증빙 서류와 표준작업지침서를 확인하므로 옳은 내용이다.
④ '1. 공고 목적'에 따르면 첨단재생의료 실시기관 지정은 미래 핵심 의료기술 개발을 지원하기 위해 이루어지므로 옳은 내용이다.

08
| 정답 | ④

'3. 신청서 제출 및 접수'에 따르면 2022년 공모는 첨단재생의료 연구 계획 심의 신청서 제출 여부와 관계없이 신청 및 접수가 가능하다.

09
| 정답 | ③

연속 혈당 측정용 전극의 최초 처방은 30일 이내라고 명시되어 있다.

| 오답풀이 |
① 임신 중 당뇨병 환자의 경우, 공단에 별도 등록 신청 없이 지원 가능하다.
② 만 19세 이상이라도 임신 중인 경우는 인슐린 투여 여부와 무관하게 지원을 받을 수 있다.
④ 제2형 당뇨병 중 90일 이내 처방의 경우 내과·소아청소년과·가정의학과 전문의가 아닌 의사라도 발급 가능하다.

10

| 정답 | ④

인슐린을 1일 2회 투여하므로 1일 기준 금액이 1,800원이다. 90일분 처방받았으므로 기준 금액은 1,800×90=162,000(원)이다.
당뇨병 소모성 재료 지원 품목은 혈당 측정 검사지, 채혈침, 인슐린 주사 바늘이다. 해당 품목의 가격은 (20,000×5)+(5,000×3)+(15,000×2)=145,000(원)으로 구입 금액이 기준 금액 이하이다. 그러므로 지원 금액은 구입 금액의 90%이며, 본인 부담액은 145,000×0.1=14,500(원)이다. 또한 알코올 스왑은 지원 품목에 해당하지 않으므로 3,000×4=12,000(원)을 본인이 부담한다. 따라서 지원 금액을 제외하고 환자 A가 지불해야 하는 총금액은 14,500+12,000=26,500(원)이다.

11

| 정답 | ①

FreeStyle Libre의 개당 사용 가능 일수가 14일이므로 기준 금액은 14×10,000=140,000(원)이다. 개당 가격이 9만 원이므로 구입 금액이 기준 금액을 넘지 않는다. 총처방 기간이 84일이므로 84÷14=6(개)를 구입한다. 따라서 총구입 금액은 90,000×6=540,000(원)이고, 이 중 70%를 지원받으므로 환자 B가 지불해야 하는 총금액은 540,000×0.3=162,000(원)이다.

12

| 정답 | ④

임신 중 당뇨병이고 인슐린을 투여하므로, 이 경우 하루 기준 금액이 2,500원이다. 처방 일수가 60일이므로 총 기준 금액은 2,500×60=150,000(원)이다. 연속 혈당 측정용 전극을 제외한 당뇨병 소모성 재료의 최대 지원 금액은 기준 금액의 90%이다. 따라서 환자 C의 최대 지원 금액은 150,000×0.9=135,000(원)이다.

13

| 정답 | ②

주어진 [보기]에서 질문의 요지는 '재혼가정에서 배우자의 자녀도 직장건강보험 피부양자로 등록할 수 있는가'이다. [별표]의 제3호에 따르면 배우자의 직계비속은 동거 시에는 미혼인 경우 부양 요건이 인정되지만, 비동거 시 부양 요건이 불인정되므로 자녀가 주민등록상 직장가입자와 동거하는지의 여부와 관계없이 미혼이면 부양 요건을 충족한다는 답변 내용은 옳지 않다.

| 오답풀이 |
① 배우자의 자녀는 직장건강보험 피부양자 대상 중 배우자의 직계비속에 해당한다.
③ 피부양자는 부양 요건과 소득 요건을 모두 충족해야 한다. 둘 중에 하나라도 충족되지 못한다면 피부양자가 될 수 없다.
④ 사업자등록이 되어 있지 않은 경우 사업소득의 합계액이 연간 500만 원 이하이면 사업소득이 없는 것으로 본다.

14

| 정답 | ②

일별 A씨의 서비스비용에 해당하는 방문 프로그램별 최소 시간을 정리하면 다음과 같다.

6일	210분	7일	90분(야간)
9일	30분	11일	60분
12일	60분(휴일)	13일	40분(80% 산정)
15일	180분	17일	30분

따라서 A씨가 장기요양 방문 업무에 투입한 최소 시간은 210+90+30+60+60+40+180+30=700(분)으로 11시간 40분이다.

15

| 정답 | ②

일별 B씨의 재가급여비용을 정리하면 다음과 같다.

6일	41,950×1.2=50,340(원)(야간 가산)
7일	29,172원
9일	33,640원(20분 근무)
11일	65,410원
12일	66,001원
13일	32,672원
15일	38,560×1.2=46,272(원)(야간 가산)
17일	11,810원

따라서 B씨에게 지급되어야 할 총급여는 50,340+29,172+33,640+65,410+66,001+32,672+46,272+11,810=335,317(원)이며, 10원 단위 미만 반올림을 적용하면 335,320원이다.

CHAPTER 04 실전연습 문제

P.202

01	③	02	②	03	①	04	②	05	①
06	②	07	②	08	④	09	②	10	①
11	②	12	④	13	②	14	②	15	②
16	④	17	②	18	④	19	②	20	③

01 | 정답 | ③

첫 번째 단락에서 '부모 초청 시 주의할 점은 자녀의 동반 초청이 되지 않는다는 점입니다. 따라서 미국 시민권자인 자녀가 미국 영주권이 없는 미성년자인 동생이 있다 하더라도 부모와 함께 초청할 수 없으며, 부모와 별개의 절차인 형제 초청을 통해 영주권 신청 절차를 진행해야 합니다.'라고 언급하고 있으므로 미국 시민권자인 자녀가 미국 영주권이 없는 미성년자인 동생을 부모와 함께 동반 초청할 수 없다.

| 오답풀이 |

① 1년 이상의 실형 또는 절도, 성관련 범죄, 횡령, 사기, 배임, 공갈 등과 같은 비도덕적 범죄 기록이 있는 경우 비자 발급이 거절될 수 있다.
② 미국 영주권 신청자는 본국(한국)을 포함하여 6개월 이상 거주한 모든 국가(미국은 제외)의 경찰 신원조회 서류를 제출해야 한다. 따라서 미국 시민권자인 자녀가 한국에 있는 부모를 초청하는 경우 경찰 신원조회 서류를 제출해야 한다.
④ 미국 시민권자의 부모는 미국 시민권자의 Immediate Relative로 미국 이민 비자 문호의 제한 없이 1년에서 1년 반 정도의 기간 안에 빠르게 영주권을 취득할 수 있다고 제시되어 있다. 따라서 미국 시민권자의 부모는 1년 6개월 안에 미국 이민 비자 문호의 제한 없이도 미국 영주권을 취득할 수 있다.

02 | 정답 | ②

ⓒ '3. 피초청인의 자격'의 1)과 3)에서 언급하고 있다.
㉣ '2. 법적인 부모와 자녀 관계'의 2)에서 '초청인인 자녀가 만 18세가 되기 이전에 친모 또는 친부와 재혼을 한 계부와 계모가 대상이 됩니다.'라고 하였고, 그 하단에서 '자녀의 친부모가 이혼하고 자녀가 만 18세가 되기 이전에 각각 재혼한 경우에는 친부와 계모, 친모와 계부 모두 법적인 부모 관계가 성립하여 부모 초청을 진행할 수 있습니다.'라고 하였다.

| 오답풀이 |

㉠ '2. 법적인 부모와 자녀 관계'의 3)에서 '입양 부모(Adopted Parents): 초청인인 자녀가 만 16세가 되기 전에 입양한 양부모가 대상이 됩니다. 이 경우 친부모는 초청 대상자에서 제외됩니다.'라고 하였다.
ⓒ '초청인의 자격'의 1)에서 '초청인 자녀는 만 21세 이상의 미국 시민권자이어야 하고, 미국에 주소지가 있어야 합니다.'라고 하였다. 하지만, 3)에서 '초청인 자녀는 재정보증 능력이 있어야 합니다. 만약, 자녀가 학생이라 소득이 없는 경우 제3자 또는 초청인 스스로 재정보증을 할 수 있습니다.'라고 하였으므로 재정보증 능력이 있어야만 하는 것은 아니다.

03 | 정답 | ①

0~6시 사이에 입원하거나 퇴원하게 되면 입원료 소정점수의 50%를 별도로 산정하도록 규정하고 있으므로 입원료를 지불하지 않아도 되는 것은 아니다.

| 오답풀이 |

② 입원환자 간호관리료 차등제는 간호 인력 확보 수준에 따라 1등급 내지 7등급으로 구분하고, 그 구분에 따라 소정 점수를 가감한 후 나온 점수에 점수당 단가를 곱하여 입원료를 산정하는 제도이므로 해당 병원의 간호사 수에 따라 입원료가 달라질 수 있다.
③ 간호관리료 등급을 구분할 때 간호사 1명이 돌보는 병상 수 또는 환자 수가 적을수록 간호관리료 등급이 높다는 것을 알 수 있다.
④ '2. 간호 인력 확보를 위한 차등제의 실시'에서 '입원환자 간호관리료 차등제는 적정 수준의 간호 인력을 확보하지 못한 요양기관에서 간호서비스의 일부를 보호자나 간병인에게 위임하는 등 입원 진료 시 간호서비스의 질이 저하되는 바람직하지 않은 현상을 해소하기 위해서 시행되고 있습니다.'라고 언급하고 있으므로 옳다는 것을 알 수 있다.

04 | 정답 | ②

A~D 기관에 대해 간호관리료 등급을 나타내면 다음과 같다.

- A기관: $\frac{802}{678} \fallingdotseq 1.2 \to$ 1등급
- B기관: $\frac{12}{4} \fallingdotseq 3 \to$ 3등급
- C기관: $\frac{206}{82} \fallingdotseq 2.5 \to$ 2등급
- D기관: $\frac{2,764}{4,716} \fallingdotseq 0.6 \to$ 1등급

따라서 간호관리료 등급을 바르게 구분한 것은 ②이다.

05 | 정답 | ①

기본형과 결합형의 차이는 자동 콜백 문자 서비스 외에도 웹과 모바일을 함께 결합 형태로 사용하는지의 여부가 포함되어 있고, 관리자 계정 및 호스팅 제공에 있어 할인인지 무료인지에 따른 차이가 있다.

| 오답풀이 |
② 신규 도메인은 물론 고객 소유의 도메인도 추가 비용 없이 사용할 수 있다고 명시되어 있다.
③ 메인 페이지뿐 아니라 월 유지 보수 내역에서도 텍스트와 이미지 등이 많이 필요할수록 A형보다는 B형, B형보다는 C형으로 더 고가의 유형을 선택해야 한다.
④ 방화벽 무료 세팅은 이용요금의 추가 혜택으로 제공된다.

06 | 정답 | ②

할인율을 적용하여 각 유형별 연간 기본요금을 계산하면 다음과 같다.
- 기본형: $50,000 \times 12 \times 0.95 = 570,000$(원)
- 결합형: $70,000 \times 12 \times 0.95 = 798,000$(원)
- 고급형: $80,000 \times 12 \times 0.95 = 912,000$(원)

연간 기본요금이 최대 90만 원을 초과하는 고급형은 제외하고, 배너 이미지와 팝업 창을 매월 적어도 1개는 업데이트해야 하므로 이벤트 팝업 서비스가 없는 A형은 제외한다. 따라서 가능한 경우는 ②이다.

07 | 정답 | ②

모든 유형이 연 기본요금 100만 원 이내에 해당하지만, 메인 페이지를 포함하여 10페이지 이상 제작이 가능한 것은 고급형뿐이다.

| 오답풀이 |
① 고급형만 3개월의 계약 기간이 있으며, 기본형과 결합형은 별도의 계약 기간이 없다.
③ 고객 소유 도메인은 추가 비용 없이 사용할 수 있고, 맞춤형 디자인 제작이 가능하다.
④ 유지 보수 서비스 C형은 5page까지 텍스트와 이미지 수정이 가능하므로 매달 3~4page의 이미지 업데이트 서비스를 받을 수 있다.

08 | 정답 | ④

각 항목의 점수에 비율을 반영하여 A~D업체의 합산 점수를 구하면 다음과 같다.

- A업체: $(10 \times 0.2) + (8 \times 0.3) + (9 \times 0.1) + (9 \times 0.4) = 8.9$(점)
- B업체: $(7 \times 0.2) + (10 \times 0.3) + (10 \times 0.1) + (8 \times 0.4) = 8.6$(점)
- C업체: $(9 \times 0.2) + (8 \times 0.3) + (7 \times 0.1) + (10 \times 0.4) = 8.9$(점)
- D업체: $(8 \times 0.2) + (10 \times 0.3) + (8 \times 0.1) + (9 \times 0.4) = 9$(점)

따라서 점수가 가장 높은 D업체가 선정된다.

09 | 정답 | ②

3월에 제작된 교재는 국가 건강 검진 사업 실무 과정, 소송 실무 심화 과정, 불법 개설 기관 행정 조사 심화 과정이고, 검진 기관 관리 심화 과정은 원래 2월 예정이었는데 한 달 미뤄졌으므로 3월에 실시된다. 따라서 3월의 교재 제작 부수는 $100 + 100 + 70 + 80 = 350$(부)이고, 총면수는 $20,000 + 20,000 + 17,500 + 12,000 = 69,500$(면)이다. 그러므로 총제작 비용은 $(69,500 \times 5) + (350 \times 2,500) = 1,222,500$(원)이다.

10 | 정답 | ①

'1. 요양원 입소'에서 대부분의 요양원 및 공동생활가정의 입소 비용은 동일하다고 한 것은 등급에 따른 수가를 기준으로 하기 때문이다. 다시 말해, 장기요양등급이 같을 때 요양원 입소 비용이 동일하다는 말이므로 등급에 따라 비용은 다르다. 특히, '3. 시설급여 이용 비용'에서 장기요양등급에 따라 비용이 다른 것을 확인할 수 있다.

| 오답풀이 |
② 기초생활수급자라 하더라도 식사재료비, 상급침실료, 이·미용비, 계약의사 진료비 및 약제비 등의 비급여 항목에 따라 비용이 발생할 수 있다.
③ '2. 장기요양 3, 4등급의 이용'의 항목 ③에 따르면 치매 증상이 확인된 경우 장기요양등급이 4등급이라도 시설급여를 이용할 수 있다.
④ '2. 장기요양 3, 4등급의 이용'에서 '장기요양등급이 3등급 또는 4등급인 경우에도 요양원(시설급여)을 이용할 수 있다. 다만, 국민건강보험공단 장기요양보험에 '장기요양 급여종류·내용변경신청'을 하고 시설급여를 인정받아야 한다.'라고 하였다.

11
| 정답 | ②

[보기]의 각각의 경우에 대하여 본인부담금 총액을 계산해 보면 다음과 같다.

㉠ 일반대상자이면 본인부담률이 20%이므로 장기요양등급이 1등급인 경우 요양원 1일 비용이 $78,250 \times 0.2 = 15,650$(원)이다. 따라서 6개월을 이용하는 A씨의 본인부담금 총액은 $15,650 \times 30 \times 6 = 2,817,000$(원)이다.

㉡ 본인부담률이 8%이므로 장기요양등급이 4등급인 경우 노인요양공동생활가정 1일 비용이 $58,830 \times 0.08 = 4,706.4$(원)이다. 따라서 12개월을 이용하는 B씨의 본인부담금 총액은 $4,706.4 \times 30 \times 12 = 1,694,304$(원)이다.

㉢ 본인부담률이 12%이므로 장기요양등급이 2등급인 경우 요양원 1일 비용이 $72,600 \times 0.12 = 8,712$(원)이다. 따라서 10개월을 이용하는 C씨의 본인부담금 총액은 $8,712 \times 30 \times 10 = 2,613,600$(원)이다.

㉣ 일반대상자이면 본인부담률이 20%이므로 장기요양등급이 5등급인 경우 노인요양공동생활가정 1일 비용이 $58,830 \times 0.2 = 11,766$(원)이다. 따라서 8개월을 이용하는 D씨의 본인부담금 총액은 $11,766 \times 30 \times 8 = 2,823,840$(원)이다.

따라서 본인부담금 총액이 가장 적은 경우는 ㉡이다.

12
| 정답 | ④

1, 2차수는 여름용 연수복을 받고, 3, 4차수는 겨울용 연수복을 받으므로 신입사원 1인당 연수복 예산은 15만 원이다.

13
| 정답 | ②

기존에 구입한 긴소매 티셔츠 대신 운동복 상의를 2장 추가 구매하므로 총 3장을 구입하게 되고, 운동복 하의는 2장을 구입한다. 즉, 인당 운동복 상하의 세트 2벌 + 운동복 상의 1장을 구입하게 되고, 이때 금액은 $(20,000 + 40,000) \times 0.9 \times 2 + 20,000 = 128,000$(원)이다. 기존 예상 채용 인원의 70%만큼만 구입하므로 $440 \times 0.7 = 308$(명) 것을 구입한다. 따라서 연수복 구매에 들어가는 총금액은 $308 \times 128,000 = 39,424$(천 원)이다.

14
| 정답 | ②

4번째 질문과 답변에 따르면 이공계 학생의 참여는 불가능하므로 옳지 않은 내용이다.

| 오답풀이 |

① 12번째 질문과 답변에 따르면 학생은 연구 종료 후 출석일지와 연구일지, 연구결과 보고서를 연구기관 담당자에게 제출해야 하므로 옳은 내용이다.

③ 8번째 질문과 답변에 따르면 의과학 분야 연구비 지원 학생 공모 신청시 제출해야 하는 서류는 의과학 분야 연구과정 지원 신청서, 개인정보 수집·이용 동의서, 재학증명서로 총 3개이므로 옳은 내용이다.

④ 3번째 질문과 답변에 따르면 연구 분야는 84명 선발 예정이며, 총 55개 연구 주제에 주제별로 1명 또는 2명을 모집할 예정이라고 하였으므로 연구 학생을 2명 모집하는 연구 주제는 84-55=29(개)로 옳은 내용이다.

15
| 정답 | ②

11번째 질문과 답변에 따르면 예정된 연구 일수의 50% 이하 불참한 경우에는 불참 일수를 일할 계산하여 학생 지원금을 차감하여 지급하므로 옳지 않은 내용이다.
따라서 질의응답 내용을 적절하게 이해하지 못한 사람은 '아영'이다.

| 오답풀이 |

① 13번째 질문과 답변에 따르면 연구비 지원 프로그램은 실습비 지원 프로그램과 달리 발급되는 수료증이 없다고 하였으므로 실습비 지원 프로그램은 수료증이 발급됨을 알 수 있다.

③ 9번째 질문과 답변에 따르면 신청서는 접수 마감일인 5월 27일 오후 6시까지 도착해야 하며, 공고 기간 내 전자우편의 방식으로 제출된 신청서만 인정되므로 옳은 내용이다.

④ 1번째 질문과 답변에 따르면 학업 계획에 대한 심사 점수는 40점이고, 과외 활동에 대한 심사 점수는 20점이므로 옳은 내용이다.

16
| 정답 | ④

14번째 질문과 답변에 따르면 연구 종료 후 연구 프로그램에 참여한 학생 중 우수 학생에게 국민건강보험공단 이사장 표창장이 수여될 예정이므로 옳은 내용이다.

| 오답풀이 |

① 9번째 질문과 답변에 따르면 신청서는 제출 이후 수정이 불가하므로 옳지 않은 내용이다.

② 10번째 질문과 답변에 따르면 모든 자료는 연구 종료일 익월 15일까지 모든 자료를 공단에 제출해야 하므로 옳지 않은 내용이다.
③ 5번째 질문과 답변에 따르면 실습비 지원 사업과 연구비 지원 사업은 중복 지원이 불가하므로 옳지 않은 내용이다.

17 | 정답 | ②

'수급권자의 선정 유형'에 따르면 「입양특례법」에 따라 국내에 입양된 18세 미만의 입양 아동은 1종 수급권자로 선정될 수 있다. 의료급여 개시일의 적용에 따라 입양 후 30일 이내 신청할 경우 입양일로 소급 취득할 수 있으나, 그 이후 신청 시에는 결정일부터 의료급여가 개시된다.

| 오답풀이 |
① 1종 수급권자 기준에 해당하지 않는 자 중 국민기초생활보장 수급권자 기준에 부합해야 2종 수급권자로 인정받는다.
③ 독립유공자 가족으로서 국가보훈처장이 의료급여가 필요하다고 추천한 사람 중에서도 보건복지부장관이 의료급여가 필요하다고 인정한 사람만이 1종 수급권자가 될 수 있다.
④ 이재민의 경우 보장기관에서 정한 기간까지만 의료급여 수급권자 자격이 유지된다.

18 | 정답 | ④

국민기초생활보장 수급자는 국민기초생활보장 수급자로 책정된 날부터, 이재민은 특별재난지역으로 선포된 원인이 된 재해가 발생한 날부터 의료급여가 개시된다. 또한 의사상자는 의사상 행위를 한 날부터 개시된다. 국내에 입양된 18세 미만의 입양 아동은 입양 후 30일 이내 신청 시 입양일로 소급 취득되지만, 30일 이후 신청 시에는 결정일부터 개시된다. 북한이탈주민 역시 하나원 퇴소일로부터 10일 이내 신청할 경우 퇴소일로 소급 취득되지만, 그 이후 신청 시에는 결정일부터 개시된다. 마지막으로 행려환자는 진료를 시작한 날부터 의료급여가 개시된다.

19 | 정답 | ②

- 한 씨: 육아휴직 중이므로 유아자녀교육비를 보조받을 수 있다. 만 0~4세는 연간 180만 원이므로 반기별로 인당 90만 원씩 지급한다. 한 씨는 정부로부터 1인당 월 10만 원의 양육수당을 수급 중이므로 6개월 동안 1인당 60만 원의 양육수당을 수급한다. 따라서 해당 기업으로부터는 1인당 90만 원 중 60만 원을 제외한 30만 원을 받을 수 있다. 따라서 한 씨는 30×2=60(만 원)을 지원받을 수 있다.
- 안 씨: 일반휴직 중인 자는 제외하므로 유아자녀교육비 보조금을 받지 못한다.

따라서 옳은 것은 ②이다.

20 | 정답 | ③

대학생 자녀들의 장학금 지원 기간을 합하면 4+8+1+1=14(학기)이다. 따라서 남은 학기는 2학기이다. '을'의 경우 1인당 상한 학기인 8학기를 채웠으므로 장학금 지급 대상에서 제외된다. '갑'의 경우 한 학기 등록금이 300만 원이고, B학점이므로 200만 원을 받는다. '병'은 한 학기 등록금이 180만 원이고, C학점이므로 150만 원을 받는다. '정'은 한 학기 등록금이 180만 원이고, A학점이므로 180만 원을 받는다. 따라서 지원 금액이 가장 많은 자녀 2명은 '갑'과 '정'이므로 유 부장이 받을 수 있는 장학금 지원액은 200+180=380(만 원)이다.

PART 04 법률

CHAPTER 01 국민건강보험법

실전연습 문제　　　　　　　　　　P.256

01	③	02	③	03	④	04	②	05	①
06	③	07	③	08	①	09	④	10	②
11	①	12	③	13	②	14	③	15	④
16	④	17	④	18	③	19	②	20	③

01　　　|정답| ③

ⓒ 공단의 주된 사무소의 소재지는 정관으로 정한다(국민건강보험법 제16조 제1항).

02　　　|정답| ③

국민건강보험법 제5조(적용 대상 등)
② 피부양자는 다음 각 호의 어느 하나에 해당하는 사람 중 직장가입자에게 주로 생계를 의존하는 사람으로서 소득 및 재산이 보건복지부령으로 정하는 기준 이하에 해당하는 사람을 말한다.
  1. 직장가입자의 배우자
  2. 직장가입자의 직계존속(배우자의 직계존속을 포함한다)
  3. 직장가입자의 직계비속(배우자의 직계비속을 포함한다)과 그 배우자
  4. 직장가입자의 형제·자매

03　　　|정답| ④

업무정지를 부과하는 위반행위의 종류, 위반 정도 등에 따른 행정처분기준이나 그 밖에 필요한 사항은 대통령령으로 정한다(국민건강보험법 제98조 제5항).

|오답풀이|
① 보건복지부 장관은 요양기관에 대하여 1년의 범위에서 기간을 정하여 업무정지를 명할 수 있다(국민건강보험법 제98조 제1항).
② 업무정지 처분의 효과는 그 처분이 확정된 요양기관을 양수한 자 또는 합병 후 존속하는 법인이나 합병으로 설립되는 법인에 승계되고, 업무정지 처분의 절차가 진행 중인 때에는 양수인 또는 합병 후 존속하는 법인이나 합병으로 설립되는 법인에 대하여 그 절차를 계속 진행할 수 있다. 다만, 양수인 또는 합병 후 존속하는 법인이나 합병으로 설립되는 법인이 그 처분 또는 위반사실을 알지 못하였음을 증명하는 경우에는 그러하지 아니하다(국민건강보험법 제98조 제3항).
③ 업무정지 처분을 받은 자는 해당 업무정지기간 중에는 요양급여를 하지 못한다(국민건강보험법 제98조 제2항).

04　　　|정답| ②

|오답풀이|
국민건강보험법 제41조의2(약제에 대한 요양급여비용 상한금액의 감액 등)
① 보건복지부장관은 「약사법」의 위반과 관련된 약제에 대하여는 요양급여비용 상한금액의 100분의 20을 넘지 아니하는 범위에서 그 금액의 일부를 감액할 수 있다.
② 보건복지부장관은 제1항에 따라 요양급여비용의 상한금액이 감액된 약제가 감액된 날부터 5년의 범위에서 대통령령으로 정하는 기간 내에 다시 제1항에 따른 감액의 대상이 된 경우에는 요양급여비용 상한금액의 100분의 40을 넘지 아니하는 범위에서 요양급여비용 상한금액의 일부를 감액할 수 있다.

05　　　|정답| ①

상임이사 중 징수 업무를 담당하는 이사는 경영, 경제 및 사회보험에 관한 학식과 경험이 풍부한 사람으로서 보건복지부령으로 정하는 자격을 갖춘 사람 중에서 선임한다(국민건강보험법 제21조 제1항).

06　　　|정답| ③

국민건강보험법 제82조(체납보험료의 분할납부)
③ 공단은 분할납부 승인을 받은 자가 정당한 사유 없이 5회 이상 그 승인된 보험료를 납부하지 아니하면 그 분할납부의 승인을 취소한다.

07　　　|정답| ③

|오답풀이|
ⓒ 국적을 잃은 날의 다음 날에는 가입자 자격이 상실된다.

08
| 정답 | ①

| 오답풀이 |
② 장애인인 가입자 또는 피부양자에게 보조기기를 판매한 자는 가입자나 피부양자의 위임이 있는 경우에 공단에 보험급여를 직접 청구할 수 있다(국민건강보험법 제51조 제2항).
③ 공단은 지급이 청구된 내용의 적정성을 심사하여 보조기기를 판매한 자에게 보조기기에 대한 보험급여를 지급할 수 있다(국민건강보험법 제51조 제2항).
④ 보조기기에 대한 보험급여의 범위·방법·절차, 보조기기 판매업자의 보험급여 청구, 공단의 적정성 심사 및 그 밖에 필요한 사항은 보건복지부령으로 정한다(국민건강보험법 제51조 제3항).

09
| 정답 | ④

국민건강보험법 제119조(과태료)

국민건강보험법 제119조(과태료)		보기
500만 원 이하의 과태료	• 사업장 신고를 하지 아니하거나 거짓으로 신고한 사용자 • 정당한 사유 없이 신고·서류제출을 하지 아니하거나 거짓으로 신고·서류제출을 한 자 • 정당한 사유 없이 보고·서류제출을 하지 아니하거나 거짓으로 보고·서류제출을 한 자 • 행정처분을 받은 사실 또는 행정처분 절차가 진행 중인 사실을 지체 없이 알리지 아니한 자 • 정당한 사유 없이 서류를 제출하지 아니하거나 거짓으로 제출한 자	㉠
100만 원 이하의 과태료	• 서류를 보존하지 아니한 자 • 공단 등에 대한 감독 명령을 위반한 자 • 공단이나 심사평가원이 아닌 자는 국민건강보험공단, 건강보험심사평가원 또는 이와 유사한 명칭을 사용하지 못하는데, 이를 위반한 자	㉡ ㉢ ㉣

10
| 정답 | ②

월별 보험료액은 가입자의 보험료 평균액의 일정비율에 해당하는 금액을 고려하여 대통령령으로 정하는 기준에 따라 상한 및 하한을 정한다(국민건강보험법 제69조 제6항).

11
| 정답 | ①

공단은 현역병 등(교도소, 그 밖에 이에 준하는 시설에 수용되어 있는 자 포함) 요양기관에서 대통령령으로 정하는 치료 등을 받은 경우 그에 따라 공단이 부담하는 비용과 요양비를 법무부장관·국방부장관·경찰청장·소방청장 또는 해양경찰청장으로부터 예탁받아 지급할 수 있다(국민건강보험법 제60조 제1항).

12
| 정답 | ③

국민건강보험법 제91조(시효)
① 다음 각 호의 권리는 3년 동안 행사하지 아니하면 소멸시효가 완성된다.
 1. 보험료, 연체금 및 가산금을 징수할 권리
 2. 보험료, 연체금 및 가산금으로 과오납부한 금액을 환급받을 권리
 3. 보험급여를 받을 권리
 4. 보험급여 비용을 받을 권리
 5. 과다납부된 본인일부부담금을 돌려받을 권리
 6. 근로복지공단의 권리
② 제1항에 따른 시효는 다음 각 호의 어느 하나의 사유로 중단된다.
 1. 보험료의 고지 또는 독촉
 2. 보험급여 또는 보험급여 비용의 청구

| 오답풀이 |
㉣ 보험료의 고지 또는 독촉은 시효가 중단되는 사항이다.

13
| 정답 | ②

㉠, ㉡ 공단은 사용자, 직장가입자 및 세대주에게 다음 각 호의 사항을 신고하게 하거나 관계 서류(전자적 방법으로 기록된 것을 포함한다)를 제출하게 할 수 있다(국민건강보험법 제94조 제1항).
 1. 가입자의 거주지 변경
 2. 가입자의 보수·소득
 3. 그 밖에 건강보험사업을 위하여 필요한 사항
㉣ 조사를 하는 소속 직원은 그 권한을 표시하는 증표를 지니고 관계인에게 보여주어야 한다(국민건강보험법 제94조 제3항).

| 오답풀이 |
㉢ 공단은 신고한 사항이나 제출받은 자료에 대하여 사실 여부를 확인할 필요가 있으면 소속 직원이 해당 사항에 관하여 조사하게 할 수 있다(국민건강보험법 제94조 제2항).

ⓒ 공단은 신고하게 하거나 관계 서류(전자적 방법으로 기록된 것을 포함)를 제출하게 할 수 있다(국민건강보험법 제94조 제1항).

14
| 정답 | ③

국민건강보험법 제10조(자격의 상실 시기 등)
① 가입자는 다음 각 호의 어느 하나에 해당하게 된 날에 그 자격을 잃는다.
  1. 사망한 날의 다음 날
  2. 국적을 잃은 날의 다음 날
  3. 국내에 거주하지 아니하게 된 날의 다음 날
  4. 직장가입자의 피부양자가 된 날
  5. 수급권자가 된 날
  6. 건강보험을 적용받고 있던 사람이 유공자등 의료보호대상자가 되어 건강보험의 적용배제신청을 한 날

15
| 정답 | ④

국민건강보험법 제3조(정의)
1. "근로자"란 직업의 종류와 관계없이 근로의 대가로 보수를 받아 생활하는 사람(법인의 이사와 그 밖의 임원을 포함한다)으로서 공무원 및 교직원을 제외한 사람을 말한다.

16
| 정답 | ④

공단은 보험료정보공개심의위원회의 심의를 거친 인적사항 등의 공개대상자에게 공개대상임을 서면으로 통지하여 소명의 기회를 부여하여야 하며, 통지일부터 6개월이 경과한 후 체납액의 납부이행 등을 감안하여 공개대상자를 선정한다(국민건강보험법 제83조 제3항).

| 오답풀이 |
① 체납자 인적사항 등의 공개는 관보에 게재하거나 공단 인터넷 홈페이지에 게시하는 방법에 따른다(국민건강보험법 제83조 제4항).
②, ③ 공단은 이 법에 따른 납부기한의 다음 날부터 1년이 경과한 보험료, 연체금과 체납처분비의 총액이 1천만 원 이상인 체납자가 납부능력이 있음에도 불구하고 체납한 경우 그 인적사항·체납액 등을 공개할 수 있다(국민건강보험법 제83조 제1항).

17
| 정답 | ④

국민건강보험법 제70조(보수월액)
① 직장가입자의 보수월액은 직장가입자가 지급받는 보수를 기준으로 하여 산정한다.
② 휴직이나 그 밖의 사유로 보수의 전부 또는 일부가 지급되지 아니하는 가입자의 보수월액보험료는 해당 사유가 생기기 전 달의 보수월액을 기준으로 산정한다.
③ 제1항에 따른 보수는 근로자 등이 근로를 제공하고 사용자·국가 또는 지방자치단체로부터 지급받는 금품(실비변상적인 성격을 갖는 금품은 제외한다)으로서 대통령령으로 정하는 것을 말한다. 이 경우 보수 관련 자료가 없거나 불명확한 경우 등 대통령령으로 정하는 사유에 해당하면 보건복지부장관이 정하여 고시하는 금액을 보수로 본다.

18
| 정답 | ③

국민건강보험법 제75조(보험료의 경감 등)
① 다음 각 호의 어느 하나에 해당하는 가입자 중 보건복지부령으로 정하는 가입자에 대하여는 그 가입자 또는 그 가입자가 속한 세대의 보험료의 일부를 경감할 수 있다.
  1. 섬·벽지(僻地)·농어촌 등 대통령령으로 정하는 지역에 거주하는 사람
  2. 65세 이상인 사람
  3. 「장애인복지법」에 따라 등록한 장애인
  4. 「국가유공자 등 예우 및 지원에 관한 법률」에 따른 국가유공자
  5. 휴직자

19
| 정답 | ②

국민건강보험법 제109조(외국인 등에 대한 특례)
④ 국내체류 외국인 등이 다음 각 호의 요건을 모두 갖춘 경우에는 공단에 신청하면 피부양자가 될 수 있다.
  1. 직장가입자와의 관계가 '직장가입자의 배우자', '직장가입자의 직계존속', '직장가입자의 직계비속과 그 배우자', '직장가입자의 형제·자매' 중 어느 하나에 해당할 것
  2. 피부양자 자격의 인정 기준에 해당할 것

20
| 정답 | ③

국민건강보험법 제57조(부당이득의 징수)
① 공단은 속임수나 그 밖의 부당한 방법으로 보험급여를 받은 사람·준요양기관 및 보조기기 판매업자나 보험급여 비용을 받은 요양기관에 대하여 그 보험급여나 보험급여 비용에 상당하는 금액을 징수한다.
② 공단은 제1항에 따라 속임수나 그 밖의 부당한 방법으로 보험급여 비용을 받은 요양기관이 다음 각 호의 어느 하나에 해당하는 경우에는 해당 요양기관을 개설한 자에게 그 요양기관과 연대하여 같은 항에 따른 징수금을 납부하게 할 수 있다.
  1. 「의료법」을 위반하여 의료기관을 개설할 수 없는 자가 의료인의 면허나 의료법인 등의 명의를 대여받아 개설·운영하는 의료기관
  2. 「약사법」을 위반하여 약국을 개설할 수 없는 자가 약사 등의 면허를 대여받아 개설·운영하는 약국
  3. 「의료법」을 위반하여 개설·운영하는 의료기관
  4. 「약사법」을 위반하여 개설·운영하는 약국
⑤ 요양기관이 가입자나 피부양자로부터 속임수나 그 밖의 부당한 방법으로 요양급여비용을 받은 경우 공단은 해당 요양기관으로부터 이를 징수하여 가입자나 피부양자에게 지체 없이 지급하여야 한다. 이 경우 공단은 가입자나 피부양자에게 지급하여야 하는 금액을 그 가입자 및 피부양자가 내야 하는 보험료 등과 상계할 수 있다.

CHAPTER 02 노인장기요양보험법

실전연습 문제 P.286

01	②	02	③	03	①	04	④	05	③
06	④	07	③	08	④	09	④	10	④
11	③	12	②	13	④	14	④	15	④
16	③	17	③	18	④	19	②	20	①

01
| 정답 | ②

| 오답풀이 |
① 노인등이란 65세 이상의 노인 또는 65세 미만의 자로서 치매·뇌혈관성질환 등 대통령령으로 정하는 노인성 질병을 가진 자를 말한다(노인장기요양보험법 제2조 제1호).
③ 장기요양사업이란 장기요양보험료, 국가 및 지방자치단체의 부담금등을 재원으로 하여 노인등에게 장기요양급여를 제공하는 사업을 말한다(노인장기요양보험법 제2조 제3호).
④ 장기요양요원이란 장기요양기관에 소속되어 노인등의 신체활동 또는 가사활동 지원 등의 업무를 수행하는 자를 말한다(노인장기요양보험법 제2조 제5호).

02
| 정답 | ③

노인장기요양보험법 제6조(장기요양기본계획)
① 보건복지부장관은 노인등에 대한 장기요양급여를 원활하게 제공하기 위하여 5년 단위로 다음 각 호의 사항이 포함된 장기요양기본계획을 수립·시행하여야 한다.
  1. 연도별 장기요양급여 대상인원 및 재원조달 계획
  2. 연도별 장기요양기관 및 장기요양전문인력 관리방안
  3. 장기요양요원의 처우에 관한 사항
  4. 그 밖에 노인등의 장기요양에 관한 사항으로서 대통령령으로 정하는 사항

| 오답풀이 |
㉣ 장기요양인정에 관한 사항은 실태조사의 사항이다.

03
| 정답 | ①

장기요양인정서 작성 시 수급자의 장기요양등급 및 생활환경을 고려한다(노인장기요양보험법 제18조).

04 | 정답 | ④

| 오답풀이 |
㉠ 주·야간 보호란 수급자를 하루 중 일정 시간 동안 장기요양기관에 보호하여 신체활동 지원 및 심신기능의 유지·향상을 위한 교육·훈련 등을 제공하는 장기요양급여
㉡ 단기보호란 수급자를 보건복지부령으로 정하는 범위 안에서 일정 기간 동안 장기요양기관에 보호하여 신체활동 지원 및 심신기능의 유지·향상을 위한 교육·훈련 등을 제공하는 장기요양급여
㉢ 기타재가급여란 수급자의 일상생활·신체활동 지원 및 인지기능의 유지·향상에 필요한 용구를 제공하거나 가정을 방문하여 재활에 관한 지원 등을 제공하는 장기요양급여로서 대통령령으로 정하는 것

05 | 정답 | ③

특별자치시장·특별자치도지사·시장·군수·구청장이 지정하는 자는 장기요양인정 신청을 대리할 수 있다.

06 | 정답 | ④

노인장기요양보험법 제38조(재가 및 시설 급여비용의 청구 및 지급 등)
⑦ 공단은 장기요양기관이 정당한 사유 없이 자료제출 명령에 따르지 아니하거나 질문 또는 검사를 거부·방해 또는 기피하는 경우 이에 응할 때까지 해당 장기요양기관에 지급하여야 할 장기요양급여비용의 지급을 보류할 수 있다. 이 경우 공단은 장기요양급여비용의 지급을 보류하기 전에 해당 장기요양기관에 의견 제출의 기회를 주어야 한다.

07 | 정답 | ③

| 오답풀이 |
① 거짓으로 청구한 금액이 1천만 원 이상인 경우
② 거짓으로 청구한 금액이 장기요양급여비용 총액의 100분의 10 이상인 경우
④ 보건복지부장관 또는 특별자치시장·특별자치도지사·시장·군수·구청장은 공표 여부 등을 심의하는 공표심의위원회에서 이루어진다.

08 | 정답 | ④

<과태료 300만 원 이하의 경우>
- 폐쇄회로 텔레비전을 설치하지 아니하거나 설치·관리의무를 위반한 자
- 열람 요청에 응하지 아니한 자

<과태료 500만 원 이하의 경우>
- 수급자에게 장기요양급여비용에 대한 명세서를 교부하지 아니하거나 거짓으로 교부한 자
- 노인장기요양보험 또는 이와 유사한 용어를 사용한 자
- 행정제재처분을 받았거나 그 절차가 진행 중인 사실을 양수인등에게 지체 없이 알리지 아니한 자
- 장기요양급여 제공 자료를 기록·관리하지 아니하거나 거짓으로 작성한 자

09 | 정답 | ④

노인장기요양보험법 제40조(본인부담금)
① 장기요양급여(특별현금급여는 제외)를 받는 자는 대통령령으로 정하는 바에 따라 비용의 일부를 본인이 부담한다. 이 경우 장기요양급여를 받는 수급자의 장기요양등급, 이용하는 장기요양급여의 종류 및 수준 등에 따라 본인부담의 수준을 달리 정할 수 있다.

> 노인장기요양보험법 시행령 제15조의8(본인부담금)
> 장기요양급여를 받는 자가 부담해야 하는 비용은 다음 각 호와 같다.
> 1. 재가급여: 해당 장기요양급여비용의 100분의 15
> 2. 시설급여: 해당 장기요양급여비용의 100분의 20

② 수급자 중 「의료급여법」에 따른 수급자는 본인부담금을 부담하지 아니한다.
③ 다음 각 호의 장기요양급여에 대한 비용은 수급자 본인이 전부 부담한다.
  1. 이 법의 규정에 따른 급여의 범위 및 대상에 포함되지 아니하는 장기요양급여
  2. 수급자가 장기요양인정서에 기재된 장기요양급여의 종류 및 내용과 다르게 선택하여 장기요양급여를 받은 경우 그 차액
  3. 장기요양급여의 월 한도액을 초과하는 장기요양급여
④ 다음 각 호의 어느 하나에 해당하는 자에 대해서는 본인부담금의 100분의 60의 범위에서 보건복지부장관이 정하는 바에 따라 차등하여 감경할 수 있다.

10
| 정답 | ④

노인장기요양보험법 제43조(부당이득의 징수)
③ 공단은 거짓이나 그 밖의 부정한 방법으로 장기요양급여를 받은 자와 같은 세대에 속한 자(장기요양급여를 받은 자를 부양하고 있거나 부양할 의무가 있는 자)에 대하여 거짓이나 그 밖의 부정한 방법으로 장기요양급여를 받은 자와 연대하여 징수금을 납부하게 할 수 있다.

11
| 정답 | ③

보건복지부장관, 특별시장·광역시장·도지사 또는 특별자치시장·특별자치도지사·시장·군수·구청장은 보고 또는 자료제출 명령이나 질문 또는 검사 업무를 효율적으로 수행하기 위하여 필요한 경우에는 공단에 행정응원(行政應援)을 요청할 수 있다.
※ 행정응원(行政應援): 대등(동등)한 행정관청 상호 간에 직무 수행상 필요한 특정 행위 또는 일반적 협력을 다른 관청에 요구할 때, 이러한 요구에 응답하는 협력 행위를 말한다. 행정응원은 법적 근거가 없어도 가능하다.

12
| 정답 | ②

심사위원회의 구성·운영 및 위원의 임기, 그 밖에 필요한 사항은 대통령령으로 정한다(노인장기요양보험법 제55조 제4항).

> 노인장기요양보험법 시행령 제23조(장기요양심사위원회의 구성 등)
> ① 공단에 두는 장기요양심사위원회는 위원장 1명을 포함한 50명 이내의 위원으로 구성한다.

| 오답풀이 |
① 등급판정위원회는 위원장 1인을 포함하여 15인의 위원으로 구성한다(노인장기요양보험법 제52조 제3항).
③ 장기요양재심사위원회는 위원장 1인을 포함한 20인 이내의 위원으로 구성한다(노인장기요양보험법 제56조 제2항).
④ 장기요양위원회는 위원장 1인, 부위원장 1인을 포함한 16인 이상 22인 이하의 위원으로 구성한다(노인장기요양보험법 제46조 제1항).

13
| 정답 | ④

노인장기요양보험법 제53조(등급판정위원회의 운영)
① 등급판정위원회 위원장은 위원 중에서 특별자치시장·특별자치도지사·시장·군수·구청장이 위촉한다. 이 경우 2 이상의 특별자치시·특별자치도·시·군·구를 통합하여 하나의 등급판정위원회를 설치하는 때 해당 특별자치시장·특별자치도지사·시장·군수·구청장이 공동으로 위촉한다.

14
| 정답 | ④

노인장기요양보험법 제1조(목적)
이 법은 고령이나 노인성 질병 등의 사유로 일상생활을 혼자서 수행하기 어려운 노인 등에게 제공하는 신체활동 또는 가사활동 지원 등의 장기요양급여에 관한 사항을 규정하여 노후의 건강증진 및 생활안정을 도모하고 그 가족의 부담을 덜어줌으로써 국민의 삶의 질을 향상하도록 함을 목적으로 한다.

15
| 정답 | ④

노인장기요양보험법 제36조(장기요양기관의 폐업 등의 신고 등)
④ 특별자치시장·특별자치도지사·시장·군수·구청장은 폐업·휴업 신고를 접수한 경우 또는 장기요양기관의 장이 유효기간이 끝나기 30일 전까지 지정 갱신 신청을 하지 아니한 경우 장기요양기관의 장이 수급자의 권익을 보호하기 위한 조치를 취하였는지의 여부를 확인하고, 인근지역에 대체 장기요양기관이 없는 경우 등 장기요양급여에 중대한 차질이 우려되는 때에는 장기요양기관의 폐업·휴업 철회 또는 지정 갱신 신청을 권고하거나 그 밖의 다른 조치를 강구하여야 한다.

| 오답풀이 |
① 장기요양기관의 장은 폐업·휴업 신고를 할 때 또는 장기요양기관의 지정 갱신을 하지 아니하여 유효기간이 만료될 때 보건복지부령으로 정하는 바에 따라 장기요양급여 제공 자료를 공단으로 이관하여야 한다(노인장기요양보험법 제36조 제6항).
② 장기요양기관의 장은 폐업하거나 휴업하고자 하는 경우 폐업이나 휴업 예정일 전 30일까지 특별자치시장·특별자치도지사·시장·군수·구청장에게 신고하여야 한다. 신고를 받은 특별자치시장·특별자치도지사·시장·군수·구청장은 지체 없이 신고 명세를 공단에 통보하여야 한다(노인장기요양보험법 제36조 제1항).

③ 특별자치시장·특별자치도지사·시장·군수·구청장은 장기요양기관의 장이 유효기간이 끝나기 30일 전까지 지정 갱신 신청을 하지 아니하는 경우 그 사실을 공단에 통보하여야 한다(노인장기요양보험법 제36조 제2항).

16 | 정답 | ③

노인장기요양보험법 제37조(장기요양기관 지정의 취소 등)
① 특별자치시장·특별자치도지사·시장·군수·구청장은 장기요양기관이 다음 각 호의 어느 하나에 해당하는 경우 그 지정을 취소하거나 6개월의 범위에서 업무정지를 명할 수 있다. 다만, 제1호, 제2호의2, 제3호의5, 제7호 또는 제8호에 해당하는 경우에는 지정을 취소하여야 한다.
1. 거짓이나 그 밖의 부정한 방법으로 지정을 받은 경우(*지정 취소)
1의2. 급여 외 행위를 제공한 경우. 다만, 장기요양기관의 장이 그 위반행위를 방지하기 위하여 해당 업무에 관하여 상당한 주의와 감독을 게을리하지 아니한 경우는 제외한다.
2. 지정기준에 적합하지 아니한 경우
2의2. 결격사유의 각 호의 어느 하나에 해당하게 된 경우(*지정 취소). 다만, 결격사유의 제7호에 해당하게 된 법인의 경우 3개월 이내에 그 대표자를 변경하는 때에는 그러하지 아니하다.
3. 장기요양급여를 거부한 경우
3의2. 본인부담금을 면제하거나 감경하는 행위를 한 경우
3의3. 수급자를 소개, 알선 또는 유인하는 행위 및 이를 조장하는 행위를 한 경우
3의4. 제35조의4(장기요양요원의 보호) 제2항 각 호의 어느 하나를 위반한 경우
3의5. 폐업 또는 휴업 신고를 하지 아니하고 1년 이상 장기요양급여를 제공하지 아니한 경우(*지정 취소)
3의6. 시정명령을 이행하지 아니하거나 회계부정 행위가 있는 경우
3의7. 정당한 사유 없이 평가를 거부·방해 또는 기피하는 경우
4. 거짓이나 그 밖의 부정한 방법으로 재가 및 시설 급여비용을 청구한 경우
5. 자료제출 명령에 따르지 아니하거나 거짓으로 자료제출을 한 경우나 질문 또는 검사를 거부·방해 또는 기피하거나 거짓으로 답변한 경우
6. 장기요양기관의 종사자 등이 다음 각 목의 어느 하나에 해당하는 행위를 한 경우. 다만, 장기요양기관의 장이 그 행위를 방지하기 위하여 해당 업무에 관하여 상당한 주의와 감독을 게을리하지 아니한 경우는 제외한다.
  가. 수급자의 신체에 폭행을 가하거나 상해를 입히는 행위
  나. 수급자에게 성적 수치심을 주는 성폭행, 성희롱 등의 행위
  다. 자신의 보호·감독을 받는 수급자를 유기하거나 의식주를 포함한 기본적 보호 및 치료를 소홀히 하는 방임행위
  라. 수급자를 위하여 증여 또는 급여된 금품을 그 목적 외의 용도에 사용하는 행위
  마. 폭언, 협박, 위협 등으로 수급자의 정신건강에 해를 끼치는 정서적 학대행위
7. 업무정지기간 중에 장기요양급여를 제공한 경우(*지정 취소)
8. 「부가가치세법」에 따른 사업자등록 또는 「소득세법」에 따른 사업자등록이나 고유번호가 말소된 경우(*지정 취소)

17 | 정답 | ③

㉠ 수급자는 장기요양인정서와 개인별장기요양이용계획서가 도달한 날부터 장기요양급여를 받을 수 있다(노인장기요양보험법 제27조 제1항).
㉡ 장기요양기관은 수급자가 제시한 장기요양인정서와 개인별장기요양이용계획서를 바탕으로 장기요양급여 제공 계획서를 작성하고 수급자의 동의를 받아 그 내용을 공단에 통보하여야 한다(노인장기요양보험법 제27조 제4항).
㉢ 공단은 장기요양급여를 받고 있거나 받을 수 있는 자가 장기요양기관이 거짓이나 그 밖의 부정한 방법으로 장기요양급여비용을 받는 데에 가담한 경우 장기요양급여를 중단하거나 1년의 범위에서 장기요양급여의 횟수 또는 제공 기간을 제한할 수 있다(노인장기요양보험법 제29조 제2항).

| 오답풀이 |
㉣ 공단은 장기요양급여를 받고 있는 자가 정당한 사유 없이 조사나 자료의 제출 또는 보고 및 검사에 따른 요구에 응하지 아니하거나 답변을 거절한 경우 장기요양급여의 전부 또는 일부를 제공하지 아니하게 할 수 있다(노인장기요양보험법 제29조 제1항).

18
| 정답 | ④

노인장기요양보험법 제7조(장기요양보험)
④ 공단은 「외국인근로자의 고용 등에 관한 법률」에 따른 외국인근로자 등 대통령령으로 정하는 외국인이 신청하는 경우 보건복지부령으로 정하는 바에 따라 장기요양보험가입자에서 제외할 수 있다.

19
| 정답 | ②

노인장기요양보험법 제35조(장기요양기관의 의무 등)
① 장기요양기관은 수급자로부터 장기요양급여신청을 받은 때 장기요양급여의 제공을 거부하여서는 아니 된다. 다만, 입소정원에 여유가 없는 경우 등 정당한 사유가 있는 경우는 그러하지 아니하다.

20
| 정답 | ①

| 오답풀이 |
ⓒ 장기요양보험료는 「국민건강보험법」에 따른 보험료와 통합하여 징수한다(노인장기요양보험법 제8조 제2항).
ⓔ 공단은 장기요양보험료와 건강보험료를 구분하여 고지하여야 한다(노인장기요양보험법 제8조 제2항).

PART 05 | 실전모의고사

제1과목　NCS 직업기초능력

NCS 직업기초능력 1회　　　P.300

01	②	02	②	03	④	04	③	05	①
06	①	07	④	08	②	09	④	10	④
11	③	12	②	13	②	14	③	15	①
16	③	17	④	18	②	19	①	20	④
21	③	22	④	23	①	24	④	25	③
26	②	27	④	28	③	29	②	30	②
31	③	32	①	33	②	34	②	35	①
36	②	37	③	38	②	39	①	40	②
41	④	42	①	43	②	44	④	45	④
46	①	47	④	48	②	49	③	50	②
51	④	52	②	53	②	54	②	55	③
56	③	57	④	58	③	59	④	60	①

01　　| 정답 | ②

주어진 글은 뇌 연구의 다양한 주제(뇌 질환, 신경가소성, 정밀의학, AI 기술 등)를 포괄하며, 현재의 성과와 미래 가능성을 논의하고 있다. 따라서 주제를 가장 잘 반영한 ②가 제목으로 적절하다.

| 오답풀이 |
①, ③, ④ 모두 주어진 글에서 다루고 있지만 전체를 반영하지 않는다.

02　　| 정답 | ②

ⓒ은 뇌 질환의 영향과 연구 방향성을 설명하는 다른 문장들과 논리적으로 연결되지 않으며, ⓒ의 부정적 표현은 지문 전반에서 뇌 연구의 가능성을 강조하는 긍정적 논조와 상충된다.

| 오답풀이 |
① ㉠은 알츠하이머병과 같은 뇌 질환이 뇌 연결망 전체에 미치는 영향을 설명하며, 글의 앞부분에서 제시된 뇌 질환의 영향을 논의하는 문맥에 적합하다.
③ ㉢은 뇌 질환 연구의 방향성을 설명하며, 이어지는 맞춤형 치료법 개발을 논의하는 문단으로 자연스럽게 연결된다.
④ ㉣은 주어진 글의 결론부에서 뇌 연구의 중요성을 강조하며, 전체적인 맥락과 논리를 마무리하는 데 적합하다.

03　　| 정답 | ④

주어진 글에서는 파킨슨병의 원인으로 유전자와 환경 요인의 상호작용이 중요하다고 언급하며, 유전적 요인만으로는 발병 위험을 예측할 수 없음을 암시한다. 따라서 ④는 주어진 글의 내용과 일치하지 않는다.

| 오답풀이 |
① 알츠하이머병이 해마를 포함한 특정 부위에서 시작해 연결망 균형에 영향을 미친다고 설명하고 있다.
② 신경가소성이 뇌졸중 환자의 재활 프로그램에 활용된다고 설명하고 있다.
③ AI와 빅데이터 기술이 뇌 질환 분석과 증상 이해에 도움을 준다고 설명하고 있다.

04　　| 정답 | ③

주어진 글에서 환경성 질병의 치료법은 나타나지 않는다.

| 오답풀이 |
① 글의 1문단에서 환경성 질병의 주요 원인을 설명하고 있다.
② 글의 1문단에서 환경성 질병의 정의에 대해 설명하고 있다.
④ 글의 마지막 문단에서 환경성 질병의 예방법에 대해 설명하고 있다.

05　　| 정답 | ①

㉠의 앞에서 환경성 질병의 정의를 설명하고 ㉠ 뒤에서 이를 다시 정리하고 있으므로 '다시 말하여'의 뜻이 있는 '즉'이 알맞다. ㉡의 앞에서 환경성 질병의 유병률이 높아지고 있으며 이에 대한 대책으로 국민건강보험공단에서 환경성 질병을 지정하고 예방을 위한 교육을 하고 있기에 인과 관계를 가진 '그래서'가 알맞다. ㉢의 앞에서는 아토피 피부염을 악화시키는 원인을 설명하고 그 뒤에 역시 아토피 피부염을 악화시키

는 다른 원인에 대해 설명을 덧붙이고 있으므로 '그 위에 더. 또는 거기에다 더'라는 뜻을 가진 '또한'이 적절하다.

06 | 정답 | ①

주어진 자료는 틀니, 틀니 유지관리, 임플란트, 치석 제거, 선천성 악안면 기형 환자 교정·치료에 적용되는 건강보험의 등록 방법 및 절차 그리고 혜택에 관해 설명하고 있다. 따라서 제목으로 가장 적절한 것은 ①이다.

07 | 정답 | ④

틀니 유지관리 항목당 건강보험 적용 횟수가 상이하다고 나와 있으므로 연간 최대 11회까지 급여 적용 혜택을 받을 수 있는지 알 수 없다.

| 오답풀이 |
① 치과 임플란트(1~3단계)는 진료단계 진행 중에 병·의원 이동이 불가하다고 나와 있다.
② 치석 제거의 경우 후속 치주질환 치료 없이 전악 치석 제거만으로 치료가 종료되는 환자에게만 보험이 적용된다.
③ 선천성 악안면 기형 환자의 경우 보험 적용 횟수가 질환별로 상이하다고 나와 있다.

08 | 정답 | ②

주어진 자료는 저출력 심장 충격기의 요구 규격, 납품 및 설치 관련 요구 사항과 납품 시 유의 사항에 대한 자료로, 전반적인 저출력 심장 충격기의 납품과 관련된 내용을 다루고 있다. 따라서 자료의 주제로 가장 적절한 것은 ②이다.

09 | 정답 | ④

'2. 납품 및 설치 관련 요구 사항'의 마지막 항목에서 '납품 시 파손되거나 납품 중 또는 납품 완료일 한 달 내에 하자가 발생한 경우 A/S를 불허하며~'를 통해 A/S를 실시하지 않는다는 것을 알 수 있다.

| 오답풀이 |
① '2. 납품 및 설치 관련 요구 사항' 첫 번째 항목의 '납품 및 설치는 계약 체결일로부터 50일 이내에 완료해야 한다.'에서 확인할 수 있다.
② '2. 납품 및 설치 관련 요구 사항' 다섯 번째 항목의 '납품 제품의 설치 및 사용 방법, 관리 방법 등 매뉴얼을 작성하여 제공하여야 한다.'에서 확인할 수 있다.
③ '1. 요구 규격'의 '인증' 항목에서 확인할 수 있다.

10 | 정답 | ④

주어진 글에는 스트레스를 줄일 수 있는 방법에 대해 설명하고 있지만, 스트레스를 받아도 통증을 느끼지 않도록 하는 방법에 대해서는 설명하고 있지 않다.

| 오답풀이 |
① 첫 번째 문단에 따르면, 스트레스란 위험한 상황에 대한 우리 몸의 반응이라고 서술되어 있다.
② 두 번째 문단에 따르면, 스트레스는 교감 신경계를 활성화시켜 혈압을 상승시키고 근육의 긴장도를 증가시킨다. 증가된 근육의 긴장도는 근육의 국소적 손상과 경직을 일으키고, 경직은 근육 내의 혈류를 감소시켜 국소적 순환 장애를 일으킨다. 이렇게 유발된 허혈은 혈관을 확장시키는 물질들의 분비를 촉진시키는데 이것이 통증 유발 물질이라고 서술되어 있다.
③ 마지막 문단에 따르면, 스트레스로 인한 통증을 초기에 치료하지 않으면 만성 통증으로 진행되고, 만성 통증으로 진행되면 재발 가능성이 높아지기 때문에 초기에 치료해야 한다고 서술되어 있다.

11 | 정답 | ③

네 번째 문단에 따르면, 섬유 근육통의 치료는 항우울제를 사용하여 통증의 개선과 수면 장애, 권태감, 우울감 같은 정서적 동반 증상을 치료해야 한다고 서술되어 있다.

| 오답풀이 |
① 근근막통증이 여성보다 남성에게 많이 나타난다는 서술은 없다. 섬유 근육통이 중년의 여성에게 많이 나타난다고 해서 근근막통증이 남성에게 많이 나타난다고 볼 근거도 역시 없다.
② 세 번째 문단에 따르면, 근근막통증은 신경이 자극을 받아 연관된 근육이 민감해진 상태에서 스트레스, 추운 날씨, 근육과 인대에 손상을 받게 되면, 그에 따른 근육의 긴장과 순환 장애, 통증, 근 경직이 반복적으로 나타난다고 서술되어 있다.
④ 네 번째 문단에 따르면, 섬유 근육통은 전체 인구 100명 중 2명에게서 나타날 정도로 흔한 질환이라고 서술되어 있다.

12 | 정답 | ②

주어진 글은 간접흡연의 위험성을 소개하며 이로 인한 피해를 예방하기 위해서 실내와 실외 금연구역 지정 현황을 설명하고 있다. [나] 문단의 경우 금연구역 지정제도에 대해서 소개하고 있으므로 '금연구역 지정제도'가 소제목으로 적절하다.

| 오답풀이 |

① [가] 문단에서는 간접흡연으로 인한 질환과 아동 건강에 끼치는 악영향을 설명하고 있으므로 '간접흡연이 인체에 미치는 영향'이 소제목으로 적절하다.
③ [다] 문단은 금연구역 중에서도 다양한 실내 공중이용시설의 금연구역에 대해 소개하고 있으므로 '실내 공중이용시설 등 금연구역 지정'이 소제목으로 적절하다.
④ [라] 문단은 금연거리, 지하철 출입구 등의 실외의 금연구역에 대해 소개하고 있으므로 '금연거리, 지하철 출입구 등 실외 금연구역'이 소제목으로 적절하다.

13 | 정답 | ③

B: 지문의 '2016년 9월부터는 공동주택의 거주 세대 중 2분의 1 이상이 동의하면 복도, 계단, 엘리베이터 및 지하주차장의 전부 또는 일부를 금연구역으로 지정할 수 있게 되었으며'라는 내용에 따르면 거주 세대 중 2분의 1 이상이 동의해야 하므로 B처럼 거주자 중의 반 이상이라고 하는 것은 지문의 내용에 어긋난다.

D: 지문에서 '현재 25개 모든 자치구가 공통으로 금연구역으로 지정하고 있는 곳은 초·중·고등학교 절대보호구역(출입문으로부터 50m 이내)'라는 내용을 통해 사방 50m 이내가 아닌 출입문으로부터 50m 이내임을 알 수 있으므로 지문의 내용에 어긋난다.

| 오답풀이 |

A: 지문에서 '다수인이 모이거나 오고가는 관할 구역 안의 일정한 장소'를 지방자치단체의 조례를 통해 금연구역으로 지정할 수 있도록 한 내용에 근거해서 자치구는 계속해서 금연구역 지정을 추가하고 있다. 2011년 서울광장 등, 2016년 5월 지하철 출입구 사방 10m, 2017년 학교 주변 통학로 그리고 현재 초·중·고등학교 절대보호구역 등의 사례를 볼 때, 자치구는 수시로 금연구역을 지정하고 있으며 점점 금연구역이 늘어나는 추세임을 알 수 있어서 A는 적절하다.

C: 지문에서 전자담배를 사용하는 행위도 단속대상이라고 언급되어 있으므로 유치원 반경 10m 이내에서 전자담배를 피우면 10만 원 이하의 과태료가 부과된다는 것을 파악할 수 있다. 따라서 C는 적절한 반응이다.

14 | 정답 | ③

ⓒ이 포함된 문단은 흡연실 설치에 대한 제반규정을 준수하라고 서술하고 있다. 여기에 흡연실이 효과가 없다는 내용은 크게 관련이 없다. '흡연실이 효과가 없다'는 내용은 흡연율을 감소시켜 국민들이 금연을 하는 것을 강조하는 내용에 포함되는 것이 적절하다.

| 오답풀이 |

① 간접흡연으로 인한 질환과 아동 건강에 끼치는 악영향을 설명하고 있는 첫 문단의 내용에서 흡연자가 내뿜는 담배연기(주류연)보다, 타고 있는 담배에서 나오는 연기(부류연)에 포함된 유해물질이 2~3배 더 많다는 내용은 간접흡연이 더욱 해롭다는 내용과 연결되므로 삭제될 필요가 없다.
② ⓒ은 실내뿐만 아니라 실외흡연에 대한 금연구역 지정이 필요한 이유에 해당되므로 두 번째 문단에 필수적으로 들어가야 하는 문장이다.
④ ⓔ은 실외구역에서 금연구역으로 지정된 곳 중 특히 아동과 관련된 장소에 대해서 설명하고 있으므로 필요한 내용이다.

15 | 정답 | ①

'제네릭 의약품 약가 제도 개편 방안'의 목적은 제약사로 하여금 자체 생물학적 동등성 시험의 실시를 유도하고, 등록된 원료 의약품을 사용하도록 하게 하는 것이다. 따라서 이를 위해 제약사들은 제네릭 의약품 생산에 더 많은 비용과 시간을 투자하여 수익성 하락을 방지해야 할 것이므로 자체 경쟁력을 강화하게 되며, 이에 따라 제약사들 간의 시장 경쟁은 더 심화될 것으로 추론할 수 있다.

| 오답풀이 |

② 개편안의 세부 내용에 주어진 2개 기준 요건 중 첫 번째 요건이 제약사들의 자체 생물학적 동등성 시험을 유도하기 위한 것이다.
③ 개편안의 계기가 된 것이 발사르탄 사태이므로 개편안의 핵심 요건은 발사르탄 사태의 주요 문제점이었음을 추론할 수 있다.
④ 제네릭 의약품 생산에 비용과 시간을 더 많이 투자한 제약사는 2개 기준 요건을 충족하게 되어 제네릭 의약품 가격이 추가 인하되는 것을 막을 수 있을 것이다. 주어진 글의 마지막 문단에서도 '시간과 비용 투자 등의 노력 여부에 따라 보상 체계가 다르게 적용된다'는 점을 언급하고 있다.

16 | 정답 | ③

두 제네릭 의약품 모두 건강보험 등재 순서가 21번째 이후이므로 언급된 두 가지 요건의 충족 여부와 무관하게 가격이 책정된다. 따라서 20개의 제네릭 의약품 중 최저가 의약품의 가격이 150,000원이므로 21번째 제네릭 의약품 가격은 $150{,}000 \times 0.85 = 127{,}500$(원)이 된다. 이에 따라 22번째 제네릭 의약품 가격은 21번째 제네릭 의약품 가격의 85%인 $127{,}500 \times 0.85 = 108{,}375$(원)이 된다.

17 | 정답 | ④

두 번째 문단에 따르면 대마의 줄기는 섬유용으로 이용되며, 의약품과 화장품의 원료로 이용되는 것은 꽃과 잎에서 추출한 유용 성분이므로 옳지 않은 내용이다.

| 오답풀이 |
① 네 번째 문단에 따르면 테트라하이드로칸나비놀은 도취 성분으로 중독성이 있다고 하였으므로 옳은 내용이다.
② 두 번째 문단에 따르면 대마는 우리나라에서 수의를 만드는 삼베의 원료인 섬유 작물로 이용되어 왔다고 하였으므로 옳은 내용이다.
③ 마지막 문단에 따르면 의료용 대마 연구는 단기적으로는 규제를 고려해 위험 요소를 최소화하는 기술 개발에 집중한다고 하였으므로 옳은 내용이다.

18 | 정답 | ③

(가) 다섯 번째 문단에 따르면 섬유용 대마 청삼은 2000년대 초에 개발되었다.
(나) 두 번째 문단에 따르면 습관성의약품관리법을 통한 대마 단속은 1970년에 시작되었다.
(다) 세 번째 문단에 따르면 대마 육종에 필요한 기술 특허 출원은 2022년에 이루어졌다.
(라) 두 번째 문단에 따르면 상복을 만드는 섬유작물로 대마를 이용한 것은 1960년 이전임을 알 수 있다.
따라서 이를 빠른 연도 순으로 나열하면 (라)-(나)-(가)-(다)이다.

19 | 정답 | ①

주어진 보도자료는 의료 영상촬영에 대한 국민 인식 조사의 결과를 정리한 것이다. 첫 번째 결과로는 의료 방사선 관련 용어의 노출 정도 및 노출 경로를 제시하고 있고, 두 번째는 실제 경험 정도와 의료 영상촬영 검사에 대한 정확한 이해도를 조사하고 있다. 따라서 부제로 가장 적절한 것은 ①이다.

20 | 정답 | ④

의료 방사선에 대한 안전관리법은 관계 종사자에게만 있고 환자에게는 그 안전관리에 대한 기준이 없다고 했으며 이에 대한 인지율이 낮다고 하였다. 내용 및 기준 자체가 없으므로 이에 대한 인지율이 낮다는 말은 적절하지 않다.

| 오답풀이 |
① 실상 의료 방사선이 가장 많이 유출되는 검사는 CT로 흉부 X-ray의 120배에 달한다고 하였다.
② 의료 영상촬영 검사와 관련하여 국민들이 가장 중요하게 생각하는 정보는 의료 방사선의 안전성·부작용이라고 하였다.
③ 의료 영상촬영 검사에 대한 이력관리 서비스 제공 시 이용하겠다는 응답이 87.8%로 긍정적인 반응이었다고 하였다.

21 | 정답 | ③

2021년 16~29세 여자 헌혈 건수는 195,182+245,475=440,657(건)이므로 옳다.

| 오답풀이 |
① 2020년 남자 전체 헌혈 건수는 1,916,444건으로 여자 전체 헌혈 건수 694,957건의 1,916,444÷694,957≒2.8(배)이므로 옳지 않다.
② 2022년 50~59세 전체 헌혈 건수는 1년 전 대비 262,920-235,723=27,197(건) 증가하였으므로 옳지 않다.
④ 2023년 30~39세 남자 헌혈 건수는 330,019건으로 16~19세 남자 헌혈 건수 335,001건보다 적으므로 옳지 않다.

22 | 정답 | ④

2023년 30~39세 전체 헌혈 건수는 448,166건이고, 남자 헌혈 건수는 330,019건이므로 전체 헌혈 건수 대비 남자 헌혈 건수의 비중은 (330,019÷448,166)×100≒73.6(%)이므로 옳지 않은 그래프이다.

23 | 정답 | ①

좌석 점유율 식을 바탕으로 경기장당 평균 수용 규모를 구하면 $\frac{경기당\ 평균\ 관중\ 수}{좌석\ 점유율} \times 100$인 것을 알 수 있다.
이를 바탕으로 2014년 배구와 남자 농구의 경기장당 평균 수용 규모를 구하면 다음과 같다.

- 배구: $\frac{1,525}{26.1} \times 100 ≒ 5,843$(명)
- 남자 농구: $\frac{4,092}{62.2} \times 100 ≒ 6,579$(명)

따라서 2014년 경기장당 평균 수용 규모는 배구보다 남자 농구가 더 크다.

| 오답풀이 |
② 매년 좌석 점유율이 가장 높은 종목은 남자 농구이고, 가장 낮은 종목은 축구로 동일하게 유지되고 있다.
③ 2014년 대비 2018년 좌석 점유율의 변동 폭을 보면, 야구는 -10.1%p, 축구는 -0.5%p, 남자 농구는 -3.7%p, 여자 농구

는 -3.1%p, 배구는 28.1%p이다. 따라서 가장 크게 변동된 종목은 배구이다.
④ [표]에서 남자 농구와 여자 농구의 연도별 경기 수와 경기당 평균 관중 수를 비교해 보면, 매년 남자 농구의 수치가 여자 농구의 2배 이상인 것을 알 수 있다.

24 | 정답 | ④

연도별 연간 전체 관중 수는 (경기 수)×(경기당 평균 관중 수)이고, 축구의 연도별 관중 수를 구하면 다음과 같다.
- 2014년: 266×7,656≒204(만 명)
- 2015년: 229×8,115≒186(만 명)
- 2016년: 228×7,720≒176(만 명)
- 2017년: 228×7,854≒179(만 명)
- 2018년: 228×6,502≒148(만 명)

따라서 2014년에는 200만 명 이상이던 전체 관중 수가 2018년에는 150만 명 미만으로 감소하였다는 것을 알 수 있다.

| 오답풀이 |
① 2016년까지 감소하다가 2017년에는 증가, 2018년에는 다시 감소하였다.
② 매년 지속적으로 감소한 것이 아니며, 2018년에는 150만 명을 넘지 않았다.
③ 5개년 동안 2017년에만 증가하였고, 나머지 해에는 모두 감소하였다. 또한 2014년에는 200만 명 이상이고, 2018년에는 150만 명 미만이다.

25 | 정답 | ③

30대가 선택한 이유 중 비율이 5% 미만인 이유는 '진료비가 적게 들어서, 설명을 자세하게 들을 수 있어서, 시설 및 환경이 좋아서'로 3가지이다. 그중 '설명을 자세하게 들을 수 있어서'를 선택한 20대 이하의 비율은 5.4%로 5% 이상이다.

| 오답풀이 |
① 남자의 비율이 여자의 비율보다 작은 한방 외래진료 서비스 선택 이유는 '치료 효과가 좋아서, 부작용이 적어서, 유명해서 또는 주변 사람이 권해서'로 3가지이다.
② 모든 연령대에서 한방 외래진료 서비스를 선택한 이유로 가장 많이 선택한 이유는 '치료 효과가 좋아서'이다.
④ 남자와 여자가 한방 외래진료 서비스를 선택한 이유 중 비율이 하위인 5개의 이유는 '진료비가 적게 들어서, 설명을 자세하게 들을 수 있어서, 질환에 특화된 진료를 해서, 시설 및 환경이 좋아서, 유명해서 또는 주변 사람이 권해서'로 같다.

26 | 정답 | ②

50대 전체 조사 인원은 $\frac{495}{9.9} \times 100 = 5,000$(명)이다.
각 연령대의 조사 인원이 같다고 했으므로 40대 중 '수술과 검사에 대한 부담이 없어서'를 선택한 인원은 $5,000 \times \frac{7.4}{100} = 370$(명)이다.

27 | 정답 | ④

모든 연령대의 비율을 [표]에서 찾는 것보다 한 연령대를 골라서 그 연령대에서의 [그래프]의 수치와 같은 서비스 선택 이유를 고르는 것이 시간을 단축할 수 있다. 따라서 30대에서 15.1%인 이유(A)는 '부작용이 적어서'이며, 5.6%인 이유(B)는 '질환에 특화된 진료를 해서'임을 알 수 있다.

28 | 정답 | ③

의료기관 수 대비 의료급여비용이 가장 많으려면 의료기관 종별 점유율은 낮고, 의료급여비용 점유율은 높아야 한다. 따라서 의료기관 수 대비 의료급여비용이 가장 많은 의료기관은 상급종합병원으로 $\frac{12.5\%}{0.1\%} = 125$이다.

참고로, 종합병원은 $\frac{18.7\%}{0.4\%} = 46.75$이다.

| 오답풀이 |
① 상급종합병원 수는 0.1%이고, 종합병원은 0.4%이므로 $\frac{1}{4}$배이다.
② 한방이 차지하는 의료급여비용은 전체의 2.5%, 즉 0.025이다.
④ 의료급여비용이 가장 적은 의료기관은 0.04%인 보건기관이고, 그 수가 가장 적은 의료기관은 상급종합병원이다.

29 | 정답 | ②

병원은 전체의 1.8%이므로 병원 수가 1,647개일 때, 의료기관 수는 총 1,647÷1.8%=1,647÷0.018=91,500(개)이다.
따라서 의원과 치과 수의 차는 91,500×(46.4%-25.0%)=91,500×21.4%=19,581(개)이다.

30 | 정답 | ②

본문에서 제시한 바에 의하면 노년부양비와 노령화지수를 구하는 식은 다음과 같다.

- (노년부양비)(%) = $\frac{(고령인구)}{(생산가능인구)} \times 100$
- (노령화지수)(%) = $\frac{(고령인구)}{(유소년인구)} \times 100$

2020년 우리나라의 생산가능인구가 3,683만 명이고, 노년부양비가 21.7%이므로 고령인구는 $21.7 \div 100 \times 3,683 ≒ 799$(만 명)이다. 이때, 노령화지수가 129.0이므로 유소년인구는 $799 \div 129 \times 100 ≒ 619$(만 명)이다. 따라서 2020년 고령인구와 유소년인구의 차이는 $799 - 619 = 180$(만 명)이다.

31 | 정답 | ②

㉠ 2020년 출생아 수는 27만 2천 명이고, 이는 2019년보다 10% 감소한 수치라고 하였다. 따라서 2019년 출생아 수는 $272 \div (1-0.1) ≒ 302$(천 명), 즉 30만 2천 명이므로 30만 명 이상이다.

㉣ [표2]에서 우리나라는 2020년 대비 2060년에 노년부양비가 4배 이상 증가하였다. 이는 다른 나라들에 비해 월등히 수치가 높은 것으로, OECD 주요 국가 중에서 노년부양비가 가장 빠르게 높아진 것이다.

| 오답풀이 |

㉡ 우리나라와 [표1]의 국가들에 대한 2020년 합계 출산율의 평균은 $(0.84+2.14+2.08+1.85+1.85+1.75+1.54+1.42+1.37) \div 9 ≒ 1.65$(명)이다. 따라서 1.7명 미만이다.

㉢ 우리나라의 노년부양비는 2010년 14.8명에서 2020년에는 6.9명만큼 증가하였으므로 2020년 노년부양비는 $14.8+6.9=21.7$(명)이다. 따라서 2020년에 우리나라의 생산가능인구 100명당 부양해야 하는 고령인구는 21.7명이다.

32 | 정답 | ①

2023년 포괄수가는 18,786억 원이고, 2년 전인 2021년 포괄수가는 19,458억 원이므로 증감율은 $(18,786-19,458) \div 19,458 \times 100 ≒ -3.5(\%)$이다.

33 | 정답 | ④

2023년 재료대는 53,732억 원으로 2022년 재료대 43,350억 원보다 $53,732-43,350=10,382$(억 원) 증가하였으므로 ④는 옳지 않은 그래프이다.

34 | 정답 | ②

㉠ 부모의 BMI가 모두 25 이상일 때 영유아의 비만율은 14.44%이고, BMI가 모두 25 미만일 때 영유아의 비만율은 3.16%이다. 따라서 $3.16 \times 4 = 12.64(\%)$이므로 4배 이상 높다.

㉢ 아빠의 BMI가 18.5 미만이고, 엄마의 BMI가 18.5 이상인 경우의 영유아 수는 $798+409=1,207$(명)이다. 이때, 비만인 남아의 수는 $798 \times 0.0276 ≒ 22$(명)이고, 비만인 여아의 수는 $409 \times 0.0171 ≒ 7$(명)이다. 따라서 비만인 영유아 수는 29명이므로, A의 값은 $\frac{29}{1,207} \times 100 ≒ 2.4(\%)$로 2 이상이다.

㉣ 아빠의 BMI가 $25 \leq BMI < 30$이고, 엄마의 BMI가 BMI<25인 경우, 남아와 여아의 비만율은 각각 6.28%, 7.29%로 모두 8% 미만이다.

| 오답풀이 |

㉡ 주어진 자료는 BMI와 비만율에 대한 자료이므로 체중에 대해서는 알 수 없다.

㉤ 부모의 BMI가 모두 25 미만인 경우, 영유아 자녀의 BMI가 $25 \leq BMI < 30$인 확률은 3.16%이다. 따라서 영유아 자녀의 BMI가 BMI<25이거나 BMI≥30일 확률은 96.84%라 할 수 있다. 그러나 영유아 자녀의 BMI가 25 미만일 확률은 알 수 없다.

35 | 정답 | ①

박 씨의 BMI는 $85 \times \frac{1}{(1.8)^2} ≒ 26.2$이므로 아빠인 박 씨의 BMI 범위는 $25 \leq BMI < 30$이다. 아빠의 BMI가 $25 \leq BMI < 30$이고, 엄마의 BMI가 25 미만인 경우, 남아 28,195명 중 비만인 남아는 $28,195 \times 0.0628 ≒ 1,771$(명)이다.

아빠의 BMI가 $25 \leq BMI < 30$이고, 엄마의 BMI가 $25 \leq BMI < 30$인 경우, 남아 7,638명 중 비만인 남아는 $7,638 \times 0.1405 ≒ 1,073$(명)이다.

따라서 아빠의 BMI가 $25 \leq BMI < 30$이고, 엄마의 BMI가 30 미만인 경우, 남아 $28,195+7,638=35,833$(명) 중 비만인 남아는 $1,771+1,073=2,844$(명)이므로 비만율은 $\frac{2,844}{35,833} \times 100 ≒ 8(\%)$이다. 즉, 58개월인 박 씨의 아들이 비만일 확률은 8%라 할 수 있다.

36 | 정답 | ②

2017년 자폐성 전체 대상 인원 대비 전체 수검 인원의 비율은 $\frac{30+23}{95+484} \times 100 = \frac{53}{579} \times 100 ≒ 9.2(\%)$로 9% 이상이다.

| 오답풀이 |
① 남자의 대상 인원과 수검 인원이 모두 계속 증가한 장애 유형은 '시각, 청각, 자폐성' 3가지로 4가지 이하이다.
③ 2018년 여자의 수검 인원과 2016년 여자 대상 인원이 각각 세 번째로 많은 장애 유형은 '시각'으로 같다.
④ 매년 언어 장애인 암검진 대상 인원과 수검 인원은 각각 남자가 여자의 2배 이상 많다.

37 | 정답 | ①

연도별 지적 장애인 남자와 여자의 대상 인원 차이를 구하면 다음과 같다.
- 2016년: 37,676−31,676=6,000(명)
- 2017년: 38,551−31,513=7,038(명)
- 2018년: 38,978−31,937=7,041(명)

따라서 남자와 여자의 지적 장애인 대상 인원 차이가 가장 큰 2018년의 정신 장애인의 전체 수검 인원은 12,023+14,116=26,139(명)이다.

38 | 정답 | ③

선택지에 나온 장애유형의 연도별 전체 대상 인원을 구하면 다음 표와 같다.

(단위: 명)

구분		2016년	2017년	2018년
①	시각	180,066	180,746	186,755
②	청각	187,195	239,436	274,058
③	뇌병변	160,528	159,815	178,867
④	자폐성	471	579	719

자폐성 장애인 대상 인원은 나머지보다 훨씬 적으므로 계산할 필요가 없으며, '시각, 청각' 장애인의 전체 대상 인원은 2016년만 계산해도 그래프 수치와 다르다는 것을 알 수 있다. 따라서 그래프에서 나타낸 연도별 전체 대상 인원은 '뇌병변'이다.

39 | 정답 | ①

호흡기 결핵의 경우, 2018년과 2019년 모두 이전 시기보다 진료 인원이 감소하였다.

| 오답풀이 |
② 악성 신생물은 2019년에 전년 대비 83,538−74,917=8,621(억 원) 증가하여 진료비가 가장 많이 증가한 질병이다.
③ 1조 원을 억 원 단위로 환산하면 10,000억 원이다. 2015년 대비 2019년 진료비가 1조 원 이상 증가한 질병은 심장 질환(11,480억 원 증가), 악성 신생물(31,766억 원 증가), 정신 및 행동 장애(13,606억 원 증가), 신경계 질환(12,566억 원 증가)으로 모두 4개이다.
④ 2019년 악성 신생물과 정신 및 행동 장애의 합계 진료비는 83,538+44,444=127,982(억 원)이므로 전체의 $\frac{127,982}{345,295} \times 100 ≒ 37.1(\%)$로 30% 이상이지만, 합계 진료 인원은 1,686+3,348=5,034(천 명)이므로 전체의 $\frac{5,034}{29,448} \times 100 ≒ 17.1(\%)$로 20% 미만이다.

40 | 정답 | ②

그래프 ①~④를 보면, 호흡기 결핵, 악성 신생물, 대뇌혈관 질환, 심장 질환의 4개의 질병의 막대그래프 길이가 서로 다르다. 호흡기 결핵의 2019년 진료 인원 1,000명당 진료비는 $\frac{1,505}{47} ≒ 32.02(억 원)$이므로 이를 만족하는 그래프는 ②이다. 참고로 악성 신생물, 대뇌혈관 질환, 심장 질환의 2019년 진료 인원 1,000명당 진료비는 순서대로 $\frac{83,538}{1,686} ≒ 49.55(억 원)$, $\frac{31,287}{1,046} ≒ 29.91(억 원)$, $\frac{29,427}{1,609} ≒ 18.29(억 원)$이다.

41 | 정답 | ④

'2. 건강보험 환자의 본인 부담액 기준'에서 건강보험 급여는 질병, 부상에 대한 보편적 진료만 가능하며 예방접종, 건강진단, 성형수술, 병실료 차액, 그외 보건복지부장관이 정한 사항(초음파 검사 등)은 보험급여 대상에서 제외(비급여)되며 환자가 전액 부담해야 한다고 제시되어 있다. 하지만 그 뒤에 'MRI는 상병부위, 증상에 따라 급여에 해당됩니다.'라고 쓰여 있으므로 '그 외의 모든 사항은 제외'되어 환자가 전액을 부담해야 한다는 것은 주어진 안내문의 내용과 일치하지 않는다.

| 오답풀이 |
① '1. 건강보험'에서 '질병, 부상, 분만, 사망 등으로 인하여 과다한 의료비를 부담하게 되어 겪게 되는 어려움을 덜어주기 위해 가입자에게 보험료를 추렴하여 기금을 조성하고 그 자금으로 보험급여를 제공함으로써 국민의 경제적 부담을 덜어주며 건강을 유지하고 향상시키는 제도입니다.'라고 제시되어 있다.

② '5. 교통사고 환자의 진료안내'에서 '보험사의 지불보증이 없을 시 환자 본인이 영수증 및 계산서를 보험회사에 제출하여 본인이 직접 청구하셔야 합니다.'라고 제시되어 있다.
③ '5. 교통사고 환자의 진료안내'에서 '교통사고로 인한 진료비는 보험회사에서 발급한 지불보증(서류제출)을 한 경우에는 지불보증부분에 대하여 병원에서 보험사에 청구하며, 지불보증 외 항목은 환자 본인이 부담합니다.'라고 제시되어 있다.

42 | 정답 | ①

ⓔ 산정특례제도란 고액의 비용과 장기간 치료가 요구되는 상병에 대하여 건강보험 급여 부담액을 경감(본인 부담 10%)하여 주는 제도인데, 본인 부담은 10%이므로 90%까지 경감하여 주는 제도이다. 따라서 옳지 않은 것은 1개이다.

| 오답풀이 |

㉠ 암환자는 산정특례제도의 적용대상이며 본인 부담률이 5%이다. 다른 상병에 대하여 건강보험 급여 본인 부담액이 10%이므로 암환자는 산정특례제도의 적용대상이나 다른 적용대상 환자보다 본인 부담이 10−5=5(%p) 적다.
㉡ '5. 교통사고 환자의 진료안내'에서 자손 및 책임보험의 경우 치료비 한도 지불보증까지만 혜택을 받을 수 있으며, 치료비 초과 시 본인이 초과액 전액을 부담해야 한다고 제시되어 있으므로 본인이 1,200만 원 전액을 부담해야 한다.
㉢ '2. 건강보험 환자의 본인 부담액 기준'에서 성형수술은 보험 급여 대상에서 제외(비급여)되며 환자가 전액 부담해야 한다고 제시되어 있다. 또한 MRI는 상병부위, 증상에 따라 급여에 해당한다고 나와 있으므로 옳은 내용이다.

43 | 정답 | ③

㉠ 차종 C는 15인승만 있으므로 면허 종류는 1종 보통 이상이어야 한다.
㉡ '1. 대여 자격'에서 만 30세이고 1종 보통 운전면허를 취득하였으면 15인승 이하 모든 차종을 운전할 수 있다. 그리고 면허 취득 후 2년이 되었으므로 차종과 관계없이 차량을 대여할 수 있다.

| 오답풀이 |

㉢ 11인승 차종 A와 7인승 차종 B를 하루 동안 대여하는 금액은 266,000+350,000=616,000(원)이다. 그런데 11인승 차종 A를 2대 대여하면 266,000×2=532,000(원)이다. 즉, 더 적은 금액으로 대여가 가능하다.

44 | 정답 | ④

주어진 상황에 따라 차량 대여 비용의 최소 금액을 구해 보면 다음과 같다.
- 상황1: 2024년 4월 14일부터 17일까지 나흘간 25명을 태울 수 있어야 하므로 11인승 차종 A와 차종 C를 1대씩 대여하면 된다. 따라서 최소 금액은 239,000+272,000=511,000(원)이다.
- 상황2: 2024년 5월 12일 8시간 정도 10명을 한 번에 이동하기 위해서는 11인승 차종 A를 10시간 대여해야 한다. 그리고 14일에 7인승 또는 9인승 리무진 차종 B를 대여해야 하는데, 왕복 4시간에 회의 6시간을 더하면 적어도 10시간을 대여해야 한다. 따라서 최소 금액은 192,000+322,000=514,000(원)이다.

45 | 정답 | ④

예방 접종 피해로 인한 진료비 중 본인 부담금이 30만 원 이상인 경우 보상 신청이 가능하다. 총진료비가 30만 원 미만이라면 진료비 중 본인 부담금도 30만 원 미만이므로 보상 신청이 불가능하다.

| 오답풀이 |

① 예방 접종 후 이상 반응이 발생한 경우 환자 및 보호자는 예방 접종 도우미 사이트나 보건소에 신고할 수 있고, 의사, 치과의사, 한의사는 질병보건 통합관리시스템 또는 보건소에 신고할 수 있다.
② BCG 접종 시 국소 이상 반응이 나타날 때까지의 시간이 6개월 이내이고, B형 간염 접종 시 국소 이상 반응이 나타날 때까지의 시간은 7일 이내이다.
③ 예방 접종 후 이상 반응 발생 시 이상 반응 발생일로부터 5년 이내에 보상 신청을 해야 한다.

46 | 정답 | ①

아나필락시스를 예방 접종 이상 반응으로 인정받으려면 B형 간염 예방 접종 후 24시간 이내에 이상 반응이 발생해야 한다. 따라서 A씨는 예방 접종 이상 반응이 나타난 것으로 볼 수 없다.

| 오답풀이 |

② 국소 이상 반응은 BCG와 B형 간염 예방 접종을 했을 때 발생할 수 있는 이상 반응으로 BCG를 맞은 경우에는 6개월 이내, B형 간염 예방 접종을 했을 때는 7일 이내에 발생하면 이상 반응으로 볼 수 있다.

③ 골염은 BCG 예방 접종을 했을 때 발생할 수 있는 이상 반응으로 6개월 이내에 발생하면 이상 반응이 나타난 것으로 볼 수 있다.
④ 지름 2cm 크기의 림프절 종창은 BCG 예방 접종의 이상 반응으로 이에 대한 후유증은 기간에 상관없이 이상 반응이 나타난 것으로 인정받을 수 있다.

47 | 정답 | ④

'신청방법'의 주의사항에서 수진자(진료받은 사람) 본인 계좌로 신청하는 것이 원칙이나, 부득이한 사유로 대리인 신청 시 추가 서류가 필요하다고 안내되어 있다. 즉, 추가 서류를 제출하면 본인이 직접 수령하지 않고 대리인이 수령할 수 있음을 의미한다.

| 오답풀이 |
① '본인부담상한액 기준'에서 같은 분위별로 연평균 보험료가 해마다 꾸준히 증가한다는 것을 알 수 있다.
②, ③ '본인부담상한제란?'에서 '비급여, 선별급여, 전액본인부담, 임플란트, 상급병실(2~3인실)입원료, 추나요법, 상급종합병원 경증질환 외래 초·재진 본인부담금, 장애인 보장구, 출산비 등은 제외'라고 제시하고 있다. 따라서 아이를 출산하는 비용 또는 상급종합병원에서 가벼운 질환으로 외래 초진에 해당하는 비용은 본인부담상한제에 해당하지 않는다.

48 | 정답 | ②

김 씨의 건강보험 본인부담금은 500+200+70=770(만 원)이다. 그리고 A 요양병원 입원일수가 120일을 초과하면서 보험료 수준이 하위 50%에 해당하므로 본인부담상한액은 227만 원이다. 따라서 김 씨의 사후환급금은 770-227=543(만 원)이다.
박 씨의 건강보험 본인부담금은 400+100+50=550(만 원)이다. 그리고 A 요양병원 입원일수가 120일 이하이면서 보험료 수준이 하위 10%에 해당하므로 본인부담상한액은 87만 원이다. 따라서 박 씨의 사후환급금은 550-87=463(만 원)이다.

49 | 정답 | ③

유 씨의 총진료비 중 공단이 4억 8,382만 원을 부담하였으므로 유 씨의 본인부담의료비는 53,769-48,382=5,387(만 원)이다. 그리고 유 씨는 이 비용 중 2023년도에 본인부담상한제 최고상한액인 1,014만 원을 부담하였으므로 나머지 5,387-1,014=4,373(만 원)을 공단에서 부담하였다. 그리고 2024년 8월에 유 씨가 본인부담상한제 사후정산에서 소득 9분위가 확정되어 공단으로부터 1,014-497=517(만 원)을 받았으므로 유 씨의 본인부담의료비 중 건강보험공단이 부담한 액수는 4,373+517=4,890(만 원)이다.

50 | 정답 | ②

'2. 신청 대상 및 신청 방법'에 따르면 신청 방법은 공단 홈페이지에 안내된 상병수당 시범사업 가수요 신청서와 등록 신청서를 작성하여 각각의 기간 내에 이메일, 팩스, 우편 중 하나로 제출해야 하며, '5. 시범사업 참여 의료기관 등록 절차'에 따르면 가수요 신청은 5월 9일부터 5월 31일이므로 옳지 않은 내용이다.

| 오답풀이 |
① '5. 시범사업 참여 의료기관 등록 절차'에 따르면 상병수당 시범사업 참여 의료기관이 교육을 이수할 수 있는 기간과 등록 신청을 할 수 있는 기간은 6월 1일부터 6월 22일까지로 동일하므로 옳은 내용이다.
③ '1. 상병수당이란?'에 따르면 상병수당 시범사업은 2022년 7월부터 시행되므로 옳은 내용이다.
④ '4. 상병수당 대상 요건 및 지원 내용'에 따르면 급여 지급금액은 2022년 기준 최저임금의 60%인 일 43,960원으로 2022년 일 최저임금은 43,960÷0.6≒73,267(원)이므로 옳은 내용이다.

51 | 정답 | ④

'3. 참여 의료기관의 역할'에 따르면 상병수당 시범사업에 참여하는 의료기관은 상병수당 대상 요건이 되는 환자에게 상병수당에 대해 안내하기도 해야 하므로 옳은 내용이다. 따라서 안내문을 적절하게 이해한 사람은 '세윤'이다.

| 오답풀이 |
① '4. 상병수당 대상 요건 및 지원 내용'에 따르면 근로활동불가 모형 Ⅱ 지역의 최대 보장기간은 120일이고, 급여 지급금액은 일 43,960원임에 따라 최대 43,960×120=5,275,200(원) 지원받을 수 있으므로 옳지 않은 내용이다.
② '5. 시범사업 참여 의료기관 등록 절차'에 따르면 등록 신청은 온라인 교육 이수가 완료된 의료기관에 한해 진행되므로 옳지 않은 내용이다.
③ '4. 상병수당 대상 요건 및 지원 내용'에 따르면 의료이용일수 모형의 경우 의료이용일수에서 대기기간 일수를 제외한 기간에 대해서 급여 지급을 하고, 대기기간은 3일이므로 옳지 않은 내용이다.

52
| 정답 | ②

'2. 신청 대상 및 신청 방법'에서 상병수당 시범사업 참여 의료기관의 신청 대상은 근로활동불가 모형 Ⅰ·Ⅱ에 해당하는 지역 내 소재한 의원·병원·종합병원·상급종합병원이라고 하였고, '1. 상병수당이란?'에서 경남 창원시는 의료이용일수 모형에 해당함을 확인할 수 있다. 따라서 위 안내문에서 안내하는 상병수당 시범사업 참여 의료기관으로 신청할 수 없는 지역은 경남 창원시이다.

53
| 정답 | ②

업체 선정 기준에 따라 각 업체의 최종 점수를 구하면 다음과 같다.
- A업체: 8+9+8+1=26(점)
- B업체: 8+8+9+1=26(점)
- C업체: 9+7+9+2=27(점)
- D업체: 9+9+9+2=29(점)
- E업체: 7+9+7+3=26(점)
- F업체: 8+8+9+2=27(점)
- G업체: 7+9+8+3=27(점)
- H업체: 8+8+9+2=27(점)

최종 선정 업체는 29점으로 가장 높은 D업체와 27점인 C, F, G, H업체 4곳 중 하나이다. C, F, G, H업체의 원장 부여 점수의 항목별 합계 점수는 각각 25점, 24점, 23점, 23점이므로 C업체가 가장 높다. 따라서 최종 선정될 업체는 C업체와 D업체이다.

54
| 정답 | ②

㉠ 원장 부여 점수의 합이 더 높은 업체는 3곳(A업체, C업체, D업체), 진료과장 부여 점수의 합이 더 높은 업체는 4곳(B업체, E업체, G업체, H업체)이고, 총점이 같은 업체는 F업체 1곳이다. 따라서 원장보다 진료과장에게 더 높은 총점을 받은 업체가 반대의 경우보다 더 많다.
㉡ B업체가 '우수기기 인증'에 해당한다면 B업체의 최종 평가 점수는 8+8+9+3=28(점)이 되므로, 9+7+9+2=27(점)인 C업체보다 높은 점수를 받게 된다.

| 오답풀이 |
㉢ 항목별 진료과장이 부여한 항목별 점수의 합은 가격 60점, 안전성 66점, 편의성 64점이므로 안전성 점수의 합이 가장 높다.
㉣ 원장과 진료과장에게 같은 총점을 받은 업체는 각각 24점을 받은 F업체 1곳이다.

55
| 정답 | ③

지원 신청 시 유의 사항을 보면, 최근 2년 내 Y재단에서 동일한 지원을 받은 경우 지원 대상에서 제외된다고 하였으므로 옳은 내용이다.

| 오답풀이 |
① 지원 대상 1인이 지원받을 수 있는 최대 금액은 의료비, 주사비, 검사비 세 항목의 최대 한도의 합인 700만 원이다.
② 신청자의 장애 정도와 소득 수준뿐 아니라 지원 신청자의 제출 서류 충실도 등 1차 적격성 평가와 2차 타당성 평가 기준도 모두 충족되어야 한다.
④ 만 18세 미만의 장애 아동·청소년 본인이 아닌, 사례 관리가 가능한 기관의 담당자가 신청하는 것이다.

56
| 정답 | ③

의료비 납입 증명서는 직전 연도 분을 선택 서류로 명시하고 있다. 따라서 해당자가 아닌 경우 반드시 구비해야 할 서류가 아니다.

| 오답풀이 |
①, ②, ④ 주치의 소견서는 반드시 구비해야 할 서류이며, 건강보험료 납부 확인서와 장애인 진단서는 소득과 장애인임을 확인할 수 있는 서류이므로 반드시 구비해야 할 서류에 속한다.

57
| 정답 | ④

3월 23일에 접수 마감이 되어 마감 후 2주가 지난 4월 6일경 선정 발표가 된다. 선정일로부터 6개월 후 치료가 진행 및 종결되므로 10월 6일경 치료가 종결된다. 또한 치료 종결 2주 후인 10월 20일경 종결 보고서가 접수되어야 하며, 이로부터 다시 1주일 후인 10월 27일경까지는 늦어도 지원금이 지급될 것으로 예상할 수 있다.

58
| 정답 | ③

연금 소득은 30%, 배당 소득은 100% 소득에 반영된다. 따라서 같은 금액의 소득이라 하더라도 연금 소득일 경우에 부과되는 건강보험료가 더 적을 것이다.

| 오답풀이 |

① 사용 연수별 점수가 낮아지는 순간이 3년마다 있지만(총 2번), 매년 낮아지는 것은 아니다.
② 소득이 없더라도 소득 최저 보험료 14,650원은 부과된다.
④ 건물 반영 비율은 100%, 전세 반영 비율은 30%이므로 건물을 매각하고 전세로 돌리면 재산 금액은 줄어든다. 그러나 재산 금액이 줄어들더라도 같은 구간 내에 있다면 점수는 변화하지 않으므로 보험료가 반드시 낮아진다고는 볼 수 없다.

59

| 정답 | ④

사용 연수 2년 3개월, 최초 차량 가액이 7,000만 원짜리 외국산 승용차이므로 당시 잔존 가액은 7,000×0.605=4,235(만 원)이다. 잔존 가액 4천만 원 이상에 배기량 1,800cc이므로 점수는 113점이다. 1년 후 잔존 가액은 7,000×0.5=3,500(만 원)이므로 4천만 원 미만이고, 사용 연수는 3년 이상이므로 점수는 63점이다.
따라서 이로 인해 발생하는 건강보험료의 감소액은 (113-63)×205.3=10,265(원)이다.

60

| 정답 | ①

- 소득 금액: 61,500,000×1.0+45,000,000×0.3 =75,000,000(원) → 2,161점
- 재산 금액: 25,300 초과 28,100 이하 구간 → 659점
- 자동차 점수: 5,000×0.262=1,310(만 원)이므로 잔존가액 4천만 원 미만에 배기량도 1,600cc 이하 이므로 0점

따라서 건강보험료는 (2,161+659)×205.3≒578,940(원)에서 섬 거주로 인해 50%를 경감한 578,940×0.5=289,470(원)이다.

NCS 직업기초능력 2회 P.356

01	②	02	③	03	③	04	③	05	②
06	③	07	①	08	④	09	③	10	③
11	①	12	③	13	①	14	③	15	④
16	④	17	③	18	①	19	③	20	①
21	④	22	④	23	④	24	①	25	④
26	④	27	②	28	③	29	③	30	②
31	②	32	③	33	③	34	③	35	②
36	①	37	③	38	④	39	③	40	③
41	①	42	①	43	①	44	①	45	①
46	③	47	①	48	④	49	③	50	①
51	③	52	③	53	③	54	③	55	②
56	④	57	④	58	①	59	③	60	③

01

| 정답 | ②

주어진 글은 의료 IT 융합산업에 대해 설명하는 글로서 국내 혹은 국외 추진 동향에 대해서는 언급되어 있지 않다. 예를 들어 국내 추진 동향에 대한 내용으로는 국내 원격의료 추진실적, 90년대 U-병원 구축, 전자 의무기록에 대한 도입의 진행상황 등이 나와야 한다.

| 오답풀이 |

① 주어진 글에 근거할 때 의료 IT 융합산업은 IT, BT, NT 등 신기술의 융합을 통하여 창출되는 고부가가치의 산업이다. 그러므로 IT, BT, NT 등이 사용될 수 있음을 알 수 있다.
③ 주어진 글에 따르면 의료 IT 융합산업은 고령화 사회의 도래에 따른 뉴에이징 산업 분야, 현대인의 생활 질병에 대한 라이프스타일 산업 분야와 고차원 의료서비스 제공을 위한 첨단 의료 산업 분야로 구성한다.
④ 주어진 글에 나타난 의료 IT 융합산업의 사례로는 시간과 공간에 구애받지 않고 언제 어디서나 건강을 관리하고 증진시키며 질병을 예방하고 관리하는 U-헬스, 병원 내 장비를 디지털화하고 이를 하나의 통합된 프로그램으로 제어, 네트워크화하여 진료 효율을 높이고 최상의 의료서비스를 제공하는 디지털병원, IT 기술을 의료기기에 접목하여 효율을 높이고 새로운 형태의 진단 및 치료를 가능하게 하는 IT 융복합 진단치료 시스템, 대규모로 축적되는 의료정보의 효율적 활용을 추구하는 Health 2.0 등이 있다.

02

| 정답 | ③

예방 중심의 헬스케어 트렌드가 어떻게 유행하게 되었는지는 주어진 글에 정확하게 나타나 있지 않다. 마지막 문단에서 '의료비 절감을 위한 건강관리와 예방 중심의 헬스케어 트렌드'라는 내용을 살펴볼 때, 의료비 절감을 위해 예방 중심의 헬스케어 트렌드가 생겼

다는 것을 간접적으로 추론할 수 있다. 또한 집에서 생체정보를 측정하여 서비스를 제공하는 것은 홈케어의 일환이므로 이것을 스마트폰으로 연결하는 것 또한 적절하지 않다.

| 오답풀이 |
① 의료 IT 융합산업은 의료산업과 IT 산업의 이종 간 융합산업으로 신기술의 융합을 통하여 창출되는 IT 기반의 의료산업이다. 또한 전체 내용을 살펴보았을 때, IT의 활용도가 헬스케어 시스템의 효율과 질을 결정하는 중요한 지표임을 추론할 수 있다.
② 의료 IT 융합기기 산업은 기본적으로 개인 맞춤형 산업이다. 그러므로 산업적으로는 전형적인 중소기업형 다품종 소량생산의 고부가가치 산업임을 추론할 수 있다.
④ IT의 의료 분야와의 융합과 활용, 즉 의료 IT 융합산업은 집에서 혹은 이동하면서도 건강을 관리할 수 있게 해준다. 그러므로 기존에 병원 중심일 때보다 의료비를 절감할 수 있게 해주었다. 즉, 병원에 진료를 예약하고, 진찰을 받고, 이를 위해서 이동해야 하는 비용 등 고비용 구조인 헬스케어 산업의 패러다임을 변화시키는 데 중추적인 역할을 하고 있다.

03
| 정답 | ③

주어진 글에서 '이상사례의 빈도 및 정도에 대한 검사 결과에서의 이상소견을 고려하여 평가하며, 이상사례 발생 여부, 증상, 발현일, 소실일, 중증도, 의약품과의 관련성, 관련된 조치, 치료, 결과 등 확인된 사항들을 증례기록서에 기록한다.'고 언급되어 있다. 그러므로 증례기록서는 해당 연구를 하는 전문가들이 정보를 공유하기 위한 서류이고, 개별 환자의 증상에 대한 내용으로 구성되어야 함을 추론할 수 있다. 따라서 담당자들이 관련 내용에 대해 이해할 수 있다면 영문으로 작성해도 무방함을 알 수 있다. 또한 연구대상자에게 시행되는 시술이나 검사에 대한 내용을 포함해야 하므로 ②와 ④의 내용은 작성요령으로 적절하다. 반면, '③ 임상시험과 관련된 손상이 발생하였을 경우 연구대상자가 받을 보상이나 배상 및 치료방법 등 연구대상자의 권리'는 연구대상자를 위한 내용이므로 '연구대상자 설명문'에 포함되는 것이 적절하다. 참고로 증례기록서에는 다음과 같은 항목을 포함시키는 것이 좋다.
[1] 표지(연구제목, 연구코드번호 등)
[2] 인적사항(출생일, 성별, 국적 등)
[3] 신체지수 및 심박수, 혈압 등
[4] 과거력
[5] 신체검사소견
[6] 현재 앓고 있는 타 질환
[7] 현재 사용하고 있는 약재
[8] 검사소견
[9] 부작용
[10] 치료 중단 이유

04
| 정답 | ③

조사의약품과의 관련성이 가장 깊은 것은 'ㄱ 확실함'이다. [보기]에서 의약품과 증상 간의 관련성이 깊은 것은 B와 E이다. 그런데 E의 경우 '약물학적으로 결정적인 경우'라는 부분이 있으므로 가장 확실하게 관련성이 깊은 것은 E이고, 확실함의 다음 단계인 'ㄴ 상당히 확실함'의 경우 B임을 알 수 있다. 다음으로 'ㄷ 가능함'은 임상실험을 하는 약 외에 다른 의약품에 따른 결과라고도 볼 수 있는 F가 적절하다. 반면에 'ㄹ 가능성 적음'은 인과관계가 있을 것 같지 않다고 표현하는 D가 적절하다. 마지막으로 'ㅁ 평가 곤란'과 'ㅂ 평가 불가'가 있는데 둘 중에 검증을 하기 위해 좀 더 자료가 필요한 것은 '평가 곤란'이다. 그러므로 ㅁ은 A가 적절하다. 그리고 아예 검증 자체를 할 수 없는 ㅂ은 확인할 수 있는 가능성조차 없는 C가 적절하다.

05
| 정답 | ②

주어진 글에 '장애인 주치의 사업에 많은 의료기관이 참여하고 호응하도록 하기 위해서는 진료비 지불 제도 개편과 같은 제도 개선이 뒷받침되어야 한다는 인식이 생기면서 장애인 건강권과 의료접근성 보장을 위한 법 제정의 필요성이 제기되었다.'는 내용이 있다. 따라서 장애인 주치의 사업을 활성화시키기 위해서 관련 법안에 대해 관심을 갖게 되었다는 것은 주어진 글의 내용과 일치한다.

| 오답풀이 |
① 주어진 글에 근거하면 민간 차원의 사회복지공동모금회가 취약집단을 위한 성과관리 모델 사업을 공모했다.
③ 주어진 글의 '장애인 주치의 기관으로 의원이 참여하게 하되 지역의 자원을 연계·활용해 장애인의 건강과 복지 요구를 충족시킬 수 있는 모델을 개발해야 한다'는 내용을 통해 의원이 장애인 주치의 기관으로 참여하는 것이 지역의 자원을 연계하는 방안인지는 확인할 수 없다.
④ 주어진 글에 근거하면 장애인 주치의 사업은 민간 차원에서 시도되었으므로 정부가 주도했다는 내용은 주어진 글의 내용과 일치하지 않는다.

06
| 정답 | ③

주어진 글은 장애인 주치의 사업에 대한 내용이다. ㉠의 앞 문장에서 의료보장이 장애인의 요구가 두 번째로 많은 분야라고 서술했고, ㉠이 포함된 문장에서 현재의 의료체계가 이런 요구를 담지 못하고 있다고 말하고 있으므로 ㉠에는 역접접속어 '그럼에도 불구하고'가 들어가는 것이 적절하다. ㉡의 앞 문장에서 건강은 생활 전반에 걸친 통합적 접근과 이해가 필요하다고 강조하고 있으며, ㉡이 포함된 문장에서 장애인의 감수성에 대한 교육을 위한 참여가 필요하다고 언급하고 있다. ㉡ 앞의 내용을 전제로 하여 ㉡이 포함된 내용을 결론으로 제시하고 있으므로 ㉡에는 '따라서'가 들어가는 것이 적절하다. ㉢의 앞 단락에서는 장애인들의 건강과 복지에 대한 요구를 충족시킬 필요가 있으며 장애인들이 주체적으로 참여할 때 효과가 크다고 언급한 반면, ㉢이 포함된 단락의 경우 한정된 예산으로 인한 한계가 있다고 서술하고 있으므로 ㉢에는 내용을 전환하는 접속어인 '그런데'가 들어가는 것이 적절하다. ㉣의 앞 문장에는 주치의 제도로 인한 의료비 절감이라는 효과를 소개했고, ㉣을 포함한 문장에서 미충족 의료수요를 충족시키고, 건강증진 효과도 높다고 긍정적인 효과를 이어서 설명하고 있으므로 ㉣에는 '그뿐만 아니라'가 들어가는 것이 적절하다.

07
| 정답 | ①

[보기]는 사업 목표를 구체적으로 서술한 것이다. 특히 '지역 단위의 장애인 주치의 시스템' 마련이라는 내용을 통해 처음 추진한 장애인 주치의 사업의 목표임을 알 수 있다. 따라서 (가)에 들어가는 것이 적절하다.

08
| 정답 | ④

주어진 글은 이전에는 복부·흉부 MRI 검사가 암 질환 등 중증 질환에 한해 제한적으로 건강보험이 적용되었지만, 이제는 복부·흉부에 MRI 촬영이 필요한 질환이 있거나 해당 질환이 의심되어 의사가 타 선행 검사 이후 MRI를 통한 정밀 진단이 필요하다고 판단한 경우, 모두 건강보험 혜택을 볼 수 있다는 내용을 담고 있다.
따라서 글의 주제로 가장 적절한 것은 ④이다.

| 오답풀이 |
① 복부·흉부는 심장, 담췌관, 간 등 우리 몸의 주요 장기가 있어 이상 징후에 빠르게 대처하지 않으면 자칫 큰 병을 초래할 수 있다는 데에서 복부·흉부 MRI 검사가 중요하다는 것을 알 수 있지만, 주제가 되기에는 다소 지엽적인 내용이다.
② 환자가 지불해야 하는 복부·흉부 MRI 검사 비용이 하락하는 것은 복부·흉부 MRI 검사가 건강보험 혜택이 적용되기 때문이다. 따라서 실제로 복부·흉부 MRI 검사 비용이 하락하는 것은 아니다.
③ 복부·흉부 CT와 MRI 검사의 차이점에 대해서는 나와 있지 않다.

09
| 정답 | ③

골반 조영제 MRI 평균 금액을 기준으로 환자 부담률을 계산해 보면 다음과 같다.

- 상급종합병원: $\frac{26}{75} \times 100 ≒ 35(\%)$
- 종합병원: $\frac{21}{55} \times 100 ≒ 38(\%)$
- 병원: $\frac{16}{49} \times 100 ≒ 33(\%)$

따라서 환자 부담률이 가장 낮은 곳은 병원이다.

| 오답풀이 |
① 암 질환 등 중증 질환 환자의 경우, 보험 혜택이 줄어든다는 내용은 제시되어 있지 않으므로 알 수 없다.
② 경과 관찰 기간 중 정해진 검사 횟수를 초과할 때는 건강보험이 적용되지만, 본인 부담률이 80%로 높아진다.
④ 주어진 글에 따르면, 초음파나 전산화단층촬영(CT) 등 1차 검사 없이 바로 MRI를 촬영하면 건강보험이 적용되지 않으며, 이런 경우 환자 동의하에 비급여로 검사를 진행할 수 있다고 서술되어 있다. 즉, 1차 검사로 MRI 검사를 받았을 경우에는 건강보험이 적용되지 않는다.

10
| 정답 | ③

육아 휴직 기간의 추납 보험료는 근로자가 전액 내야 한다. 또한 추납은 국민연금 가입 중 언제든 신청 가능하다고 하였고, 추납 보험료는 근로자가 추납을 신청한 날이 속하는 달의 연금 보험료에 추납할 기간을 곱해서 산정한다고 하였다. 따라서 육아 휴직 직후보다 월급이 많이 줄었을 때 신청하면 추납 보험료를 적게 낼 수 있다.

| 오답풀이 |
① 국민건강보험공단이 건강보험, 국민연금 등의 4대 사회 보험의 통합 징수 기관이라고 한 것을 통해 알 수 있다.

② 육아 휴직자는 원칙적으로 휴직 기간 동안 국민연금 보험료를 내지 않아도 되는데, 노후 연금 소득을 늘리고 싶으면 추후 납부 제도를 이용해 휴직 기간에 내지 않은 연금 보험료를 내면 된다고 한 것을 통해 알 수 있다.
④ 이달부터 공시가 인상으로, 은퇴 후 자녀의 건강보험에 피부양자로 등록돼 건강보험료를 내지 않던 1만 8,000여 명이 매월 건보료 평균 12만 원을 새로 납입해야 한다고 하였다.

11 | 정답 | ①

㉠의 앞에서 휴직 기간에 연금 보험료를 안 내도 되지만, 연금 보험료를 내지 않으면 장기적으로 봤을 때 손해인 경우가 많다고 하였다. 또한 두 번째 문단에서 설명하고 있는 추후 납부 제도의 내용을 볼 때 보험료를 내지 않은 기간과 금액에 비례해 노후에 받게 될 연금액이 늘어나는 것이 아니라 줄어들게 된다는 것을 알 수 있다.

| 오답풀이 |
② 추납 제도 이용 시 직장 다닐 때 내던 연금 보험료의 2배를 납부해야 한다는 것을 통해 ㉡의 내용이 적절함을 알 수 있다.
③ 국민연금 가입 중 언제든 추납을 신청할 수 있다는 것을 통해 ㉢의 내용이 적절함을 알 수 있다.
④ 육아 휴직 기간 건보료를 직장가입자 최저 수준으로 줄였다는 것을 통해 복직 후에는 휴직 기간에 내지 않았던 건보료를 내야 한다는 것을 알 수 있으므로 ㉣의 내용은 적절하다.

12 | 정답 | ③

주어진 글은 재가 의료급여 시범 사업을 소개하고 해당 사업의 전망에 대해 알려주는 내용의 글로, 재가 의료급여 시범 사업의 문제점은 제시되어 있지 않다.

| 오답풀이 |
① 첫 번째 문단의 '올해 6월부터 병원에서 퇴원하는 의료급여 수급자가 집에서도 안심하고 생활할 수 있도록 지원하는 「재가 의료급여 시범 사업」을 2년간 실시한다고 밝혔다.'에서 확인할 수 있다.
② 마지막 문단의 보건복지부 기초의료보장과장의 발언에서 재가 의료급여 시범 사업의 전망에 대해 확인할 수 있다.
④ 세 번째 문단의 '시범 사업 대상은 6개월 이상 병원 입원자 중 입원 치료의 필요성이 없어 재가 생활이 가능한 수급자로~'에서 확인할 수 있다.

13 | 정답 | ①

주어진 글에서 의료급여 관리사가 재가 의료급여 시범 사업 수급 대상자에게 여러 도움을 준다는 내용은 알 수 있지만, 의료급여 관리사가 되기 위해서 필요한 것이 무엇인지는 알 수 없다.

| 오답풀이 |
② 세 번째 문단의 내용에서 확인할 수 있다.
③ 두 번째 문단의 '특히, 이번 시범 사업에서는 국토교통부와 협업하여 재가 돌봄을 희망하지만, 거주 공간을 마련하지 못한 어르신에게 매입 임대 주택을 제공하여 안정적인 재가 생활을 지원할 예정이다.'에서 확인할 수 있다.
④ 두 번째 문단의 '그간 노인을 돌볼 가족이 없거나, 가족이 있어도 돌볼 여유가 없는 빈곤층은 원하지 않게 살던 곳을 떠나 병원이나 시설에서 생활하는 경우가 많았다.'에서 확인할 수 있다.

14 | 정답 | ③

세 번째 문단의 '돌봄 서비스가 필요한 경우에는 기존 서비스를 우선 연계·지원하되, 자격이 안 되거나 추가 지원이 필요하면 보충적으로 의료급여에서 지원받을 수 있다.'의 내용을 통해 옳지 않다는 것을 알 수 있다.

| 오답풀이 |
① 세 번째 문단의 '입원 중인 대상자는 의료급여 관리사와의 상담을 통해 퇴원 후 필요한 서비스에 대한 돌봄 계획(케어플랜)을 수립하여 체계적으로 퇴원을 준비할 수 있게 된다.'에서 확인할 수 있다.
② 첫 번째 문단의 '이번 「재가 의료급여 시범 사업」은 지역 사회 통합돌봄 선도 사업(커뮤니티케어)의 다양한 연계 사업 중 하나로서, 선도 사업 지역 중 4~5개 지방자치단체(노인 모형)에서 실시한다.'에서 확인할 수 있다.
④ 두 번째 문단의 '노인은 대부분 의료와 돌봄, 주거 등에 대한 복합적 요구가 있으나, 기존에는 이에 대한 서비스가 충분하지 않고 개별적으로 제공되어 실질적으로 집에서 생활하는 것이 어렵다는 지적이 있었다.'에서 확인할 수 있다.

15 | 정답 | ④

마지막 문단에서 요로결석 예방을 위해서는 식이 조절이 먼저이며, 결석의 주요 구성 성분인 칼슘, 인, 수산, 퓨린 등의 섭취를 제한해야 한다고 말하고 있으므로 적절하지 않다.

| 오답풀이 |
① 첫 번째 문단에서 요로결석이란 소변이 만들어져 몸 밖으로 배출되는 경인인 '요로'에서 발견되는 돌(결석)을 뜻하며, 옆구리 통증, 혈뇨, 메슥거림, 구토와 같은 증상을 동반한다고 말하고 있으므로 적절하다.

② 두 번째 문단에서 요로결석의 발생 빈도와 종류는 여러 요인에 따라 다르며 종족, 유전, 식이와 영양상태, 성별, 연령, 기후 등이 요로결석 발생 빈도에 영향을 주는 인자라고 하고 있으므로 적절하다.
③ 세 번째 문단에서 요로결석이 있는 경우 소변 검사에서 혈뇨가 관찰된다고 하고 있으므로 적절하다.

16 | 정답 | ④

요로결석과 방광염 간의 관계에 대한 설명은 나와 있지 않다.

| 오답풀이 |
① 두 번째 문단에서 수분의 섭취가 감소하면 소변의 양이 감소하면서 소변의 흐름이 느려지게 되고, 소변 내에서 결석을 형성할 수 있는 성분의 농도가 짙어지면서 요로결석이 더 잘 만들어진다고 설명하고 있다.
② 두 번째 문단에서 요로결석의 연령별 발생률을 보면 20~40대가 가장 높고 10세 이하와 65세 이상의 연령층에서는 드물게 나타나며, 남자가 여자보다 2배 이상 많이 걸린다고 설명하고 있다.
③ 세 번째 문단에서 요로결석을 진단하는 가장 정확한 방법은 조영제를 사용하지 않는 컴퓨터단층촬영(CT)이라고 설명하고 있다.

17 | 정답 | ③

세 번째 문단에서 요로결석의 시술 방법에 대해서 설명은 하고 있으나 위험성에 대한 설명은 나와 있지 않다.

| 오답풀이 |
① 첫 번째 문단에서 요로결석의 정의 및 증상에 대해서 설명하고 있다.
② 두 번째 문단에서 요로결석의 발병 원인에 대해서 설명하고 있다.
④ 마지막 문단에서 요로결석의 예방법에 대해서 설명하고 있다.

18 | 정답 | ①

주어진 글에서는 장기요양급여 계약 체결에 대한 내용은 소개하고 있지 않다.

| 오답풀이 |
② 첫 번째 문단에서 장기요양보험 제도의 목적을 소개하고 있다.
③ 마지막 문단에서 장기요양 인정의 신청 자격을 소개하고 있다.
④ 두 번째 문단 아래의 그림을 바탕으로 장기요양 인정 과정과 이용 절차를 소개하고 있다.

19 | 정답 | ③

65세 미만인 자라도 치매 등 노인성 질병을 가졌다면 노인장기요양보험 적용 대상자가 될 수 있다.

| 오답풀이 |
① 노인장기요양보험법을 기반으로 한다.
② 기존 노인복지 서비스 체계와 비교해 보편적인 제도로, 만 65세 이상 또는 만 65세 미만으로 노인성 질병을 가진 자가 대상이다.
④ 노인성 질병을 앓는 어르신의 장기 입원 등 가족들의 과다한 의료비 지출을 계산한다면 노인장기요양보험이 장기적으로 이익이라 할 수 있다.

20 | 정답 | ③

장기요양보험 제도는 국민건강보험 제도와는 별개로 운영된다. 다만, 제도의 효율적인 운영을 위해 보험자 및 관리 운영 기관을 국민건강보험공단으로 일원화하고 있다.

| 오답풀이 |
① 장기요양보험은 국고 지원이 가미된 사회보험 방식을 채택하고 있다.
② 장애인 활동 지원급여를 이용 중이거나 이용을 희망하는 경우, 장기요양 등급을 받으면 장애인 활동 지원 신청이 제한되며, 장기요양 등급을 취소해도 장애인 활동 지원 신청이 불가능하다.
④ 노인성 질병이란 치매, 뇌혈관성 질환, 파킨슨병 등 대통령령으로 정하는 질병이다.

21 | 정답 | ④

2016년 남성 폐암 환자 수는 $\frac{57.3}{100,000} \times 2,567 ≒ 1.5$(만 명)이고, 여성 폐암 환자 수는 $\frac{23.4}{100,000} \times 2,555 ≒ 0.6$(만 명)이므로 2016년 10만 명당 폐암 환자 수는 $\frac{1.5+0.6}{2,567+2,555} \times 100,000 ≒ 41.0$(명)이다.

그리고 2021년 남성 폐암 환자 수는 $\frac{66.0}{100,000} \times 2,586 ≒ 1.7$(만 명)이고, 여성 폐암 환자 수는 $\frac{28.7}{100,000} \times 2,589 ≒ 0.7$(만 명)이므로 2021년 10만 명당 폐암 환자 수는 $\frac{1.7+0.7}{2,586+2,589} \times 100,000 ≒ 46.4$(명)이다.

따라서 2021년 국민 10만 명당 폐암 환자의 수는 2016년 대비 46.4－41.0＝5.4(명) 증가하였다.

22
| 정답 | ④

D는 10 미만으로 시작하여 마지막까지 10 미만에 있다. 이때, 10에 매우 근접하므로 난소암이다.

| 오답풀이 |
- A: 발생률이 40 미만에서 시작하여 중간에 40을 넘었다가 다시 40 미만으로 내려오므로 위암이다.
- B: 발생률이 40 미만에서 시작하여 2021년까지 꾸준히 40대를 기록하므로 대장암이다.
- C: 발생률이 50 이상에서 시작하여 꾸준히 상승하여 마지막에 70을 넘으므로 유방암이다.

23
| 정답 | ④

장기요양등급 4등급 중 신체활동이 없는 사례수는 2시간 미만인 사례수보다 $5,000 \times 44\% \times (60\% - 37\%) = 506$(명) 많다.

| 오답풀이 |
① 5,000명 중 여성은 70%이고, 남성은 30%이므로 여성 사례수는 남성 사례수보다 $5,000 \times (70\% - 30\%) = 2,000$(명) 많다.
② 65~74세 중 신체활동을 하는 사람 중 신체활동 시간이 2시간 이상인 사례수는 $5,000 \times 16\% \times 4\% = 32$(명)이다.
③ 비독거 사례수 비율은 전체의 81.4%, 독거 사례수 비율은 18.6%이다. 81.4%＞18.6%×4이므로 비독거 사례수는 독거 사례수의 4배 이상이다.

24
| 정답 | ①

남성 사례수는 $5,000 \times 30\% = 1,500$(명)이다. 남성에서 신체활동을 하는 사례수는 $1,500 \times (39\% + 3\%) = 1,500 \times 42\% = 630$(명)이다.
여성 사례수는 $5,000 \times 70\% = 3,500$(명)이다. 여성에서 신체활동을 하는 사례수는 $3,500 \times (34\% + 3\%) = 3,500 \times 37\% = 1,295$(명)이다.
따라서 전체 조사대상자 중 신체활동을 하는 사례수는 $630 + 1,295 = 1,925$(명)이다.
참고로, 신체활동을 하는 사례는 전체에서 신체활동이 없는 사례를 제외한 나머지이다. 즉, 2시간 미만이거나 2시간 이상인 경우이다. 이때 성별, 연령별, 독거 여부별, 장기요양등급별 각각의 신체활동 없음/2시간 미만/2시간 이상은 모두 같으므로 계산하기 가장 간단한 것으로 구하면 된다.

25
| 정답 | ④

2023년 전국 병상 수는 61,654개로 5년 전인 2018년 63,924개 대비 $(63,924 - 61,654) \div 63,924 \times 100 ≒ 3.6(\%)$ 감소하였으므로 옳지 않다.

| 오답풀이 |
① 제시된 기간 동안 부산광역시의 병상 수는 매년 감소하고 있으므로 옳다.
② 2022년 전국 병상 수 중 경기도 병상 수의 비중은 $9,014 \div 63,133 \times 100 ≒ 14(\%)$이므로 옳다.
③ 2020년 경기도 병상 수는 강원도 병상 수의 $9,107 \div 3,565 ≒ 2.6$(배)이므로 옳다.

26
| 정답 | ④

제시된 기간 중 강원도 병상 수가 가장 적은 해는 병상 수가 3,172개인 2023년이다. 2023년 전국 병상 수는 61,654개이므로 공공의료기관 1개소당 평균 병상 수는 $61,654 \div 228 ≒ 270$(개)이다.

27
| 정답 | ②

2019년 전라도 병상 수는 $3,458 + 5,159 = 8,617$(개)이고, 전국 병상 수는 62,240개이다. 전국 병상 수 대비 전라도 병상 수는 $(8,617 \div 62,240) \times 100 ≒ 13.8(\%)$이므로 옳지 않은 그래프이다.

28
| 정답 | ③

진료실 인원이 가장 많은 해는 2019년이다. 이때의 1인당 진료비는 전년 대비 $198 - 121 = 77$(만 원) 증가하였다.

| 오답풀이 |
① 5년간 1인당 진료비의 평균은 $(116+126+121+198+156) \div 5 = 143.4$(만 원)이므로 143만 원 이상이다.
② 2020년 1인당 진료비는 2016년 대비 $\frac{156-116}{116} \times 100 ≒ 34.5(\%)$ 감소하였으므로 35% 미만으로 증가하였다.
④ 2019년의 진료실 인원은 2016~2018년 진료실 인원보다 $18,583 - (7,027+5,990+3,305) = 2,261$(명) 더 많다.

29
| 정답 | ②

연도별로 5년간의 총진료비를 확인해 보면 다음과 같다.
- 2016년: $7,027 \times 116 = 815,132$(만 원)이므로 약 82억 원이다.

- 2017년: 5,990×126=754,740(만 원)이므로 약 75억 원이다.
- 2018년: 3,305×121=399,905(만 원)이므로 약 40억 원이다.
- 2019년: 18,583×198=3,679,434(만 원)이므로 약 368억 원이다.
- 2020년: 5,205×156=811,980(만 원)이므로 약 81억 원이다.

따라서 이를 바르게 나타낸 그래프는 ②이다.

30
| 정답 | ②

성별 연령별 1970년 대비 2017년에 증가한 기대 여명의 증가폭을 정리하면 다음과 같다.

[표] 성별 연령별 기대 여명 증가폭   (단위: 년)

구분	0세	10세	20세	30세	40세	50세	60세	70세	80세	90세	100세
남자	21.0	17.2	16.2	15.0	14.0	12.4	10.1	6.5	3.4	1.2	0.3
여자	19.9	15.8	14.8	13.2	12.2	10.8	9.0	6.6	3.8	1.4	0.4

따라서 70세 이후부터는 여자의 기대 여명 증가폭이 남자보다 더 크다는 것을 알 수 있다.

| 오답풀이 |

① 0세부터 70세까지는 모든 연령대에서 1년 전보다 남녀 기대 여명이 증가하였으나, 80세부터는 1년 전과 동일하거나 감소하는 것을 알 수 있다.
③ 두 항목의 차이는 65세 남자의 경우, 2.6년, 1.2년, 0.6년이며, 80세 남자의 경우, 1.1년, 0.6년, 0.5년으로 갈수록 줄어든다는 것을 알 수 있다.
④ 80세 남자는 기대 여명이 10살 이상인 시기가 없으므로 기대하는 수명이 90세를 넘지 않지만, 80세 여자는 기대 여명이 10살 이상인 시기가 2016년과 2017년이므로 두 해에는 90세 이상의 수명을 기대한다는 것을 알 수 있다.

31
| 정답 | ③

50세 남녀의 기대 여명에 의한 수명은 50세인 현재 시점에서 남은 기대 여명을 더하여 얻게 된 수명을 의미한다. 따라서 주어진 자료의 연도별 기대 여명에 해당 연령을 더한 값이 [표]의 수치가 된다.
50세 남자의 경우, 연도별로 50+19.0=69.0(년), 50+24.8=74.8(년), 50+28.2=78.2(년), 50+31.1=81.1(년), 50+31.4=81.4(년)이고, 50세 여자의 경우, 연도별로 50+26.0=76.0(년), 50+31.0=81.0(년), 50+34.0=84.0(년), 50+36.6=86.6(년), 50+36.8=86.8(년)이다. 따라서 [표]는 50세 한국 남녀의 기대 여명에 의한 수명을 의미한다.

32
| 정답 | ③

2015년 여자 영아 사망자 수가 535명이고 여자 출생아 천 명당 사망률이 2.5명이므로 2015년 여자 출생아 수를 x명이라 하면 $x:535=1,000:2.5$가 성립한다. $2.5x=535,000$이고 $x=214,000$이므로 2015년에 출생한 여자 출생아 수는 214,000명이다.

33
| 정답 | ④

ⓒ 2011년과 2013년의 신생아 후기 영아 사망률은 같지만 각 해 신생아 후기 영아 수를 알 수 없으므로 비교할 수 없다.
ⓔ 출생아 천 명당 영아 사망률이 세 번째로 높은 해는 2008년(3.4명/천 명)이고, 이 해에 신생아 후기 영아 사망률 감소율은 $\frac{2.0-1.8}{2.0}\times100=10(\%)$이다. 한편 신생아 후기 영아 사망률의 감소율은 $\frac{1.7-1.2}{1.7}\times100≒29.4(\%)$인 2015년에 가장 높다.

| 오답풀이 |

㉠ [표]에서 확인할 수 있다.
ⓒ 출생아 수가 가장 적은 해는 2016년(406,243명)이고, 이 해에 신생아기 영아 사망률은 1.7명/천 명으로 조사기간 중 가장 높다.

34
| 정답 | ③

ⓒ 요양병원의 경우, 전년 대비 증감률이 3.7%로 연평균 증감률인 13.49%보다 낮다.
ⓔ 2019년 요양기관 인력이 10,000명 미만인 지역은 울산, 세종, 충북, 제주로 4곳이다.

| 오답풀이 |

㉠ 보건기관 등의 인력은 9,076명에서 9,006명으로 감소하였다.
ⓒ 2019년 요양기관 인력의 상위 5개 지역은 서울, 경기, 부산, 경남, 대구이며, 이들 지역의 인력의 합은 104,797+80,001+32,765+24,263+23,024=264,850(명)이므로 전체 407,978명의 절반 이상이다.

35
| 정답 | ②

2019년 전국 요양기관 인력 대비 상급종합병원과 종합병원의 인력 비중은 $\frac{77,915+97,266}{407,978}\times100≒42.9$(%)이다. 이에 따라 서울의 인력 비중은

$\dfrac{\text{서울의 상급종합병원+종합병원 인력의 합}}{104{,}797}=0.429$

이므로 서울의 상급종합병원과 종합병원의 인력의 합은 $104{,}797 \times 0.429 ≒ 44{,}958$(명)이다.

36 | 정답 | ①

2019년 요양기관 인력의 상위 3개 요양기관은 상급종합병원, 종합병원, 의원이며, 해당 의료기관의 인력이 차지하는 비중은 다음과 같다.

- 상급종합병원: $\dfrac{77{,}915}{407{,}978} \times 100 ≒ 19.1(\%)$
- 종합병원: $\dfrac{97{,}266}{407{,}978} \times 100 ≒ 23.8(\%)$
- 의원: $\dfrac{59{,}155}{407{,}978} \times 100 ≒ 14.5(\%)$

나머지 요양기관의 인력 비중은 $100-19.1-23.8-14.5=42.6(\%)$이므로, 이를 표현한 그래프로 옳은 것은 ①이다.

37 | 정답 | ②

2022년 30~36개월 대상자 수 대비 수검자 수의 비중은 약 $(51{,}478 \div 58{,}561) \times 100 ≒ 88(\%)$이므로 옳지 않다.

| 오답풀이 |

① 2021년 영유아 건강검진 대상자 수가 가장 많은 지역은 대상자 수가 33,805명인 송파구이므로 옳다.
③ 2021년 서대문의 수검자 수는 전년 대비 $11{,}120-10{,}559=561$(명) 증가하였으므로 옳다.
④ 제시된 기간 동안 영등포구의 연평균 대상자 수는 $(23{,}917+23{,}499+24{,}077) \div 3 ≒ 23{,}831$(명)이므로 옳다.

38 | 정답 | ④

제시된 기간 동안 영유아 건강검진 대상자 수가 두 번째로 적은 지역은 매년 중구로 같으므로 옳다.

| 오답풀이 |

① 2021년 영유아 건강검진 남자 전체 대상자 중 54~60개월 대상자 수의 비중은 $(35{,}952 \div 239{,}238) \times 100 ≒ 15(\%)$이므로 옳지 않다.
② 2020년 구로구와 금천구의 수검자 수의 합은 $19{,}530+10{,}057=29{,}587$(명)으로 중랑구와 성북구의 수검자 수의 합인 $15{,}242+14{,}775=30{,}017$(명)보다 적으므로 옳지 않다.
③ 2022년 30~36개월 수검자 수는 26,571명이고, 42~48개월 수검자 수는 26,561명으로 더 적으므로 옳지 않다.

39 | 정답 | ②

㉠ [그래프1]에서 조사기간 동안 남자는 매년 여자에 비해 평균 총콜레스테롤 수치가 낮음을 알 수 있다.
㉢ 50대 이상에 대하여 2019년부터 여자의 평균 총콜레스테롤 수치는 연령대별로 $210.2 \to 200.1 \to 187.3 \to 183.4$로 꾸준히 감소한다. 즉, 50대 이상에 대하여 연령대가 높을수록 평균 총콜레스테롤 수치가 낮다.

| 오답풀이 |

㉡ 성별 조사 대상 인원을 알 수 없으므로 2019년 평균 총콜레스테롤 수치를 알 수 없다.

40 | 정답 | ③

전년 대비 여자의 평균 총콜레스테롤 수치 증가율을 구하면 다음과 같다.

- 2016년: $\dfrac{197-195.7}{195.7} \times 100 ≒ 0.7(\%)$
- 2017년: $\dfrac{196.5-197}{197} \times 100 ≒ -0.3(\%)$
- 2018년: $\dfrac{198.6-196.5}{196.5} \times 100 ≒ 1.1(\%)$
- 2019년: $\dfrac{199.1-198.6}{198.6} \times 100 ≒ 0.3(\%)$

따라서 이를 바르게 나타낸 그래프는 ③이다.

41 | 정답 | ①

장기요양보험료는 건강보험료에 (장기요양보험료율) ÷ (건강보험료율)의 값을 곱하여 계산된다. 이때, 장기요양보험료율이 0.9182%(2023년 0.9082%)이고 건강보험료율이 7.09%이므로 (장기요양보험료율) ÷ (건강보험료율)은 약 $\dfrac{1}{7} ≒ 0.14$이다. 따라서 장기요양보험료는 건강보험료보다 항상 낮게 책정된다.

| 오답풀이 |

② 현역병 등으로 군 복무, 교도소 기타 이에 준하는 시설에 수용된 사람의 경우 면제된다.
③ 지역가입자의 건강보험료는 섬·벽지 경감 ⇒ 농어촌 경감(농어업인 경감) ⇒ 세대 경감 순으로 적용되며, 중복하여 적용될 수 있다. 다만, 세대 경감 사유가 중복되는 경우에는 높은 경감률 하나만 적용한다.
④ '1. 개요'에서 지역가입자의 건강보험료는 세대 단위로 부과한다고 하였다. 따라서 남편과 아내의 연소득을 합하여 계산해야 한다.

42 | 정답 | ①

장기요양보험료는 (건강보험료)×{(장기요양보험료율)÷(건강보험료율)}로 계산된다. 이때, 2023년에는 장기요양보험료율이 0.9082%이고 건강보험료율이 7.09%이므로 (장기요양보험료율)÷(건강보험료율)은 $\frac{0.9082}{7.09} ≒ 0.1281$이다. 따라서 박 씨의 2023년 장기요양보험료는 120,000×0.1281=15,372(원)이다.

43 | 정답 | ①

건강보험료는 (소득월액)×(건강보험료율)+{(재산보험료 부과점수)×(부과점수당 금액(208.4원))}으로 계산된다. 김 씨의 2024년 총소득은 2×1.2=2.4(억 원)이므로 소득월액은 2.4÷12=0.2(억 원), 즉 2천만 원이다. 그리고 그의 재산보험료 부과점수가 757점이므로 경감되기 전의 건강보험료는 2,000×0.0709+757×208.4=141.8+157,758.8=157,900.6(원)이다. 김 씨는 산간벽지에 사는 장애인인데, 산간벽지에 사는 것만으로 50%의 경감 혜택이 있으므로 경감 종류 중복과 무관하게 50%의 경감 혜택을 받을 수 있다. 따라서 원 미만 단위를 절사하여 2024년 건강보험료를 계산하면 157,900÷2=78,950(원)이다.

44 | 정답 | ①

세 번째 문단에 따르면 간호인력 스트레스 관리, 낙상, 욕창, 보호자 상주율, 경력간호사 비율로 이루어진 5개 모니터링 지표의 산출 결과는 제공기관에 안내할 예정이며, '[붙임] 간호·간병통합서비스 2022년 성과평가 지표'에서 간호·간병 서비스 적정성 영역이 모니터링 지표임을 확인할 수 있으므로 옳은 내용이다.

| 오답풀이 |
② 첫 번째 문단에 따르면 간호·간병통합서비스 성과평가 사업은 2019년 최초 도입 후 올해 네 번째로 실시할 예정이라고 하였으므로 매년 1회 꼴로 실시되었음을 알 수 있다.
③ 네 번째 문단에 따르면 간호·간병통합서비스 성과평가 조사표 및 증빙자료는 7월부터 신뢰도 점검 및 심의를 시작한다고 하였으므로 옳지 않은 내용이다.
④ 두 번째 문단에 따르면 올해는 성과평가 인센티브를 간호인력에게 직접인건비로 지급한 환류 이행 실적 가중치를 15점에서 20점으로 상향하여 간호인력 처우개선 성과 부분에 대해 개선하였다고 하였으므로 2021년에 평가지표 중 인센티브 환류이행 실적의 가중치는 15점이었음을 추측할 수 있다.

45 | 정답 | ①

네 번째 문단에 따르면 간호·간병통합서비스 성과평가 조사표 및 증빙 자료는 6월 24일까지 접수하며, 7~9월까지 신뢰도 점검 및 심의를 거쳐 등급을 결정하여 12월까지 인센티브를 지급할 예정이므로 옳지 않은 내용이다.

| 오답풀이 |
② 두 번째 문단에 따르면 2022년 성과평가 3개 영역은 평가 참여도, 사업 참여도, 간호인력 처우개선 성과로 구성되며, '[붙임] 간호·간병통합서비스 2022년 성과평가 지표'에서 가중치가 가장 높은 영역은 가중치가 40인 사업 참여도 영역임을 알 수 있으므로 옳은 내용이다.
③ 세 번째 문단에 따르면 코로나19 대응을 위해 감염병전담병원 등 지정기관에 대해서도 평가상 불이익이 없도록 별도의 특례기준도 마련하여 코로나19 관련 정책지원 기여도를 반영했다고 하였으므로 옳은 내용이다.
④ 첫 번째 문단에 따르면 이번 온라인 사업설명회에서는 2022년과 2023년 성과평가 지표의 주요 변경사항에 대해 설명했다고 하였으므로 옳은 내용이다.

46 | 정답 | ②

'지원신청' 항목에서 '입원 중 지원대상 기준이 충족되어 의료기관이 직접 지급받게 하려는 경우 퇴원일 7일 전까지[기초생활수급자, 차상위계층(『의료급여법』이 아닌 타 법에 의한 의료급여수급권자 제외)은 3일 전까지] 의료기관 등 직접 지급 및 지원대상자 확인 신청해야 함'이라고 언급하고 있다. 따라서 기초생활수급자 또는 차상위계층인 경우 입원 중 지원대상 기준이 충족된 경우 의료기관이 직접 지급받게 할 수 있으며, 대상자에 따라 5일 전에 신청할 수 있다.

| 오답풀이 |
① '지원대상' 항목에서 가구 소득이 기준중위소득 100%(소득하위 50%) 이하를 중심으로 한다고 하였을 뿐, 가구 소득이 기준중위소득 100% 이하여야만 하는 것은 아니다.
③ 재난적의료비 지원사업은 선정기준 4가지인 질환, 소득, 재산, 의료비부담수준 기준을 모두 충족하는 대상자에 한하여 지원한다.
④ 지원금액이 10만 원 미만인 경우에는 지원하지 않는다고 하였다.

47 | 정답 | ①

김 씨는 지원대상에 해당하는 차상위계층이므로 연소득과 무관하게 본인부담의료비 총액의 80%를 지원

받을 수 있다. 그런데 지원상한일수가 180일이므로 180일에 대한 의료비에 대해 지원금액을 산정받을 수 있다.

| 오답풀이 |
① 1,120만 원은 190일에 해당하는 전체 비용 1,200+200=1,400(만 원)의 80%이다. 그런데 지원상한일수인 180일에 대한 의료비에 대해서만 지원금액이 산정되므로 1,120만 원을 지원받을 수 없다.
②, ④ 김 씨는 지원대상에 해당하는 차상위계층이므로 연소득과 무관하게 본인부담의료비 총액의 80%를 지원받을 수 있다.

48 | 정답 | ④

대상자가 기준중위소득 120%이면 100% 초과 200% 이하이므로 지원 비율은 50%이다. 본인부담의료비 2,000만 원에서 민간보험금 수령액 300만 원을 제외하여 2,000−300=1,700(만 원)의 50%를 지원받으므로 지원금액은 1,700×0.5=850(만 원)이다.

| 오답풀이 |
① 본인부담의료비 2,000만 원에서 민간보험금 수령액 300만 원을 제외한 1,700만 원의 80%를 지원받으므로 지원금액은 1,700×0.8=1,360(만 원)이다.
② 본인부담의료비 2,000만 원에서 민간보험금 수령액 300만 원을 제외한 1,700만 원의 70%를 지원받으므로 지원금액은 1,700×0.7=1,190(만 원)이다.
③ 본인부담의료비 2,000만 원에서 민간보험금 수령액 300만 원을 제외한 1,700만 원의 60%를 지원받으므로 지원금액은 1,700×0.6=1,020(만 원)이다. 즉, 1,000만 원 이상이다.

49 | 정답 | ②

ⓒ '3. 체류자격 외 활동허가'에서 '대한민국에 체류하는 외국인이 그 체류자격에 해당하는 활동과 함께 다른 체류자격에 해당하는 활동을 하려는 경우에는 「출입국관리법 시행령」 제25조에 따라 미리 법무부장관의 체류자격 외 활동허가를 받아야 합니다(「출입국관리법」 제20조).'라고 제시되어 있다. 또한 '5. 체류자격 변경허가'에서 '대한민국에 체류하는 외국인근로자가 그 체류자격과 다른 체류자격에 해당하는 활동을 하려는 경우에는 「출입국관리법 시행령」 제30조에 따라 미리 법무부장관의 체류자격 변경허가를 받아야 합니다(「출입국관리법」 제24조 제1항).'라고 제시되어 있으므로 외국인 근로자가 체류자격에 해당하는 활동 외에 다른 체류자격에 해당하는 활동을 하려면 법무부장관의 허가를 받아야 한다.

ⓔ 단기체류자격은 관광, 방문 등의 목적으로 대한민국에 90일 이하의 기간(사증면제협정이나 상호주의에 따라 90일을 초과하는 경우에는 그 기간) 동안 머물 수 있는 체류자격을 의미한다. 즉, 일반적으로 우리나라에 관광을 목적으로 2개월 동안 머무르는 외국인은 단기체류자격에 해당한다.
따라서 옳은 것은 2개이다.

| 오답풀이 |
㉠ '1. 체류 원칙'에서 '영주자격을 가진 외국인은 활동범위 및 체류기간의 제한을 받지 않습니다(「출입국관리법」 제10조의3 제1항).'라고 제시되어 있으므로 영주자격을 가진 외국인은 체류기간의 제한을 받지 않는다.
㉡ '6. 체류기간 연장허가'에서 '외국인근로자가 체류기간을 초과해서 계속 체류하려는 경우에는 그 체류기간이 만료되기 전에 체류기간 연장허가를 받아야 합니다(「출입국관리법」 제25조 및 「출입국관리법 시행령」 제31조).'라고 제시되어 있으므로 외국인근로자가 체류기간을 초과해서 계속 체류하려는 경우 체류기간이 만료되기 전에 체류기간 연장허가를 받아야 한다.

50 | 정답 | ①

'3. 체류자격 외 활동허가'에서 「출입국관리법 시행령」 제25조에 따라 미리 법무부장관의 체류자격 외 활동허가를 받아야 합니다(「출입국관리법」 제20조).'라고 제시되어 있으므로 선교사 A는 법무부장관의 체류자격 외 활동허가를 받으면 체류자격 변경허가를 받지 않아도 된다.

51 | 정답 | ③

'5. 체류자격 변경허가'에서 '체류자격 변경허가를 받으려는 사람은 체류자격 변경허가 신청서에 체류자격별 해당 서류(「출입국관리법 시행규칙」 별표 5의2)를 첨부해서 그 체류지를 관할하는 청장·사무소장 또는 출장소장에게 제출해야 합니다(「출입국관리법 시행령」 제30조 제1항).'라고 제시하고 있다.

| 오답풀이 |
① '4. 근무처 변경·추가 허가 및 신고'에서 자격요건을 갖추었더라도 본인 귀책사유로 해고 또는 중도 퇴직한 자로서 원 고용주의 이적 동의를 받지 못한다고 규정하고 있다.
② '2. 정치활동 금지'에서 대한민국에 체류하는 외국인근로자는 법률에서 정하는 경우를 제외하고는 정치활동을 해서는 안 된다고 언급하고 있다. 즉, 법률에서 정하는 경우라면 대한민국에 체류하는 외국인근로자가 정치활동을 할 수 있음을 의미한다.

④ '4. 근무처 변경·추가 허가 및 신고'에서 예술흥행(E-6) 체류자격자 중 「관광진흥법」에 따른 호텔업시설, 유흥업소 등에서 공연활동에 종사하는 자(E-6-2)는 적용제외대상으로 구분하고 있다.

52

| 정답 | ③

군인 및 행사나 훈련을 주관하는 담당자는 지급 대상에 포함된다고 하였으므로 국경일 행사를 주관하는 담당자는 초과 근무 지급 대상자에 포함된다. 따라서 초과 근무를 할 경우 초과 근무수당을 받을 수 있다.

| 오답풀이 |

① '인정 범위'를 보면, 현업 대상자 외 일반 대상자에 대한 항목을 따로 규정하고 있다. 이를 고려할 때, 일반 대상자와 현업 대상자의 초과 근무수당 운영 규정이 다를 수 있다고 볼 수 있다.
② 행사 지원으로 인한 초과 근무, 당직 명령에 의한 근무 등 지급 제외 대상자에 해당하는 경우에는 초과 근무수당을 받지 못한다.
④ '인정 범위' 내 지급 시간 수의 계산 항목을 보면, 평일 정규 근무 시간 이후 시간외 근무를 한 경우에는 2시간을 공제한 후 4시간 이내에서 합산한다고 명시되어 있으므로 초과 근무 4시간을 인정받기 위해서는 6시간을 추가 근무해야 한다.

53

| 정답 | ③

출근 근무일수 20일 중 5일은 병가이므로 총출근 근무일수는 15일이다. 따라서 월 15시간에 해당하는 시간외 근무수당 정액분이 지급된다. 한편 초과 근무에 따른 지급 시간 수를 계산하면 다음과 같다.
초과 근무 하루의 근무 시간은 08:50~22:20인데, 1시간 이상 조기 출근하지 않았으므로 정규 근무시간 이후의 시간만 반영한다. 총 4시간 20분을 초과 근무하였으므로 초과 근무인정 시간은 2시간을 공제한 2시간 20분이다. 월간 시간외 근무시간 계산 시 분 단위 이하는 절사하므로 2시간 20분 중 2시간이 지급 시간 수로 인정된다.
그러므로 정액분을 포함하여 총 15+2=17(시간)에 해당하는 초과 근무수당을 지급받게 된다.

54

| 정답 | ②

'2. 도입 배경'에서 기존 아이사랑카드 소지자도 카드 교체 없이 어린이집에서 계속 사용 가능하다고 하였으므로 기존 아이사랑카드 소지자는 아이행복카드로 교체하지 않아도 어린이집 유아학비를 결제할 수 있다.

| 오답풀이 |

① '6. 결제 방법'에서 스마트폰 결제는 아이사랑포털에 회원 가입 시에 가능하다고 하였으므로 누구나 별도의 절차 없이 결제할 수 있는 것은 아니다.
③ '6. 결제 방법'에서 정부지원 보육료와 부모부담금 총액이 동시에 결제된다고 하였다.
④ '4. 발급 신청장소'에서 아이행복카드는 주소지 읍·면·동 주민센터에서 발급받을 수 있다고 되어 있다. 그러나 복지로(http://www.bokjiro.go.kr)를 통한 온라인 신청도 가능하다고 하였다.

55

| 정답 | ②

㉠ '5. 발급 신청서류'에서 경우에 따라 난민인정증명서가 필요하다고 하였다. 즉, 난민으로 인정되면 아이행복카드를 발급받을 수 있음을 알 수 있다.
㉡ 아이행복카드를 발급받으려면 적어도 사회복지서비스 및 급여 제공(변경) 신청서와 바우처카드 발급 신청 및 개인신용정보의 조회·제공·이용 동의서의 2개 서류를 제출해야 한다.
㉣ '4. 발급 신청장소'에서 장애아보육료를 지원받으려는 비등록 장애아의 경우 방문 신청만 가능하다고 하였다. 따라서 아직 등록되지 않은 장애아의 보육료를 지원받으려면 반드시 주소지 주민센터를 방문해야 한다.

| 오답풀이 |

㉢ 카드연결계좌 통장 또는 통장사본은 확인만 하면 되고 제출하지는 않는다.

56

| 정답 | ④

A씨는 지난달에 아이행복카드로 18만 원을 결제하였으므로 이번 달 할인 혜택을 받을 수 있다. 이번 달 옥션에서 세 차례에 걸쳐 각각 120만 원, 20만 원, 300만 원어치의 물건을 구입한다면 5%의 할인율을 적용하여 $120 \times 0.05 = 6$(만 원), $20 \times 0.05 = 1$(만 원), $300 \times 0.05 = 15$(만 원)의 할인을 받을 수 있다. 그러나 건당 최대 10만 원의 할인 한도가 있으므로 총 6+1+10=17(만 원)의 할인 혜택을 받을 수 있다.

| 오답풀이 |

① A씨가 지난달에 아이행복카드로 50만 원을 결제하였으므로 이번 달 할인 혜택을 받을 수 있다. 그런데 이번 달에 약국에서 구입한 약 값이 3만 원 미만이므로 할인 혜택이 적용되지 않는다.

② A씨가 지난달에 아이행복카드로 8만 원을 결제하였으므로 이번 달에는 할인 혜택을 적용받을 수 없다.
③ A씨가 지난달에 아이행복카드로 11만 원을 결제하였으므로 이번 달 할인 혜택을 받을 수 있다. 이번 달 옥션에서 세 차례에 걸쳐 각각 240만 원, 180만 원어치의 물건을 구입한다면 5%의 할인율을 적용하여 240×0.05=12(만 원), 180×0.05=9(만 원)의 할인을 받을 수 있다. 그러나 건당 최대 10만 원의 할인 한도가 있으므로 총 10+9=19(만 원)의 할인 혜택을 받을 수 있다.

57 | 정답 | ④

[붙임 2]에 따르면 청구그린기관이 취소된 기관은 취소일로부터 2년 이내 선정 제외되므로 옳은 내용이다.

| 오답풀이 |
① 2문단에 따르면 청구그린기관은 노인장기요양보험 홈페이지에서 확인할 수 있으므로 옳지 않은 내용이다.
② [붙임 2]에 따르면 청구그린기관의 자격 기준은 시설기관의 경우 5항목, 재가기관의 경우 6항목이므로 옳지 않은 내용이다.
③ 1문단에 따르면 2022년 추가로 선정된 청구그린기관 중 주야간 및 단기 보호를 포함한 시설기관은 38개소이므로 옳지 않은 내용이다.

58 | 정답 | ①

2022년 전체 청구그린기관은 330개소이고, 인천·경기 기관은 62개소로 비중은 $(62 \div 330) \times 100 \fallingdotseq 19(\%)$이므로 옳은 내용이다.

| 오답풀이 |
② [붙임 2]에 따르면 청구그린(Green)기관은 자격기준 항목을 모두 충족하는 기관을 대상으로 심의를 통해 선정되므로 옳지 않은 내용이다.
③ [붙임 2]에 따르면 장기요양급여비용 환수내역이 20만 원 이상 발생된 기관의 경우에 청구그린기관이 취소되므로 옳지 않은 내용이다.
④ 방문목욕이나 방문간호 서비스를 제공하는 기관은 재가기관이므로 옳지 않은 내용이다.

59 | 정답 | ③

'2. 지원 자격'에 따르면 모집 국가 거주자로서 모집 국가 언어와 한국어가 능통하고, 보고서 작성 능력을 갖춘 자가 지원 자격에 해당하므로 옳지 않은 내용이다.

| 오답풀이 |
① '4. 지원방법'에 따르면 건강보험 해외통신원 추가 모집 접수 마감일은 4월 20일이고, '5. 향후 일정'에 따르면 운영심의위원회 개최는 4월 21일이므로 옳은 내용이다.
② '1. 모집 개요'에 따르면 건강보험 해외통신원의 위촉 기간은 5월 1일부터 12월 31일까지 약 8개월이므로 옳은 내용이다.
④ '3. 주요 업무 및 활동 수당'에 따르면 통역비는 현지 시세로 적용하여 지급되므로 옳은 내용이다.

60 | 정답 | ③

'3. 주요 업무 및 활동 수당'에 따르면 공단이 긴급히 요청한 주제와 관련된 보고서 작성은 추가 활동의 수시 과제에 해당하며 A4용지 2매 이상의 분량만 작성하면 되므로 옳지 않은 내용이다.

| 오답풀이 |
① '5. 향후 일정'에 따르면 결과 발표는 4월 25일이고, 활동 시작은 5월 1일이므로 옳은 내용이다.
② '2. 지원 자격'에 따르면 거주 국가의 보건·의료·복지정책 분야 종사자는 지원자격을 충족하므로 옳은 내용이다.
④ '3. 주요 업무 및 활동 수당'에 따르면 주요 정책 관련 조사 업무는 기본 활동의 정기 과제에 해당되며, 정기 과제는 활동비로 회당 최대 60만 원을 지급하므로 옳은 내용이다.

| 제 2 과목 | 법률 |

국민건강보험법 P.408

01	②	02	④	03	③	04	③	05	④
06	②	07	②	08	②	09	③	10	③
11	①	12	④	13	④	14	③	15	①
16	①	17	①	18	②	19	①	20	②

01 | 정답 | ②

국민건강보험법 제3조의2(국민건강보험종합계획의 수립 등)
③ 보건복지부장관은 종합계획에 따라 매년 연도별 시행계획을 건강보험정책심의위원회의 심의를 거쳐 수립·시행하여야 한다.

02 | 정답 | ④

국민건강보험법 제6조(가입자의 종류)
② 모든 사업장의 근로자 및 사용자와 공무원 및 교직원은 직장가입자가 된다. 다만, 다음 각 호의 어느 하나에 해당하는 사람은 제외한다.
1. 고용 기간이 1개월 미만인 일용근로자
2. 「병역법」에 따른 현역병(지원에 의하지 아니하고 임용된 하사를 포함), 전환복무된 사람 및 군간부후보생
3. 선거에 당선되어 취임하는 공무원으로서 매월 보수 또는 보수에 준하는 급료를 받지 아니하는 사람
4. 그 밖에 사업장의 특성, 고용 형태 및 사업의 종류 등을 고려하여 대통령령으로 정하는 사업장의 근로자 및 사용자와 공무원 및 교직원

03 | 정답 | ③

국민건강보험법 제73조(보험료율 등)
① 직장가입자의 보험료율은 1천분의 80의 범위에서 심의위원회의 의결을 거쳐 대통령령으로 정한다.
② 국외에서 업무에 종사하고 있는 직장가입자에 대한 보험료율은 제1항에 따라 정해진 보험료율의 100분의 50으로 한다.
③ 지역가입자의 보험료율과 재산보험료부과점수당 금액은 심의위원회의 의결을 거쳐 대통령령으로 정한다.

04 | 정답 | ③

공단은 필요하면 정관으로 정하는 바에 따라 분사무소를 둘 수 있다(국민건강보험법 제16조 제2항).

| 오답풀이 |

①, ④ 공단의 정관에는 다음 각 호의 사항을 적어야 한다(국민건강보험법 제17조 제1항).
 1. 목적
 2. 명칭
 3. 사무소의 소재지
 4. 임직원에 관한 사항
 5. 이사회의 운영
 6. 재정운영위원회에 관한 사항
 7. 보험료 및 보험급여에 관한 사항
 8. 예산 및 결산에 관한 사항
 9. 자산 및 회계에 관한 사항
 10. 업무와 그 집행
 11. 정관의 변경에 관한 사항
 12. 공고에 관한 사항
② 공단은 정관을 변경하려면 보건복지부장관의 인가를 받아야 한다(국민건강보험법 제17조 제2항).

05 | 정답 | ④

가입자·피부양자는 자격을 잃은 후 자격을 증명하던 서류를 사용하여 보험급여를 받아서는 아니 된다(국민건강보험법 제12조 제4항).

| 오답풀이 |

① 누구든지 건강보험증이나 신분증명서를 양도 또는 대여를 받거나 그 밖에 이를 부정하게 사용하여 보험급여를 받아서는 아니 된다(국민건강보험법 제12조 제6항).
② 국민건강보험공단은 가입자 또는 피부양자가 신청하는 경우 건강보험증을 발급하여야 한다(국민건강보험법 제12조 제1항).
③ 가입자 또는 피부양자가 요양급여를 받을 때에는 건강보험증을 요양기관에 제출하여야 한다. 다만, 천재지변이나 그 밖의 부득이한 사유가 있으면 그러하지 아니하다(국민건강보험법 제12조 제2항).

06 | 정답 | ②

공단은 가입자나 피부양자에게 지급하여야 하는 금액을 그 가입자 및 피부양자가 내야 하는 보험료등과 상계할 수 있다(국민건강보험법 제57조 제5항).

| 오답풀이 |

① 사용자나 가입자의 거짓 보고나 거짓 증명, 요양기관의 거짓 진단 또는 준요양기관이나 보조기기를 판매한 자의 속임수

및 그 밖의 부당한 방법으로 보험급여가 실시된 경우 공단은 이들에게 보험급여를 받은 사람과 연대하여 징수금을 내게 할 수 있다(국민건강보험법 제57조 제3항).
③ 공단은 속임수나 그 밖의 부당한 방법으로 보험급여를 받은 사람·준요양기관 및 보조기기 판매업자나 보험급여 비용을 받은 요양기관에 대하여 그 보험급여나 보험급여 비용에 상당하는 금액을 징수한다(국민건강보험법 제57조 제1항).
④ 공단은 속임수나 그 밖의 부당한 방법으로 보험급여 비용을 받은 요양기관이 「약사법」을 위반하여 개설·운영하는 약국에 해당하는 경우에는 해당 요양기관을 개설한 자에게 그 요양기관과 연대하여 같은 항에 따른 징수금을 납부하게 할 수 있다(국민건강보험법 제57조 제2항 제4호).

07
| 정답 | ②

국민건강보험법 제47조 제1항, 제2항에 따라 요양기관은 공단에 요양급여비용의 지급을 청구할 수 있다. 이 경우 요양급여비용을 청구하려는 요양기관은 심사평가원에 요양급여비용의 심사청구를 하여야 하는데, 이때 요양급여비용에 대한 심사청구는 공단에 대한 요양급여비용의 청구로 본다.

| 오답풀이 |
① 공단은 심사평가원이 요양급여의 적정성을 평가하여 공단에 통보하면 그 평가 결과에 따라 요양급여비용을 가산하거나 감액 조정하여 지급한다(국민건강보험법 제47조 제6항).
③ 공단은 가입자에게 지급하여야 하는 금액을 그 가입자가 내야 하는 보험료와 그 밖에 이 법에 따른 징수금과 상계할 수 있다(국민건강보험법 제47조 제5항).
④ 요양급여비용의 심사청구를 받은 심사평가원은 이를 심사한 후 지체 없이 그 내용을 공단과 요양기관에 알려야 한다(국민건강보험법 제47조 제2항).

08
| 정답 | ②

| 오답풀이 |
국민건강보험법 제70조(보수월액)
① 직장가입자의 보수월액은 직장가입자가 지급받는 보수를 기준으로 하여 산정한다.
② 휴직이나 그 밖의 사유로 보수의 전부 또는 일부가 지급되지 아니하는 가입자의 보수월액보험료는 해당 사유가 생기기 전 달의 보수월액을 기준으로 산정한다.
④ 보수월액의 산정 및 보수가 지급되지 아니하는 사용자의 보수월액의 산정 등에 필요한 사항은 대통령령으로 정한다.

09
| 정답 | ③

국민건강보험법 제75조(보험료의 경감 등)
① 다음 각 호의 어느 하나에 해당하는 가입자 중 보건복지부령으로 정하는 가입자에 대하여는 그 가입자 또는 그 가입자가 속한 세대의 보험료의 일부를 경감할 수 있다.
  1. 섬·벽지(僻地)·농어촌 등 대통령령으로 정하는 지역에 거주하는 사람
  2. 65세 이상인 사람
  3. 「장애인복지법」에 따라 등록한 장애인
  4. 「국가유공자 등 예우 및 지원에 관한 법률」에 따른 국가유공자
  5. 휴직자
  6. 그 밖에 생활이 어렵거나 천재지변 등의 사유로 보험료를 경감할 필요가 있다고 보건복지부장관이 정하여 고시하는 사람

| 오답풀이 |
㉠, ㉡ 국외에서 1개월 이상 체류하는 사람이나 교도소, 그 밖에 이에 준하는 시설에 수용되어 있는 사람은 보험료 면제 대상에 해당한다.

10
| 정답 | ③

통지일부터 6개월이 경과한 후 공개대상자를 선정한다.

11
| 정답 | ①

| 오답풀이 |
② 공단은 직장가입자와 지역가입자의 재정을 통합하여 운영한다(국민건강보험법 제35조 제2항).
③ 공단은 건강보험사업 및 징수위탁근거법의 위탁에 따른 국민연금사업·고용보험사업·산업재해보상보험사업·임금채권보장사업에 관한 회계를 공단의 다른 회계와 구분하여 각각 회계처리하여야 한다(국민건강보험법 제35조 제3항).
④ 공단은 회계연도마다 예산안을 편성하여 이사회의 의결을 거친 후 보건복지부장관의 승인을 받아야 한다(국민건강보험법 제36조). (예산을 변경할 때에도 동일)

12
| 정답 | ④

국민건강보험법 제77조의2(제2차 납부의무)
① 과점주주의 경우에는 그 부족한 금액을 그 법인의 발행주식 총수(의결권이 없는 주식은 제외) 또는 출자총액으로 나눈 금액에 해당 과점주주가 실질적으로 권리를 행사하는 주식 수(의결권이 없는 주

식은 제외) 또는 출자액을 곱하여 산출한 금액을 한도로 한다.

13 | 정답 | ④

국민건강보험법 제8조(자격의 취득 시기 등)
① 가입자는 국내에 거주하게 된 날에 직장가입자 또는 지역가입자의 자격을 얻는다. 다만, 다음 각 호의 어느 하나에 해당하는 사람은 그 해당되는 날에 각각 자격을 얻는다.
  1. 수급권자이었던 사람은 그 대상자에서 제외된 날
  2. 직장가입자의 피부양자이었던 사람은 그 자격을 잃은 날
  3. 유공자등 의료보호대상자이었던 사람은 그 대상자에서 제외된 날
  4. 보험자에게 건강보험의 적용을 신청한 유공자등 의료보호대상자는 그 신청한 날

14 | 정답 | ③

국민건강보험법 제100조(위반사실의 공표)
① 보건복지부장관은 관련 서류의 위조·변조로 요양급여비용을 거짓으로 청구하여 행정처분을 받은 요양기관이 다음 각 호의 어느 하나에 해당하면 그 위반 행위, 처분 내용, 해당 요양기관의 명칭·주소 및 대표자 성명, 그 밖에 다른 요양기관과의 구별에 필요한 사항으로서 대통령령으로 정하는 사항을 공표할 수 있다. 이 경우 공표 여부를 결정할 때에는 그 위반행위의 동기, 정도, 횟수 및 결과 등을 고려하여야 한다.
  1. 거짓으로 청구한 금액이 1천 500만 원 이상인 경우
  2. 요양급여비용 총액 중 거짓으로 청구한 금액의 비율이 100분의 20 이상인 경우

15 | 정답 | ①

국민건강보험법 제5조(적용 대상 등)
② 제1항의 피부양자는 다음 각 호의 어느 하나에 해당하는 사람 중 직장가입자에게 주로 생계를 의존하는 사람으로서 소득 및 재산이 보건복지부령으로 정하는 기준 이하에 해당하는 사람을 말한다.
  1. 직장가입자의 배우자
  2. 직장가입자의 직계존속(배우자의 직계존속을 포함한다)
  3. 직장가입자의 직계비속(배우자의 직계비속을 포함한다)과 그 배우자
  4. 직장가입자의 형제·자매

16 | 정답 | ①

국민건강보험법 제98조(업무정지)
② 업무정지 처분을 받은 자는 해당 업무정지기간 중에는 요양급여를 하지 못한다.

17 | 정답 | ①

국민건강보험법 제45조(요양급여비용의 산정 등)
① 요양급여비용은 공단의 이사장과 대통령령으로 정하는 의약계를 대표하는 사람들의 계약으로 정한다. 이 경우 계약기간은 1년으로 한다.
② 계약이 체결되면 그 계약은 공단과 각 요양기관 사이에 체결된 것으로 본다.
③ 계약은 그 직전 계약기간 만료일이 속하는 연도의 5월 31일까지 체결하여야 하며, 그 기한까지 계약이 체결되지 아니하는 경우 보건복지부장관이 그 직전 계약기간 만료일이 속하는 연도의 6월 30일까지 심의위원회의 의결을 거쳐 요양급여비용을 정한다. 이 경우 보건복지부장관이 정하는 요양급여비용은 계약으로 정한 요양급여비용으로 본다.
④ 요양급여비용이 정해지면 보건복지부장관은 그 요양급여비용의 명세를 지체 없이 고시하여야 한다.
⑤ 공단의 이사장은 재정운영위원회의 심의·의결을 거쳐 계약을 체결하여야 한다.
⑥ 심사평가원은 공단의 이사장이 계약을 체결하기 위하여 필요한 자료를 요청하면 그 요청에 성실히 따라야 한다.
⑦ 계약의 내용과 그 밖에 필요한 사항은 대통령령으로 정한다.

18 | 정답 | ②

국민건강보험법 제87조(이의신청)
⑤ 이의신청의 방법·결정 및 그 결정의 통지 등에 필요한 사항은 대통령령으로 정한다.

19

| 정답 | ①

국민건강보험법 제87조(이의신청)
④ 요양기관이 심사평가원의 확인에 대하여 이의신청을 하려면 통보받은 날부터 30일 이내에 하여야 한다.

20

| 정답 | ②

| 오답풀이 |
국민건강보험법 제89조(건강보험분쟁조정위원회)
① 심판청구를 심리·의결하기 위하여 보건복지부에 건강보험분쟁조정위원회를 둔다(국민건강보험법 제89조 제1항).
② 분쟁조정위원회는 위원장을 포함하여 60명 이내의 위원으로 구성하고, 위원장을 제외한 위원 중 1명은 당연직위원으로 한다(국민건강보험법 제89조 제2항).

노인장기요양보험법   P.418

01	④	02	②	03	③	04	①	05	④
06	④	07	③	08	①	09	③	10	②
11	①	12	④	13	③	14	③	15	③
16	①	17	④	18	③	19	②	20	①

01

| 정답 | ④

㉠ 자료제출 명령에 따르지 아니하거나 거짓으로 자료제출을 한 장기요양기관이나 질문 또는 검사를 거부·방해 또는 기피하거나 거짓으로 답변한 장기요양기관은 1천만 원 이하의 벌금에 처한다(노인장기요양보험법 제67조 제4항).
㉡ 거짓이나 그 밖의 부정한 방법으로 장기요양급여비용을 청구한 자는 3년 이하의 징역 또는 3천만 원 이하의 벌금에 처한다(노인장기요양보험법 제67조 제1항).
㉢, ㉣ 법인의 대표자, 법인이나 개인의 대리인·사용인 및 그 밖의 종사자가 그 법인 또는 개인의 업무에 관하여 '벌칙'에 해당하는 위반행위를 한 때에는 그 행위자를 벌하는 외에 그 법인 또는 개인에 대하여도 해당 조의 벌금형을 과한다. 다만, 법인 또는 개인이 그 위반행위를 방지하기 위하여 해당 업무에 관하여 상당한 주의와 감독을 게을리하지 아니한 경우에는 그러하지 아니하다(노인장기요양보험법 제68조).

02

| 정답 | ②

㉠ 등급판정위원회 위원의 임기는 3년으로 하되, 한 차례만 연임할 수 있다(노인장기요양보험법 제52조 제5항).
㉢ 등급판정위원회 회의는 구성원 과반수의 출석으로 개의하고 출석위원 과반수의 찬성으로 의결한다(노인장기요양보험법 제53조 제2항).

| 오답풀이 |
㉡ 공무원인 등급판정위원회 위원의 임기는 재임기간으로 한다(노인장기요양보험법 제52조 제5항).
㉣ 등급판정위원회 위원장은 위원 중에서 특별자치시장·특별자치도지사·시장·군수·구청장이 위촉한다(노인장기요양보험법 제53조 제1항).

03 | 정답 | ③

노인장기요양보험법 제55조(심사청구)
② 심사청구는 그 처분이 있음을 안 날부터 90일 이내에 문서(전자문서를 포함)로 하여야 하며, 처분이 있은 날부터 180일을 경과하면 이를 제기하지 못한다.

04 | 정답 | ①

㉠ 가족요양비·특례요양비 및 요양병원간병비와 관련된 급여를 제공한 자는 업무수행 중 알게 된 비밀을 누설하여서는 아니 된다(노인장기요양보험법 제62조).
㉡ 장기요양보험 사업을 수행하는 자가 아닌 자는 보험계약 또는 보험계약의 명칭에 노인장기요양보험 또는 이와 유사한 용어를 사용하지 못한다(노인장기요양보험법 제62조2).
㉢ 특별자치시장·특별자치도지사·시장·군수·구청장은 장기요양기관 지정취소 또는 업무정지명령에 해당하는 처분 또는 공표를 하는 경우 청문을 하여야 한다(노인장기요양보험법 제63조).

05 | 정답 | ④

노인장기요양보험법 제40조(본인부담금)
④ 다음 각 호의 어느 하나에 해당하는 자에 대해서는 본인부담금의 100분의 60의 범위에서 보건복지부장관이 정하는 바에 따라 차등하여 감경할 수 있다.
1. 「의료급여법」에 따른 이재민, 의사상자, 국내 입양된 18세 미만의 아동, 독립유공자, 국가유공자, 보훈대상자, 무형문화재 보유자, 북한이탈주민, 5·18민주화 유공자, 노숙인 등의 규정에 따른 수급권자
2. 소득·재산 등이 보건복지부장관이 정하여 고시하는 일정 금액 이하인 자. 다만, 도서·벽지·농어촌 등의 지역에 거주하는 자에 대하여 따로 금액을 정할 수 있다.
3. 천재지변 등 보건복지부령으로 정하는 사유로 인하여 생계가 곤란한 자

06 | 정답 | ④

장기요양급여는 노인등의 심신상태나 건강 등이 악화되지 아니하도록 의료서비스와 연계하여 이를 제공하여야 한다(노인장기요양보험법 제3조 제4항).

07 | 정답 | ③

노인장기요양보험법 제67조(벌칙)
① 다음 각 호의 어느 하나에 해당하는 자는 3년 이하의 징역 또는 3천만 원 이하의 벌금에 처한다.
1. 거짓이나 그 밖의 부정한 방법으로 장기요양급여비용을 청구한 자
2. 폐쇄회로 텔레비전의 설치 목적과 다른 목적으로 폐쇄회로 텔레비전을 임의로 조작하거나 다른 곳을 비추는 행위를 한 자
3. 녹음기능을 사용하거나 보건복지부령으로 정하는 저장장치 이외의 장치 또는 기기에 영상정보를 저장한 자
② 다음 각 호의 어느 하나에 해당하는 자는 2년 이하의 징역 또는 2천만 원 이하의 벌금에 처한다.
1. 지정받지 아니하고 장기요양기관을 운영하거나 거짓이나 그 밖의 부정한 방법으로 지정받은 자
2. 안전성 확보에 필요한 조치를 하지 아니하여 영상정보를 분실·도난·유출·변조 또는 훼손당한 자
3. 본인부담금을 면제 또는 감경하는 행위를 한 자
4. 수급자를 소개, 알선 또는 유인하는 행위를 하거나 이를 조장한 자
5. 업무수행 중 알게 된 비밀을 누설한 자

08 | 정답 | ①

㉠ 장기요양인정의 유효기간은 최소 1년 이상으로서 대통령령으로 정한다(노인장기요양보험법 제19조 제1항).
㉡ 장기요양인정의 갱신 신청은 유효기간이 만료되기 전 30일까지 이를 완료하여야 한다(노인장기요양보험법 제20조 제2항).
㉢ 장기요양기관 지정의 유효기간은 지정을 받은 날부터 6년으로 한다(노인장기요양보험법 제32조의3).
㉣ 장기요양기관의 장은 지정의 유효기간이 끝난 후에도 계속하여 그 지정을 유지하려는 경우에는 소재지를 관할구역으로 하는 특별자치시장·특별자치도지사·시장·군수·구청장에게 지정 유효기간이 끝나기 90일 전까지 지정 갱신을 신청하여야 한다(노인장기요양보험법 제32조의4 제1항).

09 | 정답 | ③

노인장기요양보험법 제22조(장기요양인정 신청 등에 대한 대리)
③ 장기요양급여를 받고자 하는 자 또는 수급자가 신체적·정신적인 사유로 이 법에 따른 장기요양인정의 신청, 장기요양인정의 갱신 신청 또는 장기요양등급의 변경신청 등을 직접 수행할 수 없을 때 본인의 가족이나 친족, 그 밖의 이해관계인은 이를 대리할 수 있다(노인장기요양보험법 제22조 제1항).

| 오답풀이 |
① A의 아버지는 국민건강보험 가입자이므로 장기요양보험의 가입자가 된다(노인장기요양보험법 제7조 제3항). 따라서 별도로 장기요양보험에 가입할 필요는 없다.
② 노인장기요양보험에서 말하는 '노인 등'은 65세 이상의 노인 또는 65세 미만의 자로서 치매·뇌혈관성질환 등 대통령령으로 정하는 노인성 질병을 가진 자를 말한다(노인장기요양보험법 제2조). 따라서 A의 아버지는 65세가 되지 않더라도 뇌혈관성질환인 파킨슨병을 앓고 있으므로 장기요양급여를 신청할 수 있다.
④ 장기요양급여를 받기 위해서는 장기요양인정을 신청하여 장기요양등급을 받아 수급자로 판정을 받아야만 장기요양급여를 받을 수 있는 자격이 생기게 된다(노인장기요양보험법 제15조 제2항).

10 | 정답 | ②

㉠ 주·야간보호: 수급자를 하루 중 일정한 시간 동안 장기요양기관에 보호하여 신체활동 지원 및 심신기능의 유지·향상을 위한 교육·훈련 등을 제공하는 장기요양급여(노인장기요양보험법 제23조 제1항)
㉡ 방문요양: 장기요양요원이 수급자의 가정 등을 방문하여 신체활동 및 가사활동 등을 지원하는 장기요양급여(노인장기요양보험법 제23조 제1항)
㉢ 방문간호: 장기요양요원인 간호사 등이 의사, 한의사 또는 치과의사의 지시서에 따라 수급자의 가정 등을 방문하여 간호, 진료의 보조, 요양에 관한 상담 또는 구강위생 등을 제공하는 장기요양급여(노인장기요양보험법 제23조 제1항)

| 오답풀이 |
• 시설급여: 장기요양기관에 장기간 입소한 수급자에게 신체활동 지원 및 심신기능의 유지·향상을 위한 교육·훈련 등을 제공하는 장기요양급여(노인장기요양보험법 제23조 제1항)
• 방문목욕: 장기요양요원이 목욕설비를 갖춘 장비를 이용하여 수급자의 가정 등을 방문하여 목욕을 제공하는 장기요양급여(노인장기요양보험법 제23조 제1항)

11 | 정답 | ①

| 오답풀이 |
② 장기요양보험료율은 장기요양위원회의 심의를 거쳐 대통령령으로 정한다(노인장기요양보험법 제9조 제2항).
③ 장기요양보험의 특성을 고려하여 경감 또는 면제되는 비용을 달리 적용할 필요가 있는 경우에는 대통령령으로 정하는 바에 따라 경감 또는 면제되는 비용의 공제 수준을 달리 정할 수 있다(노인장기요양보험법 제9조 제3항).
④ 공단은 통합 징수한 장기요양보험료와 건강보험료를 각각의 독립회계로 관리해야 한다(노인장기요양보험법 제8조 제3항).

12 | 정답 | ④

노인장기요양보험법 제14조(장기요양인정 신청의 조사)
① 공단은 신청서를 접수한 때 보건복지부령으로 정하는 바에 따라 소속 직원으로 하여금 신청인의 심신상태 등의 사항을 조사하게 하여야 한다.

13 | 정답 | ③

노인장기요양보험법 제24조(가족요양비)
① 공단은 다음 각 호의 어느 하나에 해당하는 수급자가 가족 등으로부터 방문요양에 상당한 장기요양급여를 받은 때 대통령령으로 정하는 기준에 따라 해당 수급자에게 가족요양비를 지급할 수 있다.
 1. 도서·벽지 등 장기요양기관이 현저히 부족한 지역으로서 보건복지부장관이 정하여 고시하는 지역에 거주하는 자
 2. 천재지변이나 그 밖에 이와 유사한 사유로 인하여 장기요양기관이 제공하는 장기요양급여를 이용하기가 어렵다고 보건복지부장관이 인정하는 자
 3. 신체·정신 또는 성격 등 대통령령으로 정하는 사유로 인하여 가족 등으로부터 장기요양을 받아야 하는 자

| 오답풀이 |
㉡ 공단은 수급자가 장기요양기관이 아닌 노인요양시설 등의 기관 또는 시설에서 재가급여 또는 시설급여에 상당한 장기요양급여를 받은 경우 대통령령으로 정하는 기준에 따라 해당 장기요양급여비용의 일부를 해당 수급자에게 특례요양비로 지급할 수 있다(노인장기요양보험법 제25조 제1항).

14
| 정답 | ③

| 오답풀이 |
① 특별자치시장·특별자치도지사·시장·군수·구청장은 그 업무정지가 해당 장기요양기관을 이용하는 수급자에게 심한 불편을 줄 우려가 있는 등 보건복지부장관이 정하는 특별한 사유가 있다고 인정되는 경우에는 업무정지 명령을 갈음하여 2억 원 이하의 과징금을 부과할 수 있다(노인장기요양보험법 제37조의2 제1항).
② 특별자치시장·특별자치도지사·시장·군수·구청장은 업무정지명령을 하여야 하는 경우로서 그 업무정지가 해당 장기요양기관을 이용하는 수급자에게 심한 불편을 줄 우려가 있는 등 보건복지부장관이 정하는 특별한 사유가 있다고 인정되는 경우에는 업무정지명령을 갈음하여 거짓이나 그 밖의 부정한 방법으로 청구한 금액의 5배 이하의 금액을 과징금으로 부과할 수 있다(노인장기요양보험법 제37조의2 제2항).
④ 특별자치시장·특별자치도지사·시장·군수·구청장은 과징금을 내야 할 자가 납부기한까지 내지 아니한 경우에는 지방세체납처분의 예에 따라 징수한다(노인장기요양보험법 제37조의2 제4항).

15
| 정답 | ③

노인장기요양보험법 제8조에 따라 국민건강보험공단은 장기요양사업에 사용되는 비용에 충당하기 위하여 장기요양보험료를 건강보험료와 통합하여 징수하고 각각 독립회계로 관리하여야 한다.

| 오답풀이 |
㉠ 공단은 장기요양보험료와 건강보험료를 구분하여 고지하여야 한다(노인장기요양보험법 제8조 제2항 후단).

16
| 정답 | ①

특별현금급여수급계좌가 개설된 금융기관은 특별현금급여만이 특별현금급여수급계좌에 입금되도록 관리하여야 한다(노인장기요양보험법 제27조의2 제2항).

| 오답풀이 |
②, ③ 공단은 특별현금급여를 받는 수급자의 신청이 있는 경우에는 특별현금급여를 수급자 명의의 지정된 계좌(특별현금급여수급계좌)로 입금하여야 한다. 다만, 정보통신장애나 그 밖에 대통령령으로 정하는 불가피한 사유로 특별현금급여수급계좌로 이체할 수 없을 때에는 현금 지급 등 대통령령으로 정하는 바에 따라 특별현금급여를 지급할 수 있다(노인장기요양보험법 제27조의2 제1항).
④ 신청방법·절차와 특별현금급여수급계좌의 관리에 필요한 사항은 대통령령으로 정한다(노인장기요양보험법 제27조의2 제3항).

17
| 정답 | ④

㉠ 장기요양인정을 신청하는 자는 공단에 보건복지부령으로 정하는 바에 따라 장기요양인정신청서에 의사 또는 한의사가 발급하는 소견서를 첨부하여 제출하여야 한다. 다만, 의사소견서는 공단이 등급판정위원회에 자료를 제출하기 전까지 제출할 수 있다(노인장기요양보험법 제13조 제1항).
㉡ 공단은 신청서를 접수한 때 보건복지부령으로 정하는 바에 따라 소속 직원으로 하여금 신청인의 심신상태, 신청인에게 필요한 장기요양급여의 종류 및 내용 등의 사항을 조사하게 하여야 한다. 다만, 지리적 사정 등으로 직접 조사하기 어려운 경우 또는 조사에 필요하다고 인정하는 경우 특별자치시·특별자치도·시·군·구에 대하여 조사를 의뢰하거나 공동으로 조사할 것을 요청할 수 있다(노인장기요양보험법 제14조 제1항).
㉢ 등급판정위원회는 신청인이 신청서를 제출한 날부터 30일 이내에 장기요양등급판정을 완료하여야 한다. 다만, 신청인에 대한 정밀조사가 필요한 경우 등 기간 이내에 등급판정을 완료할 수 없는 부득이한 사유가 있는 경우 30일 이내의 범위에서 이를 연장할 수 있다(노인장기요양보험법 제16조 제1항).
㉣ 공단은 장기요양급여를 받고 있거나 받을 수 있는 자가 거짓이나 그 밖의 부정한 방법으로 장기요양인정을 받은 경우 또는 고의로 사고를 발생하도록 하거나 본인의 위법행위에 기인하여 장기요양인정을 받은 경우에 해당하는 것으로 의심되는 경우에는 조사하여 그 결과를 등급판정위원회에 제출하여야 한다(노인장기요양보험법 제15조 제4항). 등급판정위원회는 제출된 조사 결과를 토대로 다시 수급자 등급을 조정하고 수급자 여부를 판정할 수 있다(노인장기요양보험법 제15조 제5항).

18
| 정답 | ③

노인장기요양보험법 제56조(재심사청구)
① 심사청구에 대한 결정에 불복하는 사람은 그 결정통지를 받은 날부터 90일 이내에 장기요양재심사위원회에 재심사를 청구할 수 있다(노인장기요양보험법 제56조 제1항).

| 오답풀이 |

① 장기요양재심사위원회의 위원은 관계 공무원, 법학, 그 밖에 장기요양사업 분야의 학식과 경험이 풍부한 자 중에서 보건복지부장관이 임명 또는 위촉한다(노인장기요양보험법 제56조 제3항). 공단 이사장이 위촉하면서 의사 또는 한의사가 1인 이상 각각 포함되어야 하는 것은 등급판정위원회의 위원에 대한 설명이다(노인장기요양보험법 제52조 제4항).
② 등급판정위원회는 위원장 1인을 포함하여 15인의 위원으로 구성하며(노인장기요양보험법 제52조 제3항), 공단 이사장이 위촉한다(노인장기요양보험법 제52조 제4항).
④ 장기요양재심사위원회는 보건복지부장관 소속으로 두고, 위원장 1인을 포함한 20인 이내의 위원으로 구성한다(노인장기요양보험법 제56조 제2항).

19 | 정답 | ②

ⓒ 재심사위원회는 위원장 1인을 포함한 20인 이내의 위원으로 구성한다(노인장기요양보험법 제56조 제2항).
ⓒ 재심사위원회의 위원은 관계 공무원, 법학, 그 밖에 장기요양사업 분야의 학식과 경험이 풍부한 자 중에서 보건복지부 장관이 임명 또는 위촉한다. 이 경우 공무원이 아닌 위원이 전체 위원의 과반수가 되도록 하여야 한다(노인장기요양보험법 제56조 제3항).

| 오답풀이 |

㉠ 재심사위원회는 보건복지부장관 소속으로 둔다(노인장기요양보험법 제56조 제2항).
㉣ 재심사위원회의 구성·운영, 그 밖에 필요한 사항은 대통령령으로 정한다(노인장기요양보험법 제56조 제4항).

20 | 정답 | ①

노인장기요양보험법 제4조(국가 및 지방자치단체의 책무 등)
④ 국가 및 지방자치단체는 국·공립 장기요양기관을 확충하기 위하여 노력하여야 한다.

국민건강보험 NCS 직업기초능력 + 법률 OMR 답안지 (연습용)

정답과 해설

2025 최신판

에듀윌 공기업
국민건강보험공단
NCS+법률 기본서

고객의 꿈, 직원의 꿈, 지역사회의 꿈을 실현한다

| 에듀윌 도서몰
book.eduwill.net | • 부가학습자료 및 정오표: 에듀윌 도서몰 > 도서자료실
• 교재 문의: 에듀윌 도서몰 > 문의하기 > 교재(내용, 출간) / 주문 및 배송 |

꿈을 현실로 만드는
에듀윌

공무원 교육
- 선호도 1위, 신뢰도 1위! 브랜드만족도 1위!
- 합격자 수 2,100% 폭등시킨 독한 커리큘럼

자격증 교육
- 9년간 아무도 깨지 못한 기록 합격자 수 1위
- 가장 많은 합격자를 배출한 최고의 합격 시스템

직영학원
- 검증된 합격 프로그램과 강의
- 1:1 밀착 관리 및 컨설팅
- 호텔 수준의 학습 환경

종합출판
- 온라인서점 베스트셀러 1위!
- 출제위원급 전문 교수진이 직접 집필한 합격 교재

어학 교육
- 토익 베스트셀러 1위
- 토익 동영상 강의 무료 제공

콘텐츠 제휴·B2B 교육
- 고객 맞춤형 위탁 교육 서비스 제공
- 기업, 기관, 대학 등 각 단체에 최적화된 고객 맞춤형 교육 및 제휴 서비스

부동산 아카데미
- 부동산 실무 교육 1위!
- 상위 1% 고소득 창업/취업 비법
- 부동산 실전 재테크 성공 비법

학점은행제
- 99%의 과목이수율
- 17년 연속 교육부 평가 인정 기관 선정

대학 편입
- 편입 교육 1위!
- 최대 200% 환급 상품 서비스

국비무료 교육
- '5년우수훈련기관' 선정
- K-디지털, 산대특 등 특화 훈련과정
- 원격국비교육원 오픈

에듀윌 교육서비스 **공무원 교육** 9급공무원/소방공무원/계리직공무원 **자격증 교육** 공인중개사/주택관리사/손해평가사/감정평가사/노무사/전기기사/경비지도사/검정고시/소방설비기사/소방시설관리사/사회복지사1급/대기환경기사/수질환경기사/건축기사/토목기사/직업상담사/전기기능사/산업안전기사/건설안전기사/위험물산업기사/위험물기능사/유통관리사/물류관리사/행정사/한국사능력검정/한경TESAT/매경TEST/KBS한국어능력시험·실용글쓰기/IT자격증/국제무역사/무역영어 **어학 교육** 토익 교재/토익 동영상 강의 **세무/회계** 전산세무회계/ERP정보관리사/재경관리사 **대학 편입** 편입 영어·수학/연고대/의약대/경찰대/논술/면접 **직영학원** 공무원학원/소방학원/공인중개사 학원/주택관리사 학원/전기기사 학원/편입학원 **종합출판** 공무원·자격증 수험교재 및 단행본 **학점은행제** 교육부 평가인정기관 원격평생교육원(사회복지사2급/경영학/CPA) **콘텐츠 제휴·B2B 교육** 교육 콘텐츠 제휴/기업 맞춤 자격증 교육/대학취업역량 강화 교육 **부동산 아카데미** 부동산 창업CEO/부동산 경매 마스터/부동산 컨설팅 **주택취업센터** 실무 특강/실무 아카데미 **국비무료 교육(국비교육원)** 전기기능사/전기(산업)기사/소방설비(산업)기사/IT(빅데이터)/자바프로그램/파이썬/게임그래픽/3D프린터/실내건축디자인/웹퍼블리셔/그래픽디자인/영상편집(유튜브) 디자인/온라인 쇼핑몰광고 및 제작(쿠팡, 스마트스토어)/전산세무회계/컴퓨터활용능력/ITQ/GTQ/직업상담사

교육 문의 **1600-6700** www.eduwill.net

• 2022 소비자가 선택한 최고의 브랜드 공무원·자격증 교육 1위 (조선일보) • 2023 대한민국 브랜드만족도 공무원·자격증·취업·학원·편입·부동산 실무 교육 1위 (한경비즈니스) • 2017/2022 에듀윌 공무원 과정 최종 환급자 수 기준 • 2023년 성인 자격증, 공무원 직영학원 기준 • YES24 공인중개사 부문, 2025 에듀윌 공인중개사 오시훈 합격서 부동산공법(핵심이론+체계도) (2025년 1월 월별 베스트) 교보문고 수험서 부문, 2020 에듀윌 농협은행 6급 NCS 직무능력평가+실전모의고사 4회 (2020년 1월 27일~2월 5일, 인터넷 주간 베스트) 그 외 다수 Yes24 컴퓨터활용능력 부문, 2024 컴퓨터활용능력 1급 필기 초단기끝장(2023년 10월 3~4주 주별 베스트) 그 외 다수 인터파크 자격서/수험서 부문, 에듀윌 한국사능력검정시험 2주끝장 심화 (1, 2, 3급) (2020년 6~8월 월간 베스트) 그 외 다수 • YES24 국어 외국어사전 영어 토익/TOEIC 기출문제/모의고사 분야 베스트셀러 1위 (에듀윌 토익 READING RC 4주끝장 리딩 종합서, 2022년 9월 4주 주별 베스트) • 에듀윌 토익 교재 입문~실전 인강 무료 제공 (2022년 최신 강좌 기준/109강) • 2024년 종강반 중 모든 평가항목 정상 참여자 기준, 99% (평생교육원 기준) • 2008년~2024년까지 234만 누적수강학점으로 과목 운영 (평생교육원 기준) • 에듀윌 국비교육원 구로센터 고용노동부 지정 '5년우수훈련기관' 선정 (2023~2027) • KRI 한국기록원 2016, 2017, 2019년 공인중개사 최다 합격자 배출 공식 인증 (2025년 현재까지 업계 최고 기록)